W0411461

UNSER BAUHERREN-HANDBUCH

Karl-Gerhard Haas ▪ Rüdiger Krisch ▪ Karsten Meurer ▪ Nadine Oberhuber

Stiftung Warentest

LIEBE LESERIN, LIEBER LESER.

Ein Haus bauen – davon träumen viele Menschen, und auch Sie haben sich das wohl vorgenommen, wenn Sie dieses Buch zur Hand nehmen. Nicht alle können diesen Traum wahr machen; die es können, tun es meistens nur einmal im Leben. Schon aus diesen Tatsachen heraus wird deutlich, welch enorme Bedeutung der Hausbau im Leben der Menschen üblicherweise hat.

Sie wollen also endlich raus aus der „Mietfalle", wo Sie Ihre monatlichen Zahlungen nie wiedersehen. Das Risiko von Mieterhöhungen oder eine Kündigung der Wohnung beziehungsweise des Hauses durch den Eigentümer wollen Sie hinter sich lassen. Sie haben fest vor, ein eigenes Zuhause zu erschaffen, in dem Sie Ihre persönlichen Gestaltungswünsche verwirklichen können und Sie eventuell auch besonderen Wohnkomfort nach Ihren Vorstellungen genießen können. Der eigene Garten als Lebensraum im Freien gehört zu Ihrer Vision vom künftigen Wohnen dazu. Und Sie legen Wert darauf, eine langfristige Perspektive bei Ihrem Lebensumfeld zu haben. Umzüge in andere Gegenden stehen bei Ihnen erst einmal nicht mehr auf dem Plan.

Für diesen Traum sind Sie auch bereit, sich bei anderen Ausgaben in Zukunft einzuschränken. Natürlich haben Sie dafür schon eine respektable Menge Geld angespart. Mindestens 20 Prozent des gedachten Kaufpreises können Sie kurzfristig mobilisieren und als Basis für Ihre Finanzierung einsetzen.

Sie sind dazu bereit, sich künftig selbst um die Erhaltung und Pflege Ihres Eigenheims zu kümmern, und Sie wissen, dass das manchmal ordentlich Zeit kostet und ins Geld gehen kann, wenn Reparaturen anstehen.

Dass es trotzdem keine Garantie gibt, dass Sie Ihre Immobilie später einmal mit gutem Gewinn wieder zu Geld machen können, ist Ihnen klar. Es erschreckt Sie auch nicht, dass es in Zukunft unvermeidbar werden kann, das Haus wieder verkaufen zu müssen, wenn Sie die monatlichen Zahlungen an die Kreditgeber durch widrige Umstände möglicherweise nicht mehr leisten können. Sie setzen eher darauf, dass Ihr – bis dann hoffentlich schuldenfreies – Haus einen soliden Baustein Ihrer Altersabsicherung bildet.

Sie erwischen sich dabei, wie Sie zustimmend nicken, wenn Sie diese Zeilen lesen? Dann steht dem Projekt Eigenheim eigentlich nichts mehr im Wege. Damit Sie das erfolgreich schaffen können, haben wir hier das aus unserer Sicht und Erfahrung Nötige zusammengetragen, damit Sie ein in allen Belangen kompetenter Ansprechpartner und Bauherr werden.

Übrigens: Zu vielen Themen rund ums neue Eigenheim bieten Ihnen die „Praxismappen" zum Bauherren-Handbuch noch mehr Informationen und vor allem handfeste Anleitungen für die Praxis in Form von Checklisten zum Abhaken, Rechenblättern, Formbriefen und Musterformularen (www.test.de/shop, dort Suche nach „Praxismappe").

INHALTSVERZEICHNIS

DIE WUNSCHLISTE FÜRS TRAUMHAUS

BESTANDSAUFNAHME: WAS KÖNNEN WIR STEMMEN?

DIE FINANZIERUNG AUFSTELLEN

DEN BAU PLANEN

SERVICE

DIE WUNSCHLISTE FÜRS TRAUMHAUS

BEDARFSGERECHTE HAUSPLANUNG

Das eigene Wohnhaus ist meist die mit Abstand größte Investition, die eine Familie jemals tätigt – aber nicht nur das: Vor dem Bauen muss man über viele Aspekte seines Lebens nachdenken und sich über Wünsche und Pläne für die Zukunft klar werden.

Im ersten Teil dieses Buches wollen wir versuchen, Ihnen eine Richtschnur an die Hand zu geben, die Ihnen bei diesen Überlegungen hilft und die wichtigsten Fragen nicht nur formuliert, sondern auch verschiedene mögliche Antworten anbietet und deren Folgen durchspielt. Angefangen bei der Suche nach einem geeigneten Grundstück über die Bedarfsermittlung bis hin zur Umsetzung in ein Projekt stellen wir Ihnen Ihre Möglichkeiten, aber auch manche Gefahren vor, damit Sie bewusst und mit soliden Informationen an die Planung Ihres eigenen Hauses herangehen können. Themen aus Bautechnik und Baudurchführung werden dann in späteren Kapiteln abgehandelt.

Wo wollen wir leben?

Einige der wichtigsten Entscheidungen über das neue Haus werden schon beim Grundstückskauf getroffen. Der Bauplatz beeinflusst die weitere Planung nicht nur durch seinen Kaufpreis (siehe „Die Finanzierung aufstellen" ab Seite 103), sondern auch durch seine Lage und Beschaffenheit.

Die Lage des Wohnorts

Bei der Suche nach einem Bauplatz steht die Entscheidung für einen künftigen Wohnort an. Dabei ist fast immer vor allem die Entfernung zum Arbeitsplatz und zur Schule beziehungsweise Kindertageseinrichtung von entscheidender Bedeutung. Auch weitere relevante Infrastrukturen wie Sportanlagen, Einkaufsmöglichkeiten, Angebote zur Naherholung etc. sowie deren Entfernung zum eigenen Heim spielen eine große Rolle.

Wenn man für die täglichen Wege zur Arbeit, zum Lernort, zum Einkaufen große Entfernungen überwinden muss und dafür womöglich auf das Auto angewiesen ist, läuft man – neben dem für das Pendeln entstehenden Zeitaufwand – Gefahr, dass die Kosten für individuelle Mobilität sich entscheidend auf die Kalkulation der künftigen Lebenshaltungskosten auswirken.

Die weitere Entwicklung dieser Kosten ist zwar schwer auf den Euro genau zu prognostizieren, sie werden aber nach allen aktuellen Erkenntnissen auch in Zukunft stärker steigen als die allgemeine Inflation. Nicht kalkulierbar ist auch die politische Verlässlichkeit in Hinblick auf die steuerliche Entlastung der Berufspendler. Vor diesem Hintergrund sollte man sich vor dem Grundstückskauf kritisch folgende Fragen stellen:

- Wie weit (in Kilometern und Fahrzeit) ist mein Arbeitsplatz vom jeweiligen Bauplatz entfernt?
- Kann ich diese Distanz mit öffentlichen Verkehrsmitteln zurücklegen, oder brauche ich dafür unbedingt das Auto?
- Braucht die Familie künftig sogar ein zweites Auto, um die notwendige Mobilität sicherzustellen?

Das Ergebnis dieser Rechnung könnte in manchen Fällen sein, dass die zu erwartenden Kosten für Kauf und Betrieb eines zweiten (oder auch des ersten) Autos dafür sorgen, dass ein vermeintlich günstiger Bauplatz auf dem Land

Traumhafte Lage mit tollem Ausblick in die Natur… aber wie sieht es hier mit den täglichen Wegstrecken für die Familie aus?

sich schon nach wenigen Jahren als kostspieliger erweist als ein teureres Grundstück in besserer Lage – von den ökologischen Folgen des Autoverkehrs ganz zu schweigen…

Lage des Grundstücks im Ort

Ein weiterer wichtiger Aspekt ist die Lage des Grundstücks im Ort. So zieht es junge Familien oft in Lagen an den Rändern von Städten, wo ihre jüngeren Kinder günstig in die Natur, zu Sportplätzen etc. gelangen können. Für Bauherren ohne Kinder oder mit Kindern im Teenageralter ist oft der kurze Weg in die Stadt- beziehungsweise Ortsmitte mit ihren Möglichkeiten für Einkauf, Freizeitgestaltung und Kultur wichtiger, so dass sie zentrumsnahe Lagen bevorzugen. Dabei sind auch die Distanzen zu Haltestellen des öffentlichen Nahverkehrs sowie dessen Betriebszeiten und Taktfrequenzen zu berücksichtigen.

- Kommen wir für alltägliche Verrichtungen wie Einkauf, Schulweg der Kinder etc. ohne Auto aus?
- Können sich die Kinder weitgehend selbstständig bewegen (zu Fuß, mit dem Fahrrad oder per Bus oder Bahn), oder sind sie für Fahrdienste auf die Eltern angewiesen?

Wenn man sich auf den künftigen Wohnort und die Lage des künftigen Hauses festgelegt hat, kann die genauere Bewertung des Grundstücks beginnen.

Grundstücksgröße

Die Größe des Grundstücks ist ein wichtiger Entscheidungsfaktor, nicht nur wegen der Frage, ob ein Haus in der gewünschten Dimension überhaupt darauf Platz hat und sinnvoll angeordnet werden kann. Da sich die Quadratmeterzahl des Baulands direkt auf den Preis auswirkt, steckt darin auch der Schlüssel zur Einhaltung des Kostenrahmens.

Grundstückszuschnitt

Ein gut geschnittenes Grundstück kann auch bei geringerer Größe erheblich besser nutzbar sein als eine größere Parzelle in ungünstiger Geometrie! Daher sollte man zuerst anhand des Lageplans versuchen, die folgenden Fragen zu beantworten:

- Ermöglicht das Verhältnis von Länge zu Breite einen günstigen Grundriss und die gewünschte Ausrichtung für das Haus?
- Auf welcher Seite des (geplanten) Hauses liegt der Garten?

Unter „Lage" ist nicht nur zu verstehen, in welcher Umgebung das Haus steht, sondern auch, wie gut es in Bezug auf die örtlichen Gegebenheiten ausgerichtet ist. Hier sind die Nutz- und Wirtschaftsräume zur dunkleren und lauteren Straßenseite ausgerichtet, die Wohnräume sind heller, ruhiger und bieten einen schönen Blick ins Grüne.

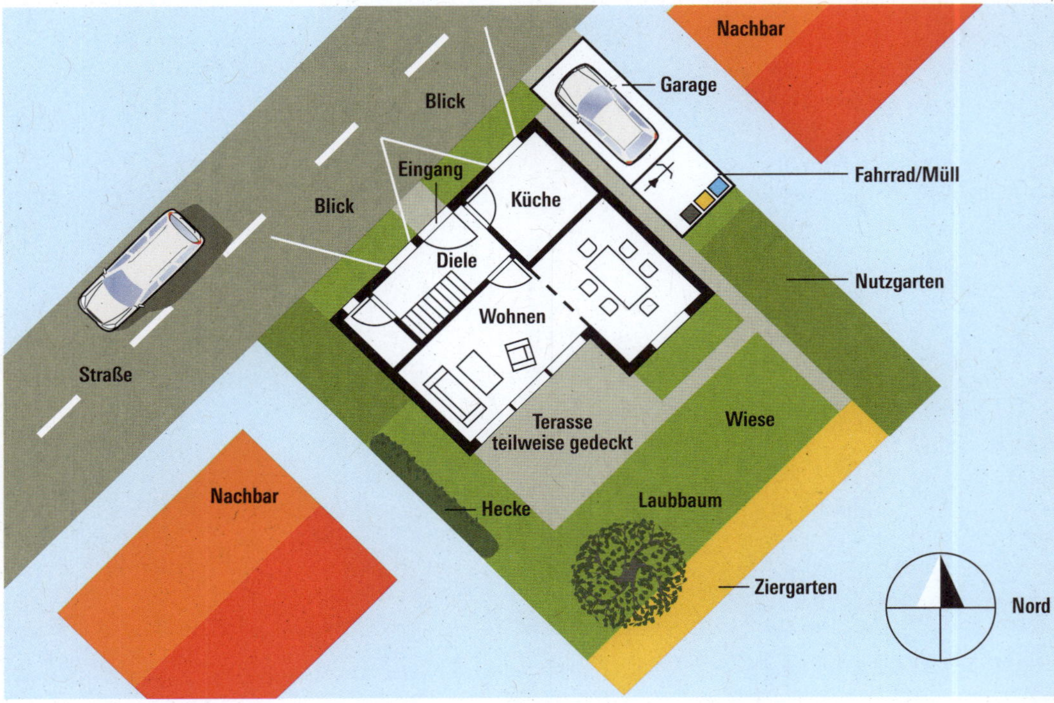

- Wo kann ich das Auto (die Autos?) unterbringen?

Dabei spielt neben den Abmessungen des Flurstücks auch die Bebaubarkeit eine Rolle, die üblicherweise aus den Festsetzungen des dort gültigen Bebauungsplans hervorgeht. Näheres zu Bebauungsplänen finden Sie ab Seite 258.

Ausrichtung (Himmelsrichtung)

Unter der Ausrichtung eines Grundstücks versteht man die Himmelsrichtung, in die sich das darauf zu bauende Haus sinnvollerweise orientieren soll. Üblicherweise ist es günstig, wenn Bauplätze von Norden oder Osten her zugänglich sind, weil sich dann bei sinnvollem Grundstückszuschnitt hinter dem Haus ein geschützter Garten ergibt, der in Richtung Süden oder Westen ausgerichtet ist. Aus diesen Himmelsrichtungen scheint die Sonne am Mittag und Nachmittag, somit zu den Zeiten, in denen Gärten überwiegend genutzt werden.

Es gibt aber auch Menschen, die ihren Garten am liebsten vormittags nutzen – für sie eignet sich ein von Westen erschlossener Bauplatz mit einem nach Osten ausgerichteten Hausgarten.

Entsprechend hat die Ausrichtung des Grundstücks eine entscheidende Bedeutung für die Besonnung des Hauses. Grundrisse von Wohngebäuden sind üblicherweise so gestaltet, dass sich die Wohnräume zum Garten hin öffnen. Zusammen mit dem bereits Gesagten bedeutet dies, dass die Sonne von der Gartenseite ins Haus einfällt, die (lautere) Straße möglichst auf einer anderen Seite liegen sollte, wie in der Skizze oben dargestellt.

Topografie

Viele Bauherren stellen sich ihr Haus auf einem ebenen Grundstück vor. Neben dem Wunsch nach einem gut nutzbaren Garten liegt dies oft schlicht daran, dass ein Wohnhaus in der Regel auf einem flachen Stück Land vorkommt, dass man das so gewöhnt ist.

Grundstücke in Hanglage gelten im Vergleich dazu als eingeschränkt nutzbar und bautechnisch schwierig. Wenn man nicht gerade ein Fertighaus unverändert aus dem Katalog bestellen will, ist dies ein bedauerliches

Vorurteil: Die technischen Probleme sind heutzutage fast immer gut lösbar, und die planerische Herausforderung einer Hanglage führt oft zu besonders reizvollen Ergebnissen.

Hanglagen bieten oft eine Aussicht über die benachbarte Bebauung hinweg, die im Haus erlebbar gemacht werden kann. In vielen Fällen lassen sich vielgestaltige Wohnlandschaften auf mehreren Ebenen auf besonders interessante Weise in Grundstücke in Hanglagen integrieren.

Ein weiterer Vorteil von Häusern am Hang liegt darin, dass sie den Zugang auf das Grundstück– und somit die Nutzung von privaten Freiräumen im Gelände – nicht nur auf einem Geschoss, sondern von mehreren Ebenen aus ermöglichen. So kann die Lage am Hang die Bereitstellung von unabhängigen Zugangswegen erleichtern, entweder für Einliegerwohnungen oder für einzelne Hausbewohner (zum Beispiel erwachsene Kinder) mit teilweise unabhängigen Wohnbereichen. Dadurch wird auch eine spätere Aufteilung des Hauses in mehrere Wohneinheiten möglich.

Wie groß muss es sein?

Der Frage nach dem Bedarf an Fläche, Räumen und Qualitäten kann man sich von verschiedenen Seiten nähern. Neben der bewertenden Betrachtung der derzeitigen Wohnsituation und der Formulierung der davon abweichenden Ansprüche und Wünsche empfehlen wir, eine Art „Drehbuch" für das künftige Familienleben zu erstellen, das die Liste vorhandener oder geplanter Räume mit weniger konkreten Vorstellungen von deren Nutzung hinterlegt.

Bestand – Bedarf – Drehbuch

Die Kombination dieser drei Annäherungsweisen an das Raum- und Nutzungsprogramm Ihres künftigen Hauses liefert Ihnen und Ihren Planern eine gute Grundlage für die weitere Arbeit. Auf Seite 16 können Sie in der Tabelle Ihre Ergebnisse übersichtlich auflisten.

Wie wird Wohnfläche berechnet?

Für die Berechnung von Wohnflächen sind einige Regelwerke im Umlauf, die mit unterschiedlicher Systematik arbeiten. Da es beim Bau und Kauf, aber auch bei der Vermietung von Wohnimmobilien immer um viel Geld geht, ist hier Vorsicht geboten.

Das im Alltag gebräuchlichste Regelwerk ist die Wohnflächenverordnung (WoFlV). Sie wurde zum 1.1.2004 eingeführt und hat die zuvor gültige II. Berechnungsverordnung ersetzt. Im geförderten Wohnungsbau muss die WoFlV angewandt werden, auf dem freien Wohnungsmarkt gibt es hingegen keine bindende Verordnung.

Die Wohnflächenverordnung definiert konkret, welche Flächen zur Wohnfläche gehören und welche nicht. Dies hängt einerseits von der Art des Raumes ab, andererseits von seiner Höhe. Flächen unter Dachschrägen werden beispielsweise nur dann vollständig anrechenbar, wenn ihre lichte Höhe 2 Meter oder mehr

Was gehört zur Wohnfläche?

Gebäudeteil	Wird die Fläche angerechnet?
Keller und Waschküchen	Nein
Abstellräume und Kellerersatzräume außerhalb der Wohnung	Nein
Abstellräume innerhalb der Wohnung (zum Beispiel Hauswirtschaftsraum)	Ja
Garagen	Nein
Wohnräume, Küche, Bad und WC	Ja
Flur	Ja
Abgetrenntes Treppenhaus	Nein
Unbeheizter Wintergarten	Zu 50 %
Beheizter Wintergarten	Ja
Balkon oder Terrasse	In der Regel zu 25 %[1]
Dachschrägen oder andere Raumteile mit Höhen unter 2 m, etwa unter Treppen: ► Grundfläche unter 1 m Höhe ► Grundfläche zwischen 1 und 2 m Höhe	 ► Nein ► Zu 50 %
Schornsteine, Vormauerungen, Pfeiler und Säulen, die höher als 1,50 m sind und deren Grundfläche mehr als 0,1 m² beträgt	Nein

1 In Ausnahmefällen, zum Beispiel bei besonders guter Ausstattung oder Lage auch zu 50 %; bei besonders schlechter Lage auch weniger als 25 %.

Hinweis: Angaben zur Wohnfläche nach Wohnflächenverordnung.

Ermittlung des Raumbedarfs

Raum	Derzeitige Wohnung Größe in m²	Wunschhaus Größe in m²	Anmerkungen	Beispiel für Drehbuch
Eingangsbereich				
E1 Windfang				
E2 Garderobe			In Diele integrieren?	Viel Platz für Schuhe!
E3 Diele				Ordentliche Größe erwünscht für Empfang und Verabschiedung von Gästen, Abstellen von Einkäufen etc.
E4 Gäste-WC			Evtl. mit Dusche?	
Wohnbereich				
W1 Küche			Offen zum Essbereich?	
W2 Hauswirtschaftsraum			Direkter Zugang von Küche; Waschmaschine und ggf. Trockner hier oder im Keller?	
W3 Speisekammer			Im geheizten Gebäudevolumen?	Geheizt, daher nicht für Verderbliches geeignet; Ort für Tiefkühlschrank
W4 Esszimmer			Offen zur Küche?	Hauptsächlicher Familienraum, relativ groß
W5 Wohnzimmer			Gleichzeitig Medienzimmer?	Ausrichtung Süd-West: Nutzung überwiegend abends; Ort für Gastlichkeit mit Freunden
W6 Medien-Zimmer			z.B. Bibliothek, Raum für Stereoanlage, Fernseher, Video-Player, Computerspiele, ggf. Beamer-Projektion…	Nutzung überwiegend abends oder in abgedunkeltem Zustand: Orientierung nicht arg wichtig
Individualräume				
I1 Schlafzimmer Eltern			Mit integriertem Arbeitsplatz?	Morgensonne erwünscht: Orientierung nach Osten
I2 Kinderzimmer 1			Zusammenschaltbar mit Kinderzimmer 2?	Nutzung tagsüber und abends: Orientierung Süd-West
I3 Kinderzimmer 2				
I4 Arbeitszimmer 1			Zusammenschaltbar?	Muss sich für Bildschirmarbeit eignen: gute Verschattung, Orientierung gern nach Norden
I5 Gästezimmer				
I6 Bad 1				Stellfläche für Trimmfahrrad / Ruder-Maschine
I7 Bad 2 / Duschbad				Geräumiges Regal für Handtücher erforderlich
Keller				
K1 Hobbyraum				Elektrische Ausstattung für Modelleisenbahn
K2 Heizung / Haustechnik				
K3 Abstellraum 1				
K4 Vorratsraum			Ohne Beton-Bodenplatte zum Einfangen der Kühle und Feuchtigkeit des Erdreichs	
K5 Wasch- und Trockenraum			Waschmaschine und ggf. Trockner hier oder im Bad oder Hauswirtschaftsraum?	Platz für fest installierte Wäscheleine! Wir wollen keinen Trockner…

beträgt. Unter einem Meter Höhe darf die Fläche nicht in der Berechnung auftauchen, zwischen 1 und 2 Metern wird sie nur zur Hälfte angerechnet.

Die Wohnfläche ist nach lichten Maßen zu ermitteln – das heißt, dass die fertigen Wandoberflächen (zum Beispiel die Vorderkante des Fliesenbelags) maßgeblich sind. Pauschale Abzüge für Putz etc. sind in der WoFlV nicht vorgesehen.

Für die anrechenbare Wohnfläche von Balkonen und Terrassen gibt es einen Spielraum von 25 – 50 % der echten Grundfläche, was oft zur Bewertung der Wohnqualität genutzt wird: Eine überdachte Loggia in ruhiger Süd- oder Westlage kann beispielsweise höher bewertet werden als ein offener Balkon zur lauten Straße.

Neben der WoFlV könnte Ihnen auch gelegentlich die DIN 277 begegnen, die für die Ermittlung von Grundflächen und Rauminhalten im Hochbau und als Grundlage für die Berechnung von Kosten für die Herstellung und Bewirtschaftung von Gebäuden verwendet wird. Diese Norm bietet keine Definition des Begriffs Wohnfläche an, daher ist sie für die Anwendung beim Vergleich und Kauf von Häusern und Wohnungen nur bedingt geeignet.

Wenn Sie sich konkret mit Wohnflächenberechnungen beschäftigen und diese bewerten und vergleichen müssen, empfehlen wir folgende Maßnahmen:

- Bestehen Sie auf einer Berechnung der Wohnfläche nach der Wohnflächenverordnung – diese wird üblicherweise auch im Streitfall vor Gericht als Grundlage verwendet, wenn nichts anderes vereinbart ist.
- Lassen Sie sich das angewandte Regelwerk aushändigen und messen Sie einzelne Räume stichprobenartig nach – falls vorhanden, sollten Sie mindestens einen Raum überprüfen, der eine Dachschräge enthält.
- Wenn Sie verschiedene Angebote vergleichen, achten Sie darauf, dass diese nach demselben Regelwerk berechnet worden sind.
- Vereinheitlichen Sie vor dem Vergleich den Prozentsatz, mit dem Balkon oder Terrasse als Wohnfläche angerechnet werden.

Wenn Sie Ihre derzeitige Wohnung genau ansehen und ausmessen, sollten Sie nicht nur auf die Flächen der einzelnen Räume achten, sondern auch auf ihre Qualitäten und Defizite:

- Sind die Raumhöhen für Sie ausreichend?
- Wie ist das Verhältnis von Länge zu Breite?
- Sind die Fenster des Raumes in die für seine Nutzung beste Himmelsrichtung orientiert (zum Beispiel das Wohnzimmer nach Westen, wenn es überwiegend abends genutzt wird)?
- Wie steht es um die Möblierbarkeit (zum Beispiel Stellflächen, Wandlängen, Störungen durch Heizkörper etc.)?
- Ist der Raum innerhalb der Wohnung an der für seine Nutzung richtigen Stelle gelegen (zum Beispiel das Esszimmer in der Nähe der Küche)?

Nach dieser gründlichen – quantitativen und qualitativen – Betrachtung Ihrer derzeitigen Wohnsituation sind Ihnen sicherlich nicht nur die wichtigsten Anforderungen an die künftige Wohnung klar geworden, sondern Sie haben vermutlich auch schon einige Ideen für deren Planung entwickelt. Wenn Sie diese nun in die vorbereitete Tabelle auf Seite 16 eintragen, können Sie neben den Angaben zu Größe und Zuschnitt der geplanten Räume schon erste Vorstellungen zu deren gewünschten Qualitäten hinsichtlich Lage innerhalb der Wohnung, Orientierung zu den Himmelsrichtungen und Möblierbarkeit formulieren. Dafür beantworten Sie am besten nochmals die im vorigen Absatz aufgelisteten Fragen.

Das so erstellte Raumprogramm kann eine solide Grundlage für die Planung des neuen Hauses sein. Wenn man sich nur darauf beschränkt, ergibt sich allerdings oft eine Wiederholung der vorhandenen Situation, ohne dass deren Mängel in Zukunft vermieden werden.

Daher schlagen wir vor, dass Sie sich darüber hinaus die künftige Nutzung des Hauses in einer Art „Drehbuch" vorstellen – zunächst ohne Zuordnung zu Räumen. Dabei empfiehlt es sich, verschiedene Szenarien – Alltag mit und ohne Kinder, Feste, Jahreszeiten – durchzuspielen und auf ihre Auswirkungen auf das Leben im Zuhause abzuklopfen.

Viele Menschen träumen vom freistehenden Haus mit Grundstück, aber es gibt auch günstigere und flächensparende Alternativen.

Beim Architektenhaus hat man die größten Freiheiten bei Planung und der Raumaufteilung.

Einfühlsame Planer können daraus im Zusammenhang mit dem Raumprogramm für das neue Haus ein Nutzungsprofil entwickeln, das die sachlichen Anforderungen mit den eher emotionalen Wünschen in Einklang bringt. Schließlich sollte man bei der Bestimmung des Flächenbedarfs und Raumprogramms selbstverständlich auch immer den Kostenrahmen für das neue Haus im Blick haben. Es nützt wenig, sich in der Tabelle ein schönes Luftschloss zu erträumen, das man sich letztlich gar nicht leisten kann. Da dies für die meisten Bauwilligen eine entscheidende Rolle spielt, behandeln wir im übernächsten Kapitel einige wichtige Aspekte des kostengünstigen Bauens.

Die zu erwartenden Preise je Quadratmeter Wohnfläche sind leider von so vielen verschiedenen Bedingungen abhängig, die regional und entwurfsbezogen stark variieren, dass man guten Gewissens keine allgemeinen Orientierungswerte angeben kann. Hier hilft ein Blick auf den örtlichen Immobilienmarkt bei der Einschätzung des ortsüblichen Preisniveaus.

Wie lässt sich der Raumbedarf realisieren?

Das einzeln auf seinem Grundstück gebaute Haus ist nicht der einzige Gebäudetyp, in dem Sie sich den Traum vom Wohnen auf der eigenen Parzelle und in den eigenen vier Wänden erfüllen können. In Zeiten steigender Grundstückspreise müssen sich kostenbewusste Bauwillige nach günstigeren Alternativen auf kleineren Grundstücken umsehen. Wir stellen Ihnen die verschiedenen Möglichkeiten vor und erläutern ihre Vor- und Nachteile.

Freistehende Häuser (Einzelhaus ohne/mit ELW)

Das auf seinem Grundstück frei stehende Haus ist zweifellos das Idealbild der meisten Menschen, die den Bau eines Einfamilienhauses vorhaben. Der eigenständige Baukörper ohne „Nachbaranschluss" symbolisiert besonders klar die Definition und Abgrenzung des eigenen Eigentums und Einflussbereichs: „Hier kann ich unbeeinflusst von Anderen tun und lassen, was ich will". Der Garten als Abstandsfläche definiert seine Grenzen und stellt sie unmissverständlich dar. Doch muss das Einzelhaus nicht unbedingt ein Einfamilienhaus sein. Im Folgenden gehen wir auch auf die Abtrennbarkeit von Wohnungen und auf das Thema Einliegerwohnung ein.

Gereihte Häuser (Doppel-, Reihen- und Kettenhaus)

In Zeiten steigender Bodenpreise kann sich bei weitem nicht mehr jeder und jede Bauwillige einen Bauplatz für ein freistehendes Einzelhaus leisten. Der Kompromiss ist oft eine Doppelhaushälfte oder ein Reihenendhaus, das mit einer Wand an die benachbarte Hauseinheit angebaut ist, oder ein Reihenmittelhaus, das auf zwei Seiten an die benachbarten Häuser anschließt. Diese Bauformen kommen mit erheblich weniger Baugrund aus, weisen aber Einschränkungen hinsichtlich der Nutzbarkeit und Privatsphäre der Gärten auf.

Introvertierte Häuser (Atriumhaus)

Es gibt auch Haustypen, bei denen die Lage und Orientierung des Grundstücks keine große Rolle spielen, weil sie introvertiert und „auf sich selbst bezogen" sind: zum Beispiel durch die Gruppierung um einen oder mehrere Innenhöfe. So kann man nötigenfalls auch eine unerwünschte Umgebung ausblenden. Solche Atrium- und Winkelhäuser lassen sich auch gezielt aneinanderschieben und zu hohen Dichten gruppieren. Sie sollten aber nicht mehr als zweigeschossig sein, da nur dann die Besonnung der Hofbereiche und die Belichtung der Innenräume ausreichend ist.

Gestapelte Typen

Insbesondere an Orten mit hohen Grundstückspreisen kann es sinnvoll sein, sich auch über alternative Bauformen zu informieren, die bestimmte Eigenschaften des Einfamilienhauses in den Geschosswohnungsbau übertragen. So gibt es inzwischen viele Beispiele für mehrgeschossige Wohnanlagen, die gewissermaßen als „gestapelte" Reihenhäuser angelegt sind und deren obere Einheiten ihre Gärten auf den Dächern der darunter gelegenen Einheiten haben.

Ein grundlegender Nachteil dieser Bauformen ist natürlich das Fehlen des eigenen Grundstücks und – damit untrennbar verbunden – der Möglichkeit, bestimmte Entscheidungen ohne Einbeziehung anderer treffen zu können. Eigentümer dieser Wohnungen sind immer auch Teil einer Wohnungseigentümergemeinschaft (WEG) nach Wohnungseigentumsgesetz, die auf ihren (jährlich mindestens einmal anberaumten) Versammlungen die Entscheidungen über Instandhaltung, Verteilung der Nebenkosten etc. gemeinsam trifft.

Klassische Reihenhauszeile. Die persönliche Ungestörtheit endet hier spätestens im Gartenbereich.

Das Atriumhaus ist um einen abgeschirmten Hof- oder Gartenbereich herum angeordnet.

Grundrisstypen

Eine Grundfrage bei der Suche nach dem richtigen Grundriss ist der Stellenwert des Famili-

Vor- und Nachteile verschiedener Gebäudetypen

Thema	Freistehendes Haus	Doppelhaus	Reihenhaus	Atriumhaus	Gestapelte Typen
Gestaltungsfreiheit	Sehr gut	Gut	Ordentlich	Entwurfsabhängig	Mäßig
Schutz vor Störungen durch Nachbarn	Sehr gut	Gut	Mäßig	Sehr gut	Gut
Ausnutzung des Grundstücks	Mäßig	Gut	Sehr gut	Entwurfsabhängig	Sehr gut
Nutzbarkeit des Gartens	Gut, aber: seitliche Abstandsflächen mäßig nutzbar	Gut, aber: seitliche Abstandsflächen mäßig nutzbar	Gut	Gut, sofern seitlich an den Nachbarn angebaut	Im Erdgeschoss gut
Unabhängigkeit von der Zustimmung anderer (z. B. Renovieren)	Sehr gut	Gut	Ordentlich	Ordentlich	Mäßig
Kostenniveau	Hoch	Geringer als EFH	Mäßig	Entwurfsabhängig	Günstig

enlebens im Raumangebot des Hauses – und, als andere Seite, die Bedeutung der Privatsphären einzelner Haushaltsmitglieder.

Der Wohn- und Essbereich bildet in den meisten Häusern den „Marktplatz", auf dem sich die Bewohnerinnen und Bewohner des Hauses treffen und wo sie gemeinsam Zeit verbringen.

Dabei kommt insbesondere dem Essplatz und der Küche – die immer öfter zur Wohnküche verschmelzen – eine besondere Bedeutung zu: Dort findet im Rahmen der Zubereitung der Mahlzeiten und des eigentlichen Essens ein großer Teil der familiären Kommunikation statt. Dementsprechend ist in den meisten neuen Häusern ein eigenes Esszimmer aus dem Raumprogramm verschwunden: Der Essbereich verschmilzt stattdessen mit der Küche zur „Wohnküche". In vielen Familien ersetzt die Wohnküche im Sinne eines Familienraums schon heute das traditionelle Wohnzimmer.

Das klassische Wohnzimmer verliert hingegen zunehmend an Bedeutung, weil seine kommunikative Funktion zu großen Teilen auf Essplatz oder Wohnküche übergegangen ist. Dies schlägt sich auch darin nieder, dass Wohnzimmer in neuen Häusern immer kleiner werden. Das Wohnzimmer wird neben seiner repräsentativen Bedeutung für den Empfang von Gästen vor allem zum Fernsehen und Musikhören genutzt. Durch die zunehmende Verschiebung des Medienkonsums vom Fernseher (im Wohnzimmer) hin zum Internet (mit mobilen Endgeräten, die per WLan kommunizieren) wandern aber selbst diese Nutzungen zunehmend in die privaten Räume der Haushaltsmitglieder ab.

Diese werden heute als „Individualräume" bezeichnet. Allein der Begriff macht schon deutlich, dass damit nicht mehr nur Kinder- oder Elternschlafzimmer gemeint ist, sondern vollwertige Aufenthaltsbereiche, in denen neben dem nächtlichen Schlafen auch Arbeit, Spiel und Sport Platz haben sollen. Der Individualraum steht für den Rückzugsbereich des Einzelnen innerhalb der kollektiven Privatsphäre des Hauses und stellt insofern gewissermaßen eine „Wohnung im Haus" dar. Er muss allerdings diesem Anspruch auch gerecht werden und eine ausreichende Größe aufweisen, um zusätzlich zum Schlafen noch Platz zu bieten für einen Arbeitsplatz, eine Zone zum Entspannen und genügend Bewegungsraum.

Es gibt viele verschiedene Möglichkeiten, die erwähnten Räume und Nutzungen in Einfamilienhäusern zu ordnen und zu verteilen. Zur besseren Übersicht wollen wir im Folgenden einige Typen von Grundrissen und Schnitten darzustellen und ihre Anwendungsgebiete sowie ihre Vor- und Nachteile beschreiben.

Ein Grundriss mit an einem Flur aufgereihten Räumen (Mitte) und ein komplett offener Grundriss (unten).

Offene Grundrisse

Offene Grundrisse mit ineinander übergehenden Wohnbereichen legen den Schwerpunkt auf die gemeinschaftlich genutzten Flächen, was bei begrenzter Größe allerdings auf Kosten der Rückzugsräume einzelner Bewohner geht. Die Wohnbereiche können zwar höchst attraktiv gestaltet werden, zu prüfen ist dann allerdings, ob die verbleibende Fläche und Qualität der Individualräume noch ausreichend sind.

Grundrisse mit Fluren

Man spricht von einseitig orientierten Grundrissen, wenn entlang des Flurs nur auf einer Seite (üblicherweise der Gartenseite des Hauses) Wohnräume und Individualräume angeordnet sind, auf der anderen Seite hingegen Nebenräume wie Bäder, Wirtschaftsräume und manchmal auch die Treppe. Diese Grundrisse eignen sich besonders gut für Grundstücke, die entweder zu einer Seite hin besondere Qualitäten – zum Beispiel eine besonders schöne Aussichtslage – aufweisen oder von einer anderen Seite besonders belastet sind – zum Beispiel durch Verkehrsgeräusche. Die einseitige Anordnung der Aufenthaltsräume ermöglicht sowohl eine optimale Nutzung von einseitigen Qualitäten des Grundstücks als auch eine konsequente Abschirmung von ebensolchen Nachteilen. Dieser Grundrisstyp eignet sich aber gleichzeitig nur für relativ geringe Gebäudetiefen und erzeugt üblicherweise deutlich langgezogene Baukörper, die sich besonders gut für schmale Grundstücke mit eingeschränkter Bebauungstiefe eignen. Im Verhältnis zur Wohnfläche ergeben sich dadurch zwangsläufig relativ großflächige – somit teure – Gebäudehüllen.

Besonders häufig finden sich in Einfamilienhäusern zweiseitig orientierte Grundrisse, wo die Aufenthaltsräume von einem Mittelflur aus erschlossen sind und sich in zwei gegenüberliegende Richtungen orientieren. Diese Grundrissform eignet sich besonders gut für Gebäude in Ost-West-Orientierung und wird oft für relativ tiefe Baukörper eingesetzt, weil die flach stehende Morgen- und Abendsonne weit in die Aufenthaltsräume eindringen kann.

Ein Nachteil dieser Bauweise liegt darin, dass die innenliegenden Flure oft ohne natürliches Tageslicht auskommen müssen und dadurch wenig attraktiv sind. Dies lässt sich mit etwas Geschick im Rahmen der Grundrissplanung abschwächen oder auch ganz verhindern, zum Beispiel durch Lichtkuppeln im Dach.

Entwurfsfaktoren

In den folgenden Abschnitten stellen wir einige Themen vor, über die Sie bei der Planung Ihres neuen Hauses nachdenken sollten, weil sie für die künftige Wohnqualität von entscheidender Bedeutung sind.

Ausrichtung des Gebäudes

Ein besonders wichtiges Kriterium für die Planung des Hauses und die Anordnung der Räume ist die Ausrichtung zu den Himmelsrichtungen. Wie bereits erwähnt, sollten Sie sich darüber nach Möglichkeit schon bei der Auswahl des Grundstücks Gedanken machen, da der Zuschnitt von Grundstück und Baufenster und die Vorgaben des Bebauungsplans meist die Entscheidung für Ausrichtung und Orientierung des Hauses vorbestimmen.

Früher war es üblich, dass Schlafräume nach Osten liegen, damit die Morgensonne die Menschen weckt und munter macht. Wohnräume waren hingegen nach Süden und Westen orientiert, weil man sich dort eher nachmittags und abends aufhält. Grundsätzlich gilt dies bis heute – allerdings kann es für bestimmte Nutzungsmuster durchaus sinnvoll sein, diese Konvention gezielt zu durchbrechen – zum Beispiel falls man nicht zu den üblichen Kernzeiten tagsüber arbeitet. Wenn die einzelnen Aufenthaltsräume in ihrer Nutzung nicht durch Größe, Zuschnitt oder Installation eindeutig vorbestimmt sind, lässt sich diese Zuordnung auch nachträglich ändern – siehe „Flexible Grundrisse" ab Seite 27.

Im Folgenden sind die Vor- und Nachteile der verschiedenen Himmelsrichtungen für die Orientierung von Räumen aufgelistet – in der Reihenfolge des Sonnenlaufs:

- **OSTEN:** Nach dem Aufgang im Osten steht die Sonne zunächst noch flach am Himmel, ihre Strahlen können durch Fenster tief ins

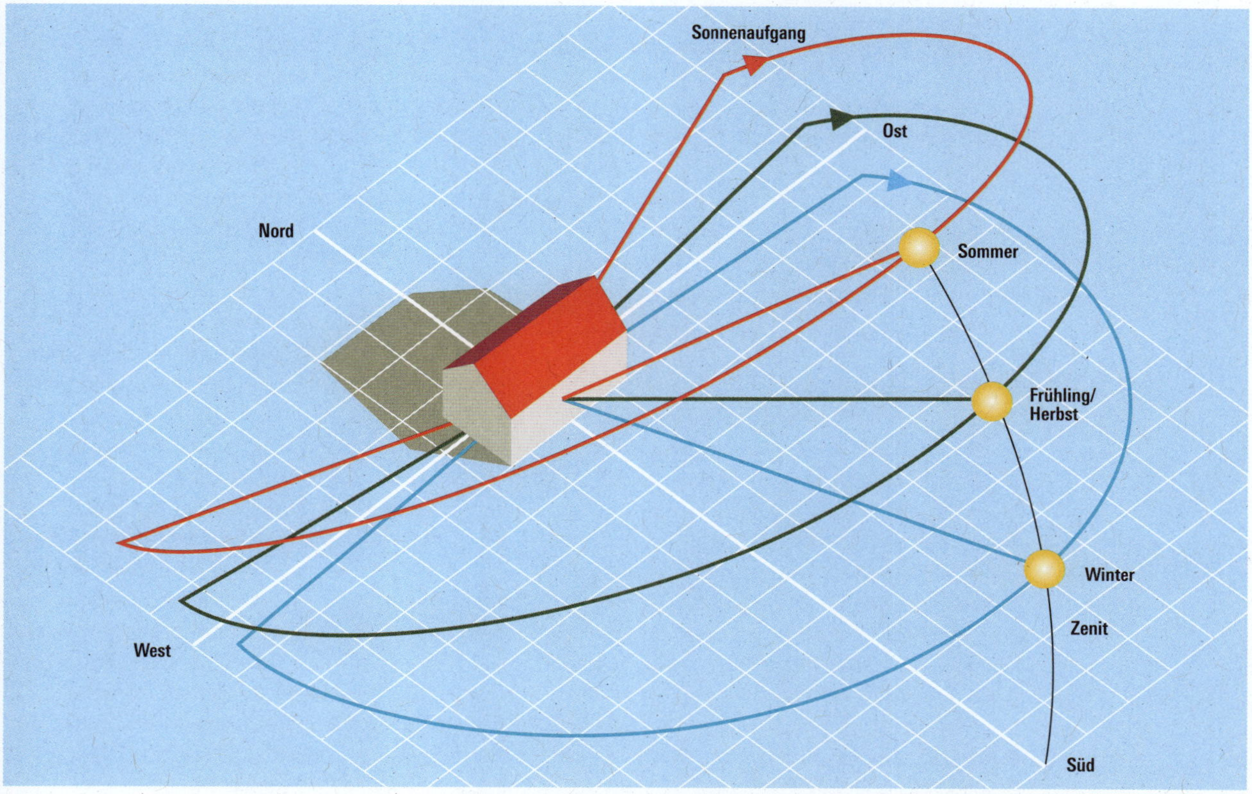

Im Sommer steht die Mittagssonne erheblich steiler als im Winter. Die Ilustration stellt beispielhaft die Sonnenstände für Frankfurt am Main zu den Zeitpunkten der Sommersonnenwende (21. Juni), der Tag- und Nachtgleiche und der Wintersonnenwende (21. Dezember) dar. Die Sonne geht morgens im Osten auf und steht zunächst sehr niedrig am Himmel. Ihre Strahlen treffen dann flach auf die Erde und können daher durch Fenster tief in Räume eindringen. Über Mittag steht die Sonne im Süden steil am Himmel und kann durch Dachvorsprünge aus dem Haus ferngehalten werden. Nachmittags sinkt die Sonne kontinuierlich ab, bevor sie im Westen untergeht. Die tief stehende Abendsonne kann wiederum weit in die Räume eindringen und wird in ihrer Kraft oft unterschätzt.

Hausinnere vordringen. Es war daher lange üblich, Küchen sowie Schlaf- und Kinderzimmer nach Osten auszurichten, da diese oft morgens genutzt werden und die Ostsonne beim Wachwerden hilft. In Abhängigkeit von persönlichen Vorlieben dürfte dies auch heute noch sinnvoll sein.

▶ **SÜDEN** gilt allgemein als die optimale Himmelsrichtung für die Ausrichtung von Aufenthaltsräumen, weil Südseiten im Tagesverlauf am längsten direktes Sonnenlicht bekommen. Allerdings ist diese großzügige Besonnung beschränkt auf die Stunden rund um die Mittagszeit – morgens sind Südseiten noch nicht, abends nicht mehr direkt besonnt. Insofern betrifft die positive Bewertung der Südorientierung vor allem Räume, die tatsächlich tagsüber genutzt werden. Wer sein Haus berufsbedingt im Alltag vor allem morgens und abends bewohnt, dem mag die Morgen- und Abendsonne letztlich wichtiger sein als die mittägliche Südsonne. Südorientierte Räume eignen sich daher in der Nutzung von Familien besonders gut für Wohnräume und Kinderzimmer.

Im Süden ist der Sonneneinfallswinkel im Lauf der Jahreszeiten besonders unterschiedlich: In Dortmund steht die Sonne im Sommer mittags 62° hoch am Himmel, im Winter sind es nur 19°. Daher kommt dem

Sonnen- und Blendschutz auf Südseiten eine besondere Bedeutung zu, da die kräftige Mittagssonne einerseits im Sommer leicht zur Überhitzung der Räume führen, andererseits im Winter unerwünschte Blendungen hervorrufen kann. Der Schutz vor sommerlicher Überhitzung lässt sich durch großzügige Dachüberstände gut erreichen, winterlicher Blendschutz kann auch mit innenliegenden Vorhängen gewährleistet werden.

- **WESTEN:** Die Westsonne steht zwar am Nachmittag tief am Himmel und scheint dadurch flach ins Haus, man sollte allerdings ihre Kraft nicht unterschätzen und daher auf Westseiten möglichst nicht auf außenliegenden Sonnenschutz verzichten (siehe Seite 35). Nach Westen sollte man Räume orientieren, die hauptsächlich am Nachmittag und Abend genutzt werden, also Wohnräume, Essplätze und gegebenenfalls Arbeitsräume.

- **NORDEN:** Selbst Nordseiten erhalten direktes Sonnenlicht, allerdings nur im Hochsommer in den Wochen vor und nach der Sommersonnenwende früh am Morgen sowie spätabends. Den größten Teil des Jahres muss man nicht damit rechnen, dass direkte Sonnenstrahlen von Norden ins Haus einfallen. Sonnenschutz ist daher überflüssig, Blendschutz kein allzu wichtiges Thema. In Wohnhäusern ist es sinnvoll, Bibliotheken und auch Wände, an denen Kunstwerke hängen sollen, nicht dem direkten Sonnenlicht auszusetzen. Auch für Arbeitsplätze und Küchen kann die Ausrichtung nach Norden günstig sein, sofern dort eine direkte Besonnung nicht ausdrücklich gewünscht ist.

Weitere Einflussfaktoren

Die Bedeutung der Himmelsrichtungen wird im Vergleich zu anderen Vor- und Nachteilen eines Hauses oder Grundstücks oft überbewertet: Wenn sich eine reizvolle Aussicht nach Norden bietet, wird man kaum die Aufenthaltsräume ausschließlich nach Süden ausrichten wollen. Und an heißen Sommertagen ist eine schattige, nach Osten oder Norden orientierte Terrasse oft ein gesuchter Lebensraum. Daher muss man sich im Vorfeld einer Planung die Vor- und Nachteile jeder Himmelsrichtung einzeln klar machen, die eigenen Vorlieben formulieren und dem geplanten Raumprogramm zuordnen.

Ein weiterer Aspekt, der in der richtigen Lage eine wichtige Rolle in der Planung jedes Einfamilienhauses spielen kann, ist die Aussicht. Der Entwurf kann sich dieser Grundstücksqualität völlig unterordnen und die Aussicht mittels einer großflächigen Verglasung ins Haus holen. Es kann allerdings ebenso reizvoll sein, eine gegebene Aussicht in kleinen

Vor- und Nachteile von mehrgeschossiger Bauweise

Kriterium	Vorteil	Nachteil
Grundstücksgröße	Kleinerer „Fußabdruck“ ermöglicht Realisierung auf kleinerem Grundstück	Kleineres Grundstück bedeutet in der Regel weniger Nutzfläche im Garten
Baukörper	Kompakte Baukörper: günstig hinsichtlich Wärmedämmung und Baukosten	Weniger Dachfläche zur Anbringung von Kollektoren
Kosten	Insgesamt kostengünstig durch kleineres Grundstück, kompakten Baukörper und platzsparende Erschließung	Treppen als Bauteile relativ kostspielig
Erschließung	Platzsparende Erschließung über Treppen	Barrierefreie Ausführung nur durch mechanische Hilfsmittel (Treppenlifter, Aufzug) erreichbar, daher mäßig geeignet für ältere und gehbehinderte Bewohner/innen

Öffnungen gezielt zu „rahmen" und auf bestimmte Blickverbindungen von innen nach außen zu konzentrieren.

Geschossigkeit

Die zur Bebauung vorgesehenen Grundstücke werden über die Jahre immer kleiner. Dies folgt einerseits aus politischen Vorgaben gegen den Flächenverbrauch, andererseits aus dem zunehmenden Kostendruck für Bauherren. Daher ist es heute nur noch auf wenigen Grundstücken möglich, das gewünschte Raumprogramm komplett ebenerdig auf einem Geschoss unterzubringen. Die meisten Einfamilienhäuser werden derzeit zweigeschossig errichtet, auf kleinen Grundstücken in städtischen Lagen sind immer öfter auch dreigeschossige Häuser zu finden.

Mehrgeschossige Häuser haben einerseits den Nachteil, dass Barrierefreiheit nicht per se gegeben und nur durch erheblichen technischen Mehraufwand erreichbar ist. Andererseits ist neben dem eigenen Garten oft gerade das Wohnen auf mehreren Geschossen eine Qualität, die das Einfamilienhaus als Bauform aus den anderen Wohnformen heraushebt.

So zeigt sich gerade in der dreidimensionalen Ausarbeitung oft die besondere Qualität von Einfamilienhäusern: Dies kann einerseits in der Gestaltung der Erschließungselemente (meistens Treppen), andererseits auch in der vertikalen Verbindung von Wohnbereichen über Lufträume, Galerien, Lichthöfe, Zwischenebenen oder ähnliche räumliche Elemente erzielt werden. Zudem lässt sich durch die sinnvolle Verteilung der Räume auf verschiedene Ebenen auch die erwünschte Abgrenzung von Wohnbereichen für Eltern und Kinder umsetzen.

Die Vor- und Nachteile der mehrgeschossigen Bauweise sind in der Tabelle „Vor- und Nachteile ..." auf der linken Seite zusammengefasst.

Eine besondere Form der mehrgeschossigen Häuser sind sogenannte Split-Level-Typen, in denen die Räume durch halb- oder drittelgeschossige Höhenversätze so auf den Ebenen verteilt werden können, dass eine kontinuierliche Raumfolge mit reizvollen Blickbezügen entsteht.

Die Dachform prägt den Charakter des Hauses ganz entscheidend, wobei der früher ungenutzte Dachboden weitgehend verschwunden ist.

Dachformen

Kaum ein Bauteil prägt die Gestalt des Hauses so sehr wie sein Dach. Theoretisch ist die Bandbreite der möglichen oberen Abschlüsse für Ihr Haus fast grenzenlos: Statt sie textlich zu beschreiben, haben wir Ihnen die im Einfamilienhausbau gängigen Dachformen auf Seite 26 vergleichend aufgezeichnet.

Allerdings ist die Auswahl der Dachformen meist entweder durch den Bebauungsplan vorgegeben oder – in Gebieten ohne gültigen Bebauungsplan – durch den Grundsatz der Einfügung in die umgebende Bebauung eng begrenzt (siehe dazu Seite 258 f).

Die gängigsten Dachformen für Einfamilienhäuser sind derzeit bei den geneigten Dächern das Sattel- und das Walmdach. Daneben stehen das Flachdach und das zunehmend beliebte Pultdach. Auch wenn die Auswahl der Dachform stark vom persönlichen Geschmack abhängt, haben wir in der Tabelle auf Seite 27 einige sachliche Vor- und Nachteile der verschiedenen Dachformen zusammengestellt.

Verschiedene Dachformen

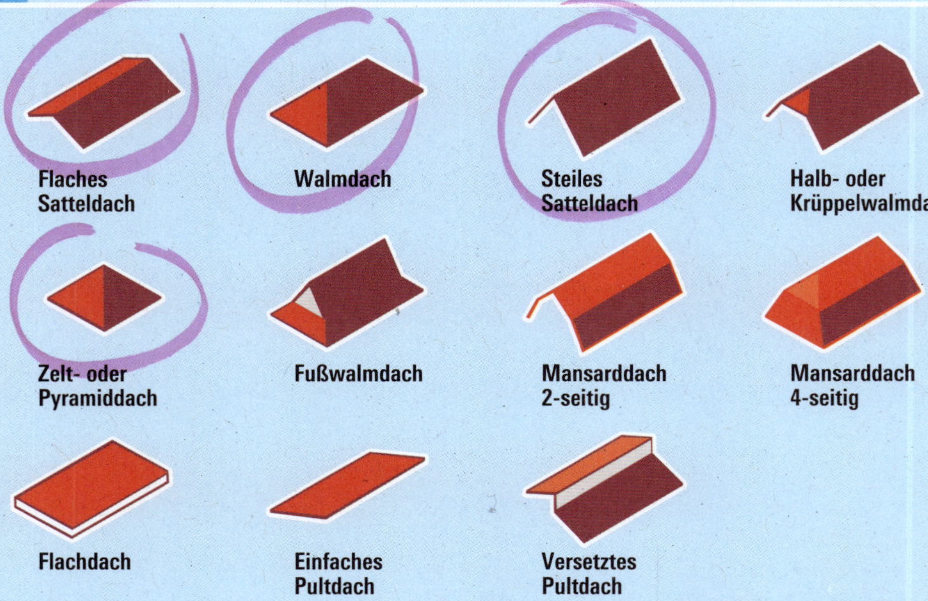

Keller oder externer Abstellraum

Eine weitere grundlegende Entscheidung beim Hausbau betrifft die Unterbringung von Abstellflächen und Nebenräumen für die haustechnischen Komponenten, die Lagerung von Brennstoffen und ähnliches. Die traditionelle Lösung ist der Bau eines Kellers unter dem gesamten Haus, auf dem das Haus auch statisch zum Stehen kommt. Allerdings ist eine Unterkellerung des gesamten Hauses erfahrungsgemäß deutlich größer als unbedingt erforderlich. Selbstverständlich kann man die „überzählige" Fläche sinnvoll nutzen, zum Beispiel für Hobbyräume – sofern man sie sich leisten kann.

Auf Hanggrundstücken lässt sich die Kellerfläche üblicherweise besser optimieren, indem nur der hangseitige Teil des Hauses unterkellert wird (Teilunterkellerung).

Wenn Sie überlegen, ganz auf den Keller zu verzichten (vielleicht aus Kostengründen), müssen Sie sich über Alternativen Gedanken machen. Diese können darin bestehen, dass Sie Nebenräume in den oberirdischen Geschossen (zum Beispiel in sonst schlecht nutzbaren Bereichen der Dachgeschosse unter den Dachschrägen) einplanen. Denkbar ist auch der Bau eines Schuppens auf dem Grundstück (zum Beispiel im Verbund mit Garage oder Carport – Näheres hierzu ab Seite 356), der allerdings die nutzbare Gartenfläche einschränkt und im Gegensatz zum Keller für die Lagerung von Lebensmitteln, Papier oder Wertsachen nur bedingt geeignet ist.

Variabilität und Flexibilität

Wohnhäuser haben eine statistische Lebenserwartung von mehreren Generationen – es liegt daher auf der Hand, dass es nicht genügt, wenn sie ausschließlich den Anforderungen ihrer ersten Bewohner genau zum Zeitpunkt des ersten Einzugs gerecht werden. Selbst innerhalb eines einzigen Nutzungszyklus ändern sich die Bedürfnisse der Bewohner, allein schon durch Veränderungen der Familienzusammensetzung: Auszug der Kinder, Einzug der Großeltern – und nicht zuletzt die Folgen des eigenen Älterwerdens.

Darüber hinaus steht und fällt die Nachhaltigkeit des planerischen Konzepts mit der Anpassbarkeit der Struktur an die Ansprüche

Vor- und Nachteile von Dachformen

Kriterium	Flachdach	Satteldach	Pultdach	Walmdach	Krüppelwalmdach	Mansarddach
Eignung des Dachgeschosses für Wohnnutzung	Sehr gut geeignet (Vollgeschoss)	Geeignet, Belichtung über die geneigte Dachfläche allerdings nur durch aufwändige Gauben oder Querhäuser bzw. durch Dachflächenfenster möglich	Bei sinnvoller Geschosshöhe sehr gut geeignet	Geeignet, Belichtung allerdings nur durch aufwändige Gauben oder Querhäuser bzw. durch Dachflächenfenster möglich	Geeignet, Belichtung über die geneigte Dachfläche allerdings nur durch aufwändige Gauben oder Querhäuser bzw. durch Dachflächenfenster möglich	Geeignet, Belichtung über die geneigte Dachfläche allerdings nur durch aufwändige Gauben oder Querhäuser bzw. durch Dachflächenfenster möglich
Kosten	Kostengünstig	Kostengünstig	Sehr kostengünstig	Relativ aufwändig (viele Grate)	Aufwändig (viele Grate)	Sehr aufwändig (viele Grate)
Nutzbarkeit	Geeignet für Dachterrassen und -gärten	Dachterrassen als Einschnitte möglich, aber relativ aufwändig	Dachterrassen als Einschnitte möglich, aber relativ aufwändig	Dachterrassen als Einschnitte möglich, aber relativ aufwändig	Dachterrassen als Einschnitte möglich, aber relativ aufwändig	Dachterrassen als Einschnitte möglich, aber sehr aufwändig
Eignung der Dachfläche für die Anbringung von Kollektoren	Geeignet, aufgrund der für die Aufstellung erforderlichen Unterkonstruktionen aber relativ aufwändig	Gut geeignet	Bei richtiger Ausrichtung sehr gut geeignet	Gut geeignet	Gut geeignet	Geeignet

künftiger Nutzer, deren Identität und Haushaltsform natürlich nicht bekannt sind. Dementsprechend sollte man versuchen, entweder leistungsfähige, möglichst flexible beziehungsweise variable, oder aber neutrale, wenig personalisierte Grundrisse zu wählen. Letzteres widerspricht allerdings dem Wunsch vieler Bauherren, das Haus auf die eigenen Bedürfnisse maßschneidern zu lassen.

Flexible Grundrisse

Flexibel nutzbare Wohnungen sind besonders dann planerisch sehr anspruchsvoll, wenn man Veränderungen innerhalb einer Wohneinheit durch bewegliche Elemente wie Schiebetüren oder -wände in kurzen Rhythmen (im Extremfall mehrmals täglich) erreichen will. Alle Konzepte dieser Art haben ein grundsätzliches Problem gemeinsam: den internen Schallschutz. Möbel als Raumteiler und drehbare Wandelemente brauchen für ihre Beweglichkeit einigen Spielraum nach oben und unten und können Geräuschen daher kaum mehr Widerstand entgegensetzen als ein gewöhnlicher Vorhang. Selbst mobile Wände, die sich in fest angebrachten Schienen schieben lassen, sind konventionellen Wänden (ob massiv oder im Trockenbau) in ihrer Schallübertragung deutlich unterlegen. Wer schon einmal mit Teenagern über Lautstärke von Musikwiedergabe diskutiert hat, kennt die potentiellen Folgen für den Familienfrieden. Daher dürften kurzfristig flexible Grundrisse bis auf Weiteres den „Nicht-Familien" vorbehalten bleiben.

Offene Strukturen

Eine zweite, baulich stärker festgelegte Möglichkeit stellen Häuser dar, die möglichst sparsam konstruiert und in ihrem Inneren für den Ausbau nach den Bedürfnissen und Wünschen der Bewohner freigehalten sind. Dafür eignen sich die Gebäudetypen besonders gut, deren Lasten nicht über Wände, sondern über Balken und Stützen (aus Holz, Stahl oder Beton) getragen werden. Zwischen den Stützen wird eine freie Einteilung der Wohnung durch Möbel oder leichte Trennwände möglich, die innerhalb der Außenwände beliebige Grundrisse vom vollständig freien Loft bis hin zum konventionellen Haus mit einzelnen Räumen möglich macht.

Nutzungsneutrale Räume

Ein anderes Konzept bietet zwar keine Flexibilität im engeren Sinn, steckt aber doch einen sinnvollen Rahmen für Veränderungen im Zusammenwohnen ab: Nutzungsneutrale Räume. Ein wichtiger Grund für die anhaltende Beliebtheit großbürgerlicher Wohnungen aus der Gründerzeit ist die einheitlich hohe Nutzungsqualität ihrer einzelnen Zimmer, von denen keines durch Größe, Zuschnitt oder Installationen auf eine bestimmte Nutzung festgelegt ist. Als Individualräume für die Mitglieder der Familie stellen sie gewissermaßen Wohnungen in der Wohnung dar und bieten zusätzlich zum Raum für Schlafen auch genug Fläche für einen Arbeitsplatz, eine Zone zum Entspannen und genügend Bewegungsraum. Diese Qualitäten erfordern erfahrungsgemäß eine gewisse Mindestgröße von 12 bis 14 Quadratmeter, einen an das Quadrat angenäherten Zuschnitt, eine gute natürliche Belichtung und durchdachte technische Installationen – auf dieser Fläche hat ein Elternschlafzimmer mit Ehebett und Einbauschrank ebenso Platz wie ein zweckmäßig möbliertes Kinderzimmer oder ein zeitgemäßer Arbeitsplatz. Dieses Konzept ist seit einiger Zeit auch für Einfamilienhäuser wieder aktuell.

Aufteilbarkeit

Ein großer Vorteil für die langfristige Anpassbarkeit des Hauses an sich wandelnde Wohnbedürfnisse ist die Möglichkeit einer späteren Aufteilung beziehungsweise Zusammenlegung der Wohnung/en. Sie muss allerdings idealerweise bereits beim Gebäudeentwurf bedacht und berücksichtigt werden, da man anderenfalls das Risiko eingeht, dass die dafür notwendigen baulichen Veränderungen an Gegebenheiten von Statik, Gebäudetechnik oder Zugänglichkeit scheitern. Die zur Aufteilung oder Zusammenlegung erforderlichen Durchgänge sollten sozusagen „auf Vorrat" hergestellt und dann temporär verschlossen werden, die Haustechnik muss sich für die Aufteilung in mehrere Heiz- und Schaltkreise eignen, und der interne Schallschutz sollte so ausgelegt sein, dass die Hauptwohnung und die von ihr abgetrennten Einheiten sich nicht gegenseitig stören.

Die Einliegerwohnung

Das bekannteste Beispiel für die Aufteilbarkeit eines Einfamilienhauses ist die abgetrennte Einliegerwohnung. Sie war am Ende des 20. Jahrhunderts sehr populär, weil die Vermietung von Wohnraum in Einfamilienhäusern steuerlich gefördert wurde. Seit dem Ende dieser Vergünstigungen sind Einliegerwohnungen seltener geworden.

Sofern sie als abgeschlossene Wohneinheiten im Gebäudeentwurf schon vorgesehen sind, können sie entweder von Anfang an vermietet oder zunächst selbst genutzt und später (zum Beispiel nach dem Auszug der Kinder) von der Hauptwohnung abgetrennt werden.

Auch ist es denkbar, Einliegerwohnungen später zumindest teilweise in das Haus zu integrieren, zum Beispiel wenn erwachsene Kinder weiterhin im Haus wohnen oder betagte Eltern beziehungsweise Großeltern zusätzlich einziehen wollen. Einliegerwohnungen eignen sich nötigenfalls auch zur Unterbringung von Pflegepersonal. Beachten Sie aber, dass jede dieser Möglichkeiten schon beim Entwurf bedacht sein will. Dann können Einliegerwohnungen einen sinnvollen Beitrag zur langfristigen Flexibilität und Nutzbarkeit des Hauses leisten.

Barrierefreies Wohnen

Die barrierefreie Auslegung von Wohngebäuden ist ein wichtiger Aspekt zur Sicherung ihrer langfristigen Nutzbarkeit und ihres Werterhalts. Wer will nicht bis ins hohe Alter im eigenen Haus wohnen können?

Daher ist es von entscheidender Bedeutung, dass Wohnungen auch für ältere, kranke oder behinderte Menschen sinnvoll nutzbar bleiben. Dies stellt besonders für Einfamilienhäuser, die heute in der Regel mehrgeschossig geplant werden, eine besondere Herausforderung dar. Während sich die haustechnische Ausstattung (siehe Seiten 312 ff.) zumindest teilweise nachrüsten lässt, muss man beim Zuschnitt von Funktionsräumen wie Küchen und vor allem Bädern erheblich mehr Platz einplanen, wenn sie sich später für die Benutzung mit Gehhilfe oder Rollstuhl noch eignen sollen. Dies führt folgerichtig zu spürbar höheren Erstellungskosten.

Die Norm zum barrierefreien Bauen trägt den Namen DIN 18040. Sie wurde im Jahr 2011 veröffentlicht und wird daher noch lange gültig sein. Teil 2 dieser Norm beschäftigt sich mit Wohngebäuden und enthält neben allgemeinen Richtlinien zum barrierefreiem Wohnen auch die Vorgaben zum rollstuhlgerechten Wohnungsbau. Unterlagen zur rechtlichen Erfüllung dieser Norm sind bei den Architektenkammern und den zuständigen Landesministerien in Form von Broschüren erhältlich, die auch die genauen Anforderungen für rollstuhlgerechte Erschließungselemente, Bäder und Küchen enthalten. Gute Architekten kennen sich mit diesem Thema aus und können ihre Bauherren dazu kompetent beraten. Allerdings wird man – gerade bei mehrgeschossigen Einfamilienhäusern – aus Platz- und Kostengründen nur selten die Normen in allen ihren Einzelaspekten befolgen können. Dennoch sollten folgende Aspekte des barrierefreien Bauens auch bei der Planung „normaler" Einfamilienhäuser beachtet werden.

- **SCHWELLEN UND NIVEAUUNTERSCHIEDE** beim Boden sollten innerhalb von Häusern so weit wie möglich vermieden werden – nicht nur, um das Haus notfalls auch mit einer Gehhilfe oder sogar einem Rollstuhl benutzen zu können, sondern auch zur Vermeidung von Stolperfallen. Dies lässt sich innerhalb des Hauses durch die Grundrissgestaltung meistens gut erreichen, führt allerdings an Übergängen zwischen Innen- und Außenräumen, bei Hauseingängen, Terrassentüren etc. unweigerlich zu einem erhöhten bautechnischen Aufwand für die Abdichtung. Dieser Aufwand lohnt sich aber meist auf lange Sicht.

- Der **BEGINN UND DAS ENDE VON TREPPEN** sowie die Kanten einzelner Stufen sollten auch für Sehbehinderte deutlich erkennbar sein, und zwar sowohl beim Aufwärts- als auch beim Abwärtsgehen. Dies lässt sich besonders gut durch Helligkeitskontraste zwischen verschiedenen Materialien erreichen – und, falls dies nicht mit der gestalterischen Absicht vereinbar ist, auch später im Bedarfsfall vorübergehend nachrüsten.

- Schließlich sollte schon während der Planung auf **GRIFFSICHERHEIT** geachtet werden: So sollten häufig genutzte Treppen auch innerhalb des Hauses mindestens auf einer Seite mit einem Handlauf ausgestattet sein – oder dieser muss wenigstens nachgerüstet werden können.

Wer ganz sichergehen will, dass sein Haus auch im Falle einer Bewegungseinschränkung nutzbar bleibt, kann noch einen Schritt weiter gehen und die spätere Nachrüstung eines Treppenlifters oder sogar eines Aufzugs einplanen. Das bedeutet, dass die Integration eines ausreichend großen Schachtes in den Grundriss einzuplanen ist, von dem aus alle Ebenen des Hauses erreichbar sind. Dieser Schacht kann bis zum Einbau des Aufzugs durch Einziehen von provisorischen Decken (üblicherweise aus Holz) auf jedem Geschoss zum Beispiel als Abstellfläche genutzt werden. Die haustechnischen Aspekte des barrierefreien Bauens (zum Beispiel das Thema Hausnotruf) werden in den Kapiteln ab Seite 312 genauer behandelt.

Bad mit Dusche, das auch für bewegungseingeschränkte Menschen bequem zu nutzen ist.

Wiederverkaufswert

Auch wenn der Bau des eigenen Hauses meist die Erfüllung eines sehr persönlichen Traums ist (und sein sollte), sollte man neben der vielfältigen und langfristigen Nutzbarkeit (die in den vorhergehenden Absätzen behandelt wurde) die Anpassungsfähigkeit an geänderte Bedürfnisse nicht aus den Augen verlieren.

Dies nützt auch der Vermarktbarkeit im Falle eines Verkaufs, denn dann steht nicht mehr die Erfüllung der persönlichen Wünsche des ursprünglichen Bauherren im Vordergrund, sondern die Brauchbarkeit des Hauses für potenzielle Käufer. Aus diesem Grund sollten Sie sehr individuelle Grundrisslösungen, die ausschließlich für die eigene Familie maßgeschneidert sind, mit Vorsicht behandeln und auch auf universelle, geschmacksneutrale Qualitäten der Nutzung und Gestalt achten.

Ähnliches gilt für die Auswahl von sichtbaren Materialien: Nicht umsonst haben sich einige recht neutrale Oberflächenstandards wie die klassischen weißen Fliesen etabliert, die allgemein akzeptiert sind.

Kostengünstig bauen

Für nahezu alle Bauwilligen spielen die Kosten des Projekts eine ganz entscheidende Rolle, und zwar sowohl in Form des vorgegebenen Kostenrahmens als auch hinsichtlich der gewünschten Kostensicherheit. Das Budget fürs Haus ist begrenzt. Daher werden wir hier gezielt auf einige Grundvoraussetzungen für kostengünstiges Bauen eingehen.

Nachhaltig denken für Selbstnutzer

Wenn Sie ein Haus für die eigene Nutzung bauen, sollten Sie bei Ihren Entscheidungen zu den Kosten nicht nur die Herstellung des Gebäudes betrachten, sondern auch die laufenden Unterhalts- und Wirtschaftskosten für die ersten Jahrzehnte in Ihre Überlegungen einbeziehen.

Bei erfahrenen und professionellen Bauherren wie Banken, Kommunen und Finanzinvestoren, die regelmäßig bauen und als Selbstnutzer auch für den Betrieb und Unterhalt der entstandenen Gebäude aufkommen müssen, hat sich diese Erkenntnis längst durchgesetzt. Hier werden bei der Auswahl von Bauweisen und Materialien sowie der Gebäudetechnik auch deren Betriebs- und Unterhaltskosten in die Gesamtrechnung einbezogen. Setzt man für diese Rechnung 20, 30 oder gar 40 Jahre Nutzungszeit an, verschieben sich oft die Prioritäten zugunsten von zunächst teureren, aber längerlebigen Baustoffen – und zugunsten von besseren Standards für Wärmeschutz und Gebäudetechnik.

Die ersten wichtigen Weichenstellungen zur Wirtschaftlichkeit eines Hauses finden schon früh im Planungsprozess statt, nämlich bei der Anordnung des Baukörpers und der Grundrissplanung. Was sinnvoll ist, erweist sich meistens auch als preiswert – daher tauchen einige in den vorigen Kapiteln bereits erwähnte Aspekte unter dieser Rubrik nochmals auf.

Fläche und Volumen kosten Geld

Die erste Faustregel zum kostensparenden Bauen versteht sich eigentlich von selbst, muss aber immer wieder ausgesprochen werden: Fläche und umbauter Raum kosten Geld.

Die wirkungsvollste Einsparmaßnahme ist daher der Verzicht auf Wohnfläche und Geschosshöhe. Überlegen Sie genau, wie viel Platz Sie tatsächlich brauchen und wie hoch Ihre Räume sein müssen – Ratschläge hierzu finden Sie ab Seite 32. Sie sollten allerdings nicht über das Ziel hinausschießen und vor lauter Sparwillen ein Haus planen, das Ihren Anforderungen später nicht mehr genügt.

Die Reduzierung der Raumhöhe senkt zwar ebenfalls die Baukosten, birgt aber erheblich weniger Einsparpotenzial als der Verzicht auf Wohnfläche. Mit anderen Worten: Ein kleinerer Raum mit etwas höherer Decke kann Ihnen manchmal gefühlte Großzügigkeit zu günstigeren Kosten bieten.

Kostenaspekte Keller und Gründung

Grundsätzlich gilt zwar, dass es immer günstiger ist, auf einen Keller zu verzichten, als ihn zu bauen. Bei genauerer Kalkulation stellt man allerdings meist fest, dass sich das Einsparpotenzial durch den Verzicht auf ein Untergeschoss meist in engen Grenzen hält – dies gilt

Einfacher Baukörper, wenige, aber große Fenster, schlichte Details: gute Voraussetzungen für ein kostengünstiges Haus.

insbesondere für Massivbauten. Grund dafür ist die Tatsache, dass die Fundamente des Hauses in jedem Fall ohnehin bis in frostsichere Tiefe gegründet werden müssen, daher die Baugrube und die Wände des künftigen Kellers bereits in großen Teilen vorhanden sind. Ausnahmen von dieser Regel sind unter anderem Bereiche mit hohem Grundwasserstand oder großem Überschwemmungsrisiko, wo eine besonders dichte und dadurch aufwendige Ausführung des Kellers die Kosten deutlich in die Höhe treiben würden.

Ehrlicherweise muss man beim Verzicht auf den Keller auch die Erstellung der Nebenräume in den oberirdischen Geschossen oder den Bau eines Schuppens auf dem Grundstück mit den Einsparungen gegenrechnen.

Vertikale Optimierung

Da ein erheblicher Teil der Kosten eines Hauses von seinem Tragwerk bestimmt sind, liegen dort auch große Potenziale zur Erreichung günstiger Baukosten. Einfache Tragstrukturen zeichnen sich unter anderem dadurch aus, dass Wände weitestmöglich übereinander stehen und die Lasten so möglichst gerade und ohne „Umwege" nach unten abgeleitet werden können.

Die Spannrichtung der Decken sollte ebenfalls in den verschiedenen Geschossen gleich sein, und ihre Spannweiten sollten über ein sinnvolles Maß nicht hinausgehen. Grundsätzlich gelten diese Richtlinien für alle gängigen Materialien – bezüglich der kostengünstig umsetzbaren Dimensionen gibt es allerdings gewisse Unterschiede. Schließlich hat das Material des Tragwerks einen direkten Einfluss auf die Flexibilität des Grundrisses und damit auf seine langfristige Anpassbarkeit.

Auch die Lage und Ausbildung der Sanitärräume hat erhebliche Auswirkungen auf die Baukosten. So sollten Bäder und Küchen nach Möglichkeit nah beieinander, in verschiedenen Geschossen aber unbedingt übereinander liegen, damit die Wasser- und Abwasserleitungen möglichst auf kurzem, geradem Weg und in kompakten Schächten geführt werden können. Ganz besonders gilt dies für die Lage der Toiletten, deren Abwässer (aus nachvollziehbaren Gründen) Leitungen mit relativ großen Durchmessern benötigen, die so senkrecht wie irgend möglich verlaufen sollten.

Kosten für Gebäudehülle und Sonderbauteile

Allgemein gilt, dass die Gebäudehülle heute aufgrund der hohen Anforderungen bezüglich Dichtigkeit, Wärmedämmung, Sonnenschutz etc. einen besonders teuren Bestandteil des Hauses darstellt. Daher sind einfache Baukörper in klarer Geometrie fast immer günstiger in der Erstellung und im Unterhalt als vielgestaltige, zerklüftete Volumina mit Vor- und Rücksprüngen, Dachaufbauten, Einschnitten und ähnlichem.

Sonderformen wie Erker, Balkone, Wintergärten, Quergiebel, Dachgauben und ins Dach eingeschnittene Balkone führen zu zahlreichen Anschlusspunkten, deren Herstellung und Abdichtung Geld kostet. Darüber hinaus vergrößern sie neben der Oberfläche des Hauses die Erstellungskosten und die Wärmeverluste.

Auch im Innenraum erweisen sich einfache Grundrissgeometrien mit geraden Raumbegrenzungen üblicherweise als besonders kostengünstig, da Ecken und Kanten in der Herstellung aufwändig sind.

Kosten und Materialwahl

Die Materialien und Oberflächen für das neue Haus sollten Sie nicht nur anhand der kurzfristig erkennbaren Baukosten auswählen, sondern auch die Haltbarkeit der Baustoffe in Ihre Entscheidung einbeziehen.

Auf längere Sicht lassen sich so durch eine möglicherweise höhere Erstinvestition erhebliche Kosten sparen. Dabei geht es einerseits um die absolute Haltbarkeit eines Materials, andererseits um seine Eigenschaften bei der unvermeidlichen Alterung. Während beispielsweise eine Fassade aus lackiertem Holz regelmäßig neu gestrichen werden muss, wird eine Verkleidung aus naturbelassenem Holz – in den dafür geeigneten Holzarten – sich zwar mit der Zeit farblich verändern, aber nach der ersten Verwitterung nicht etwa schäbig, sondern angenehm patiniert aussehen. Dies wirkt sich selbstverständlich auch positiv auf den Werterhalt des Hauses aus.

Energiesparendes Bauen

Heutzutage spielen die Einsparung von Energie, die Senkung der Betriebskosten und andere ökologisch relevante Aspekte im Bauen eine große Rolle – auch bei der Planung von Einfamilienhäusern. Neben der Erkenntnis, dass die natürlichen Ressourcen begrenzt sind und man daher verantwortlich mit ihnen umgehen sollte, gibt es dafür auch ganz sachliche Gründe: Plant man ein Haus mit niedrigem Primärenergieverbrauch, erhält man in Deutschland vergünstigte Kredite von der Kreditanstalt für Wiederaufbau (KfW) und kann dadurch bei der Finanzierung erheblich sparen (siehe Seiten 149 ff.). Dabei sollten Sie sich unbedingt von kompetenten Fachleuten beraten lassen, die dann auch die für die Kreditanträge erforderlichen Formulare ausfüllen dürfen.

Energiesparendes Bauen ist insofern nicht nur ökologisch sinnvoll, sondern geht Hand in Hand mit Kostenbewusstsein: Ökologisches Verständnis wird immer mehr zu einem wichtigen Bestandteil der ökonomischen Gebäudeplanung. Die Schnittmenge wird angesichts steigender Energiepreise immer größer, sobald man bei der Planung die zu erwartenden Nutzungskosten einbezieht. Auch hier sollten Sie als Eigennutzer die Betrachtung nicht nur auf die Erstellungskosten beschränken, sondern die Gesamtkosten einschließlich der Betriebskosten über die geplante Nutzungszeit im Blick behalten.

Viele Entscheidungen, die den künftigen Energieverbrauch Ihres Hauses grundlegend beeinflussen, treffen Sie schon in den ersten Planungsschritten.

Noch davor bestimmt die Auswahl des Bauplatzes in erheblichem Maße die ökologischen Folgen Ihres Hausbaus, weil sich dessen Lage und Erschließung auf Ihren Energieverbrauch auswirken, schon durch die täglichen Fahrten mit dem Pkw oder öffentlichen Verkehrsmitteln. Später betreffen viele planerische Entscheidungen (zum Beispiel die Auswahl der Systeme und Energieträger für Heizung und Lüftung) die technische Gebäudeausrüstung – sie werden ab Seite 296 ff behandelt.

Andere Weichenstellungen folgen aus dem Gebäudeentwurf und erfordern die Kenntnis

Energiesparender Neubau, bei dem unter anderem Solarthermie und Photovoltaik ideal ins Dach integriert werden konnten.

einiger grundsätzlicher Zusammenhänge zum Gebäudevolumen, zur Stellung des Baukörpers zur Sonne, zur Ausbildung der Gebäudehülle hinsichtlich ihres Dämmverhaltens und des Verhältnisses zwischen offenen und geschlossenen Elementen sowie der Fähigkeit der Bauteile, Wärme zu speichern und kontrolliert wieder abzugeben.

Das A/V-Verhältnis

Die Gebäudehülle ist – wie bereits erwähnt – aufgrund der hohen an sie gestellten Anforderungen ein besonders teurer Bestandteil des Hauses. Darüber hinaus stellt sie die Oberfläche dar, durch die das Haus Wärme an seine Umgebung verlieren oder auch aus ihr aufnehmen kann.

Einfache, klar geschnittene Baukörper haben üblicherweise ein günstiges Verhältnis des umschlossenen Volumens (V) zur umschließenden Oberfläche (A), das in der Fachsprache als „A/V-Verhältnis" bezeichnet wird. Zerklüftete Baukörper sind folglich nicht nur teuer in der Erstellung, sondern erhöhen auch tendenziell den Wärmeverlust (dadurch auch die Betriebskosten) und verschlechtern die Ökobilanz.

Ausrichtung des Gebäudes

Allgemein gilt, dass Fassaden nach Westen und Osten, besonders aber nach Süden zur Nutzung der von der Sonne auch im Winter eingestrahlten Energie größere transparente und transluzente Bauteile aufweisen sollten als Nordseiten, bei denen die Wärmedämmwirkung der Baustoffe im Vordergrund steht. Gleichzeitig muss für die verglasten Flächen zum Schutz vor sommerlicher Überhitzung unbedingt ein außenliegender Sonnenschutz vorgesehen werden – Näheres hierzu im Kapitel „Was ist Wohnkomfort?" (ab Seite 34).

Einfach verglaste Wintergärten, die in der Vergangenheit sonnenseitig an Häuser angebaut und üppig bepflanzt wurden, sind als besondere Wohnbereiche bis heute beliebt. In ihrer ursprünglich gedachten Funktion als klimatische Pufferräume haben sie sich allerdings nicht wirklich bewährt und sind inzwischen

Die Dachüberstände vergrößern die Fläche für Solarthermie- und Photovoltaikanlage, schützen im Hochsommer vor zu starker Einstrahlung und die Holzfassade auch vor Regennässe.

durch die Entwicklungen der Glas- und Fassadentechnik weitgehend überholt worden.

Wichtig für die Nutzung der Sonnenenergie sind hingegen die im Gebäude vorhandenen Speichermassen, die eingestrahlte solare Wärme aufnehmen, speichern und zeitversetzt, zum Beispiel nachts, wieder abgeben können. Dies gilt als wichtiges Argument zugunsten des Massivbaus in Mauerwerk und Beton, kann durch bauliche Maßnahmen aber auch im Holz- und Stahlbau gewährleistet werden.

Ökologisches Bauen

Viele Grundsätze des ökologischen Bauens gehen über die Einsparung von Heizenergie hinaus und beziehen sich auf die Eigenschaften der im Haus verwendeten Materialien. Jeder Baustoff hat seine ganz eigene Ökobilanz, die sich unter anderem aus dem Verbrauch von Energie für Rohstoffgewinnung, Verarbeitung und Transport zusammensetzt. Dass nachwachsende Rohstoffe wie Holz dabei üblicherweise gute Werte aufweisen, liegt auf der Hand – vorausgesetzt, sie wurden sinnvoll abgebaut und weiterverarbeitet und mussten keine allzu großen Wege zurücklegen.

Zahlreiche Erkenntnisse aus der Materialforschung haben in den vergangenen Jahrzehnten belegt, dass von bestimmten Baustoffen bzw. ihren Abfallprodukten Ausdünstungen ausgehen, die Gesundheitsgefährdungen hervorrufen können. Dies hatte und hat erhebliche Auswirkungen auf das Baugewerbe: Materialien, die früher nur in der Nische der „Öko-Häuser" Anwendung fanden, sind inzwischen allgemein in der Bauwirtschaft eingeführt. Zahlreiche Veröffentlichungen zu diesem Thema ermöglichen eine vergleichende Bewertung und fundierte Auswahl der Baustoffe.

Was ist Wohnkomfort?

Die meisten Bauherren stellen sich ihr Einfamilienhaus als eine in sich geschlossene Welt für das Leben der Familie vor. Dennoch ist jedes Haus Einflüssen ausgesetzt, die nicht immer erwünscht sind.

Wohnkomfort spielt in der Diskussion der Qualitäten eines Hauses eine große Rolle, obwohl der Begriff nur ungenau abgegrenzt ist. Unsere Definition umfasst neben dem hier bereits diskutierten Aspekt Raumangebot die Kriterien Geräusch, Temperatur und Licht.

Schallschutz

Die Anforderungen an den baulichen Schallschutz aus den einschlägigen Normen sind hoch und können einen erheblichen baulichen Aufwand zur Folge haben. Allerdings gelten diese nur im Verhältnis zwischen verschiedenen Wohneinheiten, zum Beispiel müssen die Trennwände zwischen Doppelhaushälften üblicherweise zweischalig mit dazwischenliegender Schalldämmmatte ausgeführt werden, um die akustische Privatsphäre beider Wohneinheiten sicherzustellen.

Die Schallschutznormen gelten aber nicht innerhalb einer Wohneinheit. Trotzdem sollte man dieses Thema nicht unterschätzen und frühzeitig in die Planung einbeziehen.

Zum Wohnkomfort gehört heute, die schalltechnische Abtrennung zwischen dem gemeinschaftlichen Wohnbereich und den Individualbereichen so leistungsfähig auszubilden, dass gegenseitige akustische Störungen weitestgehend vermieden werden. Mögliche Maßnahmen zur Erreichung eines guten Schallschutzes werden ab Seite 270 im Kapitel „Wände" näher erläutert. Ein qualitativ guter Schallschutz im Gebäude fördert nicht nur die Lebensqualität jedes einzelnen Familienmitglieds, sondern ermöglicht auch eine spätere Aufteilung der Wohnung in mehrere Einheiten. Darüber hinaus steigert eine gute Schalldämmung bei einem späteren Wiederverkauf des Hauses immer auch den Verkaufspreis.

Schließlich kann der Schutz vor Verkehrslärm meist bereits im Rahmen der Grundrissplanung weitgehend gewährleistet werden, indem man die Aufenthaltsräume gezielt weg von Straßen, störender benachbarter Bebauung und bekannten externen Lärmquellen anlegt. Reicht das nicht aus, wird man notfalls auf bauliche Mittel wie Schallschutzfenster in Verbindung mit einer aktiven Be- und Entlüftung des Hauses zurückgreifen.

Sonnenschutz, Blendschutz, Überhitzungsschutz

Komplizierter ist das Thema Sonnen- und Einblickschutz: Hier müssen erwünschte Effekte wie möglichst viel Sonnenlicht im Winter und unerwünschte Störungen wie das Aufheizen der Räume im Sommer oder auch nachbarschaftliche Blickbeziehungen gegeneinander abgewogen und durch bewegliche Schutzmaßnahmen kontrolliert werden. Blendungen durch die flachstehende Wintersonne, unerwünschte Helligkeit und nachbarliche Einblicke lassen sich einfach und kostengünstig durch innenliegende Vorhänge, Rollos oder Lamellen verhindern.

Die einfallende Sonnenstrahlung wird beim Durchgang durch die Glasscheiben in Wärme umgewandelt. Der Schutz vor sommerlicher Überhitzung erfordert deshalb bauliche Elemente außerhalb des Gebäudes. Dafür stehen ganz unterschiedliche Systeme von den traditionellen Fensterläden bis zu modernen automatisch geregelten Außenjalousien zur Verfügung. In jedem Fall prägt der jeweilige außenliegenden Sonnenschutz ganz erheblich das Erscheinungsbild des Hauses im Wandel der Tages- und Jahreszeiten.

Besonders in der Dachschräge mit viel direkter Sonneneinstrahlung leistet eine außen liegende Schattierung gute Dienste.

Bauliche Gestaltung

Aus dem in den vorhergehenden Kapiteln Gesagten lassen sich einige Schlussfolgerungen ableiten, die als Empfehlungen für die bauliche Gestaltung von Häusern gelten sollten.

Einfachheit

Einfache, ruhige Baukörper ohne komplizierte Vor- und Aufbauten sind unabhängig von Moden, folgen also einer nachhaltigen, „unmodischen" Ästhetik, und verfügen gleichzeitig über ein günstiges Verhältnis zwischen Volumen und Gebäudehülle, das sich sowohl auf die Erstellungskosten als auch auf die Wärmeverluste und somit den Energieverbrauch positiv auswirkt.

Langlebige oder/und „in Würde alternde" Materialien kosten möglicherweise beim ersten Einbau mehr als die aktuell billigsten Baustoffe, haben aber deutlich bessere Aussichten, nach jahrelangem Gebrauch und der unvermeidlichen Änderung raumausstatterischer Trends auch nach Jahrzehnten noch zu gefallen. In einer immer mobileren Gesellschaft, die das häufige Wechseln des Wohnorts von vielen Beschäftigten verlangt, wäre eine weitere Verbreitung solcher Standards sicherlich wünschenswert.

Ortsgebundenheit
Es hat sich bewährt, wenn Häuser in ihrer Gestaltung auf die baulichen Traditionen ihres Standorts Bezug nehmen. So ist ein Reetdachhaus mit verklinkerter Fassade in Oberbayern ebenso fehl am Platz wie ein Allgäuer Holzhaus an der Ostsee. Die meisten baulichen Traditionen sind einerseits aus der Verfügbarkeit von Materialien, andererseits aus der Tauglichkeit bestimmter Bauweisen für das regionale Klima entstanden. Daher haben sie bis heute einen Sinn. Beispielsweise hat die traditionelle Dachform von oberbayerischen Häusern viel mit den in dieser Region großen winterlichen Schneemengen zu tun, die durch die flache Neigung nicht vom Dach rutschen und aufgrund der breiten Dachüberstände die Zugangsbereiche des Hauses nicht beeinträchtigen. Eine gute Baugestaltung nimmt derartige Traditionen auf und verarbeitet sie entsprechend heutiger Bedürfnisse.

Das heißt gewiss nicht, dass jedes Haus aussehen soll, als stünde es schon seit hundert Jahren an seinem Ort. Aber die zurückhaltende Einfügung eines neuen Gebäudes in die vorgefundene Umgebung könnte manchem Wohngebiet wohl tun.

Angemessenheit
Wer freut sich nicht über ruhige Nachbarn? Dies gilt nicht nur für den Schallpegel, sondern auch für die bauliche Gestalt des Eigenheims. Rücksicht bei der Auswahl der Materialien und vor allem bei der Ausformung des Baukörpers trägt dazu bei, dass Sie mit Ihren Nachbarn künftig gute Beziehungen haben können. Orientieren Sie daher die Fenster, Balkone und Terrassen Ihres Hauses so, dass diese die Häuser und Grundstücke Ihrer Nachbarn möglichst wenig stören oder beeinträchtigen. Vermeiden Sie bestmöglich die Errichtung von Bauteilen, die Schatten zum Beispiel ausgerechnet auf die Terrasse Ihres Nachbarn werfen.

Und denken Sie beim Pflanzen von Bäumen immer daran, dass diese in den nächsten Jahren nicht nur nach oben wachsen, sondern auch in die Breite. Ihre Nachbarn werden es Ihnen danken – und sich hoffentlich ähnlich rücksichtsvoll verhalten.

Regionale Eigenheiten und Bauweisen werden wieder verstärkt beachtet – auch beim Neubau.

SELBST BAUEN ODER KAUFEN?

Bevor Sie sich jetzt auf die Suche nach einem Bauplatz machen und damit beginnen, Ihre Anforderungen und Wünsche zu formulieren, müssen Sie einige grundlegende Entscheidungen treffen. Denn die Angebote für Grundstücke, Planungsdienstleistungen und das Bauen selbst können von vielen verschiedenen Seiten kommen. Die Auswahl, welche Art von Angebot Sie suchen, sollte ohne Zeitdruck getroffen werden. Dabei sind folgende Leistungsteile zu unterscheiden:

1. Die Suche nach dem Bauplatz und der Grundstückskauf
2. Der Entwurf und die Planung des Hauses
3. Der Bau des geplanten Hauses

Für jeden dieser Leistungsteile kommen verschiedene Anbieter in Betracht, die oft auch eine Kombination mehrerer Leistungen anbieten. Um gleich zu Beginn die wichtigsten Bezeichnungen einzuführen, haben wir in einem Infokasten auf Seite 38 die Akteure in der Bauwirtschaft zusammengestellt.

Bauen auf eigenem Grundstück

Ein Architekt kann Sie schon bei der Bewertung eines Grundstücks beraten, ob das für Ihre Bedürfnisse geeignet ist oder nicht. Wenn Sie bereits ein Grundstück geerbt oder ausgewählt und vielleicht auch schon gekauft haben, bleiben Ihnen immer noch mehrere Möglichkeiten, die Planung und den Bau des Hauses zu organisieren.

Bauen mit Architekten

Der Architekt ist ein (üblicherweise freiberuflicher) Dienstleister, der unabhängig von eigenen wirtschaftlichen Verflechtungen Ihre Interessen bezüglich des Bauprojekts vertritt. Aufgrund seiner Ausbildung, die neben der Kompetenz zum Entwerfen und Planen von Gebäuden auch die wichtigsten Kenntnisse zum Bauablauf und den technischen Regeln der an einer üblichen Baustelle beteiligten Gewerke einschließt, kann er Sie von den ersten Schritten bis zur Fertigstellung Ihres Hauses begleiten.

Die Planungskompetenz ist (neben der wirtschaftlichen Unabhängigkeit) die Stärke eines guten Architekten: er wird individuell auf Ihre Bedürfnisse eingehen und Ihnen ein Haus planen und entwerfen, das genau dafür maßgeschneidert ist. Andererseits müssen Sie sich, bevor Sie einen Architekten suchen und beauftragen, selbst um den Bauplatz kümmern.

INFO

WIE FINDE ICH DEN RICHTIGEN ARCHITEKTEN?

Die Suche und Auswahl des richtigen Architekten gehört zu den wichtigsten Entscheidungen, die Sie auf dem Weg zum eigenen Haus gehen müssen. Mit dem Architekten werden Sie über mehrere Monate bis Jahre nicht nur viel Zeit verbringen, sondern auch viele Geschmacksfragen entscheiden. Sie sollten daher einen Architekten auswählen, dessen Arbeit Sie überzeugt und dem Sie Vertrauen entgegenbringen können.
Es gibt verschiedene Wege, sich nach guten Architekten umzusehen. Wir haben Ihnen die wichtigsten zusammengestellt:

- Erkundigen Sie sich im **Freundes- und Bekanntenkreis**, wenn möglich in der Gegend, in der Ihr künftiges Haus stehen soll. Wer schon mit einem Architekten an einem Projekt zusammen-

Wer ist wer auf dem Bau?

1	**Grundstücksverkäufer:** Von wem Sie den Bauplatz für Ihr Haus kaufen, können Sie auf dem freien Grundstücksmarkt entscheiden. Häufig wird Bauland von Städten und Gemeinden angeboten (die die Flächen manchmal von verschiedenen privaten Vor-Eigentümern gekauft und „umgelegt" haben), oft kann man es auch von Projektentwicklern, Baugesellschaften oder direkt von privaten Eigentümern erwerben. An der Abwicklung des Grundstücksgeschäfts ist oft ein Makler beteiligt.
2	**Makler:** Aufgabe des Maklers ist die Vermittlung von Immobilien (Grundstücken und Gebäuden) zum Kauf und zur Miete. Die meisten Makler arbeiten selbstständig. In Deutschland ist es üblich – aber nirgends vorgeschrieben–, dass der Verkäufer (bzw. Vermieter) den Makler beauftragt, aber der Käufer (bzw. Mieter) dessen Provision bezahlt.
3	**Architekt:** Aufgabe und Kompetenz des Architekten sind die Planung von Gebäuden und die Organisation und Überwachung von deren Erstellung. Üblicherweise arbeitet der Architekt freiberuflich, das heißt er ist grundsätzlich unabhängig von wirtschaftlichen Interessen der anderen am Bau Beteiligten, wie ab Seite 37 ausgeführt. Manche Bauträger und Fertighausfirmen haben als Mitarbeiter ausgebildete Architekten, die den Kunden bei der Erfüllung ihrer Wünsche behilflich sind – dies aber als Angestellte des Hausanbieters.
4	**Tragwerksplaner (Statiker):** Der Tragwerksplaner konzipiert und berechnet die Statik von Gebäuden und sorgt so dafür, dass sie dauerhaft stehen bleiben. Meist führt er auch den Wärmeschutznachweis für die Gebäudehülle durch.
5	**Fachplaner für Gebäudetechnik:** Die haustechnische Ausstattung wird sinnvollerweise geplant, ausgeschrieben und überwacht von Ingenieuren, die sich auf die Gewerke Heizungs- und Lüftungsbau, sanitäre Anlagen, elektrische Anlagen und Licht spezialisiert haben. Die Integration ihrer Arbeit in die übergeordnete Gebäudeplanung liegt beim Architekten.
6	**Generalunternehmer:** Ein Generalunternehmer erstellt ein Haus auf einem vom Bauherren gestellten Grundstück schlüsselfertig, das heißt er erbringt die Bauleistungen entweder in seiner eigenen Firma oder/und beauftragt sie bei dritten Firmen. Die Koordination der verschiedenen Firmen ist Teil der Leistung des Generalunternehmers. Wenn die Planung Teil der Leistung ist, spricht man von einem Totalunternehmer.
7	**Bauträger:** Ein Bauträger verkauft Häuser einschließlich der zugehörigen Grundstücke. Seine Leistung entspricht grundsätzlich der des Generalunternehmers, allerdings gehören beim Bauträger auch der Kauf und Verkauf des Grundstücks hinzu. Der Bauträger finanziert und baut zunächst auf eigenes Risiko, ist somit sein eigener Bauherr und verkauft anschließend das fertige Haus an den Erwerber.
8	**Handwerker/Handwerksbetriebe:** Beim individuellen Bauen in Einzelgewerken kümmern sich Handwerksbetriebe um die Ausführung der Bauleistungen. Sie setzen die Planung der Architekten und Fachplaner unter deren Aufsicht in die Realität um.

gearbeitet hat, kann dessen Arbeitsweise sowie seine Stärken und Schwächen beurteilen – und das trifft wahrscheinlich auf manche Ihrer Bekannten zu.

- Besuchen Sie die Internetauftritte der für Ihren künftigen Wohnort zuständigen **Architektenkammer**. Sie finden dort nicht nur die Architektenliste, sondern meist auch Informationen über preisgekrönte Gebäude und Verweise auf die Internetseiten von Architekten.
- Führen Sie mit den Architekten, die Sie in die engste Wahl genommen haben, **ausführliche persönliche Gespräche**. Lassen Sie sich von ihnen Beispiele ihrer bisherigen Arbeit zeigen, möglichst auch Telefonnummern früherer Bauherren geben, die Sie als Referenzen anrufen dürfen. Erklären Sie Ihre besonderen Vorstellungen und machen Sie sich ein Bild davon, wie die Architekten damit umgehen wollen. Die Adressen und Internetseiten der deutschen Architektenkammern finden Sie im Internet bei www.bak.de

In der Planungsphase setzt der Architekt Ihre Anforderungen und Wünsche nach den bereits beschriebenen Kriterien in ein genehmigungsfähiges und realisierbares Projekt um und berechnet dessen voraussichtliche Kosten.

Anschließend erstellt er die Ausführungspläne und schriftliche Verzeichnisse über den Leistungsumfang der erforderlichen Gewerke, auf deren Basis die Arbeiten ausgeschrieben werden.

Der Architekt prüft die Ergebnisse der Ausschreibungen und formuliert Empfehlungen für die Vergabe der Arbeiten.

In der Ausführungsphase übernimmt der Architekt neben der zeitlichen Koordination und regelmäßigen Überwachung der Baustelle auch die fachliche und rechnerische Prüfung der eingehenden Rechnungen. Nach der Fertigstellung des Hauses kümmert er sich um die Beseitigung allfälliger Mängel und um die Dokumentation der Baupläne für die Akten der Bauherrschaft. Das Vertragsverhältnis zwischen Ihnen und Ihrem Architekten ist ein Werkvertrag und rechtlich unabhängig von den Bauverträgen.

Allerdings hat die „klassische" Architektenbauweise (das heißt die Beauftragung eines Architekten mit dem vollen Leistungsbild und das anschließende Bauen mit einzelnen – vom Architekten über Ausschreibungen bestimmten und fachlich angeleiteten – Handwerksbetrieben) auch gewisse Nachteile: Ein guter Architekt wird zwar die Baukosten ehrlich kalkulieren, kann Ihnen aber keine Kostensicherheit im Sinne eines Festpreises bieten. Darüber hinaus haben Sie viele einzelne Vertragspartner (vom Grundstücksverkäufer über den Architekten und die Fachplaner bis hin zu mehreren ausführenden Firmen) und daher auch bei guter Beratung relativ viel Papierkram zu bewältigen.

Bauen mit Generalunternehmer oder -übernehmer

Sie können die Anzahl Ihrer Vertragspartner (und damit den Verwaltungsaufwand) bei Ihrem Bauvorhaben erheblich reduzieren, wenn Sie sich das Projekt von einem Generalunternehmer oder -übernehmer anbieten lassen. Dies geht grundsätzlich auf Basis einer vorgelegten Planung (die zum Beispiel ein von Ihnen zuvor beauftragter Architekt erarbeitet hat) – der Entwurf und die Ausführungsplanung können aber auch Teil Ihres Auftrags an den Generalunternehmer sein. In beiden Fällen haben Sie zumindest für die Bauausführung nur ein Vertragsverhältnis, das sämtliche Gewerke einschließt.

Wenn der Generalunternehmer die Planung erstellt, entfällt auch das Vertragsverhältnis mit dem Architekten. Dessen Honorar müssen Sie dadurch zwar nicht direkt bezahlen – allerdings wird der Generalunternehmer einen Betrag für die Planung (die er entweder extern vergibt oder durch einen eigenen Mitarbeiter erstellen lässt) in den Preis für das Haus einkalkulieren. Oft ist die Gestaltungsfreiheit bei über den Generalunternehmer geplanten Häusern geringer als beim Entwurf durch einen direkt beauftragten Architekten, da letzterer sich weder an bestimmte Bauweisen noch an standardisierte Hausentwürfe halten muss, die viele Generalunternehmer bevorzugen. Der Anbieter eines Typenhauses übernimmt dann vor der Bauleistung auch die Verantwortung für die Tauglichkeit der Planung – der mit ihm geschlossene Vertrag ist gleichzeitig ein Planungs- und ein Bauvertrag.

Wenn Sie also allein oder zu zweit in Ihrem künftigen Haus wohnen oder vielleicht fünf Kinder haben, werden Sie mit einem normalen Typenhaus vermutlich nicht glücklich, da es wahrscheinlich für eine durchschnittliche Familie mit 3–5 Personen geplant wurde. Viele Typenhäuser bieten zwar bestimmte Variationsmöglichkeiten, mit denen individuelle Wünsche berücksichtigt werden können – diese sind aber eng begrenzt. Weiter gehende Veränderungen machen dann Planungsänderungen erforderlich, die sich deutlich auf die Kosten auswirken können.

In jedem Fall müssen Sie sich schon vor Vertragsabschluss neben dem Hausentwurf auf sämtliche Materialien und Ausstattungsstandards festlegen, damit diese in der Baubeschreibung aufgeführt und so vertraglich vereinbart werden. Nachträgliche Veränderungen dieser Standards sind fast immer mit Kostenveränderungen verbunden, bei denen Ihr Verhandlungsspielraum aufgrund des bereits geschlossenen Hauptvertrags eng begrenzt ist. Nehmen Sie sich daher vor Vertragsabschluss reichlich Zeit zum Überlegen, und beziehen Sie die Folgekosten in die Kostenrechnung mit ein. Nähere Hinweise hierzu finden Sie im Kapitel „Kostengünstig bauen" ab Seite 30.

Generalunternehmer können durch Rahmenverträge mit ihren Subunternehmern bestimmte Bauleistungen oft günstiger anbieten, als es bei individueller Ausschreibung der einzelnen Gewerke erreichbar wäre. Allerdings lässt sich der GU selbstverständlich für seinen Zeitaufwand für die Koordination der Baustelle und gegebenenfalls die Bauleitung bezahlen und muss darüber hinaus eine gewisse Gewinnspanne zur Absicherung seines eigenen wirtschaftlichen Risikos einkalkulieren. Daher unterscheiden sich die Kosten von Häusern, die von GUs gebaut werden, meist nicht wesentlich von solchen, die individuell geplant und dann in einzelnen Gewerken ausgeschrieben wurden.

Umfang und Gliederung der Architektentätigkeit

A	**Erarbeitung eines mit dem Bauherrn abgestimmten Planungskonzepts** ✓ **Grundlagenermittlung (Leistungsphase 1):** Klären der Aufgabenstellung hinsichtlich Nutzungsanforderungen, Bauqualitäten, Kostenbudget und Terminen, Beratung zum gesamten Leistungsbedarf ✓ **Vorplanung (Leistungsphase 2):** Analyse der Grundlagen, Abstimmen der Zielvorstellungen, Erarbeitung eines Planungskonzepts (üblicherweise im Maßstab 1:200), Untersuchung alternativer Lösungsmöglichkeiten, Planskizzen mit erläuternden Angaben, Vorverhandlungen mit Behörden, Kostenschätzung
B	**Ausarbeitung eines genehmigungsfähigen Entwurfs** ✓ **Entwurfsplanung (Leistungsphase 3):** Erarbeitung des endgültigen Planungskonzepts mit zeichnerischer Darstellung des Gesamtentwurfs (üblicherweise im Maßstab 1:100), Objektbeschreibung mit Erläuterungen, Integration der Beiträge anderer an der Planung fachlich Beteiligter, Kostenberechnung ✓ **Genehmigungsplanung (Leistungsphase 4):** Erarbeiten und Einreichen der Vorlagen für die erforderlichen Genehmigungen und Zustimmungen, Anträge auf Ausnahmen und Befreiungen
C	**Erarbeiten einer ausführungsreifen Lösung der Planungsaufgabe** ✓ **Ausführungsplanung (Leistungsphase 5):** Durcharbeiten aller Ergebnisse bis zur ausführungsreifen Lösung, Detail- und Konstruktionszeichnungen im Maßstab 1:50 bis 1:1, zeichnerische Darstellung mit allen notwendigen Einzelangaben für Handwerker und Baufirmen
D	**Erarbeitung der zuschlagsreifen Lösung** ✓ **Vorbereitung der Auftragsvergabe (Leistungsphase 6):** Ermitteln und Zusammenstellen von Mengen als Grundlage für das Aufstellen der Leistungsbeschreibungen und -verzeichnisse, Koordination der Leistungsbeschreibung ✓ **Mitwirkung bei der Vergabe (Leistungsphase 7):** Einholen, prüfen und bewerten von Angeboten, Verhandlungen mit Bietern, Kostenanschlag, Kostenkontrolle durch Vergleich des Kostenanschlags mit der Kostenberechnung
E	**Sicherstellung der Umsetzung der Planung in ein mangelfreies Gebäude** ✓ **Bauüberwachung (Leistungsphase 8):** Überwachen der Baurealisierung auf Übereinstimmung mit der Baugenehmigung, den Ausführungsplänen und Leistungsbeschreibungen, Überwachung des Zeitplans, Unterstützung bei der Abnahme von Bauleistungen, Kostenkontrolle durch Überprüfung der Leistungsabrechnung, Kostenfeststellung ✓ **Objektbetreuung und Dokumentation (Leistungsphase 9):** Objektbegehung zur Mängelfeststellung vor Ablauf von Verjährungsfristen, Überwachung der Beseitigung von Mängeln, Mitwirken bei der Freigabe von Sicherheitsleistungen

Genauere Informationen zu den einzelnen Leistungsphasen, insbesondere den rechtlichen Aspekten innerhalb des Architektenvertrags, finden Sie ab Seite 214.

Bauüberwachung durch eigene Gutachter

Auch wenn Sie sich entschieden haben, die Planung Ihres neuen Hauses nicht durch einen „eigenen" (von Ihnen direkt beauftragten) Architekten erstellen zu lassen, kann seine Dienstleistung trotzdem für Sie nützlich sein. So kann ein Architekt in Ihrem Auftrag sowohl die Angebote von Generalunternehmern oder -übernehmern fachlich vergleichen als auch später in der Realisierungsphase die Qualität der erbrachten Leistungen sowie deren Übereinstimmung mit den Vertragsunterlagen (insbesondere der Baubeschreibung) prüfen. Diese externe Beratung sichert Ihnen eine finanziell unabhängige Überwachung der Leistungen der ausführenden Firmen.

Selbst (mit-)bauen

Wer kostengünstig bauen will und über Zeit und handwerkliches Talent verfügt, kann durch Eigenleistungen einiges Geld sparen. Diese in der Umgangssprache als „Muskelhypothek" bezeichnete Einsparmöglichkeit setzt allerdings voraus, dass Sie sowohl reichlich Zeit einbringen können als auch über handwerkliches Talent verfügen – zumindest in den Gewerken, die Sie selber ausführen wollen. Sie können sowohl einzelne Gewerke selbst ausführen – so ist es durchaus üblich, dass manche Bauherren die Malerarbeiten erledigen – als auch ganze Häuser als Bausätze aus dem Katalog kaufen.

Es ist dabei absolut zwingend erforderlich, dass Sie sich vor Beginn der Arbeiten genau über Ihren Versicherungsschutz informieren und gegebenenfalls eine Unfallversicherung abschließen, die Eigenleistungen auf dem Bau abdeckt. Dies gilt umso mehr, wenn Ihnen Verwandte und Freunde tatkräftig auf der Baustelle helfen wollen: deren Versicherungsschutz muss geklärt sein, sonst sind im Falle eines Unfalls spätere Konflikte programmiert.

Eine typische Falle für Bauherren ist, dass sie ihre eigene Tatkraft und Fähigkeiten anfangs erheblich überschätzen. Gehen Sie realistisch davon aus, dass Sie für jegliche Arbeit doppelt so lange brauchen wie ein Fachmann (der täglich nichts anderes tut, als in diesem Gewerk zu arbeiten), und setzen Sie den Wert einer eigenen Arbeitsstunde entsprechend bei etwa 20 Euro an. Dann können Sie schnell ausrechnen, dass Sie für 1 000 Euro Ersparnis 50 Stunden auf dem Bau arbeiten müssen – also mehr als eine übliche Arbeitswoche.

In jedem Fall sollten Sie bei der Ausführung von Eigenleistungen einen erfahrenen Baufachmann (zum Beispiel einen Architekten oder Bauingenieur) als regelmäßigen Ansprechpartner zur Verfügung haben, den Sie bei Problemen kurzfristig erreichen können.

Bei allen Eigenleistungen muss Ihnen auch klar sein, dass Sie keinen Auftragnehmer als Vertragspartner haben, der Ihnen eine Gewährleistung schuldet und im Schadenfall den Schaden behebt. Auch das müssen Sie dann selbst erledigen – oder einen Handwerker dafür bezahlen.

Neubaukauf vom Bauträger

Sie können die Anzahl der Vertragsverhältnisse noch weiter verringern, wenn Sie ein Haus zusammen mit dem Grundstück kaufen. Unternehmen, die Ihnen den Bauplatz zusammen mit dem Bau des Hauses (das üblicherweise wiederum ein Typenhaus ist) anbieten, bezeichnet man als Bauträger. Wenn der Bauträger bereits im Besitz des Baugrunds ist, haben Sie nur noch einen Vertragspartner, in dessen Händen alle Fäden zusammenlaufen. Der Bauträgervertrag ist rechtlich eine Mischung aus Kaufvertrag (für das Grundstück) und Werkvertrag (für die Bauleistungen) und unterliegt somit den strengen kundenschützenden Vorschriften der Makler- und Bauträgerverordnung (MaBV).

Der Bauträger ist vielfach ein Unternehmen, das mit einer Stadt oder Gemeinde bei der Erschließung ganzer Quartiere kooperiert. Oft verkauft der Bauträger dabei nicht selbst das Grundstück, da dieses sich noch im Besitz der Gemeinde oder in Privatbesitz befindet. Dennoch können Grundstückskauf und Bauausführung dann im Paket angeboten (gekoppelt) werden, indem der Grundstückseigentümer seinen Verkauf an die Bedingung koppelt, dass Sie das Geschäft mit dem Bauträger abschließen. Somit bilden Grundstückskauf und Hausbau auch dann eine untrennbare wirtschaftliche Einheit. Da Sie in diesem Fall zwei Vertragspartner, aber eigentlich mit dem Bauträger nur einen Ansprechpartner haben, müssen Sie beim Vertragsabschluss sehr genau hinschauen.

Auch wenn man ein Haus samt Grundstück vom Bauträger kauft, kann es sich unter Umständen lohnen, einen eigenen Gutachter mit dem Vergleich von Angeboten und der gelegentlichen Überprüfung von Bauleistungen zu beauftragen.

Gebrauchtes Haus umbauen?

Wenn Sie dieses Buch zur Hand genommen haben, liegt die Vermutung nahe, dass Sie von einem Haus träumen, das nach Ihren Wünschen gebaut werden soll. Dennoch wollen wir auch in einigen Sätzen auf die Möglichkeit eingehen, ein gebrauchtes Haus zu kaufen und nach Erfordernis zu renovieren oder umzubauen. Diese Option hat auf den ersten Blick folgende Vorteile:

- Sie sehen, was Sie kaufen. Nach einer Besichtigung des ins Auge gefassten Hauses können Sie sich vorstellen, ob es Ihren Bedürfnissen entsprechen wird – und ob es Ihnen gefällt. Außerdem können Sie sich ein konkretes Bild von Ihrer künftigen Wohngegend machen und die Nachbarn sogar persönlich kennenlernen.
- Sie wissen, wann Sie umziehen können. Der Umzug in ein gebrauchtes Haus lässt sich meist genauer terminieren als der Einzug in ein neu zu bauendes Haus, sofern das Haus zu einem festen Termin übergeben wird und die Renovierungsarbeiten nicht allzu umfangreich ausfallen müssen.
- Sie müssen im ersten Schritt meist weniger Geld ausgeben. Addiert man allerdings zum Kaufpreis die Kosten für erforderliche Renovierungen oder Umbauten, die zur Anpassung des Hauses an den eigenen Bedarf nötig werden können, verschiebt sich nicht selten die Bilanz wieder zugunsten eines neuen Hauses.

Auch beim Kauf von Bestandsimmobilien raten wir Ihnen dringend, sich von Fachleuten beraten zu lassen. Ein erfahrener Makler vermag den Wert des ins Auge gefassten Hauses besser einzuschätzen als der Kunde selbst, ein Architekt kann Sie bezüglich der nötigen Renovierungen beraten und Pläne für allfällige Umbauten entwickeln. Meist lohnt es sich auch, einen qualifizierten Energieberater einzuschalten – dies ist meist ein Architekt, oft auch ein Bauingenieur oder Bauphysiker, manchmal auch ein erfahrenen Handwerker –, der Sie über den Energieverbrauch des Hauses informieren und Maßnahmen für sinnvolle Energiesparmaßnahmen vorschlagen kann.

Fertigungsmethoden im Vergleich

Im Folgenden geben wir Ihnen einen kurzen Überblick über verschiedene Stufen planerischer und baulicher Individualität und Fertigungsgrade für Wohnhäuser.

Das Architektenhaus

Unter dem Begriff Architektenhaus versteht man ein Haus, das von einem Architekten ganz individuell entworfen, geplant und gebaut wird und gezielt auf die Bedürfnisse und Wünsche der Bauherren zugeschnitten werden kann. Ein Architektenhaus können Sie nicht aus dem Katalog bestellen, es entsteht im engen Dialog zwischen den Bauherren und dem Planungsteam, zu dem neben dem Architekten später auch die Fachingenieure für das Tragwerk und die Haustechnik gehören. Für diesen Dialog und das Formulieren und Diskutieren Ihrer Vorstellungen müssen Sie reichlich Zeit und Engagement mitbringen, damit das Ergebnis wirklich optimal zu Ihren Vorstellungen passt. Da es Architektenhäuser meist nur einmal gibt, müssen Sie sich Ihr künftiges Haus anhand von Zeichnungen und Modellen vorstellen und können kein Musterhaus besichtigen.

Einschränkungen bezüglich der Baustoffe und Bauweisen gibt es grundsätzlich nicht. Ein guter Architekt kann Ihnen Ihr neues Haus sowohl als Skelettbau aus Holz oder Stahl als auch in massiver Bauweise aus Mauerwerk, Stahlbeton oder wiederum Holz bauen und wird dabei sowohl mit Handwerksbetrieben arbeiten als auch auf vorgefertigte Materialien und Bauteile zurückgreifen.

Das Massivhaus

Von der Wortbedeutung her ist ein Massivhaus nichts anderes als ein Haus, bei dem die Wände sowohl die Räume voneinander abgrenzen als auch die Lasten des Hauses tragen. Die Funktionen Raumabschluss und Tragwerk sind somit in einem Bauteil, der massiven Wand, vereint. Als Baustoffe für tragende Wände eignen sich Mauersteine und Stahlbeton, in letzter Zeit wird aber auch die Massivbauweise aus Holz (nach dem Vorbild der Blockhütten) wieder zunehmend populär. Nähere Informationen zu den Baumaterialien finden Sie im Kapitel „Rohbau" ab Seite 267.

Im Sprachgebrauch der Immobilienwirtschaft wird die Bezeichnung Massivhaus allerdings über ihre bautechnische Wortbedeutung hinaus oft synonym mit dem Begriff Typenhaus verwendet, der im folgenden Absatz beschrieben ist.

Typenhaus

Typenhäuser basieren auf Musterentwürfen, die im Auftrag von Hausanbietern entwickelt werden, die den wiederholten Bau dieses Hauses anbieten wollen. Die Entwürfe verfolgen üblicherweise das Ziel, dem angenommenen Bedarf von möglichst vielen potenziellen Kunden zu entsprechen – meist dem der drei- bis fünfköpfigen Durchschnittsfamilie. Der Anbieter eines Typenhauses – üblicherweise ein Generalunternehmer – verantwortet zunächst die Planung, später dann die Bauleistung. Die Teile von Typenhäusern werden nicht industriell vorgefertigt, sondern von einzelnen Handwerksbetrieben in konventionellen Bauweisen auf dem Baugrundstück erstellt. Dabei können aber durchaus vorgefertigte Komponenten wie Decken- und Wandelemente zum Einsatz kommen.

Eingespart wird lediglich der Aufwand für die individuelle Planung und den Entwurf des Hauses. Die Bauzeit eines Typenhauses ist nicht oder nur unwesentlich kürzer als die eines individuell geplanten und gebauten Hauses. Die Gestaltungsfreiheit des Endkunden ist bei Typenhäusern geringer als beim Entwurf durch einen direkt beauftragten Architekten, da die Häuser in bestimmten Bauweisen und

Individuell geplantes Architektenhaus oder Typenhaus „von der Stange"? Die Unterschiede sind von außen auch für den Fachmann manchmal kaum zu erkennen.

nach standardisierten Hausentwürfen gebaut werden, die viele Generalunternehmer bevorzugen. Typenhäuser haben für Bauherren den Vorteil, dass sich ihre Kosten aufgrund der Erfahrung des Anbieters recht genau kalkulieren lassen. Zudem bekommen Sie eine genaue Vorstellung vom angebotenen Produkt, wenn Sie eine bereits gebaute Version des betreffenden Haustypen besichtigen können.

Fertighäuser

Der zentrale Unterschied zu den anderen Bauweisen liegt in der Produktionsweise: Fertighäuser entstehen in der Regel in Fabriken, aus Gründen der Herstellung und vor allem des Transportgewichts meist in Holz(ständer)bauweise. Sie werden dann in transportfähigen Einzelteilen an die Baustelle geliefert, üblicherweise in Form von Wand- und Deckenelementen, die bereits mit Fenstern und elektrischen Leitungen ausgestattet und weitgehend oberflächenfertig hergestellt sind. Vor Ort erfolgen nur noch die Endmontage auf einem vorbereiteten Keller oder einer Bodenplatte sowie der abschließende Ausbau.

Manche Bauherren denken beim Begriff Fertighaus noch an die billigen vorgefertigten Häuser der 1950er bis 1970er Jahre. Viele Fertighaushersteller haben allerdings in den letzten Jahrzehnten ihre Produktionstechnik weiter entwickelt, so dass sie heute neben standardisierten Modellen auch Häuser anbieten können, die individuelle Wünsche der Kunden erfüllen – entworfen entweder von der firmeneigenen Planungsabteilung oder auch von freien Architekten. Die meisten Hersteller von Fertighäusern sind heutzutage aber mindestens in der Lage, in einem gewissen Maß auf Änderungswünsche einzelner Käufer einzugehen. Diese sind umso leichter zu erfüllen, je weniger sie in die tragenden Strukturen des Hauses eingreifen. Die Ausstattung und die Oberflächen können meist problemlos an individuelle Vorstellungen angepasst werden.

Vorteile der Fertigbauweise sind einerseits die kurze Bauzeit, andererseits die Möglichkeit, sich das ins Auge gefasste Hausmodell in einer Ausstellung des Herstellers im Original ansehen zu können. In Sachen Haltbarkeit gibt es heute keine systembedingten Unterschiede

Auch Fertighäuser bieten heutzutage viel Spielraum für Sonderwünsche der Bauherren.

Wer handwerklich geschickt ist und tatkräftige Helfer im Freundes- und Familienkreis hat, kann durch Eigenleistungen am Bau einiges Geld sparen.

zwischen Fertighäusern und individuell gebauten Häusern mehr, ähnliches gilt für den Wertverlust. Allerdings kann man auch nicht mehr davon ausgehen, dass ein Fertighaus kostengünstiger ist als ein Massivhaus oder ein Architektenhaus – der Fertighausmarkt bietet heute Produkte nicht nur für den kleinen Geldbeutel, sondern auch für hohe Ansprüche an, was sich in den Preisen der verschiedenen Haustypen und Anbieter widerspiegelt.

INFO

SCHLÜSSELFERTIG UND BEZUGSFERTIG

Wenn Sie auf der Suche nach einem Massiv- oder Fertighaus sind, werden Ihnen in Zeitungsanzeigen oder im Internet häufig die Begriffe „schlüsselfertig" oder „bezugsfertig" begegnen. Mit gesundem Menschenverstand stellt man sich unter schlüsselfertig vor, dass man den Schlüssel im Schloss umdreht und das vollständig fertiggestellte Haus betritt. Leider sind beide Begriffe weder geschützt noch rechtlich klar definiert, deswegen ist hier besondere Vorsicht geboten. Erst ein Blick in die Vertragsunterlagen klärt verbindlich, was zu Ihrem schlüssel- oder bezugsfertigen Haus dazugehört und was nicht.
So kann bei bezugsfertigen Häusern durchaus noch die äußere Fassadenbekleidung fehlen, und selbst im schlüsselfertigen Bauen sind beispielsweise die Wandoberflächen (Malerarbeiten, Fliesen etc.) und Bodenbeläge nicht immer Teil der angebotenen Leistung. Die Außenanlagen sind selten im Angebot enthalten, obwohl zu ihnen essenzielle Dinge wie der Zugangsweg zum Haus oder das Eingangspodest gehören. Prüfen Sie daher die Kostenaufstellungen und Baubeschreibungen der Anbieter genau, bevor Sie einen Vertrag unterschreiben.

Ausbauhaus und Bausatzhaus

Wer auf seiner Baustelle auch selbst Hand anlegen will, interessiert sich möglicherweise für weitere Angebote der Haushersteller: Als Selbstbauhäuser bezeichnet man Bausätze, deren Bestandteile (Baustoffe und Bauelemente) in den jeweils erforderlichen Mengen vom Anbieter zum Baugrundstück geliefert werden, deren kompletten Aufbau hingegen der Bauherr entweder selbst erledigt oder örtlichen Handwerkern überträgt.

Ausbauhäuser beschränken, wie der Name schon sagt, das Prinzip Selbstbau auf den Innenausbau des Hauses. Der Anbieter erstellt den Rohbau, meist einschließlich der Dacheindeckung, der Fenster und der Außenfassade, und überlässt Ihnen den kompletten Ausbau. Dafür können Sie üblicherweise verschiedene Ausbaupakete bestellen, in denen Ihnen die Materialien für die einzelnen Ausbaugewerke anwendungsfertig zur Verfügung gestellt werden.

In jedem Fall ist hier deutlich darauf hinzuweisen, dass man seine eigene Arbeitsleitung realistisch einschätzen und Spareffekte richtig „einpreisen" muss (siehe Seite 40). Die Versuchung, sich hier die harten Fakten „schönzurechnen", ist erheblich.

Selbstbau- und Ausbauhäuser sind selbstverständlich ebenfalls Typenhäuser insofern, als sie auf standardisierten Entwürfen basieren. Bei diesen Bauweisen ist es besonders wichtig, dass Sie die Vertragsunterlagen, insbesondere die Baubeschreibung und die Leistungsaufstellung des Anbieters genau prüfen. Da der Anbieter zwar für die gelieferten Materialien und Bauteile, nicht aber für das fertige Produkt Gewährleistung übernehmen muss, empfiehlt sich zudem eine begleitende Beratung durch einen Baufachmann, die manchmal sogar Bestandteil des Lieferungsvertrags ist.

Ökohaus

Der Begriff Ökohaus (gelegentlich liest man auch „Bio-Haus") ist häufig als Lockmittel in Immobilienanzeigen zu lesen, obwohl er gar keine konkret definierte Bedeutung hat. Wie wir in den ersten Kapiteln dieses Buches beschrieben haben, hat ökologisches Bauen viele ganz verschiedene Facetten.

Manche Anbieter meinen mit einem Ökohaus ein Haus, das zu großen Teilen aus Holz und Holzwerkstoffen besteht. Das ist einerseits nicht falsch, da Holz ein nachwachsender Rohstoff ist, andererseits ist damit über den Energieverbrauch und die eventuell verbauten Schadstoffe noch nichts gesagt.

So stellen sich wohl die meisten Bauherren ein Ökohaus vor – der Begriff kann aber viele Bedeutungen haben.

Oft wird das Wort „Öko" auch für Häuser mit niedrigem Energieverbrauch benutzt – hier ist es allerdings sinnvoller, die klar definierten Kategorien der Energieeinsparverordnung (EnEV) oder der Kreditanstalt für Wiederaufbau (KfW) zu verwenden, die im Kapitel „Immer interessant: KfW-Darlehen" (siehe Seite 149) aufgeführt sind.

Manchmal bezieht sich der Begriff Ökohaus auch auf den Verzicht auf Baumaterialien, die gesundheitsschädliche Stoffe enthalten könnten.

Da die Bezeichnung Ökohaus nicht eindeutig definiert ist, müssen Sie in jedem Fall genau hinterfragen, was der jeweilige Anbieter damit meint – und gegebenenfalls überlegen, was Ihnen diese Eigenschaften wert sind.

ENERGIE- UND UMWELTKONZEPTE

Die Art und Weise, wie Sie Ihr Wunschhaus heizen wollen, wirkt sich massiv auf Bauplanung und -details aus. In diesem Abschnitt gehen wir deshalb auf die Vor- und Nachteile verschiedener Arten der Heizung und Warmwasserbereitung ein und schildern die Konsequenzen für Bau und Budget. Auch eine mögliche eigene Stromerzeugung oder der Wunsch nach einem grünen Dach lassen sich optimal nur umsetzen, wenn sie schon in einer frühen Planungsphase bedacht werden. Schließlich gilt es, rund um das Thema Energie einige Vorschriften zu beachten.

Heiz- und Warmwassertechnik

Nicht nur die Art der Wärmeerzeugung ist – je nach Standort und persönlichem Wunsch – unterschiedlich. Auch für die Wärmeabgabe bieten sich verschiedene Techniken an.

Klassische Stahlheizkörper sind günstig – zulasten der Heizeffizienz.

Heizflächen

Unabhängig von der Art der Heizung sollten Sie als erstes überlegen, wie Sie die Wärme im Haus verteilen möchten. Gängig und in vielen Fällen auch günstig sind klassische Heizkörper, die es in verschiedensten Bauformen gibt. Die Alternative stellen Flächenheizungen dar, die in Form einer Wand- oder Fußbodenheizung realisiert werden. Dritte Möglichkeit: Verteilung der Wärme durch Luftschächte. Alle genannten Bauformen transportieren Wärme durch die Kombination mehrerer Prinzipien: Wärmestrahlung, Wärmeleitung und Konvektion.

HEIZKÖRPER

Stahlheizkörper stellen die günstigste Art dar, Wärme zu verteilen. Ihr Einbau ist vergleichsweise einfach – auch nachträglich. Nur die Heizungsrohre müssen an ihre Aufstellorte verlegt werden. Heizkörper nehmen nur eine kleine Stellfläche weg, sollten aber in den meisten Fällen unter oder direkt neben einem Fenster oder einer Tür Platz finden, um unerwünschten Zug („Luftwalze") zu vermeiden. Dies schränkt Sie unter Umständen bei der Raumplanung/-nutzung ein.

Heizkörper verteilen ihre Wärme hauptsächlich durch Konvektion und zu einem kleinen Teil auch durch Wärmestrahlung. Ihr größter Schwachpunkt ist ihre vergleichsweise kleine Oberfläche. Sie hat zur Folge, dass die Heizung mit höherer Vorlauftemperatur (mit der das Wasser zu den Heizkörpern transportiert wird) betrieben werden muss – sie arbeitet also weniger effizient. In der Praxis: Ein gängiger Heizkörper hat eine Fläche von rund einem Quadratmeter. Er benötigt – abhängig von der Außentemperatur – etwa 65 Grad heißes Wasser, um im gesamten Raum die gewünschte Temperatur von beispielsweise 21 Grad Celsius zu erzielen. Wie viele Heizkörper welcher Größe es sein müssen, richtet sich nach der Heizlast, die vorab vom Architekten oder Heizungsbauer berechnet wird. Diese hängt im Wesentlichen von der Raumgröße und den verwendeten Baumaterialien ab.

Wegen ihrer mäßigen Effizienz sollten Heizkörper in einem Neubau oder grundsanierten Haus nur dann eingebaut werden, wenn andere Heizungsarten nicht praktikabel sind. Auch ein begrenztes Budget kann dennoch den Ausschlag dazu geben, sich letztlich für Heizkörper zu entscheiden.

FUSSBODENHEIZUNG

Eine Fußbodenheizung arbeitet – ähnlich wie ein Holzofen – mit einem hohen Strahlungsanteil und steigert dadurch erheblich die Behaglichkeit. Moderne Fußbodenheizungen verteilen die Wärme durch im Boden verlegte Heizungsrohre aus Kunststoff, in denen Wasser zirkuliert. Wegen der großen wirksamen Fläche reichen hier geringe Vorlauftemperaturen. Vorteil: Ein Heizkessel in Brennwerttechnik (siehe Seite 53) und regenerative Energieerzeuger arbeiten wesentlich effizienter. Der Einsatz der früher gebräuchlichen Elektrofußbodenheizungen ist wegen ihres hohen Energieverbrauchs, wenn überhaupt, nur noch in einzelnen Räumen sinnvoll – nicht als primäre Heizquelle.

Logisch: Die Rohre sowie die Dämmung nach unten benötigen Platz. Es ist Aufgabe des Architekten, diesen Raum bei der Planung des Neubaus entsprechend zu berücksichtigen. Soll ein Altbau bei einer Grundsanierung mit einer Fußbodenheizung nachgerüstet werden, geht der Platz vom Fußbodenniveau ab: Türen müssen eventuell abgehobelt, Treppen angepasst werden. In Extremfällen scheitert der Einsatz von Fußbodenheizungen im Altbau daran.

Auch Ihr gewünschter Bodenbelag schränkt unter Umständen den Einsatz einer Fußbodenheizung ein. Ideal sind sie in Kombination mit Stein-/Fliesen- oder Laminatboden. Der Begriff Parkett ist nicht geschützt – unter dem Namen werden hauchdünne Holzböden ebenso angeboten wie zentimeterdicke Dielen.

Hier wurde unter dem Holzfußboden eine Fußbodenheizung verlegt.

Handelsübliches Mehrschichtparkett ist mit einer Höhe von acht Millimetern gut geeignet. Da Holz bei schwankenden Temperaturen und Luftfeuchtigkeiten „arbeitet", hängt es von Aufbau und Holzart ab, ob sich der Bodenbelag mit Fußbodenheizungen verträgt. Klären Sie mit Ihrem Lieferanten vorab, ob Ihr Wunschmaterial sich dafür eignet. Teppichboden und Fußbodenheizung spielen nur dann gut im Team, wenn spezielle, für Fußbodenheizungen geeignete Ware verlegt wird.

In Verbindung mit einer dafür geeigneten Wärmepumpe können Fußbodenheizungen Räume nicht nur erwärmen, sondern auch kühlen. Mehr dazu auf Seite 55 f. Ein weiterer Vorteil von Fußbodenheizungen: Sie wirbeln keinen Staub auf und stören das Milbenwachstum. Deshalb sind sie für Allergiker ideal.

Ihre Nachteile seien nicht verschwiegen: Sie reagieren träge auf Änderungen der Temperatureinstellung am Heizungsregler. Zudem vertragen sie sich nicht mit opulenter Raumausstattung: Teppiche oder sperrige Möbel behindern den Wärmetransport.

Moderne Fußbodenheizungen kann man auf zwei Arten einbauen: Entweder werden sie im Estrich eingegossen („Nassverlegung") oder durch Abstandhalter auf dem Estrich verlegt („Trockenverlegung"). Bei den Kosten schneiden beide Varianten ähnlich ab. Für das Eingießen der Heizungsrohre in den Estrich spricht die gleichmäßigere Wärmeverteilung im Boden. Zudem sind sie im Estrich vor Beschädigungen geschützt. Nachteilig ist: Die Rohre können erst in den Estrich gegossen werden, wenn der Bau relativ weit fortgeschritten und der Heizkessel betriebsbereit ist. Denn damit der Estrich sauber und ohne Risse abbindet, müssen die Rohre kontrolliert aufheizen. Dies müssen Sie bei der Bauplanung berücksichtigen. Weiterer Minuspunkt: Wenn die Rohre irgendwann einmal verstopfen oder undicht werden sollten, muss der Estrich aufgeklopft werden, um sie auszutauschen.

Bei der trockenen Verlegung bleiben die Rohre unter dem Fußboden zugänglich. Die Rohre können aber leichter beschädigt werden, falls einmal extremer Druck vom Bodenbelag auf sie übertragen wird.

Die Wasserrohre von Wandheizungen können eingeputzt oder wie abgebildet in der Trockenbauwand montiert und anschließend verputzt werden.

WANDHEIZUNG

Eine Wandheizung funktioniert ähnlich wie eine Fußbodenheizung. Nur werden die Rohre dort in Mäandern an der Wand angebracht und eingeputzt („Nassbauweise"), oder in der Trockenbauweise mit Haltern auf dem Putz montiert und mit Gipskartonplatten verkleidet. Im typischen Einfamilienhaus sitzen die Heizungsrohre in den Außenwänden. Voraussetzung für einen sinnvollen Einsatz ist also, dass diese ausreichend gedämmt sind, was aber bei einem Neubau oder einer Grundsanierung der Fall ist.

Eine Wandheizung arbeitet ebenfalls mit geringen Vorlauftemperaturen und spielt deshalb besonders effektiv mit modernen Heizkesseln und regenerativen Energiesystemen zusammen. Der Nachteil einer Wandheizung liegt auf der Hand: Jeder eingeschlagene Nagel kann das Heizsystem beschädigen. Allerdings ist die Wandheizung überall dort einsetzbar, wo sich Fußbodenheizungen verbieten. Besonders bei Grundsanierungen empfiehlt sie sich deshalb als bessere Alternative zum klassischen Heizkörper. Wie Fußbodenheizungen eignen sich auch Wandheizungen in Kombination mit einer dafür konzipierten Wärmepumpe als Kühlung.

LUFTHEIZUNG

Eine der ältesten Möglichkeiten, Wärme in die Wohnräume zu leiten, ist die mit heißer Luft. Über Luftschächte, die im Boden eingelassen oder bodennah verlegt sind, strömt warme Luft in den Raum. Moderne Luftheizungen arbeiten im Verbund mit einer gesteuerten Lüftungsanlage (mehr dazu Seite 61). Die Wärme kann durch unterschiedliche Methoden erzeugt und durch Wärmetauscher in die Lüftung transportiert werden. In der Praxis kommen dieselben Wärmequellen wie für die anderen, bereits beschriebenen Heizungsarten in Betracht. Exklusiv mit einer Luftheizung spielen sogenannte Luft-Luft-Wärmepumpen zusammen – mehr dazu auf Seite 57. Auch Kachelöfen („Hypokausten") können eine Luftheizung mit Wärme versorgen (siehe Seite 60).

Die Luftschächte benötigen große Querschnitte. Deshalb eignet sich eine Luftheizung eher für den Neubau. Bei der Grundsanierung kann sie nur zum Zuge kommen, wenn der Platz für diese Schächte zur Verfügung steht. Gitter und Filter halten Ungeziefer und Staub aus den Schächten. Die Luftheizung folgt Änderungen am Heizungsregler wesentlich schneller als Fußboden- oder Wandheizungen.

Warmwasseraufbereitung

In fast allen Fällen ist es sinnvoll, Heizungs- und Warmwasseranlage zu koppeln. Eine zentrale Heizquelle versorgt dann Heizflächen und Warmwasserhähne. Rohre transportieren Wärme und Wasser dorthin, wo sie gebraucht werden. Trotz identischer Heizquelle unterscheiden sich Wärme- und Warmwasserversorgung in Details; die Kreisläufe sind deshalb getrennt. So ist im Sommer die Heizung unnötig, auf warmes Wasser will man aber nicht verzichten. Die Heizungsanlage muss also so ausgelegt sein, dass sie Wasser unabhängig vom Heizbetrieb erwärmen kann. Dies kann beispielsweise eine thermische Solaranlage zur Brauchwassererwärmung übernehmen. Mehr dazu ab Seite 58 bei „Thermische Solaranlagen".

Soll warmes Wasser ständig und sofort an allen Zapfstellen bereitstehen, muss eine Zirkulationspumpe das Wasser im Rohrnetz des Hauses bewegen. Dieser Komfort kostet: Das Wasser kühlt durch das Umwälzen aus, muss also ständig aufgewärmt werden, und die Pumpe zieht Strom. Minimieren lassen sich die dadurch verursachten Energieverluste durch intelligente Zirkulationspumpen. Im einfachsten Fall unterscheiden sie zwischen Tag- und Nachtbetrieb. Ausgefeilte Modelle erlernen selbsttätig die typischen Warmwasser-Spitzenzeiten im Haus und laufen nur zu diesen auf voller Leistung.

Die Alternative zu Zirkulationspumpen ist: Wasserverschwendung. Pro Meter Rohrleitung zum Warmwasserspeicher muss je ein halber Liter Wasser transportiert werden. Konkret: Wenn Sie im Bad im ersten Stock duschen wollen, laufen typischerweise zehn bis 15 Liter kaltes oder lauwarmes Wasser durch den Hahn, bevor das Nass die gewünschte Temperatur erreicht. Wenn Sie einerseits nicht unnötig Wasser, andererseits nicht unnötig Energie verschwenden wollen, besprechen Sie mit Ihrem Heizungsbauer, an welchen Zapfstellen ständig warmes Wasser gewünscht wird – und wo nicht. Ein guter Kompromiss ist: Das Wasser fürs Bad wird von einer Zirkulationspumpe auf Temperatur gehalten. In der Küche macht es hingegen meist nichts, wenn die ersten Liter Wasser etwas kälter sind.

In fast allen Fällen gehört zur zentralen Warmwasserbereitung auch ein Warmwasserspeicher. Um Sie vor einer Infektion mit Legionellenbakterien zu schützen, muss das Warmwasser im Netz eine Temperatur von 60 Grad Celsius oder mehr haben. Bei bestimmten Heizungstypen ist dies ohnehin der Fall.

Manche Heizungsanlagen erreichen diese Temperatur aber nicht. Dann muss das gesamte System zum Desinfizieren einmal pro Woche auf mindestens 60 Grad aufgeheizt werden. Moderne Niedrigtemperaturheizungen erledigen dies selbsttätig, benötigen dafür aber zusätzliche Energie.

Energiequellen

Nicht nur die Art der Heizflächen hat Konsequenzen für Ihre Bauplanung. Auch Ihre Entscheidung für die Art der zentralen Wärme- und Warmwassererzeugung beeinflusst wesentlich bauliche Details Ihres Wunschhauses. Neben Ihren persönlichen Vorlieben und finanziellen Aspekten entscheidet die Verfügbarkeit der jeweiligen Energieträger vor Ort, welche Art der Heizung in Frage kommt. Eine erste Vorauswahl und Einschätzung erlaubt Ihnen unser Flussdiagramm auf Seite 50.

Fern- oder Nahwärme

Fern- und Nahwärme werden außerhalb der eigenen vier Wände produziert. Der Unterschied liegt in der Größe der wärmeerzeugenden Anlage und der Entfernung zu Ihrem Haus. Das spielt in den meisten Fällen bei den Kosten eine Rolle; technisch ist es jedoch für Ihr Haus unerheblich, ob der entsprechende Versorger vier oder 400 Gebäude bedient. Der wesentliche Unterschied von Fern- und Nahwärme zu anderen Wärmequellen ist: Die Wärme wird außerhalb Ihres Hauses erzeugt (siehe auch Abbildung Seite 51).

Welcher Energieträger ist der richtige?

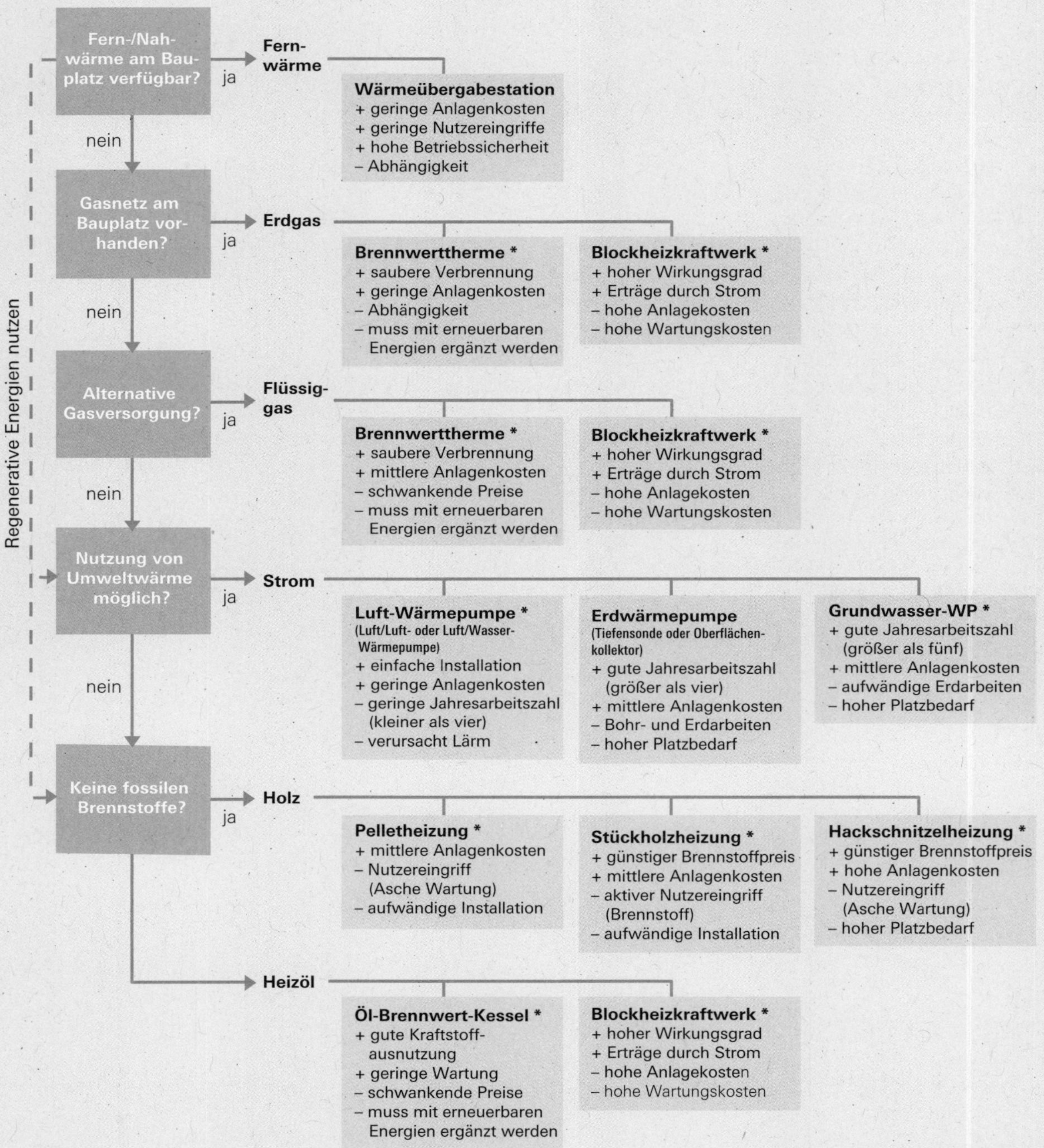

*) Solare Brauchwassererwärmung oder Heizungsunterstützung möglich

Der offensichtliche Nachteil dieses Konzepts: Sie sind im Preis und bei der Versorgungssicherheit auf den Lieferanten angewiesen. In den letzten Jahren wurden Fälle bekannt, in denen Fernwärmelieferanten gezielt dort ihre Preise erhöhten, wo die Bewohner aufgrund örtlicher Bauvorschriften nicht auf andere Heizungsarten ausweichen konnten. Und sollte beispielsweise durch einen unachtsamen Bauarbeiter die Zuleitung beschädigt werden, sitzen Sie im Kalten – unter Umständen mehrere Tage. Auch wenn Versorgungsprobleme bei dieser Heizungsart nicht ganz auszuschließen sind – in der Praxis sind sie sehr selten. Tatsächlich ist die Betriebssicherheit von Fern- oder Nahwärme höher als bei eigenen Heizungsanlagen. Viele Heizkessel und Gasthermen bleiben ja schon kalt, wenn der Strom ausfällt.

Der große Vorteil der Fernwärme: Im Haus sparen Sie den Platz für einen Kamin, die Heiztechnik wie auch für den Brennstoffvorrat. Wenn überhaupt, muss nur ein etwa kühlschrankgroßer Wärmetauscher im Keller oder Technikraum installiert werden. Der Wärmetauscher sorgt sowohl für die Energie der Heizkörper als auch für die zentrale Warmwasseraufbereitung.

Fern- oder Nahwärme ist darüber hinaus effizient und umweltfreundlich: Da immer mehrere Haushalte gemeinsam versorgt werden (siehe schematische Abbildung unten), sind die sogenannten Anlagenverluste niedriger. Oft nutzen Lieferanten zum Befeuern nachhaltige Rohstoffe oder gar die Abwärme von Kraftwerken oder Industriebetrieben, die sonst ungenutzt in die Umwelt entweichen würde.

Stromheizung und -warmwasserbereitung

Bis in die 1980er Jahre wurde das Heizen mit Strom politisch und teilweise finanziell gefördert. Diese Art der Heizung ist aber weder besonders umweltfreundlich noch günstig.

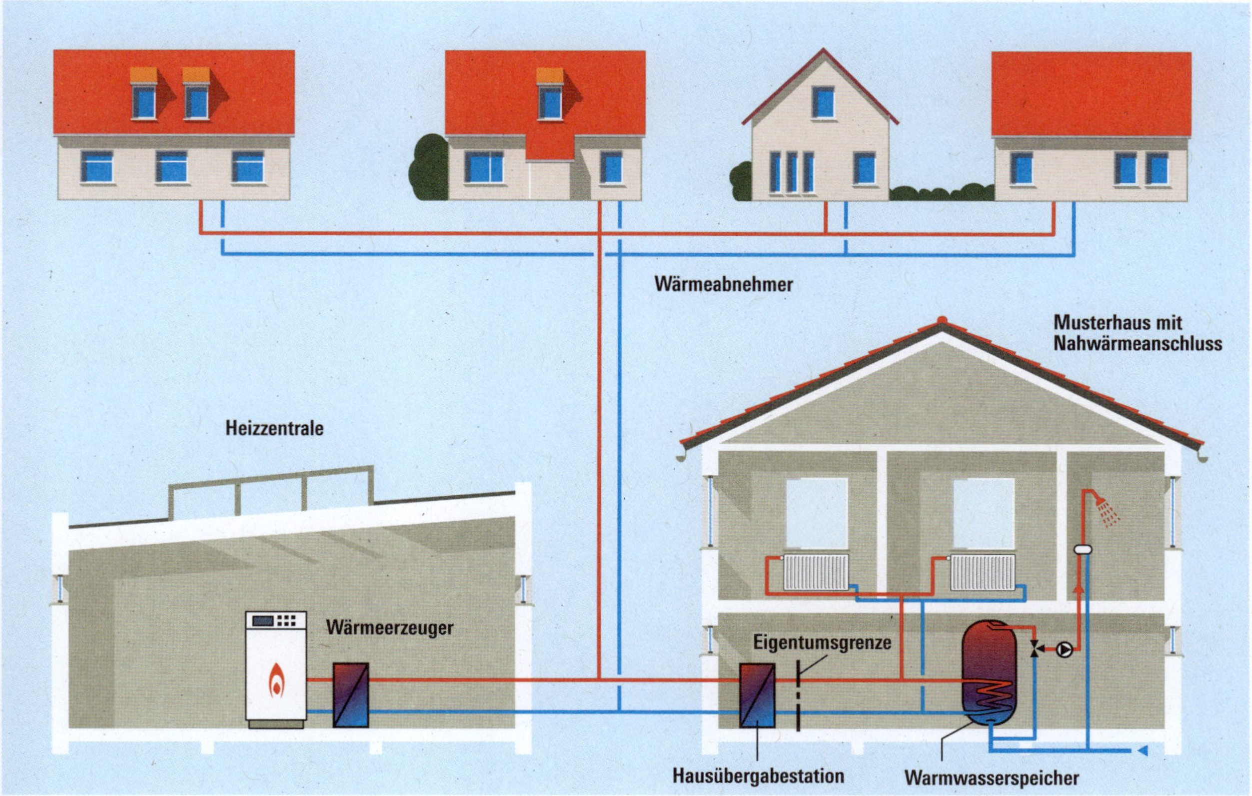

Mit Gas lässt sich vergleichsweise günstig und sauber heizen.

Strombeheizte Nachtspeicheröfen sind in kleinen Wohngebäuden ab 2020 in vielen Fällen ganz verboten. In Neubauten oder grundsanierten Altbauten verbietet sich eine Strom-Grundheizung. Wenn überhaupt, kann Strom dazu genutzt werden, einzelne Zonen zusätzlich zu beheizen. Beispiel: Im Bad hilft eine elektrische Bodenheizung gegen kalte Füße, würde also die klassischen Heizkörper nur unterstützen.

Die früher weit verbreiteten zentralen Elektro-Warmwasserspeicher sind wegen der schlechten Umweltbilanz und der hohen Strompreise im Neubau ebenfalls tabu. Heutzutage wärmt man Wasser nur im Ausnahmefall mit Strom. So ist es unter Umständen günstiger, Wasser an abgelegenen Zapfstellen durch einen elektronisch geregelten Durchlauferhitzer aufzuheizen als warmes Wasser dorthin in meterlangen Rohren zu transportieren. Zudem können moderne Häuser so effizient gedämmt sein, dass es wirtschaftlich unsinnig ist, nur wegen des Warmwassers die Heizung mit höherer Temperatur zu betreiben. Auch dann ist ein Durchlauferhitzer an der Zapfstelle sinnvoller. Ein weiterer Vorteil: Da bei einem Durchlauferhitzer kein Warmwasservorrat gespeichert wird, ist die Ausbreitung von gesundheitsgefährdenden Legionellen in den Vorratstanks auch kein Thema.

Heizen mit Rauchabzug

Die bislang genannten Heizenergieträger kommen ohne Rauchabzug aus, umgangssprachlich auch Schornstein oder Kamin genannt. Die im Folgenden detailliert erläuterten, mit Brennstoffen betriebenen Heizungen benötigen dagegen einen durchgehenden Rauchabzug – und zwar für jede Brennstoffart einen eigenen. Ölkessel und etwa ein Kaminofen mit Holzfeuerung dürfen nicht im selben Zug eines Rauchabzugs enden.

In einem Neubau bedeutet dies: Den eigentlichen Schornstein bilden ein oder mehrere doppelwandige Edelstahlrohre. Es hängt von den Gegebenheiten des Baus ab, ob diese einfach unterm Putz verlegt oder in Betonfertigteilen vermauert werden. Sanieren Sie ein Haus mit vorhandenem, gemauertem Rauchabzug, kann es sein, dass Sie für die neue Heizung ein Edelstahlrohr (für eine Gas-Brennwertheizung reicht auch ein Kunststoffrohr) in den Kamin einziehen lassen müssen. Für eine eventuelle zweite Heizungsart ist dann noch ein weiterer Rauchabzug in Form eines Edelstahlrohrs am Gebäude nötig.

In jedem Fall sollten Sie Ihre Absichten mit dem für Sie zuständigen Bezirksschornsteinfeger vorab klären. Denn Ihr Architekt muss wissen, welche Kamine welchen Umfangs er wo plant; der Schornsteinfeger soll die Anlage nach der Fertigstellung abnehmen. In Räumen, in denen Sie Zimmeröfen betreiben möchten, muss ein entsprechender Anschluss an den Rauchabzug vorgesehen werden. Diesen sollten Sie bei der Planung der Raumaufteilung und -nutzung einkalkulieren. Außerdem installiert der Kaminbauer im Haus einen oder mehrere Zugänge zum Rauchabzug, die sogenannten Reinigungsklappen. Je nach Heizungsart benötigt er zwei- bis dreimal pro Heizperiode Zugang zu ihnen. Dies müssen Sie ebenfalls bei Ihrer Raum- und Einrichtungsplanung bedenken. Ein wandhoher Schrank etwa vor einer Reinigungsklappe ist keine gute Idee.

Falls Sie den Rauchabzug nur als eiserne Reserve planen, also um im Notfall einen Holzofen nutzen zu können, müssen Sie keine Kosten für den Kaminkehrer fürchten – er ist nur zuständig für tatsächlich genutzte Feuerungsanlagen.

Gasheizung

Die Zeiten, in denen das Heizen mit Gas deutlich günstiger war als das mit anderen Energieträgern, sind vorbei. Allerdings sind moderne Gasthermen als Zentralheizung preiswert in der Anschaffung, sauber in der Verbrennung (als Rauchabzug reicht meist ein Kunststoffrohr), energieeffizient, und im Falle von Erdgas brauchen sie keinen Raum für die Lagerung des Brennstoffs. Dieser Vorteil kann selbstverständlich zum Nachteil werden – wird das Gas nicht mehr geliefert, bleibt das Haus kalt.

Kurzfristig mehr Versorgungssicherheit bietet Ihnen ein eigener Flüssiggastank im Garten, den Sie mieten oder kaufen können. Er treibt – zusammen mit etwaigen Erdarbeiten – jedoch den Anlagenpreis in die Höhe. Zudem ist Flüssiggas als Brennstoff etwas teurer als Erdgas. Insgesamt sind Gas- und besonders Erdgasheizungen aber günstig im Unterhalt.

Auch Ölheizungen werden kompakt gebaut. Kessel und Warmwasserspeicher nehmen nur wenig Platz in Anspruch.

Aktuelle Gasheizungen sind als sogenannte Brennwerttherme ausgeführt. Sie arbeiten besonders effizient, weil sie auch die im Abgas enthaltene Wärmeenergie noch zum Heizen verwerten. Dadurch sind sie bei niedrigen Vorlauftemperaturen besonders sparsam. Brennwertthermen arbeiten deshalb sehr wirtschaftlich mit Fußboden- oder Wandheizungen zusammen.

Beim Einsatz klassischer Heizkörper empfiehlt sich hingegen eine Gas-Niedertemperaturtherme. Die ist günstiger in der Anschaffung, erreicht aber nicht die Energieeffizienz einer Brennwerttherme. Von Brennwertthermen versorgte Warmwasserspeicher werden zum Schutz vor Legionellen einmal pro Woche auf 60 Grad Celsius aufgeheizt; bei Niedertemperaturthermen ist dies nicht nötig. Privathaushalte wird man nur im Ausnahmefall mit Gas aus regenerativen Quellen („Biogas“) versorgen können. Anlagen, die mit fossilem Erd- oder Flüssiggas heizen, müssen deshalb durch erneuerbare Energien unterstützt werden. Zu den Vorschriften für Neubauten siehe Seite 69.

Mit Gas lässt sich nicht nur heizen, sondern auch ein Blockheizkraftwerk betreiben,

Pellets sind praktisch, denn sie lassen sich automatisch zum Heizkessel transportieren. In ihnen werden Holzabfälle verwertet.

das zusätzlich noch Strom liefert (siehe Seite 66).

Ölheizung

Die klassische Art der Zentralheizung ist die Ölheizung. Moderne Kessel sind sehr wartungsarm und ähnlich günstig wie die Gasheizung. Im Unterschied zu Erdgas müssen Sie allerdings die Kosten für Tankraum, Heizöltanks und Ölpumpe berücksichtigen. Eine Gemeinsamkeit mit der Gasheizung ist: Es gibt sie als Brennwert- oder Niedertemperaturkessel. Der Brennwertkessel harmoniert optimal mit Fußboden- und Wandheizungen, der Niedertemperaturkessel mit Heizkörpern. Der Ölpreis schwankt aber stark; ob die zum Redaktionsschluss moderaten Kosten für Öl über die typische Lebensdauer eines Heizkessels einigermaßen stabil bleiben, kann niemand seriös vorhersagen. Auch Ölheizungen sind nur noch bei Unterstützung durch erneuerbare Energiequellen erlaubt. Blockheizkraftwerke, die zusätzlich Strom liefern, können auch mit Heizöl betrieben werden. Mehr dazu ab Seite 66.

Hackschnitzel, Pellets oder Stückholz: Mit Holz lässt sich auf ganz unterschiedliche Arten heizen.

Heizen mit Holz

30 Prozent der Fläche Deutschlands sind mit Wald bedeckt. Als nachwachsender Rohstoff ist Holz reichlich vorhanden und noch günstig zu kaufen. Seit alters her bekannt und beliebt sind ja Kamine und Brennöfen mit Holzscheiten, die heutzutage allerdings nur noch als saisonale Zusatzheizung genutzt werden (siehe „Zusatzheizung" ab Seite 60). Um mit Holz als Brennstoff eine Zentralheizung zu betreiben, gibt es heute unterschiedliche Konzepte, die wir hier einzeln vorstellen.

PELLETHEIZUNG

Als Pellets bezeichnet man zu kurzen Stäbchen gepresste Holzabfälle. Anfangs teilweise gehäuft auftretende Probleme mit der Pelletqualität sind seit Jahren behoben, wie schon unsere Tests im Jahr 2009 gezeigt haben. Aktuelle Informationen erhalten Sie jederzeit bei www.test.de mit dem Suchbegriff „Pelletöfen".

Will man mit Holzpellets eine Zentralheizung betreiben, benötigt man einen Lagerraum, der wahlweise im Keller eingerichtet oder als Erdtank im Garten vergraben werden kann. Die Befüllung der Reservoirs geht ebenso einfach vonstatten wie bei einem Öltank: Ein Tankwagen bläst die Pellets per Druckluft in den Lagerraum. Zwei Tonnen Pellets entsprechen in etwa dem Brennwert von 1 000 Litern Heizöl. Mit Pellets zu heizen, war zum Redaktionsschluss vergleichsweise preisgünstig.

Vom zentralen Lager transportiert eine Förderschnecke oder ein Saugrüssel die Pellets zum Kessel. Es gibt sowohl Brennwert- als auch Niedertemperaturkessel. Wie bei den bereits besprochenen Energieträgern Öl und Gas arbeiten Brennwertkessel besonders effektiv mit Fußboden- und Wandheizungen zusammen, Niedertemperaturkessel mit Heizkörpern. Zum Redaktionsschluss waren Pellet-Brennwertkessel aber noch deutlich teurer als Pellet-Niedertemperaturkessel, so dass es dennoch wirtschaftlich sein kann, auch eine Fußboden- oder Wandheizung mit einem Niedertemperaturkessel zu kombinieren.

Durch die Förderautomatik bedarf eine Pelletheizung im täglichen Betrieb ähnlich weniger Nutzereingriffe wie eine Gas- oder Ölheizung. Allerdings gilt es, drei- bis fünfmal pro Heizperiode den Kessel von Asche zu befreien. Da Pellets aus nachwachsenden Rohstoffen gewonnen werden, kann man sie als alleinigen Energieträger der Heizung nutzen.

HACKSCHNITZEL

Das Heizen mit Holz-Hackschnitzeln funktioniert ähnlich wie das Heizen mit Pellets. Der wesentliche Unterschied: Pellets bestehen aus Holzabfällen, zu Hackschnitzeln werden ganze Bäume geschreddert. Hackschnitzel haben einen wesentlich geringeren Heizwert und benötigen für dieselbe Energiemenge deutlich mehr Lagerraum. Sie eignen sich deshalb in den meisten Fällen nicht, um damit Einfamilienhäuser zu heizen.

STÜCKHOLZ

Das Befeuern einer Zentralheizung mit Stückholz rechnete sich zum Redaktionsschluss bereits dann, wenn Sie das Holz kaufen müssen. Noch günstiger wird es, wenn Sie eigenen Wald besitzen oder ein sogenanntes Flächenlos vom Förster zugeteilt bekommen. Folgerichtig gibt es auch für Stückholz Heizkessel. Dennoch will der Einsatz dieses Energieträgers gut überlegt sein, denn die Holzscheite müssen von Hand nachgelegt werden. In Kombination mit einem großen Pufferspeicher (Wassertank) reicht es zwar meist, den Kessel einmal täglich zu beschicken, dennoch ist der Komfort deutlich niedriger als bei anderen Holz- oder gar Öl- oder Gasheizungen. In den meisten Fällen wird eine Stückholzheizung deshalb als Ergänzung zu anderen Energieträgern genutzt („Bivalenzbetrieb").

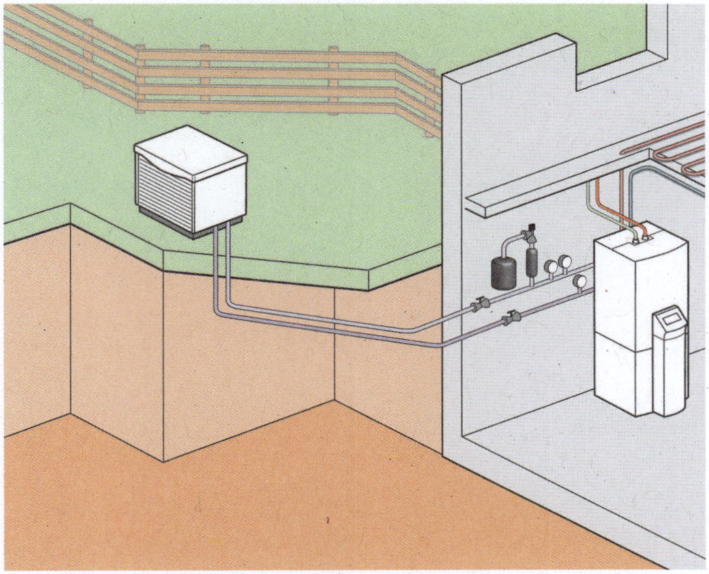

Luftwärmepumpen sind günstig, bergen aber Radaupotential.

Wärmepumpen

Das technische Pendant zu einem Kühlschrank ist eine Wärmepumpe: Während der Kühlschrank die Wärme aus seinem Inneren nach außen abführt, entzieht eine Wärmepumpe der Umgebung des Hauses Energie, um damit die Räume zu heizen. In einer Wärmepumpe wird ein Medium auf der wärmeabgebenden Seite unter Druck gesetzt und auf der wärmeaufnehmenden Seite entspannt. Bei diesem Medium handelt es sich um eine Spezialflüssigkeit („Fluid"), die bei Entspannung verdampft und unter Druck kondensiert. Der Fachmann spricht dabei von Phasenwechsel. Durch diesen Trick kann das Medium im Verdampfer selbst kleine Energiemengen aufnehmen, die es dann im Verflüssiger auf einem höheren Energieniveau als Heizwärme abgibt.

Neben einer Quelle für die Umweltwärme braucht es noch Strom – er treibt einen Kompressor an, der das Fluid verdichtet. Trotz des vergleichsweise teuren Energieträgers „elektri-

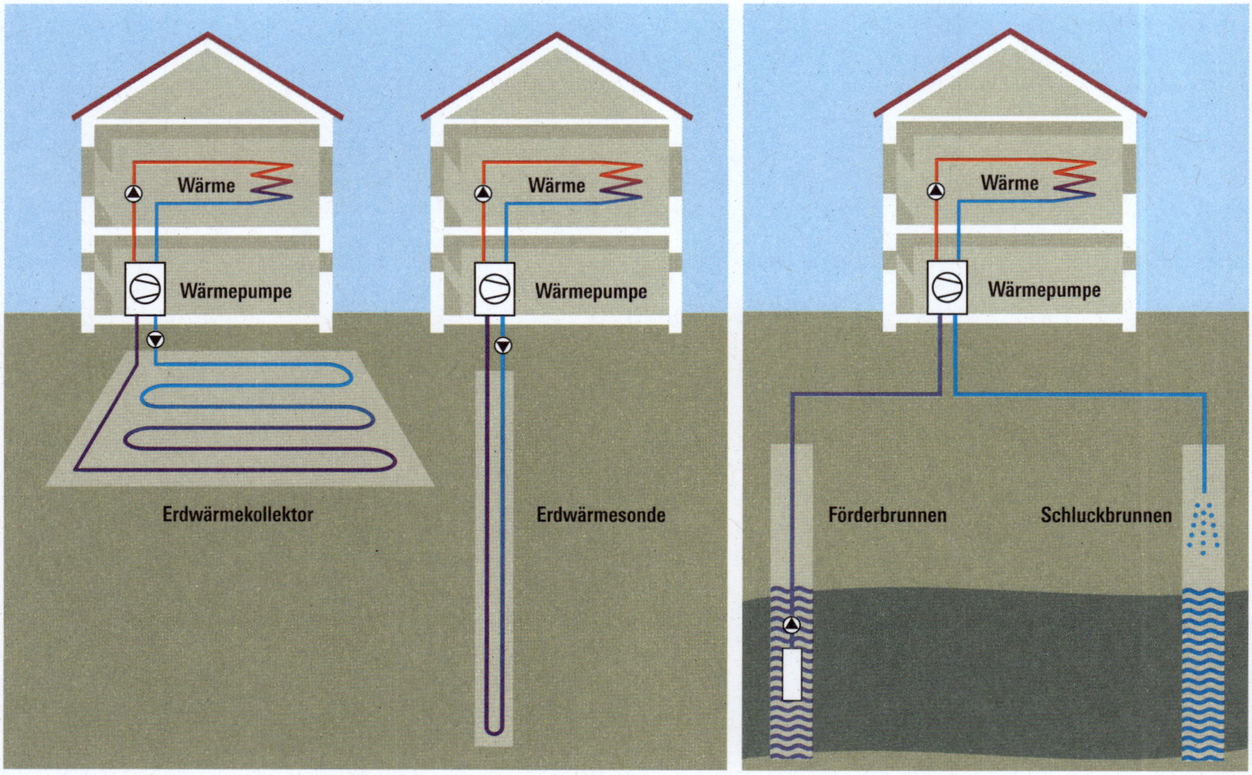

Erdwärme lässt sich immer mit Oberflächenkollektoren abschöpfen – diese schränken Sie aber in der Nutzung des Grundstücks ein. Mehr Freiheit bietet eine Tiefenbohrung – sie ist aber nicht immer möglich. Grundwasser-Wärmepumpen sind teuer, aber effizient.

scher Strom" arbeiten Wärmepumpen wirtschaftlich, denn sie erzeugen wesentlich mehr Energie als sie benötigen. Das Verhältnis zwischen eingesetzter elektrischer Energie und der nutzbaren Wärmeenergie beschreibt die Leistungszahl (COP, Coefficient of Performance) beziehungsweise aufs Jahr gemittelt die Jahresarbeitszahl (JAZ). Die Höhe der JAZ ist von der Wärmequelle abhängig.

Drei Wärmequellen kommen für die Heizung von Einfamilienhäusern in Frage: Außenluft-, Erdwärme- oder Grundwasser-Wärmepumpen. Allen Wärmepumpen ist gemein, dass ihre Effektivität bei steigender Arbeitstemperatur drastisch sinkt. Das bedeutet für nachgeschaltete Heizkörper, dass deren Vorlauftemperatur so gering wie möglich sein muss. In der Praxis werden deshalb meist Flächenheizungen (Fußboden oder Wand) mit Wärmepumpen kombiniert. Diese Eigenheit hat auch Folgen für die Warmwasserbereitung. Bei maximaler Effizienz der Wärmepumpe erreicht Wasser im Pufferspeicher nicht die legionellensichere Temperatur von 60 Grad Celsius. Ein Heizstab im Warmwasserspeicher, der sich selbsttätig wöchentlich einschaltet, kann bei dieser Art Wärmegewinnung die nötige Hygiene gewährleisten.

Ein zusätzlicher Vorteil von Wärmepumpen: Sie können je nach Ausbau im Sommer auch das Gebäude kühlen (siehe auch Abschnitt Klimaanlagen Seite 62). Im Herbst 2019 förderte die Kreditanstalt für Wiederaufbau (KfW) Wärmepumpen mit einer Nennwärmeleistung bis 100 kW im Rahmen der energetischen Sanierung mit dem Finanzierungsprogramm 167 (Energieeffizient Sanieren – Ergänzungskredit).

Wärme von der Sonne ...

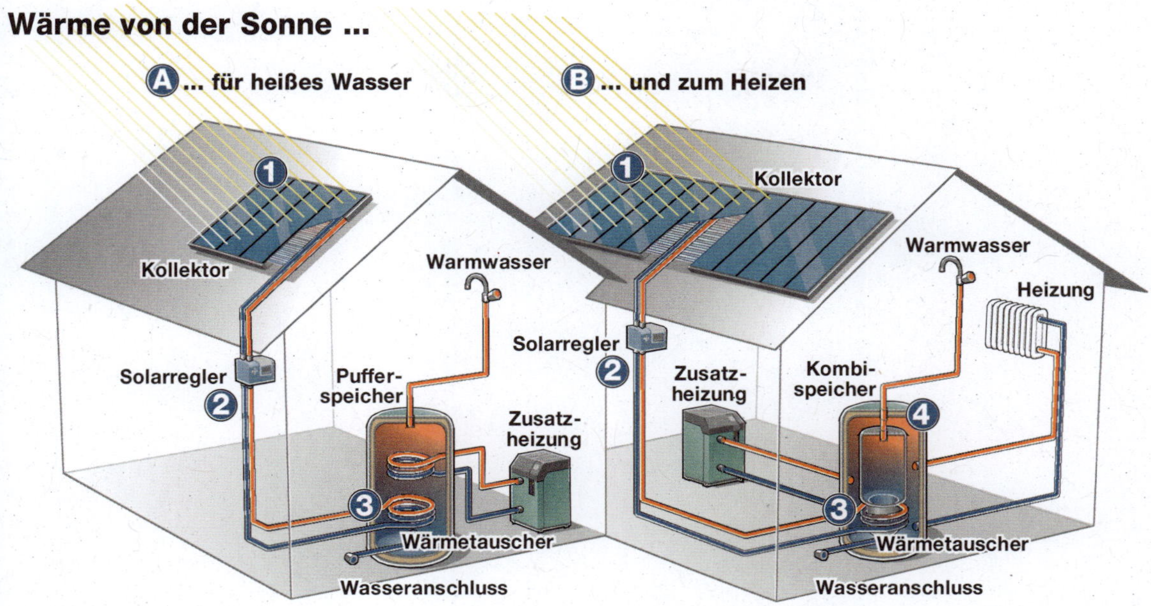

① Sonnenstrahlen erwärmen den Kollektor und die darin enthaltene Wärmeträgerflüssigkeit.

② Die bis zu 90° C heiße Flüssigkeit zirkuliert zwischen Kollektor und Pufferspeicher.

③ Der Wärmetauscher gibt Solarwärme an das Wasser im Pufferspeicher ab.

④ Der Pufferspeicher stellt die Wärme auch nachts und an kalten Tagen zur Verfügung.

Sonnenkollektoren versorgen Ihr Haus die meiste Zeit des Jahres mit kostenlosem Warmwasser. Aufwendigere Anlagen unterstützen auch die Wohnraumheizung.

LUFTWÄRMEPUMPEN

Die am einfachsten zu errichtenden und günstigsten, aber am wenigsten effektiven Wärmepumpen sind die Luft-Luft-Wärmepumpe und die Luft-Wasser-Wärmepumpe. Beide saugen Außenluft an, entziehen ihr einige Grad an Wärme und geben sie mit niedriger Temperatur wieder in die Umgebung.

Luft-Luft-Pumpen transportieren die der Außenluft entzogene Wärme durch Lüftungsanlagen in die Räume des Hauses, das Warmwasser wird meist elektrisch aufgeheizt.

Luft-Wasser-Wärmepumpen geben die Wärme an einen Wasserbehälter („Pufferspeicher") ab. Sie spielen mit allen geschilderten Heizflächen zusammen und bereiten auch Warmwasser.

Achtung: Beide Luftwärme-Pumpentypen benötigen für den Betrieb große und unter Umständen laute Ventilatoren. Das kann nicht nur Sie stören, sondern auch Unfrieden mit den Nachbarn stiften. Allerdings sind aktuelle Modelle deutlich leiser als ältere Ausführungen; in Kombination mit Zu- und Abluftschäuchen und -öffnungen lassen sie sich beispielsweise im Technikraum oder Keller eines Hauses platzieren.

ERDWÄRMEPUMPEN

Wärmepumpen, die Erdwärme nutzen, sind effizienter als Luftwärmepumpen, ihre Installation ist aber teurer. Die Erdwärme kann auf zwei unterschiedliche Arten abgeschöpft werden: durch einen Oberflächenkollektor oder eine Tiefenbohrung.

Ein Oberflächenkollektor wird in einer Tiefe von etwa einem Meter im Garten vergraben. Nachteil: Es sind relativ große Flächen notwendig, und die Gartennutzung wird dadurch eingeschränkt.

Eine Tiefenbohrung ist nicht überall möglich und erfordert in jedem Fall eine Genehmigung durch die Behörden, da wasserführende Schichten durchstoßen werden könnten. Die maximal zulässige Bohrtiefe liegt derzeit bei einhundert Metern.

Die Grundwasser-Wärmepumpe ist im Privathaus die effizienteste, aber auch kostspieligste Form der Wärmepumpe und erfordert ebenfalls eine Genehmigung durch die zuständigen Behörden. Dazu muss der Bauherr zwei Wasserreservoire graben – einen Förder- und einen Schluckbrunnen, die quer zur Fließrichtung des Grundwassers an geordnet sein müssen. Die Wärmepumpe entzieht dann dem Wasser des Förderbrunnens einige Grad Wärme und leitet es in den Schluck- oder Sickerbrunnen.

Thermische Solaranlagen

Sonnenstrahlung enthält neben dem sichtbaren Licht eine große Portion Wärmestrahlung im infraroten Bereich. Diese Energie für das Warmwasser oder die Heizung nutzbar zu machen, ist die Aufgabe von Solarkollektoren. Es gibt sie vor allem in zwei Bauformen: Flachkollektoren bestehen aus einer Blechwanne mit aufgelegter Glasscheibe. Bei Vakuumkollektoren werden rund zehn Zentimeter dicke, luftleere Glasröhren zu Paneelen zusammengefasst.

Die Panels beider Ausführungen werden einfach aufs Dach geschraubt, idealerweise mit Südausrichtung. In ihnen sind schwarze Kupferrohre verbaut, an die zur besseren Wärmeaufnahme Absorberbleche angeschweißt sind. Bei kräftiger Sonneneinstrahlung erhitzt sich ein in den Rohren befindliches Gemisch aus Wasser und Frostschutzmittel („Wärmemedium"). Die Steuerung der Solarthermieanlage vergleicht über mehrere Sensoren die Temperatur an den Kollektoren mit der eines im Haus befindlichen Wassertanks, dem Pufferspeicher. Ist die Kollektortemperatur höher als die im Puffer, beginnt eine Pumpe, das Medium durch den Kreislauf zu fördern. Ein Wärmetauscher im Pufferspeicher überträgt die Sonnenenergie. Je nach Ausbau kann der Pufferspeicher das Warmwasser, das Heizungswasser oder auch beides gleichzeitig erwärmen. Für den Fall, dass keine Sonne scheint, wird das Wasser im Pufferspeicher mit einem Kessel, einem Heizstab oder einer Wärmepumpe erhitzt.

Die in Mitteleuropa nutzbare Sonnenenergie reicht aus, um die meiste Zeit des Jahres warmes Wasser ohne zusätzliche Energie zu erzeugen. Deswegen und wegen des geringeren Material- und Installationsaufwands machen sich Warmwasser-Solaranlagen schon nach wenigen Jahren bezahlt. Anders sieht es aus, wenn die Solaranlage auch Heizenergie liefern soll. Selbst bei üppiger und entsprechend kostspieliger Dimensionierung können die Systeme in der Heizperiode nur einen Teil der nötigen Wärme liefern, weshalb man von heizungsunterstützenden Systemen spricht. Die Hauptlast wird in den meisten Fällen eine mit fossiler oder regenerativer Energie gespeiste Heizung übernehmen. Dennoch lohnen sich warmwasser- wie heizungsunterstützende Solaranlagen: Sie liefern nicht nur kostenlose Wärme – außerhalb der Heizperiode können Sie Steuerung, Kessel und sonstige Aggregate der Hauptheizung ausschalten und damit nicht nur Brennstoff sparen, sondern auch den zum Betrieb der Anlage nötigen Strom.

SOLARE WARMWASSERERWÄRMUNG

Eine solare Warmwasseranlage ist vergleichsweise einfach aufgebaut. Sie benötigt nur wenig Kollektorfläche – wie viel genau, muss berechnet werden. Der Erfahrungswert für einen Zweipersonenhaushalt liegt bei 3 m² für Flachkollektoren und 2 m² für Vakuumkollektoren (für einen Vierpersonenhaushalt bei 6 m² für Flachkollektoren oder 4 m² für Vakuumkollektoren). Statt eines großen Pufferspeichers, wie er bei einer heizungsunterstützenden Solaranlage nötig wäre, genügt ein kleinerer Warmwasserspeicher. Wenn die Sonne mal nicht scheint, wird dieser über den zentralen Wärmeerzeuger oder in Notfällen auch einen elektrischen Heizstab aufgewärmt.

HEIZUNGSUNTERSTÜTZUNG

Während die Warmwasserbereitung mit Solarenergie ein überschaubares Unterfangen ist, sollte vor der Planung einer heizungsunterstützenden Solaranlage ein Fachmann um Rat gefragt werden. Der individuelle Energiebedarf Ihres Hauses muss vorab ermittelt, die daraus resultierende Kollektorfläche und die Größe des Pufferspeichers müssen berechnet werden. Dieser muss wesentlich größer sein als bei einer solaren Warmwasseranlage, da fürs Heizen deutlich mehr Energie zwischengespeichert werden muss. Oft haben die um 1 000 Liter fassenden Puffer noch einen zweiten Tank eingebaut, der gleichzeitig auch das Warmwasser des Hauses bereitstellt. An sonnenarmen Tagen erwärmt ein angeschlossener Kessel den Pufferspeicher.

INFO

MIT SOLAR-WARMWASSER ZUSÄTZLICH SPAREN

Die beschriebenen Solaranlagen liefern Warmwasser zum Nulltarif. Sie können zusätzlich Energie einsparen, wenn Sie Maschinen, die warmes Wasser brauchen (etwa Spül- und Waschmaschinen), direkt an die Warmwasserleitung anschließen. Die Geräte müssen dann das Wasser nicht erst mit elektrischer Energie aufheizen, sondern bekommen gleich warmes Wasser geliefert.

Völlig problemlos ist dies beim Geschirrspüler: Im Normalfall entspricht die Warmwassertemperatur derjenigen, die der Geschirrspüler braucht. Sollte die Temperatur mangels Sonne mal nicht ausreichen, kann immer noch der Heizstab der Maschine einspringen.

Bei der Waschmaschine ist es indes etwas schwieriger, da sie bei den verschiedenen Waschprogrammen unterschiedliche und manchmal auch niedrigere Wassertemperaturen benötigt. Hier hilft ein vor der Waschmaschine installierter Temperaturmischer. Dieser will aber vor jedem Waschgang auf die korrekte Temperatur justiert werden und kostet rund 200 €. Man muss lange waschen, damit er sich amortisiert – bei hohem Waschaufkommen rund fünf Jahre. Ist die Waschmaschine ohnehin betagt, kann sie durch ein Modell ersetzt werden, das selbst das Wasser auf die gewählte Temperatur bringt. Die Kosten für eine solche Maschine sind allerdings vergleichsweise hoch.

Öfen gibt es in den unterschiedlichsten Ausführungen. Sie können einen Raum oder das ganze Haus heizen. Ihr Betrieb muss schon bei der Planung des Gebäudes berücksichtigt werden.

Ein gemauerter Grundofen oder Grundkachelofen hat eine große Speichermasse. Deshalb muss er nur einmal am Tag eingeschürt werden.

Die Effektivität einer solaren Heizungsunterstützung ist im Jahresverlauf sehr unterschiedlich. Im Winter etwa steigt die Sonne im Mitteleuropa kaum 20 Grad über den Horizont und scheint – wenn überhaupt – täglich nur wenige Stunden.. Den größten Beitrag („Deckungsrate") zur Heizung leistet die Solaranlage deshalb im Frühling und im Herbst. Wenn die Raumheizung im Sommer abgeschaltet wird, arbeitet die Solaranlage weiter und liefert das warme Wasser. Übers Jahr gerechnet kann einen solche Anlage – abhängig von der Bausubstanz – 20 oder mehr Prozent der Heizenergie einsparen. Der tatsächliche Nutzen hängt indes von vielen Faktoren ab. Wie bei allen Energieträgern liegt auch hier das Hauptaugenmerk auf der Arbeitstemperatur. Die Vorlauftemperatur der Heizung soll so niedrig wie möglich sein. Deshalb beliefern heizungsunterstützende Solaranlagen Flächenheizungen wie Fußboden- oder Wandheizungen besonders effektiv. Derzeit (Stand 2019) fördert die Kreditanstalt für Wiederaufbau (KfW) thermische Solarkollektoranlagen im Rahmen der energetischen Sanierung mit dem Finanzierungsprogrammen 167 (Energieeffizient Sanieren – Ergänzungskredit).

Zusatzheizung

Feuerstätten mit festen Brennstoffen – Kamine, Kachelöfen und Kaminöfen – erfreuen sich seit einigen Jahren steigender Beliebtheit. Kein Wunder, denn ihre Wärme hat einen hohen Strahlungsanteil, was die Benutzer als sehr angenehm empfinden. Die Auswahl ist fast unüberschaubar, da diese Heizungen sich in Funktion und Wirkung stark voneinander unterscheiden.

Wenn Sie in Ihrem neuen Haus einen der genannten Ofentypen betreiben wollen, sollten Sie nicht nur mit Ihrem Architekten Rücksprache halten, sondern auch in jedem Fall vor Beginn der Arbeiten den Bezirksschornsteinfeger befragen.

Reine Zieröfen (auch „Lustfeuer" genannt) tragen nicht zur Heizung des Hauses bei. Zu ihnen zählen Ethanol- und offene Kamine. Ein Ethanolkamin kommt ohne Schornstein aus, verbraucht aber Frischluft.

Ein offener Kamin saugt im Betrieb beinahe genauso viel Wärme durch den Schornstein wie er erzeugt. Deshalb ist er nach dem Gesetzgeber nur für den gelegentlichen Betrieb erlaubt; in Neubauten gar nicht mehr. Die folgenden Feuerstätten tragen im Gegensatz dazu zur Heizung bei. Ihre Auslegung muss der Fachmann vorab berechnen, damit der jeweilige Raum angemessen beheizt werden kann.

Die im Neubau genehmigungsfähige Variante des offenen Kamins ist der Heizkamin. Ein metallener Brennraum mit Glasscheibe verbessert die Effektivität des Kamins dramatisch, da weniger warme Luft aus dem Raum gezogen wird.

Technisch verwandt ist der Kachelofen. Als Grundkachelofen wird er einmal eingeheizt, dann gibt er den ganzen Tag Wärme ab. Bis Ofen und Haus angenehm temperiert sind, müssen Sie mit einer längeren Wartezeit rechnen. Schneller geht es, wenn ein Hypokaust-Kachelofen warme Luft im Haus verteilt. Dieser will aber ständig beschickt werden.

Geschlossene Kamine und beide Kachelofentypen können durch eine elektronische Steuerung ergänzt werden, die Zu- und Abluft automatisch regelt und Sie rechtzeitig daran erinnert Brennstoff nachzulegen. Keine Angst: Die Öfen lassen sich auch benutzen, wenn der Strom ausfällt.

Die genannten Öfen sind ins Haus gemauert. Flexibler im Aufbau sind Kaminöfen, die auch unter der Bezeichnung Schwedenofen, Kanonenofen oder Werkstattofen firmieren. Eine weitere Variante dieses Typs ist der Küchenherd. Kaminöfen werden einfach aufgestellt und über ein Abgasrohr mit dem Rauchabzug verbunden. Je nach Modell und Zulassung können sie eine hohe Speicherwirkung haben und für mehrere Brennstoffarten (Briketts oder Pellets) geeignet sein.

Gemauerte Öfen und einige teure Ausführungen der Kaminöfen können die Zentralheizung unterstützen. Voraussetzungen sind, dass ein sogenanntes Wasserregister mit eingemauert beziehungsweise im Ofen integriert ist und die Zentralheizung über einen Pufferspeicher verfügt. Falls Sie sich für diesen Kombibetrieb entscheiden, müssen Architekt und Heizungsbauer die Rohre an den entsprechenden Stellen einplanen.

In einem Neubau empfiehlt sich bei allen Varianten (ausgenommen die Lustfeuer) wegen der Dichtheit des Gebäudes dringend ein Ofen mit Außenluftzuführung. So vermeidet man das Absaugen der bereits angewärmten Luft aus dem Raum. Zudem müssen Sie während des Betriebs keine Fenster öffnen und können in der Küche eine Dunstabzugshaube ohne Einschränkungen nutzen. Auch die in gut gedämmten Neubauten nötige Lüftungsanlage erfordert nur dann keine Eingriffe durch die Bewohner, wenn Öfen per Außenluft versorgt werden. Sie müssen dafür einen Wanddurchbruch und den Platz fürs Zuleitungsrohr berücksichtigen. Ihr Schornsteinfeger legt fest, wie groß der Wanddurchbruch sein muss.

Lüftungsanlagen

Hausneubauten sind so dicht, dass fast keine Luft ausgetauscht wird. Das hat Folgen: Wenn Sie nicht regelmäßig die Fenster öffnen („Stoßlüftung"), kann die Luftfeuchtigkeit so stark ansteigen, dass Schimmel wächst und die Luft schlecht wird. Auch wenn Sie einen Ofen mit offener Flamme betreiben, müssten Sie immer wieder das Fenster öffnen. In allen Situationen verlieren Sie einen erheblichen Teil der Heizenergie. Denn im Zweifelsfall lüftet man zu lange und heizt buchstäblich zum Fenster hinaus. Eine Lüftung löst das Dilemma: Sie regelt den Luftaustausch und kann je nach Ausführung sogar noch Wärmeenergie zurückgewinnen. Auch wenn ihr Einbau im Neubau nicht zwingend vorgeschrieben ist, ist er empfehlenswert.

Die einfachste Art der Lüftung ist die Querlüftung. Sie besteht aus Lufteinlässen in Wohnräumen und mit Lüftern versehenen Auslässen in Feuchträumen (Küche, Bad etc.). Meist reichen die Türspalte, um die Luft vom Ein- zum Auslass zu saugen. Bei dicht schließenden Türen oder anderen baulichen Besonderheiten kann es nötig sein, einen Luftdurchlass einzu-

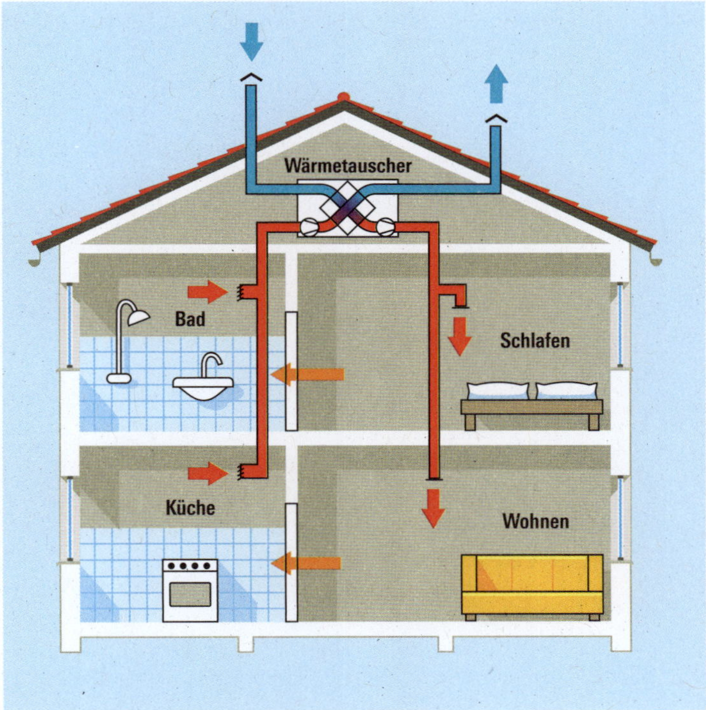

Ein zentrales Lüftungssystem verbessert das Klima in allen Räumen und kann die Heizung unterstützen.

Direktverbrauch mit Überschusseinspeisung

Je nach Witterung produziert eine Solaranlage Strom und kann ihn gegebenenfalls ins öffentliche Netz einspeisen. Umgekehrt kann sie ihm auch Strom entnehmen, wenn die produzierte Energie nicht für den Bedarf der Hausbewohner reicht.

planen. Außer dem Komfort bringt diese Art der Lüftung kaum Gewinne gegenüber der Stoßlüftung. Zwingend ist der Einbau eines Abluftventilators deshalb nur in Feuchträumen ohne Fenster. Alternativ saugt ein zentraler Lüfter über Rohrleitungen die Luft aus den Nassräumen ab.

Wesentlich aufwändiger ist es, die Zuluft über dezentrale Lüfter oder ein zentrales Lüftungssystem einzuleiten. Vorteil: Über Wärmetauscher kann so die angewärmte Abluft die frische Zuluft erwärmen, bei zentralen Systemen auch die Zentralheizung und/oder die Warmwasserbereitung unterstützen. Dezentrale Lüfter benötigen am Anbringungsort jedes Exemplars eine Stromversorgung für den Motor – der kann vernehmlich lärmen. Da sie ohne Rohrsystem auskommen, sind sie günstiger, empfehlen sich also in erster Linie für die Grundsanierung von Gebäuden. Wegen ihres niedrigeren Preises greifen aber manche Bauherren auch für den Neubau zu dezentralen Systemen. Zentrale Lüftungsanlagen unterstützen Heizung und Warmwasser effizienter und lassen sich leichter mit Filtern für Allergiker ausstatten. Aktuelle Systeme sind zudem mit wenig Aufwand in ein Smart Home (siehe Seite 341) zu integrieren. Die Grafik auf Seite 61 zeigt eine moderne zentrale Lüftungsanlage mit integriertem Wärmetauscher.

Derzeit (Stand 2019) fördert die Kreditanstalt für Wiederaufbau (KfW) Lüftungsanlagen im Rahmen der energetischen Sanierung mit den Finanzierungsprogrammen 151 (Kredit) und 431 (Zuschuss).

Klimatisierung

Neubauten und grundsanierte Altbauten sind gut gedämmt – das hält im Winter die Heizenergie im Gebäude und im Sommer die Wärme draußen. An sehr heißen Tagen ist diese Dämmung manchmal aber nicht ausreichend, um eine angenehme Raumtemperatur zu halten. Wenn die Heizungsanlage dafür taugt, kann sie im Sommer aber auch das Gebäude kühlen. Erste Voraussetzung sind Fußboden- oder Wandheizung.

Zweite Bedingung: Eine Wärmepumpe muss Heiz- oder Kühlenergie liefern. Bei der Wärmepumpe ist die wichtigste Voraussetzung: Sie muss auch als Kühlung taugen („reversibel"). Soll die Wärmepumpe die Doppelrolle als Heizung und Kühlung spielen, sind Erdwärme- und Grundwassersysteme die idealen Kandidaten – der Temperaturunterschied zwischen Haus und Quelle, eben Grundwasser oder Erdboden, ist auch im Sommer so groß, dass die Umwälzpumpe der Heizanlage schon ausreichend kühlt – die eigentlichen Wärmepumpen müssen nur selten etwas tun, verbrauchen also keinen Strom. Auch dafür ausgelegte Luftwärmepumpen können im Sommer kühlen; sie benötigen dafür aber Unterstützung durch ihren Kompressor, was Strom kostet. Mit dafür konzipierten Wärmepumpenheizungen lassen sich Räume um vier bis sechs Grad Celsius kühlen – das dürfte in den meisten Fällen für eine angenehme Raumtemperatur sorgen. Diese Art der Kühlung ist vergleichsweise effizient und geräuscharm. Ist das Heizsystem auch für Kühlung konzipiert, reicht es, am Thermostat die gewünschte Raumtemperatur einzustellen – wenn nötig, geht die Anlage dann automatisch in den Kühlmodus.

Nur, wenn sich die Kombination aus Fußboden-/ Wandheizung und reversibler Wärmepumpe als Heiz- und Kühlsystem verbietet, sind klassische Klimaanlagen eine Alternative. Im typischen Einfamilienhaus dürften zentrale Klimasysteme für alle Zimmer des Hauses oft zu aufwendig und teuer werden – Klimageräte für Schlaf- und eventuell Wohnräume können dennoch sinnvoll sein.

Die typischen Klimaanlagen bestehen aus Außen- und Inneneinheit – beide sind durch Rohre verbunden. Im Branchenjargon heißen sie Split-Klimaanlagen. Auf Hauswand oder -dach sitzt eine große Außeneinheit, der per Rohrleitung mit der Raumeinheit verbunden ist. Sollen mehrere Räume gekühlt werden, ist ein Multi-Split-Gerät richtig – dann versorgt eine Außen- mehrere Kühleinheiten. Für ihren Betrieb ist also ein Wanddurchbruch nötig. Da die Rohre in den meisten Fällen auch die Dämmschicht des Gebäudes durchdringen, sollte ihre Platzierung rechtzeitig mit dem Architekten diskutiert werden, damit die Außenhaut des Gebäudes keinen Schaden nimmt. In der Nähe der Inneneinheit muss ein Stromanschluss möglich sein – meist reicht eine konventionelle Netzsteckdose; Systeme für mehrere Räume erfordern unter Umständen einen Drehstromanschluss.

Die Ventilatoren der Außeneinheiten können Lärm erzeugen – falls Nachbarn in Hörweite wohnen, sollten Sie sich mit ihnen abstimmen und, sofern technisch machbar, das Bauteil etwas entfernt anbringen. Konventionelle Klimaanlagen stellen ein zusätzliches Element der Haustechnik dar und verbrauchen deutlich mehr Strom als die diskutierten Kühlmöglichkeiten per Wärmepumpe – mit Blick auf die Gesamtkosten sollte man gründlich überlegen, wie groß am Wohnort der Kühlbedarf ist, ob man mit reversibler Wärmepumpe plus Flächenheizung bei Bedarf sowohl Hitze wie Kälte ins Gebäude bringt oder auf andere Heizarten und eine separate Klimaanlage setzt.

Blockheizkraftwerke liefern Wärme und Strom, versorgen idealerweise aber mehrere Haushalte.

Selber Strom erzeugen

Seit dem für Deutschland beschlossenen Ausstieg aus der Atomkraft ist der Elektrizitätsmarkt in Bewegung. Viele Hausherren überlegen, selbst Strom zu erzeugen. Wie sinnvoll und wirtschaftlich dies ist, hängt stark von den Strom- und Anlagenpreisen ab. Deren Entwicklung ist ungewiss – im Rahmen dieses Ratgebers können wir Ihnen aber die Grundlagen der verschiedenen Techniken vermitteln. Eines sollten Sie aber vorab bedenken: Wenn Sie überschüssigen Strom verkaufen, also ins öffentliche Netz einspeisen wollen, gelten Sie gegenüber dem Finanzamt als Unternehmer, müssen also eventuelle Kosten für Steuerberater und Aufwand für die Steuererklärung kalkulieren. Zum Redaktionsschluss zeichnet sich ab, dass es bei eigener Stromerzeugung wirtschaftlicher ist, überschüssigen Strom in geeigneten Akkus zwischenzuspeichern, als ihn zu verkaufen. Wind-, Wasser- oder geothermische Stromerzeugung spielen im privaten Umfeld kaum eine Rolle. Für Einfamilienhäuser interessant sind Photovoltaik und Blockheizkraftwerke. Attraktiv könnte in Zukunft auch die Brennstoffzellentechnik werden. Aktuell sind erste Anlagen in der Erprobung, die aus Erdgas Strom erzeugen.

Photovoltaik

Die Technik: Durch Sonneneinstrahlung wird in Solarzellen durch den photoelektrischen Effekt Gleichstrom erzeugt. Gängige Solarzellen bestehen hauptsächlich aus Silizium. In der Praxis werden die Solarzellen meist auf dem Haus- oder einem eventuell vorhandenen Garagendach montiert. Falls Sie zusätzlich auch darüber nachdenken, mit Sonnenenergie zu heizen (siehe Seite 57), bedenken Sie, dass Ihnen die Dachfläche nur einmal zur Verfügung steht. Es hängt von den Gegebenheiten vor Ort ab, ob es sinnvoll ist, Solarthermie und -stromerzeugung zu kombinieren oder nur eine der beiden Techniken zu nutzen.

Grundsätzlich gelten für Solarzellen ähnliche Voraussetzungen wie für Solarthermie, das heißt: Idealweise zeigt das Dach nach Süden. Werfen Bäume oder größere Gebäude zu lange Schatten, kann der Einsatz nicht lohnend sein.

Solarpanele erzeugen Gleichstrom, im Haushalt ist aber Wechselstrom gefragt. Ein entsprechendes Bauteil, der Wechselrichter, formt den Strom um. Meist ist er im Keller bei der übrigen Haustechnik (siehe „Der Ausbau", Seiten 296 ff.) untergebracht. Das heißt: Vom Dach müssen Gleichstromleitungen zum Technikraum führen.

Wir erwähnten es bereits: Mit leistungsfähigen Akkus lassen sich die Nacht und trübe Tage überbrücken. Völlig autark in der Energieversorgung werden Sie dadurch nicht, denn bei längeren Schlechtwetterphasen sind irgendwann auch die Akkus leer. Auf einen Anschluss ans öffentliche Stromnetz für den Fall der Fälle sollten Sie also nicht verzichten – unabhängig davon, ob Sie planen, Leistungsspitzen Ihrer Stromerzeugung ins Netz zu speisen.

Sowohl die Preise für die Solarpanele als auch die sogenannte Einspeisevergütung (also der Preis, den Sie für den erzeugten Strom erhalten), sind Schwankungen unterworfen. Zum Redaktionsschluss war die künftige Ausgestaltung des Erneuerbare-Energien-Gesetzes (EEG) ungewiss.

Einen detaillierten Kostenrechner in Gestalt einer Excel-Tabelle bietet beispielsweise das Umweltinstitut München kostenlos an (www.umweltinstitut.org, Suchbegriff „Solar"). Die Stiftung Warentest bietet online (www.test.de) den „Renditerechner Solarstromanlagen" zum Download an und hat eine eigene Seite zur Photovoltaik eingerichtet, wo Sie wichtige Informationen und Neuerungen zum Thema bekommen: www.test.de/thema/photovoltaik.

Im Herbst 2019 förderte die Kreditanstalt für Wiederaufbau (KfW) Photovoltaikanlagen auf Dächern, an Fassaden und auf Freiflächen im Rahmen des Programms „Erneuerbare Energien" – Standard 270 (Kredit).

Drei Solarzellentypen sind im Herbst 2019 aktuell: monokristalline, polykristalline und amorphe Solarzellen. Die technischen Details sind hier nicht wirklich relevant; wichtig ist: Je effizienter die Panele sind, desto teurer sind sie auch. Die Herkunft der Solarpanele wird hingegen zunehmend bedeutungslos – mittlerweile beherrschen auch ausländische Hersteller die Technik und sind dabei meist noch wirtschaftlicher.

Die Panele können Sie bei entsprechender handwerklicher Begabung und sicherer Einrüstung des Hauses selbst auf dem Dach montieren, für die Elektrik ist aber der Fachmann zuständig. Der Stromversorger kontrolliert den Anschluss an sein Netz und den Anschluss des Einspeisestromzählers. Steht Ihr Haus abseits der Nachbarschaft, müssen Sie sich eventuell auch über eine Diebstahlsicherung für die Solarpanele Gedanken machen. Schraubenschlösser, die sich nur mit dem passenden Schlüssel öffnen lassen, dürften die meisten Langfinger abschrecken.

Ein noch wichtigerer Sicherheitsaspekt: der Schutz der Feuerwehr bei einem immerhin möglichen Hausbrand. Die Solarpanele erzeugen bei Sonneneinfall ständig Strom und lassen sich nicht einfach abschalten. In der Vergangenheit haben Feuerwehrmänner und -frauen deshalb schon bei Bränden untätig zusehen müssen, weil ihre Sicherheit wegen der unter Strom stehenden Panele nicht gewährleistet war.

„Grüne“ Dämmstoffe

	Blähton	Hanf/ Flachs	Holzfaser	Holzwolle	Kork	Perlite	Schafwolle	Schaumglas	Vermikulit	Zellulosefasern
Alternativ-/ Trivialname	—	—	Holzweichfaserplatte	„Sauerkrautplatten“	—	—	—	—	Blähglimmer	
Material	Ton	Pflanzenfasern	Holz	Holz	Rinde der Korkeiche	Lavagestein	Schafwolle	Glas	Glimmerschiefer	Altpapier
Preis	Niedrig	Mittel	Mittel	Mittel	Mittel	Mittel	Mittel	Hoch	Niedrig	Niedrig
Wärmeleitwert W/(mK), typisch (kleinere Werte besser)	0,1	0,04	0,04	0,06	0,045	0,05	0,04	0,04	0,07	0,04
Dicke der Dämmung bei U-Wert von 0,4 W/(m²K) in cm	25	10	10	15	11	13	10	10	18	10
Additive	—	Flamm- und Fäulnishemmer	Bindemittel	Zement	Eventuell Harze	—	Flamm- und Fäulnishemmer	—	—	Flamm- und Fäulnishemmer
Brennbarkeit	Nicht brennbar	Normal entflammbar	Normal entflammbar	Schwer entflammbar	Normal entflammbar	Nicht brennbar	Normal entflammbar	Nicht brennbar	Nicht brennbar	Normal entflammbar
Verarbeitung	Schüttung	Matten	Platten	Platten	Schüttung, Platten	Schüttung	Platten	Platten	Schüttung	Platten, Flocken
Besonders geeignet für	Balkendecke, Hohlräume	Dach, Geschossdecke, Ständerwerk	Fassade, Dach	Kellerdecke	Fassade, Dach	Dach, Geschossdecke, Ständerwerk	Fassade, Dach, Ständerwerk	Boden	Balkendecke, Hohlräume	Dach, Fassade, Hohlräume
Vorteile	Druckstabil, verrottungssicher	Gute Dämmwirkung, einfach zu verarbeiten	Vielseitig verwendbar, einfach zu verarbeiten	Einfach zu verarbeiten	Druckfest	Druckstabil, verrottungssicher	Einfach zu verarbeiten	Extrem druckstabil, verrottungssicher	Druckstabil, verrottungssicher	Gute Dämmwirkung, einfach zu verarbeiten
Nachteile	Mäßige Dämmwirkung		Anfällig für Fäulnis durch Feuchtigkeit	Mäßige Dämmwirkung			Anfällig für Fäulnis durch Feuchtigkeit	Teuer	Mäßige Dämmwirkung	Anfällig für Fäulnis durch Feuchtigkeit

Konventionelle Dämmstoffe

	Kalziumsilikat	Mineralfaser	Phenolharz (PF)	Polystyrol, expandiert (EPS)	Polystyrol, extrudiert (XPS)	Polyurethan (PUR)	Vakuumdämmplatten (VIP)
Alternativ-/ Trivialname	—	Glas- oder Steinwolle	—	Styropor	—	—	—
Material	Siliziumdioxid, Kalziumoxid	Sand, Kalkstein, Glas	Phenolharz	Polystyrol	Polystyrol	Polyurethan	Kunststoff
Preis	Hoch	Niedrig	Mittel	Niedrig	Mittel	Mittel	Hoch
Wärmeleitwert W/(mK), typisch (kleinere Werte besser)	0,06	0,035	0,022	0,035	0,035	0,025	0,006
Dicke der Dämmung bei U-Wert von 0,4 W/(m²K) in cm	15	9	6	9	9	6	2
Additive	Zellstoff	Bindemittel	—	—	—	—	—
Brennbarkeit	Nicht brennbar	Nicht brennbar	Schwer entflammbar	Normal entflammbar[1]	Normal entflammbar[1]	Normal entflammbar[1]	Nicht brennbar
Verarbeitung	Platten	Matten	Platten	Platten	Platten	Platten	Platten
Besonders geeignet für	Innendämmung, Fassade	Dach, Fassade, Ständerwerk	Dach, Fassade	Dach, Fassade	Dach, Fassade, Boden	Dach, Fassade, Boden	Fassade, Wärmebrücken
Vorteile	Verrottungssicher	Druckstabil, günstig	Sehr gute Dämmwirkung	Günstig	Druckstabil, verrottungssicher	Sehr gute Dämmwirkung	Maximale Dämmwirkung
Nachteile	Teuer						Teuer, verliert Wirkung bei Beschädigung

1 Unter mineralischem Putz schwer entflammbar

Ganz lässt sich das Problem nicht beseitigen – klären Sie deshalb bei Abschluss der Gebäudeversicherung, dass ein solcher Fall abgedeckt ist.

Eine gewisse Sicherheit bieten immerhin sogenannte „PV-Feuerwehrschalter" (PV steht für Photovoltaik). Sie werden möglichst im Eingangsbereich oder an einer anderen, gut zugänglichen Stelle im Haus angebracht und trennen die Verbindung von den Solarpanelen zum Wechselrichter. So lässt sich immerhin sicherstellen, dass das Innere des Gebäudes vom Stromnetz getrennt ist, die Löschmannschaft also ungefährdet im Haus agieren kann.

Blockheizkraftwerke

Blockheizkraftwerke (BHKW) sind in der Regel stationäre Verbrennungsmotoren, die einen Generator antreiben. Gleichzeitig nutzen die Betreiber die Abwärme des Motors zum Heizen. Die kleinste Variante, sogenannte Mikro-BHKW, werden in Ein- oder Zweifamilienhäusern eingesetzt und meist mit Erdgas oder Flüssiggas betrieben. Es gibt aber auch Kleinkraftwerke für Heizöl, Bioöl oder Biogas. Einige wenige verwenden sogar Holz – die Holzvergaser-BHKW.

Mikro-BHKW werden wie Heizkessel im Keller verbaut. Sie müssen auf ihrem Sockel weich gelagert sein, damit sich ihre Schwingungen nicht aufs Haus übertragen. Zusätzlich sind sie gekapselt – ebenfalls, um Laufgeräusche im Wohnbereich zu vermindern. Sie bedürfen auch der Wartung: So müssen Sie im Mikro-BHKW wie bei einem Automotor regelmäßig das Öl wechseln.

Der beim Betrieb anfallende Strom wird von den Verbrauchern im Haus genutzt, Überschuss ins öffentliche Stromnetz eingespeist. Die Vergütung variiert je nachdem, mit welchem Brennstoff die Anlage betrieben wird. Zudem zahlt der Gesetzgeber je nach Abrechnungsmodell eine Steuerrückvergütung oder einen Bonus nach dem Energieeinspeisegesetz. Die Kombination aus Stromproduktion und Abwärmenutzung machen BHKW äußerst energieeffizient. Ihr Gesamtwirkungsgrad liegt bei über 80 Prozent.

Aber: Die günstigsten BHKW kosten rund doppelt so viel wie ein vergleichbarer Heizkessel und haben einen deutlich höheren Wartungsaufwand. Damit sich die Investition lohnt, muss die Wärmeabgabe des Motors in etwa dem Wärmebedarf des Hauses entsprechen. Meist eignen sich deshalb Mikro-BHKW nur für große Objekte. Wirtschaftlich sind sie für Mehrfamilienhäuser und Bauherrengemeinschaften. Falls Sie Partner in einem solchen Objekt sind, sollten Sie und Ihre Mit-Bauherren in der Planungsphase diskutieren, ob ein BHKW sinnvoll ist (siehe auch: Nahwärmeversorgung, Seite 49).

Wasser sparsam nutzen

Sie können Trinkwasser- und Abwassergebühren sparen und gleichzeitig die Umwelt schonen, wenn Sie das auf dem Grundstück verfügbare Wasser so weit wie möglich nutzen. Das beginnt beim Sammeln von Regenwasser für den Garten, führt über einen eigenen Brunnen und endet mit der Wiederverwendung von benutztem Wasser („Grauwasser") beispielsweise für die Toilettenspülung. Für die Planung wichtig: Welches Wasser wollen Sie wo einsetzen? Soll Brunnen-, Grau- oder Regenwasser an Zapfstellen im Haus oder Garten verfügbar sein, erfordert dies ein zweites, vom Trinkwassernetz unabhängiges Rohrleitungssystem und einen Wasserspeicher („Zisterne"). Dessen Bau, die gewünschten Zapfstellen und die damit verbundenen Kosten müssen Sie bei der Planung Ihres Hauses berücksichtigen. Für Pumpen oder sogenannte Hauswasserwerke (die Kombination von Pumpe und Druckbehälter) müssen Stromanschlüsse und ausreichend Platz vorgesehen werden. Details zur praktischen Umsetzung finden Sie im Kapitel „Regenwasser im Haushalt" (Seiten 317 ff.).

Wie nachhaltig sind Bau- und Dämmstoffe?

Die verfügbaren Baustoffe für den Rohbau Ihres Hauses sind durch die Bank baubiologisch unbedenklich – selbst Beton besteht letztlich nur aus Kiesel, Sand und Kalk. Deutlich differenzierter ist das Materialangebot für die Dämmung des Hauses – neben konventionellen Dämmstoffen sind auch viele ökologische Materialien verfügbar.

INFO

DÄMMSTOFFWERTE KURZ ERKLÄRT

Der **Wärmeleitwert** beziehungsweise die Wärmeleitgruppe geben an, wie gut ein Material das Gebäude isoliert. Je kleiner der Wert, desto besser. Der **U-Wert** (**Wärmedurchgangskoeffizient**) ist eine aus dem Wärmeleitwert abgeleitete Rechengröße. Im U-Wert fließt die Dicke von Dämm- und Baumaterial unmittelbar ein.

Konventionelle wie ökologische Dämmstoffe unterscheiden sich deutlich in ihren Materialeigenschaften und im Preis. Die wichtigen Kriterien haben wir für Sie in der Tabelle „Grüne" Dämmstoffe (Seite 65) zusammengefasst. Die dämmende Wirkung (Wärmeleitfähigkeit) „grüner" Materialien ist meist schlechter – abzulesen am höheren Wärmeleitwert. Will man sie an der Fassade verwenden, steigt die Gesamt-Wandstärke. Dies wirkt sich auf Anbauten aus (etwa Hauseingänge oder Balkons).

Dachbegrünungen verlangen nach einem strapazierfähigen, witterungsbeständigen Unterbau.

Die intensive Dachbepflanzung erfreut das Auge des Betrachters, bedeutet aber auch höheren Pflegeaufwand.

Gesetze, Verordnungen und Normen zum Energiehaushalt von Wohngebäuden (Auswahl)

Gesetz zur Einsparung von Energie in Gebäuden (EnEG)	Das EnEG beschreibt den energiesparenden Umgang mit den Ressourcen. Sowohl die Gebäudehülle als auch die Anlagentechnik sind darin beschrieben. Es nimmt direkten Bezug auf die EnEV.
Erneuerbare-Energien-Wärmegesetz (EEWärmeG)	Das Gesetz legt für Neubauten fest, dass ein Anteil des Wärmebedarfs aus erneuerbaren Energiequellen zu schöpfen ist. So sollten 15 Prozent durch solarthermische Anlagen erzeugt werden. Pauschal gelten die Bedingungen als erfüllt, wenn in Ein- oder Zweifamilienhäusern mindestens eine Kollektorfläche von 0,04 m^2 pro Quadratmeter Nutzfläche erreicht wird. Alternativ können auch 50 Prozent des Wärmebedarfs aus nachwachsenden Rohstoffen (Holz, Bioöl) oder Umweltwärme (Wärmepumpe) erzeugt werden.
Energieeinsparverordnung (EnEV)	Regelt die energetischen Anforderungen an Wohngebäude. Die EnEV legt Grenzwerte für den Primärenergiebedarf fest. In der Nebenbedingung bestimmt sie auch Maximalwerte für den Transmissionswärmeverlust. Zudem fordert sie einen Energiebedarfsausweis.
Gebäudeenergiegesetz (GEG)	Ende 2019 hat der Bund beschlossen, im Gebäudeenergiegesetz (GEG) das bestehende Energieeinsparungsgesetz (EnEG), die Energieeinsparverordnung (EnEV) und das Erneuerbare-Energien-Wärmegesetz (EEWärmeG) zusammenzuführen. Darin soll für Neubauten eine Obergrenze des Primärenergiebedarfs (PEB) festgesetzt werden. KfW-Zuschüsse sollen das Unterschreiten der PEB-Grenze fördern. Der aktuelle Stand findet sich beim Bundesministerium unter www.bmwi.de mit dem Suchbegriff „GEG“.
Erneuerbare-Energien-Gesetz (EEG)	Das EEG widmet sich der Stromerzeugung. Es legt fest, dass elektrische Energie aus erneuerbaren Quellen bei der Einspeisung bevorzugt wird. Darüber hinaus ist dort die Vergütung beschrieben.
Kraft-Wärme-Kopplungsgesetz (KWKG)	Ziel des Gesetzes ist es, den Anteil der Kraft-Wärme-Kopplung durch Förderung, Modernisierung und Neubau zu erhöhen.
DIN V 18599	Bewertung und Berechnung der energetischen Qualität von Gebäuden. Dabei werden der Nutz-, End- und Primärenergiebedarf für Heizung, Kühlung, Lüftung wie auch für Trinkwarmwasser und Beleuchtung zusammengefasst.
DIN V 4108	Berechnung für den Wärmeschutz im Hochbau, Mindestanforderungen an den Wärmeschutz, klimabedingter Feuchteschutz sowie dessen Bemessungswerte, Berechnung des Jahresheizwärme- und des Jahresheizenergiebedarfs, Luftdichtheit von Gebäuden und Anforderungen an verwendete Dämmstoffe.
DIN EN 12831/DIN 4701	Bewertung heiz- und raumlufttechnischer Anlagen, der Heizung, Lüftung und der Trinkwassererwärmung
DIN 4702	Anforderungen und Prüfung von Heizkesseln. Ermittlung des Nutzungsgrads und der Emissionen.
DIN EN 832	Verhalten von Gebäuden; Berechnung des Heizenergiebedarfs
DIN EN ISO 6946	Berechnung der Außenbauteile eines Gebäudes. Der Wärmedurchgangskoeffizient (U-Wert) der wärmeübertragenden Umfassungsfläche wird darin festgelegt.
DIN EN 13829	Prüfung der Luftdichtheit von Gebäuden (Blower-Door-Test)
DIN 4719	Anforderungen an Lüftungsanlagen sowie Kennzeichnung und Prüfung der Geräte

Beim Neubau berücksichtigt dies Ihr Architekt bei der Planung; bei der Grundsanierung eines existierenden Gebäudes können manche dick auftragenden Materialien schwierig und im Extremfall auch gar nicht zu verbauen sein. In der Tabelle (Seite 65 f) haben wir in der fünften Reihe angegeben, wie dick der Dämmstoff rechnerisch sein muss, um den gebräuchlichen Wärmedurchgangskoeffizenten von 0,4 Watt/m² und Grad Kelvin zu erreichen.

Wie ökologisch ein Dämmstoff tatsächlich ist, hängt allerdings nicht nur vom Rohstoff selbst ab, sondern auch von den verwendeten Zuschlagstoffen. Flamm- oder Fäulnishemmer wie auch verschiedene Bindemittel sind meist wenig ökologisch. Im Zweifelsfall sollten Sie sich beim Hersteller über Beimischungen informieren. Die Zuschlagstoffe wirken sich auch auf die Entsorgung überschüssigen Baumaterials aus – manche Dämmstoffreste können nicht auf dem Bauhof entsorgt werden, sondern gehören in den Sondermüll.

Konventionelle wie ökologische Dämmstoffe sind unterschiedlich aufgebaut – je nach Material werden sie als Matte, Platte oder Schüttgut geliefert. Entsprechend lassen sie sich an unterschiedlichen Stellen des Gebäudes optimal verarbeiten.

Teiche

Einen Teich im eigenen Garten anzulegen ist nicht schwer, allerdings wollen einige Eckpunkte schon bei der Planung berücksichtigt sein. Es gilt: je größer, desto pflegeleichter und biologisch stabiler. Mit der Größe steigt aber auch der Aufwand beim Anlegen des Teiches. So bekommen Sie kleine Teiche – bis zwei mal zwei Meter, das entspricht etwa 1 000 Litern Volumen – noch als fertige Schalen aus umweltfreundlichem Polyethylen. Bei größeren Anlagen brauchen Sie zur Abdichtung eine Teichfolie aus PVC oder – umweltverträglicher – aus Naturkautschuk.

Das zweite wichtige Kriterium ist die Lage: Ein Teich braucht Sonne, damit Pflanzen wachsen können. Im Allgemeinen sollte die Sonnenscheindauer aber in der warmen Saison auf rund sechs Stunden am Tag begrenzt sein, da sonst Algen zu sehr wachsen und sich das Wasser zu stark aufheizt. Der Wunschweiher sollte auch nicht direkt unter einem Baum angelegt werden, da abfallendes Laub oder auch Nadeln die Wasserqualität beeinträchtigen. Große Teiche kommen meist ohne Pumpe und Filteranlage aus, solange Sie die nicht mit Fischen besetzen. Bei Fischbesatz sind sie aber für alle am Einfamilienhaus praktikablen Teichgrößen in der Regel nötig. Denken Sie schon in der Planungsphase an die notwendige Stromversorgung für die Pumpe.

Teichschalen

Fertigteiche sind vorgeformt und mit einem Fassungsvermögen bis etwa 1 000 Liter zu kaufen. Treppenartig angelegte Flachwasserzonen am Rand und ein Tiefwasserbereich in der Mitte sorgen dafür, dass Pflanzen und Tiere ihre passenden Habitate finden können. Mitunter sind auch Filterebenen in die Schale eingebettet. Zum Einlassen des Teiches sind nur etwas Handarbeit und eine Schubkarre Sand notwendig – das sollte auch von Laien zu bewältigen sein. Die Schalen sind im Allgemeinen sehr stabil und langlebig.

Folienteiche

Große Teiche erfordern aufwendige Erdarbeiten. Je nach Umfang lassen sich die Erdarbeiten per Hand mit einer Schaufel oder einem gemieteten Mini-Bagger erledigen. Bevor die Folie ausgelegt werden kann, muss in der ausgehobenen Grube auf der Teichfläche Sand gestreut und Wurzelschutz-Vlies ausgelegt werden.

Die Teichfolien können in allen Größen bestellt werden. Alternativ kann der Teichbauer auch breite Folienstreifen von der Rolle kaufen. Die Streifen müssen Sie dann vor Ort zusammenschweißen oder -kleben. Auf die Folie wird eine Lage Kies aufgebracht. Abschließend wird der Rand bepflanzt. Größere Gewächse wie etwa Seerosen sollten zum Schutz der Folie in Körben gepflanzt werden.

Insgesamt sind auch Folienteiche sehr robust. Wichtig ist hier, dass die Folienränder einen Randwall bilden und dann bündig mit dem umgebenden Erdreich abschließen, damit sie nicht beschädigt werden.

Ein Schwimmteich erhöht den Freizeitwert Ihres Grundstücks erheblich.

Bauwerksbegrünungen

Bepflanzungen erfreuen nicht nur das Auge. Sie bilden eine Art natürliche Außenhaut eines Gebäudes. Viele Hausbauer denken deshalb über ein grünes Dach nach. Bepflanzte Dächer dämpfen auftreffende Wärme und Schall, dämmen also das Gebäude nach oben. Die Pflanzen beziehungsweise das Substrat schützen das eigentliche Dach vor Beschädigungen – sowohl mechanischer Art als auch durch UV-Licht. Schließlich nehmen begrünte Dächer Regenwasser auf – in vielen Gemeinden sinken dadurch Ihre Abwasserkosten. Oft wird ein grünes Dach auch finanziell gefördert. Damit nicht genug: Je nach Gebäude und Art der Begrünung ist das begrünte Dach das Herzstück eines Dachgartens.

Wie so oft haben die Vorteile ihren Preis: Begrünungen bedeuten zusätzliche Aufbauten auf dem Dach. Die wollen bezahlt werden; zudem müssen Sie mit dem Architekten klären, ob das Dach das Gewicht der Grünschicht tragen kann. Je nach Art der Begrünung müssen die Pflanzen später mehr oder weniger stark gegossen und gepflegt werden. Schließlich: Sollte ein begrüntes Dach jemals undicht werden, gestaltet sich die Suche nach dem Leck langwierig.

Ideal geeignet sind Flachdächer oder bis 25 Grad geneigte Dächer. Sie sind meist ohne Sicherungsmaßnahmen begehbar; das Grün lässt sich also bequem pflegen. Die Grundlage für die eigentliche Bepflanzung bildet – oberhalb der Dachabdichtung – zunächst ein Wurzelschutzvlies. Darauf folgt eine Wasserrückhalte- und -ablaufschicht. Sie wird von einer Filterschicht vor Schmutz geschützt. In der äußersten Schicht, dem Pflanzsubstrat, wurzelt das eigentliche Grün.

Der Pflegeaufwand richtet sich nach dem Typ der Bepflanzung – extensiv oder intensiv.

Extensive Bepflanzungen sind pflegeleicht; sie kommen zudem mit einer Gesamtschichtdicke ab fünf Zentimetern aus. Auf der dünnen Schicht wachsen nur anspruchslose kleinere Pflanzen, die von Natur aus auch in kargen Böden überleben und deshalb nur bei extremer

Trockenheit gegossen werden müssen. Typisch sind Pflanzen der Gattung Sedum.

Wollen Sie Ihr Dach intensiv nutzen, setzt dies eine mindestens 20 Zentimeter dicke Gesamtschicht voraus. Darauf können Sie im Prinzip pflanzen, was das Herz begehrt – Rasen, Blumen oder Sträucher. Bei der Auswahl hilft ein Landschaftsarchitekt. Die Pflanzen verlangen in kurzen Abständen nach Wasser; außerdem muss das Dach regelmäßig auf Baumsprösslinge kontrolliert werden. Diese müssen Sie entfernen, da deren Wurzeln sonst das Dach zerstören.

Bewachsene oder grüne Fassaden sehen nicht nur schön aus, sie tragen auch zum „sommerlichen Wärmeschutz" nach EnEV bei. Man unterscheidet zwischen Pflanzen, die direkt am Mauerwerk hochwachsen und solchen, die eine Rankhilfe – etwa ein Gerüst – zum Wachsen benötigen. Das Mauerwerk muss für Rankpflanzen geeignet sein, also eine glatte Oberfläche haben, aus hartem Material bestehen und so stabil sein, dass es das Gewicht der Pflanzen tragen kann.

Efeu und Wilder Wein sind als Mauerbegrünung pflegeleicht. Kletterrosen und Blauregen blühen zwar im Sommer prächtig, bedürfen aber ständiger Aufmerksamkeit. Befürchtungen, das Pflanzenwerk locke mehr Ungeziefer ins Haus, sind fast immer unbegründet.

Gesetzliche Vorschriften

Wer ein Haus bauen will, muss eine Reihe von Gesetzen und Verordnungen beachten. Im Bereich der Energie ist dies in erster Linie die Energieeinsparverordnung (EnEV). In ihr wurden die Wärmeschutz- und die Heizungsanlagenverordnung vereint. Mit der EnEV versuchte der Gesetzgeber, den Nachhaltigkeitsgedanken und europäische Klimaschutzziele umzusetzen. Die ersten Bestrebungen dazu begannen mit der Energiekrise im Jahre 1973, als die Abhängigkeit der bundesdeutschen Energieverbraucher von den fossilen Rohstoffen deutlich wurde. Da das Beheizen von Gebäuden mit rund einem Viertel des Gesamtenergiebedarfs zu Buche schlägt, bietet sich hier besonders viel Einsparpotential. Noch gilt die Novellierung der EnEV aus dem Jahre 2014. Sie hat die Anforderungen an Neubauten weiter verschärft. Zur Drucklegung dieses Buchs sollen EnEV und weitere Gesetze durch das Gebäudeenergiegesetz (GEG) abgelöst werden. Dessen finale Ausgestaltung ist aber noch nicht bekannt. Hausbauer müssen zudem weitere Vorschriften beachten. Die in Bezug auf Wärmeerzeugung und Gebäudedämmung relevanten listet die Tabelle „Gesetze, Verordnungen und ..." auf Seite 69 auf. In den Verordnungen tauchen immer wieder folgende Begriffe auf:

INFO

PRIMÄRENERGIEBEDARF/-FAKTOR

Der Begriff Primärenergie (Formelzeichen Q_P) wurde eingeführt, um Energieträger qualitativ bewerten zu können.

Der Gesetzgeber stuft durch den **Primärenergiefaktor** die verschiedenen Energieträger in ihrer Nachhaltigkeit ein und den Aufwand, der nötig ist, um sie von der Quelle zum Abnehmer zu befördern.

Nutzfläche: Die Nutzfläche (Formelzeichen A_N) ist ein rechnerischer Wert, der sich aus dem Gebäudevolumen in Abhängigkeit von der Raumhöhe ergibt. Nicht zu verwechseln ist sie mit der gängigen Berechnung der Wohnfläche.

Transmissionswärmeverlust: Dieser Wert (Formelzeichen H'_T) bezeichnet den Energieverlust pro Quadratmeter der Außenflächen eines Hauses.

BESTANDS-AUFNAHME: WAS KÖNNEN WIR STEMMEN?

ZAHLENSPIELE

Und nun lassen Sie uns übers Geld reden. Das ist vermutlich der Teil, der Ihnen als Bauherren ohnehin am meisten Gedanken macht und vielleicht sogar ein wenig Sorgen bereitet. Aber keine Angst, das ist gar nichts Ungewöhnliches und auch kein Wunder. Denn die Wünsche fürs eigene Haus sind meist schnell formuliert, und manche Bauherren malen sich schon Jahre zuvor bis ins letzte Detail aus, wie das Traumhaus mit verwunschenem Garten, Bibliothek und Veranda später einmal aussehen soll.

Doch je konkreter die Pläne werden, desto stärker kommt die Frage auf: Kann ich mir diese Wünsche wirklich so erfüllen? Und wie viel Haus kann ich mir überhaupt leisten? Solche Fragen stellen sich auch die Nutzer in Bauherrenforen am häufigsten gegenseitig: Welchen Kredit kann man mit unseren Gehältern problemlos abbezahlen? Wie viel Geld wird uns die Bank überhaupt geben? Und wie viel darf unser Haus nun also kosten? Doch auch wenn es verlockend erscheint, sich dabei an Durchschnittswerten zu orientieren – wie an den typischen Kauf- oder Kreditsummen anderer Käufer oder an den Erfahrungen anderer Immobilienbesitzer, deren Haus schon steht: Letztlich kann und muss jeder Käufer wirklich für sich selbst ermitteln, wie viel Geld er in die Hand nehmen kann. Und wie viel sich für ihn später monatlich abstottern lässt. Denn nur weil der typische deutsche Bauherr zurzeit im Schnitt einen Kredit über knapp 340 000 Euro für den Hausbau aufnimmt, wie Statistiken des Baufinanzierers Dr. Klein sagen – was heißt das für Sie?

Es macht zu allererst einen großen Unterschied, in welcher Lebensphase Sie gerade stecken und welche Voraussetzungen Sie mitbringen: Sind Sie junger Berufsanfänger und Familiengründer? Dann haben Sie vermutlich eher wenig Eigenkapital und können eher geringere Monatsraten aufbringen, haben dafür aber mehr Zeit zum Abbezahlen des Kredits. Oder sind Sie bereits in den späteren Lebensjahren? Dann sitzt das Geld vielleicht lockerer, dafür aber wird die Zeit für die Schuldentilgung bis zur Rente knapp. Singles müssen ganz anders rechnen als Familien, die das Risiko des Kredits notfalls auf mehrere Schultern und Einkommen verteilen können. Und Großstädter müssen angesichts der explodierten Hauspreise mit ganz anderen Baupreisen rechnen als Bewohner in ländlichen Regionen. All das spielt natürlich in die Berechnung mit hinein. Es führt auch dazu, dass Singles nicht einmal halb so oft Immobilienbesitzer werden wie Paare und Familien mit Kindern. Bei Großstädtern liegt die Quote für den Immobilienbesitz ohnehin bloß bei rund 25 Prozent.

Insgesamt, so sagt die Statistik, sind ungefähr 45 Prozent der deutschen Haushalte Immobilieneigentümer. Und selbst die Niedrigzinsen der vergangenen Jahre haben diese Gesamtquote über die Zeit so gut wie nicht verändert. Eine andere Quote dagegen hat sich seitdem sehr bewegt: Die Zahl der Immobilienbesitzer unter 40 Jahren nahm seit dem Beginn des Immobilienbooms um drei Prozentpunkte ab und liegt bei nur noch unter 30 Prozent. Woran das liegt? Zum einen natürlich daran, dass heute anteilig immer mehr Menschen später in den Beruf einsteigen, weil sie häufiger studieren. Dass sie mobiler sind und es beruflich bedingt oft bleiben müssen, weswegen sie sich nicht so früh an eine Immobilie binden wollen. Vor allem liegt es aber daran, dass Häuser seitdem sehr viel teurer geworden sind und damit auch die Nebenkosten für den Hauskauf steigen. Das bedeutet für Käufer: Sie müssen heute viel mehr Eigenkapital mitbringen – und dafür länger sparen. Wie Sie nun

richtig Ihr Budget und damit auch den Finanzierungsrahmen für Ihr Bauvorhaben ermitteln, wollen wir in drei Schritten klären.

1 Die wichtigste Frage ist zunächst: Was ist schon da, wie viel Eigenkapital bringen Sie auf? Sie haben schon eine größere Summe angespart, sollten an dieser Stelle zumindest zustimmend nicken. Sonst schieben Sie Ihr Projekt lieber noch eine Weile auf und sparen erst einmal eine ordentliche Summe an. Denn das Eigenkapital ist eine der wichtigsten Grundvoraussetzungen dafür, eine Immobilie erwerben zu können – und um einen günstigen Kredit zu bekommen. Aber wie viel Geld genau können Sie mobilisieren? Und wie viel müssen Sie für welche Posten einplanen? Das klären wir zuerst. Denn dieses Eigenkapital bildet die Basis für Ihr Projekt und es bestimmt auch über die Kredithöhe und den Gesamtpreis, den Sie sich leisten können.

2 Die zweite Frage lautet dann: Wie hoch ist Ihr laufendes Einkommen? Und welches Budget steht Ihnen und Ihrer Familie Monat für Monat zur Verfügung, um den Kredit wieder abzutragen – und zwar ohne dabei in Schwierigkeiten zu kommen, wenn unvorhergesehene Belastungen auftauchen? Das Wichtigste an dieser Stelle ist: Versuchen Sie nicht, sich die Zahlen schön zu rechnen. Kalkulieren Sie im Zweifelsfall lieber ein wenig zu vorsichtig als zu üppig. Denn wenn überhaupt etwas angepasst wird, dann sollte sich die Hausfinanzierung unbedingt an Ihre Lebensumstände anpassen – nie aber sollte sich Ihr späteres Leben notgedrungen nach dem Kredit richten müssen. Ihr Haushaltseinkommen bestimmt also das Budget.

3 Im dritten Schritt errechnen wir aus Ihrem Eigenkapital und Ihrem Monatsbudget die maximal mögliche Kredithöhe und damit auch die tragbaren Gesamtkosten fürs Haus, die Sie veranschlagen können. Wenn hier tatsächlich weniger herauskommt, als Sie zuvor angenommen haben, dann wird es Zeit zurückzublättern und ein paar der Wünsche zu überdenken. Aber keine Angst, denn es gibt auch ein paar einfache Wege, um Wunsch und finanzielle Wirklichkeit besser in Einklang miteinander zu bringen. Aber der Reihe nach.

EIGENKAPITAL – FUNDAMENT DER FINANZIERUNG

Deutsche Hauskäufer sind oft Spätkäufer. Sie werden im Schnitt 48 Jahre alt, bevor sie ihre erste Immobilie erwerben, so ermittelte es jüngst das Institut der deutschen Wirtschaft (IW). Einer der Gründe für den späten Kauf liegt in der relativ hohen Hürde an Eigenkapital, die Sie dafür überspringen müssen. „Mindestens 20 Prozent" nennen Banken und Baufinanzierer als Richtwert für so ein Projekt, besser mehr. 30 Prozent wären also noch vorteilhafter. Es gibt zwar auch Banken, die Baukosten und Grundstückspreis zu 100 Prozent finanzieren, so dass Bauherren nur die Nebenkosten für den Grundstückskauf aus eigenen Mitteln aufbringen müssen. Doch die fehlenden Sicherheiten schlagen dann auf die Kreditkonditionen durch. Sprich: Der Zinssatz ist bei solchen Vollfinanzierungen deutlich höher und macht den Erwerb teurer. Der Preisaufschlag dafür beträgt oft mehr als 0,5 Prozentpunkte (gegenüber einem Kredit mit 80 Prozent Beleihung), mitunter sogar einen vollen Prozentpunkt. Das bedeutet auch eine rund 30 bis 50 Prozent höhere Monatsrate bei gleichem Tilgungssatz. Zudem brauchen die Kunden dafür ein hohes und gesichertes Einkommen sowie gute Bonitätsnoten von Kreditauskunfteien wie der Schufa. Sonst wird kaum eine Bank so einen Vollfinanzierungs-Kredit bewilligen.

Ganz ohne Erspartes aber geht es so gut wie nie, denn zumindest die Nebenkosten beim Bau müssen die Käufer in aller Regel selbst aufbringen, also die Kosten für Grunderwerbsteuer, Grundbucheintragung, Notar und oft auch Makler, denn kaum ein Grundstück wechselt noch ohne Makler den Besitzer. Und das sind beileibe keine Kleinbeträge, die man mal eben aus der Portokasse zahlt, im Gegenteil: Allein für den Makler sind 3 bis 7 Prozent der Anschaffungskosten fällig. Nur beim Kauf vom Bauträger entfallen die Maklerkosten. In den vergangenen Jahren haben viele Bundesländer zudem – befeuert durch den Immobilienboom ab 2010 – ihre Steuersätze auf Immobilientransaktionen deutlich angehoben, um am heißlaufenden Markt kräftig mitzuverdienen. Verbreitet liegt nun allein die Grunderwerbsteuer bei 6 oder 6,5 Prozent des Kaufpreises. Einzig Sachsen und Bayern beließen sie bisher bei 3,5 Prozent. Das bedeutet (je nach Bundesland) 3 500 bis 6 500 Euro nur fürs Finanzamt beim Kauf eines 650-Quadratmeter-Grundstücks, wenn es durchschnittlich 154 Euro je Quadratmeter kostet, der Kaufpreis also rund 100 000 Euro beträgt. Wer sich ein Grundstück für 300 000 Euro zulegt, muss schon 10 500 bis 19 500 Euro Grunderwerbsteuer berappen. Zudem ist die Grunderwerbsteuer beim Kauf über den Bauträger oder bei der anschließenden Beauftragung eines Architekten sowohl auf den Grund als auch auf das errichtete Gebäude fällig. Das verteuert den Erwerb enorm. Früher rieten findige Berater daher Bauherren dazu, zwei getrennte Verträge abzuschließen – einen für den Grundstückskauf und einen zur Beauftragung des Bauträgers, um zumindest die Grunderwerbsteuer auf den Gebäudewert zu sparen. Davon raten Steuerberater jedoch dringend ab: Das Finanzamt schaut mittlerweile genau hin, ob etwaige

Koppelgeschäfte vorliegen, ob also ein Grundstückskauf nur zum Zwecke der Bebauung erfolgt ist. Damit ist nämlich die Grunderwerbsteuer auf beide Posten fällig, auf Haus und Grund. Zudem gehen Bauherren mit der Entkopplung große juristische Risiken ein.

Zu den Nebenkosten kommen noch die Kosten fürs Umschreiben der Grundbuchakten und die Notarkosten (in Höhe von 2 Prozent der Kaufsumme); das sind ebenfalls noch einmal 2 000 Euro beim 100 000-Euro-Grundstück oder sogar noch einmal 11 000 Euro für ein typisches Grundstück in Hamburg.

Je nach Bundesland betragen die Gesamtnebenkosten beim Erwerb oft 10 bis 15 Prozent des Grundstückspreises. Selbst in den günstigsten Ländern und ohne Makler sind immerhin noch 3,5 Prozent der Bausumme fällig für Steuern und 2 Prozent des Grundstückskaufpreises für den Notar und die Grundbucheintragung, und zwar schon wenige Tage und Wochen nach dem Erwerb. Dazu kommen noch Kosten für den Umzug.

Bei der ersten Kalkulation vergessen viele Bauherren zudem gern die Baunebenkosten, denn auch für Erschließung, Vermessungen, Genehmigungen und Gutachten fallen Kosten an. Die werden zwar in die Finanzierung eingerechnet und von den Banken mitfinanziert, dennoch sollten Bauherren zusätzlich zu den eigentlichen Hauserstellungskosten für Rohbau und Ausbau am besten gleich 15 bis 20 Prozent für die Baunebenkosten einrechnen, bevor später das böse Erwachen kommt, raten Baufinanzierer. Dann erst – also durch das Aufaddieren von Grundstückskosten, Erstellungskosten und Baunebenkosten – ergibt sich die nötige Gesamtsumme. Davon wiederum sollten mindestens 20 Prozent als Eigenkapital vorliegen und zusätzlich die Erwerbsnebenkosten.

Nehmen wir also einmal konservativ an, das Grundstück kostet rund 100 000 Euro, als Hausbaukosten werden 200 000 Euro angesetzt und als Baunebenkosten rund 43 000 Euro, diese Werte entsprechen in etwa den Durchschnittspreisen in ländlicheren Gebieten hierzulande. Dann liegen die Gesamtkosten des Bauherren bei rund 343 000 Euro. Das Eigenkapital sollte dann möglichst 68 600 Euro betragen, um die Kreditzinsen nicht unnötig in die Höhe zu treiben. Zusätzlich sollten 16 000 bis 25 000 Euro für die sofort fälligen Erwerbs-

Zinssätze steigen mit dem Kreditanteil

Kreditzinssätze für die Finanzierung eines Eigenheims zum Preis von 300 000 Euro.
Die Zinsbindung beträgt 15 Jahre, die Tilgung 3 Prozent.1)

Anbieter	Zinssätze (Prozent pro Jahr) für Kreditsumme von ... Euro (Kreditanteil am Kaufpreis)					
	150 000 € (50 %)	180 000 € (60 %)	210 000 € (70 %)	240 000 € (80 %)	270 000 € (90 %)	300 000 € (100 %)
Dr. Klein	0,78	0,78	0,83	0,95	1,33	1,47
Interhyp	0,78	0,78	0,80	0,85	1,12	1,47
Allianz	0,78	0,78	0,83	0,98	1,33	1,94
Hypovereinsbank	0,85	0,85	0,80	0,85	1,33	2,03
comdirect	0,85	0,85	0,80	0,85	1,33	1,47
Santander	0,92	0,92	0,97	1,07	1,12	1,63
ING	0,98	0,98	1,10	1,27	1,51	1,74

1) Zinssätze laut Konditionenabfrage auf den Internetseiten der Anbieter für eine gebrauchte Wohnung zur Selbstnutzung in Berlin.
Stand: 17. Dezember 2019

nebenkosten auf dem Konto liegen. Insgesamt also sollten die Bauherren 84 000 bis 94 000 Euro locker machen können, auch ohne Bank. Das ist eine Menge Geld.

Es gibt auch Banken, die Vollfinanzierungen anbieten, also die 100 Prozent der Gesamtbausumme per Kredit finanzieren, wenn die Käufer kaum Eigenkapital mitbringen und lediglich die Erwerbsnebenkosten selber aufbringen können. Solche Vollfinanzierungen jedoch verteuern die Kreditzinsen dann um zirka einen Prozentpunkt.

Tatsächlich bringen 71 Prozent der Immobilienerwerber derzeit höchstens 50 000 Euro an Eigenmitteln mit, sagen Umfragen des Immobilienportals Immoscout24. Große Baufinanzierer beziffern die Eigenkapitalsummen jedoch üppiger, vor allem in den großen Städten: Laut den abgeschlossenen Verträgen lagen die durchschnittlichen Eigenkapitalsummen schon in Städten des Ruhrgebiets zuletzt im Schnitt bei 50 000 bis 55 000 Euro, sagt der Finanzierer Interhyp aus seinen abgeschlossenen Verträgen, in Berlin brachten die Käufer gut 90 000 Euro mit, in Köln 111 000 Euro, in Hamburg, Frankfurt und Stuttgart etwa 150 000 Euro und in München knapp 200 000 Euro. Der durchschnittliche Beleihungswert liegt laut Erhebungen von Immobilienfinanzierern recht stabil bei 73 bis 80 Prozent, das heißt, dass bei den meisten Käufern und Bauherren das Eigenkapital 20 bis 30 Prozent der Gesamtsumme beim Kauf oder Bau entspricht.

Wie viel Eigenkapital Sie nun selbst benötigen, richtet sich natürlich nach der Größe des Projekts Hausbau, vor allem aber nach dem Standort, an dem man sein Eigenheim errichten will: In München muss man beim Neubau eines Einfamilienhauses inklusive Grundstückskauf inzwischen mit über einer Million Euro Bausumme rechnen, denn fast eine Million Euro muss man dort alleine schon fürs Grundstück ausgeben. Selbst in einfachen Lagen kosten 800-Quadratmeter Baugrund 800 000 Euro. Allein deshalb schon sind die Eigenkapitalsummen dort entsprechend groß.

In Hannover kommt man für ein vergleichbares Eigenheim mit Glück bereits mit 425 000 Euro hin, in Schwerin mit 250 000 Euro und in Cottbus meist sogar mit 200 000 Euro. Das heißt auch, dass Bauherren in günstigen Gebieten mit sehr viel weniger Eigenkapital ihren Traum vom Haus verwirklichen können. In Cottbus etwa reichen rund 40 000 Euro Eigenkapital, die Kaufnebenkosten von rund 20 000 Euro kommen allerdings noch hinzu, während

Münchener eher 200 000 Euro aufwärts mitbringen sollten – und das zumeist auch tun. Mit so viel Geld müssten Bauherren anderswo schon fast keinen Kredit mehr aufnehmen!

Und das ist im Grunde nur die Mindestanforderung. Wer mit 30 Prozent Eigenanteil in den Kredit gehen will (das ist sozusagen der Goldstandard), der muss für ein durchschnittliches Haus mit 300 000 Euro Bausumme schon 90 000 Euro mitbringen, plus rund 30 000 Euro Nebenkosten, also 120 000 Euro. Bei einer Bausumme von 500 000 Euro sind es schon 150 000 Euro plus Nebenkosten. Das verdeutlicht, welchen Kraftakt Käufer angesichts heutiger Immobilienpreise bereits vor der Kreditrückzahlung leisten müssen.

Wie bekommt man nun so viel Kapital überhaupt zusammen? Da bleibt nur eines: Früh anfangen und regelmäßig sparen, daran führt meist kein Weg vorbei. Es sei denn, Sie sind in der komfortablen Position, jedes Jahr jeweils einen höheren Geldbetrag „nebenher" weglegen zu können, etwa weil Sie einen Bonus zum Gehalt bekommen, von Verwandten üppig mit Geburtstagsgeldern bedacht werden oder es schaffen, das Urlaubs- und Weihnachtsgeld größtenteils aufzusparen. Und der ein oder andere erbt ja auch im Laufe der Jahre oder bekommt von den Eltern einen Zuschuss zum Hauskauf. Das ergibt dann auf Dauer auch hohe Summen.

Doch auch mit kleinen Beträgen kann man im Lauf der Jahre mächtig Geld zusammensparen: Wer im Alter von 20 Jahren ein Startkapital von 2 000 Euro besitzt – also zum Beispiel das Abiturgeld anlegt oder sich etwas erarbeitet hat – und danach jeden Monat 100 Euro auf Seite legt, der hat bei nur zwei Prozent Guthabenzinsen als Vierzigjähriger eine Summe von 32 500 Euro angesammelt – also in dem Alter, in dem sich die Bundesbürger durchschnittlich ihre erste Immobilie zulegen. Gut, 32 000 Euro sind noch nicht die Welt, die reichen gerade einmal für die Nebenkosten. Doch legt man das Geld weitaus rentierlicher an, zum Beispiel mit einem Fondssparplan, könnten daraus schon 52 000 Euro geworden sein. Spart unser Jugendlicher sogar 150 Euro monatlich, dann knackt er schon bei zwei Prozent Zinsen fast die 50 000-er Marke und hat mit dem Fondsparplan womöglich schon 75 000 Euro erzielt. Es ist also durchaus möglich, aus eigener Kraft zu größeren Summen zu kommen.

Was gehört nun überhaupt zum Eigenkapital? Es sind klassischerweise alle Bankguthaben, also die Beträge auf dem Girokonto sowie auf Spar- und Tagesgeldkonten. Bevor Sie nun aber wirklich all diese Konten restlos plündern: Lassen Sie einen Puffer stehen für unvorhergesehene Ausgaben, drei Monatsgehälter sollten es mindestens sein. Nicht, dass Sie sonst ein kaputtes Haushaltsgerät oder ein defektes Auto dermaßen in die Bredouille bringt, dass auch noch das Girokonto in die Miesen rutscht. Spargelder und Festgelder, die sich nicht so schnell auflösen lassen, weil sie termingebunden angelegt worden sind, lassen sich übrigens beleihen, auch so mehrt man sein Eigenkapital, ohne die Verträge zu kündigen.

Ferner gehören Wertpapiere zum verfügbaren Kapital, sofern sie umgehend veräußerbar sind, also beispielsweise Fondsanteile, Bundesanleihen und Unternehmensanleihen. Geschlossene Fonds gehören indes nicht in die Kategorie der schnell verkäuflichen Papiere, denn sie sind Beteiligungen, die meist an einen Ablaufzeitpunkt gebunden sind. Vorzeitig können sie oft nicht wieder abgestoßen werden oder zumindest nur mit oft hohen Abschlägen.

Viele Bundesbürger besitzen auch Bausparverträge, die Eltern oder Großeltern bereits für sie abgeschlossen haben. Das ist in diesem Falle gut, denn werden sie bereits seit Jahren bespart, sind sie vermutlich bald „zuteilungsreif", wie es im Bauspardeutsch heißt. Dann ist also oft bald die vorgegebene Mindestsumme angespart und das Geld lässt sich ebenfalls für die Baufinanzierung nutzen. Rund jeder zweite Hauskäufer setzt Bausparverträge zur Immobilienfinanzierung ein, sagt das Bundesbauministerium – unter Umständen sogar in Verbindung mit einem Bauspardarlehen. Das ist ja schließlich auch der Grund, weswegen viele Sparer sich solche Verträge zulegen, weil sie nämlich hoffen, sich damit günstige Kreditkonditionen für eine spätere Baufinanzierung zu sichern. Aber Vorsicht: Hier sollte man noch einmal genau durchrechnen, denn Bausparverträge können zwar eine günstige Finanzierungsform sein – aber müssen es nicht sein. Gerade in der aktuellen Niedrigzinslage stehen sich viele Sparer schlechter, wenn sie nicht nur ihr Bausparguthaben, sondern auch das Bauspardarlehen für die Hausfinanzierung einsetzen. Bei neuen Bauspartarifen können die Zinssätze für Bauspardarlehen noch einigermaßen mit den aktuellen Kreditkonditionen der Banken mithalten. Bei älteren Bausparverträgen ist das anders: Während Hausbanken heute oft schon mit Kreditzinsen von 1,5 Prozent für mittlere Laufzeiten locken, liegen die Zinsen bei Alttarifen eher bei 3,5 bis 4 Prozent. Da lohnt sich die Kreditaufnahme über eine Bausparkasse eher nicht, weil man bei ihr viel mehr Zinsen zahlt. Ein Vorteil der Bauspardarlehen liegt höchstens darin, dass sie nur nachrangig ins Grundbuch eingetragen werden müssen, anders als andere Bankkredite, die dort den ersten Rang beanspruchen. Das ermöglicht oft günstigere Konditionen bei den erstrangigen Bankkrediten.

Wenn man einen älteren Bausparvertrag hat, lohnt es sich dagegen oft noch eine Weile weiter zu sparen, bis das Projekt Eigenheim tatsächlich in die heiße Finanzierungsphase eintritt. Wenn der Bausparvertrag nämlich noch aus den guten Zinszeiten stammt und zwei oder gar drei Prozent Habenzinsen gutschreibt, dann sollte man das nutzen bis zum Schluss. Ohnehin gelten meist sechs Monate Kündigungsfrist für solche Verträge. Wenn die Zuteilung erst in zwei Jahren möglich ist, Sie aber heute schon eine Immobilie finanzieren wollen, dann gibt es auch die Möglichkeit, eine Zwischenfinanzierung zu günstigen Zinsen zu bekommen, bis das Bauspargeld fällig ist.

Der beste Rat wäre in so einem Fall: Lassen Sie sich das Guthaben des alten Bausparers möglichst auszahlen – es mehrt dann Ihr Eigenkapital – und verzichten Sie aufs Darlehen von der Bausparkasse. Nehmen Sie stattdessen lieber einen höheren Bankkredit auf, den Sie aktuell zu günstigeren Konditionen bekommen. Lassen Sie sich am besten von einem unabhängigen Berater dazu eine Empfehlung geben.

Immobilienvermögen und Grundstücke gehören natürlich auch zum Eigenkapital, wenn man bereits welche besitzt – etwa geerbte Wohnungen oder auch Immobilien, die man sich bereits angeschafft hat, aber nun zugunsten des Eigenheimneubaus wieder veräußern möchte. Nun kann man die bisherige Immobilie natürlich so lange behalten, bis tatsächlich der Umzug in das neue Haus ansteht und bis dahin den zusätzlichen Kapitalbedarf – der dadurch entsteht, dass man das Geld für die Altimmobilie eben noch nicht zur Verfügung hat, aber bereits die neuen Verträge unterzeichnen und die Finanzierung auf den Weg bringen muss – mit einer Zwischenfinanzierung von der Bank ausgleichen. Doch gerade in diesen Zeiten gilt: Verkaufen Sie am besten zuerst die jetzige Immobilie und bauen Sie dann die neue, oder suchen Sie zumindest bereits nach einem Käufer für das Altobjekt. Warum?

Zuletzt hat die Bundesrepublik einen recht bespiellosen Immobilienboom erlebt mit gewaltigen Preissteigerungen, teilweise im zweistelligen Prozentbereich pro Jahr. Im Herbst 2019 sind die Immobilienpreise somit auf einem sehr hohen Niveau angelangt. Nun ist es zwar nicht gesagt, dass die Immobilienpreise bald zwingend wieder sinken werden, die Preissteigerungen könnten ebenso gut noch einige Jahre anhalten. Etliche Ökonomen aber rechnen bereits seit einiger Zeit mit möglichen Preiskorrekturen. Die jetzigen Kaufpreise, so sagen etliche Analysten, sind gemessen an den derzeit erzielbaren Mieteinahmen rund 20 Prozent zu hoch, in den Großstädten bis zu 40 Prozent. So hoch wäre also das Rückschlagspotenzial im Falle einer Marktkorrektur. Kalkulieren Sie mit dem heute üppigen Verkaufspreis für ihre bisherige Wohnung und planen mit Elan den Neubau – müssen Sie in ein bis zwei Jahren vielleicht erkennen, dass Sie viel weniger Geld für die Altimmobilie erlösen als gedacht. Dann stünde Ihnen viel weniger Eigenkapital für den Neubau zur Verfügung als geplant und Sie müssten teuer nachfinanzieren. Wenn Sie mit genügend Puffer geplant haben oder Ihr Einkommen solche Umplanungen locker mitmacht, dann können Sie das gern riskieren. Die allermeisten Bauherren jedoch kalkulieren ihre Vorhaben ohnehin etwas knapp – zudem ist ein Hausbau eine der Phasen im Leben, die ohnehin schon als nervlich äußerst belastend empfunden werden. Wenn dann noch eine wacklige Finanzierung hinzukommt, werden die wenigsten Bauherren das zusätzlich noch locker wegstecken. Deshalb stellen Sie sich ehrlich die Frage: „Könnte ich mit diesem höheren Risiko leben?"

Es kann natürlich sein, dass sich eine Bestandsimmobilie in einigen Regionen nicht so schnell verkaufen lässt, wenn der Besitzer sie selber noch so lange bewohnen will, bis sein Neubau fertig gestellt ist. Denn das schränkt die Käufer natürlich in ihrer Zeitplanung ein. In Großstädten dürfte dies kein besonderes Hindernis sein, dort wechseln Immobilien sogar zügig die Besitzer, wenn sie mit lebenslangen Wohn- oder Nießbrauchsrechten belegt sind.

Anders könnte es jedoch in Regionen mit weniger starker Immobiliennachfrage sein. Gerade hier aber sollten sich Besitzer fragen, ob ein rechtzeitiger Verkauf nicht dennoch die bessere Idee wäre. Schließlich muss er weder für Käufer noch für Verkäufer von Nachteil sein, denn: Viele Banken bieten Käufern für Kredite bereitstellungsfreie Zeiten von 12 bis 24 Monaten. Von daher können sie genauso gut bereits jetzt einen Kaufvertrag unterschreiben, auch wenn die tatsächliche Übergabe und Nutzung der Immobilie erst in einem Jahr erfolgt oder in zwei Jahren. Dadurch sichern sich Käufer die Immobilie ebenfalls schon zum jetzigen Preis, falls die Preise weiter steigen. Für den Verkäufer liegt zudem der Vorteil darin, dass er genau weiß, mit welchem Erlös er für die Altimmobilie rechnen kann – und wie hoch somit sein Gesamtbudget für den Neubau ist.

Für den Fall, dass sich die Neubauphase länger hinzieht als gedacht, kann der Bauherr dem Käufer auch bereits vertraglich eine Monatsmiete anbieten, wenn sich sein Auszug verzögert. Wartet er dagegen mit dem Verkauf der Altimmobilie bis zur Fertigstellung des Neubaus, so benötigt er in jedem Fall einen Zwischenkredit von der Bank. Der kostet ihn Zinsen und zwar höhere als ein langfristiger Kredit. Lediglich die Tilgung entfällt dabei erst einmal. Der Zwischenkredit wird endfällig abgelöst, wenn der Kauf erfolgt und der Kaufpreis geflossen ist. Viele Banken gewähren diese

Zwischenkredite aber auch nur für 6 bis 24 Monate, also nicht unbegrenzt lang. Zudem sollte der Bauherr dann zwingend einen Abschlag auf den erwarteten Verkaufspreis der Altimmobilie vornehmen – um sicherzugehen, dass der Neubau auch dann noch finanzierbar ist, selbst wenn die Immobilienpreise sinken.

Überlegen Sie also gut, ob Sie wirklich darauf spekulieren wollen, dass die Preise bis zum Ende der Bauzeit in vielleicht ein bis zwei Jahren noch höher geklettert sein werden. Und was ist, wenn die Zentralbankzinsen doch irgendwann einmal wieder steigen, obwohl es danach bisher nicht aussieht? Ein Zinsanstieg würde die Kaufpreise auf breiter Front drücken, weil viele Investoren, die wegen der explodierenden Immobilienpreise ihr Geld „in Steine" gesteckt haben, dann ihr Geld in andere lukrativere Anlagen umschichten könnten, so warnten auch die Wirtschaftsweisen in ihrem Jahresgutachten Ende 2018. Ein Zinsanstieg um 1,5 Prozentpunkte könnte die Immobilienpreise um knapp 25 Prozent einbrechen lassen. In dem Fall täte sich eine unerwartete Lücke in der Finanzierung jedes Bauherren auf, der auf höhere Verkaufspreise für seine Immobilien in der Zukunft gesetzt hat. Besser also, Sie vergewissern sich erst, was Ihre bestehende Immo-

bilie tatsächlich wert ist, bevor Sie sich an die Finanzierung des neuen Objekts machen.

Für Hausbauer und Selbernutzer heißt der Grundsatz immer: Je mehr eigenes Geld Sie zum Kaufzeitpunkt einbringen, desto besser. Denn dadurch halten Sie die Kreditsumme klein.

Nun rechnen manche gewieften Anleger so: „Ich habe derzeit einen größeren Betrag angelegt in Aktienfonds – die werfen laut Statistik rund sechs bis sieben Prozent Rendite pro Jahr ab. Das ist erheblich mehr als die Bauzinsen zurzeit, die bei rund 1,5 Prozent liegen." Wäre es nicht also günstiger, wenn man diese Aktienfonds jetzt behielte und mit den Erträgen stattdessen den Kredit bedienen würde? Diese Rechnung geht in den seltensten Fällen auf, denn: Die Erträge von sechs bis sieben Prozent streichen Anleger mit Aktienfonds rein statistisch zwar auf lange Sicht höchstwahrscheinlich tatsächlich ein – mit Dividenden und Kursgewinnen – doch nur, wenn sie die Fondsanteile auch auf sehr lange Sicht halten, also für 25 oder 30 Jahre. Und die Erträge fließen auch erst, wenn sie die Fonds am Ende gesammelt mit enstprechenden Kursgewinnen verkaufen können.

Zwischenzeitlich schwanken die Märkte dagegen von Jahr zu Jahr teils heftig, es sind also auf kürzere Laufzeiten zwar auch größere – aber unstete – Gewinne möglich, allerdings auch große Kursverluste von 25 bis 30 Prozent in Börsenabsturzjahren. Vor allem das müssen Anleger aushalten können, um auf die hohe durchschnittliche Gesamtrendite nach 25 Jahren zu kommen. Natürlich rechnen Statistiken vor, dass Anleger auf Sicht von 10 bis 12 Jahren mit Aktienfonds bisher noch nie Verluste eingefahren haben. Ihre Renditen lagen dann in einigen Fällen aber auch bloß bei knapp zwei Prozent Ertrag. Das würde in diesem Fall nach Abzug aller Steuern nicht ausreichen, um die höheren Kreditkosten wettzumachen. Angenommen ein Anleger hat 50 000 Euro in Aktienfonds angelegt und er hält die Anteile 25 Jahre lang. Dann hat er eine hohe Chance, daraus rein rechnerisch pro Jahr 3 000 Euro Rendite zu ziehen, die sich am Ende der Laufzeit realisieren lassen. Und nur dann wäre das Festhalten an den einträglichen Fonds wirklich eine Überlegung wert, denn bei kleineren Beträgen fällt der Wertzuwachs viel kleiner aus, während die Kreditzinsen wegen der hohen Kreditsumme viel stärker ins Gewicht fallen.

Aber: Lässt er nun diese 50 000 Euro auf dem Depot stehen, muss er dafür einen um 50 000 Euro höheren Kredit aufnehmen. Wenn er nun statt des 250 000-Euro-Durchschnittskredits insgesamt 300 000 Euro aufnimmt – und diesen zum Zinssatz von 1,5 Prozent bekommt – dann steigt seine Monatsrate dadurch von 833 Euro auf 1 000 Euro (bei 25 Jahren Laufzeit und Volltilgung). Das wären rund 2 000 Euro zusätzlich im Jahr. So gesehen würde er zwar damit noch besser fahren, vorausgesetzt der erwartete Ertrag aus den Fonds lässt sich auch tatsächlich in 25 Jahren realisieren.

Aber die höheren Raten müsste er ganz sicher bereits aufbringen, und zwar 25 Jahre lang. Zudem gilt das nur unter der Bedingung, dass er trotzdem sehr viel Eigenkapital aufbringt. Denn: Schmälert er mit dem Behalten der Fondsanteile seinen Eigenkapitalstock auf weniger als 80 oder gar 70 Prozent vom Gesamtbaupreis, dann bekommt er das Darlehen nicht mehr zu diesen günstigen Konditionen. Die Banken würden einen Zinsaufschlag erheben: Für jenen Darlehensanteil, der die 80-Prozent-Marke übersteigt, verlangen Banken selbst zurzeit immerhin 2,5 bis 5,5 Prozent Sollzinsen. Für alles über 90 Prozent sogar bis zu 8,8 Prozent Zinsen. Von daher lautet unser Rat: Auch im Zinstief sollten Bauherren so viel Eigenkapital locker machen wie möglich – und nicht auf zukünftige Gewinne hoffen, die nicht garantiert sind (www.test.de/Baufinanzierung-Eigenkapital-einsetzen-je-mehr-desto-besser-5483381–0).

Richtig vorsichtig sollte man außerdem werden, wenn einem ein Bank- oder Finanzierungsberater rät, einen Kredit mit einer Versicherung zu koppeln. So etwas war früher ein gängiges Geschäft: Die Banken boten zum Beispiel Lebensversicherungen als Sparverträge an und daran gekoppelt günstige Kredite. Der Trick war: Die Kunden sollten jahrelang die Versicherungsverträge mit hohen Einzahlungen besparen, während die Kredite zuerst einmal „Nulltilger" waren. Hier wurde also über Jahre nicht die Kreditlast gemindert, sondern es wurden lediglich die zusätzlich anfallenden Zinsen jährlich beglichen. Am Ende der Laufzeit sollten dann hohe Auszahlungen aus den Lebensversicherungen die gesamte Kreditsumme auf einen Schlag ablösen.

Das Problem war: Die Versicherungsgesellschaften haben sich verkalkuliert – und ihre Kunden in der Folge auch. Denn die Guthabenzinsen sanken, wie bekannt ist, durch die Politik der Zentralbanken zuletzt auf nahezu null. Auch die laufende Verzinsung von Lebensversicherungen entwickelte sich dadurch viel schlechter als gedacht. Versicherungsverträge werfen inzwischen erheblich kleinere Ablaufsummen ab als vor Jahren angenommen und in Aussicht gestellt. Das führte bei vielen Koppelgeschäften dazu, dass Verbraucher am Ende der Kreditlaufzeit eben nicht ihre Kredite mit einem Schlag ablösen konnten, sondern auf hohen Schulden sitzenblieben. Das traf viele zum Renteneintritt, der eigentlich das ultimative Ablösedatum für die Schulden sein sollte. Solche Wetten auf hohe oder niedrige Zinsen in der Zukunft sind immer höchst riskante Angelegenheiten, die man sich beim Langfristprojekt Hausfinanzierung lieber sparen sollte.

Auch wenn die Baufinanzierungszinsen schon seit einiger Zeit auf historisch niedrigem Niveau liegen, so sollte man dennoch nicht unterschätzen, was schon kleine Unterschiede bei den Sollzinsen ausmachen, wenn man sie auf eine große Summe entrichten muss. Grundsätzlich gilt – und beim Hauskauf erst recht: Das Schuldentilgen (oder Schuldenkleinhalten) hat Vorrang vor der Geldanlage. Wer also Ratenkredite laufen hat für Auto, Möbel oder Technikgeräte, wer im Dispo steckt, Kreditkartenschulden angehäuft hat oder sonstige Schulden bei Verwandten oder gar Steuerbehörden hat, der sollte diese unbedingt zuerst abtragen, bevor er weiteres Geld als Eigenkapital für die Kreditaufnahme verplant.

Erst danach gilt: Verflüssigen Sie für den Eigenheimerwerb so viel wie möglich, um mehr Eigenkapital in die Waagschale werfen zu können. Allerdings mit ein paar wichtigen Einschränkungen:

- **WIE STEHT DER AKTIENMARKT?** Wenn Sie ein Fondsdepot auflösen, dann sollten Sie sich zuvor die Aktienmarktphase ansehen. Sind die Kurse in den vergangenen Jahren gestiegen und haben sie den Wert Ihrer Anteile mächtig in die Höhe gehievt? Großartig, nutzen Sie diese Marktphase für den Verkauf. Denn es ist ein guter Zeitpunkt. Befinden sich die Märkte dagegen in einer steilen Abwärtsphase oder sogar im Crashmodus, weil sie stark und unkontrolliert fallen, dann überlegen Sie gut. Denn Crashs sind keine guten Zeitpunkte für einen Verkauf. Solche Großphasen am Aktienmarkt kann für gewöhnlich jeder Anleger gut erkennen, vor allem wenn er regelmäßig die Zeitung liest. Schwieriger wird es in Phasen, in denen die Kurse schon seit längerer Zeit seitwärts driften. In solchen Zeiten zählt, zu welchem Einstiegspreis Sie Ihre Anteile gekauft haben. Und machen Sie sich dabei von einem Gedanken frei: Den absolut richtigen Zeitpunkt für einen Verkauf werden Sie selten treffen, damit tun sich selbst Profianleger regelmäßig schwer. Fürs „Markttiming", wie es in der Fachsprache heißt, scheint der Mensch nicht gemacht. Doch ob sich die Märkte bereits seit zehn Jahren in einem Aufwärtsdrall befinden (wie derzeit – und sich das Einstreichen der Gewinne daher lohnt) oder ob sie bereits herb den Rückwärtsgang eingelegt haben – wie in der Finanzkrise 2008/2009 – das erkennen auch unbedarfte Anleger. Oft werden in solchen Abwärtsphasen in nur wenigen Monaten sämtliche Gewinne vernichtet, die sich Fondsanteile zuvor über Jahre erarbeitet haben. Nachdem der Tiefpunkt aber durchschritten ist, katapultieren die Märkte die Kurse oft um 30, wenn nicht gar 40 Prozent wieder in die Höhe. Spätestens dann werden Sie sich ärgern, dass Sie Ihre Anteile weit unter Wert verkauft haben. Unter Umständen lohnt es sich in solchen Crashzeiten also, noch ein wenig mit dem Verkauf zu warten, wenn Sie sich das leisten können. Statistisch gesehen sieht die Welt nach eineinhalb Jahren schon wieder ganz anders aus, dann haben sich die Kurse meist wieder deutlich auf den Weg nach oben gemacht. Garantieren kann so etwas natürlich niemand.

► **VORSORGE SOLLTE VORSORGE BLEIBEN!** Wenn Sie regelmäßig Geld sparen, um damit fürs Alter vorzusorgen und um später einmal Ihre Rente aufzubessern, dann sollten diese Verträge weiterlaufen. Das gilt insbesondere für Einzahlungen in Versorgungswerke, für geförderte Verträge wie Riester und Rürup und andere Langfristsparverträge. Ja, und auch für Fondssparpläne, die Sie explizit als Altersvermögen geplant haben. Denn es ist zwar gut, wenn Sie alles verfügbare Kapital nutzen, um das Haus zu finanzieren, doch die Ruhegelder sollten dabei möglichst unangetastet bleiben. Denn sonst sparen Sie später zwar das Geld für die monatliche Miete, haben aber vielleicht außer einer Minirente keine Mittel mehr, das Alter noch zu genießen und das Haus in Schuss zu halten.

► **KÜNDIGEN HEISST DRAUFZAHLEN.** Insbesondere Langfristsparverträge wie kapitalbildende Lebens- und Rentenversicherungspolicen sollten nicht vorschnell aufgelöst werden. Hier ist nicht von jenen Koppelverträgen die Rede, die auf Seite 83 das Thema waren. Sondern es geht tatsächlich um jene bereits langlaufenden Verträge, die vielleicht sogar noch aus den Hochzinspha-

Gesamtkosten der Immobilie: 325 000 Euro

(Baukosten 300 000 Euro plus 25 000 Euro Nebenkosten)

	80 Prozent-Finanzierung	100 Prozent-Finanzierung	
Eigenkapital	65 000 Euro – davon 25 000 für die Nebenkosten	25 000 Euro	
Kreditsumme	260 000 Euro	300 000 Euro	
Zinssatz (20 Jahre Zinsbindung)	1,92 %	2,72 %	
		Konstante Monatsrate	**Vergleichbare Gesamtlaufzeit**
Monatsrate	958 Euro	957 Euro	1 305 Euro
Davon Zins / Tilgung	416/541 Euro	680/277 Euro	680/625 Euro
Zinszahlungen insgesamt	71 506 Euro	141 469 Euro	114 168 Euro
Restschuld in 20 Jahren	101 666 Euro	211 789 Euro	101 000 Euro
Gesamtlaufzeit	**29 Jahre 9 Monate**	**45 Jahre 8 Monate**	**27 Jahre 2 Monate**

Quelle: Eigene Berechnungen, Zinsen aus Anbieterangaben (Interhyp, Stand April 2019)

sen der 1990er-Jahre stammen (Verträge aus den letzten Jahren lohnen sich dagegen viel weniger, und seit Jahren raten Verbraucherschützer wegen sinkender Zinsen dazu, solche Verträge zumindest nicht mehr neu abzuschließen). Eine Kündigung solcher noch gut verzinsten Altverträge aber ist meist mit hohen Abschlägen und Stornokosten verbunden. Das hieße also schon einmal: Verluste für den Anleger.
Zudem sind viele Versicherungsverträge so gerechnet, dass sie erst in den letzten Jahren vor Ende der Laufzeit üppiger mit Überschüssen bedacht werden, wodurch die Auszahlungssummen und Rückkaufswerte erst am Ende viel stärker ansteigen als in all den Jahren zuvor. So wollen Versicherungsunternehmen ihre Kunden sozusagen bis zum Ende „bei der Stange" halten. Das bedeutet: Das Durchhalten kann sich für Sie unter Umständen sehr viel eher lohnen als das Auflösen jetzt weit vor Ende der Laufzeit. Von daher: Lassen Sie sich genau durchrechnen, ob sich das Auflösen Ihres Vertrags wirklich lohnt!
Bei geförderten Produkten wie Riester (siehe Seite 146) droht zudem bei vorzeitiger Auflösung (vor dem Rentenalter) sogar, dass Sie die erhaltenen Zulagen vom Staat wieder zurückzahlen müssen. Auch das kann die erwarteten Auszahlungen daraus erheblich drücken, so dass sich das Auflösen als unrentabler erweisen könnte als das Fortführen. Das gilt auch, wenn Bausparverträge zu früh aufgelöst werden, in die Wohnungsbauprämien vom Staat geflossen sind. Auch die müssen dann zurückerstattet werden. Das kann übel ins Geld gehen und lohnt sich in aller Regel nicht.
Bevor Sie also solche Langfristverträge antasten, lassen Sie sich gut beraten – oder legen Sie die Policen lieber still (beitragsfrei) oder besparen sie mit einem Minimalbetrag weiter, um mehr Puffer für die Kredittilgung bei der Hausfinanzierung zu haben. Das Ziel sollte nämlich nicht sein, für die Immobilienfinanzierung sämtliche Altersvorsorgeverträge aufzulösen (und dann später zwar mit einem abbezahlten Haus, aber ohne weitere Monatseinkünfte dazustehen), sondern möglichst die Verträge fürs Alter weiterlaufen zu lassen – und sich die Immobilie zusätzlich leisten zu können.

Und was ist mit dem Baukindergeld? Das können Baufamilien mit Kindern seit 2018 erstmals abrufen. Es mehrt allerdings nicht das Eigenkapital, denn die 12 000 Euro pro Kind werden vom Staat nicht auf einen Schlag ausbezahlt und auch nicht zu Anfang des Finanzierungsprozesses – was aber vorteilhaft wäre, um Familien gerade im Kaufprozess von den hohen Kosten und Nebenkosten zu entlasten. Sondern das Geld wird später in Häppchen durch die staatliche Förderbank KfW ausgezahlt, es gibt also zehn Jahre lang 1 200 Euro jährlich pro Kind aufs Konto. Die kann man dann entweder dazu nutzen, die eigene monatliche finanzielle Belastung in den ersten Jahren zu verringern oder einmal jährlich in die Sondertilgung zu stecken. Nutzen Erwerber das Baukindergeld für die Sondertilgung, sparen sie Einiges an Zinsen. Das kann unter dem Strich bis zu 1 800 Euro je Kind ausmachen und dazu führen, dass sich die Kreditlaufzeit um etwa eineinhalb Jahre verkürzt. Bei zwei Kindern sind es schon mehr als 3 Jahre weniger.

Es gibt auch noch Eigenkapitalersatzmittel, die Käufern bei der Immobilienfinanzierung helfen, das sind Wohnungsbauförderdarlehen von Kommunen, Arbeitgeberdarlehen, Darlehen von Verwandten – die üblicherweise zu erheblich günstigeren Zinskonditionen gewährt werden. Auch die staatliche Förderbank KfW vergibt zinsgünstige Kredite für den Bau oder den Kauf eines Hauses. Die KfW vergibt die Kredite dabei nicht per Antrag direkt an die Bauherren, sondern die jeweilige Haus- oder Finanzierungsbank muss sie bei der KfW beantragen und leitet sie an den Bauherren weiter. Bei den meisten Banken und Sparkassen gibt es die KfW-Förderdarlehen zu Einheitskonditionen, doch manche geben auch ein paar Zehntelprozentpunkte Zinsrabatt. Viele Banken, die keinen Zinsrabatt gewähren, rechnen das KfW-Förderdarlehen dafür wie Eigenkapital an. Dadurch gibt es dann das eigentliche Bankdarlehen (über den Restbetrag) zu Bestkonditionen. Das kann sich in Summe deutlich stärker auswirken als die paar Prozentpunkte Sonderrabatt auf die KfW-Zinskonditionen. Den genauen Vergleich können Sie für Ihr Bauprojekt mit dem test.de-Rechner durchspielen: www.test.de/Rechner-Immobilienkredit-KfW-Foerderkredite-mit-Rabatt-1817356–0

Die Rechnung könnte also am Ende so aussehen:

Ihr verfügbares Eigenkapital

Girokonto:	4 400 Euro
+ Sparkonto:	10 000 Euro
+ Tagesgeldkonto:	20 000 Euro
+ Fondsguthaben:	15 000 Euro
+ Bundeswertpapiere:	7 000 Euro
+ Bausparvertrag:	8 600 Euro
= Eigenkapital:	**65 000 Euro**

Eventuell können Sie auch noch einmal 15 000 Euro oder mehr ansetzen, wenn Sie sicher sind, einen Teil des Innenausbaus in Eigenarbeit erledigen zu können. Auch das akzeptieren Banken als Eigenkapitalersatz.

Wofür die Summe von 65 000 Euro Eigenkapital reicht? Wenn man nach dem Goldstandard finanzieren möchte – also mit 30 Prozent Eigenkapital – dann darf der Hausbau inklusive Nebenkosten nur rund 216 000 Euro kosten. Nach Silberstandard mit 25 Prozent Eigenkapital dürften es immerhin zirka 260 000 Euro sein. Wenn man nur mit 20 Prozent Eigenkapital (80-Prozent-Beleihung) antreten möchte, reicht es für ein Vorhaben über 325 000 Euro.

Oder man leistet sich ein weitaus teureres Haus, indem man sogar eine 90- oder 100-Prozent-Beleihung wählt. Dann allerdings wird der Kredit deutlich teurer, weil die Kreditzinsen steigen. Das bedeutet: Die monatliche Zinslast wird erheblich höher. Und das Abzahlen des Kredits dauert bei gleicher Monatsrate dann erheblich länger.

Es scheint gerade jetzt in der extremen Niedrigzinsphase sehr verlockend, auch mit wenig Geld das Projekt Eigenheim anzugehen, statt erst noch viele Jahre auf genügend Eigenkapital hinzusparen. Die Zinsen sind noch historisch niedrig, die Preise für Immobilien stiegen in den vergangenen Jahren aber so rasant, dass viele Sparer befürchten, dass sie gar nicht so schnell zusätzliches Kapital ansparen können, wie die Preise ihnen davonlaufen.

Das stimmt auch, dennoch warnen selbst Banken vor übereilten Vollfinanzierungen, bei denen die Kunden an Eigenkapital – wenn überhaupt – nicht viel mehr als die Nebenkosten für den Kauf aufbringen. Nur wer ein hohes Einkommen, einen sicheren unbefristeten Arbeitsvertrag und gute Bonitätsnoten bei Schufa & Co. hat, wird überhaupt einen Kredit in entsprechender Höhe von der Bank bekommen. Und auch dann noch ist das Risiko, das Banken wie Kunden dabei tragen, hoch: Ändert sich etwas in der persönlichen Lebenssituation des Bauherren und muss er das Haus vorzeitig verkaufen, kann es sein, dass er auf extrem hohen Restschulden sitzenbleibt. Doch auch ohne Notverkauf wird die Finanzierung sehr viel teurer. Was die höheren Kreditzinsen dabei ausmachen, zeigt das Rechenbeispiel „Gesamtkosten" auf Seite 85.

Mit der Höhe des Eigenkapitals ist der erste Eckpfeiler für Ihr Projekt Hausbau gesetzt. Und eine Faustregel von Immobilienfinanzierern lautet: Wer wenig vorspart, muss (teuer) nachsparen. Er muss also fehlendes Eigenkapital durch umso höhere Monatsraten oder längere Laufzeiten wettmachen. Wie weit Sie sich das leisten können, beantwortet das nächste Kapitel.

DAS EINKOMMEN – IHR MONATLICHES BUDGET

Der zweite wichtige Baustein ist Ihr verfügbares monatliches Einkommen. Ihr Budget für die Finanzierung ist dann die Summe, die Ihr Haushalt insgesamt jeden Monat aufbringen kann, um nach Abzug der laufenden Kosten für die Lebenshaltung den Kredit mit Zinsen zu tilgen. Dabei gilt: Rechnen Sie hier lieber etwas vorsichtiger. Denn es bringt überhaupt nichts, wenn Sie mit großen Zielen in das Projekt Haus starten und bereits nach zwei Jahren sehen, dass Sie eine monatliche Rate von 1 500 Euro – auch mit zwei Verdienern im Haushalt – doch nicht problemlos stemmen können, zumindest nicht, ohne große Abstriche bei der Lebensqualität zu machen.

Diesen Fehler haben schon viele Käufer vor Ihnen gemacht: Sie haben sich hoch verschuldet und sich üppige Abzahlraten vorgenommen, aber später gemerkt, dass es die Freude über das neue Eigenheim nicht aufwiegt, wenn man dafür dann weder Urlaub machen noch seinen Lebensstandard beibehalten kann, weil die Raten alle finanziellen Reserven auffressen. Zudem legt man sich mit einem Kreditvertrag meist auf einen Zeitraum von 20 oder gar 30 Jahren fest – und in dieser Zeit kann viel passieren: Ein Verdiener fällt aus, wechselt den Job, Sie bekommen Kinder, werden krank oder arbeitslos – all das ändert über die Jahre womöglich Ihr verfügbares Einkommen noch einmal drastisch.

Nun kann man zwar jeden Baufinanzierungsvertrag nach 10 Jahren kündigen (mit sechsmonatiger Kündigungsfrist) – und zwar unabhängig davon, ob die Zinsbindung noch weitere 5 oder 10 Jahre läuft. Die Bank darf dabei auch keine Vorfälligkeitsentschädigung verlangen. Aber der Käufer muss dann umschulden – und muss mit den jeweils aktuellen Konditionen und Zinssätzen der Banken zu diesem Zeitpunkt rechnen. Wenn man das Haus dann nicht verkaufen will, gilt es also, eine neue Bank zu finden, die den Kreditnehmer weiter finanziert, was zumindest bei Arbeitslosigkeit oder länger andauerndem Verdienstausfall schwer werden dürfte.

Das Wichtigste ist daher: Nehmen Sie sich für die Kreditrückzahlung eine Rate vor, die Sie auch tatsächlich langfristig ohne allzu große Einschränkungen – im Vergleich zu jetzt – aufbringen können. Erinnern Sie sich an das oberste Gebot für Hauskäufer: Die Immobilie muss zum Leben passen, nicht das Leben zur Immobilie. Orientieren Sie sich, wenn möglich, zum Beispiel an Ihrer bisherigen Miete. Wenn Sie die bereits seit Jahren stemmen können, dann ist die Wahrscheinlichkeit groß, dass es auch in Zukunft klappt.

Freilich sparen Eigenheimbesitzer in der Regel freiwillig mehr als Mieter, das belegen viele Statistiken. Denn wer ein Haus besitzt, der legt nach Möglichkeit auch Geld zurück, um für eventuelle Reparaturen gewappnet zu sein. So geben Immobilieneigentümer weniger für den laufenden Verbrauch aus und sparen dadurch statistisch gesehen mehr und besitzen im Alter ein höheres Vermögen als Mieter – selbst wenn man den Immobilienwert herausrechnet. Rechnet man den noch obendrauf, so sind Eigenheimbesitzer im Alter sogar sehr viel vermögender als Mieter – zumindest auf dem Papier, denn viele realisieren den gestiegenen Wert ihres Hauses ja nicht, weil sie es bewohnen, solange es geht, und meist später vererben möchten.

Doch wer nun allzu üppig plant, bereits bei der jetzigen Kreditrate an seine Grenzen geht und deshalb später jeden Euro zweimal umdrehen muss, nur um den Kredit wie vorgesehen zu tilgen, der wird den Kauf vermutlich irgendwann bereuen.

Kalkulieren Sie deshalb von vornherein lieber vorsichtig: Setzen Sie statt der 1 500 Euro für die Kreditrückzahlung zum Beispiel lieber eine monatliche Rate von 1 250 Euro an – dann haben Sie notfalls 250 Euro monatlich mehr für die Lebensführung zur Verfügung. Verbrauchen Sie dieses Geld nicht, überweisen Sie es regelmäßig auf ein Sparkonto und stecken es einmal jährlich als Sondertilgung in den Kredit. Dann zahlen Sie aufs Jahr gesehen womöglich ebenfalls 1 500 Euro monatlich ab, aber eben nicht gezwungenermaßen, weil die Bank das so erwartet, sondern freiwillig, weil Sie es sich auch leisten können. Das macht auch psychologisch gesehen einen großen Unterschied – es macht ruhiger und zufriedener.

Wie ermittelt man nun sein verfügbares Haushaltseinkommen? Zuerst füllen wir die Habenseite und addieren die Einnahmen auf: Dabei zählt Ihr Nettoeinkommen, das nach Abzug aller Sozialabgaben, Krankenkassenbeiträge und Steuern auf Ihrem Konto ankommt. Boni, Urlaubs- und Weihnachtsgeld werden hier ebenfalls nicht mit eingerechnet, da sie Sonderzahlungen sind und nicht regelmäßig zur Verfügung stehen. Dazu kommt – falls vorhanden – das Nettoeinkommen Ihres Partners oder anderer Haushaltsmitglieder.

Gibt es noch weitere Einkünfte? Die können zum Beispiel aus Minijobs stammen, aus Vermietung und Verpachtung, oder es können regelmäßige Zinseinkünfte aus großen Vermögen sein. Das Kindergeld zählt außerdem dazu. Das alles ergibt das gesamte monatliche Haushaltseinkommen.

Nun kommt die Sollseite, also die Summe der Ausgaben: Ganz wichtig ist an dieser Stelle: Haben Sie bereits laufende Kredite, also Schulden? Das können Konsumentenkredite sein, Leasingverträge für Autos oder andere Verbindlichkeiten. In jedem Fall gilt: Sehen Sie zu, dass Sie diese Schulden schnell tilgen – und in jedem Fall auch dann noch bedienen können, wenn der Hauskredit später läuft. Denn falls Sie dadurch in Zahlungsschwierigkeiten kämen, geriete womöglich das gesamte Hausprojekt ins Wanken.

Als laufende Ausgaben sollten Sie vor allem die Kosten für Versicherungen einrechnen, Altersvorsorgeverträge, mögliche Unterhaltskosten, Ausgaben für Telefon und Internet sowie die Betriebskosten fürs Wohnen – also Strom, Wasser, Heizung (denn die zahlen Sie unabhängig davon, ob Sie Mieter oder Eigentümer sind).

Normalerweise vergrößern sich Familien, die ins Eigenheim ziehen. Die Betriebskosten werden also eher etwas höher ausfallen. Als Faustregel für die zu erwartenden Betriebskosten des Eigenheims gilt: Rund 2,25 Euro pro Quadratmeter und Monat sollte man für eine Eigentumswohnung einplanen und 3,25 Euro pro Quadratmeter für ein Einfamilienhaus, das entspricht zumindest dem Bundesdurchschnitt sagen Zahlen der Verbände Haus & Grund und vom Mieterbund.

Rechnen Sie außerdem Ihre regelmäßigen Mobilitätsausgaben mit hinzu – also die Auto- und Benzinkosten oder das Geld für Bus- und Bahnfahrkarten, vor allem, wenn Sie diese für den Arbeitsweg benötigen. Ferner sollte man auch noch einen Betrag für Lebensmittel ansetzen. Dazu kommen noch Kleidungskosten.

Bevor Sie das Restgeld aber allzu großzügig zum Abzahlen verplanen, beachten Sie bitte, dass in die bisherige Rechnung noch nicht die Posten für Freizeit, Sport und Urlaub eingegangen sind oder für Restaurantbesuche und Zeitschriften. All das möchten Sie sich ja gewiss auch noch leisten können, wenn Sie ein Haus besitzen, also planen Sie ebenfalls ein Budget für solche „schönen Ausgaben" ein. Denn nur wenn Sie auch noch Geld für die Lebensführung haben, an die Sie bisher gewöhnt sind, werden Sie nicht das Gefühl haben, sich durch die Immobilie über Gebühr einschränken zu müssen. Dann werden Sie Ihr Haus auch als echten Gewinn empfinden.

Das, was nach Abzug aller Lebenshaltungskosten übrigbleibt, ist das verfügbare Budget Ihres Haushalts (noch ohne Wohnkosten), das letztlich größtenteils für die Kreditraten eingesetzt werden kann. Wenn Sie auch ohne viel Aufaddieren ein Gefühl dafür bekommen möchten, wie hoch Ihr verfügbares Budget ist: Bei den meisten Haushalten sind es zwischen 50 und 60 Prozent des Nettoeinkommens, im Bundesdurchschnitt also rund 1 345 Euro pro Monat. Davon muss nun in erster Linie das Wohnen bestritten werden – also eben die monatliche Rate für den Hauskredit –, aber es stehen auch noch andere Ausgaben an. Verplanen Sie also nicht die gesamte Summe des verfügbaren Restbudgets voll für den Immobilienkredit. Das verfügbare Budget ist aber der absolute Höchstbetrag, den Sie maximal für den Immobilienkredit aufbringen könnten.

Im deutschen Durchschnitt stehen jedem Vollzeitverdiener folgende Summen zur Verfügung, sagt der aktuelle Datenreport 2018 des Statistischen Bundesamts (Destatis), mit Daten des Wissenschaftszentrums Berlin und Auswertungen des Sozioökonomischen Panels (Soep):

Durchschnittlicher Vollzeitverdiener

Bruttoeinkommen:	4 600 Euro
Nettoeinkommen:	2 700 Euro
Verfügbares Einkommen:	**1 345 Euro**

Etwas genauer differenziert gelten folgende Durchschnittswerte:

Angestellte

Nettoeinkommen:	3 224 Euro
Verfügbares Einkommen:	**1 735 Euro**

Selbständige

Nettoeinkommen:	4 065 Euro
Verfügbares Einkommen:	**2 344 Euro**

Beamte

Nettoeinkommen:	4 138 Euro
Verfügbares Einkommen:	**2 444 Euro**

Da aber in vielen Haushalten nicht nur ein Verdiener lebt und zusätzlich zum Gehalt noch andere Einnahmequellen existieren, liegt das verfügbare Einkommen pro Haushalt und Monat im Schnitt höher. Nach Haushaltsmitgliedern aufgeschlüsselt sah es laut Destatis EVS 2017 so aus:

Durchschnittshaushalt

Monatliches Haushaltsbruttoeinkommen:	4 474 Euro
Haushaltsnettoeinkommen:	3 374 Euro
Single-Haushalt (netto):	2 200 Euro
Paar ohne Kinder (netto):	4 046 Euro
Paar mit Kindern (netto):	4 981 Euro

Es hilft, sich alle Einnahmen und Ausgaben des eigenen Haushalts sowie den monatlich verfügbaren Budgetbetrag einmal wirklich bewusst zu machen und eventuell auch einige Wochen oder Monate ein Haushaltsbuch zu führen, um genau zu ermitteln, was eigentlich jeden Monat übrigbleibt. Oft entdeckt man dabei nämlich auch, an welchen Stellen man unnötig viel Geld für den täglichen Bedarf ausgibt, die man sich vielleicht leicht sparen kann. Apps für Smartphones und Tablets wie „Unser-Haushaltsbuch", „MoneyControl" und „Dollarbird" machen das heute leichter denn je. Sie erfassen auf Knopfdruck tägliche Ausgaben für Lebensmittel, Kleidung und andere Extras, speichern regelmäßige Abbuchungen für Versicherung, Telefon und Stromanbieter und erstellen daraus anschauliche Diagramme, die schnell verdeutlichen, wofür das eigene Geld draufgeht.

Man kann aber auch „über den Daumen" peilen, welchen Teil des Nettoeinkommens man letztlich für die Immobilienfinanzierung einplanen kann – und was nach Abzug aller Kosten unbedingt zum Leben übrig bleiben sollte. Banken rechnen dafür standardmäßig mit einem Selbstbehalt von 750 Euro für die erste Person im Haushalt und mit 250 Euro für jede weitere Person, also mit 1 000 Euro im Paarhaushalt oder von Alleinerziehenden und mit 1 500 Euro für Paare mit zwei Kindern.

Zudem haben Ökonomen wie die Immobilienexperten des Wirtschaftsforschungsinstituts IW eine Obergrenze für die Wohnkosten definiert: Mehr als 30 Prozent seines Nettoeinkommens sollte ein Haushalt demnach nicht fürs Wohnen ausgeben (ohne Nebenkosten), sonst nämlich gilt er als übermäßig belastet, da ja schließlich noch viele weitere Ausgaben anfallen, für die sonst nicht mehr genügend Geld übrig ist. Ist die Quote niedriger als 30 Prozent, ist das selbstredend immer besser, denn alles darunter gilt als „leistbar". Und tatsächlich liegt die Belastungsquote im Bundesdurchschnitt bei rund 27 Prozent, sagen die Zahlen des Statistischen Bundesamts.

Doch gerade in den Ballungsräumen und in den großen Metropolen kommt man mit der 30-Prozent-Belastungsquote schon längst nicht mehr hin. Inzwischen geben viele Großstadtbewohner schon rund 35 Prozent ihres Nettoeinkommens für die Wohnung aus, sagen Studien der gewerkschaftsnahen Hans-Böckler-Stiftung. Vor allem bei den Bewohnern der sieben größten deutschen Metropolen und dort besonders bei kleineren Haushalten, also bei Alleinwohnenden und Paaren, liegt die Belastung teils noch darüber, selbst 40 Prozent sind hier keine Seltenheit. Jeder fünfte Großstädter liegt sogar noch über 40 Prozent. Das ist extrem viel. Und je niedriger das Einkommen ist, desto eher liegen Großstadtbewohner über jener Belastungsquote, die als leistbar gilt. Sprich: Wenigverdiener geben oft überproportional viel Geld aus, um sich ihre Wohnung leisten zu können.

Belastungsquoten durch Wohnkosten bei einem Nettoeinkommen von ....

Nettoeinkommen (Euro)	Bis zu 30 % gut leistbar (Euro)*	Zu hoch ab 40 % (Euro)*:
2 000	600	800
2 500	750	1 000
3 000	900	1 200
3 500	1 050	1 400
4 000	1 200	1 600
4 500	1 350	1 800
5 000	1 500	2 000
5 500	1 650	2 200
6 000	1 800	2 400

* Belastungsquoten zwischen 30 % und 40 % sind als kritisch zu betrachten.

Wer sich an dieser Stelle ertappt fühlt, weil seine Miete zurzeit auch locker mehr als die empfohlenen 30 Prozent des verfügbaren Einkommens schluckt, der sollte sich jetzt fragen, wie gut er langfristig wohl wirklich damit leben kann – oder möchte, wenn das so bleibt. Oder ob es nicht sinnvoll wäre, das eigene Verhalten zu prüfen.

Die verfügbaren Einnahmen kurzfristig zu steigern, wird nur in wenigen Fällen gelingen. Man kann höchstens Nebenjobs annehmen, um das Einkommen zu erhöhen, falls das zeitlich überhaupt machbar ist – oder sich um eine Gehaltserhöhung bemühen. Zusammenlebende Paare könnten übers Heiraten nachdenken, um durch die neue Steuerklasse mehr Netto übrigzubehalten. In der nächsten Steuererklärung sollte man Sonderabzüge und Werbungskosten voll ausschöpfen. Und es lohnt sich auch, seine Depots bzw. Geldanlagen einmal daraufhin zu durchforsten, ob man nicht die verbliebenen Tagesgelder wenigstens etwas besser anlegen kann.

Viel wahrscheinlicher aber ist, dass man noch auf manche „unnötigen Ausgaben" verzichten könnte. Laut Umfragen des Portals Immowelt schaffen es nur 41 Prozent der Eigenheimerwerber, nach dem Kauf ohne Einbußen bei den täglichen Ausgaben weiterzuleben. Die anderen verzichten zumindest vorübergehend auf teure Urlaubsreisen (64 Prozent), auf Restaurant- und Kinobesuche (50 Prozent) oder sie sparen beim Auto und durch den Kauf von No-Name-Produkten statt Markenartikeln (jeweils 33 Prozent). Ein Vergleich von Strom-, Telefon- und Versicherungsanbietern auf Vergleichsportalen kann außerdem noch Einsparpotenziale aufzeigen. Auch dadurch kann man für mehr verfügbares Budget sorgen, um die Belastung durch den Immobilienkauf ein wenig einzudämmen und zumindest nicht oberhalb der Belastungsgrenze weiterzuwirtschaften. Denn Sie sollten keinesfalls blauäugig von vornherein mit einer Ratenhöhe rechnen, die Ökonomen übereinstimmend für eigentlich „unleistbar" halten.

Wenn das alles noch nicht genug bringt, dann hilft nur eines: Man muss wohl oder übel die Ansprüche an die Immobilie etwas zurückschrauben, indem man kleiner denkt oder in

günstigeren Kategorien. Noch ist Zeit dafür. Ein paar Tipps, wie man den Gesamtpreis der Immobilie reduzieren kann, folgen im nächsten Kapitelt zum Kaufpreis und Kredit.

Eigenheimbesitzer sollten sich aber nicht der Vorstellung hingeben, dass sie jeden Monat größere Mengen an frei verfügbarem Kapital übrigbehalten werden, wenn sie das Haus erst einmal erworben haben. Sie haben zwar bei Abschluss des Kreditvertrags selber in der Hand, wie hoch die spätere Monatsrate ausfallen wird, weil Sie über die Laufzeit und Tilgungshöhe noch selber feinjustieren können. Doch außer den monatlichen Raten müssen Sie zusätzlich noch die Betriebskosten aufbringen (also die Nebenkosten für Strom, Gas, Wasser, Abwasser, Müllabfuhr und all den Rest).

Und vor allem sollten Sie regelmäßige Instandhaltungsrücklagen einplanen. Das vergessen nämlich die meisten Besitzer oder vertagen es auf den Sankt-Nimmerleins-Tag. An einem Neubau muss schließlich in den ersten Jahren nur wenig gemacht werden, wenn es glatt läuft. Und die ersten Jahre gelten ja auch noch Gewährleistungsfristen durch die Erbauer, wenn sich ein Schaden zeigt.

Aber auch für Bauherren gilt: Mit dem Bau, der Finanzierung und dem regelmäßigen Abzahlen ist es nicht getan. Spätestens nach einigen Jahren ist ein neuer Anstrich fällig oder ei-

ne neue Garageneinfahrt, irgendwann ein neues Bad, alle 20 bis 25 Jahre eine neue Heizung oder ein neues Dach. Und solche Reparaturen gehen dann meist richtig ins Geld. Man sollte dafür regelmäßig sparen. Es muss also gelingen, parallel zum Bedienen der Kreditraten noch etwas Geld zurückzulegen, um einen Puffer für die Instandhaltung zu bilden.

Käufer von Eigentumswohnungen tun das bereits ganz automatisch über das Hausgeld, doch wer selber baut, vergisst diese Rücklage häufig. Es ist schwer zu sagen, wie viel Geld dafür nötig ist, das hängt natürlich vom Hausalter und Renovierungsbedarf ab und vom persönlichen Geschmack. Aber als Faustformel sagen Haus- und Grundbesitzerverbände: Mindestens ein Euro pro Monat und Quadratmeter sollte es schon sein, also etwa 120 Euro monatlich für ein durchschnittliches Einfamilienhaus, raten Banken, Sparkassen und Immobilienfinanzierer. Bei Eigentümergemeinschaften beträgt das Hausgeld – in dem die Instandhaltungsrücklage enthalten ist – übrigens im Schnitt 2,70 Euro je Quadratmeter und Monat, sagen aktuelle Auswertungen von Eigentümerverbänden.

Wer wirklich sichergehen will, kann laut der Petersschen Formel auch drei Euro pro Quadratmeter zurücklegen – falls so viel noch im Budget drin ist. Das ist aber sicherlich etwas üppig gerechnet. Im Zweifel helfen diese zusätzlichen 360 – 120 = 240 Euro monatlich aber erheblich mehr bei der Tilgung des Kredits. Bevor Sie also planen, solche großen Summen zur Seite zu legen, nur um damit auf Nummer Sicher zu gehen und für den Fall der Reparaturfälle zu sparen, sollten Sie lieber 100 oder 150 Euro monatlich pauschal ansparen und den Rest verwenden, um schneller von den Kreditschulden herunterzukommen.

DER KREDIT – UND DIE GRENZE FÜR IHRE GESAMTKOSTEN

Nun wissen Sie also, wie viel Geld Sie jeden Monat erübrigen können, um die Kreditrate problemlos zu stemmen. Und Sie haben ja bereit errechnet, wie viel Eigenkapital Sie einbringen können.

Aus beiden Zahlen ergibt sich nun die maximale Kredithöhe, die Ihnen die Bank voraussichtlich zugestehen wird. Damit wiederum ist auch der Gesamtpreis festgelegt, den Sie für Ihr eigenes Haus ansetzen können: Nehmen Sie zuerst den Betrag, den Sie monatlich ohne Probleme leisten könnten – orientieren Sie sich dabei an den 30 Prozent vom Netto – vielleicht entspricht er auch bereits recht genau der Kaltmiete, die Sie bisher zahlen. Es sollte aber wie gesagt noch genug Geld übrig bleiben, um Rücklagen für mögliche Reparaturen zu bilden oder um für Sonderausgaben gewappnet zu sein. Das ist Ihre Wunschmonatsrate.

Wenn Sie noch keine Vorstellung davon haben, wie hoch der Zinssatz und Ihre Tilgung sein werden, dann rechnen Sie zunächst einmal überschlägig mit diesen Zahlen:

Der Zinssatz für langfristige Immobilienkredite liegt bei rund 1,5 Prozent.

Setzen Sie die anfängliche Tilgung auf 3,5 Prozent an, dann ergibt sich eine Gesamtbelastung von 5 Prozent für den Kredit (1,5 Prozent Zins + 3,5 Prozent Tilgung). Als Vervielfältiger ergibt sich daraus: 100 : 5 = 20. Dieser Vervielfältiger von 20 bedeutet, dass Sie das 20-fache Ihrer Maximaljahresbelastung als Kredit aufnehmen könnten. Das entspricht bei den 1 000 Euro monatlich für die Rate einem Kredit von 240 000 Euro.

Ihr maximaler Kreditrahmen =

Wunschmonatsrate x 12
(= jährliche Belastung durch den Kredit)

x Vervielfältiger (100 : (Zinssatz + Tilgungssatz))

Unser Beispiel:

Wunschmonatsrate 1 000 Euro x 12 Monate
= 12 000 Euro Jahresbelastung

x 20 (also 100 : 5 (Zinssatz 1,5 Prozent + Tilgungssatz 3,5 Prozent))

= 240 000 Euro maximaler Kreditrahmen

Wenn Sie sich nun vornehmen, das Haus grob gesehen in 20 Jahren abgezahlt zu haben, (was für viele Käufer eine realistische Zeitspanne ist, da Erstkäufer im Schnitt bereits 40 Jahre alt sind und viele noch vor der Rente fertig sein wollen mit der Tilgung), dann kommen Sie mit genau dieser anfänglichen Tilgung von 3,5 Prozent ganz gut hin. Damit hätten Sie einen Kredit (egal ob über 100 000, 200 000 oder 300 000 Euro) bei den derzeitigen Zinskonditionen in knapp 24 Jahren abgezahlt.

Rechnen Sie mit einem niedrigeren Tilgungssatz von 2,5 Prozent, so liegt Ihre Gesamtbelastung aus Zins und Tilgung bei „nur" 4 Prozent, das ergibt einen Vervielfältiger von 25. Dieser besagt grob gesagt, dass Ihr maximaler Kreditrahmen das 25fache Ihrer maximalen Jahresbelastung beträgt. Sie würden also insgesamt mehr Geld aufnehmen, 300 000 Euro, dafür aber nicht so eine hohe Monatsbelastung tragen. Das hieße natürlich, dass Sie länger als 25 Jahre bräuchten, um die geliehe-

Was ist, wenn …?

Zahlenspiele bei der Finanzierung mit unterschiedlichen Monatsraten

Kreditsumme	200 000 Euro	250 000 Euro
Monatsrate	800 Euro	700 Euro
Zinssatz	1,55 %	1,55 %
Gesamtlaufzeit (bei konstanten Zinssätzen)	25 Jahre 3 Monate	40 Jahre
Restschuld nach 15 Jahren	90 300 Euro	173 600 Euro

ne Summe inklusive Zinsen wieder abzutragen. In diesem Fall liefe der Kredit also insgesamt 31 Jahre. Das ist für einen 40jährigen schon recht lang, damit gerät er mit der Abzahlung in die Rentenzeit. Jüngere könnten sich diese lange Laufzeit eher erlauben. Sie sollten dennoch darüber nachdenken, ob sie sich statt eines üppigeren Kreditrahmens nicht lieber dafür entscheiden sollten, beim 20-fachen der Jahresbelastung zu bleiben für den Kredit – und stattdessen bei der Tilgung eine Schippe draufzulegen und damit nach gut 20 bis 25 Jahren schuldenfrei zu sein.

Nun sind die 240 000 Euro oder 300 000 Euro, die Ihr maximaler Kreditrahmen beträgt, noch nicht der Endpreis für Ihren Hausbau. Denn hinzu kommt noch das Eigenkapital, das Sie angespart haben. Bei 50 000 Euro Eigenkapital können Sie sich also inklusive aller Nebenkosten ein Bauprojekt von 290 000 Euro leisten, falls Sie in knapp 24 Jahren schuldenfrei sein wollen. Bei einer höheren Kreditaufnahme zahlen Sie entsprechend länger ab.

Wie gesagt: Versuchen Sie an dieser Stelle nicht, das Limit für Ihre Monatsrate oder die Gesamtsumme krampfhaft nach oben auszureizen, nur, weil Sie sich vielleicht vorgestellt haben, dass Sie gern 300 000 Euro ausgeben würden. Viele Käufer und Bauherren neigen dazu. Sie sehen sich nämlich zuerst auf dem Markt um und entdecken dann neben den Immobilien, die in ihrem Budget liegen, für „ein paar tausend Euro mehr" noch andere Angebote, die eben ein bisschen schöner wären. Und schon geht die verhängnisvolle Gedankenspirale los: „Wenn ich noch ein paar tausend Euro mehr drauflegen würde, dann könnte ich mir ein viertes Zimmer leisten oder ein größeres Grundstück."

Oder sie sehen Objekte, die genau in ihrem Preisrahmen liegen, bei denen aber „nur noch" 20 000 Euro für die Garage hinzukommen, mit der man nicht gerechnet hatte. Und beim Neubau erliegt man schnell der Verlockung zu denken: „Nun wird das ganze Haus ohnehin schon so teuer, da machen die zusätzlichen 3 000 Euro für den schicken Bodenbelag, das schöne Bad oder die neue Terrasse doch auch nichts mehr aus." Oft läppern sich dann aber ein paar kleine Posten am Ende so, dass das Gesamtprojekt satte 20 000 oder 30 000 Euro mehr kostet – und wenn dann während der Bauzeit noch Überraschungen auftreten oder umgeplant werden muss, weil Materialien nicht verfügbar sind oder die Handwerker teurer geworden sind – was momentan im Jahresrhythmus die Baupreise um mehrere Prozentpunkte nach oben treibt – dann ist das finanzielle Limit schnell ausgereizt.

Noch verhängnisvoller wird es, wenn Bauherren zu hohe Kredite aufnehmen, sämtliche finanziellen Puffer dafür auflösen, um jeden verfügbaren Euro in die Finanzierung zu stecken, und sich dann noch vorgaukeln, das alles wäre dennoch erschwinglich, weil man ja auch die Monatsrate nach unten anpassen könne. „Dann zahle ich eben nur 700 Euro monatlich ab und keine 800." Das mindert zwar in der Tat die monatliche Belastung, aber es schmälert nicht die Zinsen, die auf den höheren Kredit fällig sind, im Gegenteil. Und es verlängert überdies enorm die Laufzeit des Kredits bis zur endgültigen Tilgung.

Wie die kleine Tabelle „Was ist, wenn …?" oben links im schnellen Überblick zeigt: Wer zum Beispiel statt 200 000 Euro gleich 250 000 Euro aufnimmt und nicht 800 Euro monatlich abzahlt, sondern nur 700 Euro, der zahlt deutlich drauf: Bei einem Zinssatz von 1,55 Prozent (bei 15 Jahren Laufzeit) und anfänglicher Tilgung von 3,25 % würde er den 200 000-Euro-Kredit mit 800 Euro Monatsbeitrag in insgesamt 25 Jahren und drei Monaten abzahlen – wenn der Zinssatz so bleibt. Nach 15 Jahren hätte er zum Ende der Zinsbindung noch

90 300 Euro Restschulden, die dann neu zu finanzieren sind.

Mit nur 700 Euro Rate würde er für die Abzahlung der 250 000 Euro (Anfangstilgung 1,81 %) schon 40 Jahre brauchen. Schlimmer: Er hätte nach Ablauf der Zinsbindung (nach 15 Jahren) noch satte 173 600 Euro Schulden. Steigen die Zinsen dann um zwei Prozentpunkte an, muss er bereits 989 Euro berappen, um das Darlehen dennoch wie vorgesehen in 40 Jahren zu tilgen. Das ist ein echtes Argument gegen das „Herumkorrigieren" an Zahlen.

Es ist daher wichtig, sich unbedingt zuerst hinzusetzen, um das eigene finanzielle Limit zu bestimmen. Und dass Sie es dann auch unbedingt einhalten, wenn Sie Ihren Bau mit allen Kosten planen.

Mit welchen Gesamtkosten kann man nun also kalkulieren? Dazu ein paar Beispiele:

Der Alleinlebende

Nehmen wir hier an, Sie sind ein alleinlebender Vollzeitbeschäftigter, der ein Eigenkapital von 65 000 Euro mitbringt und einen Durchschnittsverdienst von 48 000 Euro pro Jahr hat. Dann liegt Ihr durchschnittliches Bruttogehalt bei 4 000 Euro monatlich, das Nettogehalt bei 2 400 Euro im Monat. Eine leistbare Rate für den Kredit wären 800 Euro, das entspricht 33 Prozent Ihres Nettoeinkommens. Wenn die 800 Euro in etwa auch Ihrer jetzigen Miete entsprechen: Umso besser, dann bringen Sie dieses Geld vermutlich auch in Zukunft gut auf.

Nun bringen Sie 65 000 Euro Eigenkapital mit. Das heißt für die Kreditsumme überschlägig: Wenn Sie mit 25 Prozent Eigenkapitalanteil in die Finanzierung gehen wollen (der Silberstandard), dann kann Ihr Eigenheim rund 260 000 Euro kosten – allerdings inklusive der Nebenkosten, die bei rund 25 000 Euro liegen dürften. Das ergibt ungefähr 235 000 Euro fürs Haus (inklusive Grundstück).

Wenn es Ihr Plan ist, das Haus mit Eigenleistung oder in Eigenregie zu errichten (also nicht schlüsselfertig oder vom Bauträger), oder wollen Sie einen Altbau aufwendig umgestalten, sollten Sie hier unbedingt noch einen Sicherheitsabschlag für unvorhergesehene Kosten einkalkulieren, um später nicht nachfinanzieren zu müssen.

Wenn Ihr Wohntraum erheblich größer werden soll, dann bräuchten Sie entweder zusätzliches Eigenkapital. Oder Sie müssten mehr Geld monatlich für die Rate in die Waagschale werfen können.

Kommen Sie aber mit den 260 000 Euro Gesamtkosten hin (inklusive Nebenkosten), heißt das: Sie müssen einen Kredit über rund 200 000 Euro aufnehmen. Bei einer monatlichen Rate von 800 Euro und einem Zinssatz von 1,55 Prozent bliebe nach einer Laufzeit von 15 Jahren eine Restschuld von 90 300 Euro übrig. Bis zur vollständigen Abzahlung würde es (bei konstanten Konditionen) 25 Jahre und drei Monate dauern wie im Beispiel auf Seite 94.

Das bedeutet: Selbst wenn Sie heute 40 Jahre alt sind, ist die Immobilie höchstwahrscheinlich bis zur Rente abbezahlt – oder sogar schon etwas früher, wenn Sie Sondertilgungen leisten können. Wenn sich übrigens die Darlehenszinsen bis zum Ende der Laufzeit in 15 Jahren um rund zwei Prozentpunkte erhöht hätten, müsste die neue Rate ab dem 16. Jahr bei 950 Euro liegen.

Die Doppelverdiener

Wenn zwei Einkommen zur Verfügung stehen, lässt sich natürlich etwas üppiger kalkulieren. Bei einem Doppelverdienerpaar, bei dem beide etwa gleich viel verdienen, wir gehen hier ebenfalls von jeweils 4 000 Euro Bruttogehalt im Monat aus, kommen monatlich immerhin rund 4 800 Euro netto zusammen.

Wenn sie zwei Kinder haben, bleibt den Eltern durch die Kinderfreibeträge jeweils sogar etwas mehr Geld übrig, nämlich rund 4 860 Euro netto. Damit ließe sich eine Kreditrate von 1450 Euro monatlich gut bedienen. Angenommen, das Paar bringt ebenfalls 65 000 Euro Eigenkapital mit. Dann haben die Eheleute zwei Möglichkeiten:

Entweder, sie finanzieren ebenfalls nur ein Objekt für 260 000 Euro – wären dafür aber schneller mit dem Abzahlen fertig als der Alleinlebende, da sie ja mehr Geld monatlich in die Tilgung stecken können. Oder sie planen von Anfang an ein größeres Haus, dann gehen sie zwar mit weniger Eigenkapitalquote in die Finanzierung, gleichen das aber durch die höheren Monatsraten wieder aus. Die Rechnung für sie sähe dann so aus:

Sie peilen nur 20 Prozent Eigenkapitalquote an, also den Bronzestandard, das ergibt eine Gesamtsumme von rund 325 000 Euro. Abzüglich der Nebenkosten dürfte das Haus (inklusive Grundstück) also zirka 300 000 Euro kosten.

Der nötige Kreditbedarf läge demnach bei rund 275 000 Euro, die Zinsen liegen aktuell laut Zinsvergleichen bei 1,55 Prozent für 15 Jahre Laufzeit. Werden jeden Monat 1 450 Euro abgezahlt, bleiben am Ende der Laufzeit rund 53 000 Euro Schulden übrig. Das vollständige Darlehen wäre bei konstanten Zinskonditionen nach gut 18 Jahren getilgt.

Auch ein Kredit über 300 000 Euro scheint vertretbar, hier lägen die Restschulden nach 15 Jahren bei 85 000 Euro und die Gesamtdauer (bei konstantem Zinssatz) bei 20 Jahren Laufzeit. Die monatliche Rate von 1 450 Euro ist allerdings auch üppig. Vor allem junge Paare sollten sich gut überlegen, ob sie das dauerhaft aufbringen, also auch dann, wenn sich Arbeitsplätze oder Einsatzorte ändern (vielleicht muss einer von beiden ja in ein paar Jahren zur Arbeit pendeln, das kostet meist viel Geld) oder wenn sich die Familienkonstellation ändert. Wenn Kinder kommen, übernimmt meist ein Partner eine zeitlang die Betreuung oder beide Partner im Wechsel, dann fällt meist ein Einkommen zumindest teilweise weg. Dadurch darf aber nicht die Finanzierung ins Wanken geraten.

Hier lässt sich beim durchschnittlichen schlüsselfertigen Neubau leicht sparen

Grundstück	700 qm (Euro):	850 qm (Euro):	Das lässt sich sparen (Euro):
Osten	31 500	38 250	6 750
Niedersachsen	42 000	51 000	9 000
NRW	70 000	85 000	15 000
Süden	113 400	137 700	24 300
Deutschland Ø 150 Euro/qm	105 000	127 500	22 500
Wohnraum (Roh- und Ausbau)	**120 qm (Euro):**	**150 qm (Euro):**	
Ø 1 300 Euro/qm	156 000	195 000	39 000
Keller	30 000 für die günstigste Variante	70 000 für eine teure Variante	40 000
Außenanlagen	10 000 für günstige Variante	40 000 für teure Variante	30 000
Baukosten gesamt	301 000 Euro	432 500 Euro	130 000 Euro

Quellen: Dr. Klein Baufinanzierung, Destatis, Bundesvereinigung Bauwirtschaft

Paar mit Alleinverdiener

Rechnet man etwas vorsichtiger mit einer Rate von 1 200 Euro, dann könnte dieser Betrag beispielsweise auch von einem Paar gestemmt werden, bei dem nur einer arbeitet. Nehmen wir an, der Alleinverdiener bringt monatlich rund 5 000 Euro nach Hause und der Haushalt kommt damit auf ein Nettoeinkommen von rund 3 400 Euro. Mit einer Kreditrate von monatlich 1 200 Euro läge die Restschuld nach 15 Jahren beim 275 000-Euro-Kredit für das 325 000-Euro-Haus bei rund 104 000 Euro, die Gesamtlaufzeit des Kredits beträgt dann bei konstantem Zinssatz etwas weniger als 23 Jahre. Das ist ebenfalls vertretbar.

Wer sich in diesen Zahlen nicht wiederfindet, weil er in einer Region lebt, in der Eigenheime deutlich mehr kosten – in den großen Metropolen wie München, Frankfurt, Hamburg und Stuttgart etwa, für den gilt grob gesagt: Sie müssen sehr viel mehr Eigenkapital mitbringen als der Durchschnitt der Hauskäufer hierzulande.

In Großstädten sind über die Hälfte der Bauherren zurzeit Eigentümergemeinschaften, die zusammen Mehrfamilienhäuser bauen, sagt die Statistik von Wohneigentumsverbänden. Für eine neue Familienwohnung in München mit einem Kaufpreis von 750 000 bis 800 000 Euro wären zum Beispiel bei lediglich 20 Prozent Eigenkapital rund 150 000 bis 160 000 Euro nötig – und zusätzlich noch die Nebenkosten aufzubringen. In Frankfurt (zirka 500 000 Euro Kaufpreis) sind es rund 100 000 Euro, in Hamburg und Stuttgart (Kaufpreis zirka 450 000 Euro) sollten gut 90 000 Euro verfügbar sein. Viele junge Leute bringen diese Summen nur noch mit Finanzspritzen der Eltern auf oder wenn sie bereits geerbt haben oder eine Schenkung bekommen haben.

Sonderfall: Metropolenkäufer

Metropolenkäufer müssen entweder noch höhere Monatsbeträge aufbringen können oder mit deutlich längeren Laufzeiten für ihre Kredite rechnen. Möglich ist das Abzahlen eines 500 000-Euro-Eigenheims dennoch bis zum Rentenbeginn, wie dieses Beispiel für einen Frankfurter Bauherren zeigt: Der Käufer bringt schon 100 000 Euro Eigenkapital mit, dennoch beträgt die Kreditaufnahme stolze 400 000 Euro.

So ermitteln Sie die Gesamtkosten

Immobilienkauf

	Kaufpreis
+	Grunderwerbsteuer (je nach Bundesland 3,5 bis 6,5 Prozent des Kaufpreises)
+	Notarkosten für Kaufabwicklung (zirka 1,0 Prozent des Kaufpreises)
+	Grundbuchkosten für Eigentumsumschreibung (zirka 0,5 Prozent des Kaufpreises)
+	Maklerprovision
+	Erschließungskosten (falls noch offen)
+	Kosten für Modernisierung und Instandsetzung
+	Notar- und Grundbuchgebühren für Grundschuldbestellung (zirka 0,5 Prozent der Darlehenssumme)
+	Wertgutachten (falls erforderlich)
+	Sonstige Kosten (zum Beispiel für Umzug und notwendige Neuanschaffungen)
=	**Gesamtkosten**

Bau eines Hauses

	Grundstückskosten
	Kaufpreis
+	Grunderwerbsteuer (je nach Bundesland 3,5 bis 6,5 Prozent des Kaufpreises)
+	Notarkosten für Kaufabwicklung (zirka 1,0 Prozent des Kaufpreises)
+	Grundbuchkosten für Eigentumsumschreibung (zirka 0,5 Prozent des Kaufpreises)
+	Maklerprovision
+	Erschließungskosten (Ver- und Entsorgung, Straßenanlieger- und Vermessungsgebühren)
+	Herrichtungskosten (Abbruch vorhandener Gebäude, Rodung, Beseitigung von Altlasten)
=	**Grundstückskosten**

	Gebäudekosten
	Baukosten (einschließlich Keller oder Bodenplatte, Erdarbeiten und Baustelleneinrichtung)
+	Kosten für Außenanlagen (Wege, Einfriedungen, Gartenanlage sowie Weiterführung der Ver- und Entsorgungsleitungen vom Hauptkanal zum Haus)
+	Honorare für Architekten und Ingenieure (soweit nicht im Baupreis enthalten)
+	Gebühren für behördliche Prüfung und Baugenehmigung
+	Sonstige Kosten (zum Beispiel für Bodengutachten oder Baubegleitung)
=	**Gebäudekosten**

	Finanzierungskosten
	Notar- und Grundbuchgebühren für Grundschuldbestellung (zirka 0,5 Prozent der Darlehenssumme)
+	Bauzeitzinsen (Kreditzinsen und Bereitstellungszinsen während der Bauphase)
+	Kosten für Wertermittlungsgutachten (falls erforderlich)
=	**Finanzierungskosten**

	Gesamtkostenermittlung
	Grundstückskosten
+	Gebäudekosten
+	Finanzierungskosten
+	Sonstige Kosten (zum Beispiel für Umzug, Einbauküche oder neue Möbel)
=	**Gesamtkosten**

Einer der wichtigsten Grundsätze gerade bei so hohen Kreditsummen ist: Je tiefer das aktuelle Zinsniveau, desto länger sollte man die Zinsbindung wählen, um sich so die Niedrigzinsen möglichst lange zu sichern. Denn der Erwerber, der einen hohen Kredit aufnehmen muss, wird sein Darlehen lange abzahlen. Was aber, wenn die Zinsen beim Auslaufen der Zinsbindungsfrist in 10 oder 15 Jahren erheblich höher sind als jetzt? Dann wird sich entweder bei gleicher Rate die Rückzahlungszeit stark verlängern, oder der Eigenheimbesitzer muss erheblich mehr Geld monatlich aufbringen, um von den Restschulden herunterzukommen. Wer auf Nummer Sicher gehen will, wählt also 20 Jahre Zinsbindung, was im Mai 2019 zu einem Zinssatz von weniger als 2 Prozent möglich war.

Kann der Frankfurter Käufer also monatlich 1 500 Euro erübrigen, hat er nach Ablaufen der Zinsbindung (20 Jahre) noch rund 150 000 Euro Restschulden. Doch nach 29 Jahren und 2 Monaten wäre der Kredit getilgt, wenn die Zinsen bis dahin nicht allzu arg ansteigen.

Sind sie dagegen für die Anschlussfinanzierung um rund zwei Prozentpunkte geklettert, müsste der Kreditnehmer seine Rate entweder um rund 250 Euro aufstocken und monatlich 1 750 Euro abstottern, um in der gleichen Zeit fertig zu werden. Das scheint ebenfalls machbar, da sich das Einkommen in aller Regel über die Jahre ebenfalls nach oben entwickeln dürfte. Oder er müsste ein Jahr lang länger abzahlen, also insgesamt 30 Jahre und 3 Monate. Dennoch könnte ein 35-jähriger Käufer selbst beim Bau eines 500 000-Euro-Eigenheims (inklusive Grundstück) bis zum Renteneintritt schuldenfrei sein, wenn alles gut läuft.

Eine Nummer kleiner?

Wer dagegen nach all diesen Rechenbeispielen feststellt, dass er bisher zu üppig kalkuliert hat, dem sei dringend empfohlen: Schrauben Sie lieber jetzt Ihre Ansprüche an Ihre Immobilie herunter, als künftig oberhalb Ihres Limits zu operieren. Denn der Bau eines Eigenheims ist nicht zuletzt eine nervenzehrende Angelegenheit, die Sie nachts noch ruhig schlafen lassen

sollte. Es reicht, wenn Handwerker und Bauleiter Ihre Belastbarkeit während der Bauphase strapazieren, es müssen nicht noch finanzielle Sorgen auf Dauer hinzukommen, die psychisch als noch viel belastender empfunden werden und sogar krank machen können.

Denken Sie auch über Einsparmöglichkeiten nach:

- **KLEINER DENKEN:** Müssen es wirklich 150 Quadratmeter Wohnfläche sein – oder reichen nicht auch 120? Bei den derzeitigen Baupreisen machen diese 30 Quadratmeter schon enorme Unterschiede aus, denn auf rund 2 000 bis 2 500 Euro je Quadratmeter veranschlagen Bauwirtschaftsverbände die Gesamtbaukosten. So gesehen machen zusätzliche 30 Quadratmeter rund 60 000 bis 75 000 Euro Unterschied aus.
  Auch beim Grundstück zahlt sich Bescheidenheit im Wortsinne aus, vor allem in Hochpreisstandorten wie München, wo inzwischen ein Quadratmeter Grund laut Gutachterausschuss 2 200 bis 2 900 Euro kostet. Das ergäbe noch einmal 66 000 bis 75 000 Euro Ersparnis, wenn das Grundstück um 30 Quadratmeter kleiner sein kann.
  Im Schnitt sind deutsche Hausparzellen 850 Quadratmeter groß, sagen Statistiken von Immobilienanalyseinstituten wie dem iib, und kosten 104 Euro je Quadratmeter. Rund 88 500 Euro sind also für das Durchschnittsgrundstück insgesamt fällig. Das

macht bei 100 Quadratmetern weniger schon eine Ersparnis von 10 400 Euro aus. Im Umkreis von Großstädten wird der Einspareffekt noch um ein Vielfaches größer, denn dort liegen die Quadratmeterpreise fürs Bauland schon bei rund 720 Euro je Quadratmeter in Hamburg, bei rund 1 000 Euro in Frankfurt und sogar bei 2 000 Euro aufwärts in München. Wer hier auf nur 50 Quadratmeter Grundstücksfläche verzichten kann, spart in Hamburg 36 000 Euro, in Frankfurt 50 000 und in München 100 000 Euro. In den Hochpreisstädten muss man sich sowieso fragen: Kann es überhaupt noch ein Einfamilienhaus sein? Oder reicht nicht auch ein Reihenmittelhaus oder gar eine Eigentumswohnung mit Gartenanteil?

- **RANDSTÄNDIGER SUCHEN:** Nahe ans Stadtzentrum wollen viele, wenn man die Bundesbürger nach ihren Wohnträumen fragt. Doch dort ist es natürlich auch besonders teuer. Also vielleicht doch lieber in einer Randlage suchen? Oder statt eines kompletten Neubaus in Citylage lieber ein Bestandshaus am Stadtrand umbauen? Das spart doppelt und kann Bauherren pro Quadratmeter Wohnfläche locker rund 1 000 Euro und mehr ersparen. Auch so kämen 100 000 Euro Ersparnis bei 100 Quadratmeter Wohnfläche zusammen.

- **EINFACHER DENKEN:** Statt eines individuell geplanten Neubaus könnte es ja auch ein vorgeplantes Haus oder gar ein Fertighaus werden. Nun sind gute Architekten sicher ihr Geld wert, aber einfacher und schneller lässt sich der Hausbau bewerkstelligen, wenn man auf bewährte Modelle und Materialien zurückgreift. Gute Fertighäuser bekommt man schon für 200 000 Euro, man kann natürlich für ein luxuriöses Modell auch locker 300 000 Euro ausgeben – oder auch eines für 120 000 bis 150 000 Euro bekommen, das können sogar richtig schicke Exemplare mit 130 Quadratmetern Wohnfläche sein, man muss sich nur einmal auf den Seiten einiger Fertighausanbie-

Die 5 häufigsten Fallen bei der Finanzplanung

Vielen Bauherren unterlaufen Fehler, wenn sie die Kosten ihres Eigenheims kalkulieren und die Finanzplanung darauf ausrichten – wenn sie es denn überhaupt in dieser Reihenfolge tun und nicht umgekehrt, was noch schlimmer ist. Oft fliegt ihnen am Ende die Finanzierung um die Ohren, aber das muss nicht sein.

1 Nebenkosten reißen Löcher

Sind Sie sicher, dass Sie alle anfallenden Kosten beim Bau mit eingerechnet haben? Nicht nur die direkten Kosten, sondern auch die indirekten? Manche Finanzierungspläne sind von Anfang an löchrig, weil Bauherren im Eifer des Gefechts einige Posten vergessen. Zum reinen Kaufpreis kommt beim Grundstückskauf zunächst vor allem noch die Grunderwerbsteuer von 3,5 bis 6,5 Prozent des Kaufpreises – je nach Bundesland. Wird sogar ein Altbau gekauft, der aufwendig umgebaut wird oder ein Haus vom Bauträger, so sind die Grunderwerbsteuern auch auf den Gebäudepreis zu zahlen. Zudem erheben die Finanzämter die Grunderwerbsteuer auf den Gesamtobjektpreis, wenn sie Grundstückskauf und Hausbau als eine Einheit sehen.

Die Notar- und Grundbuchkosten betragen rund 1,5 bis 2 Prozent. Ein Makler kostet Provision, die bei 3,57 bis 7,14 Prozent liegt, je nach Standort. Allein diese Standardnebenkosten machen bis zu 15 Prozent des Kaufpreises aus.

Dazu kommen noch Nebenkosten für Erschließung, Vermessung und Gutachten. Und ganz am Ende haben Sie womöglich nicht an die Einbauküche gedacht oder an die Umzugskosten. Auch die betragen oft mehrere tausend Euro.

2 Versteckte Baukosten sorgen für teure Nachfinanzierung

Viele Bauherren bauen zum ersten Mal, das macht es natürlich besonders schwierig. Sind Sie also sicher, dass Sie wirklich alle Kosten erfasst haben? Auf die Bau- und Leistungsb schreibungen der Anbieter kann man sich dabei längst nicht immer verlassen, warnt der Bauherren-Schutzbund. Laut Erhebungen haben die Beschreibungen oft grundlegende Mängel. Am häufigsten sind im „Festpreis" nicht alle nötigen Leistungen enthalten. Oft sind auch die Kosten für die Erschließung des Baugrundstücks nicht eingerechnet. Oder es sind Extrazahlungen fällig für das Einrichten der Baustelle, für Bodengutachten, Hausanschlüsse, Baustrom und Außenanlagen. Für Laien ist aus den Vertragstexten oft schwer verständlich, was enthalten ist und was nicht. Nehmen Sie deshalb nicht jede Zahl für bare Münze und kalkulieren Sie Zusatzausgaben ein! Lassen Sie außerdem den Bauvertrag vor Abschluss unbedingt von Experten überprüfen. Verbraucherzentralen, Bauherren- und Eigentümerverbände machen so etwas.

3 Zu wenig Eigenkapital
Gerade vielen jungen Bauherren mangelt es an Eigenkapital. Haben Sie mindestens das Geld für Grunderwerbsteuer, Notar, Grundbuch und Makler parat? Das ist gut, reicht aber nicht. Wer nur diese 15 Prozent mitbringt, riskiert auf Dauer viel bei der Finanzierung. Denn Banken verlangen hohe Zinsaufschläge, wenn die Immobilie nahezu komplett über Kredit finanziert werden muss. Um rund 0,5 bis 1 Prozentpunkt verteuert sich dadurch das Darlehen. Dann ist die Monatsbelastung wegen der hohen Kreditsumme auch oft deutlich höher als bei der vorherigen Mietwohnung. Wer die Monatsraten später nicht aufbringt, muss unter Umständen aufgeben und das Haus wieder verkaufen. Das größte Risiko dabei ist, dass der Erlös – von dem man die Nebenkosten beim Verkauf auch noch abziehen muss – dann nicht einmal zur Schuldentilgung reicht. Und was ist zum Beispiel, wenn die Immobilienpreise nicht weiter ansteigen wie bisher, sondern doch mal einen Dämpfer bekommen? Dann bringt das Haus womöglich weniger ein, als man dafür selber ausgegeben hat.

4 Das eigene Budget wird überschätzt
Natürlich würde man so ziemlich alles für sein Eigenheim tun – und sich dafür sogar womöglich jahrelang einschränken. Mit diesem Vorsatz sind auch Sie in den Hausbau gegangen? Besser nicht drauf setzen. Denn auch wenn Eigenheimbesitzer gewillt sind, nicht nur an ihre nervlichen, sondern auch an ihre finanziellen Grenzen zu gehen, um endlich den Traum vom Eigenheim zu verwirklichen: Wer sich eine Kreditrate aufbürdet, die weitaus teurer ist, als das, was er jahrelang an Miete gewohnt war, der übernimmt sich wahrscheinlich. Unterschätzen Sie daher nicht die Ausgaben für den Lebensunterhalt – und die Rücklagen für Reparaturen und Instandhaltung, die Sie künftig fürs Eigenheim leisten müssen. Durchforsten Sie die Kontoauszüge des letzten Jahres, besser noch der letzten zwei bis drei Jahre auf Ihre tatsächlichen laufenden Kosten – und regelmäßigen Freizeitausgaben. Der monatliche Überschuss muss reichen, um die Kreditraten zu zahlen, außerdem die Bewirtschaftungskosten (inklusive Instandhaltungsrücklage müssen Sie mit mindestens 3 bis 4 Euro pro Quadratmeter Wohnfläche und Monat rechnen).

5 Zu viel Eigenleistung wird eingeplant
Gerade heutzutage sind Handwerkerfähigkeiten Gold wert. Denn Handwerker auf dem Bau sind in den Zeiten des Baubooms schwer zu bekommen. Deshalb müssen viele Bauherren lange warten und oft überhöhte Preise für Parkettverleger, Maler und Verputzer bezahlen. Wer daher selbst Hand anlegen kann, der spart viel Geld und im Idealfall Zeit. Haben Sie sich auch vorgenommen, das alles selber zu machen? Dann Vorsicht, denn viele unterschätzen, wie zeitintensiv und kraftraubend solche Arbeiten sind. Was ist, wenn Sie nicht alle Arbeiten schaffen und Ihre Familie dann im halben Rohbau hausen muss? Bausachverständige helfen im Zweifel, die Eigenleistung realistisch abzuschätzen.

ter umsehen. Das Einsparpotenzial im Vergleich zum komplett selbst geplanten Haus liegt also bei 50 000 bis 150 000 Euro.
Oder man wählt zumindest einfachere Materialien: Steingut statt Marmor, Ahorn statt Eiche oder Carport statt Garage. Ein luxuriöser Carport kostet 5 000 Euro, bei einer Garage sind bis zu 20 000 Euro fällig.
Und muss es wirklich ein Keller sein? Der verschlingt immerhin etwa sieben Prozent der Gesamtkosten, das komplette Haus ohne Keller könnte 30 000 bis 70 000 Euro weniger kosten. Auch simplere Grundrisse helfen, die Kosten klein zu halten: Wer auf Erker oder Dachgauben verzichten kann, kann sich damit ebenfalls fünfstellige Summen schenken. Eine Dachgaube etwa kann man für 3 000 Euro planen – aber auch für 20 000 Euro pro Stück.

▶ **SELBER MACHEN:** Beim Innenausbau lassen sich hohe Kosten sparen, wenn man handwerklich begabt ist und selber mit anpackt. Immerhin macht der Innenausbau rund 20 Prozent der Gesamtbaukosten aus. Die Muskelhypothek ist daher bares Geld wert, vor allem jetzt, da die Handwerkerkosten stetig steigen und Fachleute ohnehin über Monate nicht zu bekommen sind. Und so schwer ist das Malern, Tapezieren und Bodenverlegen auch nicht, dementsprechend trauen sich auch drei von vier Bauherren laut Umfrage des Baufinanzierers Interhyp Eigenleistungen zu.
Was realistisch ist, hat der Verband privater Bauherren (VPB) errechnet: Wer ein 140-Quadratmeter-Reihenhaus im Großraum München baut, muss demnach mit reinen Baukosten von 254 000 Euro rechnen. Und er könnte bis zu 19 000 Euro sparen, wenn er malert, tapeziert, Böden und Fliesen verlegt, Dachschrägen dämmt und verkleidet, Zimmertüren selbst einsetzt und den Garten anlegt.
Und nun schätzen Sie mal, wie lange das voraussichtlich dauern wird? Es wären dafür 476 Arbeitsstunden fällig, ein Jahr lang sind das gut neun Stunden jede Woche. Das entspricht einem dreimonatigen Vollzeitjob. Ist das bei Ihrem Beruf wirklich zu schaffen?
Übernehmen Sie sich also nicht! Nicht jeder hat das Zeug zum Fliesenleger, Wandverputzer oder gar zum Elektriker und Badinstallateur. Und oft birgt das Handanlegen auch Haftungsfallen. Daher sollte man grundlegende Arbeiten wie Sanitärinstallation und Elektrik am besten den Fachleuten überlassen. Zudem müssen Selbermacher damit leben können, dass viele Arbeiten im Eigenbau länger dauern und das Ergebnis nicht immer ganz so akkurat ist wie beim Profi. Dennoch ist es realistisch, die Eigenarbeit mit einer Gesamtsumme von 5 bis 10 Prozent des Baupreises anzusetzen. Das können dann immerhin 15 000 bis 30 000 Euro Ersparnis sein. Diese 5 bis 10 Prozent akzeptieren Banken auch als Eigenkapitalersatz bei der Finanzierung, wenn das Eigenkapital knapp ist.

Die Gesamtbaukosten für durchschnittliche neu gebaute Einfamilienhäuser liegen im Bundesgebiet laut Angaben von Baufinanzierern und Durchschnittsberechnungen von Immobilienratingagenturen bei 320 000 – 360 000 Euro. Die Tabelle („Hier lässt sich beim …", siehe Seite 97) soll zudem aufzeigen, wie viel sich leicht sparen lässt, indem man entweder etwas kleiner baut (auf 700 statt 850 Quadratmetern) oder indem man günstigere Varianten bei Keller und Außenanlagen wählt statt vergleichsweise teurer Varianten. Noch teurer geht es dabei natürlich immer.

Auch wenn viele Bauherren glauben, sie hätten ihr Projekt Eigenheim exakt durchgerechnet und sie würden ihr verfügbares Budget auf den Euro genau kennen – viele erleben später dennoch böse Überraschungen, wenn es ans Bauen und Bezahlen geht. Daher rechnen Sie lieber noch einmal richtig nach, planen Sie stets Puffer für unvorhergesehene Kosten ein und machen Sie den Check anhand der Übersicht „Die fünf häufigsten Fallen …" auf Seite 100 f.

DIE FINANZIERUNG AUFSTELLEN

Auch wenn viele Bauherren bereits für ihr Eigenheim gespart haben und so mancher vielleicht Kapital aus einer Erbschaft oder Schenkung einbringen kann oder sich bereits eine bestehende Immobilie zu Geld machen lässt: Die allermeisten Erwerber kommen nicht drum herum, einen Kredit aufzunehmen. Denn wer hat schon ein paar hunderttausend Euro flüssig – und kann die auch auf einen Schlag erübrigen? Viele bauen schließlich auch deshalb selbst, weil sie sich vergrößern wollen oder sich ein individuelleres Haus wünschen und der Preis dafür ist dann meist höher als das bisher vorhandene Vermögen. Zudem laden die historischen Tiefzinsen ja auch regelrecht dazu ein, einen Neubau oder auch Aus- oder Umbau über einen Kredit zu finanzieren. Wie hoch der Kredit sein darf, haben Sie im letzten Kapitel bereits ermittelt.

Nun stellt sich aber bei den meisten Erwerbern auch noch die Frage: Woher kommt der Kredit, also von wie vielen Stellen? Stammt er zu 100 Prozent von der Bank? Oder schießen Verwandte eventuell noch einen Privatkredit hinzu? Oder ergänzt man den Bankkredit – als Hauptbestandteil – mit einem kleineren Bausparkassenkredit oder einem zinsgünstigen KfW-Förderkredit?

Lässt sich eventuell ein Riestervertrag als Mehrung des Eigenkapitals bei der Finanzierung nutzen, schließlich gibt es ja das Wohnriestern, und ist das überhaupt sinnvoll? Oder sollte man solche Verträge lieber für die Zusatzrente im Alter weiterlaufen lassen und stattdessen ein etwas höheres Darlehen aufnehmen?

Was also ist die beste Möglichkeit – und mit welchen Komponenten kann man eventuell noch etwas „spielen", um die Finanzierung besser an die eigene Lebenslage anzupassen? Spielraum gibt es tatsächlich, er ergibt sich aus den drei Komponenten, die bei der Finanzierung eine maßgebliche Rolle spielen:

- **EIGENKAPITALHÖHE** – Was kann man aufbringen und wieviel davon für die Finanzierung verwenden? Viel oder wenig?
- **ZINS UND TILGUNG:** Ist bei der Kreditvergabe gerade Hochzinsphase oder Niedrigzinszeit?
- **LAUFZEIT:** Bis wann soll die Immobilie schuldenfrei sein?

An diesen drei Schrauben können Sie noch etwas drehen, ohne Ihr errechnetes Monatsbudget zu sprengen.

Welche Strategie dabei die passende ist, hängt zuallererst davon ab, ob Sie mit dem Bau auch Vermieter werden. Dazu müssen Sie kein reiner Kapitalanleger sein, es reicht ja, wenn Sie etwa eine Einliegerwohnung eingeplant haben oder zum Beispiel das unterste Stockwerk bewohnen wollen und andere Stockwerke als Mietwohnungen vorgesehen haben. Ist das nicht der Fall, weil Sie die Immobilie zu 100 Prozent selber nutzen wollen, dann werden Sie ganz anders kalkulieren.

FINANZIERUNG FÜR SELBSTNUTZER

Die meisten Eigenheimbauer erwerben oder bauen das Haus wohl erst einmal für sich, zum Sofort- und Selbstbezug. Zumindest gilt das für das Gros der Einfamilienhaus- und Doppelhausbesitzer.

Und für selbstgenutzte Immobilien gibt es zuerst einmal eine einfache Grundregel: Stecken Sie so viel Eigenkapital hinein wie möglich und leihen Sie sich von anderen nur so viel Fremdkapital wie nötig.

Das Eigenkapital

Eine hohe Eigenkapitalquote drückt die Sollzinsen, die Ihnen die Bank für den Kredit aufbürdet. Wer mehr als die Hälfte des Objektpreises über einen Kredit finanzieren muss, der muss bereits mit Zinsaufschlägen rechnen. Anfangs sind sie noch kleiner, bei einer 60- bis 70-Prozent-Beleihung machen sie rund 0,05 bis 0,1 Prozentpunkte aus. Doch bereits bei einer 80– oder 90-Prozent-Beleihung schlagen die Banken in der Regel 0,2 bis 0,8 Prozentpunkte drauf. Bei einer Vollfinanzierung (100 Prozent Kreditsumme) steigt der Sollzins mitunter sogar um einen ganzen Prozentpunkt an, gelegentlich auch mehr.

Viel Eigenkapital erspart Ihnen also nicht nur hohe Zinszahlungen, sondern sorgt – wenn Sie einen passenden Tilgungssatz wählen – auch für eine kürzere Laufzeit des Kredits und eine schnellere Entschuldung. Und genau diese schnelle Schuldenfreiheit sollten Eigennutzer anstreben, um nicht unnötig lang Zinsen an die Bank zu zahlen.

Aber gilt das nicht als primäres Ziel für alle Menschen, die Schulden machen? So werden einige Bauwillige jetzt fragen. Nein, denn für Vermieter ist es durchaus von Vorteil, wenn sie ihre Schulden über einen längeren Zeitraum strecken können. Der Grund ist einfach: Sie können die Zinszahlungen als Finanzierungskosten beim Finanzamt absetzen, sie können also mit den Erträgen aus der Vermietung aufgerechnet werden. Das schmälert zwar den ausgewiesenen Gewinn aus Mieteinkünften, bedeutet aber umgekehrt: Je höher die Kreditzinsen, die von den Einnahmen abgezogen werden können, und je kleiner der dadurch jährliche ausgewiesene Gewinn, desto weniger Steuern sind insgesamt aufs Einkommen fällig und desto weniger stark steigt der persönliche Steuersatz durch die Mieteinnahmen an. Die Mieteinnahmen fließen natürlich ungeachtet dieser bilanztechnischen Finessen. Von daher heißt für Vermieter die Devise: Eine übermäßig schnelle Entschuldung lohnt sich gar nicht, weil sie dann früher einen höheren Teil der Mieteinnahmen in Form von Steuern abgeben müssen und diese höheren ausgewiesenen Gewinne sie eventuell in einen höheren Steuersatz befördern. Bauherren, die mit Einliegerwohnungen planen oder Mehrfamilienhäuser bauen, können also auch mit weniger Eigenkapitalanteil in die Finanzierungsphase gehen.

Da die Mehrheit der Bauherren aber Selbstnutzer ist, kommen wir zum Faktor Zins und zurück zur Frage: Wie hängen Zins und Tilgung überhaupt zusammen? Und welcher passende Tilgungssatz ergibt sich daraus für Selbstnutzer?

Der Zins

Über das allgemeine Zinsniveau kann man nicht wirklich verhandeln. Durch die Wahl des günstigsten Immobilienfinanzierers lassen sich noch ein paar Zehntelprozentpunkte rausschlagen, die eigene Bonität und die Höhe des Eigenkapitals machen zusätzlich noch ein paar Prozentpunkte hinterm Komma aus. Viel stärker aber schlägt das allgemeine Zinsniveau auf die Vertragskonditionen durch und damit auch auf die gesamte Finanzierung der Immobilie: Herrscht also bei Vertragsabschluss eine Niedrigzinszeit – wie im Jahr 2019, wo Baudarlehen schon ab Zinssätzen unter 1 Prozent zu bekommen waren? Oder steckt die Bankenwelt in der Hochzinsphase wie in den 1980er Jahren, als die Sollzinsen bei rund elf Prozent lagen?

Auch hier gibt es wieder einen Grundsatz: Je niedriger der Sollzins ist, desto höher kann – und sollte – man die anfängliche Tilgung wählen. Denn nur so nutzt man das niedrige Zinsniveau auch, um schneller von den Schulden herunterzukommen. Würde man nämlich einen Kredit mit 1,5-prozentigem Sollzins nur mit einem Prozent jährlich tilgen, dann hielte man dadurch die Gesamtbelastung und die Rückzahlraten sehr klein, man würde dann für einen 200 000-Euro-Kredt nur 416 Euro monatlich abzahlen. Der Haken: Das müsste man aller-

Steigender Tilgungsanteil – sinkender Zinsanteil

Zins- und Tilgungsanteil an der Rate für ein 100 000-Euro-Darlehen mit 2 % Zinsen, 3 % Anfangstilgung und einer Monatsrate von 416,67 Euro.

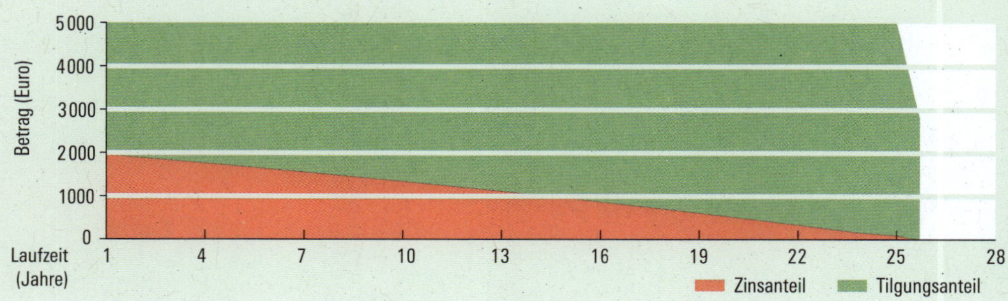

So hängen Sollzins, Tilgungshöhe und die Gesamtlaufzeit zusammen

Ein Kredit über 200 000 Euro wird aufgenommen. So lange dauert die Rückzahlung ....

	Sollzins					
Anfängliche Tilgung	**1,50 %**	**2,00 %**	**2,50 %**	**3,00 %**	**3,50 %**	**4,00 %**
1,00 %	61 Jahre und 2 Monate	55 Jahre	50 Jahre und 2 Monate	46 Jahre und 4 Monate	43 Jahre und 1 Monat	40 Jahre und 4 Monate
1,50 %	46 Jahre und 3 Monate	42 Jahre und 5 Monate	39 Jahre und 4 Monate	36 Jahre und 8 Monate	34 Jahre und 6 Monate	32 Jahre und 7 Monate
2,00 %	37 Jahre und 4 Monate	34 Jahre und 8 Monate	32 Jahre und 6 Monate	30 Jahre und 7 Monate	29 Jahre und 0 Monate	27 Jahre und 7 Monate
2,50 %	31 Jahre und 5 Monate	29 Jahre und 5 Monate	27 Jahre und 10 Monate	26 Jahre und 4 Monate	25 Jahre und 1 Monat	24 Jahre und 0 Monate
3,00 %	27 Jahre und 1 Monat	25 Jahre und 7 Monate	24 Jahre und 4 Monate	23 Jahre und 2 Monate	22 Jahre und 2 Monate	21 Jahre und 3 Monate
3,50 %	23 Jahre und 10 Monate	22 Jahre und 7 Monate	21 Jahre und 7 Monate	20 Jahre und 8 Monate	19 Jahre und 10 Monate	19 Jahre und 2 Monate
4,00 %	21 Jahre und 3 Monate	20 Jahre und 3 Monate	19 Jahre und 6 Monate	18 Jahre und 9 Monate	18 Jahre und 0 Monate	17 Jahre und 5 Monate

dings auch „ewig" tun, denn es würde 61 Jahre und 3 Monate dauern, bis der Kredit getilgt wäre. Das ist der Hauptgrund, weswegen auch Banken in extremen Niedrigzinszeiten darauf drängen, dass Darlehensnehmer ihre anfängliche Tilgungsrate erhöhen. Denn sie wollen mit den Darlehensnehmern auch keine Verträge über die erwartbare Lebenszeit hinaus eingehen.

Umgekehrt gilt: Je höher der Sollzins zum Zeitpunkt von Finanzierung und Vertragsabschluss bereits ist, desto weniger Tilgungslast wird sich ein Bauherr noch obendrauf packen können, bevor sein Budget ausgereizt ist, das er sich für die laufende Kreditmonatsrate gesetzt hat. Liegt der Sollzins also schon bei 4,0 Prozent im Jahr, so beträgt die Monatsrate bei einem Prozent Tilgung 833 Euro. Bei 2 Prozent Tilgung sind es bereits 1 000 Euro. Obwohl die Tilgung jedoch so niedrig ist, dauert es in diesem Fall trotz der nur einprozentigen Tilgung dennoch keine 61 Jahre, bis der Kredit abgetragen ist – anders als im ersten Beispiel. Der Kreditnehmer ist hier bereits nach 40 Jahren und 4 Monaten schuldenfrei oder nach 27 Jahren und 7 Monaten bei 2 Prozent Tilgung.

Woran das liegt? Es ist das sogenannte Tilgungsparadox, so nennen es Finanzwissenschaftler. Denn aus Zinssatz und Tilgungssatz zusammen wird die monatliche Finanzierungsbelastung berechnet. Und dabei gilt ganz allgemein: Bei gleichem Tilgungssatz ist ein Kredit umso schneller getilgt, je höher der Sollzinssatz ausfällt. Je niedriger der Zinssatz dagegen ist, desto länger zahlen Immobilienkäufer – bei unverändertem Tilgungssatz – ein Darlehen ab.

Das erklärt sich so: Bei der häufigsten Form der Finanzierung, dem Annuitätendarlehen, zahlt man über die gesamte Zinsbindung regelmäßig eine feste Kreditrate zurück. Diese Rate setzt sich zusammen aus Zinsen und Tilgung. Der Zinssatz bleibt über die gesamte Zinsbindung gleich. Der Tilgungssatz dagegen verändert sich. Nun verringert sich mit jeder Rate, die gezahlt wird, der Schuldenberg – auf den die Sollzinsen anfallen. Er wird nämlich kleiner, und auch die Zinsbeträge, die dafür zu zahlen sind, werden kleiner. Die Kreditrate aber verringert sich nicht, da die Monatsrate ja gleich bleiben soll. Also erhöht sich regelmäßig die Tilgung um genau den Betrag, um den die Sollzinsen schrumpfen.

Dazu ein Beispiel: Beträgt die Kreditsumme 200 000 Euro und liegt der Darlehenszins bei 1,5 Prozent, so sind aufs Jahr gesehen 3 000 Euro an Sollzinsen fällig, das sind im ersten Monat 250 Euro (3 000 Euro geteilt durch 12). Angenommen, Sie können insgesamt 750 Euro im Monat als Rate aufbringen, dann bleiben Ihnen anfangs – abzüglich den 250 Euro für die Zinszahlung – noch 500 Euro Rest, die in die Tilgung fließen. Das wären dann 6 000 Euro im Jahr (12 x 500 Euro), das entspricht 3 Prozent der Kreditsumme. Ihre Tilgungsrate liegt für das erste Jahr also bei 3 Prozent. Zusammen ergeben Zinsrate (1,5 Prozent) und Tilgungsrate (3 Prozent) also 4,5 Prozent der Kreditsumme, das sind 9 000 Euro im Jahr und exakt die 750 Euro im Monat.

Nun verringert sich ab der ersten Zahlung die Schuldensumme und damit auch der Betrag für die Zinsen, die auf diese Restschulden fällig sind. Da aber die Monatsrate von 750 Euro stets gleich bleibt, bedeutet das: Der Anteil der Zinsen an der fixen Monatsrate wird jeden Monat kleiner, wohingegen der Tilgungsanteil jeden Monat etwas größer wird. Das ist auch der Grund dafür, dass man immer von der „anfänglichen Tilgung" spricht, die zu Beginn des Kredits festlegt wird. Denn tatsächlich wird sie ja monatlich höher. Und genau deshalb dauert es bei einem Darlehen mit 1 Prozent Tilgung nicht 100 Jahre bis zur Entschuldung, sondern bei derzeitigem Zins von rund 1,5 Prozent „nur" 61 Jahre und 2 Monate. Und bei 3 Prozent Tilgung braucht man keine 33 Jahre, sondern nur 27 Jahre und 1 Monat.

Und genau hier rächt sich die Niedrigzinsphase: Denn je niedriger der Zinssatz ist, der über die Gesamtlaufzeit festgeschrieben wird, desto langsamer fällt natürlich die „Zinsersparnis" jedes Jahr und desto langsamer wächst damit der Tilgungsanteil. Das führt zur Situation, dass ein Kredit – unabhängig von der Höhe – zu acht Prozent Zinsen bei einer Tilgung von 1 Prozent nach 27,6 Jahren abgetragen ist, während man einen billigeren Kredit für zwei Prozent Zinsen bei Tilgung von 1 Prozent ganze 55 Jahre abzahlt. Dieses scheinbare Paradox entsteht aber nur, weil der Kreditnehmer beim Darlehen mit dem höheren Zinssatz auch eine deutlich höhere Monatsrate zahlt. Bei gleich

Entwicklung der Hypothekenzinsen in Deutschland von 1974 bis 2018

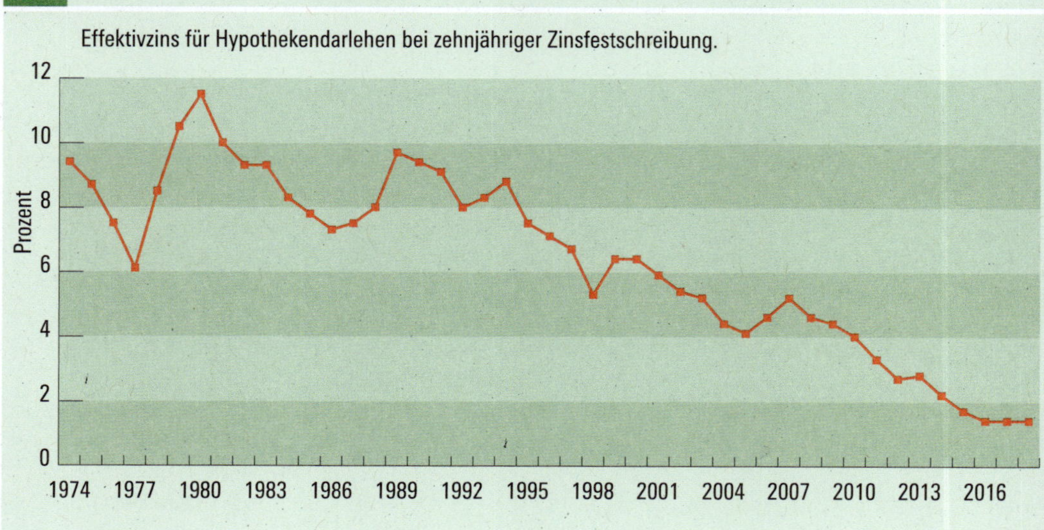

hoher Monatsrate ist selbstverständlich der Kredit mit dem niedrigeren Zinssatz auch schneller getilgt.

Die Laufzeit

Andererseits hängt die Tilgungshöhe (und damit die Monatsrate für die Kreditrückzahlung) auch maßgeblich von der geplanten Laufzeit ab, die in der Regel vom eigenen Alter bestimmt wird: Spätestens zum Beginn der Rente möchte man ja möglichst schuldenfrei sein. Der dritte Grundsatz lautet also:

Je jünger Sie sind, desto mehr Zeit können Sie sich für das Entschulden lassen. Und desto niedriger kann die Tilgung sein.

Vorsicht aber, denn kleine Tilgungsraten bergen für junge Käufer auch ein Problem. Dazu einige Zahlenbeispiele: Ein junger Käufer oder Bauherr, der im Alter von 25 Jahren ein Darlehen über 200 000 Euro aufnimmt (zu rund 1,5 Prozent Zinsen) und es bis zur Rente abgezahlt haben will, also in rund 42 Jahren, kann eine Anfangstilgung von 1,75 Prozent wählen und kommt damit auf eine Monatsrate von 542 Euro, damit wäre er in gut 41 Jahren fertig. Das ist sehr moderat und dürfte für die meisten machbar sein.

Beginnt er nun erst mit 35 Jahren, dann muss die anfängliche Tilgung schon bei 2,5 Prozent liegen, die Monatsrate beträgt dann 667 Euro. Das geht auch noch.

Fängt er erst als 45jähriger mit dem Projekt Eigenheim an, muss er die Tilgung so wählen, dass die Gesamtlaufzeit des Kredits nicht länger als 22 Jahre dauert, wenn er bis zur Rente schuldenfrei sein will. Er müsste also beim aktuellen Zinsniveau (im Herbst 2019) 3,5 bis 4 Prozent tilgen können, das macht schon 5 bis 5,5 Prozent Belastung inklusive Sollzinsen und ergibt eine Monatsrate von mindestens 833 Euro, besser aber 916 Euro – also etwa das Doppelte des Jungkäufers. Und dies gilt bereits bei einem eher kleinen Bauvorhaben, für ein Durchschnittshaus nehmen Bauherren in Deutschland eher 300 000 Euro auf. Und jeder ältere Käufer, der in einer höherpreisigen Großstadt zu Wohneigentum kommen will, muss eher 400 000 Euro aufnehmen und sich nach unserem Rechenbeispiel auf 1 300 bis 1 800 Euro monatlich für die Kreditrückzahlung einstellen.

Nun liegt der Vorteil für den älteren Käufer jedoch auch darin, dass er in gut 20 Jahren mit dem Abzahlen fertig sein wird – und sich den heutigen Zinssatz auch tatsächlich so lange sichern kann. Er kann eine Zinsfestschreibung von 15 Jahren wählen, wie es mittlerweile die meisten Hauskäufer tun, oder besser noch von 20 Jahren. Letzteres würde den Sollzins etwas erhöhen. Hier haben aber die jungen Käufer ein Problem: Denn damit die obige Rechnung aufgeht, haben wir vorausgesetzt, dass die Zinsen auch für den heute 25-jährigen oder 35-jährigen Käufer weiter auf dem derzeitigen Niveau verharren, bis beide 67 Jahre alt sind – was zumindest sehr unwahrscheinlich sein dürfte. Lediglich der 45-Jährige, der sich seine Kreditkonditionen auf mindestens 15 Jahre festschreiben lässt, wenn nicht gar auf 20, wird seinen Abzahlplan also wahrscheinlich einhalten. Die beiden Jüngeren müssen in 15 Jahren neu rechnen.

Gerade sie laufen nun Gefahr, dass die Sollzinsen nach Ende der Zinsbindung weitaus höher liegen als jetzt. Nehmen wir an, sie wären bis dahin auf 3,5 Prozentpunkte gestiegen. Was hieße das? Der 25-Jährige wird im Jahr 2034 immer noch eine Restschuld von 141 000 Euro haben, wenn er wirklich „nur" 541 Euro monatlich abzahlt. Lägen die Zinsen dann bei 3,50 Prozent, müsste er die Raten erhöhen, um tatsächlich bis zur Rente fertig zu sein. Er würde das schaffen, wenn er ab 2034 eine Tilgung von rund 2,3 Prozent der Restschuld ansetzt und eine Rate von monatlich 674 Euro. Der 35-Jährige hätte zum Laufzeitende noch eine Restschuld von 116 000 Euro und müsste danach eine Rate von 750 Euro weiterzahlen und beim Anschlusskredit eine Tilgung von 4,31 Prozent der Restschuld vereinbaren, wenn die Zinsen wirklich um zwei Prozentpunkte ansteigen würden.

An diesem Punkt haben wir allerdings nur – wie so viele Banken und Kreditanbieter übrigens auch – mit den durchschnittlichen Zinsen der vergangenen zehn Jahre gerechnet. Wer jedoch eine Immobilienfinanzierung über 30 oder 40 Jahre plant, der sollte sich auch die langfristigen Zinsen ansehen. In den vielen Jahren zwischen 1970 und 2000 nämlich lagen die Bauzinsen meist über 6 Prozent, oft sogar sehr weit darüber. Erst danach sanken sie ab, bis sie nach der Finanzkrise 2008 das heutige historische Tiefstniveau erreichten, wie die Grafik „Entwicklung der Hypothekenzinsen..." auf Seite 108 zeigt.

Würden die Bauzinsen also zurück auf das langjährige Durchschnittsniveau steigen, das bei etwa 6 Prozent liegt, dann sähe die Rechnung so aus: Der 25-Jährige müsste sich bei der Anschlussfinanzierung auf rund 880 Euro monatlich einstellen. Der 35-Jährige müsste zirka 910 Euro zahlen, auch eine ganze Ecke mehr als jetzt.

Alternativ könnten beide bereits jetzt etwas mehr tilgen als unbedingt nötig, wenn sie sich das leisten können. Eine anfängliche Tilgungsrate von 2,5 bis 3 Prozent wäre also auch für junge Käufer gar keine schlechte Idee. Es würde zumindest die Restschulden in 15 Jahren kleiner machen und damit das Risiko der Anschlussfinanzierung reduzieren.

Der Mix macht´s: Welche Finanzierungstöpfe lassen sich nutzen?

▶ BANKDARLEHEN

Ohne einen Bankkredit wird es in den wenigsten Fällen gehen. Vergleichen Sie dabei gut die Angebote, denn längst nicht immer ist die angestammte Hausbank der günstigste Geldgeber, im Gegenteil. Zudem fiel in Vergleichen der Stiftung Warentest auf, wie weit die Zinskonditionen auseinanderklaffen. Fast immer kostete das teuerste Angebot doppelt so viel wie der Kredit beim günstigsten Baufinanzierer, egal auf welche Laufzeit bezogen.

Das Darlehen von der Hausbank oder vom Baufinanzierer lässt sich aber gut kombinieren mit anderen Darlehen, vor allem mit zinsgünstigen staatlichen Krediten der Kreditanstalt für Wiederaufbau KfW. Der Vorteil dabei ist: Mitunter vergeben Banken die KfW-Kredite zu einem etwas günstigeren Zinssatz, indem sie auf einen Teil ihrer Marge verzichten, die ihnen die KfW einräumt. Und einige Kreditinstitute vergeben den Hauptkredit zu einem günstigeren Zinssatz, wenn er mit einem KfW-Darlehen kombiniert wird.

Die Kombination aus Hausbank- und staatlichem Kredit ist daher oft auch dann sinnvoll, wenn die KfW einmal nicht die allergünstigsten Konditionen am Markt bietet. Zudem sind bei den KfW-Krediten auch tilgungsfreie Anlaufzeiten möglich und Tilgungszuschüsse drin. Fragen Sie also auf jeden Fall Ihr finanzierendes Kreditinstitut, ob Sie die Bedingungen für ein KfW-Darle-

hen erfüllen. Die finanzierenden Banken beantragen die staatlichen Kredite dann auch für die Kunden und wickeln die Zahlungen komplett mit der KfW ab. Der Nachteil dabei ist: Die KfW-Kredite werden mit höchstens zehn Jahren Zinsbindung vergeben, also nur für vergleichsweise kurze Zeit. Danach ist bereits eine Anschlussfinanzierung für den KfW-Kreditanteil fällig. Dennoch ist es von Vorteil, Hausbankkredit und KfW-Kredit kombiniert zu beantragen, denn viele Kreditinstitute weigern sich, lediglich einen KfW-Kredit zu vergeben, wenn der Hauptkredit nicht ebenfalls von ihnen stammt.
Ähnlich schwierig wird es, wenn Sie die Darlehenssumme auf zwei Bankdarlehen aufteilen, auch wenn das Splitten der Kreditsumme in einen kurzlaufenden und einen langlaufenden Vertrag interessant wirkt. Sagen wir, man splittet einen 200 000-Euro-Kredit (für 1,2 Prozent Zinsen oder noch günstiger im Sommer 2019 bei 15 Jahren Laufzeit) in zwei Teile:
Dabei hat der erste Kredit über 50 000 Euro mit fünf Jahren Laufzeit deutlich niedrigere Zinsen (derzeit 0,83 Prozent). Der verbliebene zweite Kredit über 150 000 Euro fällt dadurch kleiner aus, wenn auch nicht billiger (er ist ebenfalls für 1,2 Prozent Zins zu haben). Insgesamt spart der Kreditnehmer dadurch Geld: Statt der 22 400 Euro Zinsen für den Gesamtkredit zahlt er innerhalb von 15 Jahren für beide Kredite nur 18 500 Euro Zinsen – bei einer Rate von rund 840 Euro in beiden Fällen. Er spart also zunächst einmal knapp 4 000 Euro.
Das rechnet sich so aber nur unter einer Bedingung: Da die Zinsbindung des ersten Kredits schon nach fünf Jahren endet und der Käufer dann noch eine Restschuld von knapp 40 000 Euro hat, müsste er diesen Betrag dann auf einen Schlag ablösen können. Etwa weil er Boni bekommen hat oder in den Genuss einer Erbschaft gekommen ist. Erst bei Ablösung der Restschuld hat man sich diese 4 000 Euro wirklich gespart. Muss man dagegen die 40 000 Euro Restschulden umschulden und sucht dafür eine neue Bank als Finanzierungspartner, werden wohl die meisten Kreditinstitute Probleme machen, denn sie sehen dann das langlaufende größere Teildarlehen über 150 000 Euro. Das bedeutet nämlich, dass die neue Bank nur ein nachrangiges Darlehen vergeben kann. Und das werden die meisten Baken nur zu schlechtere Konditionen anbieten oder den Kreditnehmer an seine bisherige Bank verweisen. Auf deren Kreditzinssätze wäre er dann angewiesen.

Fazit: Solche geteilten Bankkredite sind mit Vorsicht zu genießen. Das Gleiche gilt für das Verteilen der Schulden über mehrere Banken. Kombinieren Sie also lieber einen Hausbankkredit mit anderen Förderdarlehen oder -programmen.

► STAATLICHE KFW-DARLEHEN

Die KfW ist die größte nationale Förderbank der Welt und die drittgrößte Bank hierzulande. Sie vergibt seit 1948 zinsgünstige Kredite an Bundesbürger und hatte ursprünglich zum Ziel, nach dem Zweiten Weltkrieg den Wiederaufbau in Deutschland zu forcieren, daher ihr Name. Heute fördert sie bei privaten Bauvorhaben vor allem den Bau von neuem Wohnraum, den energetischen und altersgerechten Umbau und die Sanierung von Häusern und Eigentumswohnungen.

Die Zinsen der KfW sind recht günstig, allerdings in der derzeitigen Niedrigzinsphase, in der alle Banken gute Konditionen anbieten, auch nicht immer die allergünstigste Variante. Aber die zinsverbilligten Darlehen sind auch nicht der einzige Vorteil dieser staatlichen Kredite. Einen großen Zusatznutzen entfalten die KfW-Programme, indem sie Tilgungszuschüsse gewähren und weil sie tilgungsfreie Jahre am Anfang der Laufzeit ermöglichen. So werden Eigenheimerwerber gerade dann von hohen Zinszahlungen entlastet, wenn die finanzielle Belastung bei ihnen am größten ist. Zudem ist die KfW kulanter als andere Banken, wenn es um Sondertilgungen geht. Sie ermöglicht Ihnen also eine schnellere Entschuldung. Und sie ist oft großzügig, wenn es um die bereitstellungsfreie Zeit geht – wenn Sie also bereits jetzt einen Darlehensvertrag unterzeichnen, das Geld aber wegen des späteren Baubeginns erst in 6 oder 12 Monaten benötigen. Viele Banken erheben dann ab dem dritten Monat Bereitstellungszinsen und die können ganz beträchtlich sein bei sechsstelligen Kreditsummen. Der Zinssatz der KfW-Darlehen ist überdies fest, das heißt: Es gibt keinen Zinsaufschlag je nach Einkommen oder Bonität und auch keine höheren Zinssätze für Selbstständige, die von Banken üblicherweise etwas stärker zur Kasse gebeten werden, weil ihr Einkommen als weniger gesichert eingestuft wird. Aber: Der KfW-Kredit muss zwingend bereits am Anfang der Kreditaufnahme mit eingebunden werden. Ein späteres Zuschalten der KfW ist nicht möglich.

▶ KREDITE VON BUNDESLÄNDERN, KOMMUNEN UND KIRCHEN

Es gibt Bundesländer und Kommunen, die ebenfalls regional begrenzte Förderprogramme für Eigenheimerwerber und Bauherren aufgelegt haben. Fast alle Länder bieten so etwas an, mit unterschiedlichen Förderschwerpunkten. In Bayern etwa kann man noch eine Eigenheimzulage von 10 000 Euro beantragen. In Hessen gibt es günstige Baudarlehen von der Wirtschafts- und Infrastrukturbank. Viele Länder vergeben Sonderkredite für energetische Sanierer, für barrierefreien Umbau oder neue Heizungsanlagen. Und in Niedersachsen wird der Bau von Mietwohnungen bezuschusst.

Informationen zu allen Regionalfördermitteln gibt die Seite www.baufoerderer.de von den Verbraucherzentralen. Viele dieser Programme lassen sich auch mit KfW-Krediten kombinieren.

▶ DENKMALFÖRDERUNG

Auch wer ein denkmalgeschütztes Haus umbaut, kann sich dafür Zuschüsse besorgen. Bei der Deutschen Stiftung Denkmalschutz kann man Fördermittel für den Erhalt der Bausubstanz und weitgehende Erhaltungsmaßnahmen beantragen. Darüber hinaus profitieren Denkmalbesitzer von hohen steuerlichen Abschreibungsmöglichkeiten, die bei Sanierungen möglich sind. So können Selbstnutzer die Kosten für Erhaltung und Instandsetzung ihrer Immobilie zu 90 Prozent absetzen, nämlich jeweils neun Prozent der Kosten über einen Zeitraum von zehn Jahren.

▶ KOMBIKREDITE MIT BAUSPARVERTRÄGEN

Es gibt auch die Möglichkeit, ein Bankdarlehen mit einem Bauspardarlehen zu kombinieren. Das funktioniert so: Der Bauherr schließt einen Bausparvertrag ab und spart ihn in monatlichen Raten an. Für die sofortige Finanzierung des Kaufs oder Neubaus nimmt er außerdem ein Darlehen auf, das zunächst nicht getilgt werden muss. Es müssen lediglich die anfallenden Zinsen gezahlt werden. So bleibt mehr Geld fürs monatliche Sparen in den Bausparvertrag. Wenn dann nach einigen Jahren das Mindestguthaben erreicht ist und die Bausparsumme ausgezahlt wird, wird die Summe verwendet, um das Darlehen auf einen Schlag abzulösen. Danach muss noch das Bauspardarlehen in regelmäßigen Monatsraten abgezahlt werden.

FINANZIERUNG FÜR SELBSTNUTZER MIT MIETEINHEIT

Längst nicht jeder Bauherr denkt von Anfang an etwas größer – indem er Einliegerwohnungen für Eltern, Kinder oder fremde Mieter einplant oder später einzelne Geschosse dauerhaft als Wohnungen oder Feriendomizile vermieten will. Oder indem er vielleicht sogar ein Doppelhaus baut, von dem er die Hälfte vermieten will. Doch viele, die genau das tun und für andere mitbauen, benötigen für ihr Hausprojekt in aller Regel ebenfalls einen Kredit, weil sie es nicht aus vorhandenem Vermögen bestreiten können. Wenn es nun um die passende Strategie für Kapitalanleger und Vermieter geht, so liest man oft den Grundsatz: So viel Fremdkapital wie möglich. Man sollte hier aber differenzieren – und am besten zweigleisig fahren.

Im Abschnitt für Selbstnutzer haben wir es bereits kurz angeschnitten: Vermieter müssen es bei der Entschuldung nicht ganz so eilig haben, denn sie erzielen auf der einen Seite Mieteinnahmen, die zwar versteuert werden müssen und das steuerpflichtige Einkommen insgesamt erhöhen. Aber sie können auf der anderen Seite viel mehr Kosten steuerlich absetzen als reine Selbstnutzer, das mindert dann wiederum ihre Einnahmen und somit auch die Grundlage für die Besteuerung. Deshalb kommen den Vermietern die Fremdfinanzierungskosten (also die Bankzinsen) auch zugute, weil sie diese als Werbungskosten von den Mieteinnahmen abziehen können. Damit reduzieren sich die ausgewiesenen Erträge aus den Mieteinnahmen.

Ebenso können sie nicht umlegbare Betriebskosten, andere Werbungskosten wie Fahrten zur Wohnung und Abschreibungen absetzen. Auf die verbleibenden Mietgewinne sind dann oft nicht mehr allzu hohe Steuern zu zahlen. Oder der Vermieter macht – besonders in den Anfangsjahren, in denen er auch noch Grunderwerbsteuer und Maklergebühren entrichten muss, die ebenfalls als Kosten seine Mieteinnahmen schmälern – sogar steuerlich gesehen einen Verlust. Diesen Verlust aus Vermietung kann er mit anderen Einkünften verrechnen, etwa mit seinem Arbeitseinkommen. Das schmälert also seine Gesamteinkünfte und somit auch seine Steuerlast insgesamt. Von daher kann es sich für Vermieter lohnen, einen höheren Baukredit aufzunehmen, um noch ein Mietobjekt mitzufinanzieren (eine Einliegerwohnung im eigenen Haus etwa) und die Rückzahlung des Kredits über einen längeren Zeitraum zu strecken. Denn durch die Steuerersparnis erfolgt sozusagen die Gegenfinanzierung. Vor allem die Kreditzinsen sorgen für eine größere Steuerersparnis: Bei einem persönlichen Steuersatz von 42 Prozent und 2 Prozent Nominalzins kostet einen Bauherren das geliehene Geld nach Steuern nur noch 1,16 Prozent.

Dazu kommt, dass Sie auch höhere zinsgünstige Kredite der staatlichen Förderbank KfW in Anspruch nehmen können, wenn Sie Wohnraum für Mieter schaffen. Die KfW vergibt im Programm „Energieeffizient bauen" für jede geschaffene Wohneinheit einen Kredit über 100 000 Euro. Da ein Einfamilienhaus mit Einliegerwohnung als Zweifamilienhaus behandelt wird, lassen sich also insgesamt 200 000

Euro als günstiges Darlehen über die KfW aufnehmen. Dafür muss man dann freilich nach dem KfW-Effizienhaus-Standard bauen. Aber man errichtet ja schließlich einen Neubau, daher sollte das machbar sein. Auch der Tilgungszuschuss der KfW wird dann doppelt gezahlt. Zudem können Vermieter oft noch kommunale Förderprogramme in Anspruch nehmen. Bauherren, die Mietwohnraum schaffen, haben also höhere Kosten in der Bauphase, müssen dafür aber auch nicht ganz so viel Geld aus eigener Kraft aufbringen wie Selbstnutzer.

Natürlich wollen auch Vermieter nicht endlos lang unnötig hohe Zinsen zahlen. Man möchte ja einmal davon profitieren, dass man zusätzliche Mieteinnahmen erzielt, und nicht dauerhaft alles nur in die Schuldentilgung stecken. Deshalb sollten Sie zuvor gut über die Finanzierung nachdenken: Auf wie viel Fremdkapital können und wollen Sie zurückgreifen? Und wann soll sich das Projekt für Sie lohnen?

Am besten ist dabei eine strikte Trennung von Anfang an in den eigengenutzten Teil des Hauses und in den vermieteten Teil – schon während der Planung, vor allem aber bei der Anschaffung und Finanzierung. Beide Wohneinheiten sind strikt voneinander abzugrenzen, wenn es später nicht zu Ärger mit Finanzierern und Finanzämtern kommen soll. Am besten ist also, zwei Bauverträge abzuschließen und auch zwei getrennte Kreditverträge. Oder Sie halten im notariellen Kaufvertrag fest, zu welchem Wert die beiden Wohneinheiten jeweils erworben worden sind, wenn ein Bestandshaus gekauft wird, das später aufwendig umgebaut wird.

Zudem sollten Sie separate Bankkonten einrichten, von denen die Kosten für die beiden Wohneinheiten jeweils bestritten werden. Das klingt kompliziert, zahlt sich aber am Ende aus, weil Sie dann nicht mehr nachträglich versuchen müssen, die Kostenanteile korrekt aufzuteilen.

Der Trick besteht nun darin, dass das vorhandene Eigenkapital voll in den eigengenutzten Hausteil gesteckt wird, um die Kosten zu mindern, die man als Selbstnutzer selbst zu tragen hat. Dagegen wird die Einliegerwohnung, die obere Etage oder zweite Haushälfte ausschließlich darlehenfinanziert. Hier sind dann also unter Umständen höhere Zinsen für den fremdgenutzten Teil fällig (was allerdings nicht sein muss, wie die Beispielrechnung weiter unten verdeutlicht), aber dafür sorgt diese Konstruktion auch für höhere steuerliche Absetzbarkeit der Kreditzinsen auf den vermieteten Teil.

Was kann das im Einzelfall ausmachen? Errechnen wir einmal die zu erwartenden Zinsen und Renditen: Der Rohertrag eines Immobilieninvestments ergibt sich grundsätzlich aus den Mieteinnahmen, die Sie erzielen. Davon können Sie jedoch die Kosten abziehen, die mit Erwerb, Herstellung, Finanzierung, Instandhaltung und Immobilienbesitz verbunden sind. Anfangs machen sich da vor allem die hohen Kauf- und Baunebenkosten steuermindernd bemerkbar, denn die können mit 2 Prozent jährlich abgeschrieben werden, dauerhaft wirken aber eben auch die Finanzierungskosten für das Baudarlehen.

So errechnet sich die Mietrendite eines Objekts: Obwohl viele Statistiken nur die Bruttorendite vor Kosten nennen, ist es wichtig, immer die Nettomietrendite zu sehen, also den Ertrag nach Kosten. Denn auch wenn man selber im Haus wohnt, der Bau einer vermieteten Einheit soll sich ja schließlich langfristig rechnen und für den Bauherren nicht zum Zuzahlgeschäft werden. Zudem darf bei allen angerechneten Kosten nur jener Anteil angesetzt werden, der auch wirklich auf die Fremdwohneinheit entfällt.

Angenommen, es wird ein Haus mit 200 Quadratmetern Wohnfläche gebaut, in dem sich – neben einer selbstgenutzten Wohnung von rund 150 Quadratmetern – noch eine Einliegerwohnung befindet, die 50 Quadratmeter groß ist. Festgelegt ist, dass auf die Fremdwohnung ein Viertel der Gesamtkosten entfällt. Sie soll 10 Euro Miete pro Quadratmeter kosten, das ist im Bundesschnitt für Neubauten ein realistischer Wert.

Wir setzen hierbei voraus, dass die Wohnung das ganze Rechnungsjahr über durchgehend vermietet ist und 12 Monatsmieten Ertrag bringt.

Brutto- und Nettomietrendite bei Vermietung

Objektpreis:	400 000 Euro
+ Kaufnebenkosten:	40 000 Euro
= Gesamtkosten:	**440 000 Euro**

Nettokaltmiete (ohne Nebenkosten 10 Euro pro qm monatlich für 50 qm):	
500 Euro x 12 =	6 000 Euro pro Jahr
abzüglich Instandhaltung (7 Euro/qm pro Jahr):	– 350 Euro
= Reinertrag aus Vermietung:	**5 650 Euro pro Jahr**

Bruttomietrendite:

$$\frac{\text{Jahresmiete (netto kalt) 6 000 Euro}}{\text{Anteil Objektpreis (400 000 € / 4)}} \times 100 = \mathbf{6\ \%}$$

Nettomietrendite:

$$\frac{\text{Reinertrag 5 650 Euro}}{\text{Anteil Gesamtkosten (440 000 € / 4)}} \times 100 = \mathbf{5{,}13\ \%}$$

Die Rechnung zeigt: Die tatsächliche Nettorendite weicht in aller Regel deutlich von der Bruttomietrendite ab. Dennoch erreicht sie in diesem Fall eine recht ansehnliche Größenordnung.

Würde die Einliegerwohnung auch noch durch einen zinsgünstigen KfW-Kredit finanziert, könnten sich die Finanzierungskosten noch einmal verringern und die Nettorendite stiege. Im Herbst 2019 sind KfW-Kredite über 100 000 Euro bei 10 Jahren Laufzeit ab 0,75 Prozent Sollzins zu bekommen. Dadurch reduzieren sich die Zinskosten auf 750 Euro im ersten Jahr. Man müsste allerdings die verbleibenden 10 000 Euro noch zusätzlich aufbringen oder dann doch fremdfinanzieren. Das geht jedoch bei so kleinen Summen im Herbst 2019 in ähnlicher Größenordnung wie bei der KfW.

Für die allermeisten Bauherren wird die Überlegung, eine separate Wohnung einzuplanen, nicht nur ein reines Renditeobjekt sein, sondern es wird eher um die Frage gehen: Können wir es uns leisten, gleich Wohnraum für Kinder, Eltern, Verwandte oder künftige Pflegekräfte mitzubauen? Dennoch schadet es nicht, wenn Sie sich mit dieser Rechnung einmal vor Augen führen, ob sich die Zusatzwohnung auch unter Vermietungsaspekten lohnen würde, also wenn nicht Familie mit einzieht, sondern fremde Bewohner.

Für den selbstgenutzten Hausteil hieße das: Gesamtkosten von 330 000 Euro müssten noch zusätzlich aufgebracht werden. Angenommen, Sie können 75 000 Euro Eigenkapital einbringen, dann blieben 255 000 Euro übrig, die noch zu finanzieren wären. Davon würden wiederum 100 000 Euro über einen KfW-Kredit abgedeckt (zu 0,75 Prozent Sollzins = 750 Euro jährlich). Dann blieben noch 155 000 Euro Kreditsumme für die Bankfinanzierung, die für rund 1,2 Prozent Zins zu bekommen sind, das wären 1 860 Euro im ersten Jahr. Das schmälert die Zinskosten für den selbstgenutzten Hausteil beträchtlich auf insgesamt auf 2 610 Euro im Anfangsjahr.

Insgesamt ergibt sich für den Bauherren eine Zinsbelastung von 3 435 Euro im ersten Jahr (2 610 Euro für den eigenen Anteil plus 825 Euro für die fremdgenutzte Einliegerwohnung).

Würde er das Haus dagegen in derselben Größenordnung nur für sich selbst bauen, also ohne Einliegerwohnung, müsste er rund 365 000 Euro über Fremdkapital aufbringen (440 000 Euro Gesamtkosten minus 75 000 Euro Eigenkapital), wofür rund 1,88 Prozent Zinsen bei Banken zu zahlen wären – das entspricht einer Zinsbelastung von 6 882 Euro im ersten Jahr. Kombiniert er ebenfalls einen KfW-Kredit (100 000 Euro zu 0,75 Prozent = 750 Euro jährlich) mit einem Bankkredit, wäre es erheblich günstiger für ihn (265 000 Euro zu 1,2 Prozent = 3 180 Euro). Es wären im ersten Jahr aber immer noch 3 930 Euro für die Zinsen fällig.

Der Bau der Einliegerwohnung erspart dem Bauherren also rund 500 Euro Zinszahlungen im ersten Jahr und bringt außerdem 6 000 Euro an Mieterträgen ein – von denen er aber maximal 4 825 Euro versteuern muss. Durch die Mietererträge zahlt sich auf Dauer ein Viertel des Hauses quasi „von selbst" ab.

Eine Mindestmiete aber muss sein. Ein zu großes Herz sollten Vermieter dagegen nicht haben, nicht einmal für Verwandte, sonst geht die Rechnung fürs Finanzamt nicht auf. Denn wird an Familienmitglieder vermietet, muss das in den Steuerformularen angegeben werden. Und verlangen Sie von ihnen eine sehr niedrige Miete oder gar nur einen symbolischen Freundschaftspreis, vermutet das Finanzamt schnell ein Steuersparmodell und keine ernsthaften Absichten, mit der Immobilie auch Einkünfte zu erzielen. Wer also weniger als zwei Drittel der ortsüblichen Vergleichsmiete verlangt, läuft Gefahr, die Kosten einschließlich der Kreditzinsen nicht voll absetzen zu können.

Verzichtet der Eigenheimerwerber auf die Wohnfläche zur Vermietung und beschränkt sich gleich auf ein kleineres Haus, also in diesem Fall auf 150 Quadratmeter Wohnfläche für insgesamt 330 000 Euro Anschaffungskosten, sieht die Rechnung so aus:

Er müsste nach Abzug des Eigenkapitals lediglich 255 000 Euro Kredit aufnehmen. Davon kämen 100 000 Euro von der KfW (750 Euro Zinsen jährlich) und 155 000 Euro von der Bank (zu 1,2 Prozent Zinsen für 15 Jahre Laufzeit = 1 860 Euro im ersten Jahr). Damit wäre seine Gesamtzinsbelastung deutlich geringer, er käme mit 2 610 Euro Zinszahlung im ersten Jahr hin. Das wären 800 Euro weniger als im Vermietungsbeispiel.

Dafür müsste er natürlich auch auf die möglichen 6 000 Euro Jahresmieteinnahmen verzichten, die ihm regelmäßig zuflössen. Er könnte zudem keine Zinskosten steuerlich geltend machen.

Es lohnt sich daher, von Anfang an zumindest über eine Teilvermietung nachzudenken – vor allem in Gegenden, in denen der Wohnraum sehr knapp ist, also in größeren Städten und städtischen Einzugsgebieten. Man muss sich dafür natürlich vorstellen können, mit anderen Familienmitgliedern oder gar fremden Mietern langfristig zusammen unter einem Dach zu wohnen.

DAS HYPOTHEKEN- ODER ANNUITÄTENDARLEHEN

Was ein Kredit ist, also ein klassisches Darlehen, muss man den wenigsten Verbrauchern erklären. Aber schon bei der Frage, was ein Hypothekendarlehen ist oder wie ein Annuitätendarlehen funktioniert, dürften sich dagegen die meisten schwer tun. Es ist aber eigentlich ganz einfach: Bei einem herkömmlichen Darlehen leiht man sich eine größere Geldsumme von jemandem, der viel Kapital hat – meist von einer Bank – und stottert die Schulden dann in kleinen Einzelbeträgen wieder ab.

Ein Hypothekendarlehen funktioniert ganz genauso, nur dass dabei eine Grundschuld auf ein Grundstück eingetragen wird. Das heißt: Der Kapitalgeber (also die Bank) verlangt das Haus oder den Grund als Pfand – für den Fall, dass der Kreditnehmer das Darlehen am Ende doch nicht wie vorgesehen abzahlen kann. Sollte das passieren, kann die Bank in letzter Konsequenz die beliehene Immobilie zwangsversteigern und dadurch die ausstehenden Schulden eintreiben. Der Kreditgeber kann die Immobilie „dinglich verwerten“, wie es im Amtsdeutsch so schön heißt. Bleibt durch den Verkauf mehr Geld übrig, als zur Deckung der Schulden notwendig ist, bekommt der vormalige Hausbesitzer den Rest. Oft aber werden die Immobilien bei Zwangsverkäufen weit unter ihrem Verkehrswert veräußert, von daher sollte man mit diesem Fall nicht unbedingt rechnen.

Hypothekendarlehen über große Geldbeträge werden meist recht langfristig vergeben, das unterscheidet sie ebenfalls von klassischen Konsumentenkrediten. Und weil es um erhebliche Summen geht, verlangen die Kapitalgeber die finanzierten Immobilien als Sicherheiten. Das geschieht über einen Eintrag ins Grundbuch. Dort sind die Bank und die Höhe der Grundschuld vermerkt. In der Regel steht sie dabei an erster Stelle, hat also eine erstrangige Besicherung, anderen Kreditgebern bleibt dann nur einer der nachfolgenden Ränge. Gelöscht wird die Eintragung erst, wenn der Kredit vollständig getilgt ist und der Eigenheimbesitzer die Löschung auch veranlasst. Es wird also nicht automatisch die Bank aus dem Grundbuch gestrichen, nur weil der Kreditvertrag „abgearbeitet“ ist.

Erst wenn der Hauseigentümer einen Antrag auf Löschung stellt, gilt die Immobilie offiziell als von der Grundschuld befreit. Es gibt aber auch gute Gründe, diese Löschung nicht anzustreben und den Grundbucheintrag bestehen zu lassen. Ein Grundpfandrecht ergibt sich daraus ohnehin nicht mehr, wenn der Kreditvertrag beendet ist. Und der Erwerber ist auch vorher bereits der „Hundertprozenteigentümer“ der Immobilie.

Doch steht die Bank nach wie vor im Grundbuch, bedeutet das: Die Grundschuld kann auch künftig als Kreditsicherheit genutzt werden, wenn der Immobilienbesitzer beispielsweise beschließt, sein Haus später altersgerecht umzubauen. Das spart die Kosten für eine erneute Grundschuldbestellung.

Ein typisches Hypothekendarlehen hierzulande ist ein Annuitätendarlehen. Das bedeutet nichts anders als: Das Darlehen wird in konstanten Rückzahlungsbeträgen abgetragen, die monatlich gezahlten Gesamtraten bleiben dabei also gleich. Damit unterscheidet es sich von Tilgungsdarlehen, die es auch gibt, bei denen aber nur die Tilgungsraten stets gleich hoch bleiben. Die Zinszahlungen dagegen verändern sich dabei im Laufe der Zeit. Je kleiner die Restschuld ist, desto mehr schrumpfen auch die Beträge der Zinsen, die zusätzlich zur fixen Tilgungsrate gezahlt werden müssen. So verringern sich die Monatsraten allmählich. Das klingt doch auch nicht schlecht, was ist also der Vorteil des Annuitätendarlehens?

Der Hauptvorteil ist, dass die Ratenzahlungen über die Gesamtlaufzeit gleich bleiben und damit absolut berechenbar sind. Das hilft den allermeisten Kunden, weil sie sich nicht auf wechselnde Zahlungshöhen einstellen müssen. In Deutschland ist es zudem üblich, dass der Zinssatz bei Hypothekendarlehen festgeschrieben wird und zwar zu Beginn der Laufzeit für die festgelegte Zinsbindungszeit.

So kann zumindest hier nicht passieren, was in den USA zum großen Immobiliencrash von 2007/2008 führte, wo variable Zinssätze zum Standard gehören: Dort hatten viele Hausbesitzer in Erwartung weiter steigender Hauspreise immer größere Anwesen gekauft – teilweise auch weitaus teurere, als es ihre Einkommenssituation erlaubte. Das Kalkül dahinter war: Ich wohne drin und muss das Haus nicht abzahlen, sondern kann es ja in ein paar Jahren gewinnbringend wieder verkaufen. Als die Zinsen für Immobilienfinanzierungen für die bestehenden Kreditverträge massiv stiegen, konnten viele Hausbesitzer ihre Kreditraten jedoch nicht mehr bezahlen. Sie mussten ihre Häuser schnellstmöglich verkaufen. Es betraf viele. Das große Überangebot knüppelte den gesamten Immobilienmarkt tief in den Keller. Zumindest dieses Risiko, dass sich Zinsen und Raten mitten in der Laufzeit ändern, haben Verbraucher mit Annuitätendarlehen hierzulande nicht.

Zudem hat die fixe Rate von Annuitätendarlehen noch einen anderen Charme: Die Annuität setzt sich zusammen aus einem Zinsanteil und einem Tilgungsanteil. Da nun mit jeder Rate die Schulden abgetragen werden, wird auch der Betrag für den Zinsanteil auf die Restschulden laufend kleiner. Dafür wird im Gegenzug der Tilgungsanteil stetig höher, bis am Ende der Laufzeit jede Rate fast ausschließlich zur Tilgung dient. Deshalb sieht es zwar beim Annuitätendarlehen anfangs so aus, als würden die Schulden gar nicht kleiner und als würden lediglich Zinsen gezahlt, doch irgendwann gewinnt die Tilgung an Fahrt, weshalb die Entschuldung am Ende sehr viel schneller von statten geht. Man kann das vergleichen mit dem Turbo, der beim Sparen durch den Zinseszinseffekt entsteht. Nur eben umgekehrt.

Wer bietet solche Darlehen an?

Früher wurden Hypothekendarlehen hauptsächlich von Geschäftsbanken vergeben. Es ist auch heute noch ein klassisches Bankgeschäft. Aber inzwischen sind auch etliche Baufinanzierungsvermittler und Versicherungen in diesem Bereich unterwegs. Versicherungsgesellschaften beteiligen sich schon seit über hundert Jahren am Hypothekengeschäft. Sie haben auch maßgeblich dazu beigetragen, dass hierzulande nach dem zweiten Weltkrieg viele Gebäude wieder aufgebaut werden konnten. Von daher ist die Immobilienfinanzierung für sie nichts Neues. Sie haben ja auch genügend Kapital dazu, schließlich sammeln sie jeden Monat große Beitragssummen von den Versicherten ein, die sie für ihre Kunden anlegen müssen. In der heutigen Niedrigzinsphase fällt es ihnen aber immer schwerer, das Kapital gewinnbringend anzulegen – zumal sie gesetzlich angehalten sind, nicht zu riskant zu investieren, um die Kundengelder nicht zu gefährden. Von daher suchen viele dieser Unternehmen lukrative und stabile Anlagemöglichkeiten, die regelmäßige Zinsen abwerfen. Der deutsche Häu-

Tipp: Variable Darlehen

Auch hierzulande kann man variable Darlehen aufnehmen, bei denen die Zinsen nicht festgeschrieben sind, sondern schwanken. In Niedrigzinsphasen bietet sich das eher nicht an. Da sollte man sich lieber die vorteilhaften Tiefzinsen für möglichst lange Zeit sichern, indem man sie mit einem klassischen Annuitätendarlehen festschreibt.

Denn eine solche Nullzinsphase ist bisher nicht nur historisch recht einmalig, sondern viele Marktexperten glauben auch, dass sie nicht noch weitere 15 oder 20 Jahre anhalten wird. Manche dagegen spekulieren bereits, ob es nicht doch sein könnte, dass das Niveau noch eine ganze Weile anhält. Das ist unwahrscheinlich, aber man weiß es schlicht nicht.

Ganz anders sieht es aus, wenn gerade vergleichsweise hohe Zinsen herrschen, oder wenn Sie als Käufer vermuten, dass die Zinskurve jüngst nur für kurze Zeit einen unnatürlichen Sprung nach oben gemacht hat. Das ist der Fall, wenn sich die Bauzinsen auf dem Niveau von vier bis sechs Prozent bewegen – denn der Blick in die Vergangenheit zeigt, dass die Hypothekenzinsen seit 1970 etwa halb so oft unter diesem Niveau lagen wie darüber. Wer kann also schon ahnen, wohin die Reise künftig geht? In solchen Phasen kann es sich durchaus auszahlen, einen Teil des Darlehens mit variablem Zins abzuschließen.

Solche Geldmarktdarlehen passen sich alle drei Monate an die jeweils aktuellen Marktzinsen an. Sie richten sich nach dem Satz des Dreimonatseuribor (Zinssatz, zu dem sich Banken untereinander selbst Geld leihen), auf den noch ein Zuschlag von 1,25 bis 1,5 Prozentpunkte aufgeschlagen wird.

Im Herbst 2018 lag der Euribor bei minus 0,31 Prozent, das ergibt also eine Sollzinshöhe von rund 0,9 bis 1,2 Prozent. Geldmarktdarlehen sind mit einer Frist von drei Monaten kündbar, man wird sie also auch recht leicht wieder los, wenn die Zinsen dann doch sinken und man feststellt, dass man zu hohe Zinsen dafür bezahlt.

Eines muss aber klar sein: Verträge mit variablen Zinsen sind stets eine riskante Wette auf die Zukunft. Überlegen Sie sich daher gut, ob Sie diese zusätzliche Unsicherheit bei Ihrer Finanzierung gebrauchen können. Grundsätzlich werden solche variablen Darlehen nur als Übergangslösung empfohlen, zum Beispiel als Zwischenfinanzierung, wenn man erst ein Haus verkaufen muss, aber der Vertrag für das neue bereits unterschrieben werden will. Ist die Erstimmobilie veräußert, lässt sich das variable Darlehen dann mit dem Verkaufserlös ablösen.

sermarkt scheint in ihren Augen diese Kriterien zu erfüllen. Gerade auf lange Laufzeiten boten sie zuletzt auch etwas günstigere Zinskonditionen als klassische Großbanken. Ganz vorne spielen aber meist spezialisierte Baufinanzierungsvermittler mit, wenn es um die günstigsten Zinsen geht.

Wovon hängt der Zinssatz ab?

Die Konditionen für Annuitätendarlehen sind nicht nur von Bank zu Bank unterschiedlich, sondern auch von Kunde zu Kunde. Denn sie hängen hauptsächlich von drei Faktoren ab, die bei jedem Immobilienkäufer unterschiedlich sind:

- vom Immobilienwert
- vom Eigenkapital
- vom Einkommen und Beruf der Kreditnehmer

DER IMMOBILIENWERT. Grundsätzlich gilt dabei: Je höher der Wert der Immobilie, desto bessere Konditionen werden die Banken Ihnen einräumen. Dabei ist wohlgemerkt nicht der Kaufpreis entscheidend, sondern der Wert, den die Immobilie nach einer – eher vorsichtigen –

Schätzung der Bank auf Dauer haben wird. Nur weil zurzeit in Metropolen wie München, Stuttgart und Hamburg auch renovierungsbedürftige 1960er- und 1970er-Jahre-Häuser exorbitante Preise erzielen, solange sie in guten Lagen stehen, bedeutet das nicht, dass die Bank solchen Gebäuden ebenfalls einen hohen Wert beimisst. Sie wird im Zweifel Abschläge vornehmen. Zur Sicherheit besichtigen die Kreditinstitute solche Häuser zeitnah, um sich selber ein Bild davon zu machen. Übrigens passiert es auch beim Neubau, dass sich Gutachter vor Ort einen Eindruck von der Immobilie verschaffen oder den Baufortschritt und die Lage bei Fertigstellung dokumentieren. In der Regel bekommen die Kunden davon jedoch wenig mit.

DAS EIGENKAPITAL. Je mehr Geld der Bauherr mitbringt, desto günstiger werden für ihn die Zinskonditionen. Wer nur 50 Prozent des Kaufpreises finanzieren muss, erhält die besten Konditionen, ab 60 Prozent kann der Zins schon um rund 0,2 Prozentpunkte steigen, im Herbst 2017 war das noch der Fall. Bei einer 70- oder 80-Prozent-Finanzierung war damals mit Aufschlägen um 0,5 Prozentpunkte zu rechnen. Die Vollfinanzierung (fast) ganz ohne Eigenkapital ist am teuersten und bedeutete rund einen Prozentpunkt Aufschlag, das waren zum Beispiel also rund 2,55 Prozent Sollzinsen statt 1,55 Prozent. Laut neueren Konditionenabfragen von Finanztest sind die Aufschläge im Sommer 2019 jedoch gesunken. So waren 90-Prozent-Finanzierungen nur noch 0,3 Prozentpunkte teurer als 60-Prozent-Ffinanzierungen. Allerdings sind die Spannen zwischen den Banken auch enorm. Zu hohen Aufschlägen kann es daher immer noch kommen.

Lassen Sie sich am besten von Ihrer Bank beraten, denn die Banken setzen für diese Zinssprünge individuelle Schwellen. Das heißt: Generell ist mehr Eigenkapital natürlich immer besser, aber nicht immer zahlt es sich für Sie als Käufer aus, krampfhaft noch jeden letzten Euro Eigenkapital zum Vertragsschluss in den Topf zu werfen. Angenommen, das Haus kostet 300 000 Euro und Sie haben rund 100 000 Euro Eigenkapital, Sie brauchen also einen Kredit von rund 200 000 Euro. Die Bank Ihrer Wahl sagt: Wenn Sie ab 205 000 Euro Kredit aufnehmen, liegt Ihr Darlehenszins bei 1,6 Prozent, darunter sind es nur 1,55 Prozent. Ob Sie sich aber nun 200 000 Euro leihen oder 203 000 Euro, da macht diese Bank beim Zinssatz keinen Unterschied, sondern zeigt sich kulant und erhebt noch den 200 000-Euro-Kreditzinssatz. Doch ab der Schwelle von 205 000 Euro hebt sie den Zins etwas an.

Solche Schwellenwerte legt jede Bank individuell für sich fest, bei anderen mögen die Schwellenwerte jeweils bei runden Beträgen liegen. Von daher: Nachfragen schadet nicht. Also nehmen Sie in diesem Fall den günstigeren Sollzinssatz mit und leihen Sie sich 203 000 Euro. Die 3 000 Euro, die Sie somit als Puffer auf dem eigenen Konto hätten, sind dort womöglich erst einmal besser aufgehoben, als sie sofort in den Vertrag zu schichten. Wenn die nach einem Jahr wirklich noch übrig sein sollten, können Sie den Betrag ja als Sondertilgung verwenden und damit Ihre Schulden reduzieren.

DAS EINKOMMEN UND DER BERUF. Natürlich spielt auch Ihr Gehalt eine entscheidende Rolle bei der Finanzierung. Die Banken schauen genau hin, wie viel Geld Sie aktuell verdienen – und ob Sie sich davon laut gängigen Haushaltsrechnungen überhaupt langfristig die

Rückzahlung des Kredits leisten können werden. Vor allem ist wichtig, in welchem Beruf Sie arbeiten. Beamte haben es klassischerweise am leichtesten, Baukredite zu bekommen, weil sie überaus sichere Bezüge haben – und überdies auch hohe Pensionen, falls der Kredit in den Ruhestand hineinläuft.

Angestellte müssen die letzten drei (besser sechs) Gehaltsnachweise einreichen – und möglicherweise auch Rentenbescheide –, um die Kreditgeber davon zu überzeugen, dass sie regelmäßig über dieses Einkommen verfügen.

Und bei Selbständigen, Freiberuflern und Gewerbetreibenden sind Banken oft noch skeptischer: Ihre Einkommen schwanken meist viel stärker, deswegen interessieren sich die Banken für die letzten drei Jahresbilanzen, um sicherzugehen, dass die Erträge einigermaßen konstant fließen. Sie wollen nicht riskieren, dass sie jemandem ein großes Haus finanzieren, der vielleicht nur eben einmal ein gutes Auftragsjahr gehabt hat. Es muss dabei nicht gleich um die Frage gehen, ob ein Kredit überhaupt gewährt wird, aber: Im Zweifel lassen sich Banken ein höheres Risiko immer mit einem Zinsaufschlag vergüten. Je mehr Ihre Gehaltsnachweise die Bank überzeugen, umso niedriger wird der Kreditzins daher ausfallen.

Und natürlich holt die Bank auch eine Schufa-Auskunft ein um zu überprüfen, wie es um Ihre Bonität steht und ob Sie in der Vergangenheit bereits öfter in Zahlungsschwierigkeiten geraten sind.

Für welchen Anbieter soll ich mich im Zweifel entscheiden?

Viele Hauserwerber gehen zuerst einmal zu ihrer Hausbank, wenn sie eine Immobilienfinanzierung planen. Dagegen ist nichts einzuwenden, schließlich kennt die Bank ihre finanzielle Lage oft seit Jahren und kann daher gewiss gut einschätzen, wie solvent der Kunde ist und mit welcher Kreditsumme er sich nicht übernimmt. Dennoch ist unbedingt ein Vergleich mehrerer Anbieter geboten, wenn es um die Finanzierung geht. So treffen Sie die Wahl:

Der Effektivzins – der wesentliche Faktor bei der Finanzierung. Eines der wichtigsten Kriterien – vielleicht sogar das wichtigste – ist dabei die Zinshöhe: Der tiefste Zinssatz zählt zunächst. Denn selbst kleine Unterschiede von ein oder zwei zehntel Prozentpunkten machen auf die Gesamtlaufzeit enorme Unterschiede bei den Zinskosten aus, gerade wenn es um eine so große Anschaffung geht wie ein Haus.

Angenommen, Sie wollen einen 200 000-Euro-Kredit mit 20 Jahren Zinsbindung aufnehmen und eine Monatsrate von 800 Euro zahlen. Ihre Hausbank macht Ihnen dazu ein Angebot mit 1,8 Prozent Zinsen. Das finden Sie günstig und sind geneigt zuzuschlagen. Es wäre aber vorschnell, denn auch wenn das Angebot äußerlich alle Faktoren erfüllt – Sie würden viel Geld verschenken, wenn Sie nur auf die Hausbank vertrauen und keine weiteren Angebote anderer Banken einholen.

Unser Tipp: So steigern Sie Ihre Bonität

Bevor Sie einen Kredit anfragen, sollten Sie sich selber bei der Schufa schlau machen, welche Informationen dort über Sie gespeichert sind – bevor die Bank es tut. Stellen Sie also bei der Schufa eine Selbstauskunftsabfrage, das kann man ganz einfach online machen. Dann erfahren Sie, was über Sie gespeichert ist. Denn nicht alle Daten, die sich bei der Kreditauskunftei finden, sind auch korrekt. Manche Daten sind veraltet, die können Sie löschen lassen.

Es gibt auch Möglichkeiten, Ihre Bonität selber zu verbessern: Tilgen Sie möglichst Kleinkredite, die noch laufen, zum Beispiel den Ratenkredit fürs Handy oder den neuen Fernseher. Das wirkt sich positiv auf Ihr Rating aus.

Zudem fällt es bei Banken positiv aus, wenn mehrere Personen im Kreditvertrag aufgenommen werden, auch wenn nur einer den Kredit tatsächlich abzahlt, wenn sich also bei Eheleuten oder Lebenspartnern beide als Kreditnehmer eintragen lassen. Aber klären Sie unbedingt vorher, welche Konsequenzen das im Ernstfall hätte, falls der Hauptschuldner den Kreditvertrag nicht mehr bedienen kann oder falls es zur Trennung kommt!

Bürgschaften von Angehörigen, Eltern oder Großeltern verbessern ebenfalls die Bonität. Sie sollten aber keinesfalls leichtfertig eingegangen werden. Im Notfall haftet der Bürge nämlich für die kompletten Restschulden, wenn der Kreditnehmer als Zahler ausfällt, weil er arbeitslos, krank wird oder verstirbt. Das sollte nicht den Bürgen selber in die Zahlungsunfähigkeit stürzen.

Eine andere Bank bietet das gleiche Darlehen zum Beispiel zu 1,76 Prozent an, mit ebenfalls 800 Euro Rückzahlung monatlich. Wo ist denn da der große Unterschied? Er liegt im Detail:

Beim ersten Kredit haben Sie nach 20 Jahren noch 55 686 Euro Restschulden, beim zweiten Kredit 54 376 Euro. Insgesamt kämen Sie hier durch die 0,04 Prozent weniger beim Kreditzins gut 1 300 Euro billiger weg.

Wenn Sie den Zins bei einer dritten Bank aber vielleicht sogar auf 1,6 Prozent drücken können, macht das dann schon 6 400 Euro Ersparnis bei den Zinszahlungen aus. Und ein halber Prozentpunkt bringt insgesamt mehr als 15 000 Euro Ersparnis. Ist das nichts?

Tatsächlich ist das Sparpotenzial noch höher: Die Zinsvergleiche von Finanztest haben ergeben, dass zwischen den günstigsten und teuersten Kreditangeboten – egal welcher Laufzeit – regelmäßig bis zu ein Prozentpunkt Unterschied klafft. Das macht bei der Finanzierung so viel aus, dass sich eine längere Suche nach dem besten Anbieter wahrlich lohnt. Wer daher früh einen Kreditvermittler wie Interhyp oder Dr. Klein einschaltet, der auf Baufinanzierungen spezialisiert ist, der erhält früh eine Übersicht über die jeweils günstigsten Anbieter für seinen speziellen Fall. Solche Vermittler haben Zugriff auf mehrere hundert Kreditanbieter und deren Konditionen. Zumindest die meisten überregionalen Anbieter und viele regionale Baugeldanbieter sind dabei. Die günstigsten Konditionen von Banken und Kreditvermittlern finden Sie auch auf den Seiten der Stiftung Warentest unter www.test.de/Immobilienfinanzierung-Schritt-fuer-Schritt-zum-Kredit-5294522-0, sie werden regelmäßig aktualisiert. Suchen Sie also unbedingt nach einem der sehr günstigen Hypothekendarlehensgeber – egal, welche Zinszeiten gerade herrschen.

Sollzins und Effektivzins

Bei Krediten wird gewöhnlich der Sollzins genannt, der früher als Nominalzins bezeichnet wurde. Er gibt an, welchen Betrag die Verbraucher dem Kreditgeber jährlich dafür zahlen müssen, dass er ihnen das Darlehen zur Verfügung stellt. Der Sollzins bezieht sich grundsätzlich aufs Kalenderjahr, deshalb findet man hinter den Angaben auch oft die Abkürzung p.a. (per annum). In den Mitteilungen der Banken findet man ebenfalls die Angabe, wie viel für Zinsen im Laufe des gesamten Jahres gezahlt worden ist.

Der Sollzins berücksichtigt nicht den Zinseszinseffekt, weder im Soll noch im Haben. Doch der Sollzins bildet noch nicht alle Kosten ab, die beim Darlehen entstehen. Zudem haben Banken unterschiedliche Gepflogenheiten, was den Zeitpunkt der Verrechnung von Tilgungsleistungen betrifft, auch das macht einen winzigen Unterschied bei den Zinsen aus.

Deshalb sollten Sie immer nur die Effektivzinsen verschiedener Kreditangebote miteinander vergleichen. Der Effektivzins entspricht den Gesamtkosten des Kredits pro Jahr in Prozent. Und die Banken müssen diese Effektivzinsen auch ausweisen, um den Verbrauchern eine Übersicht zu erleichtern. Der effektive Jahreszins bezieht ferner mit ein, dass die Zinsen nicht erst am Jahresende, sondern üblicherweise monatlich gezahlt werden müssen. Deshalb fällt der effektive Jahreszins fast immer zumindest ein wenig höher aus als der Sollzins – auch wenn sonst keinerlei zusätzliche Kosten anfallen.

Sympathie und Service

Manchmal wichtiger als man denkt. Da oft mehrere Anbieter ähnlich gute Angebote machen, zählen auch Sympathiewerte. Bestenfalls sollte Ihnen das Kreditinstitut daher auch bekannt und auch noch sympathisch sein.

Schließlich gehen Sie mit dieser Bank oder diesem Immobilienfinanzierer eine langfristige Beziehung ein, die möglicherweise 15 oder gar 30 Jahre dauert. Und es gilt wie in jeder Partnerschaft: Man sollte sich auf Dauer mögen und vertragen und nicht schon am Anfang ein komisches Gefühl haben, was die Verbindung betrifft. Durchforsten Sie daher auch das Kleingedruckte genau und sehen Sie sich die Konditionen im Detail an: Sind Sondertilgungen problemlos möglich? In ausreichender Höhe? Damit kommen Sie schneller von Ihren Schulden herunter, wenn Sie in den kommenden Jahren mal Geld übrig haben.

Und lassen sich die Monatsraten notfalls ohne Zusatzkosten anpassen – zum Beispiel wenn sich das eigene Einkommen ändert (nach oben oder nach unten) oder wenn bei Paaren ein Einkommen zeitweise wegfällt, weil Nachwuchs kommt oder Eltern gepflegt werden müssen? Solche Ratenanpassungen sollten zumindest einige Male möglich sein, viele Banken bieten das jedenfalls an. Auch solche Dinge können gute Argumente für den Abschluss bei einer bestimmten Bank sein.

Die Restschuld – das unterschätzte Auswahlkriterium

Neben den Zinsen zählt aber noch eine andere Zahl im Darlehensangebot, und zwar ganz gewaltig. Denn gerade sie gibt Aufschluss darüber, wie gut ein Kreditangebot ist: die Restschuld. Denn was hilft es, wenn ich mir für einen 250 000-Euro-Kredit zwar niedrige Zinsen gesichert habe und auch nur moderate Kreditraten schultern muss, aber dafür nach 20 Jahren immer noch auf knapp 200 000 Euro Schulden sitze, die noch übrig sind? Das kann besonders dann drohen, wenn Baugeldanbieter die Finanzierungsberechnungen mit nur einem Prozent Tilgung durchkalkulieren – so, wie es lange Zeit üblich war. Inzwischen gehen die meisten Banken und Baugeldverleiher zwar von höheren Tilgungssätzen aus, also von mindestens zwei Prozent, denn alles andere führt in Niedrigzinszeiten nur dazu, dass Kunden ihre Kredite über 40 Jahre oder noch länger strecken. Dennoch bedeuten auch zwei Prozent Tilgung bei einem Darlehen über 300 000 Euro, dass man trotz eines winzigen Sollzinses von 1,2 Prozent und einer Rate von immerhin 800 Euro nach 15 Jahren Laufzeit noch immer 200 000 Euro Schulden stehen hat. Das ist eine durchaus stolze Summe, die dann erst einmal neu finanziert werden will. Der realistische Vergleich von Restschulden macht natürlich nur bei gleichen Laufzeiten der Kredite Sinn.

Warum gucken also alle nur auf die Zinsen, aber so wenige automatisch auch auf die Restschuld, wo die doch so viel aussagt? Für gewöhnlich garantiert nämlich die Bank mit der geringsten Restschuld am Ende der ersten Finanzierungsphase auch das günstigste Angebot, jedenfalls dann, wenn beim Vergleich mehrerer Anbieter jeweils die Kreditsumme, die Monatsrate, Zinsbindung und Tilgungssatz identisch sind. Lassen Sie sich also identische Angebote geben, dann kann das Kreditvergleichen einfach sein, zumal das menschliche Hirn nicht gerade dafür geschaffen ist, aus wenigen großen Zahlen überschlägig ein treffendes Ergebnis zu ermitteln. Vor allem nicht, wenn auch noch Prozentwerte und diverse Multiplikatoren dabei sind.

Dazu ein Beispiel: Angenommen, Sie nehmen einen Kredit über 160 000 Euro auf, also eine eher moderate Summe. Die Bank unterbreitet Ihnen ein Angebot zu 1,6 Prozent Zins für 10 Jahre Laufzeit, bei dem Sie 480 Euro als Monatsrate zahlen. Schätzen Sie einmal ganz spontan, wie hoch die Restschuld bei Ablauf der Zinsbindung wäre. Und wie lange würden Sie wohl insgesamt brauchen, um den Kredit abzuzahlen? Und was wäre nun, wenn Sie die Monatsrate auf 746 Euro erhöhen würden, um schneller fertig zu sein, wie lange dauert es dann?

Die wenigsten könnten das im Kopf durchrechnen, und nur wenige würden richtig schätzen, dass im ersten Fall vom 160 000-Euro-Kredit noch eine Restschuld von 125 000 Euro übrig wäre. Es wäre bis dahin also kaum etwas getilgt. Der Gesamtkredit würde mindestens bis 2056 laufen, also 36 Jahre und 10 Monate.

Erhöht man die Rate aber um gut 250 Euro, so verringert sich die Restschuld auf 90 645 Euro, dann wäre also schon die Hälfte des Kredits abgetragen. Insgesamt liefe er nur 21 Jahre und 1 Monat, also bloß bis 2040. Das klingt schon viel machbarer. Vor allem ein Blick auf die Restschuld verrät also, wie schnell wir unsere Schulden wieder los sind ... und zudem, welches Risiko wir mit dem Vertrag eingehen. Denn wenn hohe Schuldensummen nach Ablauf der Zinsbindung übrig sind und neu finanziert werden müssen, aber sich die Zinssätze gewaltig erhöht haben – dann werden wir schnell an unsere finanzielle Belastungsgrenze stoßen. Die künftig zu zahlenden Raten würden sich dann nämlich enorm erhöhen. Dadurch könnte dann unsere gesamte Finanzierung ins Wanken geraten.

Spezialfall: Das Volltilgerdarlehen

Wer sich angesichts der Risiken einer Immobilienfinanzierung gern größere Sicherheit wünscht und auch extrem langfristig planen möchte, der sollte sich einmal mit der Idee des Volltilgerdarlehens auseinandersetzen. Das bedeutet: Man zahlt eine feste Monatsrate, die so berechnet ist, dass am Ende der Zinsbindung die Schuldensumme auch tatsächlich voll getilgt ist. Es stehen also keine Restschulden und keine Anschlussfinanzierung mehr an. Der Immobilienbesitzer muss sich keine Gedanken über künftig steigende Zinsen machen und nicht bangen, ob er sich in einigen Jahren noch die Raten für sein Haus leisten kann, wenn sein jetziger Vertrag ausläuft, aber noch eine Menge Schulden übrig sind. Oft bieten Banken oder auch Versicherungen, die in der Baufinanzierung aktiv sind, solche Volltilgerdarlehen gleich von sich aus an, da ihnen sehr an fixen Verträgen gelegen ist. Besonders bei sehr hohen Kreditsummen unterbreiten sie solche Angebote gern.

Volltilgerdarlehen bieten sich für alle an, die heute schon genau wissen, wann sie mit dem Schuldentilgen fertig sein wollen – oder müssen. Zum Beispiel weil sie danach in Rente gehen oder weil die Kinder dann erwachsen sind und möglicherweise studieren werden,

Vergleich für Kreditaufnahme von 200 000 Euro

	Volltilger			Klassisches Darlehen			
Laufzeit	Rate (€)	Sollzins	Gezahlte Zinsen (€)	Rate (€)	Sollzins	Gezahlte Zinsen (€)	Restschuld (€)
15 Jahre	1 168	0,69 %	10 109	1 051	0,84 %	13 920	25 000
20 Jahre	908	0,89 %	17 975	840	1,07 %	23 830	22 230
25 Jahre	776	1,29 %	33 055	726	1,39 %	39 230	21 230

Quelle: FMH, jeweils günstigste Anbieter, Stand November 2019, Eurobeträge gerundet

was oft teuer wird. Wie hoch beim Volltilgerdarlehen die Monatsraten sind und somit auch die Tilgungsquote, richtet sich nach der Laufzeit, die der Kreditnehmer anpeilt. Je kürzer die Laufzeit, desto höher natürlich die Raten und Tilgungsquoten. Üblicherweise liegt die gewählte Laufzeit dabei zwischen 15 und 30 Jahren. Der Vorteil solcher Volltilger besteht in jedem Fall darin, dass Banken dafür meist Sonderkonditionen bieten: Die Zinssätze liegen oft noch einmal unter jenen, die sonst bei dieser Laufzeit üblich wären. Bis zu 0,3 Prozentpunkte macht das aus. Allerdings auch nicht immer. Beim Anbieter Allianz sind es laut Eigenaussagen nur 0,1 Prozentpunkte Zinsersparnis für die Volltilgung. Da muss man schon gut nachdenken, ob sich so ein Darlehen dennoch lohnt. Denn oft fallen die Monatsraten dabei auch erheblich höher aus.

Einen weiteren Nachteil haben die Volltilger jedoch noch: Bei ihnen ist es in der Regel nicht möglich, die Tilgungshöhe über die Laufzeit zu verändern oder Sondertilgungen vorzunehmen, wenn unerwartet Geld übrig ist oder größere Zahlungen aus anderen Quellen zur Verfügung stehen. Nur bei einigen wenigen Anbietern sind solche Sondertilgungen auch bei Volltilgern möglich, sie erheben aber einen Zinsaufschlag dafür. Da ist dann der vorherige Zinsvorteil unter Umständen wieder dahin, deshalb muss man in solchen Fällen genau prüfen, ob ein normales Darlehen bei einer anderen Bank da nicht ebenso günstig zu haben wäre.

In den allermeisten Fällen dagegen bedeutet ein Volltilger: Das Darlehen muss sozusagen „auf Gedeih und Verderb" fortgeführt werden wie beschlossen. Wenn Sie plötzlich zu viel Geld haben, können Sie das nicht einbringen, um schneller von den Schulden herunterzukommen. Und haben Sie vorübergehend zu wenig Geld, kann die Bank die Anpassung der Rate von einer Entschädigung abhängig machen. Allerdings ist es auch bei solchen Darlehen möglich, den Kreditvertrag zu kündigen, sobald mindestens zehn Jahre seit Auszahlung der vollen Darlehenssumme vorbei sind – und zwar jederzeit. Dafür gilt dann eine Kündigungsfrist von sechs Monaten, sie läuft ab dem Tag der Kündigung und ist an keinen weiteren Stichtag gebunden.

Das hauptsächliche Entscheidungskriterium für Darlehensnehmer sollte in diesem Fall nicht der oft geringe Zinsnachlass sein, den es auf solche Volltilger gibt, sondern eher die Frage: Wie sehr ist mir an einer flexiblen Tilgung gelegen? Ist es Ihnen also wichtig, die maximale Flexibilität in der Rückzahlungsphase zu behalten? Vor allem junge Erwerber, Familiengründer und Berufseinsteiger werden das wohl mit „ja" beantworten und sollten dann lieber ein Klassikdarlehen wählen, bei dem sie Raten anpassen und Sondertilgungen nach Bedarf leisten können.

Oder ist Ihnen als Käufer eher die maximale Sicherheit wichtig? Weil Sie lieber hundertprozentig Ihren Plan verfolgen, auch etwas höhere Raten in Kauf nehmen können und dafür langfristig noch etliche Euro an Zinsen sparen wollen? Dann können Sie gern ein Volltigerdarlehen wählen. Damit sind Sie höchstwahrscheinlich schneller im abbezahlten Eigenheim. Auch für Anschlussfinanzierer, die oft eine nicht mehr ganz so üppige Schuldensumme abzutragen haben, sind Volltilger eine gute Idee.

TAKTIEREN BEI DER ABSCHNITTSFINANZIERUNG

Obwohl Volltilgerdarlehen gerne angeboten und beworben werden, so wählen doch die wenigsten Immobilienerwerber diese Form der Finanzierung. Für die überwiegende Mehrheit ist die Schuldentilgung in mehreren Abschnitten der Normalfall: Sie bemühen sich um ein Erstdarlehen mit übersichtlicher Zinsbindung – derzeit sind es im Schnitt 15 Jahre. Mit Ablauf dieser Frist ist das Darlehen bei den meisten Kreditnehmern noch nicht getilgt. Die Finanzierungspläne laufen erheblich länger, nämlich 25 oder 30 Jahre, das heißt: Nach Ablauf der Zinsbindung bestehen noch Restschulden, die mit einem Anschlussdarlehen weiterfinanziert werden müssen. Bank und Kunde müssen sich dann über neue Konditionen und Zinsen für den kommenden Finanzierungsabschnitt einigen. Oder der Kreditnehmer wechselt zu einer anderen Bank, die ihm ein besseres Angebot macht. In vielen Fällen können Kreditnehmer ihr Anschlussdarlehen bis zum Ende der neuen Zinsbindung komplett tilgen. Sonst geht die Immobilienfinanzierung nach einigen Jahren in die dritte Runde.

Warum die Hauseigentümer und Banken sich alle Jahre wieder diesem Prozess unterziehen – und nicht gleich sämtliche Konditionen von Anfang an regeln? Weil beide Seiten besonders lang laufende Verträge scheuen, vor allem wegen des Zinsänderungsrisikos, das sowohl für Banken als auch für Kreditnehmer Risiken bedeutet. Die Banken wollen die aus ihrer Sicht schlechten Konditionen von heute ungern auf viele Jahre festschreiben. Die Kunden dagegen hoffen häufig, dass die Zukunft noch bessere Konditionen bringen wird und wollen sich deshalb ebenfalls nicht gern für 20 oder 30 Jahre festlegen. Es erlegt ihnen schließlich auch über Jahre bestimmte Zahlungsverpflichtungen auf, an die sie dann gebunden wären. Mit einer Anschlussfinanzierung kann man schließlich auch den Kredit noch einmal an seine veränderte Lebenssituation anpassen. Schließlich kann auch niemand vorhersehen, was in den nächsten 20 oder 30 Jahren am Kapitalmarkt passieren wird. Die aktuellen Nullzinsen am Kapitalmarkt hätte vor 20 Jahren wohl niemand prognostiziert. Deshalb fürchten sich sowohl Kunden als auch Banken davor, mit 30-Jahres-Verträgen irgendwann selber draufzuzahlen. Beispiele dafür gibt es in der Kreditwirtschaft zuhauf: Wer als Immobilienkäufer in den 1990er Jahren ein Baudarlehen zu 8 oder gar 9 Prozent Sollzins abgeschlossen hat, der dürfte sich heute gewaltig ärgern, wenn er sich damals tatsächlich auf 30 Jahre Laufzeit eingelassen hätte – und die auch wirklich einhalten müsste. Seit 2013 bekäme er schließlich einen Vertrag mit Zinsen deutlich unter 3 Prozent. Natürlich könnte er den Vertrag kündigen, weil er bereits länger als zehn Jahre läuft. Einigen Kreditnehmern scheint dieses Kündigungsrecht übrigens gar nicht recht bewusst zu sein. Doch dazu müsste er dann auch umschulden und eine neue Bank finden, die ihn weiter finanziert.

Umgekehrt grämen sich Bausparkassen derzeit gewaltig, weil sie ihren Kunden noch vor wenigen Jahren rund 4 Prozent Sparzinsen versprachen und Immobilienkredite ebenfalls etwa in dieser Größenordnung. Die vier Prozent Guthabenzins können sie inzwischen selbst kaum noch erwirtschaften und die Immobilienkredite zu vier Prozent will heute niemand mehr, weil sie bei Banken nur noch 1,5 Prozent kosten. Auch ein Fall dafür, wie sich langfristige Verträge rächen können, wenn sich die Marktbedingungen ändern.

Deshalb finanzieren Kreditgeber lieber auf kürzere Sicht, in Niedrigzinszeiten ist das aus Bankensicht auch verständlich. Auch wenn Bankkunden seit einigen Jahren deutlich längere Zinsbindungen nachfragen und Banken tatsächlich inzwischen mehr lang laufende Kredite vergeben als noch vor einigen Jahren, wie die Bundesbank sagt, sie tun es eher, weil es ihre einzige Möglichkeit ist, in diesen Niedrigzinszeiten noch eine etwas höhere Rendite zu erzielen. Denn je länger die Laufzeiten, desto mehr Zinsaufschlag können sie verlangen. Allerdings müssen sie schon deutlich längere Laufzeiten eingehen, um einen Prozentpunkt mehr zu erzielen, sagen die Bundesbanker ebenso. Das erhöht das Zinsänderungsrisiko für die Banken enorm, auch wenn sie es über Swaps abzusichern versuchen. Schließlich entginge ihnen erhebliches Geschäft, wenn in zwei, drei Jahren die Zinsen wieder stiegen – aber das Gros der Verträge auf 20 Jahre in Niedrigzinsen festgezimmert wäre.

Die Kunden dagegen sollten es dennoch lieber auf erheblich längere Laufzeiten anlegen. Auch wenn sie dann 1,5 statt 1,2 Prozent Sollzinsen zahlen. Je größer die zu finanzierende Summe, desto länger sollte in diesen Zeiten die Zinsfestschreibung sein. Wechselt der Markt wieder in eine Normal- oder gar Hochzinsphase (das wäre bei Bauzinsen von 4 bis 6 Prozent aufwärts der Fall), sollten Hauskäufer dagegen ruhig kürzer denken und weniger lange Vertragsdauern wählen. Könnte ja sein, dass die Zinsen bald wieder sinken.

Der Erstkredit

Die Belastung beim Hauskauf und Bau ist gerade in der Anfangsphase besonders groß. Denn jetzt muss der Kaufpreis gestemmt werden – in aller Regel mithilfe einer Bank. Damit muss also eine große Summe echten Fremdkapitals fließen, weil nur die allerwenigsten genügend eigenes Geld mitbringen. Und diese Schulden verpflichten den Käufer dann jahrelang. Mancher bekommt deshalb genau jetzt Angst vor der eigenen Courage und davor, ob er das

auch tatsächlich stemmen kann. Außerdem sind in den ersten Wochen nach Vertragsunterzeichnung noch die sehr hohen Kaufnebenkosten fällig. Dafür plündern die meisten Käufer ihre Konten fast vollständig und zehren Rücklagen auf. Das macht sie nicht unbedingt ruhiger in Finanzdingen.

Und als wäre das nicht schon genug, fallen oft auch noch größere Umbaumaßnahmen gerade jetzt an, oder es stehen tranchenweise die Baukosten an – ganz abgesehen von den üblichen Überraschungen, die sich bei so einem Bau ergeben können. Und weil Eigenheimerwerber gerade in der Frühphase unter diesen vielen Ausgaben ächzen, stellen viele von ihnen dann grundlegende Finanzierungsfragen noch einmal in Frage. Verständlicherweise wünschen sich alle Bauherren, die enormen Belastungen durch den Kredit so schnell wie möglich wieder abzutragen. Also kommt bei fast jedem diese Frage auf – egal wie niedrig die Zinsen auch sind: Soll ich wirklich eine Zinsbindung von 15 oder gar 20 Jahren wählen? Zehn Jahre Zinsbindung gingen doch auch – und dafür sind auch die Kredite viel billiger. Bei den günstigsten Baufinanzierern zahlt man dafür nur 0,93 Prozent Effektivzins statt 1,1 bis 1,2 Prozent, die bei 15 Jahren fällig werden. Das wäre doch eine große Ersparnis, oder?

Lohnt es sich also, gerade in den ersten Jahren – bei denen die Zinsbelastung wegen der hohen Schuldensumme noch so groß ist – lieber den billigeren Zins zu wählen? Dazu ein Rechenbeispiel:

Vergleich Kreditlaufzeit 10 Jahre und 15 Jahre

	Klaus – Kurzläufer	Linus – Langläufer
Darlehen	200 000 Euro	200 000 Euro
Erstkredit:		
Sollzins	0,93 %	1,20 %
Laufzeit	10 Jahre	15 Jahre
Ergebnis nach 10 Jahren:		
Rate	800 Euro	800 Euro
Gezahlte Zinsen	14 919 Euro	19 543 Euro
Restschuld	118 919 Euro	123 543 Euro
Anschlusskredit nach 10 Jahren:		
Zins:	2,93 %	s.o.: 1,20 %
Laufzeit:	5 Jahre	
Rate	864 Euro	800 Euro
Gezahlte Zinsen	14 818 Euro	6 191 Euro
Restschuld	81 878 Euro	81 734 Euro
Gesamtbilanz nach 15 Jahren:		
Gezahlte Raten	147 840 Euro	144 000 Euro
Gezahlte Zinsen	29 737 Euro	25 734 Euro
Restschuld	81 878 Euro	81 734 Euro
Differenz Raten	-3 840 Euro	+ 3 840 Euro
Differenz Restschuld	-144 Euro	+ 144 Euro
Vorteil	-3 994 Euro	+3 994 Euro

Lange Laufzeit oder kurze Laufzeit?

Angenommen der Bauherr Klaus und sein Nachbar Linus nehmen jeweils ein Darlehen über 200 000 Euro auf und zahlen es mit 800 Euro im Monat zurück. Beide wollen in etwa 24 Jahren fertig sein mit dem Abzahlen. Klaus wählt nun die kurze Zinsbindung von 10 Jahren und bekommt den Kredit daher für sensationell niedrige 0,93 Prozent Sollzins. Linus wählt die lange Zinsbindung mit 15 Jahren und muss deshalb 1,2 Prozent Sollzins zahlen.

Nach zehn Jahren sieht ihre Bilanz so aus: Kurzläufer Klaus hat bis dahin rund 15 000 Euro Zinsen gezahlt und noch eine Restschuld von rund 118 900 Euro. Langläufer Linus hat bis dahin 19 500 Euro Zinsen gezahlt und noch rund 123 500 Euro Schulden. Natürlich liegt Klaus mit der kurzen Zinsbindung und dem kleinen Zinssatz bei dieser Rechnung deutlich vorn. Er hat sich etwa 4 600 Euro an Zinsen erspart und dafür schneller seine Schulden getilgt.

Nun aber müssen beide ihre Schulden weiter abtragen. Langläufer Linus macht das weiterhin mit seiner 800-Euro-Rate und den 1,2

Prozent Zinsen, denn seine 15-Jahreszinsbindung läuft noch.

Doch Kurzläufer Klaus braucht jetzt einen Anschlusskredit. Inzwischen schreiben wir das Jahr 2029, die Wirtschaft floriert und die Zentralbanken haben die Zinsen wieder angehoben. Deshalb wurde der Zinssatz für Immobilienkredite gegenüber der Tiefstzinsphase der Bauzeit um zwei Prozentpunkte angehoben. Das heißt: Klaus bekommt nun nur eine teurere Anschlussfinanzierung, die bei 2,93 Prozent liegt. Seine Rate erhöht sich dadurch auch, da er ja nach wie vor in rund 24 Jahren fertig sein will. Also zahlt er jetzt 864 Euro monatlich.

Weitere fünf Jahre später bietet sich daher folgendes Bild: Bei Langläufer Linus läuft die 15jährige Zinsbindung nun auch aus. Er hat bis dahin (mit 1,2 Prozent Sollzins) rund 25 700 Euro nur für die Zinsen gezahlt. Seine Restschuld liegt jetzt bei 81 700 Euro. Und seine Rate betrug konstant 800 Euro.

Klaus dagegen zahlt seit fünf Jahren 864 Euro, allein in den vergangenen fünf Jahren hat er also rund 3 840 Euro mehr an Raten berappt als sein Nachbar. Seine Zinszahlungen in diesem Zeitraum betrugen etwa 14 800 Euro, insgesamt also hat Klaus mit seinem billigen Kurzläufer-Kredit und dem teureren Anschlusskredit 29 700 Euro an Zinsen gezahlt. Jetzt hat er noch 81 900 Euro Restschulden. Damit hat er nach 15 Jahren knapp 150 Euro mehr Restschulden als Linus, obwohl er insgesamt 3 840 Euro mehr für die Kreditraten gezahlt hat..

Hätte Linus das eingesparte Geld für Sondertilgungen verwendet, läge er jetzt mit rund 4 120 Euro vorn. Das Endergebnis geht daher klar zugunsten von Langläufer Linus aus, wenn man unterstellt, dass die Zinsen in zehn Jahren moderat höher sein werden als jetzt. Rechnet man das Ganze sogar mit dem historischen Durchschnittsbauzins von rund 6 Prozent aus, wäre die Differenz noch beeindruckender.

Fazit: Obwohl es also gerade am Anfang verlockend erscheint, lieber eine etwas kürzere Laufzeit zu wählen, um wirklich den tiefsten aller Sollzinssätze zu bekommen, so wird es sich auf lange Sicht doch vermutlich mehr auszahlen, wenn man die lange Zinsbindung wählt. Zumindest wenn zum Zeitpunkt der Kreditaufnahme Niedrigzinszeiten herrschen. Die sollte man sich deshalb lieber so lange festschreiben lassen wie möglich. Warum nicht gleich 20 Jahre, wenn absehbar ist, dass Sie den Kredit innerhalb dieser Zeit nicht tilgen können werden? Die Unterschiede zwischen den Zinssätzen von 0,3 bis 0,6 Prozentpunkten, die sich zwischen den Laufzeiten von 10 bis 20 Jahren ergeben, sind nämlich gering. Die Auswirkungen, die ein möglicher Zinsanstieg um nur 2 Prozentpunkte beim Anschlusskredit hätte, wenn bis dahin wenig getilgt worden ist, sind allemal größer. Fällt die spätere Zinssteigerung noch größer aus, werden die Unterschiede noch dramatischer. Zudem ließe sich der Kredit ja nach 10 Jahren Laufzeit ohne zusätzliche Kosten kündigen.

Anders ist es natürlich, wenn die Zinsen zum Zeitpunkt des Abschlusses bereits bei 4 bis 6 Prozent liegen, also etwa im Bereich des historischen Durchschnitts. Dann ist ungleich schwerer zu sagen, wohin sie sich künftig wohl entwickeln werden. Also kann es – je nach Aussichten und Wirtschaftserwartung – clever sein, kürzere Laufzeiten einzugehen. Aber eben nur, wenn man tatsächlich erwartet, dass sich die Aussichten langfristig eintrüben und deshalb die Zinssätze bald wieder sinken werden, statt weiter zu steigen. So etwas allerdings richtig vorherzusagen, seien wir ehrlich, grenzt schon gehörig an Kaffeesatzleserei. Wer daher sichergehen möchte, dass er zumindest nicht den Kürzeren zieht bei der Zinswette – weil die Realität nämlich anders ausfällt als erwartet – der sollte sich im Zweifel lieber für die längere Zinsbindung entscheiden.

Zu lang dagegen sollte die Zinsbindung aus übertriebener Vorsicht auch nicht unbedingt ausfallen. Angenommen, Sie nehmen ein 200 000-Euro-Darlehen auf und könnten 950 Euro Monatsrate abtragen. Dann wäre das Darlehen in 20 oder 21 Jahren getilgt. Sollen Sie sich also eine 20-jährige Zinsbindung sichern, für die günstige Anbieter derzeit 1,7 Prozent Zinsen verlangen? Überlegen Sie sich an dieser Stelle Folgendes: Wie wahrscheinlich ist es, dass Sie vielleicht den ein oder anderen Euro zusätzlich zurücklegen können in den nächsten 20 Jahren? Sicherlich erhöht sich ja irgend-

So hoch ist die Restschuld in Prozent des Anfangsdarlehens

Bei einem Sollzinssatz von 1,5 Prozent

Tilgung (Prozent)	Restschuld nach ... Jahren			
	5	10	15	20
1,0 %	94,8	89,2	83,2	76,7
1,5 %	92,2	83,8	74,8	65,0
2,0 %	89,6	78,4	66,4	53,4
2,5 %	87,0	73,0	58,0	41,7
3,0 %	84,4	67,7	49,6	30,1
3,5 %	81,8	62,3	41,2	18,4
4,0 %	79,2	56,9	32,8	6,8
4,5 %	76,6	51,5	24,4	0
5,0 %	74,1	46,1	16,0	0

wann Ihr Gehalt, vielleicht bekommen Sie auch mal einen Bonus. Oder Ihre Lieblingstante schenkt Ihnen eine größere Summe. Dann hätten Sie Geld für Sondertilgungen übrig, mit denen sich die Laufzeit womöglich stark verringern würde. Sie brauchen vielleicht gar keine 20 Jahre zum Abzahlen – würden aber trotzdem den Zinsaufschlag für die lange Zinsbindung zahlen.

Wählen Sie stattdessen die Zinsbindung von 15 Jahren, so kostet Sie der Kredit erst einmal nur 1,2 Prozent Sollzinsen, also 0,5 Prozentpunkte weniger. Das macht auf die 15 Jahre Laufzeit eine Zinsersparnis von 11 300 Euro aus. Angenommen also, Sie stecken die gesparten 11 300 Euro in die Tilgung, dann wird Ihre Restschuld nach 15 Jahren nur noch bei 40 867 Euro liegen statt bei 52 167 Euro und ist damit viel geringer als die Restschuld von 63 421 Euro mit dem 1,7-Prozent-Kredit. Und konnten Sie bereits zuvor einige Jahre zusätzlich Sondertilgungen leisten, so sind Ihre Schulden vielleicht schon so dahingeschmolzen, dass Ihnen ein höherer Zinssatz bei der Anschlussfinanzierung vermutlich auch nicht mehr viel ausmacht. Liegt die Gesamtlaufzeit Ihres Kredits also bereits mit den geplanten Ratenzahlungen nah an der Schwelle zwischen zwei Zinsbindungszeiten, können Sie sich auch gut für die kürzere Laufzeit entscheiden.

Ein Ausblick: Die Anschlussfinanzierung

Mit dem Auslaufen des Erstkredits stellt sich nun für viele Eigenheimbesitzer die Frage: Wie hoch ist die Restschuld? Und wie wird weiter finanziert? Idealerweise macht man sich darüber nicht erst kurz vor Ende der Zinsbindung Gedanken, sondern schon mit etwas mehr Vorlaufzeit. Es lohnt sich, schon zwei bis drei Jahre vor Auslaufen des bisherigen Vertrags die Marktzinsen zu beobachten. Denn sind die Zinsen gerade besonders niedrig, kann man sich dieses Zinsniveau mit einem Forwarddarlehen sichern (siehe Seite 133).

Besonders sorgsam sollte man zudem sein, wenn sich die eigenen Lebensumstände grundlegend geändert haben und zwar nicht zum Positiven; etwa weil man arbeitslos geworden ist, krank oder wenn ein Paar sich getrennt hat. Dann sollte man sich lieber früher als später darum kümmern, wie es mit dem Kredit weitergehen kann. Denn was ist, wenn die bisherige Bank den Folgekredit unter diesen Voraussetzungen nicht mehr finanzieren will? Das sollten Sie frühzeitig klären.

Bereits 36 Monate vor Auslaufen des Vertrags lohnt sich ein Blick auf die allgemeinen Bauzinsen. Sind sie nämlich enorm gesunken oder nach einer Talsohle gerade wieder im Steigen begriffen, kann man sich bereits jetzt die günstigen aktuellen Zinssätze für den Anschlusskredit mit einem Forwarddarlehen sichern.

Spätestens drei Monate vor Ablauf der Zinsbindungsfrist wird sich meist auch Ihre bisher finanzierende Bank melden und ihre Angebote unterbreiten. Doch vorschnell annehmen sollten Sie das nicht, auch wenn die Banken gerne gleich unterschriftsreife Angebote zusenden und oft zeitlich knappe Termine setzen, innerhalb derer man sie annehmen soll. So fühlen sich viele Kreditnehmer zwar unter Druck gesetzt, am besten sofort die zugesandten Angebote unterschrieben zurückzusenden, doch hier gilt genau wie bei der Erstfinanzierung: Immer erst gut die Zinsen vieler Baufinanzierer vergleichen!

Denn die erste Anschlussfinanzierung ist die wichtigste, schließlich ist nach 10 oder 15 Jahren Kreditlaufzeit, die viele Erwerber zunächst wählen, noch eine erhebliche Summe von den Schulden übrig. Und Unterschiede in den Zinssätzen für die kommenden Jahre machen sich daher noch besonders stark bemerkbar.

Die wichtigste Frage ist daher natürlich die nach der Restschuld: Ist nur noch eine kleinere Schuldensumme übrig (beispielsweise weniger als 50 000 Euro), und hat man nebenbei vielleicht noch ein Festgeldkonto oder einen Fondssparplan bespart, oder steht ein anderer Sparvertrag zur Auszahlung an, dann lässt sich die Restschuld vielleicht auf einen Schlag ablösen. Das wäre natürlich der Idealfall. Die Regel ist es jedoch eher nicht. Das ergibt sich schon aus den üblichen Werten für Kredite hierzulande: Die meisten Käufer finanzieren zunächst für eine Laufzeit von gut zehn Jahren (maximal 15 Jahre) und nehmen rund 200 000 Euro auf. Da der Zinssatz im Herbst 2019 – inklusive älterer Verträge – rund 2 Prozent beträgt und der durchschnittliche Tilgungssatz bei etwa 3 Prozent liegt (manche tilgen auch nur 2 Prozent), haben Durchschnittserwerber nach Ablauf von zehn Jahren noch immer den Großteil ihrer Schulden nicht abgebaut: 67 Prozent der Kreditsumme sind dann selbst bei 3 Prozent Tilgung noch übrig, bei zwei Prozent Tilgung sind es sogar noch 78 Prozent – also 156 000 Euro.

Nach 15 Jahren Laufzeit haben Dreiprozenttilger nur rund die Hälfte ihrer Schulden getilgt, bei den Zweiprozenttilgern sind noch 66,4 Prozent der Kreditsumme abzutragen. Selbst nach 20 Jahren Zinsfestschreibung stehen bei ihnen noch 53,4 Prozent der Schuldensumme auf der Sollseite, also 100 000 Euro.

Wer sich bei der Anschlussfinanzierung also nicht durch allzu hohe Restschulden in die Bredouille bringen will, der sollte von Anfang an über eine möglichst hohe Tilgung nachdenken, sofern er sich das leisten kann. Denn die

Zahlen erfassen und Kalkulationen durchspielen sind mühsam, lohnen sich aber im Endeffekt meistens.

Tilgungsrate ist der Schlüssel zum schnelleren Schuldenabbau.

Bei den meisten Hausbesitzern wird also nach dem ersten Darlehen wohl ein weiteres fällig, es muss eine Anschlussfinanzierung her. Die Grundfrage dabei ist: Wird es eine Prolongation – also eine Verlängerung des bestehenden Vertrags? Oder wechselt man besser zu einem völlig neuen Angebot und zu einem anderen Kreditinstitut? Das ist dann eine Umschuldung.

Die Prolongation

Der erste Weg sollte Sie stets zur eigenen Bank führen. Schließlich kennt die das Haus und den Schuldner schon mehrere Jahre, und sie ist ja auch im Grundbuch eingetragen: Welche Konditionen bietet sie also für das Fortführen des Kredits? Und welche Zinsen (effektiv) verlangt sie dafür inzwischen?

Beachten Sie für einen realistischen Vergleich auch: Beim Umschulden auf einen anderen Kreditgeber müssen Sie mit zusätzlichen Kosten rechnen (siehe „Umschuldung" Seite 133).

Die Zinshöhe sollten Sie auf jeden Fall mit anderen Angeboten am Markt vergleichen. Auch die Stiftung Warentest ermittelt regelmäßig die besten Baufinanzierungsangebote www.test.de/eigenheim-miete/baufinanzierung. Oder Sie stellen eine unverbindliche Anfrage bei einem Baufinanzierungsvermittler, auch damit erhält man einen guten Überblick über die derzeitigen Konditionen am Markt.

Auf die monatliche Summe von Zins und Tilgung kommt es an, besonders auch bei der Anschlussfinanzierung. Denn belässt man die Monatsrate wie bisher – passt also die Belastung nicht an –, kann das bedeuten, dass man künftig weniger tilgen kann als bisher; zumindest, wenn die Zinsen inzwischen gestiegen sind.

Erinnern wir uns dazu an die Grundregel: Zins und Tilgung ergeben zusammen die monatliche Belastung. Liegt der Sollzins bei Start der Immobilienfinanzierung bei 1,5 Prozent und man wählt eine 3,5-prozentige Tilgung, dann ergibt das eine Belastung von 5 Prozent. Bei einem 200 000-Euro-Kredit sind das knapp 10 000 Euro im Jahr, also 833 Euro im Monat.

Während des Abzahlzeitraums fällt der Zinsanteil kontinuierlich und der Tilgungsanteil steigt. Im letzten Jahr der 15-jährigen Zinsbindung beträgt der Zinsanteil immer noch 1,5

Wann sind die Schulden weg?

Vollständige Tilgung der Schulden nach Jahren/Monaten

Tilgung (Prozent)	Sollzinssatz (Prozent) [1]					
	0,5 %	1,0 %	1,5 %	2,0 %	2,5 %	3,0 %
1,0 %	81/2	69/5	61/2	55/0	50/2	46/4
1,5 %	57/7	51/2	46/3	42/5	39/4	36/8
2,0 %	44/8	40/7	37/4	34/9	32/6	30/7
2,5 %	36/6	33/8	31/5	29/5	27/10	26/4
3,0 %	30/11	28/10	27/1	25/7	24/4	23/2
3,5 %	26/9	25/2	23/10	22/8	21/7	20/8
4,0 %	23/7	22/4	21/3	20/4	19/6	18/9
4,5 %	21/1	20/1	19/3	18/5	17/9	17/1
5,0 %	19/1	18/3	17/7	16/11	16/3	15/9

1) Bei 100 Prozent Auszahlung und monatlicher Zins- und Tilgungsverrechnung

Prozent der Restschuld (bei 82 400 Euro Restschulden sind das im letzten Jahr dann 1 263 Euro) und der Tilgungsanteil liegt jetzt bei 10,5 Prozent (10 000 Euro minus 1 263 Euro Zinsen = 8 737 Euro Tilgung), das sind durchschnittlich 728 Euro im Monat.

Möchten Sie nun beim Anschlusskredit – mit der Restschuld von 82 400 Euro – diese 833 Euro Rate beibehalten, doch ist der Zinssatz für Immobilienkredite auf 3,5 Prozent gestiegen, dann sind im ersten Jahr des Anschlusskredits 2 884 Euro für die Zinszahlungen fällig – für die Tilgung bleiben so aber nur noch 7 116 Euro übrig (10 000 Euro minus 2 884 Euro Zinszahlung). Künftig fließen also nur noch 593 Euro monatlich in die Tilgung statt zuvor 728 Euro. Die Schulden werden sich also langsamer abbauen als bisher.

Nur wenn Sie sich vergewissert haben, dass Ihre bisherige finanzierende Bank auch weiterhin eine der günstigsten am Markt ist, sollten Sie die Prolongation des Kredits wählen und den Anschlussvertrag wieder bei ihr abschließen. Das ist auch formal vom Aufwand her das Einfachste.

Neue Kreditgeber – die Umschuldung

Weichen die neuen Konditionen Ihres bisherigen Kreditgebers arg nach oben vom Markt ab, sollten Sie umschulden, das heißt: Sie nehmen einen neuen Kreditvertrag bei einer anderen Bank auf, um die Schulden beim alten Kreditinstitut abzulösen. In aller Regel geht man dazu zu einer neuen Bank, manchmal bieten aber auch die bisherigen Banken eine solche Umschuldung an.

Der Nachteil einer Umschuldung ist: Sie produziert Kosten, denn es findet dabei ein Gläubigerwechsel statt, der im Grundbuch eingetragen werden muss. Also ist wieder ein Notar fällig, und im Grundbuch muss die Änderung vermerkt werden, dass die Sicherheiten (also das Haus) auf eine neue Bank übergehen, das ist die Abtretungserklärung. Mit etwa 0,2 Prozent der Restschuldensumme sowohl für die Grundbuchänderung als auch für den Notar muss man dabei rechnen. Bei den 82 400 Euro Restschuld aus unserem Beispiel (Hypothekenkredit über 200 000 Euro nach 15 Jahren Laufzeit bei 833 Euro Monatsrate) sind das rund 270 bis 300 Euro an Gebühren.

Wann lohnt sich das? Eine Faustregel besagt: Schon wenn das alternative Kreditangebot 0,1 bis 0,2 Prozentpunkte günstiger ist als das vorliegende, haben Eigenheimbesitzer diese Umschuldungskosten schnell wieder drin. Denn obwohl es nur um recht kleine Nachkommaabweichungen geht, summieren sich die zusätzlichen Zinszahlungen über die Jahre ganz schön auf: Der Anschlusskredit über 82 400 Euro etwa kostet den Immobilienbesitzer bis zur vollständigen Tilgung rund 5 612 Euro nur an Zinszahlungen, wenn er dafür 1,5 Prozent Zinsen zahlt. Bei 1,7 Prozent Zinsen sind es aber schon 6 439 Euro, also 1 200 Euro mehr. Liegt der Zinssatz sogar bei 3,5 beziehungsweise 3,7 Prozent, so sind es 14 960 Euro gegenüber 16 049 Euro, also ebenfalls über 1 000 Euro Unterschied.

Das Forwarddarlehen

Auch wenn Ihre Zinsbindung erst in zwei bis drei Jahren ausläuft: Beobachten Sie am besten schon einmal das aktuelle Zinsniveau. Denn sind die Zinsen aktuell sehr niedrig, aber besteht die Gefahr, dass sie bald wieder ansteigen werden, bis Ihr jetziger Vertrag ausläuft, so können Sie sich die derzeitigen Zinskonditionen für die Zukunft bereits sichern, mit einem kleinen Aufschlag allerdings. Mit einem Forwarddarlehen gehen Sie so etwas wie eine

So verändert der Zins die Tilgung beim Anschlusskredit: 1,5 % versus 3,5 %

Start mit Restschuld = 82 400 Euro, Monatsrate konstant 833 Euro

Tilgungsplan Zinssatz 1,5 Prozent

Periode	Rate (Euro)	Zinsanteil	Tilgungs-anteil	Restschuld zum Monats- bzw. Jahresende
Jan 20	833,00	103,00	730,00	81 670,00
Feb 20	833,00	102,09	730,91	80 939,09
Mär 20	833,00	101,17	731,83	80 207,26
Apr 20	833,00	100,26	732,74	79 474,52
Mai 20	833,00	99,34	733,66	78 740,86
Jun 20	833,00	98,43	734,57	78 006,29
Jul 20	833,00	97,51	735,49	77 270,80
Aug 20	833,00	96,59	736,41	76 534,39
Sep 20	833,00	95,67	737,33	75 797,06
Okt 20	833,00	94,75	738,25	75 058,81
Nov 20	833,00	93,82	739,18	74 319,63
Dez 20	833,00	92,90	740,10	73 579,53
Jahr 2021	9 996,00	1 042,30	8 953,70	64 625,83
Jahr 2022	9 996,00	907,07	9 088,93	55 536,90
Jahr 2023	9 996,00	769,80	9 226,20	46 310,70
Jahr 2024	9 996,00	630,44	9 365,56	36 945,14
Jahr 2025	9 996,00	488,99	9 507,01	27 438,13
Jahr 2026	9 996,00	345,42	9 650,58	17 787,55
Jahr 2027	9 996,00	199,63	9 796,37	7 991,18
Jan–Okt 2028	8 044,62	53,44	7 991,18	0,00

Quelle: Eigene Berechnungen

Tilgungsplan Zinssatz 3,5 Prozent

Periode	Rate (Euro)	Zinsanteil	Tilgungs-anteil	Restschuld zum Monats- bzw. Jahresende
Jan 20	833,00	240,33	592,67	81 807,33
Feb 20	833,00	238,60	594,40	81 212,93
Mär 20	833,00	236,87	596,13	80 616,80
Apr 20	833,00	235,13	597,87	80 018,93
Mai 20	833,00	233,39	599,61	79 419,32
Jun 20	833,00	231,64	601,36	78 817,96
Jul 20	833,00	229,89	603,11	78 214,85
Aug 20	833,00	228,13	604,87	77 609,98
Sep 20	833,00	226,36	606,41	77 003,34
Okt 20	833,00	224,59	608,41	76 394,93
Nov 20	833,00	222,82	610,18	75 784,75
Dez 20	833,00	221,04	611,96	75 172,79
Jahr 2021	9 996,00	2 511,73	7 484,27	67 688,52
Jahr 2022	9 996,00	2 245,53	7 750,47	59 938,05
Jahr 2023	9 996,00	1 969,88	8 026,12	51 911,93
Jahr 2024	9 996,00	1 684,42	8 311,58	43 600,35
Jahr 2025	9 996,00	1 388,81	8 607,19	34 993,16
Jahr 2026	9 996,00	1 082,67	8 913,33	26 079,83
Jahr 2027	9 996,00	765,65	9 230,35	16 849,48
Jahr 2028	9 996,00	437,39	9 558,61	7 290,87

Quelle: Eigene Berechnungen

Wette auf steigende Zinsen ein: Sie schließen bereits jetzt einen neuen Vertrag für den Anschlusskredit und zwar zum derzeitigen Zinsniveau. Die Bank erhebt einen kleinen Zinsaufschlag dafür, dass sie Ihnen auf diesem Wege die günstigen Konditionen sichert. Meist berechnet sie 0,15 bis 0,25 Prozentpunkte Aufschlag auf den aktuellen Sollzins für jedes Jahr vor Beginn des Anschlussvertrags. Wenn Sie also zwei Jahre im Voraus das Forwarddarlehen abschließen, zahlen Sie zirka 0,3 bis 0,5 Prozentpunkte Aufschlag auf die aktuellen Marktzinsen. Dafür aber ist Ihnen dieses Niveau dann wieder für viele Jahre sicher. Entwickeln sich die Zinsen allerdings in den Folgejahren nicht weiter nach oben, sondern sinken sie sogar, zahlen Sie bei dieser Wette natürlich drauf.

PRIORITÄTEN SETZEN – STRATEGIEN ENTWICKELN

Wenn Sie nun also ausgewählt haben, welche Bank Ihr Hauptdarlehen finanzieren soll – und Sie auch schon grob wissen, zu welchen Konditionen sie es tun wird –, dann sollten Sie kurz vor Abschluss des eigentlichen Kreditvertrags noch ein paar Detailüberlegungen anstellen. Denn mit ein paar Faktoren lässt sich noch beeinflussen, wie schwer Sie später am Abzahlen des Kredits tragen werden – oder wie schnell Sie sich entschulden und wann Sie endlich 100-Prozent-Eigentümer werden. Dazu können Sie noch an drei Stellschrauben drehen:

1 an den Zinsen,
2 an der Tilgung und
3 an der Gesamtrate.

Zudem können Sie mit Ihrer Bank noch Zusatzvereinbarungen treffen, was Sondertilgungen betrifft, mit denen Sie schneller entschulden können, etwa wenn eine größere Geldsumme übrig ist. Manche Banken bieten auch die Möglichkeit, die Kreditrate während der Laufzeit ohne Zusatzkosten ein oder zwei Male anzupassen, also etwa abzusenken, wenn sich die Einkommenslage ändert oder sich die Belastung im Nachhinein als recht hoch herausstellt. Anheben kann man sie dann natürlich auch.

Grundsätzlich sollten Sie sich fragen: Welche Strategie wollen Sie beim Abzahlen fahren, möchten Sie insgesamt wenig Zinsen zahlen und die Kosten für den Kredit möglichst klein halten? Dann achten Sie bei den Zinsen auf die Nachkommastellen und Nebenkosten.

Wollen Sie dagegen schneller mit dem Abzahlen fertig sein? Dann drehen Sie an den Tilgungsbedingungen. Oder ist Ihnen wichtig, dass die Monatsrate möglichst gering ist und möglichst bis zum Ende der Laufzeit stabil bleibt? Dann sollte Ihnen zumindest bewusst sein, dass sich das später auch rächen kann. Durchdenken Sie also die drei Strategien im Einzelnen:

1. Die Zinsstrategie – Wie Sie möglichst wenig Zinsen zahlen

Zwar wird mancher denken: „Die Zinsen legt die Bank fest, daran kann ich selber nichts ändern“, doch dieser Satz stimmt nur zum Teil. Natürlich wird die allgemeine Zinshöhe vom Zinsniveau der Zentralbanken geprägt. Und Ihre eigene finanzielle Situation sowie die Kennzahlen Ihrer Immobilie bestimmen zum Großteil den Rest. Aber: Die Banken haben tatsächlich noch Spielräume, was die Prozentpunkte hinterm Komma angeht. Und die kann man mit etwas Verhandlungsgeschick für sich nutzen. Vor allem Kleinbanken und örtliche Sparkassen oder Volksbanken können den einen oder anderen Zehntelprozentpunkt bei den Zinsen noch nachlassen. Bei den großen Baufinanzierungsvermittlern, die ohnehin schon Kampfkonditionen anbieten, ist dagegen oft nichts mehr drin.

Spielraum haben aber fast alle Banken bei der Frage: Sind Sondertilgungen und Ratenanpassungen im „Preis“ inbegriffen? Und wenn ja, in welcher Höhe? Manche Banken bieten zwar Sondertilgungen (in definierten Grenzen) an, lassen sich solche Zusatzleistungen aber über einen Zinsaufschlag extra bezahlen. Bei anderen dagegen sind sie zumindest in bestimmtem Umfang während der Zinsbindung frei. Die Inklusivpakete sind oft die günstigeren.

Überlegen Sie deshalb ganz genau, ob das auch für Sie zutrifft: Ist es wirklich wahrscheinlich, dass Sie in den nächsten Jahren noch so viel Geld übrig haben, dass es für eine Sondertilgung reicht? Und wenn ja, sind dann 5 Prozent der Kreditsumme als maximale jährliche Sondertilgungshöhe ausreichend oder wollen Sie zehn Prozent vereinbaren? Auch diese Details lassen sich Banken mit Aufschlägen bezahlen. Vergleichen Sie also immer genau auch die vollständigen Konditionen und nicht immer nur die Sollzinsen und Effektivzinsen.

Sollzinsen

In der Regel wählen Kunden das Kreditangebot mit den niedrigsten Sollzinsen oder zumindest eines der besten Angebote. Das ist generell auch die beste Strategie. Denn je höher die Zinsen ausfallen, desto mehr Geld müssen Sie über die Jahre nur für den Schuldendienst aufbringen, ohne dass sich Ihre Kreditlast verringert. Bei einem Kredit von 200 000 Euro machen 1,5 Prozent Sollzins im ersten Jahr 3 000 Euro aus. Das sind also 250 Euro jeden Monat, die Sie allein dafür zahlen müssen, dass die Schuldenlast nicht noch größer wird. Bei 1,8 Prozent Zinsen – also nur 0,3 Prozentpunkten zusätzlich – sind es schon 300 Euro jeden Monat, also 50 Euro mehr. Das zeigt, welchen enormen Effekt ein paar Nachkommastellen besonders am Anfang haben. Das liegt an der großen Schuldensumme, die Hauskäufer und Bauherren in der Regel aufnehmen müssen.

Gut vergleichen: Wer den 200 000-Euro-Kredit mit konstant 833 Euro monatlich abzahlt, der berappt bei 1,8 Prozent Sollzins mit knapp 25 Jahren Laufzeit insgesamt 48 150 Euro nur an Zinsen. Und jetzt schätzen Sie mal, wie viel er sich davon ersparen könnte, wenn er diesen Kredit schon für 1,5 Prozent bekommen würde? Dann wären es nur 37 951 Euro an Zinsen. Immerhin gut 10 000 Euro weniger, die der Kreditnehmer nicht der Bank „schenken“ würde, sondern die er über die Jahre zum Beispiel ins Haus investieren könnte.

Selber drücken: Über die Wahl der Laufzeit lassen sich die geforderten Sollzinsen noch einmal drücken. Je kürzer die Laufzeit, desto niedriger üblicherweise die Zinsen. Auch wenn in Niedrigzinszeiten grundsätzlich eine möglichst lange Laufzeit sinnvoll ist, sollten Sie sich dennoch nicht länger festlegen als unbedingt nötig. Wenn also recht klar ist, dass Sie den Kredit in 20 Jahren abtragen könnten, sollten Sie sich nicht in Versuchung bringen lassen, eine Zinsbindung von 25 Jahren zu wählen.

Ein paar Zehntelprozentpunkte Zinsen können Sie sich auch ersparen, indem Sie den Kreditanteil am Beleihungswert drücken. Wenn die Darlehenssumme weniger als 60 Prozent des Beleihungswerts beträgt, gibt es üblicherweise den günstigsten Kredit. Ab 80 Prozent schlagen die Finanzierer 0,1 bis 0,2 Prozentpunkte auf und bei 90 Prozent und mehr Beleihung wird der Kredit noch teurer, mindestens 0,3 Prozentpunkte bis zu einem Prozentpunkt. Wenn möglich, bringen Sie also noch einen Hauch Eigenkapital mehr ein, wenn Sie damit unter eine der wichtigen Schwellen rutschen.

Oder nutzen Sie einen zinsgünstigen KfW-Kredit, wenn Sie nicht viel Eigenkapital haben. Der Zinssatz für das KfW-Darlehen erhöht sich auch bei hoher Beleihung der Immobilie nicht.

Manche Banken locken auch mit niedrigeren Zinsen, wenn der Kunde dafür ein Disagio in Anspruch nimmt. Das heißt: Er lässt sich nur 90 Prozent der Darlehenssumme auszahlen, muss aber später 100 Prozent zurückzahlen. Die von der Bank einbehaltenen zehn Prozent wirken wie eine Vorauszahlung auf künftig anfallende Zinsen. Was der Kunde davon hat? Seine laufenden Zinszahlungen verringern sich dadurch und somit auch die Monatsrate. Das mag für manche Bauherren besonders in der Anfangsphase der Hausfinanzierung attraktiv sein, weil es die Monatsbelastung senkt. Doch nur, wenn die Zinsen deutlich niedriger sind als bei anderen Banken, lohnen sich solche Disagios auch. Sonst nämlich kommen solche Kredite auf Dauer teurer, weil sie eine längere Laufzeit haben. Überlegen Sie also gut, ob Sie so etwas brauchen.

Für künftige Vermieter ist es einen Gedanken wert, denn ein Disagio kann unter bestimmten Voraussetzungen steuerlich als Werbungskosten geltend gemacht werden. Reine Selbernutzer dagegen haben diese Möglichkeit nicht.

Effektivzinsen

Würden die Zins- und Tilgungszahlungen auf den Baukredit nur einmal jährlich gezahlt, entspräche der Sollzins auch dem Effektivzins – zumindest wenn es sonst keine weiteren Kreditkosten gibt. Doch in den allermeisten Fällen werden die Raten monatlich abgebucht und auch sofort verrechnet. Dazu kommen noch Grundbuchkosten für die Grundschuldbestellung, mitunter auch Kosten für die Wertermittlung der Immobilie oder sonstige Zusatzkosten. Deshalb ist der effektiv zu zahlende Zins insgesamt etwas höher, als es die reinen Sollzinsen (Nominalzinsen) vermuten lassen. Diesen Effektivzins sollten sich Verbraucher vor Abschluss des Vertrags unbedingt ausrechnen und nennen lassen – und zwar jeweils zu identischen Zinsbindungen und Monatsraten, sonst sind Angebote nämlich nicht direkt vergleichbar.

Bei Kombikrediten mit Bausparverträgen gilt: Für den Effektivzins müssen nicht nur die Zinsen, sondern auch alle Gebühren und Sparbeiträge für den Bausparvertrag eingerechnet werden. Sonst lässt sich nicht einschätzen, ob so ein Kombikredit im Vergleich zu den üblichen Krediten gut oder schlecht abschneidet.

Kreditnebenkosten

Auch bei den Kreditnebenkosten lässt sich sparen, vor allem beim Hausbau: Viele Banken verlangen Bereitstellungszinsen, die anfallen, solange ein Kredit zugesagt aber noch nicht abgerufen ist. Oder die Bank schlägt Teilauszahlungszuschläge auf, das ist zwar seltener geworden, doch es gibt immer noch Banken, die sie verlangen. Mit solchen Zusatzzinsen lassen sich die Banken dafür entschädigen, dass sie das Geld für den Kunden vorhalten – und es daher selbst nicht anders arbeiten lassen können.

Bei Bauprojekten kommt man um Bereitstellungszinsen häufig nicht herum. Denn es ist die Regel, dass das Geld von der Bank entsprechend dem Baufortschritt tranchenweise ausgezahlt wird. Während der Bauphase müssen Kreditnehmer dann doppelt zahlen: Sollzinsen auf den Betrag, den die Bank bereits ausgezahlt hat und zusätzlich Bereitstellungszinsen auf die noch nicht ausgezahlte Kreditsumme.

Die Bereitstellungszinsen können Um- und Neubauten insbesondere bei langen Bauzeiten daher kräftig teurer machen. Das allerdings

lässt sich meist nicht sofort erkennen, denn die Bereitstellungszinsen werden nicht in den Effektivzins mit einberechnet. Zudem ist der Bereitstellungszinssatz oft erheblich höher als vertragliche Sollzinssatz für die bereits ausgezahlte Kreditsumme..

Gut vergleichen: Deshalb können gut und gerne 3 Prozent jährlich als Bereitstellungszinsen anfallen, auch wenn der Effektivzins unter zwei Prozent liegt. Das bedeutet bei 200 000 Euro Kredit immerhin 6 000 Euro jährlich oder 500 Euro im Monat, also 0,25 Prozent monatlich. Aber: Die Banken bieten immer auch einige Monate an, in denen das Darlehen kostenlos bereitgestellt wird. Dabei gilt: Je länger die Spanne, desto billiger kommt das Darlehen den Bauherren natürlich später. So machen einige zusätzliche bereitstellungsfreie Monate am Ende sogar einen etwas höheren Zins wieder wett, denn die Bereitstellungszinsen können insgesamt einige Hundertstel oder gar mehrere Zehntelprozentpunkte beim Zinssatz bedeuten.

Tipp – selber drücken: Verhandeln Sie daher mit der Bank um so viele bereitstellungszinsfreie Monate wie möglich. Manche bieten nur drei, andere bis zu zwölf. Auch auf zusätzliche Teilauszahlungszuschläge sollte die Bank am besten verzichten. Übrigens lassen sich die bereitstellungsfreien Zeiten auch bei der Anschlussfinanzierung nutzen: Sind die Zinsen sehr niedrig und läuft Ihr Kredit bald aus, dann sichern Sie sich die guten Konditionen, indem Sie sich die Monate bis zum Wechsel zinsfrei zusichern lassen.

Was Sie sich dagegen sparen können: Manche Kreditnehmer glauben, dass sie durch das Abpassen des richtigen Zinsmoments noch ein paar Zehntelprozentpunkte sparen können. Schließlich schwanken die Zinskurven ständig etwas nach oben oder nach unten. Lohnt es sich also, auf die nächste Sitzung der Zentralbank zu warten oder auf eine ausstehende Konjunkturprognose? Kurz gesagt: Anleger und Kreditaufnehmer sind für gewöhnlich nicht besonders gut darin, auf Markettiming zu setzen, das besagen unzählige Studien. Das liegt daran, dass sich Kurse und Zinsen letztlich ziemlich erratisch bewegen und sich extrem schlecht vorhersagen lassen. Von daher kann so eine kurzfristige Zinswette auch genauso gut nach hinten losgehen – und den Hauskauf dann über Jahre verteuern.

2. Tilgungsstrategie – die Schulden schneller loswerden

Natürlich wären alle Eigenheimkäufer und Bauherren gerne möglichst schnell wieder schuldenfrei. Und jedem ist klar, dass es umso schneller geht, je höher der Tilgungsanteil am Kredit ist. Mit einem Tilgungssatz von einem Prozent rechnen die Banken heute ohnehin schon nicht mehr, weil das in Niedrigzinszeiten eine Abzahldauer von über 60 Jahren bedeuten würde. Welcher Hauskäufer bringt so viel Zeit schon mit? Doch auch wer sein Darlehen nun mit drei Prozent jährlich tilgt statt mit zwei Prozent, der kann sich dadurch erhebliche Zinsausgaben ersparen und viele Monate zusätzlicher Raten. Der ist dann schon nach 27 statt nach 37 Jahren schuldenfrei. Aber: Kein Vorteil ohne Nachteil. Die höhere Tilgung muss man sich nämlich erst einmal leisten können. Sie geht – bei gegebenem Zinssatz – mit einer höheren Monatsrate einher, und die gilt es dann auch dauerhaft zu stemmen.

Gut vergleichen: Für den typischen Kredit über 300 000 Euro und 1,2 Prozent Sollzins bedeutet das: Wird er mit 2 Prozent jährlich getilgt, so liegt die Monatsrate bei humanen 800 Euro. Das klingt äußerst machbar, dafür läuft der Kredit dann aber auch länger als 39 Jahre, und am Ende der 15-jährigen Zinsbindungszeit hat der Käufer zwar insgesamt rund 144 000 Euro gezahlt, doch seine Restschulden betragen dann immer noch 201 445 Euro, denn rund 45 445 Euro waren allein Zinszahlungen.

Für den 3-Prozent-Tilger stünden 1 050 Euro monatlich zur Zahlung an. Er hätte damit nach 15 Jahren immerhin schon knapp 148 000 Euro getilgt und nur noch 152 200 Euro Restschulden. Zudem hat er auch weniger Zinsen gezahlt, nämlich nur 41 167 Euro. So gesehen zahlt sich der höhere Tilgungssatz auf ganzer Linie aus. Zudem wäre der Schnelltilger bereits nach 28 Jahren und 2 Monaten fertig mit dem Abzahlen.

Vor allem mit Ausblick auf die Anschlussfinanzierung lohnt sich die üppigere Tilgung von Anfang an. Denn steigen die Zinsen in den kommenden 15 Jahren bedeutend an, sagen wir um zwei Prozentpunkte, so zahlt der Wenigtilger für den Anschlusskredit eine deutlich höhere Monatsrate, wenn er die 39 Jahre Gesamtlaufzeit halten will, nämlich schon 1 135 Euro im Monat, das sind 335 Euro zusätzlich. Das liegt an seinen recht hohen Restschulden von rund 200 000 Euro.

Würde er dagegen von Anfang an die 1 050 Euro für die 3-Prozent-Tilgung aufbringen, so müsste er zwar später ebenfalls rund 300 Euro mehr für die Monatsrate hinlegen, 1 303 Euro, wenn der Zinssatz um zwei Prozentpunkten stiege. Könnte er jedoch nicht mehr aufbringen, sondern will er bei 1 050 Euro Abzahlung bleiben, so würde sich seine Abzahldauer verlängern, aber er wäre dennoch nach weiteren 15 Jahren und 5 Monaten fertig, also nach 30,5 Jahren insgesamt – und damit gut acht Jahre eher als der Langsamtilger.

Tipp: Besonders wer wenig Eigenkapital aber ein hohes Einkommen hat, sollte daher auf die Tilgungsstrategie samt höherer Tilgungsrate setzen. Und wer bereits genau weiß, wann er schuldenfrei sein will oder muss, der sollte über ein Volltilgerdarlehen (siehe Seite 124) nachdenken. Dabei ist der Tilgungssatz so berechnet, dass in der vorgesehenen Zeit der Kredit komplett zurückbezahlt wird. Solche Darlehen werden meist auch mit Zinsrabatten versehen. Vorsicht aber: Bei ihnen sind die Tilgungsraten dann auch wirklich fix. Sie lassen sich später nicht mehr anpassen. Das muss man aushalten.

Selber erhöhen: Wer den Sprung zur höheren Monatsrate und höheren Anfangstilgung dennoch scheut, der kann seine Tilgungsrate auch später noch anpassen und heraufsetzen, wenn er merkt, dass er dauerhaft das Monatsbudget dafür übrig hat. Viele Baufinanzierer ermöglichen eine spätere Anpassung der Tilgungsraten während der Laufzeit ohne Zusatzkosten. Zumindest das ein- oder zweimalige Höherschrauben sollte kostenlos möglich sein.

Zudem haben Eigenheimerwerber noch ein andere Möglichkeit, um auch bei kleinen Monatsraten schneller von den Schulden herunterzukommen: Sie können kostenlose Sondertilgungen vereinbaren, mit denen sich der Kredit abtragen lässt, wann immer Geld übrig ist. So können 5 bis 10 Prozent der Darlehenssumme jedes Jahr zusätzlich eingezahlt werden. Das wären bei einer Kreditsumme von 300 000 Euro immerhin 15 000 bis 30 000 Euro jährlich. Damit käme der Hauserwerber deutlich schneller ans Ziel der Schuldenfreiheit.

Was Sie sich sparen können: Falls Sie einen Kreditvertrag haben, der keine Sondertilgungen vorsieht oder wenn Sie trotz Sondertilgungen Ihr Darlehen deutlich schneller zurückzahlen wollen, müssen Sie aufpassen: Denn wollen Sie die Restschuld vorzeitig auf einen Schlag begleichen, etwa weil Sie beruflich oder familiär zu Geld gekommen sind, droht die Vorfälligkeitsentschädigung.

Damit lassen sich die Banken für die entgangenen Kreditzinsen während der Zinsbindungszeit entschädigen. Die Beträge dafür können empfindlich schmerzen und auch fünfstellige Höhen erreichen. Zudem monieren Verbraucherzentralen, dass die Berechnungen der Banken nicht nur intransparent sind, sondern in vielen Fällen auch zu hoch – zu Ungunsten der Kunden. In vierzig Prozent der Fälle lagen die geforderten Kosten laut Angaben der Verbraucherzentralen rund zehn Prozent zu hoch, in jedem achten Fall sogar rund 30 Prozent zu hoch. Wer daher eine Vorfälligkeitsentschädigung seiner Bank in Rechnung gestellt bekommt, der sollte die Summe lieber von Verbraucherschützern oder Finanzberatern prüfen zu lassen.

3. Ihre Raten – Wie hoch soll die monatliche Belastung sein?

Nicht nur heute soll die laufende Monatsrate für den Kredit bezahlbar sein, sondern auch noch in 20 oder 30 Jahren, wenn dieser Zeitraum zur Schuldentilgung nötig ist. Es muss daher das Hauptziel für Kreditnehmer sein, dass die Rate langfristig zum Leben passt. Nur ist es natürlich schwer vorherzusehen, wie viel Geld man in 20 oder 30 Jahren verdienen wird – oder was die Inflation aus dem eigenen Einkommen bis dahin macht. Und was passiert, wenn die Immobilie bei Rentenbeginn noch nicht abbezahlt ist – reicht dann die Rente auch noch für die Raten?

Über solche Fragen sollte man sich noch vor der Vertragsunterzeichnung Gedanken machen, denn jetzt kann man noch für zwei Sondersituationen Vorkehrungen treffen: Junge Bauherren und junge Familien zum Beispiel können statt des Klassikerdarlehens mit konstanten Raten auch eine Strategie wählen, bei der die Raten am Anfang etwas kleiner ausfallen – und erst später wachsen. Das entlastet sie vor allem anfangs in der teuren Bau- und Umzugsphase.

Ältere Käufer dagegen können so planen, dass die Raten kontinuierlich geringer werden. Das entlastet vor allem Paare, bei denen einer der Einkommensbezieher in Rente geht, während das Darlehen noch läuft.

Konstante Raten – der Klassiker

Die allermeisten Käufer wählen das klassische Annuitätendarlehen mit konstanten Raten – aus gutem Grund: Der Bauherr fixiert am Anfang der Laufzeit nicht nur den Zinssatz, der damit über die Gesamtlaufzeit garantiert wird. Sondern er legt sich auch auf eine bestimmte Ratenhöhe fest, die er fortan monatlich abzahlen wird. Das gibt sehr viel Planungssicherheit, wenn der monatliche Betrag über die Gesamtzeit konstant bleibt. Zudem ist dank der fixen Summen sehr genau absehbar, wann das Darlehen final getilgt ist, zumindest, wenn man davon ausgeht, dass die derzeitige Monatsbelastung über viele Jahre gehalten werden kann und solange die Zinsen nicht steigen, bevor die Schuld komplett abgetragen ist.

In den allermeisten Fällen aber wird genau das wohl passieren: Denn wenn in 10 oder 15 Jahren viele – jetzt abgeschlossene – Erstkredite auslaufen, dürfte das allgemeine Zinsniveau höher liegen als heute. Nicht umsonst sprechen derzeit alle von historischen Tiefstzinsen. Von daher ist es unwahrscheinlich, dass dieser finanzielle Ausnahmezustand noch weitere 15 Jahre anhält.

Das bedeutet aber für Hausfinanzierer: Sie sollten nicht nur einigermaßen sicher sein, dass Sie die derzeitige Rate dauerhaft bezahlen können. Sondern Sie sollten sich auch jene Be-

Kredit über 200 000 Euro auf 15 Jahre fest

So ändert sich die Laufzeit bzw. Monatsrate, wenn der Zinssatz bei Anschlussfinanzierung nach 15 Jahren gestiegen ist:

	Zinsszenario 1	Zinsszenario 2		Zinsszenario 3		Zinsszenario 4	
Zinssatz	1,50 %	Erst 1,50, dann 3,50 %		Erst 1,50, dann 4,50 %		Erst 1,50, dann 6,0 %	
Rate	Konstante Rate	Konstante Rate	Anpassung	Konstante Rate	Anpassung	Konstante Rate	Anpassung
Jahr 1–15	833 Euro	833 Euro		833 Euro		833 Euro	
Jahr 15 ff.	833 Euro	833 Euro	910 Euro	833 Euro	950 Euro	833 Euro	1 010 Euro
Gesamtdauer	23 J 10 Mon	24 J 9 Mon	23 J 10 Mon	25 J 4 Mon	23 J 10 Mon	26 J 5 Mon	23 J 10 Mon

Quelle: eigene Berechnungen

rechnungen ansehen, die Ihnen sagen, wie hoch die Monatsraten ausfallen werden, wenn der Zinssatz am Ende der Zinsbindungszeit zwei oder gar drei Prozent höher ist als heute. Dazu ein Beispiel: Ein Käufer nimmt 200 000 Euro Kredit zu 1,5 Prozent Sollzins auf – mit 15jähriger Zinsbindung – und zahlt monatlich 833 Euro ab. Insgesamt wird er 23 Jahre und 10 Monate brauchen, bis das Darlehen bei diesem Zinssatz abgetragen ist.

Erhöht sich allerdings der Zinssatz für den Anschlusskredit (nach 15 Jahren) um zwei Prozentpunkte auf 3,5 Prozent, müsste der Käufer entweder die Rate um rund 80 Euro monatlich erhöhen, um gleich schnell fertig zu werden. Oder er müsste bei gleicher Monatsrate rund ein Jahr länger abzahlen. Das dürfte in den meisten Fällen hoffentlich noch machbar sein.

Steigen die Zinsen noch stärker, angenommen um drei Prozentpunkte auf 4,5 Prozent, dann erhöht sich entweder die Rate um 120 Euro auf 950 Euro. Oder die Laufzeit wird bei gleicher Rate eineinhalb Jahre länger. Erreichen die Zinsen sogar wieder den langjährigen Durchschnittswert von 6 Prozent, vervierfachen sie sich also, so läuft der Kredit entweder zweieinhalb Jahre länger oder die Rate steigt auf 1 010 Euro, also um fast 200 Euro. Wer daher den vollständigen Schuldenabbau innerhalb der Zinsbindung nicht schaffen wird, der sollte danach entweder zusätzliche Zeit oder zusätzliches Geld mitbringen.

Oder er sollte über den Abschluss eines Volltilgerdarlehens nachdenken. Denn das garantiert ihm wirklich, dass der jetzige Zinssatz bis zum Ende der Abzahlphase fixiert wird – und damit auch die zu zahlende Monatsrate. Dann zahlt er laut bisherigen Konditionen ebenfalls rund 830 Euro Monatsrate, nimmt dafür einen etwas höheren Zinssatz in Kauf (rund 1,86 Prozent), ist dafür aber nach 25 Jahren garantiert schuldenfrei, wenn er die Raten konstant zahlt. Es wäre einen Gedanken wert, doch die obige Rechnung zeigt: Selbst bei einem riesigen Zinsanstieg auf 6,0 Prozent würde er „lediglich" sieben Monate länger den Kredit abzahlen. In der Regel käme er am Ende ebenso gut weg wie mit dem Volltilgerdarlehen, mit etwas Glück sogar besser. Das kleine Stückchen mehr Zinsrisiko macht sich also durch die erheblich verringerte Restschuld in 15 Jahren nicht mehr ganz so arg bemerkbar.

Steigende Raten – für Jüngere

In jedem Alter ist der Hauserwerb eine große Kraftanstrengung, doch besonders die jüngeren Bauherren ächzen in der Frühphase der Finanzierung. Denn bei vielen, die erst um die 30 Jahre alt sind, ist das eigene Einkommen noch nicht sonderlich hoch und das Eigenkapital entsprechend gering. Befinden sie sich zudem noch in der Familiengründungsphase – was ja ein klassischer Zeitpunkt ist, in dem sich viele Paare ein eigenes Haus anschaffen – so ist besonders unberechenbar, welches Monatsbudget langfristig für die Schuldentilgung übrigbleiben wird. In so einer Lebensphase wäre es gewagt, sich allzu hohe Monatsraten aufzubürden, die man eventuell nicht dauerhaft bestreiten kann. Also bietet es sich an, mit einer etwas geringeren Rate zu starten – und sie erst in späteren Jahren zu erhöhen.

Das lässt sich ganz einfach erreichen, indem man ein klassisches Annuitätendarlehen wählt, bei dem man die Rate im Laufe der Zinsbindung ohne Zusatzkosten ein- bis zweimal selbst anpassen kann. Dann startet der Käufer mit dem 200 000-Euro-Kredit zum Beispiel mit einer Rate von 700 Euro (das hieße knapp 30 Jahre abzahlen) und schraubt sie nach fünf oder zehn Jahren selber auf 830 oder 900 Euro hinauf, um die Laufzeit dann doch auf rund 25 Jahre zu verkürzen. Hier heißt es dann allerdings auch konsequent zu sein. Wer die höheren Ratenzahlungen nämlich später doch auf den Sanktnimmerleinstag verschiebt, der brockt sich damit erheblich höhere Restschulden ein, was dann die Rate später bei der Anschlussfinanzierung verteuern dürfte.

Statt 83 000 Euro Restschulden stünden dann nach 15 Jahren plötzlich noch 109 000 Euro Schulden auf dem Konto. Die zu tilgen würde (bei einem angenommen Zinsanstieg auf 3,5 Prozent) entweder weitere 17 Jahre dauern, also insgesamt über 32 Jahre, oder die Rate müsste beim Anschlusskredit auf 1 000 Euro steigen, um dennoch in 25 Jahren fertig zu sein. Das ist dann schon eine ganze Menge mehr als jetzt.

Eine weitere Möglichkeit gibt es noch, um die Rate in Zukunft zu steigern: Indem man ein KfW-Darlehen in die Finanzierung einbaut. Solche Darlehen der staatlichen Förderbank KfW ergänzen den Hauptkredit, sie sind meist etwas günstiger als Bankkredite und sind in den ersten Jahren tilgungsfrei. Man erspart sich also ein bis drei Jahre lang den Tilgungsanteil und stottert erst einmal nur den Zinsanteil ab.

Nehmen wir an, Sie wollen für 300 000 Euro bauen oder ein Haus kaufen und umbauen. Dazu brauchen Sie insgesamt 200 000 Euro Fremdkapital. Von der Bank leihen Sie sich 150 000 Euro, die übrigen 50 000 Euro kommen aus dem Wohneigentumsförderungsprogramm der KfW, dort war der Kredit bei 10 Jahren Zinsbindung im Sommer 2019 zu 0,85 Prozent Sollzinsen zu bekommen. Gönnen Sie sich zu Beginn der Finanzierung drei tilgungsfreie Jahre beim KfW-Kredit, so sieht der Tilgungsplan für das KfW-Darlehen so aus:

In den ersten 36 Monaten zahlen Sie nur 50 Euro Zinsen jeden Monat. Ab dem vierten Jahr sind es 50 Euro Zinsen plus 323 Euro an Tilgung, also 373 Euro monatlich bis zum Ende der Zinsbindung nach zehn Jahren. Die Restschuld für den KfW-Kredit liegt dann noch bei 21 710 Euro, die müssten Sie erneut finanzieren. Angenommen der Zins ist bis dahin auf 3,5 Prozent gestiegen, dann reichen aber weiterhin 375 Euro Monatsrate, um den KfW-Kredit innerhalb von insgesamt 15 Jahren und 4 Monaten vollständig abzutragen.

Der Bankkredit muss üblicherweise von Beginn an getilgt werden. Doch die Gesamtbelastung ist in den ersten drei Jahren – durch die aufgeschobene KfW-Tilgung – moderat, sie kann zum Beispiel bei 550 oder 650 Euro liegen. Wenn die tilgungsfreie Zeit bei der KfW vorbei ist, erhöht sich die Gesamtrate für zwölf Jahre auf 873 oder 973 Euro. Nach Wegfall der KfW-Schulden, also nach 15 Jahren, läuft dann nur noch der Bankkredit weiter. Entweder verwenden Sie dann das Geld, das durch den Wegfall der KfW-Schulden frei wird, zusätzlich zum Tilgen der Bankschulden und bleiben bei den 873 oder 973 Euro Monatsrate – dann sind Sie bereits nach gut 21 oder 23 Jahren schuldenfrei. Oder Sie genießen es, dass Sie ab jetzt geringere Raten zahlen. Wenn Sie den Bankkredit dann beispielsweise nur noch mit 650 Euro Monatsrate weiterbedienen, ist er (selbst bei einer Restschuld von knapp 87 000 Euro und einem Zinsanstieg auf 3,5 Prozent für den

Kreditaufnahme insgesamt 200 000 Euro; von der Bank 100 000 Euro, 100 000 Euro von der KfW*

(*10 Jahre Zinsbindung, 0,75 Prozent Sollzinsen, zu Beginn der Finanzierung drei tilgungsfreie Jahre)

Variante 1: Niedrigere Rate

Laufzeit (Jahre/Monate)	KfW-Kredit	Bankkredit	Gesamtbelastung pro Monat
	100 000 Euro (10 J. 0,75 %)	**100 000 Euro** (15 J. 0,77 %)	
1	62,5 Euro	400 Euro	462,5 Euro
2 bis 3	53,13 Euro	400 Euro	453,13 Euro
4 bis 10	522 Euro	400 Euro	922 Euro
Nach 10 Jahren:	**Restschuld: 45 046 Euro** (Zins nun 2,77 %, dann 500 Euro Rate)		
10 bis 15	500 Euro	400 Euro	900 Euro
Nach 15 Jahren:		**Restschuld 35 942 Euro** (bei 2,7 % dann 460 Euro Rate)	
15 bis 18/6	500 Euro	460 Euro	960 Euro
18/7 bis 22/9	0 Euro	460 Euro	460 Euro
			Gesamtdauer: 22 Jahre 9 Monate

Variante 2: Höhere Rate

Laufzeit (Jahre/Monate)	KfW-Kredit	Bankkredit	Gesamtbelastung pro Monat
	100 000 Euro (10 J. 0,75 %)	**100 000 Euro** (15 J. 0,77 %)	
1	62,5 Euro	500 Euro	562,5 Euro
2 bis 3	53,13 Euro	500 Euro	553,13 Euro
4 bis 10	522 Euro	500 Euro	1 022 Euro
Nach 10 Jahren:	**Restschuld 45 046 Euro Zins nun 2,77 % 500 Euro**		
10 bis 15	500 Euro	500 Euro	1 000 Euro
15 bis 17/2	1 000 Euro	0 Euro	1 000 Euro
			Gesamtdauer: 17 Jahre 2 Monate

Variante 3 Niedrig-hoch-niedrig

Laufzeit (Jahre/Monate)	KfW-Kredit	Bankkredit	Gesamtbelastung pro Monat
	100 000 Euro (10 J. 0,75 %)	**100 000 Euro** (15 J. Volltilger 0,56 %)	
1	62,5 Euro	578,33 Euro	640,83 Euro
2 bis 3	53,13 Euro	578,33 Euro	631,46 Euro
4 bis 10	522 Euro		
Nach 10 Jahren:	**Restschuld 45 046 Euro Zins nun 2,77 % 500 Euro**		
10 bis 15	500 Euro	578,33 Euro	
15 bis 18/6	500 Euro	0 Euro	500 Euro
			Gesamtdauer: 18 Jahre 6 Monate

Stand: 15.11.2019

Anschlusskredit) ebenfalls nach insgesamt gut 29 Jahren abgezahlt.

Sinkende Raten – für Ältere

Wer zu den nicht mehr ganz jungen Eigenheimerwerbern gehört, weil er das 40. Lebensjahr bereits locker überschritten hat – was für immer mehr Erstkäufer zutrifft –, der sollte möglichst so planen, dass die Immobilie bis zum Renteneintritt schuldenfrei ist. Das erspart beim Kreditantrag auch zusätzliche Prüfungen durch die Banken. Läuft die Kreditlaufzeit nämlich deutlich ins Rentenalter hinein, lassen sie sich zusätzlich zu den Einkommensnachweisen auch die Renteninformation vorlegen, um sicherzugehen, dass sich der Käufer nicht übernimmt. Dementsprechend könnte Ihre Finanzierungsstrategie auch so aussehen, dass Sie in den ersten Jahren höhere Raten zahlen. Schließlich stehen Sie jetzt in der Mitte des Lebens, sollten ein gefestigtes Einkommen haben, und Sie haben noch einige Berufsjahre vor sich, in denen sich Ihr Gehalt noch steigern könnte, wenn alles glatt läuft. Zumindest trifft das auf den Großteil der Erwerbsbiografien zu. Diese guten Jahre können Sie also dazu nutzen, Ihre Schulden gerade in der Anfangszeit stärker abzubauen.

Das kann man auf zwei Arten erreichen: Entweder Sie setzen auf ein klassisches Annuitätendarlehen, bei dem Sie die Monatsrate während der Laufzeit selber anpassen können – und reduzieren nach einigen Jahren Ihre Einzahlungen. Dadurch verlängert sich dann natürlich die anfangs berechnete Laufzeit entsprechend.

Sie können aber auch ganz einfach in den Anfangsjahren regelmäßig höhere Sondertilgungen leisten und so schneller Ihre Schulden reduzieren. Das könnte dann zum Beispiel so aussehen:

Sie nehmen als 45-jähriger einen 200 000-Euro-Kredit auf (zu 1,5 Prozent Zins für 15 Jahre) und wählen eine Anfangsrate von 950 Euro. Dann ergeben sich als Gesamtlaufzeit 20 Jahre und 5 Monate, wenn der Zinssatz beim Anschlusskredit gleich bleibt. Die Restschulden betragen nach 15 Jahren 58 800 Euro.

Verteuert sich jedoch der Sollzins nach Ablauf der Zinsbindung auf 3,5 Prozent, dann läge die Monatsrate beim Anschlussdarlehen bei rund 1 050 Euro. Die Gesamtlaufzeit läge dann immer noch bei 20 Jahren und 2 Monaten, Sie wären also bis zur Rente locker fertig.

Angenommen, es ist Ihnen aber zu viel, 20 Jahre lang diese 950 Euro oder mehr zu zahlen. Sie reduzieren die Monatsraten daher nach zehn Jahren auf 800 Euro. Was hieße das? Dann hätten Sie nach 15 Jahren – mit Auslaufen der Zinsbindung – noch eine Restschuld von gut 68 000 Euro. Die Gesamtlaufzeit des Kredits würde sich damit auf gut 22,5 Jahre erhöhen. Sie würde also nur zwei Jahre länger dauern, bis 67 wären Sie trotzdem

Finanzierung mit dem Ziel allmählich sinkender Monatsraten

Laufzeit/Jahr	200 000 Euro Kredit – 1,5 % Sollzins, 15 Jahre Zinsbindung; Lebensalter 45 Jahre			
1–10	950 Euro	950 Euro	950 Euro	**800 + 3 000 p. a.** Sondertilgung oder **1 050 Euro**
10–15	**950 Euro**	**800 Euro**	**750 Euro**	**750 Euro**
	Restschuld: 58 800 Euro	Restschuld: 68 000 Euro	Restschuld: 71 250 Euro	Restschuld: 57 300 Euro
Ab 15 – Ende (Sollzins: 3,5 %)	1 050 Euro	915 Euro	800 Euro	750 Euro
Gesamtdauer	20,2 Jahre	22,1 Jahre	23,7 Jahre	22,3 Jahre
Schuldenfrei im Alter von	**65 Jahre**	**67 Jahre**	**68 Jahre**	**67 Jahre**

200 000-Euro-Kredit als Ratentilgungsdarlehen

Laufzeit	Schuldenstand (Euro)	Tilgung p.a. (Euro)	Zinsen p.a. (Euro)	Monatsrate (Euro)
1. Jahr	200 000	10 000	3 000	1 083
5. Jahr	160 000	10 000	2 400	1 033
10. Jahr	110 000	10 000	1 650	970
15. Jahr	60 000	10 000	900	908
20. Jahr	10 000	10 000	81	845

schuldenfrei. Stiege der Zins beim Anschlusskredit wieder um zwei Prozentpunkte auf 3,5 Prozent, bedeutete das übrigens – bei gleicher Laufzeit – eine Rate von 915 Euro, also immer noch weniger als zu Beginn. Reduzieren Sie die Rate sogar auf 750 Euro, dann wären Sie nach 23,5 Jahren schuldenfrei, also mit 68 Jahren.

Alternativ könnten Sie von vornherein entweder eine hohe Rate von 1 050 Euro monatlich zahlen oder eine kleinere Rate (etwa 800 Euro) wählen und höhere Sondertilgungen in den ersten zehn Jahren leisten (3 000 Euro pro Jahr). So reduzieren Sie Ihre Schuldenlast auch schon enorm, so dass Sie danach die Rate auf 750 Euro reduzieren könnten – und trotzdem bis 67 schuldenfrei wären.

Das Ratentilgungsdarlehen

Jenseits der Do-it-yourself Ratenreduktion gibt es sogar noch eine Möglichkeit, die künftig geringere Raten garantiert: Das Ratentilgungsdarlehen ist eine Sonderform des Baukredits, das Banken und Finanzierer aber meist nicht von sich aus anbieten. Dabei bleibt der Tilgungsanteil über die Jahre stabil, dafür aber sinkt der Zinsanteil kontinuierlich. Denn je geringer die Restschuld, desto weniger Zinsen fallen ja auch monatlich an. Während nun das normale Annuitätendarlehen den sinkenden Zinsanteil durch eine immer höhere Tilgung ausgleicht, setzt das Tilgungsdarlehen gleich eine recht hohe Tilgung an und genießt dann lieber den Effekt, dass sich die Ratenhöhe insgesamt von Monat zu Monat reduziert. Das könnte dann für den 200 000-Euro-Kredit vereinfacht gerechnet so aussehen wie in der Tabelle „200 000-Euro-Kredit ...“ hier oben.

Mit dem Ratentilgungsdarlehen ist ebenfalls klar, dass sich die Schulden ganz kontrolliert verringern und ebenfalls, wann das Darlehen voll getilgt ist: In diesem Fall ganz genau nach Ablauf von 20 Jahren.

Wer das Darlehen bereits nach 15 Jahren abgetragen haben will, muss entsprechend mehr tilgen (13 333 Euro in diesem Fall, also 1 111 Euro monatlich, das ergibt inklusive Zinsen eine Rate von 1 361 Euro im ersten Jahr und 1 127 Euro im letzten Jahr).

Oder er kann nur einen kleineren Kredit aufnehmen, bei 100 000 Euro und 15 Jahren Laufzeit wären es zum Beispiel 720 Euro Monatsrate im ersten Jahr und 566 Euro im letzten Jahr.

Insgesamt sind Ratentilgungsdarlehen vor allem für Ältere interessant, weil sie durch die höhere Tilgung von Beginn an erheblich schneller abgetragen sind als andere Darlehen – bei ansonsten gleichen Bedingungen. Das spart natürlich auch enorme Zinszahlungen über die gesamte Laufzeit. Der Nachteil bei ihnen liegt in der relativ hohen Belastung zu Beginn. Daher sind sie eher für kapitalstarke Käufer empfehlenswert. Oder für Bauherren, die viel Eigenkapital mitbringen und deshalb nur kleinere Summen finanzieren müssen.

WAS WOHN-RIESTER-DARLEHEN BRINGEN

Die Idee ist ja eigentlich gut: Der Staat hilft dem Hauskäufer beim Sparen, indem er ihm jedes Jahr Zulagen zahlt, wenn der Käufer einen bestimmten Anteil seines Einkommens für später zurücklegt – entweder für einen späteren Immobilienkauf oder auch, um ein Immobiliendarlehen davon abzustottern. So sorgt der Sparer selbst für die Rentenzeit vor, weil er dann ein abbezahltes Eigenheim besitzt und keine Miete mehr zahlen muss. Und der Fiskus belohnt ihn für die Eigenvorsorge mit einer staatlichen Prämie. Genau so funktioniert grob gesagt das Wohn-Riestern, das seit 2008 möglich ist: Der Eigenheimkäufer bekommt dabei – entweder – ein ganz normales Darlehen von einer Bank, einer Sparkasse oder Bausparkasse. Die staatlichen Zulagen fließen dann in diesen Vertrag, und die Steuervorteile daraus helfen ihm, den Kredit schneller abzutragen. Das Motto heißt hier: Schneller abzahlen mit Riester.

Oder aber: Der Käufer bespart bereits einen Riestervertrag und kann das Guthaben daraus (samt angehäufter Zulagen) für die Immobilienfinanzierung einsetzen. Dann heißt das Motto: Schneller Eigenkapital ansparen mit Riester.

Voraussetzungen für Wohn-Riester sind: Die Immobilie muss selbst bewohnt werden und der Kredit muss spätestens bis zum 68. Lebensjahr getilgt sein. Denn wenn die Schulden noch weit in die Rentenzeit hineinreichten, würde das Haus den Sparer ja nicht in der Rentenbezugszeit von hohen Ausgaben entlasten. Soweit die Theorie. In der Praxis ist es aber meist noch etwas komplizierter.

Grundsätzlich müssen Riester-Sparer (ob mit Riester-Darlehen oder Riester-Sparvertrag) jährlich vier Prozent ihres Jahresbruttoeinkommens in so einen Vertrag stecken, inklusive der ihnen zustehenden Zulage, um die volle Förderprämie vom Staat zu erhalten, die Obergrenze liegt bei 2 100 Euro im Jahr. Wer also 48 000 Euro Bruttoeinkommen verdient, muss jährlich 1 920 Euro in den Vertrag investieren.

Die Grundzulage allein für den Vertragsinhaber beträgt 175 Euro jährlich. Dazu kommen noch die Zulagen für jedes Kind, für das die Eltern Kindergeld erhalten. Für jedes ältere Kind gibt es 185 Euro pro Jahr und sogar 300 Euro für Kinder, die nach 2007 geboren worden sind. Die zusammengerechneten Zulagen machen jedoch schon einen Teil der vier Prozent Einzahlungen aus, das heißt: Ein 48 000-Euro-Verdiener mit einem älteren und einem jüngeren Kind steuert dann nur noch 1 260 Euro jährlich aus dem eigenen Einkommen bei. Die gesammelten Zulagen (175+185+300=660 Euro jährlich) stocken den Betrag auf die geforderten 1 920 Euro Jahresbeitrag auf.

Ein Riester-Sparer mit zwei kleinen Kindern bekommt sogar jedes Jahr 775 Euro vom Staat geschenkt. So zahlt er nur noch 1 145 pro Jahr selber ein, das entspricht 95 Euro im Monat. Ein kinderloser Riester-Sparer müsste bei gleichem Einkommen 160 Euro monatlich aufbringen, um die volle Zulage zu erhalten.

Fließt dieses Geld in ein abzuzahlendes Riester-Immobiliendarlehen, dürften solche Monatsbeträge kein großes Problem sein. Die Monatsrate wird wohl ohnehin höher sein, so dass der Wohnriester-Vertragsinhaber sicher die volle Förderung erhalten wird. Befindet er sich dagegen noch in der Ansparphase weit vor dem Immobilienkauf, dann dürften die 160 Euro pro Monat schon eine sportliche Herausforderung sein. Zumindest wenn der Riester-

Vertrag nicht die einzige Sparform ist, mit der er das Eigenkapital für einen Hauskauf zusammenbringen will.

Natürlich kann man auch weniger Geld zurücklegen als diese vier Prozent vom Bruttoeinkommen – und oft passiert das den Sparern auch ungewollt, wenn sich ihr Gehalt übers Jahr durch Arbeitgeberwechsel oder Gehaltserhöhung erhöht hat und sie vergessen haben, die Riester-Einzahlung anzupassen. Dann aber gibt es eben nicht mehr die vollen Zulagen vom Staat, sondern sie werden anteilig gekürzt. Das sollten Riester-Sparer im Kopf haben, wenn sie die Vorteile voll ausschöpfen wollen.

Zudem können Förderberechtigte die Einzahlungen in Riester-Verträge bis 2 100 Euro jährlich (inklusive Zulagen) von der Steuer absetzen. Ein wirklicher Steuervorteil wird daraus aber nur, wenn die daraus resultierende Steuerersparnis größer ist als die Zulagen. Besonders für Gutverdiener und Kinderlose aber dürfte das Wohnriestern dadurch interessanter werden.

Sie haben schon einen Riester-Vertrag

Besteht nun bereits seit einigen Jahren ein „normaler" Riester-Vertrag, in den man regelmäßig einzahlt, kann man das dort angehäufte Geld als Eigenkapital für den Kauf entnehmen, um damit selbstgenutzten Wohnraum zu finanzieren. Man kann dazu das gesamte Kapital entnehmen (das ist am einfachsten, dann ist der Vertrag aber auch beendet) oder auch nur Teile des angesparten Riesterkapitals.

Eine Teilentnahme ist allerdings oft vertraglich ausgeschlossen. Der Vorteil bei der Teilentnahme ist: Der Vertrag kann weiterlaufen, entweder wird er zunächst beitragsfrei gestellt oder weiter bespart. So sorgt er später für eine zusätzliche Monatsrente, wenn man dort bis zum Rentenbeginn noch Geld einzahlt. Alternativ kann das dort angehäufte Kapital später auch in Form einer Einmalauszahlung verwendet werden, um die Immobilie dann zu entschulden. Prüfen Sie in diesem Fall aber, ob diese Sondertilgung laut Darlehensvertrag möglich ist oder ob es dadurch zu Extrakosten kommt.

Entnimmt man jedoch den gesamten Betrag bereits jetzt, dann lösen die Anbieter den alten Vertrag auf. In jedem Fall muss man zur Entnahme bei der Zentralen Zulagenstelle (ZfA) einen Antrag stellen. Das ist wichtig, sonst verliert man die Steuervorteile und muss bereits erhaltene Zulagen an den Staat zurückzahlen.

Zudem ist bei der Entnahme wichtig, was für ein Riester-Vertrag bereits besteht: Welche Form hat der bisherige Riester-Vertrag? Ist es ein klassischer Rentenversicherungsvertrag? Oder wird ein Bank- oder Fondsparplan mit den Zulagen gefüttert? Die Anbieter stellen nämlich besonders bei Versicherungsverträgen oft hohe Abschluss- und Vertriebskosten in Rechnung. Diese Kosten werden meist schon innerhalb der ersten fünf Jahre von den Einzahlungen abgezwackt und führen zunächst einmal dazu, dass in der Anfangsphase kaum Geld auf dem Kundenkonto ist. Die späteren laufenden Kosten können so hoch sein, dass sie die Zulagen vom Staat glatt wieder aufzehren. Damit ist dann natürlich die Extraförderung hinüber. Wenn man einen solchen Vertrag, der erst wenige Jahre gelaufen ist und wenig Geld angesammelt hat, dann später auch noch durch die Entnahme von Geld wieder auf Null setzt, riskiert man, dass sich über die gesamte Laufzeit kaum Kapital ansammeln wird, man dafür aber lange Jahre hohe Kosten zahlt – ohne je davon zu profitieren, dass es auch bei Versicherern so etwas wie einen Zinseszinseffekt gibt: Erst ganz am Schluss vermehrt sich das angesammelte Geld nämlich am schnellsten durch Überschüsse und zusätzliche Schlussüberschüsse, die erst am Ende je nach angespartem Kapital gutgeschrieben werden.

Daher sollte man bei einer klassischen Rentenversicherungspolice eher nicht mit der Entnahme liebäugeln, raten Verbraucherschützer. Bei Bank- und Fondsparplänen auf Riesterbasis kann man es eher tun.

Wenn man einen Riester-Vertrag für eine Immobilienfinanzierung antastet (und Kapital davon entnimmt), fließen die weiteren jährlichen Zulagen entweder weiter in den alten Sparvertrag (mit der Teilentnahme) oder in die Tilgung des neu aufgenommenen Darlehens, jedoch nur in einen einzigen Riester-Vertrag pro Person. Es ist also nicht möglich, für den fortlaufenden Sparvertrag und die Abzahlung eines Darlehens zweimal die staatliche Förderung zu kassieren. Man muss sich also entscheiden, welcher Vertrag weiterhin gefördert werden soll.

Neu abschließen: das Wohn-Riester-Darlehen

Wenn Sie noch keinen Riester-Vertrag haben und zudem ganz sicher sind, dass Sie eine Immobilie erwerben möchten – und bitte auch nur dann – können Sie auch darüber nachdenken, einen Wohn-Riester-Bausparvertrag abzuschließen. Die Höhe des späteren Bauspardarlehens (bei dem die staatlichen Zulagen dann in die Tilgung fließen) liegt aber bei Bausparkassen typischerweise bei 50 000 Euro. Schließlich kann mit Riester-Verträgen ja auch nur die Höchstsumme von 2 100 Euro im Jahr gefördert angespart werden. Und das Wohn-Riester-Bauspardarlehen muss bis Ende des 68. Lebensjahrs vollständig getilgt sein. Von daher reicht das Wohn-Riester-Bauspardarlehen meist ohnehin nicht aus, und Käufer müssen dennoch ein normales Hypothekendarlehen bei der Bank aufnehmen.

Alternativ könnten Bauherren für die unmittelbar anstehende Hausfinanzierung ein Wohn-Riester-Darlehen bei einer Bank aufnehmen, um in den Genuss der staatlichen Förderung zu kommen. Das geht auch, wenn es bereits einen bestehenden Riester-Vertrag gibt, der aufgelöst oder zumindest nicht weiter mit Zulagen versorgt werden soll. Solche reinen Riester-Darlehen funktionieren wie normale Baukredite, sie müssen aber Riester-zertifiziert sein, dann fließen die staatlichen Zulagen in die Tilgung. Das Problem ist allerdings: Banken bieten solche Wohn-RSiester-Darlehen derzeit kaum noch an. Zuletzt war die Postbank der einzige Anbieter solcher Darlehen am Markt, ihre Wohn-Riester-Angebote waren jedoch auch über Baufinanzierungsvermittler und andere Banken erhältlich. Vor allem Bausparkassen bieten Riester-Kredite an und zwar in Form von Kombi-Krediten, das sind vorfinanzierte Kredite. Man bekommt dabei ein Darlehen zur sofortigen Hausfinanzierung, das man über einen langfristigen Bausparvertrag wieder zurückbezahlt.

Achten Sie aber bei solchen Krediten unbedingt auf die Zinshöhe: Sind sie ebenso teuer wie normale Hauskredite, dann lohnen sie sich durchaus. Doch sind sie einige Zehntelprozentpunkte teurer als das günstigste Immobiliendarlehen, das Sie auch ohne Riester-Förderung bekommen können, dann fressen die höheren Zinsen die Zulagen und eventuelle Steuervorteile wieder auf. Oft sind solche Kombikredite von Bausparkassen jedoch schwer zu durchschauen, was zum Beispiel die Zinsen über die gesamte Laufzeit betrifft. Die Verträge sind komplex und oft nicht sehr transparent. Riestern fürs Eigenheim lohnt sich also nicht in jedem Fall. Wichtig ist auch, dass die Darlehen bis zum Rentenbeginn abgezahlt sein müssen.

Zusätzlich gibt es noch ein Menge weiterer Auflagen zu beachten: So muss die geförderte Immobilie auch noch im Rentenalter selbst bewohnt werden – und zwar als Hauptmeldeadresse. Sie muss ferner in einem EU-Land oder zumindest im Europäischen Wirtschaftsraum liegen (zu dem beispielsweise auch Norwegen gehört). Und die geförderte Immobilie darf nicht problemlos vermietet werden, wenn sich die Lebensumstände ändern und Sie zum Beispiel in eine andere Stadt ziehen müssen. Zumindest darf die Vermietung dann nur zeitlich befristet erfolgen und Sie müssen die feste Absicht haben, später wieder selbst einzuziehen.

Der Hausverkauf birgt auch Gefahren: Verkauft der Riester-Sparer das Haus später, so muss er sich innerhalb der fünf Folgejahre wieder eine eigengenutzte Immobilie anschaffen oder den geförderten Betrag innerhalb eines Jahres in einen anderen Riester-Vertrag einzahlen. Passiert das nicht, muss der Riester-Nutzer die geförderten Beträge auf einen Schlag nachversteuern.

Steuern in der Rentenphase

Zudem gilt noch einmal Vorsicht, wenn die Rentenphase ansteht, das gilt sowohl für Kapitalentnehmer als auch für Riester-Darlehen: Denn der Riester-Sparer profitiert zwar davon, dass er in der Sparphase die Einzahlungen von seinem Bruttogehalt nicht versteuern muss, die in den Vertrag fließen. Doch in der Rentenphase müssen die Erträge aus Riester voll versteuert werden. Bei Rentenzahlungen sind also auf die Monatsrenten Steuern zu zahlen.

Und wie läuft das beim Haus? Dazu hat sich der Staat ein „Wohnförderkonto" ausgedacht. Darauf werden alle geförderten Beträge verbucht und mit zwei Prozent pro Jahr verzinst. Wer beispielsweise heute 10 000 Euro aus einem Riester-Vertrag entnimmt und in die Immobilie steckt, der muss in 20 Jahren einen Betrag von 15 000 Euro versteuern. Das würde selbst mit dem typischen Rentner-Steuersatz eine Steuerzahlung von 3 000 Euro bedeuten. Das Geld müsste man dann also im Alter dennoch aufbringen können. Dafür hat der Hauserwerber natürlich während der Kreditlaufzeit auch einiges an Zinsen gespart, wenn er Riesterkapital als Eigenkapital bei der Finanzierung eingebracht hat. Die Zinsersparnis dürfte bei einem Darlehenszinssatz von 2 Prozent auf 20 Jahre betrachtet rund 5 000 Euro betragen. Überlegen Sie also gut, ob Sie Ihr Riesterkapital für den Bau einsetzen und halten Sie dann im Alter rechtzeitig einen Puffer für die Steuerzahlung bereit.

IMMER INTERESSANT: KFW-DARLEHEN

Nun könnte man denken, dass selbst der Staat Hauskäufern und Bauherren eben nichts mehr schenkt. Stimmt aber nicht, dazu muss man sich nur einmal die Seiten der staatlichen Bank KfW (ursprünglich: Kreditanstalt für Wiederaufbau) ansehen. Von ihr gibt es die umfangreichsten Finanzierungshilfen für Immobilienerwerber. Nicht umsonst ist die KfW übrigens die größte Förderbank der Welt. Sie vergibt zum einen zinsgünstige KfW-Kredite und verteilt zudem noch Tilgungszuschüsse.

Außerdem ist die KfW für das Baukindergeld zuständig. Sie ist damit die Universalanlaufstelle für alle Bauherren und Käufer, die sich Wohneigentum zulegen wollen, ob mit oder ohne Kind. Ebenso ist sie für jene da, die ältere Gebäude kaufen und sie energietechnisch sanieren oder altersgerecht umbauen möchten – und auch für Eigentumserwerber, die ihr Haus mit Energieanlagen aus regenerierbaren Quellen ausstatten wollen. Für jedes dieser Vorhaben gibt es von der KfW zinsgünstige Kredite und/oder sie zahlt den Kreditnehmern zusätzlich noch Tilgungszuschüsse. Sie schenkt den Darlehensnehmern also einen Teil des Geldes, das sie ihnen leiht. Oder sie vergibt Direktzuschüsse für Umbauten und beteiligt sich damit sofort an den Kosten – zum Beispiel für eine neue Heizungsanlage.

Wer ein älteres Haus aufwendig energetisch saniert, der bekommt zum Beispiel bis zu 100 000 Euro als Darlehen von der KfW für 0,75 Prozent Zinsen (Stand: Juni 2019). Für energieeffiziente Neubauten zahlt sie zudem maximal 15 000 Euro Tilgungszuschuss, Sanierer bekommen sogar bis zu 27 500 Euro.

Eine sparsamere Heizung für Altgebäude wird mit bis zu 30 000 Euro pro Wohnung direkt von der KfW bezuschusst und der altersgerechte Umbau mit bis zu 6 500 Euro. Für die Baubegleitung beim energieeffizienten Sanieren sind noch einmal 4 000 Euro Direktzuschuss möglich.

Und man kann dabei mitunter mehrere Förderprogramme miteinander kombinieren. Am wichtigsten dürften für Bauherren die KfW-Programme zur Wohneigentumsfinanzierung und zum Energiesparen sein, denn diese Kredite über 50 000 oder sogar 100 000 Euro verschaffen den Eigenheimerwerbern nicht nur billiges Baugeld. Sie vergrößern auf dem Papier auch das Eigenkapital des Käufers beträchtlich, denn die KfW-Kredite werden nachrangig vergeben, das heißt: Die Hausbank, die den Rest des Darlehens finanziert, steht immer als erste vor der KfW im Grundbuch. Das vergütet die derart privilegierte Hausbank, indem sie dem Käufer einen günstigeren Zinssatz für ihr eigenes Darlehen anbietet.

Die Aufnahme eines KfW-Kredits hat also jenseits des niedrigen Zinssatzes noch einen zweiten positiven Nebeneffekt. Der Nachteil ist jedoch, dass die Niedrigzinsen nur für zehn Jahre gewährt werden. Trotzdem gibt es wohl nirgendwo sonst so viel Geld zu günstigen Konditionen „obendrauf" wie bei der KfW.

Die Kredite beantragt man über die Bank, bei der man auch den Grundkredit abschließt. Auf der Seite www.kfw.de können Sie sich vorab im Produktfinder schlau machen, welche der Programme für Sie selbst in Frage kommen. Generell sollten Sie auch bei den KfW-Krediten trotz der günstigen Zinsen immer darauf achten, dass Sie eine möglichst lange Zinsbindung wählen. Also beispielsweise 10 Jahre Zinsfestschreibung (mehr ist zurzeit leider nicht möglich) bei einer 20- oder 25-jährigen Gesamtlaufzeit. Denn natürlich klingt es gut, dass ein 50 000- oder 100 000-Euro-Kredit bereits für 0,75 Prozent Zinsen zu bekommen ist. Das ist gnadenlos günstig. Doch wenn die Zinsbindung dafür bereits in 5 Jahren ausläuft, wird ein Großteil des Kredits dann noch nicht getilgt sein. Und dann kann eine Prolongation teuer werden, wenn die Zinsen gestiegen sind. Von daher: Sichern Sie sich auch diese Konditionen so lange es geht!

Im Einzelfall könnte es so aussehen: Baut man eine Immobilie für 300 000 Euro, so stellt die KfW über das Wohneigentumsprogramm einen Kredit über 100 000 Euro bei 10-jähriger Zinsbindung für derzeit 0,85 Prozent Zinsen (Stand Dezember 2019) pro Wohnung zur Verfügung. Bringt der Käufer 50 000 Euro Eigenkapital mit, muss er von der Bank nur noch einen Kredit über 150 000 Euro aufnehmen. Den kann er bei einer 15-jährigen Zinsbindung im günstigsten Fall für rund 0,75 Prozent Effektivzins bekommen (Stand Dezember 2019). Mit einer monatlichen Rate von 700 Euro hätte er diesen Kredit nach rund 19 Jahren getilgt.

Aber: Zudem läuft noch der KfW-Kredit. Für den fällt zusätzlich eine Rate von 415 Euro an, insgesamt wären also für beide Kredite 1 115 Euro an Raten zu zahlen. Der KfW-Kredit ist allerdings in den ersten ein bis drei Jahren tilgungsfrei, das heißt: Der Käufer muss bis zu drei Jahre lang nur die anfallenden Zinsen dafür zahlen, das sind zunächst nur rund 70 Euro im Monat. Er kann also drei Jahre lang einen entsprechend höheren Monatsbetrag (345 Euro zusätzlich) in den Bankkredit stecken, um diesen schneller zu tilgen (insgesamt 1 045 Euro monatlich) oder diesen Betrag als jährliche Sondertilgungen leisten. Das sind 12 420 Euro in dieser Zeit. Dadurch ist er dann knapp 2 Jahre früher schuldenfrei bei der Bank.

Ab dem vierten Jahr läuft die Monatsrate für beide Kredite mit 1 115 Euro. Nach 10 Jahren bleiben noch 70 185 Euro Restschuld für den KfW-Kredit und 54 000 Euro für den Hausbankkredit. Nach weiteren 8,5 Jahren – also nach 18,5 Jahren Laufzeit insgesamt – hätte der Käufer seine Immobilie dann abbezahlt.

Das ist zwar nun nicht sehr viel schneller als mit üblichen Bankkrediten, aber ein paar Monate Tilgungszeit spart es schon. Denn die Zinssätze der Förderbank sind oft niedriger als bei vielen Hausbanken. Allerdings sind die besten Banken mit ihren Zinssätzen oft sogar noch ein bisschen günstiger als die KfW in ihrem Wohneigentumsprogramm.

Den wahren Turbo entfalten die KfW-Kredite, bei denen es einen Tilgungszuschuss gibt. Wer ein Haus kauft und es energieeffizient saniert, der kann die Förderprogramme zum Eigentumskauf und zur Sanierung kombinieren. Er erhält dann bis zu 100 000 Euro aus dem „Wohneigentumsprogramm" der KfW und noch einmal bis zu 100 000 Euro aus dem Programm „Energieeffizient Bauen" – Letzteres sogar für jede geschaffene Wohneinheit. Wer also gleich eine Einliegerwohnung mitplant, bekommt den Energieeffizienz-Zuschuss zwei Mal. Zudem bekommen energiebewusste Bauherren noch bis zu 15 000 Euro als Tilgungszuschuss erlassen, je nach Effizienzstandard des Hauses. Das heißt: Sie müssen vom 100 000-Euro-Darlehen nur 85 000 Euro an die KfW zurückzahlen. Mit diesen Zuschüssen werden die KfW-Darlehen konkurrenzlos günstig.

Ein weiteres Zulagenprogramm lässt sich mit den KfW-Krediten kombinieren: Vom Bundesamt für Wirtschaft und Ausfuhrkontrolle (BAFA) werden Maßnahmen für mehr Energieeffizienz gefördert, also das Umstellen auf neue Heizmethoden mit erneuerbaren Energien. Das ist besonders für Käufer älterer Häuser interessant, die generalsanieren. Wie hoch die Einzelförderung ist, hängt von der Anlage und ihrer Leistung ab. Informationen gibt es auf der Webseite www.bafa.de.

UNTERSTÜTZUNG VON BUNDESLÄNDERN, KOMMUNEN UND KIRCHEN

Es gibt noch etliche regionale Fördermittel für Immobilienkäufer und Bauherren, die vor allem von den Bundesländern ausgereicht werden. Zum Teil kann man auch auf der Seite der KfW ermitteln (www.kfw.de), welche Programme in Frage kommen, je nachdem, ob man den Kauf oder Neubau plant, ob man aufwendige energetische Maßahmen umsetzen wird (etwa das Passivhaus-Anforderungsprofil) oder nur nach üblichen Standards baut.

In Bayern etwa kann man noch eine Eigenheimzulage von 10 000 Euro beantragen. In Hessen gibt es günstige Baudarlehen von der Wirtschafts- und Infrastrukturbank. Viele Länder vergeben zusätzliche Sonderkredite für energetische Sanierer. Und in Niedersachsen wird der Bau von Mietwohnungen (zum Beispiel als Einliegerwohnung) bezuschusst. Die Zugangsvoraussetzungen oder Anforderungen für solche Zuschüsse sind jedoch ziemlich unterschiedlich. Deshalb sollte man sich am besten auf den Seiten der jeweiligen Landesregierung oder der eigenen Kommune schlau machen, welche Zusatzgelder es eventuell noch gibt. Informationen zu allen Regionalfördermitteln gibt die Seite www.baufoerderer.de von den Verbraucherzentralen.

Auch von den Kirchen gibt es übrigens Hilfe beim Eigenheimbau. Dazu haben sich 16 katholische Bistümer und 14 evangelische Landeskirchen eigene Förderprogramme überlegt. Sie stellen zum Beispiel Grundstücke im Erbbaurecht gegen Zahlung eines vergünstigten Erbbauzinses bereit. Manche erlassen jungen

Eigenheimerwerbern auch für die ersten Jahre den Erbbauzins. Insgesamt wird der Hausbau natürlich deutlich günstiger, wenn nicht erst zu horrenden Preisen ein Grundstück gekauft werden muss. Dabei muss man aber bedenken, dass die monatlichen Zinszahlungen dauerhaft fällig sind und sich von Zeit zu Zeit erhöhen, weil sie regelmäßig an die Inflationsrate angepasst werden. Und man sollte sich gut erkundigen, wie die bisherigen Gepflogenheiten der Kirche waren, was die Höhe der Erbbauzinsen betrifft. Viele Erbpachtnehmer haben schon negative Überraschungen erlebt, weil selbst die kirchlichen Träger oft nicht zimperlich sind, die monatlichen Abgaben heraufzuschrauben.

Und man muss wissen, was beim Auslaufen des Erbbauvertrags passiert: Fällt das Haus dann an den Grundeigentümer, also an die Kirche? Schließlich baut man bei solchen Verträgen zwar ein Haus, aber nicht auf dem eigenen Grund, auf dem es steht. Verpflanzen kann man die Immobilie aber nicht. Am Ende solcher Erbbau- oder Erbpachtverträge gibt es generell drei Möglichkeiten: Entweder der Vertrag wird verlängert. Oder das Gebäude fällt an den Erbpachtgeber, also an den Grundbesitzer, wofür dieser dann üblicherweise nur zwei Drittel des Verkehrswerts zahlt.

In manchen Verträgen steht aber auch, dass die Immobilie entschädigungslos an den Grundbesitzer fällt. Der bekommt sie dann umsonst, man selbst geht leer aus – hat dafür aber viele Jahre lang günstiger gewohnt oder gebaut. In Einzelfällen helfen Kirchen auch bei der Baufinanzierung oder vergeben sogar Darlehen.

Eine Auflistung der kirchlichen Wohnungsförderprogramme gibt es auf der Seite: Aktion pro Eigenheim www.aktion-pro-eigenheim.de/haus/foerderung/kirchen.

WEITERE GELDWERTE VORTEILE VOM STAAT

Zusätzlich zu den Zuschüssen der bundeseigenen Förderbank KfW gibt es noch zwei andere Zuschüsse vom Staat sowie einige Steuernachlässe für Immobilienbesitzer und Erwerber. Auch sie helfen Bauherren:

Das Baukindergeld

Neu ist seit 2018 das Baukindergeld, das zunächst befristet bis Ende 2020 gilt. Damit will die Bundesregierung es Familien erleichtern, ins Eigenheim zu kommen. Kritiker beklagen allerdings, dass es die Preise für Wohnimmobilien noch weiter in die Höhe treiben wird, da viele Bauträger diesen Zuschuss auf die Preise aufschlagen werden. Zudem dürfte das Baukindergeld gerade in Großstädten kaum dazu führen, dass sich nur deswegen auch nur ein Käufer mehr eine Immobilie leisten können wird. Es wird daher eher auf dem Land seine Wirkung entfalten, wo der Hauserwerb ohnehin schon erschwinglicher ist. Dafür sind die Einkommensgrenzen für das Baukindergeld so hoch, dass die meisten Bauherren einen Anspruch darauf haben werden:

Für jedes Kind unter 18 Jahren, das zum Zeitpunkt der Antragstellung mit im Haushalt lebt, gibt es beim Kauf oder Bau von selbstgenutztem Wohneigentum zehn Jahre lang 1 200 Euro vom Staat geschenkt, insgesamt also 12 000 Euro. Wer in Bayern wohnt, bekommt insgesamt sogar 15 000 Euro, weil dort der Freistaat noch einmal 300 Euro jährlich drauflegt.

Die Voraussetzungen, die Familien dafür erfüllen müssen: Das zu versteuernde Haushaltseinkommen der Familie – also das Bruttoeinkommen nach Abzug aller Sonderausgaben, außergewöhnlichen Belastungen sowie Freibeträge – darf 75 000 Euro plus 15 000 Euro je Kind nicht überschreiten. Mit einem Kind liegt die Obergrenze also bei 90 000 Euro, bei zwei Kindern sind es 105 000 Euro, bei drei Kindern sind 120 000 Euro das Limit. Und so weiter. Maßgeblich ist das durchschnittliche Jahreseinkommen aus dem vorletzten und vorvorletzten Kalenderjahr vor der Antragstellung. Wer den Antrag 2020 stellt, muss also Einkommensteuerbescheide der Jahre 2017 und 2018 vorlegen.

Das Baukindergeld gilt für Wohneigentümer, die den notariellen Kaufvertrag ab Januar 2018 abgeschlossen oder seitdem die Baugenehmigung für ihre Immobilie erhalten haben – jedoch nur, wenn das Haus tatsächlich auch als Familienheim genutzt wird und wenn es die einzige Immobilie in Deutschland war, die ihnen zu diesem Zeitpunkt gehörte. Eine junge Familie also, die bereits eine Eigentumswohnung besitzt und nun den Bau eines Hauses plant, weil sie sich vergrößern will, muss zuerst die bisherige Wohnung verkaufen und kann sich dann erst das Haus zulegen und Baukindergeld dafür einstreichen. Sind beide Immobilien gleichzeitig in ihrem Besitz, gibt es den Kinderzuschlag nicht.

Ein wichtiger Knackpunkt ist auch: Das Baukindergeld kann erst beantragt werden, wenn die Familie schon ins neue Heim eingezogen ist, und wird dann tranchenweise über mehrere Jahre ausbezahlt. Das bedeutet, dass es den Familien in der Phase der Finanzierung noch nicht zur Verfügung steht. Ursprünglich war das Baukindergeld sehr wohl so angedacht, dass die fünfstellige Summe von den Banken bei der Finanzierung als Eigenkapital mit angerechnet werden sollte. Nun aber müssen Familien in der Lage sein, den Kauf auch ohne den Staatszuschuss voll zu stemmen. Das jährliche Extrageld hilft ihnen später lediglich bei der Tilgung des Kredits.

Wichtig: Das Baukindergeld ist nur befristet. Um davon zu profitieren, muss eine Familie spätestens bis Ende 2020 den Kaufvertag abschließen oder die Baugenehmigung in der Tasche haben.

Wohnungsbauprämie

Auch nicht so einkommensstarke Bürger will der Staat belohnen, wenn sie bereits regelmäßig für eine eigene Immobilie sparen, oft sind das junge Leute. Für sie ist die Wohnungsbauprämie gedacht, die ab 16 Jahren gezahlt wird, auch wenn sie nicht allzu üppig ausfällt. In den Genuss der Wohnungsbauprämie kommen all jene, die relativ wenig verdienen und einen Bausparvertrag abschließen, den sie später auch zum Erwerb von Wohneigentum nutzen oder einen Sparvertrag mit einem Wohnungsbau- oder einer Wohnungsgenossenschaft schließen, um selbstgenutztes Wohneigentum zu erwerben. Für die Wohnungsbauprämie darf das zu versteuernde Einkommen (also das Bruttoeinkommen nach Abzug von Freibeträgen, Werbungskosten, Vorsorgeaufwendungen, Betriebsausgaben, Unterhaltsleistungen und außergewöhnlichen Belastungen) bei Al-

Die 5 häufigsten Fehler bei der Finanzierung

Erst mit Abschluss des Kreditvertrags stehen alle Konditionen für das Darlehen fest. Und dabei kann noch einiges schiefgehen. Bleiben Sie daher wachsam:

1 **Niedrige Tilgung verführt zu hohen Summen.**
Mit nur 1 000 Euro im Monat ein Eigenheim für 500 000 Euro finanzieren – haben Sie so ein Werbeversprechen auch schon erhalten? Die Banken sind nicht ganz unschuldig daran, wenn sich Bauherren immer wieder finanziell übernehmen, denn viele von ihnen werben mit niedrigen Superzinsen und rechnen Beispielfinanzierungen durch, bei denen die anfängliche Tilgung nur 1 Prozent der Kreditsumme beträgt. Die Raten für solche Kredite sind sensationell erschwinglich und gaukeln vor, dass sich auch hohe Kreditsummen von 400 000 oder 500 000 Euro wie von selbst abzahlen. Tatsächlich ist das nicht so. So eine Finanzierung ist hoch riskant, denn mit nur 1 Prozent Tilgung dauert es 61 Jahre, bis die Schulden getilgt sind. Und das auch nur, wenn die Zinsen nicht bis zum Ende der Zinsbindung gestiegen sind – sonst wird es noch teurer. Bei einem Kredit über 500 000 Euro, der 15 Jahre lang mit einer Monatsrate von 1 033 Euro abgezahlt wird, beträgt die Restschuld am Ende der Zinsbindung beim derzeitigen Zinsniveau von 1,5 Prozent für diese Summe noch satte 416 000 Euro. Wer nur eine 10jährige Zinsbindung wählt, bekommt den Kredit zwar für nur 1,1 Prozent Zinsen und zahlt nur eine Monatsrate von 870 Euro, doch er hat am Ende der 10 Jahre noch stolze 447 000 Euro Restschulden. Steigt der Zinssatz für den Anschlusskredit dann, katapultiert sich die Monatsrate in astronomische Höhen. Wählen Sie in Niedrigzinszeiten eine Tilgung von mindestens 2, besser 3 Prozent. Bei vielen Banken lässt sich die Tilgungshöhe auch noch während der Laufzeit nach oben anpassen, wenn man sieht, dass mehr möglich ist. Spätestens zu Rentenbeginn sollten Sie schuldenfrei sein.

2 **Zu kurze Zinsbindung erhöht das Risiko.**
Es scheint immer verlockend, die Zinsbindung ein wenig kürzer zu wählen, oder nicht? Denn wer die Kreditlaufzeit nicht auf 20 Jahre ansetzt, sondern nur auf 15 Jahre, der zahlt für den 200 000-Euro-Kredit zum Beispiel rund einen halben Prozentpunkt Zinsen weniger, aktuell nicht 1,5 bis 1,9 Prozent, sondern lediglich 1,2 bis 1,5 Prozent (Stand Juni 2019). Das erspart Ihnen als Eigenheimerwerber während der Kreditlaufzeit viele tausend Euro an Zinsausgaben – bis die Zinsbindung ausläuft. Aber was ist danach? Angesichts der historisch niedrigen Zinsen sollte niemand davon ausgehen, dass sie weitere 10 oder 15 Jahre so niedrig bleiben. Was aber ist, wenn dann der Anschlusskredit fällig ist – und die Zinsen viel höher sind? Dann ist auch das Risiko hoch, dass der Hausbesitzer die Raten nicht mehr zahlen kann, weil die sich inzwischen vielleicht verdoppelt haben. Lassen Sie sich am besten ausrechnen, wie hoch Ihre Rate wäre, wenn der Zinssatz am Ende der Zinsbindung bei 6 Prozent liegt – so hoch ist nämlich der historische Durchschnittszins seit 1970. Können Sie die Rate dann noch zahlen? Falls nicht: Wählen Sie ein längere Zinsbindung!

3 **Zu starre Raten**
Manche Kreditangebote scheinen günstiger als andere, haben aber einen Haken: Man kann die Raten während der Zinsbindung nicht selber anpassen. Und oft sind Sondertilgungen gar nicht möglich oder frühestens nach gut zehn Jahren. Das ist für viele Käufer und Hausbauer ungeeignet. Denn was ist, wenn die Familie Zuwachs bekommt und dann ein Einkommen zeitweise wegfällt? Oder wenn man plötzlich viel mehr verdient – und daher den Kredit schneller tilgen könnte? Vor allem Selbstständige haben mit solchen starren Raten ein Problem, wenn ihre Einkünfte von Jahr zu Jahr stark schwanken. Für sie

zählt dagegen, dass die Monatsraten niedrig sind, aber sie hohe Sonderzahlungen leisten können, wenn viel Geld übrig ist. Wählen Sie im Zweifel einen Kredit mit flexiblen Rückzahlungsmöglichkeiten.

Hohe Bereitstellungszinsen verteuern das Bauen.

Es ist normal, dass Bauherren ihren Kredit in Etappen abrufen müssen, je nach Baufortschritt immer dann, wenn die Baufirmen den fälligen Betrag einfordern. Wenn Banken die Darlehen aber nicht auf einen Schlag zur Verfügung stellen müssen – und auch nicht sofort – lassen sie sich das oft über die Bereitstellungszinsen teuer bezahlen. So bezahlt der Bauherr für den Teil des Kredits, den er noch nicht abgerufen hat, noch einmal einen Zinszuschlag. Der Bereitstellungszinssatz beträgt meist 3 Prozent im Jahr oder 0,25 Prozent im Monat. Manche Banken berechnen die Zinsen schon ab dem zweiten oder dritten Monat nach der Kreditzusage, andere erst nach einem halben oder einem Jahr. Das macht oft mehrere tausend Euro Unterschied aus. Versuchen Sie daher, für die Bereitstellungszinsen eine möglichst lange Karenzzeit mit Ihrer Bank auszuhandeln.

Staatliche Förderung verschenken

Die Bankzinsen sind ohne Zweifel historisch niedrig, doch noch niedriger sind die Bauzinsen vom Staat. Nirgends sind Kredite günstiger als bei der KfW-Bank, für manche ihrer Darlehen zahlen Sie unterm Strich sogar gar keine Zinsen, weil die Bank einen Teil der Schulden erlässt. Prüfen Sie deshalb genau, ob Sie die Voraussetzungen erfüllen, um eines der Förderprogramme zu beantragen. Dadurch sparen Sie fast immer viele Tausend Euro. Trotzdem rufen nur wenige Eigenheimerwerber diese Förderungen ab. Viele kennen die Programme nicht oder glauben, sie verdienten zu viel dafür. Doch die Zuschüsse sind einkommensunabhängig. Die Internetseite baufoerderer.de listet alle staatlichen Förderungen auf.

leinstehenden nicht höher sein als 25 600 Euro im Jahr, für Ehepaare liegt die Grenze bei einem zu versteuernden Einkommen von 51 200 Euro. Tatsächlich können Alleinstehende mit hohen Werbungskosten oder Betriebsausgaben also auch mit einem annähernd durchschnittlichen Bruttoeinkommen diese Prämie in Anspruch nehmen. Bei Ehepaaren mit Kindern kann der gemeinsame Bruttoverdienst bis zu rund 80 000 Euro im Jahr reichen, weil sie nach Abzug aller Freibeträge selbst dann noch unter die 51 200 Euro kommen könnten. Dennoch kommen inzwischen immer weniger Menschen in den Genuss der Wohnungsbauprämie, weil diese Einkommensgrenzen aus dem Jahr 1996 stammen und seitdem nicht angepasst wurden. Die Bundesregierung diskutiert darüber, sowohl die Einkommensgrenzen als auch die Prämienhöhe nach oben anzupassen, doch bisher hat sie dies noch nicht in die Tat umgesetzt. Die Prämie unterstützt übrigens auch beim Ansparen des Startkapitals, wenn man Anteile an einer Baugenossenschaft oder Wohnungsgenossenschaft kaufen will. Damit erwerben die Sparer schließlich ein lebenslängliches Wohnrecht, das dem Eigentum recht ähnlich ist, sagt der Gesetzgeber.

Wer als Alleinlebender von seinem Gehalt nun monatlich knapp 43 Euro spart, also 512 Euro im Jahr (oder als Paar 1 024 Euro), der bekommt die volle staatliche Prämie ausbezahlt, sie beträgt jährlich 45,06 Euro (90,11 Euro für Paare). Wer weniger zur Seite legt, erhält eine entsprechend reduzierte Prämie. Sollte die Prämie angepasst werden, wären es jedoch auch nur rund 51 Euro jährlich laut derzeitiger Planung. Die Prämie wird jedoch nicht von Anfang an sofort ausgeschüttet, sondern dem Vertrag erst nach sieben Jahren gesammelt gutgeschrieben. Die Auflagen und Bestimmungen zur Wohnungsbauprämie sind recht komplex, deshalb sollte man sich genau erkundigen, ob man überhaupt Anrecht auf die Prämie hat und was man beachten muss.

Steuererleichterungen für Hausbesitzer

Grundsätzlich profitieren vor allem Immobilieneigentümer, die auch Wohnungen vermieten, von den steuerlichen Möglichkeiten, die ihnen der Staat bietet. Sie können nämlich vor allem die Finanzierungskosten für den Kredit als Werbungskosten absetzen – also die Ausgaben für die Kreditzinsen, nicht allerdings die Tilgungsanteile.

Zudem können sie noch weitere Werbungskosten beim Finanzamt geltend machen, dazu gehören Fahrten zu Besichtigungen und natürlich Fahrten zur Baustelle. Auch kleinere Reparaturen können sofort abgesetzt werden, bei größeren Vorhaben werden die Kosten auf mehrere Jahre verteilt. Sie können entweder über 2 Jahre zu je 50 Prozent angesetzt werden oder über 5 Jahre zu je 20 Prozent.

Zusätzlich können Vermieter eine jährliche Abschreibung auf das Gebäude vornehmen. Denn die Steuerbehörden gehen davon aus, dass so ein Haus jährlich im Wert sinkt. Das gelingt mit einer Bodenrichtwerttabelle der jeweiligen Gemeinde oder mit Hilfe eines Steuerberaters, der den exakten Gebäudewert errechnen kann. Grundsätzlich gilt nämlich: Nur das Grundstück gewinnt an Wert, wenn es zu Wertsteigerungen am Immobilienstandort kommt. Das gebaute Haus jedoch verliert Jahr für Jahr an Wert, weil sich das Gebäude abnutzt und reparaturanfälliger wird. Deshalb können Vermieter über insgesamt 50 Jahre jährlich zwei Prozent des Gebäudewerts (inklusive der anteilig auf das Gebäude fallenden Nebenkosten) als Abschreibung ansetzen.

Zudem hat die Bundesregierung eine steuerliche Sonderabschreibung für den Mietwohnungsbau beschlossen. Damit sollen private Investoren, die Mietwohnungen bauen, künftig weitere fünf Prozent der Anschaffungs- und Herstellungskosten absetzen können und zwar vier Jahre lang – zusätzlich zu den bisherigen zwei Prozent Abschreibung. Sie können also in den ersten vier Jahren insgesamt 28 Prozent der Anschaffungs- und Herstellungskosten geltend machen. Allerdings gilt für die steuerliche Absetzbarkeit eine Obergrenze von 3 000 Euro je Quadratmeter. So soll sichergestellt werden, dass hier nicht durch Steuererleichterungen der Bau von Luxuswohnungen gefördert wird. In Großstädten dürfte es mit dieser Obergrenze jedoch sehr schwierig werden, überhaupt Wohnraum zu schaffen, zumindest sofern man davon auch ein Baugrundstück bezahlen muss.

Nach Abzug aller Posten kann es gut sein, dass in den Augen des Finanzamts von den eingenommenen Mieten nichts oder nur wenig übrig bleibt; also zumindest kein großer Gewinn in den Augen des Fiskus, weil die Kosten vor allem in den Anfangsjahren nach dem Kauf, Bau oder Umbau sehr hoch sind. Dann können Vermieter die Mieteinnahmen ohne große Steuerlast einstreichen und profitieren wenigstens davon, dass die hohen Anfangskosten ihre Gesamtsteuerlast auch auf die übrigen Einkünfte drücken. Man sollte das aber im Zweifel mit einem Steuerexperten klären.

Dazu kommt gerade bei Denkmalimmobilien noch eine verbesserte Abschreibungsmöglichkeit. Bei ihnen lassen sich fast alle Sanierungskosten absetzen, selbst wenn man sie nicht vermietet oder teilvermietet.

Aber auch Bewohner im Eigenheim können noch zwei wichtige Posten bei der Steuer ansetzen: Sie können die Kosten für haushaltsnahe Dienstleistungen geltend machen, also für Gartenpflege, Handwerker und Fensterputzer, und zum Beispiel auch die Kosten für Kinderbetreuung zuhause. Außerdem können sie unter Umständen die Aufwendungen für ein häusliches Arbeitszimmer von der Steuer absetzen; jedenfalls dann, wenn der Arbeitgeber keinen geeigneten Arbeitsplatz zur Verfügung stellt. Das gilt in der Regel für Lehrer, die viel von zuhause arbeiten, für Vertriebsmitarbeiter und Außendienstler, aber natürlich auch für Freiberufler und Selbständige, die daheim arbeiten. Entweder können die Gesamtkosten abgesetzt werden (wenn das Arbeitszimmer den Mittelpunkt der beruflichen Tätigkeit bildet) oder sonst zumindest jährlich bis zu 1 250 Euro an Werbungskosten

VERSICHERUNGEN RUND UMS EIGENHEIM – WELCHE SIND NÖTIG?

Wer ein Haus baut, sollte seinen Besitz dringend finanziell absichern – auch schon in der Bauphase. Denn was ist, wenn die Handwerker nicht liefern? Dann bleibt man am Ende auf hohen Kosten sitzen. Oder wenn ein Unglück das Gebäude beschädigt und damit die gesamte Existenz bedroht? Das sollte niemand riskieren.

Deshalb heißt es, sich gegen mögliche Schäden abzusichern. Immobilienbesitzer gehen mit dem Kauf eines Hauses finanziell ohnehin schon ein hohes Risiko ein – selbst wenn beim Bau alles glatt geht – das größte finanzielle „Klumpenrisiko" nämlich, auf das sich Anleger im Laufe ihres Lebens einlassen können. Deshalb sollten sie sich besonders gut gegen Notfälle absichern, damit im Ernstfall nicht das ganze Vermögen futsch ist. Dazu muss nicht einmal ein großes Wetterunglück passieren und ein Schaden am Haus entstehen. Es reicht oft schon eine Unachtsamkeit, durch die andere Menschen zu Schaden kommen. So etwas bedenken viele beim Kauf oder Hausbau nicht.

Und Geschichten darüber, was alles passieren kann, gibt es viele: Ein Sturm deckt das Dach ab, ein umstürzender Baum oder ein Feuer beschädigt das Haus. Passanten oder Gäste könnten Schäden erleiden, wenn etwa eine herabfallende Dachpfanne sie verletzt.

Zudem sollte man dringend die eigene Arbeitskraft absichern und so auch die Angehörigen schützen. Denn kann der Hauptverdiener irgendwann die Kreditraten nicht mehr aufbringen, ist das schon schlimm genug. Es muss dann nicht noch zum Zwangsumzug kommen oder gar zur Zwangsversteigerung. Gut also, wenn man in solchen Fällen wenigstens Geld von der Versicherung bekommt. Doch längst nicht jede Versicherungspolice ist auch wirklich nötig und nützlich. Hier kommen die relevanten Policen, beginnend mit den wichtigsten bis zu den unwichtigen:

Rohbauversicherung – unbedingt

Wenn ein Gebäude noch nicht steht, kann man es natürlich auch nicht versichern. Aber: Es gibt Rohbaupolicen, die Bauherren beim Neu- und Umbau davor schützen, dass die Immobilie Schaden durch Unwetter, Feuer oder Blitzschlag nimmt, bevor sie fertiggestellt ist. Das gilt auch für jene, die einen Neubau vom Bauträger kaufen. Der sollte zwar selbst für solche Fälle vorgesorgt haben, aber: Sicher ist sicher. Banken verlangen so eine Feuerrohbaupolice auch, wenn sie einen Kredit vergeben. Man bekommt die Police sogar kostenlos von dem Anbieter, bei dem man später die Wohngebäudepolice abschließt.

Wohngebäudeversicherung – unbedingt

Es gibt rund 20 Millionen Policen hierzulande, also ungefähr so viele wie Wohnhäuser existieren. Die Wohngebäudepolice ist zwar heute keine Pflichtversicherung mehr, aber trotzdem unverzichtbar für Eigentümer, wenn die nicht ihren finanziellen Ruin durch Schäden an der Haussubstanz riskieren wollen. Man sollte sie daher unbedingt haben. Viele Versicherer verlangen eine Selbstbeteiligung, zum Beispiel

Vier Bausteine machen die Wohngebäudeversicherung aus: Versichert sind Schäden durch Leitungswasser, Brand/Blitz, Sturm/Hagel und Elementarereignisse – nahezu alles, was einem Haus passieren kann. Was nicht versichert ist, zeigt der Kasten rechts unten.

© Finanztest 2018

Nicht versichert (Beispiele)

- **Sengschäden:** Zigarettenglut brennt ein Loch ins Parkett.
- **Rohre:** Wasser, das nicht aus Leitungen dringt, zum Beispiel die Blumenvase auf dem Klavier oder ein umgekippter Putzeimer.
- **Frost:** Schäden durch Einfrieren, wenn trotz Frost nicht geheizt oder das Wasser nicht abgelassen wurde.
- **Sturm:** Schnee, Hagel dringen durch ein offenes Fenster ein.
- **Erdsenkung:** Schäden durch künstliche Hohlräume, zum Beispiel durch Bergbau.
- **Lawinen:** Schnee- und Eismassen, die nicht vom Berg niedergehen, sondern zum Beispiel von Bäumen aufs Haus fallen.

Quelle: Musterbedingungen VGB 2010 des Gesamtverbandes der Deutschen Versicherungswirtschaft (GDV)

500 Euro. Der Kunde muss dann bei jedem Schaden diesen Anteil aus eigener Tasche bezahlen. Andere verlangen für Tarife ohne Selbstbeteiligung einen deutlich höheren Preis. Es ist ratsam, sich auf diesen Selbstbehalt einzulassen. Dann muss man Kleinschäden zwar selbst bezahlen. Aber wer wegen jeder Kleinigkeit den Versicherer ruft, kann erleben, dass der Anbieter den Vertrag kündigt. Nach einem Schadenfall hat er das Recht dazu. Wer gekündigt wurde, muss dies beim Abschluss eines neuen Vertrags angeben. Es gibt Versicherer, die dann einen Aufpreis verlangen oder den Kunden ganz ablehnen.

Wenn Käufer einen Kredit zur Hausfinanzierung aufnehmen, verlangen Banken eine Feuerversicherung sogar als Grundvoraussetzung für die Kreditvergabe. Das heißt im Umkehrschluss: Kündigt ein Versicherer später tatsächlich einmal den Vertrag, weil der Kunde zu viele Schäden gemeldet hat, kann die Bank im schlimmsten Fall auch den Kredit kündigen, wenn der Kunde keinen neuen Versicherer findet.

Standardmäßig deckt die Police die Gefahren Brand, Sturm, Hagel, Blitzeinschlag und Leitungswasserschäden ab und kostet je nach Anbieter, Größe und Alter des Hauses in der Regel zwischen 150 und 600 Euro. Damit sind Gebäude, Gebäudezubehör und feste Einbaumöbel geschützt – nicht aber das Mobiliar. Dies müsste man durch eine Hausratversicherung abdecken (siehe Seite 163).

Übrigens ist die Police ans Haus gebunden, nicht an den Besitzer, das heißt: Beim Haus- oder Wohnungskauf geht die bestehende Police auf den Käufer über. Man muss der Versicherung aber den Besitzerwechsel melden, sonst erlischt der Schutz. Und man sollte die Police prüfen und gegebenenfalls ergänzen. Ältere Verträge beinhalten unter Umständen nicht alle Leistungen, die neuere Verträge bieten. Und Vorsicht vor voreiliger Kündigung: Vergewissern Sie sich immer zuerst, dass Sie von einem neuen Anbieter überhaupt Versicherungsschutz erhalten, bevor Sie einen alten Vertrag lösen. Im Zweifel lieber die bisherige Police noch ein Jahr weiterlaufen lassen und etwas länger nach einer neuen suchen.

Achten Sie bei der Wohngebäudepolice unbedingt darauf, dass die Versicherung auf den Einwand der „groben Fahrlässigkeit" verzichtet. Sonst streiten Sie im Ernstfall lange, ob sich der Schaden hätte verhindern lassen, bevor das Geld fließt.

Es ist ratsam, sich auch gegen Naturkatastrophen wie Starkregen, Flussüberschwemmungen, Wasserrückstau, Erdrutsche, Erdsenkung oder Lawinen zu versichern. Dafür ist eine zusätzliche Elementarschadenversicherung nötig (siehe Seite 162).

Schäden kommen bei der Wohngebäudeversicherung häufig vor: Pro Jahr meldet etwa jeder zehnte Vertragsinhaber laut Statistiken der Versicherungsbranche einen Vorfall bei der Wohngebäudeversicherung. Etwa die Hälfte der Fälle sind Leitungswasserschäden. Besonders in Jahren, in denen das Wetter verrückt spielt, zahlten die Versicherungsunternehmen zuletzt sogar mehr Leistungen aus als sie an Beiträgen bekamen. Deshalb sind sie stets auf der Suche nach Verträgen, die sich für sie nicht mehr rechnen, weil deren Beitragshöhen zu niedrig sind. Viele Wohngebäudepolicen laufen schließlich 20 Jahre oder länger. Melden Kunden mehrere Schäden innerhalb von fünf oder zehn Jahren, kann ihnen deshalb die Kündigung drohen – selbst wenn es nur um Lappalien ging wie um den Ersatz für ein paar abgefallene Dachziegel oder ein zerhageltes Dachfenster. Die Versicherer argumentieren: Häuser, an denen öfter Sturm- oder Wasserschäden auftreten, liegen in einer Gefahrenzone oder ihre Haustechnik ist derart in die Jahre gekommen, dass es künftig weitere Rohrbrüche und dergleichen geben wird.

Für die Eigentümer heißt das deshalb vor allem bei kleineren Schäden: Aus eigener Tasche zu zahlen ist oft besser, als den Versicherer einzuschalten.

Tipp: Reden Sie unbedingt mit Ihrem Versicherer, wenn er Ihnen mit Kündigung droht oder ohne Vorwarnung kündigt. Bitten Sie um eine „Kündigungsumkehr", dann können Sie – ohne Eintrag ins Register der Branche – nach einer neuen Gesellschaft suchen und dann von sich aus kündigen. Oder bitten Sie ihn um eine „Vertragssanierung", dann werden Ihre Beiträge angehoben oder Leistungen ausgeschlossen, oder Sie vereinbaren eine Selbstbeteiligung.

Haftpflicht – unbedingt

Kommt jemand zu Schaden, weil von Ihrem Haus zum Beispiel Dachziegel heruntergefallen sind oder der Gehweg im Winter nicht geräumt war, haften Sie als Immobilieneigentümer dafür. Wer Selbstnutzer eines Hauses ist, bei dem kommt die eigene private Haftpflichtversicherung dafür auf. Die sollte ohnehin jeder haben.

Wer aber eine oder mehrere Wohneinheiten vermietet, sollte nicht nur Wert darauf legen, dass auch die Mieter eine private Haftpflichtversicherung haben – falls die ausgelaufene Waschmaschine oder eine angebohrte Leitung Schäden verursacht. Vielmehr benötigt ein Vermieter auch selber eine gesonderte Haus- und Grundbesitzerhaftpflichtpolice.

Für die Eigentümergemeinschaft schließt in der Regel der Verwalter eine Police ab. Die Beitragshöhe bemisst sich häufig nach der Bruttojahresmiete, nach der Versicherungshöhe, bis zu der Schäden abgedeckt sind, nach der Grundstücksgröße und der Zahl der Wohneinheiten im Gebäude. Meist kostet die Police nur kleine zweistellige Beträge pro Jahr. Diese Kosten dürfen Vermieter auf die Mieter umlegen. Verbraucherschützer empfehlen eine Deckungssumme von mindestens zehn Millionen Euro für die Police. Schadenssummen darüber sind extrem selten (mehr dazu in Finanztest 9/2019 S. 64–67).

Wer ein großes Bauvorhaben plant, der sollte an eine Bauherrenhaftpflicht für die Bauphase denken. Die üblichen Privathaftpflichtversicherungen decken Schäden ab, die anderen auf der Baustelle entstehen, aber nicht alle. Schauen Sie in Ihren Vertrag. Oft gilt die Deckung nur für Bausummen bis 50 000 Euro. Dabei zählen Eigenleistungen mit.

Gewässerschaden-Haftpflichtversicherung – empfehlenswert für Öltankbesitzer

Öltank ausgelaufen? Das kann teuer werden. Die Zahl der Unfälle hält sich zwar in Grenzen: 2017 zählte das Statistische Bundesamt 183

Hier würde die Elementarschadenversicherung die Bewohner vor einer existenziellen Belastung schützen.

Unfälle mit „Heizölverbraucheranlagen". Aber wenn so ein Öltank mal ausläuft, belaufen sich die Schäden oft auf fünf- oder gar sechsstellige Summen. Das Problem: Hauseigentümer haften auch, wenn sie schuldlos sind. Beispiel: Eine Heizungsfirma baut Öltanks auf der Baustelle ordnungsgemäß ein, ein Arbeiter vergisst aber später, eine Schelle wieder dranzuschrauben. Bei der ersten Heizöllieferung laufen 800 Liter Öl aus. Dass Spezialfirmen kontaminiertes Erdreich abtragen und Spezialisten Gesteinsschichten unterhalb des Hauses reinigen, kostet 30 000 Euro. Wer die Schelle vergaß, weiß keiner. Zahlen muss der Hauseigentümer.

Wenn Sie eine Privathaftpflichtversicherung haben, schauen Sie nach, ob Öltanks dort mitversichert sind. Falls nicht, bleibt Ihnen die Wahl, den Versicherer zu wechseln und eine Privathaftpflicht mit dem Einschluss „Öltanks" abzuschließen oder eine separate Gewässerschaden-Haftpflichtpolice (Anbieter im Test siehe Finanztest 9/2019 ab Seite 68).

Bauhelferversicherung – wichtig

Für alle Bauherren, die stark auf Eigenleistung setzen und sich beim Bau und Ausbau von Freunden oder Verwandten helfen lassen, ist eine private Bauhelferversicherung wichtig. Denn auf Baustellen passieren häufig Unfälle, vor allem wenn die Mitarbeitenden dort keine Profis sind, sondern Laien, die in ihrer Freizeit mit anpacken. Deshalb sollte man seine Helfer unbedingt absichern – und zwar im ureigenen Interesse, denn ein Schadenfall mit Personenschaden, der im schlimmsten Falle sogar die Invalidität des Helfers bedeutet, kann für Bauherren den finanziellen Ruin bedeuten, wenn dann sechsstellige Summen aufzubringen sind. Eine private Bauhelferpolice deckt solche Schäden ab. Ihre Kosten richten sich nach der Deckungssumme, die aber nicht pro Helfer gilt, sondern für alle Beteiligten zusammen. Ab 25 Euro pro Helfer sind solche Verträge zu haben (wenn der Helfer namentlich eingetragen wird) oder ab 40 Euro, wenn die Police alle Helfer pauschal ohne Namensnennung abdecken soll. Sie gelten für ein Jahr und müssten danach verlängert werden, wenn der Bau noch nicht fertiggestellt ist.

Zudem müssen die Helfer zwingend auch bei der Bau-Berufsgenossenschaft gemeldet werden, wenn sie mehr als 40 Stunden mithelfen, damit bei ihnen mindestens der gesetzliche Versicherungsschutz greift. Die Entschädigungssummen der gesetzlichen Berufsgenossenschaft sind jedoch im Ernstfall viel geringer als die Abdeckung durch die zusätzlichen privaten Policen. Doch meldet ein Bauherr seine privaten Helfer nicht bei der Berufsgenossenschaft an, drohen ihm bis zu 2 500 Euro Bußgeld. Nur wenn sämtliche Helfer unter der 40-Stundengrenze bleiben, kann man sich diese Anmeldung sparen. Die Berufsgenossenschaft fordert rund 1,30 bis 1,70 Euro je Helferstunde (die Sätze variieren je nach Bundesland). Das bedeutet für zwei gute Freunde, die rund 100 Stunden mithelfen immerhin rund 260 bis 340 Euro.

Elementarschadenversicherung – falls nötig

Gegen Naturkatastrophen sind Menschen machtlos, und sie richten oft großen Schaden an. Sie nehmen wegen des Klimawandels neuerdings auch hierzulande zu: Starkregen, Flussüberschwemmungen, Wasserrückstau, Erdrutsche, Erdsenkungen und Lawinen, all das deckt eine Elementarschadenversicherung ab, die als Zusatzoption zur Wohngebäudeversicherung zu bekommen ist. Der Extraschutz kostet häufig rund 100 Euro extra jährlich – wenn man ihn überhaupt bekommt.

Denn gerade in Gefährdungsgebieten ist die Absicherung gegen Hochwasser vielen Versicherern zu riskant. Die Betroffenen bekommen solche Policen entweder gar nicht oder nur sündhaft teuer. Es gibt einige wenige Versicherer, die Häuser auch in den Risikozonen Zürs 3 und Zürs 4 absichern. Zu diesen seltenen Ausnahmen gehört die Ergo, die in ihrem Tarif „Wohngebäude Spezial" jedes Haus in Zürs 3 und 4 ohne Einzelfallprüfung versichern will, wenn es seit fünf Jahren keine Vorschäden hatte.

Darüber hinaus sollten sich Hausbesitzer gerade in Hochwassergebieten auch überlegen, ob sie selber tätig werden können: Dass es angesichts des Klimawandels und der Starkregenereignisse häufiger auch zu Hochwasser kommen wird, halten Klimaforscher für ausgemacht. Man kann sich ein wenig dagegen wappnen, am besten, wenn der Bau noch nicht fertig ist: Private Bauherren können zum Beispiel Rückstausicherungen einbauen lassen, die gegen drückende Wassermassen aus der Kanalisation helfen. Auch robustere und pflegeleichtere Bodenbeläge wie Fliesen statt Teppichböden (oder gar Parkett) sollten wenigstens im Kellergeschoss und den unteren Etagen in Erwägung gezogen werden. Vor allem wenn sich das Haus noch im Bau befindet, kann man vieles noch mit einplanen.

Risikolebensversicherung – wäre gut

Wer eine Immobilie kauft und über die Bank finanziert, muss oft jahrzehntelang seine Schulden abstottern. Umso schlimmer ist es, wenn dem Hauptverdiener etwas zustößt und seine Familie die Raten nicht mehr tragen kann. Wer seine Angehörigen gegen diesen Fall absichern will, sollte eine Risikolebensversicherung abschließen. Sie zahlt im Ernstfall sechsstellige Beträge beim Tod des Versicherungsnehmers. Damit ließe sich eine Immobilie dann wenigstens schuldenfrei machen.

Ganz wichtig: Es geht hier um Risikolebensversicherungen, die nur im Todesfall zahlen. Sie sind für kleine Beiträge zu haben und kosten bei guten Anbietern rund 20 Euro im Monat. Es kommt dabei stark auf das eigene Alter und den Gesundheitszustand an sowie darauf, ob man zum Beispiel Raucher ist oder gefährliche Hobbys wie das Motorradfahren pflegt.

Etwas anderes sind kapitalbildende Lebensversicherungen, die manche Finanzberater auch gern empfehlen und die sie in der Vergangenheit nur zu oft an Immobilienfinanzierungen gekoppelt haben. Sie sind oft zehnmal so teuer. Es handelt sich dabei um Sparverträge. Doch die Kombination von Versicherung und Sparen ist unsinnig und viel zu teuer. Kapitallebensversicherungen erfordern über viele Jahre hohe Einzahlungen, die Sie besser zum Abtragen des Kredits nutzen sollten, als sie in eine kaum verzinste Versicherungspolice zu stecken.

Zudem fielen die Auszahlungen aus solchen Verträgen zuletzt so viel niedriger aus als vor langer Zeit ursprünglich prognostiziert, dass viele Immobilienkäufer in die Falle gerieten: Sie hatten die Auszahlungen fest zur Tilgung der Restschulden aus den Krediten eingerechnet. Aber oft reichte das Geld dann letztlich dafür nicht aus. Wenn Sie keine Finanzlücke riskieren wollen: Verzichten Sie auf solche Koppelgeschäfte. Dagegen ist eine reine Todesfallabsicherung mit einer Risikolebenspolice sinnvoll.

Hausratversicherung – empfehlenswert

Wenn ein Feuer gewütet hat, eingebrochen worden ist oder Wasserschäden aufgetreten sind, dann zahlt die Wohngebäudeversicherung nur die Schäden am Haus und an der Bausubstanz. Die Schäden an der Einrichtung dagegen zahlt sie nicht. Hier aber springt die Hausratversicherung ein. Viele Policen versichern außerdem noch teure Fahrräder mit. Die Hausratpolice ist daher empfehlenswert für die meisten Haushalte. Verzichtbar ist sie für Menschen, die nur wenig Hausrat haben, den sie preiswert neu beschaffen können, zum Beispiel Studenten, die in einem kleinen Apartment leben.

Wer besonders teure Antiquitäten besitzt, kann sie über eine Hausratpolice absichern. Er sollte dann allerdings auch achtgeben, dass er nicht unterversichert ist, sondern tatsächlich den Wiederbeschaffungswert erstattet bekäme – viele Möbel wie Omas Kommode sind vor allem ideell etwas wert, auf dem freien Markt dagegen wenig. In der Regel reichen 650 Euro pro Quadratmeter als Versicherungssumme aus.

Tipp: Es gibt die Police im günstigsten Fall schon ab 35 oder 50 Euro mit Selbstbeteiligung, meist kostet sie aber 130 bis 150 Euro aufwärts, je nach Wohnort, versichertem Wert der Einrichtung und Anbieter. Die Preisunterschiede sind dabei enorm, daher gut vergleichen (www.test.de/Vergleich-Hausratversicherung-4682054-0). Wertgegenstände wie Schmuck, die man zuhause aufbewahrt, werden übrigens von dieser Police oft nicht komplett abgedeckt. Viele Tarife sehen eine Maximalentschädigung von 20 000 Euro vor.

Restschuldversicherung – kann man machen, muss man aber nicht

Auch Krankheit oder Arbeitslosigkeit können dem Kreditnehmer einen Strich durch die Rechnung machen und ihn daran hindern, seine Schulden wie geplant abzutragen. In solchen Fällen bieten Restschuldversicherungen an, die verbliebenen Schulden zu tilgen. Häufig raten auch die finanzierenden Banken den Hauskäufern zum Abschluss solcher Versicherungen. Das leuchtet ein, wenn man weiß: In erster Linie schützen die Policen die kreditgebenden Banken selbst davor, dass ein Kredit platzt, weil der Kunde seine Raten nicht mehr bedienen kann. Für Banken sind sie daher wichtiger als für Konsumenten.

Restschuldversicherungen haben nämlich auch etliche Nachteile: Sie decken längst nicht alle Fälle ab, aus denen Menschen in Finanznot geraten, beispielsweise eine Scheidung. Liegen bereits Vorerkrankungen vor und werden Kreditnehmer deswegen arbeitsunfähig, schließen sie die Leistung in der Regel aus. Bei Arbeitslosigkeit springen sie nur für eine begrenzte Zeit ein. Findet der Kreditnehmer auch nach langer Suche keinen neuen Job, bekommt er also keine Leistungen mehr. Ältere bekommen solche Policen oft gar nicht. Bei ihnen halten Versicherungsgesellschaften das Risiko für zu hoch. Insgesamt verteuern solche Restschuldversicherungen die Finanzierung einer Immobilie, denn sie kosten für einen Kredit über 200 000 Euro und eine Laufzeit von 20 Jahren durchaus mal 1 000 bis 3 000 Euro.

Tipp: Für Eigennutzer kann eine Restschuldversicherung sinnvoll sein. Doch sie sollten eher darüber nachdenken, ihr Eigenheim notfalls zu vermieten, um es nicht verkaufen zu müssen. Noch besser und vor allem nachhaltiger als mit einer Restschuldversicherung können sich Eigentümer mit einer Berufsunfähigkeitspolice absichern. Damit sind sie gegen den Ausfall ihres Arbeitseinkommens abgesichert und nicht nur für die Jahre, in denen der Kredit läuft.

Glasbruch- und Umzugstransportversicherung – ist unnötig

Darüber hinaus versuchen Versicherungsvermittler allerlei andere Policen zu verkaufen, die Hausbesitzer vor angeblich gewaltigen Kosten schützen sollen. Meist zählt dazu die Glasbruchversicherung. Sie ersetzt Fensterscheiben und Wintergärten sowie Glasgegenstände, die im Haus zu Bruch gehen. Werden Glasflächen durch Stürme oder Hagel zerstört, so deckt allerdings bereits die Gebäudeversicherung diese Schäden ab. Ratsam ist diese Police am ehesten für Häuser mit großen Fensterflächen, zum Beispiel Wintergärten.

Auch die Umzugstransportversicherung können die meisten Kunden sich schenken. Sie soll Schäden ersetzen, die beim Einzug passieren und auch während der Fahrt des Möbeltransporters. Hier sind aber die Speditionsfirmen zu einer Grundhaftung verpflichtet. Geht dennoch mal eine Kiste mit Tellern zu Bruch, die man selber eingepackt hat – wofür dann die Firma nicht haftet – kann man das vermutlich gerade noch verschmerzen.

RECHTZEITIG EINBEZIEHEN: BANKEN UND BEHÖRDEN

Schon möglichst früh im Bau- und Kaufprozess sollte man eine Bank oder einen Kreditvermittler hinzuziehen. Am besten passiert das bereits, bevor Sie zur Begutachtung möglicher Wunschobjekte ausschwärmen, ob es nun Grundstücke sind, Hausbesichtigungen oder Musterwohnungen von Bauträgern.

Denn schon bei der Besichtigung kann es in angespannten Immobilienmärkten passieren, dass Makler oder Verkäufer den Kaufinteressierten fragen: „Können Sie mir eine Kreditzusage Ihrer Bank vorlegen?" Es gibt sogar Immobilienmakler, die den Kunden zuerst einbestellen, um seine Bonität abzuklären, und die ihm dann überhaupt erst Besichtigungstermine anbieten. Häufiger passiert so etwas, wenn die Vertriebseinheiten von Kreditinstituten oder Bausparkassen Immobilien anbieten. Daher gilt für Käufer: Wer sich schon frühzeitig darum kümmert, einen potenziellen Finanzier an seiner Seite zu haben, der weist sich auf dem Markt – und gegenüber den anderen Mitbewerbern unter den Kaufinteressenten – nicht nur als kreditwürdig aus, sondern als ernsthaft Suchender.

Man muss sich dazu nur einmal in die Rolle der Gegenseite hineinversetzten: Häufig haben es Makler auch mit „Besichtigungstouristen" zu tun, die sie zwar viel Zeit kosten, die aber eher aus Neugier Objekte ansehen wollen, ohne ernste Kaufabsichten zu hegen. Wer dagegen schon ein Finanzierungsangebot von der Bank in der Tasche hat, rutscht auf der Beliebtheitsliste der Makler gleich ein Stück nach oben. Und auch darauf kann es ankommen im Kampf um das Traumhaus.

Bereiten Sie sich auf Ihre Gespräche mit den Kreditgebern gut vor.

Für viele ist die Hausbank die erste Anlaufstelle, wenn es um den Immobilienkredit geht. Aber da es bei großen Darlehen um jede Nachkommastelle geht, ist sie nicht immer die beste Wahl. Spezialisierte Kreditvermittler bieten häufig bessere Konditionen oder andere Banken, die sich auf bestimmte Kundengruppen oder auf bestimmte Objektfinanzierungen spezialisiert haben. Deshalb: Immer Vergleichsangebote bei anderen Banken einholen!

Schließlich geht es bei der Baufinanzierung um die größte Investition, die man normalerweise im Laufe des Lebens tätigt. Da macht auch eine Abweichung von 0,1 Prozent vier- oder gar fünfstellige Beträge über die gesamte Laufzeit aus. Bei bundesweit tätigen Kreditvermittlern wie Dr. Klein oder Interhyp kann man sich im Erstgespräch grundsätzlich beraten lassen und durch Kreditkonditionenanfragen auch bereits Finanzierungsangebote für ein spezielles Objekt erhalten. Für die Erstberatung brauchen Sie zunächst keine großartigen Unterlagen. Es ist aber hilfreich, schon zwei oder drei Immobilienexposés mitzunehmen, damit sich der Berater ein Bild davon machen kann, wonach Sie suchen. Zudem müssen Sie drei Angaben möglichst genau machen können:

- Wie hoch sind Ihre regelmäßigen (Haushalts-)Einkünfte?
- Wie hoch sind Ihre monatlichen Ausgaben?
- Wie viel Eigenkapital bringen Sie mit?

Zu den Einkünften zählt nicht nur das eigene monatliche Nettoeinkommen, sondern auch weitere Einnahmen wie Kindergeld, Unterhalt, Kapitalerträge. Am besten, Sie erstellen einen Überblick über die eigenen Ausgaben: Wie hoch ist die derzeitige Miete? Wie viel geht monatlich für Versicherungen, Unterhaltszahlungen, Auto, Ratenkredite oder Leasing drauf? Daraus ermitteln die Berater (analog zum Kapitel: Finanzierung), wie hoch die spätere monatliche Kreditrate sein darf.

Die dritte wichtige Frage ist die zum Eigenkapital: Gibt es Guthaben auf Bank- oder Tagesgeldkonten? Möglicherweise Fondsanteile oder Wertpapierdepots? Bausparguthaben oder Auszahlungen aus Versicherungsverträgen, die bald fällig werden? All das verbessert Ihre Bonität.

Machen Sie dem Berater von Anfang an klar, welches Geld und welche Verträge Sie unbedingt als Reserve zurückbehalten wollen, zum Beispiel weil es Ihre Altersvorsorge ist. Denn natürlich wollen die Banken möglichst genau wissen, welches Geld bei Ihnen insgesamt zu holen wäre, falls Sie mit Ihrem Kredit später in Schwierigkeiten geraten sollten. Die

Institute wollen sich absichern für den Fall, dass Sie Ihre Raten nicht wie geplant bedienen können. Von daher kalkulieren sie gern sämtliche Vermögensbestände der Kunden mit ein. Aber: Das sollte Sie nun nicht dazu verleiten, sämtliche Finanzbestände auch wirklich zu verflüssigen.

Natürlich sollten Sie nicht aus übertriebener Vorsicht auf hohen Bargeldbeständen „sitzenbleiben", sondern möglichst viele liquide Mittel tatsächlich in die Finanzierung und die Nebenkosten stecken. Denn je mehr Eigenkapital Sie aufbringen, desto geringer ist die Kreditaufnahme und desto niedriger fällt die monatliche Belastung aus.

Vorsicht auch beim Einplanen künftiger Auszahlungen aus Fonds- oder gar Lebensversicherungsverträgen, mit denen Sie später die Schulden begleichen. Was ist, wenn diese Erträge nicht wie geplant fließen? Planen Sie entsprechenden Spielraum ein. Darüber ist es sinnvoll, sich die Möglichkeit zu sichern, größere Beträge in die Sondertilgung zu stecken, für den Fall, dass Sie später mehr Geld fürs Abzahlen übrig haben als gedacht, zum Beispiel durch eine unverhoffte Erbschaft.

Sehen Sie sich außerdem die Angebote der Banken genau an, auch wenn Sie alles im Detail mit dem Kreditvermittler gesprochen haben. Mit welcher Zinsbindungszeit wird dort gerechnet? Möglichst lang sollte sie in ausgeprägten Niedrigzinsphasen sein.

Und welche Restschuld ist nach Ablauf der Zinsbindung übrig? Viele Banken errechnen gern Lockangebote, bei denen die Monatsraten möglichst klein sind – die Tilgungsrate ist es dann allerdings auch: 500 Euro Abzahlung monatlich bei 200 000 Euro Kredit, das klingt fast für jeden tragbar. Kunden übersehen dabei gern, dass selbst nach 15 Jahren Laufzeit und einem Zinssatz von 1,5 Prozent nur wenig getilgt ist. Die Restschuld beträgt dann immer noch knapp 150 000 Euro. Das kann fatal sein, wenn sich bis zur Anschlussfinanzierung die Zinsen erhöhen. Liegt der Zins dann bei 4 Prozent, müssen beim Anschlusskredit plötzlich satte 933 Euro monatlich aufgebracht werden, damit das Darlehen dennoch innerhalb von 35 Jahren getilgt ist (nach 34 Jahren und 3 Monaten, um genau zu sein). Will man in 30 Jahren bereits seine Schulden los sein, wären es sogar 1 139 Euro. Das ist dann mehr als das Doppelte der jetzigen Rate.

Entdecken Kaufinteressenten ein Objekt, das in die engere Wahl kommt, können sie sich vom Kreditberater bereits vor der Besichtigung ein individuelles Finanzierungsangebot für diese Immobilie erstellen lassen. Manche Berater machen das auf telefonischen Zuruf oder sogar per Mailanfrage, wenn sie den Kunden bereits kennen. Vor allem in den stark umkämpften Immobilienmärkten der Großstädte ist es sinnvoll, so ein Angebot von der Bank bereits in der Tasche zu haben. Denn häufig gibt es nur eine einzige Besichtigung, bei der die Makler bereits verbindliche Zusagen einfordern. Da ist es gut, wenn man sicher ist, dass man sich das Objekt auch leisten kann.

Im Finanzierungsangebot stehen der eigene Name und die Konditionen der jeweils günstigsten Bank, die nach dem Vergleich von mehreren hundert Banken und Baufinanzierern herausgekommen ist. Aber keine Panik, wenn dort nicht der Name Ihrer bevorzugten Bank steht – es ist ja erst ein Angebot. Erst wenn Sie tatsächlich den Zuschlag für die Immobilie erhalten, stellt der Kreditvermittler die konkrete Kreditanfrage an die Wunschbank. Dann erst entscheiden Sie als Käufer, welches Angebot von welcher Bank Sie annehmen. Letztlich können Sie noch nach Konditionen wie Sondertilgungshöhe entscheiden, oder danach, welche Bank Ihnen am meisten zusagt. In jedem Fall aber wissen Sie bereits, welche Institute Ihnen sehr gute Konditionen gewähren würden, ohne selbst viele Institute abzuklappern.

Das kann im Übrigen auch nachteilig für Sie sein. Denn fragen Käufer auf eigene Faust bei mehreren Banken nach Kredit, dann müssen sie zumindest sicherstellen, dass Banken das nur als „Kreditkonditionenanfrage" behandeln und nicht als „Kreditanfrage". Denn bei beiden Verfahren melden die Banken die Daten des Kunden an die Bonitätsauskunftei Schufa, die Auskunft gibt, wie kreditwürdig der Kunde ist. Konditionenanfragen kann man sehr viele erstellen, aber werden in kurzer Zeit mehrere

Kreditanfragen bei der Schufa zu einer Person gemeldet, wertet die Auskunftei das als schlechtes Zeichen. Sie geht dann davon aus, dass der Kunde vermutlich bereits von Banken abgelehnt worden ist, das verschlechtert seinen Score. Das bedeutet in der Regel: Die nächste Bank, zu der Sie gehen, wird sicherheitshalber einen höheren Zinssatz verlangen, wenn sie Ihnen ein Angebot macht.

Die Dienste von Baufinanzierungsvermittlern kosten etwas Geld, dafür sparen sich die Banken den gesamten Beratungsaufwand, den sonst ihre eigenen Mitarbeiter aufbringen müssten. Üblicherweise kassieren die Vermittler rund ein Prozent der Kreditsumme, bei 200 000 Euro Kredit also 2 000 Euro. Bei der Hausbank bekommt der Kunde aber keinen so umfassenden Marktüberblick wie beim Vermittler. Letzterer kann meist auch gut einschätzen, ob der Kaufpreis für ein Objekt angemessen ist, aufgrund seiner Spezialisierung oft besser als der Hausbankberater, der nicht ausschließlich Immobilienfinanzierungen bearbeitet. Und er hilft oft, wenn die Formularschlacht beginnt, indem er dem Kunden lästige Arbeiten abnimmt, etwa das Beschaffen von Unterlagen beim Makler, Vorbesitzer oder Bauträger, da greifen Vermittler ihren Kunden nämlich häufig unter die Arme. Natürlich wird die Bank auch eine Schufa-Auskunft beantragen, das erledigt der Finanzierungsberater meist ohne großes Zutun des Kunden.

Außerdem kennen sie meist die Bearbeitungszeiten einzelner Banken. Gelegentlich können sie dort auch Abläufe beschleunigen oder die schnellsten Banken wählen, damit ein Deal nicht nur deshalb platzt, weil ein Verkäufer es besonders eilig hat – die Bank aber zu langsam ist.

Apropos beschleunigen: Wenn es um die vielen Formulare und Anträge geht, die Bauherren im Laufe des Bauprojekts beibringen und ausfüllen müssen, dann erscheinen ihnen oft die Behörden als lästiges Übel, zumal viele Prozesse dort lange dauern und von außen kaum einsehbar sind. Drängeln Sie die Beamten aber möglichst nicht und beschweren Sie sich auch nicht in unhöflicher Weise, wenn Sie den Eindruck haben, dass sie zu langsam ar-

Diese Unterlagen brauchen Sie für die Bank

Unsere Liste gibt einen Überblick über die Unterlagen, die Banken üblicherweise vor der Kreditvergabe verlangen. Je nach Bank, Immobilie und Finanzierung können die Anforderungen aber davon abweichen.

Unterlagen	Erhältlich bei
Persönliche Unterlagen	
Lohn- oder Gehaltsabrechnungen der letzten drei Monate	Arbeitgeber/eigene Unterlagen
Letzter Einkommensteuerbescheid oder Bescheide der letzten zwei oder drei Jahre	Finanzamt/Steuerberater/ eigene Unterlagen
Selbstständige: Bilanzen und Gewinnermittlungen der letzten zwei oder drei Jahre	Finanzamt/Steuerberater/ eigene Unterlagen
Selbstauskunft	Bank (Formular)
Eigenkapitalnachweise (Konto- und Depotauszüge, Schenkungsnachweis)	Bank/Versicherer/Bausparkasse
Kopie Personalausweis	Eigene Unterlage
Renteninformation (eventuell)	Rentenversicherung/ eigene Unterlagen
Nachweis bestehender Verbindlichkeiten	Bank/eigene Unterlagen
Unterlagen zur Immobilie	
Kaufvertrag oder Vertragsentwurf	Notar
Grundbuchauszug (nicht älter als drei Monate)	Grundbuchamt (Amtsgericht)
Baupläne/Grundrisse	Architekt/Makler/Verkäufer
Wohn-/Nutzflächenberechnung	Architekt/Makler/Verkäufer
Lageplan/Flurkarte	Makler/Verkäufer/Katasteramt
Fotos der Immobilie (Vorder- und Rückseite, Seitenansicht)	Eigene Aufnahmen
Nachweis Gebäudeversicherung	Versicherer/Makler/Verkäufer
Exposé oder Verkaufsprospekt	Makler/Verkäufer
Teilungserklärung (bei Eigentumswohnungen)	Grundbuchamt/Verwalter/Makler/ Verkäufer
Baugenehmigung (Neu- und Umbau)	Bauamt
Baukostenberechnung (Neubau/Modernisierung)	Architekt/Bauträger
Baubeschreibung/Werkvertrag (Neubau/ Modernisierung)	Architekt/Bauträger
Nachweis Rohbauversicherung (Neubau)	Versicherer/Makler/Verkäufer
Aufstellung über Eigenleistungen (Neubau/ Modernisierung)	Architekt/eigene Aufstellung

Beim Notar werden die Verträge verbindlich geschlossen.

beiten oder sich zu wenig Mühe geben. Denn wer weiß, an welchen Stellen Sie noch auf diese Beamte angewiesen sein werden. Sehen Sie lieber zu, dass Sie selber rechtzeitig alle Unterlagen beisammen haben und erkundigen Sie sich im Notfall höflich nach dem Stand der Bearbeitung – und danach, ob Sie selber noch etwas tun können. Das wirkt manchmal besser als jede Beschwerde.

Wenn alle Unterlagen bei der Bank vollständig vorliegen, dauert es meist einige Tage bis rund eine Woche, bis Banken alles geprüft und den Kredit bewilligt haben. Die kompletten Vertragsunterlagen erhalten Darlehensnehmer dann üblicherweise per Post, also den Kreditantrag, den die Bank bereits unterschrieben hat. Von Ihnen als Kunden unterschrieben werden und an die Bank zurückgesendet werden müssen diese Unterlagen dann noch, aber: Erst, wenn man diesen Kreditvertrag (und damit die eindeutige Finanzierungszusage von der Bank) auch wirklich in der Hand hat, geht es ab zum Notar. Um es noch einmal deutlich zu sagen: Ohne feste Bankzusage sollten Sie beim Notar besser keinen Kaufvertrag unterschreiben. Doch die endgültige Unterschrift unter den Bank-Kreditvertrag setzen Sie idealerweise natürlich erst, wenn der Kaufvertrag besiegelt ist. Denn platzt der Kauf noch beim Notar – weil einer der Beteiligten abspringt – dann bleiben Sie unter Umständen auf den Kosten sitzen, die dann die Bank von Ihnen verlangt. Dieser Schadenersatz für die Nichtabnahme des Kredits kann sich auf fünfstellige Summen belaufen, wenn Sie nicht schnell genug ein anderes Objekt finden, für das Sie den Kredit verwenden können.

Liegen Notartermin und der Abschluss des Kreditvertrags zeitlich dicht beieinander, ist die Reihenfolge bei der Vertragsunterzeichnung nicht ganz so entscheidend, denn ein 14tägiges Widerspruchsrecht gegen den Kreditvertrag haben Sie als Verbraucher von Rechts wegen in jedem Fall. Zudem verlangen einige Banken, dass der Kreditvertrag bereits VOR dem Kaufvertrag unterzeichnet wird. Der Vorteil für Sie liegt dann darin, dass beim Notar auch gleich die Grundschuld bestellt werden kann und Sie nicht ein zweites Mal zum Notar müssen.

Grundsätzlich ist auch ein Rücktritt vom Kaufvertrag möglich, sollte etwas Wichtiges schiefgehen. Etwa wenn am Ende doch keine Finanzierungszusage der Bank kommt oder eine Baugenehmigung nicht erteilt wird. Am besten sollten Sie deshalb schon im Kaufvertrag festhalten, dass ein „entschädigungsfreier Rücktritt" vom Vertrag in diesen Fällen möglich ist. Kosten fallen dann dennoch für Sie an, zum einen die Notarkosten, zudem können bereits Grundbuchkosten fällig sein.

Grundsätzlich hat der Käufer die freie Wahl, welchen Notar er wählt. Beim Notar leisten Sie die wichtigste Unterschrift im gesamten Prozess. Erst mit seiner Bestätigung ist der Haus- oder Grundstückskauf auch wirksam. Denn ohne notarielle Beurkundung ist in Deutschland keine Immobilienübertragung rechtsgültig. Der Termin selbst ist aber meist unspektakulärer als gedacht. Der Notar bestätigt den Kauf nicht nur, sondern soll dabei auch als Vermittler zwischen Käufer und Verkäufer wirken, damit keine der Parteien im Prozess benachteiligt wird. Schließlich ist das Immobilienrecht eine komplexe Angelegenheit, mit der viele Käufer zum ersten Mal in Berührung kommen. Das heißt, der Notar soll wirklich unabhängig beraten, wenn es noch Fragen zur Ausgestaltung des Kaufvertrags gibt – obwohl er vom Käufer bezahlt wird. Hegt man hier als Käufer Zweifel, sollte man zur Sicherheit die Meinung eines Amtskollegen einholen, also eine zweite Instanz.

Häufig allerdings beauftragt auch der Haus- oder Grundstücksverkäufer oder der Makler bereits den Notar, um den Verkauf schnell abzuwickeln. Das kann Vorteile für den Käufer haben, denn er muss sich nicht um die Suche nach einem Notar kümmern. Und ist er selber nicht der Auftraggeber des Notars, wird es auch schwerer, ihn dafür zur Kasse zu bitten und die Notarkosten von ihm zu verlangen, wenn der Kauf letztlich doch nicht zustande kommt. Entweder weil die Finanzierung des Kaufwilligen platzt oder weil der Verkäufer es sich anders überlegt. Denn beiden Parteien steht es bis zuletzt frei, doch noch vom Kauf Abstand zu nehmen, solange der notarielle Kaufvertrag nicht besiegelt ist.

Den Kaufvertragsentwurf schickt der Notar beiden Parteien bereits vor dem Notartermin zu. Darin sind alle relevanten Daten und Bestimmungen enthalten. Zudem nimmt der Notar auch Einblick ins Grundbuch, um die genauen Eigentumsverhältnisse zu klären: Sind noch Grundschulden von Kreditinstituten eingetragen, die beim Kauf abgelöst werden müssen? Besitzen Nachbarn irgendwelche Wegerechte, die den Neubesitzer einschränken? Über all das muss der Notar aufklären. Die Beteiligten haben dann Zeit, den Vertragsentwurf zu prüfen, bevor sie sich beim Notar treffen.

Ist der Grundstücks- oder Immobilienverkäufer ein gewerblicher Händler oder Bauträger, dann gilt für den privaten Käufer eine Zweiwochenfrist. Sie wird dem Verbraucher eingeräumt, damit er nicht von einem professionellen Immobilienhändler übervorteilt wird. Im Prinzip können alle Details des Vertragsentwurfs noch abgeändert werden, auch beim Beurkundungstermin. Wichtig ist aber: Lässt der Kaufwillige die Zweiwochenfrist verstreichen oder beginnt er gar, über einzelne Klauseln zu verhandeln und lässt er sie anpassen – übernimmt er also eine aktive Rolle – dann werden ihm in aller Regel auch die Notarkosten angelastet, wenn er später von der Kaufabsicht zurücktritt; selbst wenn er den Notar ursprünglich nicht beauftragt hat. Er habe dann eine „Auftragserteilung durch schlüssiges Handeln" gegeben, heißt das im Amtsdeutsch.

Ob ein Kaufwilliger dagegen bereits für einen Vertragsentwurf zahlen muss, wenn es keine weiteren Absprachen gegeben hat – er dessen Klauseln für nicht annehmbar hält – und zudem der Verkäufer von sich aus den Notar vorschnell beauftragt hat, ist unter Juristen strittig. Im Zweifel sollte man sich als Kaufwilliger darauf gefasst machen, dass es Geld kostet, sobald man eine schriftliche Zusage gegeben hat und die Maschinerie erst einmal angelaufen ist.

Vorsicht übrigens, wenn der Notar die Zweiwochenfrist bei gewerblichen Verkäufern nicht einhält, was in schnelllebigen Immobilienmärkten wohl häufiger passiert, wo insbesondere Bauträger oft die schnelle Vertragsunterzeichnung anstreben. Häufig stehen dann nachteilige Klauseln zu den Zahlungsmodalitäten in solchen Verträgen, warnen Verbraucherschutzbünde wie der Verband der Privaten Bauherren. Solche „Schnellverfahren" werfen insbesondere Fragen zur Qualität des Notars auf. In solchen Fällen gilt es, den Vertragsentwurf unbedingt genauer zu prüfen als ohnehin schon. Schalten Sie am besten einen Immobilienjuristen ein oder sprechen Sie zumindest den Notar darauf an. Kommt es in solchen Fällen später zu Prozessen, so sollten Gerichte im Sinne des Verbrauchers urteilen, lautet eine höchstrichterliche Entscheidung des Bundesgerichtshofs (III ZR 292/14). Denn hat der Kunde nicht genügend Zeit zur Vertragsprüfung gehabt, dann hat der Notar seine Pflicht verletzt.

Tipp: Was unbedingt im Kaufvertrag festgehalten werden sollte, das sind etwaige Nebenabreden, zum Beispiel ob Einbauten, Einbauküchen oder Großmöbel übernommen werden – und zu welchem Preis. Außerdem sollten im Vertrag alle Sachmängel dokumentiert sein, die dem Besitzer bekannt sind und die für den Käufer bei der Besichtigung nicht offensichtlich sind. Grundsätzlich gilt: Der Vorbesitzer muss Auskunft geben, wenn er einen Mangel kennt. Verschweigt er ihn arglistig, kann der Käufer vom Vertrag zurücktreten. Ihm sind dann sämtliche Kosten für den Kauf zurückzuerstatten inklusive bereits getätigter Sanierungen und

Kaufnebenkosten. Das kann enorm teuer für den Verkäufer werden.

Nun kommt das große Aber: Arglist ist den Verkäufern nur sehr schwer nachzuweisen. Und was ist, wenn der Verkäufer vom Mangel selbst nichts wusste, weil der Schimmel in der Wand eben nicht von außen sichtbar ist? Und er das Leck an Heizung oder Dach selber noch nicht entdeckt hat? Milde urteilen Richter insbesondere, wenn ein Vorbesitzer nicht selbst im Haus wohnte, weil er die Immobilie vermietet oder geerbt hat.

Anders sieht es aus bei „offenbarungspflichtigen Baumängeln", also wenn gesundheitsschädliche Stoffe verbaut worden sind wie Holzschutzmittel oder Asbest. In solchen Fällen müssen die Altbesitzer zwingend von sich aus aufklären. Und Gerichte gehen davon aus, dass bei der Verwendung bestimmter Bauteile auch den Vorbesitzern klar sein muss, dass sie schädliche Stoffe enthalten. Hier schützt Unwissenheit also nicht vor Strafe. Umgekehrt gilt aber ebenso: Der Käufer muss in solchen Fällen ebenso wissen, dass bei bestimmten Baujahren mit Schadstoffen zu rechnen ist. Geht er einem Verdacht auf Schadstoffbelastung selber nicht nach, dann geht die Gefahrenlast auf ihn über, so entschieden die Gerichte bereits. Lassen Sie es darauf nicht ankommen und schalten Sie notfalls einen Gutachter ein – und halten Sie Ihre Fragen und den Sachstand des Verkäufers im Notarvertrag fest. Denn laut Bundesgerichtshof zählt im Falle eines Streits, was im Notarvertrag steht.

Gibt es keine großen Fragen im Vorfeld zu klären, läuft der eigentliche Termin beim Notar oft sehr unspektakulär ab. Bisweilen dauert er sogar nur wenige Minuten. Die Personalien der Beteiligten werden aufgenommen und der Kaufvertrag verlesen. Änderungen notiert der Notar handschriftlich, sie werden dann später mit der endgültigen Urkunde verschickt. Jetzt wird auch unterschrieben und diese Unterschrift gilt. Der Vertrag ist rechtsgültig. Eine Abschrift kommt nach einigen Tagen mit Siegel und Rechnung per Post. Danach gilt der Notar noch als Ansprechpartner, falls es zu Fragen und Problemen bei der Bezahlung und Eigentumsumschreibung kommen sollte. Er lotst sozusagen die Beteiligten durch den Prozess und kümmert sich auch um den Grundbucheintrag.

Die Änderungen im Grundbuch veranlasst der Notar nach der Unterzeichnung des Kaufvertrags ebenfalls. Zuerst wird eine Auflassungsvormerkung zugunsten des Käufers eingetragen. Sie kostet einige hundert Euro und stellt sicher: Er allein besitzt nun das vertragliche Recht, die Immobilie zu erwerben. Niemand anders kann sie ihm durch ein schnelleres Bezahlen des Kaufpreises „wegschnappen". Und etwaige Gläubiger des Verkäufers können die Immobilie auch nicht mehr pfänden oder beschlagnahmen, um zu ihrem Geld zu kommen. Nur unter Familienangehörigen, die sich vertrauen, kann man ausnahmsweise einmal auf die Auflassungsvormerkung verzichten. Sonst aber ist sie unbedingt ratsam, damit man als Käufer nicht im schlimmsten Fall sein Geld überwiesen hat, aber die Immobilie trotzdem nicht bekommt.

Außerdem sorgt der Notar dafür, dass die Bank des Käufers im Grundbuch eingetragen wird. Sie finanziert den Kredit und wird folglich als Gläubiger eingetragen. Das passiert über die Grundschuldbestellungsurkunde.

Der Käufer muss parallel dazu die Nebenkosten bezahlen, also den Makler, den Notar und die Gebühren fürs Grundbuchamt und das Finanzamt. Das Finanzamt wird ebenfalls vom Notar benachrichtigt, es erhält eine Kopie des Kaufvertrags. Daraufhin wird die Grunderwerbsteuer festgesetzt.

Wenn alle Voraussetzungen erfüllt sind, die im Kaufvertrag stehen, schickt der Notar dem Käufer eine Aufforderung, den Kaufpreis zu zahlen und zwar auf das Bankkonto des Verkäufers. Dann tritt die finanzierende Bank in Aktion, sie überweist den Kreditbetrag direkt an den Verkäufer. Den Eigenkapitalanteil, der ebenfalls an den Altbesitzer oder Bauträger fließt, muss man selber auf dessen Konto überweisen. Damit ist der Kauf dann abgeschlossen.

GRUNDSTÜCK- UND HAUSSUCHE

WIE FINDE ICH EIN GRUNDSTÜCK?

Insbesondere in Ballungsräumen ist die Grundstücksuche oftmals das schwierigste Unterfangen bei der gesamten Baumaßnahme. Neben der herkömmlichen Methode, einen Immobilienmakler damit zu beauftragen, ein Grundstück zu finden, gibt es zahlreiche weitere Möglichkeiten. So kann es sehr vielversprechend sein, wenn Sie sich an die Gemeindeverwaltungen Ihres Umkreises wenden und bei diesen anfragen, ob neue Baugebiete für Anwohner ausgewiesen werden. In großen Ballungszentren gibt es oftmals Maßnahmen, mit denen Wohnraum geschaffen werden soll und bei denen Bauherren nach bestimmten Kriterien ausgewählt werden.

Bei Gemeinden gibt es vielfach Bewerbungsverfahren für Bauplätze, bei denen bestimmte Kriterien abgefragt werden. Sie gewichten diese Kriterien je nach Intention, die sie mit den Grundstücken haben. In der Regel sind dies:

- Jahreseinkommen,
- Anzahl der im Haushalt lebenden Kinder,
- derzeitiger Wohnort,
- geplante Bauweise,
- Ökobilanz des geplanten Gebäudes
- etc.

Schließlich besteht auch die Möglichkeit, sich an Bauunternehmen, Generalunter- oder Generalübernehmer sowie Fertighaushersteller zu wenden. Diese verfügen oftmals über Grundstücke in ihrem Portfolio, die sie dann an Kaufinteressenten vermitteln, um ihre Produkte besser verkaufen zu können.

Während in den ländlich geprägten Regionen die Beschaffung des Baugrunds in der Regel kein Problem ist, ist dies insbesondere in den Ballungszentren äußerst kompliziert ge-

Typisches Neubaugebiet mit reichlich Platz für neue Bauvorhaben.

Tipp: Bewerbungsverfahren für Bauplätze

Scheuen Sie sich nicht, sich dafür zu bewerben, auch wenn Sie augenscheinlich nicht viele der Bedingungen erfüllen. Oftmals schreckt ein solches Verfahren viele Suchende ab, so dass tatsächlich gar nicht so viele Bewerber vorhanden sind. Zudem kann es sein, dass andere potentielle Kauferwerber die geforderten Kriterien noch weniger erfüllen als Sie oder ihr Interesse an diesem Baugrund verlieren und Sie somit plötzlich auf einem Nachrückerplatz liegen.

worden. Scheuen Sie sich daher durchaus nicht, auch unkonventionelle Wege zu gehen. Fragen Sie Ihren Architekten oder fragen Sie auch mal direkt bei Eigentümern anderer Immobilien, ob diese nicht verkaufen wollen.

In größeren Städten werden zunehmend Baugruppen durch die Kommunen gefördert. Viele Städte haben insoweit bei den Liegenschaftsämtern Beauftragte für Baugruppen eingerichtet, bei denen man sich registrieren, aber auch darüber informieren kann, welche Baugruppenprojekte in den Städten zur Realisierung anstehen. Bei diesen Baugruppenrealisierungen verkauft die Stadt in der Regel ein Grundstück sehr günstig an eine Gemeinschaft von Bauwilligen, auf dem ein Mehrfamilienhaus errichtet werden kann. Diese Baugruppe muss dann selbst und mit dem zu realisierenden Gebäude in der Regel ebenfalls gewisse Kriterien erfüllen, um den Zuschlag zu bekommen. Auch hier werden üblicherweise die Kriterien wie folgt abgefragt:

- Jahreseinkommen der Mitglieder der Baugruppe,
- Sozialschlüssel (das heißt, es wird in der Regel gefordert, dass auch Haushalte mit niedrigen Einkommen vertreten sind).
- im Haushalt der Erwerber lebende Kinder,
- Energiekonzept,
- etc.

Auch hier gilt: Lassen Sie sich nicht abschrecken von den Forderungskatalogen. In der Regel können diese immer erfüllt werden. Sollten sich die von der Gemeinde geforderten Kriterien als zu teuer oder unlösbar erweisen, muss gegebenenfalls mit der Gemeinde nachverhandelt werden. Es gibt Architekten, Ingenieure und andere Fachleute, die sich mit solchen Sachen auskennen und zu finden gilt.

In jedem Fall besteht der Vorteil, ein Grundstück direkt von einer Privatperson oder einer Kommune zu erwerben, darin, dass keine Maklergebühren anfallen. In der Regel müssen auf dem Grundstück auch keine Fäll- oder Abbrucharbeiten mehr vorgenommen werden. Im Gegenteil: Das Grundstück ist zum Bebauen gedacht und wird dann im Rahmen des Baugenehmigungsverfahrens privilegiert behandelt.

Es ist auch immer zu empfehlen, bei der Suche „mehrgleisig zu fahren“. Setzen Sie nicht nur auf einen Makler oder auf eine Bewerbung. Bewerben Sie sich bei möglichst vielen Gelegenheiten und lassen Sie sich nicht durch kleinere Rückschläge frustrieren.

Der Kauf eines Grundstücks will überlegt sein. Wägen Sie die Kompromisse, welche Sie einzugehen bereit sind, genau ab, und vor allen Dingen, bevor Sie das Grundstück erwerben: Schauen Sie es sich bei gutem wie bei schlechtem Wetter sowie an Werktagen und Wochenenden an. Sind Sie sich wegen der Lage oder des Umfelds nicht sicher, kann es auch helfen, sich bei den öffentlichen Stellen über die Lage, das Einzugsgebiet für Grundschulen, Gemeindeteile etc. zu erkundigen.

Machen Sie sich immer klar, dass eine Immobilie nur so lange ihren Wert hält oder steigern kann, wie das Umfeld der Immobilie auch werthaltig ist. Überlegen Sie deshalb genau, welches Grundstück Sie dann tatsächlich erwerben.

Schließlich sei noch auf eines verwiesen: Machen Sie sich bewusst, dass ein Grundstückskaufvertrag immer erst dann geschlossen ist, wenn „die Tinte beim Notar trocken ist“. Bis dahin sind Versprechungen von Verkäufern in der Regel wenig bis nichts wert, und Sie sind auch noch keinerlei Bindung eingegangen.

DIE BEAUFTRAGUNG EINES MAKLERS

Insbesondere bei Bestandsimmobilien oder bei schwierigen Immobilien neigen Eigentümer dazu, Makler zu beauftragen. Der Makler gewährleistet aus Sicht des Verkäufers, dass der beste Käufer gefunden wird und dass eine Abwicklung emotionslos und neutral erfolgt. Vielfach sind Eigentümer, die jahrelang in einem Verkaufsobjekt gewohnt oder ein Familiengrundstück geerbt haben, natürlich auch mit diesem verwachsen und haben gewisse emotionale Bindungen an dieses Objekt.

Erwerber betrachten die eine spezielle Immobilie selbstverständlich aus ganz anderen Blickwinkeln und vor allen Dingen nach ihrem Bedarf. Bei diesen unterschiedlichen Sichtweisen kann es zu erheblichen Spannungen kommen und auch zu Dissonanzen, die dem eigentlichen Geschäft abträglich wären. Ein Makler kann zwischen den Interessen des Verkäufers und des Käufers vermitteln und durch die Vermittlung einen erfolgreichen Abschluss des Kaufvertrags ermöglichen.

Hat sich der Verkäufer oder auch der Käufer entschlossen, einen Makler mit der Vermittlung oder dem Suchen eines Grundstücks zu beauftragen, so ist gemäß § 652 BGB eine Maklerprovision zu entrichten. Diese ist frei verhandelbar, wobei in jeder Region der Bundesrepublik andere Tarife üblich sind.

Der Maklervertrag

Zu unterscheiden ist zunächst zwischen der Vermittlung eines Mietobjekts und dem Verkauf einer Immobilie. Während bei der Vermittlung einer Vermietung seit dem 01.07.2015 das gesetzlich eingeführte Bestellerprinzip gilt, gilt bei dem Verkauf von Immobilien nach wie vor das Vermittlungs- oder Nachweisprinzip.

Der Verkäufer eines Grundstücks hat zudem sehr viele Möglichkeiten, den Makler zu beauftragen. Vieles wird davon abhängen, ob der Makler einen qualifizierten Alleinauftrag, einen Makleralleinauftrag oder einen einfachen Maklerauftrag erhalten hat.

- Lediglich beim qualifizierten Makleralleinauftrag darf nur der Makler das Grundstück vermarkten und hat sich dies vertraglich auch zusichern lassen.
- Beim Makleralleinauftrag kann der Erwerber selbst ebenfalls das Grundstück vermarkten, so dass es sich aus Sicht des Käufers unter Umständen lohnt, den Makler hier zu umgehen.
- Beim einfachen Maklerauftrag kann der sowohl der Eigentümer, aber auch jeder andere Makler das Grundstück veräußern, und wer den Verkauf tätigt beziehungsweise vermittelt, erhält dann die entsprechende Provision.

Schließlich gibt es noch Möglichkeiten, dass der Verkäufer den Makler unter der Bedingung beauftragt, dass dieser seinen Maklerlohn vom Käufer erhält. In diesem Fall liegt eigentlich kein Maklervertrag, sondern lediglich ein Auftrag vor, denn ohne das Versprechen eines Maklerlohnes besteht zunächst kein Maklervertrag im Sinne des Gesetzes.

Wird ein Makler trotzdem tätig, muss er sehr darauf bedacht sein, sich den Maklerlohn vom Käufer zu holen, also mit ihm einen Vertrag zu schließen. Beachten Sie dabei, dass Maklerverträge nicht der Schriftform bedürfen. Auch ein mündlicher Maklerauftrag ist ein Vertrag, der wirksam ist.

An dieser Stelle ist anzumerken, dass der BGH wiederholt entschieden hat, dass allein durch die Zusendung von Exposés grundsätzlich kein Maklerauftrag zu Stande kommt, zuletzt durch Urteil vom 21.11.2018, I ZR 10/18. Allerdings besteht ein solcher Maklerauftrag immer dann, wenn in Kenntnis der Vergütungspflicht eine Maklertätigkeit in Anspruch genommen wird. Werden also in einer Verkaufsanzeige in der Zeitung oder im Internet bereits Konditionen und Bedingungen genannt, und folgen in Kenntnis dieser Konditionen weitere Handlungen, dann wird eine Provision für den Makler beim erfolgreichen Abschluss eines Kaufvertrags fällig werden.

Bitte beachten Sie auch, dass diese Grundsätze auch für sogenannte Gelegenheitsmakler (manchmal Bekannte, Freunde oder sonstige Dritte) gelten, die Ihnen ein Grundstück anbieten. Weisen diese auf eine Vergütungspflicht hin, wird eine entsprechende Maklerprovision fällig (vgl. hierzu auch OLG Zweibrücken, Urteil vom 11.12.2018, 5 U 65/18).

Fälligkeit der Maklerprovision

Grundsätzlich wird die Maklerprovision erst dann fällig, wenn ein rechtlich wirksamer Grundstückskaufvertrag abgeschlossen worden ist. Vorverträge oder unter einer Bedingung geschlossene Verträge lösen noch keinen Provisionsanspruch aus.

Wichtig: Voraussetzung für die Fälligkeit des Maklerlohns ist, dass der Grundstückskaufvertrag rechtsgültig geworden ist und von keiner der jeweiligen Parteien entsprechend den vertraglichen Vereinbarungen rückabgewickelt werden kann. Behält sich also eine Partei beispielsweise ein Rücktrittsrecht für bestimmte Umstände vor und kommt es zu diesem Rücktrittsfall, so ist die Maklerprovision nicht fällig!

Anders ist die Situation aber dann zu bewerten, wenn der Kaufvertrag nach Abschluss des Kaufvertrags angefochten wird, weil Mängel im Grundstück vorhanden sind. Hier verbleibt es zunächst bei der Maklerprovision, so dass diese zu bezahlen ist. Die rückabwickelnde beziehungsweise die wegen Pflichtverletzung klagende Partei kann dann aber gegebenenfalls die Maklercourtage im Wege des

Wenn Sie mit einem Makler in Kontakt stehen, klären Sie am besten früh und schriftlich, für welche Leistungen ein Maklerhonorar in welcher Höhe vereinbart ist.

Schadenersatzes gegebenenfalls gerichtlich geltend machen.

Wird der Kaufvertrag wegen arglistiger Täuschung angefochten (weil beispielsweise der Verkäufer vorsätzlich falsche Angaben gemacht oder andere für den Käufer wesentliche Umstände verheimlicht hat), wird der Vertrag „ex tunc" nichtig, das heißt, der Makler hat rechtlich nie an einem wirksamen Vertragsabschluss mitgewirkt, so dass dessen Maklercourtage nachträglich vollständig entfallen ist.

Gelegentlich vereinbaren Makler Reservierungsgebühren in ihren AGB. Diese sind bei Nichtzustandekommen eines Kaufvertrags gemäß § 307 Abs. 1 BGB in der Regel unwirksam beziehungsweise nach § 125 BGB formunwirksam. Nach § 812 Abs. 1 BGB ist daher die Gebühr in der Regel an den Käufer, sofern er Verbraucher ist, zurückzuerstatten. Dies aber nur dann, wenn sich für den Verbraucher kein nennenswerter Vorteil aus der aufgenötigten Gebühr ergibt.

Arten der Beauftragung des Maklers

Die verschiedenen Möglichkeiten, wie Makler beauftragt werden können, haben wir bereits beschrieben (siehe Seite 174). Des Weiteren ist aber bei der Beauftragung eines Maklers noch darauf zu achten, wann die Provision anfällt. Hierbei wird unterschieden zwischen dem Nachweismakler und dem Vermittlungsmakler.

Bei einem Nachweismakler braucht der Makler nicht viel zu unternehmen, um die vereinbarte Provision zu verdienen. Es reicht eine

Tätigkeit des Maklers aus, die zumindest ursächlich für den Kaufvertragsabschluss zwischen den Vertragsparteien gewesen ist. Dies können beispielsweise die Benennung eines Interessenten oder die Adresse des Grundstücks oder die Kontaktdaten eines verkaufswilligen Immobilieneigentümers sein.

Merke: Beim Nachweismakler muss sich der Abschluss des Hauptvertrags zumindest auch als Ergebnis einer für den Erwerb wesentlichen Maklerleistung darstellen. Davon ist regelmäßig auszugehen, wenn der Kunde durch den Nachweis des Maklers den konkreten Anlass bekommen hat, sich um das nachgewiesene Objekt zu kümmern.

Davon zu unterscheiden sind Vermittlungsmaklerverträge, bei denen der Makler Vermittlungstätigkeiten aufgenommen haben muss, die wiederum kausal zum Abschluss des Grundstückskaufvertrags geführt haben müssen. Insbesondere bei einem Vermittlungsmakler verlangt der Bundesgerichtshof (BGH) für das Anfallen des Provisionsanspruchs eine konkrete Vermittlungsleistung, die er für den Verkäufer oder auch Käufer erbracht haben muss, die auch erbracht worden ist und nachgewiesen werden kann. In diesem Zusammenhang hat der BGH mehrfach betont, dass eine Vermittlungsleistung nur dann vorliegt, wenn der Makler die Abschlussbereitschaft des Vertragspartners des zukünftigen Hauptvertrags bewusst final herbeiführt (vgl. BGH, Urteil vom 21.11.2018 – I ZR 10/18). In der Regel werden Vermittlungsmakler auch bei Abschluss des Kaufvertrags tätig und unternehmen hier Vermittlungstätigkeiten zwischen Käufer und Verkäufer. Sie erstellen Exposés, veröffentlichen diese, organisieren Besichtigungstermine etc.

Unzureichend und keine ausreichende Vermittlungstätigkeit ist daher die Zusendung eines Exposés und die Durchführung eines Besichtigungstermins für die Kaufinteressenten. Dies gilt auch, wenn der Makler lediglich einzelne Fragen zum Grundstück beantwortet, da

Tipp: Maklerauftäge

Klären Sie mit dem Makler immer gleich zu Beginn genau ab, wann seine Provision fällig wird. In der Regel sollte Sie auf einer Vermittlungstätigkeit bestehen, da hier der Makler mehr Leistungen erbringen muss. Zudem plant die Bundesregierung ein Gesetz zu beschließen, wonach die Maklergebühren des Verkäufer und des Käufers immer gleich hoch sein müssen.

Der Makler kann nur ein Honorar verlangen, wenn er Ihnen ein Objekt vermittelt, das seinem Auftrag entspricht.

es sich hierbei regelmäßig um die Weitergabe von Einzelinformationen handelt. Reine Botentätigkeiten des Maklers sind keine Vermittlungstätigkeiten.
Merke: Das Aufgabenfeld eines Vermittlungsmaklers ist wesentlich weiter gefasst. Er gibt nicht nur Adressen weiter, sondern kümmert sich auch aktiv: Zu seinen wesentlichen Aufgaben gehört zum Beispiel, sich um die Vertragsverhandlungen zwischen Anbieter und potenziellem Käufer zu kümmern.

Weitere Voraussetzung, damit ein Maklerlohn beim Vermittlungsmakler anfällt, ist immer auch, dass der letztlich abgeschlossene Kaufvertrag dem entsprechen muss, was Inhalt des Maklerauftrags gewesen ist. Weichen Maklerauftrag und Abschluss des Kaufvertrags zu weit voneinander ab, kann ein Fall eintreten, in dem eine Maklerprovision nicht geschuldet ist. Ändert sich also das zu verkaufende Grundstück wesentlich in Größe, Form oder wird es gar ein ganz neues Objekt, das verkauft wird, hat der Vermittlungsmakler daraus keinen Anspruch mehr auf die Maklercourtage.

Das Verwirken des Maklerlohns

Gelegentlich kommt es zum Abschluss eines wirksamen Kaufvertrags und gleichwohl ist kein Maklerlohn fällig. Dies kann beispielsweise in folgenden Fällen gelten:

- Der Kaufvertrag kommt mit einem Dritten zu Stande, der nicht vom Makler vermittelt wurde, aber von einem Kaufinteressenten, den der Makler vermittelt hatte (vgl. BGH, Urteil vom 21.11.2018, I ZR 10/18).
- Das Verwirken des Maklerlohns kann gemäß § 654 BGB dann erfolgen, wenn der Makler ein Fehlverhalten begangen hat (vgl. § 654 BGB). Die Rechtsprechung ist sich darüber einig, dass dieser Paragraf Strafcharakter hat. Das bedeutet, dass dem Maklerkunden nicht unbedingt ein Schaden entstanden sein muss (vgl. BGH Z 36, 323). Es reicht aus, wenn beim Makler ein vorsätzliches oder ein zumindest dem Vorsatz nahekommendes, grob leichtfertiges Fehlverhalten vorliegt. Ein solches ist gegeben bei fehlerhaften Angaben
- zur Wohnfläche,
- zu sonstigen wesentlichen Eigenschaften des Vertragsgegenstands (vgl. OLG Düsseldorf, IBR 1999, 387) oder des Bauwerks der Immobilie (OLG Karlsruhe, Urteil 11.02.1999 – 15 U 71/98),
- fehlerhafter Angabe der Höhe der Mieterträge (Kammergericht GE 2012, 615), die dem Makler in einer grob leichtfertigen Weise anzulasten ist,
- wenn der Makler erkennt, dass seine Angaben fehlerhaft sind und er eine Korrektur beziehungsweise eine Aufklärung seines Kunden hierüber unterlässt (vgl. Kammergericht, IMR 2012, 121).
- Schließlich gibt es unwirksame Klauseln, beispielsweise dass eine Maklerprovision in doppelter Höhe dann fällig werden soll, wenn der Hauptvertrag erst nach dem Ende der Laufzeit des Maklervertrags zu Stande kommt (vgl. OLG Düsseldorf, Urteil vom 07.10.2016 7 U 122/15).

Widerruf von Maklerverträgen

Im Internet geschlossene Maklerverträge können widerrufen werden, wenn eine ordentliche Widerrufsbelehrung nicht unterschrieben und abgeschlossen worden ist. Die Belehrung über das Widerrufsrecht muss schriftlich nach einem bestimmten Muster in einem Widerrufsformular erfolgen. Der BGH bestätigt seine Rechtsprechung zum Widerrufsrecht bei Fernabsatzverträgen wiederholt. Eine solche Widerrufserklärung kann auch lediglich darin liegen, dass der Maklerkunde deutlich zum Ausdruck bringt, er wolle den Vertrag von Anfang an nicht gelten lassen (vgl. IMR 2017, 336).

Das Widerrufsrecht bei einer fehlenden Widerrufsbelehrung besteht genau 1 Jahr und 14 Monate ab Beauftragung des Maklers. Im Hinblick auf die Fernabsatzrichtlinie, die seit 13.06.2014 in Kraft ist (2011/83/EU), gilt dies auch für alle schriftlichen Verträge, die außerhalb der Geschäftsräume des Maklers geschlossen worden sind.

Selbst bei ordnungsgemäßer Widerrufsbelehrung kann der Auftraggeber den als Fernabsatzvertrag geschlossenen Maklervertrag innerhalb von 14 Tagen nach Vertragsschluss ohne Angabe von Gründen widerrufen.

DAS GRUNDSTÜCK

Wie ein Grundstück erworben werden kann und wie hier am besten vorgegangen wird, wurde bereits erläutert. Steht ein Grundstück zum Kauf an, sollten sich die Interessenten vor dem Kauf nochmals klar verdeutlichen, ob das Grundstück tatsächlich für sie geeignet ist. Hierzu sind die Lage, der Ort, die Distanzen, aber auch die monatliche finanzielle Belastung genau durchzukalkulieren.

Grundstück und öffentliches Baurecht

Achten Sie auch bei dem Erwerb des Grundstücks darauf, ob das Grundstück im Geltungsbereich eines gültigen Bebauungsplans liegt, der von der Gemeinde erlassen worden ist. Liegt ein rechtsgültiger Bebauungsplan vor, so haben Sie Sicherheit, was die Möglichkeiten der baulichen Realisierung angeht. Denn der Bebauungsplan regelt, was zulässig und was unzulässig ist. Nähere Informationen sollten hier bei einem Architekten eingeholt werden. Normalerweise gibt es bei sehr frisch erschlossenen Baugebieten keine beziehungsweise wenig Möglichkeiten, Befreiungen zu erlangen. Ist das Baugebiet älter und finden bereits erste Nachverdichtungen statt, können oftmals auch Befreiungen erteilt werden, wenn beispielsweise ein anderes Grundstück in der Nähe eine solche Befreiung bereits erhalten hat. Hier sollten Sie beim Erwerb des Grundstücks durchaus einmal prüfen, wie die Nachbargrundstücke zwischenzeitlich bebaut worden sind.

Merke: Hat ein Nachbar einen illegalen Anbau getätigt, haben Sie keinen Anspruch, ebenfalls einen solchen Anbau zu tätigen. Hat der Nachbar aber mit Genehmigung des Baurechtsamts einen solchen Anbau getätigt, besteht im Wege des Gleichbehandlungsgrundsatzes in der Regel ebenfalls ein Anspruch auf Genehmigung eines solchen Anbaus beziehungsweise eine ähnliche Baumaßnahme. Gehen Sie also bereits vor Erwerb des Grundstücks zum Baurechtsamt und erörtern dort Ihre Planungsabsichten.

Der Vorteil des Erwerbs eines Grundstücks im Geltungsbereich eines gültigen Bebauungsplans ist, dass Baumaßnahmen oftmals schneller realisiert werden können als dies im unbeplanten Innenbereich gemäß § 34 BauGB der Fall ist.

Sofern Bauherren sich lediglich an den Bebauungsplan halten und keine Abweichungen hiervon wünschen, gibt es auch die Möglichkeit, im sogenannten Kenntnisgabeverfahren (vgl. beispielsweise § 51 LBO BW) innerhalb von wenigen Wochen eine Baugenehmigung zu erlangen. Dies kann wirtschaftlich sehr interessant und bedeutend sein.

Tipp: Grundstück prüfen

In Immobilienkreisen gibt es drei Kriterien, die den Wert eines Grundstücks beeinflussen: Lage, Lage, Lage.

Prüfen sie also die äußeren Einflüsse auf das Grundstück. Versäumen Sie es nicht, das Grundstück mehrfach bei Tag, bei Nacht, bei gutem und bei schlechtem Wetter zu besuchen. Sind Sie dort in der Nähe einer erkennbaren Lärmquelle, vergewissern Sie sich, wann die Lärmzeiten sind und mit welchen Beeinträchtigungen zu rechnen ist.

Auflagen, beispielsweise in einer Baugenehmigung nach Schallschutzfenstern, lassen immer darauf schließen, dass eine hohe Lärmbelastung gegeben ist, die auch Ihre Lebensqualität negativ beeinträchtigen kann, wenn Sie dort länger wohnen.

Bevor die Baugrube ausgehoben werden kann, müssen die Eigentumsverhältnisse am Grundstück zweifelsfrei und verbindlich feststehen.

Gibt es keinen Bebauungsplan, richtet sich die Genehmigungsfähigkeit des Bauvorhabens in der Regel nach § 34 BauGB. Das Bauvorhaben befindet sich dann im unbeplanten Innenbereich und darf eine Bebauung ausweisen, die in dem Gebiet üblich ist. Grundsätzlich besteht zwar auch hier ein Anspruch auf Bebauung. Die Behörde hat aber wesentlich mehr Ermessensfreiheit, als wenn das Grundstück im Geltungsbereich eines qualifizierten Bebauungsplans liegt. Bauvorhaben und Baugenehmigungsverfahren verzögern sich und dauern nach Erfahrung aus der Praxis mindestens sechs bis zwölf Monate.

Schließlich gibt es Grundstücke, die im Außenbereich gemäß § 35 BauGB liegen und für die grundsätzlich kein Baurecht vorhanden ist, sondern nur ein sogenannter Bestandsschutz. Sollten Sie ein Grundstück im Außenbereich erwerben, müssten Sie unbedingt einen Architekten beauftragen, der sich mit solchen Baumaßnahmen sehr gut auskennt. Keinesfalls darf ein auf dem Grundstück stehendes Gebäude abgebrochen werden, da sonst der Bestandsschutz erlischt. Die Umnutzung in einen Wohnraum ist im Rahmen des § 35 BauGB zulässig und müsste genau geprüft werden.

Sofern Sie unsicher sind, ob das von Ihnen gewünschte Objekt auf dem Grundstück zu realisieren ist, wäre zu prüfen, ob eine Bauvoranfrage beim Bauamt einzureichen ist. Mit dieser erhalten Sie eine schriftliche, verbindliche Aussage der Verwaltungsbehörden (nur schriftliche Aussagen der Verwaltungsbehörde sind bindend, vgl. § 38 LVerwVerfG). In einer Bauvoranfrage werden die vom bestehenden Baurecht abweichenden kritischen Punkte des Bauvorhabens der Behörde vorgelegt, verbunden mit der Bitte zu prüfen, ob diese genehmigungsfähig sind. Solche Bauvoranfragen sollten mit einem versierten Architekten, Bauträger oder Generalübernehmer abgeklärt werden.

Vor Erwerb eines Grundstücks sollte auch geprüft werden, in welcher Verfassung der Baugrund ist. Entweder holen Sie ein Bodengutachten ein oder erfragen, welche Vorbelastungen beziehungsweise vorherigen Nutzungen auf den Grundstücken vorhanden waren. Vielleicht wurde das Grundstück beispielsweise als Tankstelle genutzt, so sind umfangreiche Bodensanierungsmaßnahmen erforderlich. In den Städten stellt sich oftmals das Problem der Kampfmittelbeseitigung, die ebenfalls Aufwand und Kosten verursacht. Liegt Ihr Grundstück im Bereich einer Kampfmittelverdachtsfläche, sind Gutachter des Kampfmittelbeseitigungsdienstes bei dem Aushub und sonstigen Arbeiten einzuschalten. All dies verursacht Kosten und ist auch im zeitlichen Rahmen der Baumaßnahme einzuplanen und zu kalkulieren.

Grundstückseigentum

Eigentümer des Grundstücks ist immer der, der im Grundbuch eingetragen ist. Insbesondere Ehegatten oder Familien, die den Traum einer Immobilie realisieren möchten, gehen üblicherweise davon aus, dass beide zu gleichen Teilen im Grundbuch eingetragen werden. Wird die Immobilie mit dem Erbe des einen oder des anderen erworben und bezahlt oder bringt ein Ehegatte das Grundstück mit in die Beziehung, so können die Eigentumsverhältnisse auch „quotal" ausgebildet werden, so dass derjenige, der sein Erbe in das Bauvorhaben einbringt, einen höheren Anteil an dem Grundstück erwerben kann.

Bedenken Sie, dass in Deutschland eine rechtliche Trennung zwischen Immobilie (Gebäude) und Grundstück nicht möglich ist. Derjenige, der Eigentümer des Grundstücks ist, ist somit auch immer der Eigentümer der Immobilie, die auf dem Grundstück steht. Deswegen müssen solche quotalen Verhältnisse dann auch nach dem Gesamtinvest (Grundstückskosten und Baukosten) ermittelt werden.

Insbesondere, wenn das Grundstück auch gewerblich genutzt wird oder teilgewerblich durch die selbständige Tätigkeit des Lebenspartners, kann es sinnvoll sein, das Alleineigentum auf den anderen Ehepartner zu übertragen. Dieser kann dann die Räumlichkeiten an den selbständigen Partner vermieten und aus den Einnahmen Steuervorteile (beispielsweise Umsatzsteuer, Abschreibungen etc.) geltend machen. Zudem kann eine Immobilie, die 10 Jahre von einer Privatperson vermietet worden ist und in privater Hand gehalten worden war, ohne Anfall der Spekulationssteuer verkauft werden. Über solche – völlig legalen – Steuermodelle müssen und sollten Sie mit Ihrem Steuerberater reden.

Absicherungsmöglichkeiten des nicht eingetragenen Partners können insbesondere durch Dienstbarkeiten oder sonstige Innenabreden, die gegebenenfalls notariell zu beurkunden wären, geschaffen werden. Zur genauen Ausformulierung eines solchen Konstruktes bedarf es aber der Hilfe eines Steuerberaters und eines versierten Immobilienjuristen.

Tipp: Wie ein Grundstück erworben werden kann und welche Eigentumsverhältnisse hierbei zu regeln sind, kann Ihnen auch ein Notar, den Sie ohnehin für den Erwerb dieses Grundstücks benötigen, genau erläutern.

Bebaute Grundstücke

Vielfach werden Grundstücke erworben, die bereits bebaut sind. Die Erbauer des Gebäudes sind in die Jahre gekommen, möchten verkaufen, weil sie selbst einen neuen Lebensabschnitt in einer Wohnung oder einem Altenheim planen. Der Erwerber möchte dann die Bestandsimmobilie oftmals abreißen oder umbauen. Auch hier gilt zu klären, ob dies möglich ist. Für Umbaumaßnahmen ist wiederum zu prüfen, ob der Bebauungsplan oder das Baurecht dies zulässt. Der Abbruch eines Gebäudes ist in vielen Städten nicht so einfach möglich, da vielfach Wohnraumerhaltungssatzungen gelten, nachdem Wohnraum, der abgebrochen wird, auch entsprechend wieder neu gebaut werden muss. Stehen gar Bäume auf dem Grundstück, sind regionale Baumschutzsatzungen zu beachten, nachdem für jeden Baum, der gefällt werden muss, um die Baumaßnahme zu realisieren, eine Ersatzpflanzung oder gar eine Entschädigungszahlung von 8 000 Euro bis 10 000 Euro bezahlt werden muss. Diese Zahlungen sind im Rahmen eines Grundstückserwerbs unbedingt zu kalkulieren, da hier schnell hohe Summen zusammenkommen. Nicht alle Städte haben aber solche Baumschutzsatzungen. Es handelt sich meistens um Städte in Ballungsgebieten. Neben den Baumschutzsatzungen gilt auch noch das Bundesnaturschutzgesetz. Dieses verbietet insbesondere die Artengefährdung, die auch durch das Fällen von Bäumen eintreten kann und droht hohe Ordnungsgelder an.

Abbruch

Abbrucharbeiten sind ebenfalls kostspielig und teuer, da die Abfallentsorgung von Gebäuden nicht mehr so einfach wie früher ist. Im Falle eines Abbruchs müssen die verschiedenen

Materialien sauber getrennt und separat entsorgt werden. Auch muss geprüft werden, ob der Abbruch des Gebäudes überhaupt möglich ist. Liegt Denkmal- oder Ensembleschutz auf dem Gebäude, ist ein Abbruch gar nicht zulässig, oder nur dann, wenn das Gebäude in gleicher Höhe wiedererrichtet wird.

Wird ein altes Gebäude abgebrochen, ist in jedem Fall auch zu prüfen, ob Unterfangungs- und Sicherungsmaßnahmen zu dem Nachbargebäuden erforderlich werden. Hier wäre bei älteren Gebäuden auch daran zu denken, dass die Qualität der früheren Bausubstanz oft nicht so gut ist und umfangreiche Mehrmaßnahmen erforderlich machen können.

Kosten

Bedenken Sie, dass der Umbau eines Gebäudes in der Regel deutlich kostspieliger ist als der Neubau eines Gebäudes. Dies liegt einfach daran, dass beim Umbau alle Beteiligten Schwierigkeiten haben, die Kosten Ihrer Baumaßnahme sicher zu kalkulieren. Unternehmer werden dies dadurch ausgleichen, dass sie zusätzliche Arbeiten mit Stundenlohnarbeiten abgelten beziehungsweise ableisten werden. Diese wiederum zu kalkulieren und zu kontrollieren, ist für Bauherren sehr schwierig. Insbesondere deshalb, weil bei Vereinbarung von Stundenlöhnen gilt, dass die Menge der angefallenen Stunden vom Unternehmer darzulegen ist und die vom Unternehmer geltend gemachten Stunden eine Vermutung der Richtigkeit in sich tragen, solange, bis der Bauherr das Gegenteil, also eine unzulässig hohe Abrechnung von Stundenlohnarbeiten, nachweist. Gelingt dem Bauherrn dies, so liegt die Beweislast für die Menge der angefallenen Stunden beim Unternehmer, auch was Inhalt und Umfang der Tätigkeiten angeht. Jeder Vertrag oder vertragliche Abrede trägt das Vertrauen in sich, dass der eine Vertragspartner den anderen Vertragspartner nicht übervorteilen wird. Dies gilt nach der Rechtsprechung des Bundesgerichtshofs auch bei Stundenlohnarbeiten. Bevor Sie daher ein Gebäude erhalten möchten, prüfen Sie genau, ob dies lohnend ist und erwägen Sie daher gegebenenfalls eher, das Bestandsgebäude abzubrechen, als dieses zu erhalten.

An dieser Stelle ist noch darauf hinzuweisen, dass der Verkäufer in der Regel keine Gewährleistung für die vorhandene Bausubstanz beziehungsweise das vorhandene Gebäude übernehmen wird. Diese ist bei Gebrauchtimmobilien in der Regel ausgeschlossen. Lediglich dann, wenn der Verkäufer arglistig gehandelt hat, also bereits bei Abschluss des Kaufvertrags wusste, dass das vorhandene Gebäude nicht umgebaut werden kann und er darauf nicht hingewiesen hat, bestehen Möglichkeiten, den Kaufvertrag wegen arglistiger Täuschung anzufechten oder deshalb Schadenersatz zu verlangen.

Der Grundstückskaufvertrag

Anders als andere Verträge unterliegen Grundstückskaufverträge und alle damit verbundenen Belastungen, die auf dem Grundstück ruhen, einer Pflicht zur notariellen Beurkundung gemäß § 311 b BGB. Das heißt, solche Verträge müssen notariell beurkundet, also vor einem Notar geschlossen, von diesem vorgelesen und im Beisein des Notars von allen Beteiligten unterschrieben werden. Andernfalls entfaltet der Vertrag keine Wirksamkeit (vgl. § 873 Abs. 2 BGB).

Die unterschiedlichen Schriftformgebote des BGB

Das Bürgerliche Gestzbuch (BGB) kennt verschiedene Arten von Dokumentationserfordernissen: Die Schriftform wird bei Honorarvereinbarungen mit dem Architekten vorgeschrieben, die von den Mindest- und Höchstsätzen der HOAI abweichen, vgl. § 7 Abs. 5 HOAI.

§ 126 Schriftform

(1) Ist durch Gesetz schriftliche Form vorgeschrieben, so muss die Urkunde von dem Aussteller eigenhändig durch Namensunterschrift oder mittels notariell beglaubigten Handzeichens unterzeichnet werden.
(2) Bei einem Vertrag muss die Unterzeichnung der Parteien auf derselben Urkunde erfolgen. Werden über den Vertrag mehrere gleichlautende Urkunden aufgenommen, so genügt es, wenn jede Partei die für die andere Partei bestimmte Urkunde unterzeichnet.

(3) Die schriftliche Form kann durch die elektronische Form ersetzt werden, wenn sich nicht aus dem Gesetz ein anderes ergibt.
(4) Die schriftliche Form wird durch die notarielle Beurkundung ersetzt.

Die Textform wird vor allen Dingen bei Verbraucherbauverträgen, und dort der Leistungsbeschreibung vorgeschrieben, vgl. § 650 i Abs. 2 BGB.

§ 126b Textform

Ist durch Gesetz Textform vorgeschrieben, so muss eine lesbare Erklärung, in der die Person des Erklärenden genannt ist, auf einem dauerhaften Datenträger abgegeben werden. Ein dauerhafter Datenträger ist jedes Medium, das
1. es dem Empfänger ermöglicht, eine auf dem Datenträger befindliche, an ihn persönlich gerichtete Erklärung so aufzubewahren oder zu speichern, dass sie ihm während eines für ihren Zweck angemessenen Zeitraums zugänglich ist, und
2.geeignet ist, die Erklärung unverändert wiederzugeben.

Unabhängig von allen gesetzlichen Vorschriften wird zwischen Bauparteien oftmals vereinbart, dass der Vertrag erst gültig sein soll, wenn der Vertrag schriftlich abgeschlossen worden ist, die sogenannte vereinbarte Form.

§ 127 Vereinbarte Form

(1) Die Vorschriften des § 126, des § 126a oder des § 126b BGB gelten im Zweifel auch für die durch Rechtsgeschäft bestimmte Form.
(2) Zur Wahrung der durch Rechtsgeschäft bestimmten schriftlichen Form genügt, soweit nicht ein anderer Wille anzunehmen ist, die telekommunikative Übermittlung und bei einem Vertrag der Briefwechsel. Wird eine solche Form gewählt, so kann nachträglich eine dem § 126 entsprechende Beurkundung verlangt werden.
(3) Zur Wahrung der durch Rechtsgeschäft bestimmten elektronischen Form genügt, soweit nicht ein anderer Wille anzunehmen ist, auch eine andere als die in § 126a bestimmte elektronische Signatur und bei einem Vertrag der Austausch von Angebots- und Annahmeerklärung, die jeweils mit einer elektronischen Signatur versehen sind. Wird eine solche Form gewählt, so kann nachträglich eine dem § 126a entsprechende elektronische Signierung oder, wenn diese einer der Parteien nicht möglich ist, eine dem § 126 entsprechende Beurkundung verlangt werden.

Schließlich schreibt der Gesetzgeber in § 313b BGB vor, dass alle Verträge über den Kauf und Verkauf von Grundstücksanteilen oder Grundstücken sowie alle dazugehörigen Nebengeschäfte notariell beurkundet werden müssen.

§ 128 Notarielle Beurkundung

Ist durch Gesetz notarielle Beurkundung eines Vertrags vorgeschrieben, so genügt es, wenn zunächst der Antrag und sodann die Annahme des Antrags von einem Notar beurkundet wird.

Fazit: Jedes Grundstück bestimmt seine Maßnahmen.

Kaufen Sie sich eine Immobilie im Gewerbegebiet, sollten Sie sich den Themen Altlasten, Untergrund und Genehmigungsfähigkeit sehr ausführlich widmen.

Kaufen Sie ein Gelände im Bereich eines Wohngebiets, wo ein rechtsgültiger Bebauungsplan existiert, und möchten Sie eine Baumaßnahme lediglich im Rahmen dieses Bebauungsplans umsetzen, sind wesentlich weniger kaufvorbereitende Maßnahmen erforderlich.

Am besten, Sie suchen sich hier eine Person Ihres Vertrauens, oftmals Architekten, die sich in der Regel bestens mit solchen Problemen auskennen und bitten diese um Rat. Etwaiger Aufwand des Architekten kann in diesem Fall auf Stundenbasis frei vereinbart und vergütet werden.

Nach den gesetzlichen Regelungen sind auch mit dem Grundstückserwerb verbundene Verträge notariell zu beurkunden. Dies gilt insbesondere bei Fertighausherstellern oder Generalübernehmern, die oftmals ein Grundstück vermitteln und gleichzeitig ihre Bauleistungen verkaufen wollen. Wird also im Fertighausvertrag auf

- den Erwerb eines bestimmten Grundstücks abgestellt,
- die Verpflichtung zum Erwerb eines bestimmten Grundstücks aufgenommen
- oder werden beide Verträge als Einheit angeboten,

sind beide Verträge notariell zu beurkunden, was natürlich deutlich höhere Gebühren auslöst. Geheilt werden kann diese Formunwirksamkeit der verbundenen Verträge aber durch Eigentumsübergang, das heißt, Eintragung des Erwerbers in das Grundbuch (vgl. § 311 b BGB).

Tipp: Achten Sie also darauf, dass alle Nebenabreden mitbeurkundet werden. Ein vermeintlicher finanzieller Vorteil durch Ersparnis von Notariatsgebühren und Grunderwerbssteuern steht einem sehr hohen Risiko im Hinblick auf die Investitionssicherheit und Abwicklung gegenüber.

Tipp: Bei Baugemeinschaften bedarf in der Regel nur der Grundstückserwerb der notariellen Beurkundung, da diese ein Grundstück erwerben und danach die Planung darauf entwickeln.

So lange der Vertrag nicht notariell beurkundet worden ist, ist er nicht wirksam und somit auch keine vertraglichen Abreden getroffen worden. In diesem Fall werden Parteien regelmäßig keine Schadenersatzansprüche gegenüber dem jeweiligen anderen geltend machen können. Dies kann nur dann der Fall sein, wenn ein besonderes Vertrauen einer Partei auf die Wirksamkeit des Vertrags in Anspruch genommen worden ist. So zum Beispiel, wenn der Verkäufer keinerlei Zweifel daran gelassen hat, dass er an den Käufer verkaufen wird und der Käufer im Vertrauen darauf besondere Aufwendungen tätigt und beispielsweise ein Bodengutachten einholt, schließlich der Verkäufer aber das Grundstück an einen anderen Käufer verkauft. Die Beweislast hat derjenige, der sich auf den Anspruch beruft. Eine Nachweisführung ist entsprechend anspruchsvoll.

Auch für anspruchsvolle Grundstücke lassen sich Häuser mit hohem Wohlfühlfaktor erschaffen.

DER NOTAR

In jedem Bundesland gibt es eine ausreichende Zahl zugelassener und bestellter Notare, die Beurkundungen vornehmen können. Ein Notar ist zur Neutralität verpflichtet, weswegen es eigentlich egal ist, wer den Notar vorschlägt.

Tipp: Üblicherweise wird der Notar von derjenigen Partei vorgeschlagen, die die Kosten der Beurkundung zu tragen hat.

Trotz dem Neutralitätsgebot des Notars sollte darauf geachtet werden, ob eine besondere Bindung zum Notar besteht. Steht ein Verkäufer mit einem Notar in dauernden Geschäftsbeziehungen, ist es sinnvoll, einen anderen Notar auszuwählen. In der Regel gibt es in den einzelnen Ländern Anwaltsnotare, Anwälte, die eine notarielle Zusatzausbildung gemacht haben und sogenannte Notare, die eine staatliche Notariatsausbildung genossen haben. Welchen Notar Sie letztlich nehmen ist gleichgültig.

Vor dem Gang zum Notar können Sie den oft komplexen Kaufvertrag über ein Grundstück auch von einem spezialisierten Anwalt überprüfen lassen.

Tipp: Achten Sie nur darauf, dass keine der Parteien eine wirtschaftliche Verflechtung mit dem jeweiligen Notar aufweist.

Notare halten eigene Vertragsmuster vor, die Ihnen in der Regel von diesen vorab zugesendet werden. Diese können von Ihnen nach Bedarf ergänzt werden. Aufgenommen werden sollten in einem solchen notariellen Vertrag alle Zusagen bezüglich des Grundstücks, die der Verkäufer getroffen hat. So sollte beispielsweise die Bebaubarkeit des Grundstücks aufgenommen werden oder eine Zusage im Hinblick auf die Größe, Altlastenfreiheit etc.

Merke: Die Beurkundung des Vertrags erfolgt nach den Regelungen des Beurkundungsgesetzes. Dort ist geregelt, worauf der Notar bei der Beurkundung zu achten und wie die Beurkundung abzulaufen hat. Gemäß § 17 Beurkundungsgesetz ist einem Verbraucher die Urkunde in der Regel 14 Tage vor Beurkundung zur Kenntnis zu geben. Der Notar hat zudem den Willen der Parteien zu erforschen und den Sachverhalt zu klären.

Vertragsinhalte

Die Besonderheit der notariellen Kaufverträge besteht darin, dass meistens sehr hohe Summen bewegt werden. Deswegen werden in den notariellen Verträgen immer folgende Punkte geregelt:

- **WANN IST DER KAUFPREIS FÄLLIG?**
  Hierfür ist regelmäßig die Eintragung einer Eigentumsvormerkung gemäß § 879 BGB für den Käufer notwendig, die Löschung eventuell bestehender Belastungen auf dem Grundstück und die Zustimmung aller Eigentümer. Liegen alle Voraussetzungen beim Notar vor, hat der Verkäufer diese beigebracht, bestätigt der Notar dies dem Käufer.

Sollte der Käufer den Kaufpreis finanzieren, muss der Eigentümer des Grundstücks bereits vor Eigentumsumschreibung zustimmen, dass Grunddienstbarkeiten eingetragen werden. Diese Grunddienstbarkeiten werden immer unter dem Vorbehalt der erfolgreichen Kaufvertragsabwicklung gestellt und haben eine Verwendungsbindung, nämlich die Bezahlung des Kaufpreises, um den Verkäufer abzusichern.

Sodann hat der Käufer den Kaufpreis entweder an den Erwerber oder auf ein notarielles Anderkonto zu bezahlen. Den Geldeingang wird der Notar dem Verkäufer bestätigen.

Jetzt wird der Notar damit beginnen, die Eigentumsübertragung vorzunehmen. Im Vertrag ist zudem in der Regel geregelt, dass mit Bezahlung des Kaufpreises auch der Besitzübergang stattgefunden hat.

Der Notar wird den Eigentumsübergang, die sogenannte Auflassung des Grundstücks vorbereiten und diese beim Grundbuchamt anmelden. Die Auflassung muss bei den Grundbuchämtern eingetragen und vom Notar dort angemeldet werden. Rechtlich muss eine Auflassungserklärung vorgenommen werden, was in der Regel bereits bei der Beurkundung des Kaufvertrags geschieht. Sobald alle Eintragungsvoraussetzungen erfüllt sind, wird das Grundbuchamt den Käufer als neuen Eigentümer in das Grundbuch eintragen. Solche Anforderungen sind beispielsweise: Nachweis über Zahlung der Grunderwerbsteuer, Verzichtserklärung eines Vorkaufsberechtigten, steuerliche Unbedenklichkeitsbescheinigungen oder Verzicht der Gemeinde auf ihr Vorkaufsrecht.
Des Weiteren wird in Verträgen über Grundstücke oft Folgendes vorgesehen:

- Der Verkäufer verkauft das Grundstück grundsätzlich ohne Gewährleistungsansprüche. Sollten also Zusicherungen gemacht worden sein, sind diese unbedingt in den Vertrag aufzunehmen und klarzustellen, dass der Verkäufer diese Eigenschaft des Grundstücks zugesichert hat. Erwähnenswert wäre hierbei beispielsweise eine Bebaubarkeit mit einem Gebäude oder eine Altlastenfreiheit oder Ähnliches.
- In notariellen Kaufverträgen wird von einer Partei oft gefordert, dass sich die andere der sofortigen Zwangsvollstreckung gemäß § 794 Abs. 1 Nr. 5 ZPO unterwirft. Das Unterwerfen der sofortigen Zwangsvollstreckung bedeutet, dass aus einem notariellen Kaufvertrag bei Nichtbezahlung sofort der Gerichtsvollzieher beauftragt und mit der Vollstreckung beauftragt werden kann. Der Käufer kann sich nur mit einer Vollstreckungsabwehrklage wehren, um den Gerichtsvollzieher zu stoppen und die Zwangsvollstreckung so abzuwenden. Die Nachteile sind daher immens und man sollte unbedingt darauf achten, eine solche sofortige Unterwerfung der Zwangsvollstreckung nicht zu akzeptieren. Besonders brisant werden solche Klauseln vor allen Dingen bei der Bestellung von Sicherheiten für das Grundstück, beispielsweise der kreditgebenden Bank, die bei Nichtbezahlung der vereinbarten Darlehensraten dann sofort in das Grundstück vollstrecken kann und die Verwertung (Zwangsversteigerung) des Grundstücks verlangen kann.
- Achten Sie auch darauf, dass keine weiteren Dienstbarkeiten oder Vorkaufsrechte oder ähnliches im Grundbuch eingetragen sind. Vorkaufsrechte für andere Personen sind, sofern nichts anderes geregelt ist, auch auf Erben übertragbar und erlöschen nicht automatisch damit, dass Sie den Kaufvertrag vollzogen und abgewickelt haben. Dies könnte dann für Sie bedeuten, dass beim Verkauf Ihres Grundstücks wiederum ein Vorkaufsrecht des jeweiligen Vorkaufsberechtigten besteht. Auch hier drohen Nachteile und Banken lehnen dies im Hinblick auf Finanzierungszusagen ab.

- **Checklisten und Arbeitspläne zu den Kaufverträgen finden Sie auch in unserer Praxismappe „Verträge".**

GRUNDSTÜCKSERWERB DURCH ZWANGSVERSTEIGERUNG

Insbesondere in Ballungsgebieten, wo wenig Bauland ausgewiesen werden kann, sind Zwangsversteigerungen durchaus ein Mittel, um ein Grundstück erwerben zu können.

Zwangsversteigerungen können aus mehreren Gründen anberaumt werden. Zum einen kann der Hintergrund eine Überschuldungssituation des Verkäufers sein, zum anderen die Auflösung einer Erbengemeinschaft oder eine Ehescheidung. Problematisch bei Zwangsversteigerungen ist, dass in der Regel der Verkäufer beziehungsweise der Eigentümer des Grundstücks oder ein Teil von diesem (im Falle einer Erbengemeinschaft) den Verkauf des Grundstücks oder die Zwangsversteigerung nicht wünscht. Somit kann es auch zu erheblichen emotionalen Spannungen bei Zwangsversteigerungen kommen. Verkäufer, die beispielsweise wegen Überschuldung gepfändet werden, werden oftmals versuchen, das Grundstück den Erwerbern madig zu machen und auf mögliche Altlasten, Gefahren oder sonstige Punkte hinweisen. Besichtigungen des Grundstücks und Gebäudes sind in der Regel nicht möglich beziehungsweise nur mit Zustimmung des Eigentümers.

Es gibt aber immer ein Wertgutachten, in dem der Verkehrswert des Grundstücks ermittelt werden muss. Dieses Wertgutachten kann bei dem Gericht, in dem die Versteigerung betrieben wird, eingesehen und gegen Geld als Kopie erworben werden. In diesem wird der Verkehrswert der Immobilie oder des Grundstücks ermittelt und der Versteigerung zu Grunde gelegt.

Wer meint, bei Zwangsversteigerungen ein Schnäppchen machen zu können, der soll an dieser Stelle enttäuscht werden. In der Regel werden die Zwangsversteigerungsveröffentlichungen von den Profis beziehungsweise Bauträgern und Generalübernehmern und auch von Maklern sehr genau beobachtet und verfolgt. Diese besuchen oft diese Versteigerungstermine und wissen genau, welchen Wert das Grundstück hat, und sie werden sich dann entsprechend im Bieterverfahren beteiligen. Meistens haben auch Nachbarn oder Anwohner des Gebiets von der Zwangsversteigerung Kenntnis bekommen und gehen rein Interesse halber oder aber auch, um konkrete Gebote abzugeben, zu diesen Zwangsversteigerungsterminen. Die konkrete Möglichkeit, ein Grundstück zu ersteigern, ist aber in der Regel gegeben.

Der Versteigerungstermin selbst wird durch Aushang im Amtsgericht und Veröffentlichung im Amtsblatt (im Internet einsehbar), teilweise auch durch Anzeigen in einer örtlichen Tageszeitung oder an der Gemeindetafel öffentlich bekannt gemacht. Handelt es sich um den zweiten Termin, wird in der Bekanntmachung angegeben, dass die Wertgrenzen entfallen sind.

Ablauf des Zwangsversteigerungstermins

Zu Beginn wird die Sache mit Aktenzeichen aufgerufen. Der/die Rechtspfleger/in verliest sodann den Antrag auf die Zwangsversteigerung, liest die bestehenden Eintragungen im Grundbuch vor, benennt die betreibenden

Gläubiger und erläutert, wie das Verfahren im Einzelnen ablaufen wird.

§ 66 Zwangsversteigerungsgesetz

(1) In dem Versteigerungstermin werden nach dem Aufruf der Sache die das Grundstück betreffenden Nachweisungen, die das Verfahren betreibenden Gläubiger, deren Ansprüche, die Zeit der Beschlagnahme, der vom Gericht festgesetzte Wert des Grundstücks und die erfolgten Anmeldungen bekanntgemacht, hierauf das geringste Gebot und die Versteigerungsbedingungen nach Anhörung der anwesenden Beteiligten, nötigenfalls mit Hilfe eines Rechnungsverständigen, unter Bezeichnung der einzelnen Rechte festgestellt und die erfolgten Feststellungen verlesen.

(2) Nachdem dies geschehen ist, hat das Gericht auf die bevorstehende Ausschließung weiterer Anmeldungen hinzuweisen und sodann zur Abgabe von Geboten aufzufordern.

Das Mindestgebot muss nach § 44 Zwangsversteigerungsgesetz immer so hoch sein, dass die Kosten des Verfahrens gedeckt sind. Von dem Mindestgebot zu unterscheiden ist das Minimalgebot des ersten Termins. Dies beträgt immer 50 % des Verkehrswerts. Wird ein solches Gebot nicht abgegeben, kann der Rechtspfleger den Zuschlag im ersten Termin nicht erteilen. Sodann besteht mindestens 30 Minuten lang die Möglichkeit, Gebote abzugeben. In der Regel werden anfangs nur einige Gebote abgegeben, die zudem deutlich unter dem Verkehrswert liegen. Einige Bieter werden sich registrieren lassen und nachweisen, dass sie die geforderten 10 % Sicherheitsleistung (vgl. § 68 Zwangsversteigerungsgesetz) des Verkehrswerts in Form eines Barschecks hinterlegen können. Ein solcher Barscheck ist fast immer vorzulegen und muss bei der Bank rechtzeitig beantragt werden. Die entsprechenden Kosten des Barschecks müssen bei der Bank erfragt werden.

§ 67 Zwangsversteigerungsgesetz

(1) Ein Beteiligter, dessen Recht durch Nichterfüllung des Gebots beeinträchtigt werden würde, kann Sicherheitsleistung verlangen, jedoch nur sofort nach Abgabe des Gebots. Das Verlangen gilt auch für weitere Gebote desselben Bieters.

(2) Steht dem Bieter eine durch das Gebot ganz oder teilweise gedeckte Hypothek, Grundschuld oder Rentenschuld zu, so braucht er Sicherheit nur auf Verlangen des Gläubigers zu leisten. Auf Gebote des Schuldners oder eines neu eingetretenen Eigentümers findet diese Vorschrift keine Anwendung.

(3) Für ein Gebot des Bundes, der Deutschen Bundesbank, der Deutschen Genossenschaftsbank, der Deutschen Girozentrale (Deutsche Kommunalbank) oder eines Landes kann Sicherheitsleistung nicht verlangt werden.

§ 68 Zwangsversteigerungsgesetz

(1) Die Sicherheit ist für ein Zehntel des in der Terminbestimmung genannten, anderenfalls des festgesetzten Verkehrswerts zu leisten. Übersteigt die Sicherheit nach Satz 1 das Bargebot, ist der überschießende Betrag freizugeben. Ist die Sicherheitsleistung durch Überweisung auf das Konto der Gerichtskasse bewirkt, ordnet das Gericht die Auszahlung des überschießenden Betrags an.

(2) Ein Beteiligter, dessen Recht nach § 52 bestehen bleibt, kann darüber hinausgehende Sicherheitsleistung bis zur Höhe des Betrags verlangen, welcher zur Deckung der seinem Recht vorgehenden Ansprüche durch Zahlung zu berichtigen ist.

(3) Bietet der Schuldner oder ein neu eingetretener Eigentümer des Grundstücks, so kann der Gläubiger darüber hinausgehende Sicherheitsleistung bis zur Höhe des Betrags verlangen, welcher zur Deckung seines Anspruchs durch Zahlung zu berichtigen ist.

(4) Die erhöhte Sicherheitsleistung nach den Absätzen 2 und 3 ist spätestens bis zur Entscheidung über den Zuschlag zu erbringen.

Etwa zehn Minuten vor Ablauf der gesetzlichen vorgeschriebenen Bieterzeit von mindestens einer halben Stunde (in der Regel eine Stunde) werden sich die Gebote überschlagen. Es kann jetzt solange weitergeboten werden, bis die Rechtspflegerin den Zuschlag erteilt hat. Plötzlich wird Fahrt in das Verfahren kommen. Nun kann es auch zu Situationen kommen, wo sich zwei Bieter ständig versuchen gegenseitig – auch in vermeintlich kleinen Schritten – zu überbieten. Hier gilt es zu beachten, dass Sie sich ein klares Limit setzen müssen, da Sie sonst aus der Situation heraus womöglich geneigt sind, das Grundstück auch für einen für Sie viel zu teuren Preis zu erwerben. Bedenken Sie stets, dass Sie das Grundstück nicht besichtigen konnten und somit nicht wissen, was genau Sie dort erwartet. Oftmals müssen auch Nutzer aus dem Gebäude ausziehen und weitere Maßnahmen getroffen werden.

§ 73 Zwangsversteigerungsgesetz

(1) Zwischen der Aufforderung zur Abgabe von Geboten und dem Zeitpunkt, in welchem bezüglich sämtlicher zu versteigernder Grundstücke die Versteigerung geschlossen wird, müssen 30 Minuten liegen. Die Versteigerung muss so lange fortgesetzt werden, bis der Aufforderung des Gerichts ungeachtet ein Gebot nicht mehr abgegeben wird.

(2) Das Gericht hat das letzte Gebot und den Schluss der Versteigerung zu verkünden. Die Verkündung des letzten Gebots soll mittels dreimaligen Aufrufs erfolgen.

Durch Zuschlag werden bestehende Grundbuchdinglichkeiten nicht gelöscht. Das heißt, Sie sollten im Rahmen des Termins sehr genau prüfen, ob Belastungen auf dem Grundstück (beispielsweise Vorkaufsrecht, Dienstbarkeiten) bestehen. Diese müssen zwar alle von der Rechtspflegerin vorgelesen worden sein, da das Verfahren aber sehr schnell abläuft, können hier Unklarheiten verbleiben, die Sie ruhig im Termin durch Frage klären sollten.

Merke: Im Versteigerungstermin müssen wenigstens fünf Zehntel des Verkehrswerts des Grundstücks als erstes Gebot geboten werden. Ist dies im ersten Versteigerungstermin nicht der Fall, ist der Zuschlag von Amts wegen zu versagen und ein neuer Termin anzuberaumen.

Im zweiten Versteigerungstermin kann der Zuschlag dann frei erfolgen. Werden mehr als fünf Zehntel, aber weniger als sieben Zehntel des Verkehrswerts im ersten Termin geboten, ist auf Antrag eines Berechtigten zunächst der Zuschlag ebenfalls zu versagen. Es ist ein zweiter Termin durchzuführen. In diesem gelten die Wertgrenzen dann nicht mehr (vgl. § 74a Zwangsversteigerungsgesetz). In großen Städten, wo Grundstücke rar sind, kann es bei Zwangsversteigerungsterminen zu regelrechten Bieterschlachten kommen.

Tipp: Kontrolliert steigern

- Beachten Sie die Risiken, da Sie das Grundstück/Gebäude nicht besichtigen konnten.
- Kalkulieren Sie die Kosten des Abbruchs mit ein.
- Kalkulieren Sie die Kosten für die Beseitigung von Bestandsbäumen.
- Definieren Sie vorab Ihr Höchstgebot unter Berücksichtigung der Versteigerungskosten.
- Und ganz wichtig: Lassen Sie sich nicht durch ein Bietergefecht mitreißen und über Ihr eigenes Höchstgebot locken.

§ 85a Zwangsversteigerungsgesetz

(1) Der Zuschlag ist ferner zu versagen, wenn das abgegebene Meistgebot einschließlich des Kapitalwertes der nach den Versteigerungsbedingungen bestehenbleibenden Rechte die Hälfte des Grundstückswertes nicht erreicht.

(2) § 74a Abs. 3, 5 ist entsprechend anzuwenden. In dem neuen Versteigerungstermin darf der Zuschlag weder aus den Gründen des Absatzes 1 noch aus denen des § 74a Abs. 1 versagt werden.

§ 74a Zwangsversteigerungsgesetz

(1) Bleibt das abgegebene Meistgebot einschließlich des Kapitalwertes der nach den

Versteigerungsbedingungen bestehenbleibenden Rechte unter sieben Zehnteilen des Grundstückswertes, so kann ein Berechtigter, dessen Anspruch ganz oder teilweise durch das Meistgebot nicht gedeckt ist, aber bei einem Gebot in der genannten Höhe voraussichtlich gedeckt sein würde, die Versagung des Zuschlags beantragen. Der Antrag ist abzulehnen, wenn der betreibende Gläubiger widerspricht und glaubhaft macht, dass ihm durch die Versagung des Zuschlags ein unverhältnismäßiger Nachteil erwachsen würde.
(2) Der Antrag auf Versagung des Zuschlags kann nur bis zum Schluss der Verhandlung über den Zuschlag gestellt werden; das gleiche gilt von der Erklärung des Widerspruchs.
(3) Wird der Zuschlag gemäß Absatz 1 versagt, so ist von Amts wegen ein neuer Versteigerungstermin zu bestimmen. Der Zeitraum zwischen den beiden Terminen soll, sofern nicht nach den besonderen Verhältnissen des Einzelfalles etwas anderes geboten ist, mindestens drei Monate betragen, darf aber sechs Monate nicht übersteigen.
(4) In dem neuen Versteigerungstermin darf der Zuschlag weder aus den Gründen des Absatzes 1 noch aus denen des § 85a Abs. 1 versagt werden.
(5) Der Grundstückswert (Verkehrswert) wird vom Vollstreckungsgericht, nötigenfalls nach Anhörung von Sachverständigen, festgesetzt. Der Wert der beweglichen Gegenstände, auf die sich die Versteigerung erstreckt, ist unter Würdigung aller Verhältnisse frei zu schätzen. Der Beschluss über die Festsetzung des Grundstückswertes ist mit der sofortigen Beschwerde anfechtbar. Der Zuschlag oder die Versagung des Zuschlags können mit der Begründung, dass der Grundstückswert unrichtig festgesetzt sei, nicht angefochten werden.

Der Meistbietende erhält den Zuschlag für das Zubehör und das Grundstück. Er hat dies entsprechend zu sichern und dafür zu sorgen, dass davon für Dritte und die Allgemeinheit keine Gefahren ausgehen. Auch dies gilt es im Falle der Zwangsversteigerung zu bedenken, wenn beispielsweise ein Gebäude erworben wird, in dem ein Chemiker gelebt und experimentiert oder gearbeitet hat.

Mit Zuschlag durch die Rechtspflegerin sind Sie Eigentümer des Grundstücks geworden. Sie übernehmen mit Zuschlag den Besitz des Grundstücks und sind auch für die Verkehrssicherung verantwortlich. Nun muss die Umtragung des Grundstücks vollzogen werden. Der Kaufpreis ist binnen Frist bei Gericht zu hinterlegen.

Im Falle der Zwangsversteigerung bestehen keine Gewährleistungsansprüche für den Erwerber gegen den Veräußerer. Man kann den Vertrag daher nicht rückabwickeln und lediglich das Grundstück selbst weiterverkaufen.

DER ERBPACHTVERTRAG

Im Rahmen eines Erbpachtvertrags verpflichtet sich der Eigentümer, dem Erbbauberechtigten ein Grundstück zu einer bestimmten Bebauung für eine bestimmte Dauer zu überlassen. Der Erbbauberechtigte wird nicht Eigentümer, aber Pächter auf lange Zeit, in der Regel 100 Jahre. Er hat einen Pachtzins für das Grundstück zu bezahlen, der in der Regel halbjährlich im Voraus bezahlt wird. Der Pachtzins wird wegen der langen Laufzeit des Vertrags indexiert, also zum Beispiel an die Entwicklung der allgemeinen Lebenshaltungskosten oder offiziellen Inflationsrate angepasst.

Der Erbbauberechtigte erhält regelmäßig auch ein Vorkaufsrecht an dem Grundstück, wenn der Eigentümer dies verkaufen möchte. Mit Ablauf der Pachtzeit geht das Grundstück an den Eigentümer inklusive aller errichteten Gebäude zurück.

Erbbaurechte sind dingliche Rechte und daher in der Regel mit Zustimmung des Eigentümers übertragbar. Die Verträge bedürfen der notariellen Beurkundung.

Erbbaurechte werden vielfach von kirchlichen Trägern oder größeren Grundstücksgesellschaften vorgesehen und betrieben. Sie sind durchaus eine günstige Möglichkeit, an selbstgenutztes Eigentum zu gelangen. Allerdings sollte man sich nichts vormachen. Der Verkauf eines solchen Gebäudes mit Erbpachtrechten ist immer weniger Wert als ein Grundstück, das im vollen Eigentum steht. Vieles wird von der Pachtdauer abhängen und der vorgesehenen Restnutzungszeit.

Erbbaurechte sind aber steuerlich begünstigt, deswegen sollten Sie auf jeden Fall Ihren Steuerberater hinzuziehen, wenn Sie den Abschluss eines Erbpachtvertrags erwägen.

Bauen auf gepachtetem Grund heißt auch, dass das Gebäude mit Vertragsende zum Eigentum des Erbbaugebers gehört.

DIE BEAUFTRAGUNG DER AM BAU BETEILIGTEN

DAS FUNDAMENT: LANDESBAUORDNUNGEN UND IHRE ANWENDER

Bauen ist in Deutschland keine einfache Angelegenheit und primär in den jeweiligen Landesbauordnungen der Länder geregelt. Dieses Polizeigesetz soll sicherstellen, dass in Deutschland von Gebäuden keine Gefahren für die öffentliche Sicherheit und Ordnung ausgehen. Hierfür definieren die Landesbauordnungen in allen Bundesländern vereinheitlichte Anforderungen an

- das zu verwendende Bauprodukt oder die zu verwendende Bauart, die eine nationale bauliche Zulassung haben müssen,
- die vorgesehene Bauweise, also beispielsweise Höhen von Absturzsicherungen, Anzahl der Fenster, Abstandsflächenregelungen, Brandschutzanforderungen etc. und
- die Befugnis, Bauanträge einreichen zu dürfen (beispielsweise § 43 LBO BW).

Überwacht werden die Bestimmungen der LBO von den jeweiligen Baurechtsämtern, die jedes Bauvorhaben darauf überprüfen können, aber nicht müssen, ob es den öffentlich-rechtlichen Vorschriften entspricht. Letztlich ist es die Aufgabe des vorlageberechtigten Planers sicher zu stellen, dass sein Bauvorhaben diesen Vorschriften gerecht wird. Schafft er es nicht, so kann sich der Planer regelmäßig nicht darauf berufen, dass die Behörde ihm doch signalisiert habe, dass das Bauvorhaben genehmigungsfähig sei.

Anforderungen an das Bauprodukt

Der nationale Gesetzgeber hat seit 1995 angefangen, technische Regelungen zu erlassen, die Mindestanforderungen an Bauprodukte in Bezug auf Statik, Brandschutz, Umwelt, Giftstoffe etc. definieren. Produkte, die diesen Anforderungen entsprachen, durften ein Ü-Kennzeichen führen. Seit 1989 hat der europäische Gesetzgeber angefangen, die Anforderungen an Bauprodukte zu vereinheitlichen und hat zunächst in der Bauprodukterichtlinie 89/106/EWG (ab 1989), dann in der Bauproduktverordnung (EU) 305 / 2011 (ab 2011) einheitliche europäische Anforderungen an Bauprodukte geregelt. Produkte, die diesen Anforderungen entsprechen, haben ein CE-Kennzeichen bekommen. Da diese nicht zuletzt wegen der in Europa stark unterschiedlichen Baustandards oft erhebliche inhaltliche Unterschiede zu den nationalen Regelungen ausgewiesen haben, hat der Gesetzgeber ab 1995 bis 2016 ergänzend zu den europäischen Zertifizierungen zusätzliche nationale Anforderungen definiert (CE + Ü). Diese Praxis hat der Europäische Gerichtshof EuGH mit Urteil vom 16.10.2014, /C 100/1 ab dem 16.10.2014 untersagt, weswegen der Gesetzgeber nun Qualitätsanforderungen in Bezug auf die öffentliche Sicherheit und Ordnung (beispielsweise gemäß § 3 LBO BW) für europäisch genormte Bauprodukte nicht mehr vorschrieben darf und deswegen für solche Produkte Anforderungen an ein Bauteil, sogenannte Bauarten (vgl. beispielsweise § 16a LBO BW), definiert. Nach wie vor gibt es aber national geregelte Bauprodukte, die Ü-Kennzeichnung tragen und ungeregelte Bauprodukte, die keinerlei Eignungsnachweis nach der LBO erbringen müssen.

Anforderungen an die Bauweise

Anforderungen an die Bauweisen sind in den Landesbauordnungen zum einen über die Abstandsflächen (beispielsweise §§ 5, 6 LBO BW), aber auch über Anforderungen an den Brandschutz (beispielsweise § 15 LBO BW) und die Behindertengerechtigkeit (beispielsweise § 39 LBO BW) gegeben. Regelungen finden sich dort vor allen Dingen in den Ausführungsvorschriften der Landesbauordnungen, abgekürzt LBO AVO. Gebäude müssen diesen Anforderungen zwingend entsprechen, da sie sonst nicht genehmigungsfähig sind. Darüber hinaus sind aber auch – je nach Nutzung des Gebäudes – Vorschriften aus anderen Bereichen wie Gewerbevorschriften, Arbeitsschutzbestimmungen, Energieeinsparverordnung und Baustellenverordnung zu beachten.

Die Bauvorlageberechtigung

Bauanträge dürfen danach bei Wohngebäuden bis 150 qm Grundfläche und einem Vollgeschoss, bei Gewerbegebäuden bis 250 qm Grundfläche nur von Meistern des Maurergewerks, Zimmerleuten und Diplom-Ingenieuren der Fachrichtung Architektur, Innenarchitektur oder Bauingenieurwesen ausgeführt werden, darüber hinaus nur von eingetragenen Mitgliedern der Architektenkammer Fachrichtung Hochbau oder Mitgliedern der Ingenieurkammern Fachrichtung Bauwesen. Die Abschlüsse anderer europäischer Länder müssen im jeweiligen Landesrecht anerkannt werden.

Merke: Ein Wohngebäude mit 150 qm und einem Vollgeschoss entspricht einem kleineren Einfamilienhaus.

Der Gesetzgeber überträgt also seinerseits dem Berufstand der Architekten und Ingenieure ein gewisses Vertrauen, Bauvorhaben nach den öffentlichen-rechtlichen Vorschriften so zu errichten, dass diese eingehalten sind und keine Gefahren für die öffentliche Sicherheit und Ordnung ausgehen.

Architekten- und Ingenieurgesetze

Architekten und Ingenieure sind Angehörige eines freien Berufsstands, das heißt, sie haben das Recht, sich selbst in Architektenkammern und Ingenieurkammern zu organisieren.

In den Architektengesetzen der Länder, in denen dem Berufsstand das Recht gegeben wird, eine Architektenkammer zu gründen, wird in der Regel zwischen „freien" Architekten und „baugewerblich" tätigen Architekten unterschieden. Der „freie" Architekt ist nur als unabhängiger Berater tätig und ist in keiner Form mit einem Bauunternehmer oder Bauproduktenhersteller verbunden, weil diese Stellung seine Unabhängigkeit in der Beratung gefährden könnte.

Davon zu unterscheiden ist der baugewerbliche Architekt, der neben dem Architekturbüro auch noch Bauleistungen erbringen kann. Seine Unabhängigkeit ist eingeschränkt, weswegen er den Zusatz „freier" Architekt nicht führen darf. Er darf sich nur Architekt nennen.

Während die Unterscheidung in den Berufsbezeichnungen früher sehr strikt von den Länderkammern gehandhabt worden ist, ist diese heute eher etwas unscharf geworden. In einigen Ländern sind die Unterscheidungen

Der Architekt begleitet die Bauherren meist durch die gesamte Bauzeit.

eher freiwilliger Natur, in anderen kann der Architekt sich „freier" Architekt nennen, muss es aber nicht mehr.

Die Berufsbezeichnung „Beratender Ingenieur" darf nach den Ingenieurkammergesetzen der Länder nur führen, wer Mitglied einer Ingenieurkammer ist. Anders als bei den Architekten kennen die meisten Ingenieurkammern keine Pflichtmitgliedschaften, weswegen es auch viele Ingenieure gibt, die nicht Mitglied der Ingenieurkammer sind, beziehungsweise dort nur in die Liste der nach LBO vorlageberechtigten Planer eingetragen sind.

Als verkammerter Freiberuf haben Architekten und Ingenieure eine Berufsordnung, die sie beachten müssen. In dieser ist auch geregelt, dass Architekten keine Provisionszahlungen von Fachplanern, Bauunternehmern oder Produktherstelllern annehmen dürfen. Andernfalls drohen ihnen im Rahmen eines Kammergerichtsverfahrens, das eine Art internes Strafverfahren ist, empfindliche Geldbußen oder sogar – bei Veruntreuung von Geldern oder ähnlichem – der Ausschluss aus der Architektenkammer, was einem Berufsverbot gleichkommt. Ziel der Berufsordnung ist es, das Vertrauen und das Ansehen des Berufsstands zu erhalten. Sollten Sie mitbekommen, dass Ihr Architekt sogenannte „Kick-Back"-Zahlungen von Handwerkern entgegennimmt, ist das besondere Vertrauen in den Berufsstand massiv gefährdet und Sie können diesen bei der Architektenkammer anzeigen. Darüber hinaus können Sie einen Architektenvertrag natürlich auch immer aus wichtigem Grund kündigen und Schadenersatz wegen einer Vertragsverletzung verlangen.

Merke: Als Körperschaften des öffentlichen Rechts sind Architekten- und Ingenieurkammern zur Neutralität verpflichtet. Es ist auch ihre Aufgabe, Sie als Bauherrn zu beraten und Ihnen Unterlagen, Tipps oder Hilfestellungen zukommen zu lassen. Regelmäßig haben Architektenkammern Musterverträge, Merkblätter für Bauherren und weitere Hilfestellungen, wie man geeignete Architekten findet.

BAUEN MIT DEM ARCHITEKTEN

Bei der Einzelvergabe der Planung und Bauleistung handelt es sich um die klassische Architektenbauweise. Hier wird der Bauherr einen Architekten damit beauftragen, Planungsleistungen zu erbringen. Der Architekt muss seinerseits wieder darauf drängen, dass der Bauherr weitere Fachplaner einschaltet, die die Gewerke Heizung, Lüftung, Sanitär, aber auch Statik, gegebenenfalls Freianlagen (Gartenplanung) erbringen. Der Architekt koordiniert die Gesamtmaßnahme, verlangt vom Bauherrn die Beauftragung der Fachplaner und Bauunternehmer zur rechten Zeit, macht Ausschreibungen und bereitet auch die Verträge zwischen den Beteiligten vor.

Wie finde ich den richtigen Architekten?

Das Wichtigste an dieser Art des Bauens ist somit, dass Sie einen Architekten Ihres Vertrauens finden. Dabei kann Ihnen ein Tipp von Freunden oder Bekannten helfen, den richtigen Architekten zu finden. Wichtig hierbei ist aber auch, dass Sie Ihre Ziele und Anforderungen selbst definieren. Möchten Sie einen Planer haben, der mehr auf die Kosten schaut, oder liegt Ihnen besonders viel an Gestaltung. Ist Ihnen die terminliche Ausführung wichtig? Architekten haben auch Tätigkeitsschwerpunkte, die sie angeben dürfen. Diese kann man gegebenenfalls auch bei den zuständigen Architektenkammern erfragen, die Aufgrund des Neutralitätsgebots zwar keine Empfehlungen aussprechen können, sehr wohl aber nach Tätigkeitsschwerpunkten Auskünfte geben dürfen.

Was erwartet mich, wenn ich einen Architekten beauftrage?

Das Besondere an diesen Verträgen besteht also darin, dass es Aufgabe des Architekten ist, mit Ihnen das Planungsziel zu erarbeiten. Hierfür muss der Architekt bei Ihnen erfragen, was Ihre Vorstellungen bezüglich der Baumaßnahme sind, wieviel Geld Sie investieren können, welchen Bedarf Sie haben, um daraus eine für Sie passende Planung zu erstellen. Hierbei hat der Planer eine Holschuld, muss also bei Ihnen abfragen, was Sie wünschen und wie die Vorstellungen Ihres Hauses sein sollen. In diesem interaktiven Prozess ist es auch die Aufgabe des Planers, dem Bauherrn mit den vorgegebenen Möglichkeiten aufzuzeigen, was realisiert werden kann. Gegebenenfalls muss der Bauherr seine Vorstellungen reduzieren oder die Qualitäten oder Quantitäten anpassen oder nachfinanzieren, um die teurere Ausführung zu ermöglichen. Letztlich bedeutet dies auch, dass Bauherren „verzichten" und bereit sein müssen, die günstigere Variante auszuwählen. Merke: „Teurer geht immer, günstiger – ab einem gewissen Planungsstand – nimmer."

Vertrauen als Grundvoraussetzung

Planen und Bauen mit einem Architekten bedeutet aber auch für den Bauherrn, viele Entscheidungen treffen zu müssen. Architekten können Entscheidungen für den Bauherrn vorbereiten. Hierzu gehört nach der Rechtsprechung des BGH, dass der Architekt über alle Vorteile und Nachteile aufklärt und Sie ausreichend informiert, damit Sie in Kenntnis dieser Tatsachen leichter eine Entscheidung treffen können. Trotz aller Vorbereitung und trotz aller Informationspflichten gilt hierbei aber immer: „Die Entscheidung treffen muss der Bauherr".

Deswegen ist es auch sehr wichtig, dass Sie ein gutes Verhältnis zu Ihrem Architekten haben. Denn letztlich werden Sie ihm Vertrauen müssen. Sollten Sie sich mit den Entscheidungen überfordert fühlen oder Ihrem Architekten nicht vertrauen, kommen solche Verträge oft in die Krise und werden rückabgewickelt oder es kommt zu Streitigkeiten über Vergütungen oder Mängel und Schadenersatzansprüchen.

Vertrauen müssen Sie Ihrem Architekten insbesondere, wenn Sie mit ihm die Baumaßnahme definieren, die Bauleistungen ausschreiben, vergeben und schließlich die Ausführung überwachen. Sie selbst werden nicht in der Lage sein entscheiden zu können, was die Baumaßnahme kosten wird und ob die Planung auf Ihre finanziellen Möglichkeiten angepasst ist. Bei der Ausschreibung werden Sie ebenfalls nicht in der Lage sein zu prüfen, was in den Leistungsverzeichnissen enthalten ist und aufgenommen werden muss, ob Nebenangebote oder Bedarfspositionen abgefragt werden müssen und wie Rechnungen des Unternehmers richtig zu prüfen sind. Und bei der Bauüberwachung ist es auch der Architekt, der durch regelmäßige Kontrollen sicherstellt, dass das Bauwerk frei von Mängeln entsteht.

Oftmals empfiehlt es sich, einen ansässigen Architekten aus dem Ort oder der Gegend zu nehmen, da dieser die örtlichen Besonderheiten kennt, was beispielsweise Baugenehmigungsverfahren, Bauämter, Baugrund-Spezifitäten etc. angeht. Aber natürlich kann jeder in Deutschland zugelassene Architekt Ihr Bauvorhaben betreuen.

Wenn Sie dann aber den auch für Bauherren nicht immer einfachen Prozess beendet haben, werden Sie mit einem individuellen Haus belohnt, das Ihre Vorstellungen und Anforderungen weitgehend erfüllt und in der Regel ein vernünftiges Preis-Leistungsverhältnis ausweist.

MITSPIELER BEIM ARCHITEKTENHAUS

Projektsteuerer und Baubetreuer

Das hohe Maß an Mitwirkungspflichten beim klassischen Architektenvertrag ist es, was manche Bauherren überfordert. Deswegen kann der Bauherr diese Mitwirkungspflichten an einen Baubetreuer oder einen Projektsteuerer delegieren, der dann für ihn die Entscheidungen trifft. Allerdings ist fraglich, ob Bauherren – insbesondere bei kleineren Bauvorhaben – sich hiermit einen Gefallen tun. Planen ist auch etwas sehr Schönes und kann viel Freude bereiten. Materialien auszusuchen, Farben zu bestimmen und das Bauvorhaben entstehen zu sehen, ebenfalls.

Aufgabe der Projektsteuerer und Baubetreuer besteht somit nicht etwa darin, Planungsleistungen zu erbringen, sondern vielmehr darin, Entscheidungen für den Bauherrn zu treffen und sie an seiner statt vorzunehmen. Projektsteuerer überwachen zudem oftmals noch Termine und Kosten, damit der Bauherr seinerseits Sicherheit hat, was diese zwei sehr sensiblen Faktoren der Baumaßnahme betrifft; also Kontrolleure der Kosten- und Terminplanung zu haben, die von den Architekten erstellten Kosten- und Terminpläne zu kontrollieren und auf ihre Machbarkeit zu überprüfen. Zudem werden von ihnen Protokolle von Besprechungen erstellt und regelmäßig auch Besprechungen einberufen. Es werden je nach Leistungsumfang Leistungsverzeichnisse auf Einsparmöglichkeiten untersucht, das heißt, die vorgesehene Art der Ausführung hinterfragt und gegebenenfalls andere Ausführungen vorgeschlagen oder die vom Architekten angesetzten Kosten hinterfragt.

Bei Ausführung der Baumaßnahme gewährleisten solche Projektsteuerer, dass der Bauherr zu jeder Zeit über den Kostenstand und Terminstand der Baumaßnahme informiert ist und gegebenenfalls bei drohendem Terminverzug oder Kostenüberschreitung rechtzeitig reagieren kann. Projektsteuerer sind in der Regel ebenfalls Architekten oder Ingenieure, weil ihre Tätigkeit ein hohes Maß an Fachwissen erfordert.

Baubetreuer sind in der Regel bauerfahrene Personen oder Personen, die das Vertrauen des Bauherrn genießen. Der Bauherr beauftragt diese Person, damit sie für ihn das Bauvorhaben abwickelt. Eine berufliche Qualifikation ist hierfür grundsätzlich nicht erforderlich. Wird ein Baubetreuer beauftragt, ist es sehr wichtig zu regeln, was genau der Baubetreuer an Leistungen erbringen soll und welche Vollmachten ihm zugestanden werden.

Zu beachten ist aber, dass es sich bei kleineren Baumaßnahmen in der Regel nicht lohnt, einen Baubetreuer oder einen Projektsteuerer einzuschalten. Beide Aufgaben sind üblicher Weise durch den Architekten zu erbringen. Deswegen ist es auch sehr wichtig,

Projektsteuerer

Über das Leistungsbild des Projektsteuerers und eine angemessene Vergütung hat der AHO e. V. in Berlin (www.aho.de) eine Broschüre herausgegeben, die unter folgender Adresse angefordert werden kann:

AHO-Ausschuss der Verbände und Kammern der Ingenieure und Architekten für Honorarordnung e. V. Verband in Berlin, Tauentzienstraße 18, 10789 Berlin, Tel. 030–31019170

Projektsteuerer und Baubetreuer vertreten und beraten den Bauherrn mit fachlicher Expertise.

dass Sie einen Architekten finden, mit dem Sie zusammenarbeiten können.

Behördliche Bauleiter und Sicherheitsbeauftragte

In einigen Bauordnungen der Länder ist vorgeschrieben, dass ein Bauleiter zu bestellen ist (vgl. beispielsweise § 45 LBO BW). Dieser Bauleiter ist dafür verantwortlich, dass die auszuführenden Arbeiten sicher ineinandergreifen und dass von der Baumaßnahme keine Gefahren für die öffentliche Sicherheit und Ordnung ausgehen. Der Bauleiter ist quasi „das Auge der Behörde auf der Baustelle". Er hat für die Behörde zu kontrollieren, ob die entsprechenden Tätigkeiten ordnungsgemäß ausgeführt werden. Ist die Baustelle nicht sicher, können Behörden auch wegen Ordnungswidrigkeiten gegenüber Bauleitern Bußgelder verhängen oder ihnen die Befugnis zur öffentlichen Bauleitung absprechen. Die Aufgabe des öffentlichen Bauleiters besteht aber insbesondere auch darin, für die Behörde sicherzustellen, dass nur das genehmigte Bauvorhaben ohne Abweichungen umgesetzt worden ist.

Normalerweise werden diese Tätigkeiten von Architekten miterbracht, wenn diese mit der Bauüberwachung (Leistungsphase 8) beauftragt worden sind. Eine Besondere Leistung, die zusätzlich zu den Grundleistungen nach HOAI zu vergüten ist, ist hierin nicht zu sehen (hierzu siehe Seite 214).

Von der Tätigkeit des öffentlichen Bauleiters zu unterscheiden ist die Tätigkeit des Sicherheits- und Gesundheitsschutzkoordinators, kurz SIGEKO. Die 1998 eingeführte Baustellenverordnung hat vorgesehen, dass Bauherren Arbeitsschutzmaßnahmen zu planen haben, soweit Beschäftigte mehrerer Unternehmer gleichzeitig auf der Baustelle tätig werden (vgl. § 2 Baustellenverordnung). Hat die Baustelle mehr als 500 Mann-Arbeitstage oder mehr als 30 Arbeitstage bei 20 Mitarbeitern, und werden Beschäftigte mehrerer Unternehmer gleichzeitig auf der Baustelle tätig, dann hat der Bauherr

- eine Vorankündigung zu erstellen,
- einen Sicherheits- und Gesundheitsschutzplan (SIGE-Plan) anfertigen zu lassen,

- einen Sicherheits- und Gesundheitsschutzkoordinator (SIGEKO) zu bestellen und eine Unterlage anfertigen zu lassen.

Die Vorankündigung des Beginns der Bauarbeiten muss bei den Gewerbeaufsichtsämtern 14 Tage vor Baubeginn erfolgen.

Bei der Erstellung des Sige-Planes wird der SIGEKO den Terminplan des Architekten nehmen und prüfen, ob und wenn ja, welche Bauarbeiten parallel laufen und den dafür erforderlichen Arbeitsschutz zum Schutz der Unternehmer gegeneinander vorsehen.

Der SIGEKO prüft im Rahmen der Bauausführung, ob die Schutzmaßnahmen auch ausgeführt worden sind.

Am Ende der Maßnahme wird der SIGEKO noch eine Unterlage erstellen, in der aufgeführt ist, welche Schutzmaßnahmen bei Wartungsarbeiten vorzusehen sind.

Fachplaner und Fachingenieure

Mit Fachplanung bezeichnet die HOAI gemäß § 2 Planungsleistungen für Heizung, Lüftung und Sanitär gemäß §§ 52 ff. HOAI und die Planungsleistungen der Tragwerksplanung gemäß § 49 ff. HOAI.

Fachplanungsleistungen wiederum untergliedern sich in zwei Fachbereiche. In der Regel erbringt ein Planer die Planungsleistungen für Heizung, Lüftung und Sanitär.

Ein separater Planer wiederum erbringt die oft sehr komplizierten Planungsleistungen für die Elektroplanung.

Diese Planer müssen zu einem recht frühen Zeitpunkt – in der Regel vor Erstellung der ersten belastbaren Kostenschätzung des Architekten – eingeschaltet werden, da der Architekt die Kosten der Fachplanungsleistungen bei der konkreten Baumaßnahme oft nicht kennt. Aufgabe der Fachplaner ist es dann, die Anforderungen und Kostenvorstellungen des Bauherrn zu ermitteln und Stück für Stück in eine passende Planung umzusetzen. Hierbei müssen Architekten und Fachplaner oft Hand in Hand zusammenarbeiten. Architekten kennen in der Regel Fachplaner, mit denen das gewährleistet ist. Fragen Sie daher Ihren Planer, wenn er die Einschaltung eines solchen nicht ohnehin vorschlägt. Hierbei müssen Sie auch keine Sorge haben, dass ein Architekt eine Vermittlungsprovision vom Fachplaner verlangt, da ihm dieses als verkammerter Beruf strikt untersagt ist.

Fachplaner sind ihrerseits Spezialisten für ihre Bereiche und kennen die auf dem Markt existierenden technischen Angebote, mit denen die für Sie beste Lösung erzielt werden kann. Bei Einschaltung eines solchen Spezialisten können Sie daher erwarten, dass eine auf Ihren Bedarf speziell zugeschnittene und angepasste Lösung entwickelt wird.

Ob Sie bei einem kleineren Einfamilienhaus tatsächlich einen Fachplaner benötigen, hängt letztlich von der Komplexität der Haustechnik ab. Oftmals werden solche Planungsleistungen der technischen Gebäudeausstattung, das heißt also Heizung, Lüftung, Sanitär und Elektroplanungen von den zu beauftragenden Fachfirmen für ein günstigeres Entgelt miterbracht. Allerdings bedeutet dies unter Umständen auch einen gewissen Abstrich an Qualität und Individualität der Planung, da ein Unternehmer natürlich eine „Standardplanung" anbieten wird, es sei denn, es wird anders vertraglich vereinbart. Zudem werden Unternehmen immer versuchen, die ihnen selbst gefälligste Lösung zu vermarkten. Anders als Planer dürfen Firmen auch Provisionen entgegennehmen und werden bei den von ihnen vorgeschlagenen Produkten vielleicht nur solche nennen, die ihnen wirtschaftlich am meisten nutzen oder die sie am leichtesten einbauen können. Eine Marktsondierung, wie es der Fachplaner gewährleistet, findet in der Regel nicht statt. Deswegen sagen viele Sachverständige auch, dass die Planungsmehrkosten der Fachplaner in der Regel auch bei den Vergaben wieder eingespart werden und am Ende die Kosten annähernd gleich sind.

GUTACHTER UND WEITERE FACHPLANER

Je nach den speziellen Gegebenheiten vor Ort können folgende Fachgutachter im Rahmen einer Baumaßnahme notwendig werden:

Bodengutachter

Normalerweise trägt der Bauherr das Baugrundrisiko. Kommt es daher zu Mehrkosten, weil der Baugrund nicht so gut wie angenommen ist, hat diese der Bauherr zu übernehmen. Anders ist es nur, wenn mit dem Bauunternehmer ein Festpreis vereinbart worden war und zudem der Unternehmer, beispielsweise der Generalunternehmer, den Bodengutachter zu beauftragen hat oder auch die Leistungen des Baugrunds von ihm pauschaliert worden sind.

Der Bodengutachter wird immer dann erforderlich, wenn keine Kenntnisse über den Untergrund vorhanden sind. Der Geologe lässt entweder Probebohrungen oder mit einem Bagger Schürfungen machen und untersucht dabei den Untergrund. Die Kenntnis über die Zusammensetzung des Untergrunds ist wiederum wichtig für den Tragwerksplaner, der je nach der Beschaffenheit des Untergrunds die Belastbarkeit des Tragwerks berechnet.

Für die Leistungen des Geologen gibt es keine Gebührenordnungen, die es zu beachten gilt. Es lohnt sich daher auf jeden Fall, mehrere Unternehmen anzufragen und verschiedene Angebote einzuholen.

Fachplaner EnEV und der Energieberater KfW

Die Einsparung des Energieverbrauchs ist politisch sehr stark in den Vordergrund gerückt worden. Das klare politische Ziel ist, bis 2050 Häuser zu errichten, die energetisch neutral sind, das heißt, soviel Energie produzieren, dass sie keinen zusätzlichen Energiebedarf mehr haben werden.

Um dieses zu erreichen, hat die Bundesregierung seit 2004 die Energieeinsparverordnung erlassen. Diese schreibt vor, wieviel Energie ein Gebäude verbrauchen darf, und stellt dabei auf den Jahresprimärenergiebedarf des Gebäudes ab. Dieser errechnet sich aus einer Gesamtbetrachtung der Kühlung und der Heizung des Gebäudes sowie des Warmwassers. Der Gesetzgeber hat die EnEV schrittweise verschärft. Jedes neu zu errichtende (vgl. §§ 4ff. EnEV) und umzubauende Gebäude (vgl. §§ 9 ff EnEV) muss die Vorgaben dieser Energieeinsparverordnung erfüllen, es sei denn, es gibt gemäß §§ 24, 25 EnEV Ausnahmen und Befreiungen. Die EnEv wird für private Bauprojekte ab 2021 durch das neue Gebäudeenergiegesetz abgelöst.

Um nachzuweisen, dass ein Gebäude den Vorgaben der EnEV entspricht, muss eine Energiebedarfsberechnung durchgeführt werden, die wiederum von einem zertifizierten Energieberater verfasst sein muss, der eine spezielle Ausbildung gemacht hat. Ohne einen solchen Nachweis ist das Gebäude nicht genehmigungsfähig beziehungsweise begeht der Bauherr, der von den Vorgaben des Energieberaters abweichend baut, eine Ordnungswidrigkeit gemäß § 27 EnEV. Schlimmstenfalls kann es sogar passieren, dass das gesamte Gebäude formell baurechtswidrig ist und nicht genutzt werden darf.

In Bebauungsplänen und in Kaufverträgen sind heute Vorgaben üblich, welche energetischen Standards das Gebäude haben soll. Da die Maßnahmen nach EnEV aber voraussichtlich nicht ausreichen werden, um die staatlich

Baubetreuer sollen die Bauherren organisatorisch unterstützen und fachlich beraten. Die Berufsbezeichnung ist aber nicht gesetzlich geregelt.

gesetzten Ziele zu erreichen, werden zahlreiche finanzielle Anreize geschaffen, die vielfach an die Stelle des sozial geförderten Wohnungsbaus getreten sind. Bauherren können bei Sanierung ihrer Wohnungen Steuervorteile erhalten und KfW-Darlehen beantragen, müssen dafür aber energetisch besonders günstige Gebäude errichten. Die KfW hat verschiedene Darlehensformen und Förderungen, je nachdem, welche Maßnahmen vom Bauherrn angestrebt werden. Grundsätzlich will der Staat hiermit Mehrkosten auffangen, die durch die teurere energetische Bauweise entstehen. Denn energetisch richtig bauen heißt zunächst einmal zu verhindern, dass Luft unkontrolliert in das Gebäude ein- und austreten kann. Das wiederum macht den Unternehmen mehr Arbeit und erfordert auch einen hohen Mehraufwand bei der Bauüberwachung. Gleichzeitig wird die Haustechnik aufwendiger und oftmals auch eine teurere Bauweise an sich (beispielsweise Holzbauweise) gewählt. Die KfW gewährt die Darlehen in der Regel ohne Sicherheiten, das heißt, diese Darlehen fallen nicht in die Eigenmittelbetrachtung bei der Finanzierung. Zudem können teilweise Darlehensansprüche auch erlassen werden.

Energieberater können Ihnen dabei helfen, wie solche Darlehen zu erhalten sind und was Sie tun müssen, um die vom Gesetzgeber geforderten Vorgaben zu verlangen. Besonders wichtig ist dabei, diese rechtzeitig einzuschalten, also bereits in der Entwurfsphase, gegebenenfalls schon in der Vorplanung, um ein richtiges Energiekonzept zu bekommen. Keinesfalls darf mit der Baumaßnahme begonnen werden, bevor die Darlehensanträge bei der KfW gestellt worden sind, da Sie dann den Darlehensanspruch verlieren.

Die Vergütung der Energieberater ist nicht mehr gesetzlich geregelt. In der HOAI 2013 Anlage 1 Beratungsleistungen, dort Ziff. 1.2.3. ff., gab es nur noch eine Empfehlung, wie diese Leistungen zu vergüten sind. Holen Sie daher mehrere Angebote ein, um eine gewisse Marktübersicht zu erhalten.

Tipp: Fragen Sie auch Ihren Architekten, ob er selbst in der Lage ist, diese Leistungen zu erbringen.

Der Gutachter/Fachplaner der Thermischen Bauphysik

Insbesondere wenn mehrere Nutzungen in dem Gebäude stattfinden, werden zudem noch Gutachten über Schallschutz, Raumakustik und gelegentlich zum Raumklima innerhalb des Gebäudes erforderlich. Regelmäßig werden diese Anforderungen in der Baugenehmigung festgeschrieben und müssen dann als Auflage vom Bauherrn erfüllt werden.

Auch für diese Spezialleistungen gibt es spezialisierte Ingenieure, die zu beauftragen sind. Das Honorar ist frei verhandelbar, also sollten Sie auch in diesen Fällen Vergleichsangebote einholen.

Der Gutachter für Schäden an Gebäuden

Insbesondere bei Gebäuden, die in besiedelten Gebieten errichtet werden, wo es also eine Nachbarbebauung gibt, kann es notwendig werden, durch einen Schadensgutachter festzuhalten, in welchem Zustand der Bestand vor der Baumaßnahme und nach der Baumaßnahme ist. Dies ist letztlich im Interesse des Bauherrn, da er nur so nachweisen kann, ob eine Vorschädigung vorlag. Fehlt eine solche Dokumentation, wird im Streitfall vor Gericht häufig vermutet, dass der aufgetretene Schaden durch die Baumaßnahme verursacht worden ist.

Schadenssachverständige haben in der Regel Fortbildungen besucht und erfolgreich mit Klausur bestanden. Darüber hinaus können die Sachverständigen von der Industrie- und Handelskammer (IHK) anerkannt werden, als öffentlich-bestellte und vereidigte Sachverständige. Die Prüfung bei der IHK ist nicht einfach und recht aufwendig. Solche Sachverständige werden oftmals bevorzugt von Gerichten genommen, und ihre Gutachten genießen einen hohen Stellenwert. Gerichten steht es aber auch frei, jeden anderen Sachverständigen zu beauftragen, und über die Qualität der Sachverständigen sagt das letztlich auch nichts aus.

Auch die Beauftragung des Schadensgutachters ist frei zu vereinbaren. Eine Gebührenordnung besteht nicht. Regelmäßig erfolgt die Beauftragung nach Stundensätzen, die bei guten Sachverständigen zwischen 100 und 250 Euro netto liegen.

Sonstige Gutachter Flora und Fauna

Sofern auf dem von Ihnen erworbenen Grundstück Bäume stehen oder gar seltene Tierarten vorhanden sind, dürfen Sie Fällarbeiten nach dem Bundesnaturschutzgesetz nur durchführen, wenn diese keine Arten gefährden. Um den Nachweis zu erbringen, dass keine Tiere in den Bäumen nisten oder schützenswerte Arten auf dem Grundstück vorhanden sind, bedarf es eines entsprechenden Gutachters. Dieser wird Ihr Grundstück einige Tage beobachten und prüfen, ob seltene Arten vorhanden sind. Findet er welche, darf eine Fällung der Bäume oder ein Beginn der Arbeiten gemäß § 44 Bundesnaturschutzgesetz nur dann erfolgen, wenn die Nist- und Brutzeit vorüber ist.

Der Geschäftsführer oder Betreuer der Baugruppe

Findet sich eine Baugruppe, die das Bauvorhaben zusammen eingeht, dann bildet sich eine Gesellschaft des bürgerlichen Rechts. Das bedeutet, dass die Gruppe in regelmäßigen Gesellschafterversammlungen tagt und Entscheidungen trifft.

Jemand muss diese Gruppe vertreten, die Sitzungen vorbereiten, Protokoll führen und Termine vereinbaren. Auch die Architekten und Fachplaner gilt es dazu zu laden und die verschiedenen Interessen der GbR zu steuern. Da Städte diese Baugruppen zunehmend fördern, gibt es auch immer mehr Architekten, die sich darauf spezialisiert haben, eine solche Baugruppe zu führen.

Die Vergütung dieser Leistungen erfolgt in der Regel auf Stundenbasis. Aber auch hier gilt es, die Leistungen und den Leistungsumfang möglichst präzise zu regeln.

Die Beauftragung der Bauunternehmer im Wege der Einzelvergabe

Die Bauunternehmer der verschiedenen zu vergebenden Gewerke werden mit einzelnen Bauverträgen beauftragt. Meistens werden die einzelnen Bauleistungen separat vergeben und vom Architekten Leistungsverzeichnisse für die Ausschreibung erstellt. Der Vorteil des Bauherrn besteht darin, dass er immer das günstigste Angebot bekommt und dadurch in der Regel auch das Bauvorhaben günstig errichten kann. Zudem ist das wirtschaftliche Risiko auf viele Schultern verteilt. Wenn also ein Unternehmer insolvent gehen sollte, ist zwar ein Schaden vorhanden, der aber je nach Gewerk verschieden hoch ausfällt. Die gesamte Baumaßnahme indes dürfte regelmäßig nicht gefährdet sein.

Der Nachteil besteht unter Umständen darin, dass durch die Abfrage der Baupreise der Bauherr immer aktuelle Preise erhält, was bei fallenden Baupreisen gut, bei eintretenden Preissteigerungen im Bausektor eher schlecht sein kann. Zurzeit herrscht Hochkonjunktur, so dass oftmals gar kein Angebot abgegeben wird, oder nur solche Angebote mit sehr hohen und völlig überzogenen Preisen. Oftmals bleibt dem Bauherrn dann gar keine andere Wahl, als das teurere Unternehmen zu beauftragen. Vielfach haben Unternehmen aber auch so viele Aufträge, dass sie ihre zeitlichen Zusagen nicht mehr einhalten können. Das wiederum führt zu erheblichen Verzögerungen und Mehrkosten. Wer also Kostensicherheit und Terminsicherheit haben will, ist oftmals besser mit einem Generalunternehmer beraten.

GENERALÜBERNEHMER UND -UNTERNEHMER

Der Generalübernehmer erbringt Planungs- und Bauleistungen. Der Bauherr stellt lediglich das Grundstück und je nach Vertrag gewisse Vorleistungen. Der Generalübernehmer kann bereits mit dem Baugesuch beauftragt werden, und die Entwicklung des Gebäudes übernehmen. Solche Verträge sind dann in der Regel in zwei Stufen unterteilt, die Planungs- und die Ausführungsstufe.

In der Regel werden Generalübernehmer aber erst nach einem bereits erteilten Baugesuch beauftragt, da sich in diesen Fällen die Baumaßnahme leichter kalkulieren lässt. Der Generalübernehmer optimiert Planungsprozesse. Das bedeutet, dass er die Planung des Architekten zwar umsetzt, aber es wird sein Bestreben sein, möglichst Kosten einzusparen und gegebenenfalls Standards zu reduzieren. Deswegen ist das Wichtigste, was es bei einem Generalübernehmervertrag zu beachten gilt, die Leistungsbeschreibung. Diese muss so konkret als möglich gefasst sein, damit der Bauherr nachher keine bösen Überraschungen erlebt.

Die Einschaltung eines Generalübernehmers will natürlich auch angemessen bezahlt werden. Der Generalübernehmerpreis setzt sich aus folgenden Kosten zusammen:

- Kosten der externen zu beauftragenden Planungsleistungen (Architekt und Fachplaner),
- Kosten der externen zu beauftragenden Bauleistungen,
- Kosten für selbst erbrachten Planungs- und/ oder Bauleistungen,
- GU-Zuschlag auf alle Kosten, in der Regel 5 bis 15 % der Netto-Gesamtkosten.

Die Gesamtkosten der Baumaßnahme liegen gleichwohl in der Regel nicht oder nur gering über den Kosten, die bei einer klassischen Einzelvergabe entstehen, weil der Generalübernehmer in der Regel auch besondere Konditionen mit seinen Bauunternehmern vereinbart hat. Wenn die Mindestsätze der HOAI endgültig wegfallen (dazu siehe später), könnten die Leistungen des Generalübernehmers künftig noch günstiger werden. Unterschiede ergeben sich zudem bei der Individualität und oft auch bei dem qualitativen Endergebnis, also dem Baustandard und der Architektur.

Der Generalunternehmer ist ein Bauunternehmer, der mehrere oder alle Bauleistungen aus einer Hand erbringt. Es gibt Teilgeneralunternehmer, die beispielsweise nur die Technikgewerke (Heizung, Lüftung, Sanitär, Elektro) oder die Bauerrichtungsgewerke (Rohbau, Zimmerer, Flaschner, Innenausbau, Estrich etc.) erbringen. Generalunternehmer übernehmen Aufgaben des Architekten, indem sie die Ausführung der Bauleistung koordinieren und überwachen. Für den Bauherrn besteht der besondere Sinn in der Beauftragung eines Generalunternehmers darin, dass dieser in der Regel Kosten- und Terminsicherheit zusichern kann. Der Bauherr kauft zum Festpreis und zu vereinbarten Terminen, die der Generalunternehmer aufgrund seiner wirtschaftlichen Verbundenheit mit seinen Subunternehmern gewährleisten kann. Generalunternehmer können – wie Generalübernehmer auch – deshalb günstigere Preise anbieten, weil sie in der Regel mit ihren Subfirmen besondere Preise für die Ausführung der Leistungen, sogenannte Jahrespreise, vereinbaren und auch von Produktherstellern Vergünstigungen bekommen. Diese Jahrespreise werden dann bei allen Bauvorhaben angewandt und werden im alten Jahr vereinbart, was zugleich bedeutet, dass in der Regel nur die Faktoren des Vorjahres ausgeglichen aber neue Marktpreisschwankungen in den Preisen nicht mehr berücksichtigt werden. Dies ist bei steigenden Baupreisen natürlich für den Generalunternehmer sehr günstig.

Ein Generalunternehmer wird, wie auch ein Generalübernehmer folgende Kosten kalkulieren:

- Kosten der eigenen Bauleistungen,
- Kosten der einzukaufenden Bauleistungen,
- GU-Zuschlag für Koordination und Steuerung, Bauleitung und Risiko.

Im Unterschied zur Einzelvergabe werden Generalunternehmer immer versuchen, Planungen zu optimieren und die Ausführung zu vereinfachen, um Kosten einsparen zu können. Dies muss nicht zwingend zu einer Verschlechterung der Baumaßnahme beziehungsweise des Baustandards führen, sondern kann auch einfach nur eine optimierte Ausführung bei gleichem Standard bedeuten. Gleichwohl kann es aber auch bei Beauftragung eines Generalunternehmers zur Reduzierung des Ausbaustandards oder der Qualität kommen.

Sollten Sie vorhaben, mit einem Generalunternehmer Ihren Bau zu verwirklichen, weil Termine und Kosten für Sie das Wichtigste am Bauvorhaben sind, müssen Sie trotzdem einen Architekten mit der Erstellung des Baugesuchs, vielleicht sogar Teilen der Ausführungsplanung beauftragen, um die gestalterische Qualität des Bauvorhabens sichern zu können. Erst danach kann der Generalunternehmer die weiteren Leistungen übernehmen.

Sinnvoll ist es aber auch hier. einen Architekten mit weiteren Leistungen zu beauftragen, da die Generalunternehmerangebote auf ihre Vollständigkeit und ihre Richtigkeit geprüft werden müssen. Im Rahmen der Bauausführung ist schließlich zu beachten, dass der Generalunternehmer nur seine wirtschaftlichen Interessen, aber nicht die des Bauherrn vertritt. Auch hier sollte daher ein sachverständiger Kontrolleur, in der Regel ein Architekt oder Bauingenieur, damit beauftragt werden, die korrekte Ausführung der Bauleistung und die Prüfung der Nachträge zu überwachen.

Probleme auf der Baustelle und Beschwerden der Nachbarn während der Bauzeit sollten immer möglichst schnell und einvernehmlich geregelt werden.

Auch beim Generalunternehmervertrag ist das Kernstück des Vertrags die Leistungsbeschreibung. Diese muss sehr sorgfältig auf die dort enthaltenen Quantitäten und Qualitäten geprüft und angepasst werden. Die dem Vertrag beigefügten Pläne sollten möglichst viele Ausführungsvorgaben haben, damit ein Qualitätsstandard definiert worden ist, den es dann vom Generalunternehmer einzuhalten gilt. Ohne einen Architekten oder Sachverständigen werden diese Leistungen und Qualitätsstandards kaum zu definieren sein.

DER FERTIGHAUSANBIETER

Im Unterschied zum Generalunternehmer oder auch zu einem Generalübernehmer wird ein Fertighausanbieter ein bestimmtes Systemhaus anbieten, das auf Ihrem Grundstück errichtet werden kann. Fertighausanbieter sind letztlich Verkäufer eines fertigen Hauses, das diese oftmals vorproduzieren lassen.

Oftmals muss der Bauherr, um dieses Fertighaus auf seinem Grundstück bauen zu können, Vorleistungen übernehmen, beispielsweise die Grundstückserschließung, Baugrunduntersuchung oder aber auch die Erstellung des Untergeschosses. Fertighausanbieter wollen dann auf diese Leistungen ihr Haus standardmäßig montieren und errichten. Streng genommen wollen Fertighausanbieter gar keine Bauleistungen übernehmen, sondern in erster Linie ihre – meist industriell – vorgefertigten Bauelemente verkaufen und zusammenfügen.

Der Vorteil von solchen Fertighausanbietern besteht in dem festkalkulierten Preis und der Schnelligkeit der Baumaßnahme. Zwar benötigt es auch eine gewisse Zeit, bis diese Fertigbauteile angefertigt worden sind, aber dann ist das Gebäude in wenigen Tagen errichtet und in weiteren wenigen Tagen bezugsfertig. Lassen Sie sich aber nicht täuschen. Auch ein Fertighausanbieter wird einen gewissen Vorlauf benötigen, um seine Teile für Ihr Gebäude anfertigen zu können. Oftmals beträgt die Ersparnis zwischen der konventionellen Bauweise und der Fertigbauweise ab Zeitpunkt der Beauftragung nur wenige Wochen. Gleichwohl können auch diese entscheidend sein.

Fertighausanbieter entwickeln Systemhäuser, die häufig besondere Eigenschaften aufweisen. Sei es, dass es sich um „Energie-Plus-Häuser" handelt oder um vollständige „Holz-Bio-Häuser" oder andere besondere Bauten. Zurzeit verlangt der Markt sehr stark nach Holzhäusern, so dass sich viele Anbieter darauf spezialisiert haben, hochwertige und individuelle Holzhäuser anzubieten. Vielfach wird versprochen, dass die Gebäude komplett ohne den Einsatz von Giftstoffen gebaut werden können und besonders günstige Brandschutz- und Lebensdauer-Eigenschaften aufweisen. Immer mehr Gebäude – zwischenzeitlich auch Mehrfamilienhäuser – werden mit Konstruktionen aus Holz errichtet, weil Holz in der Ökobilanz eines Gebäudes ein Rohstoff ist, der nachwachsen kann und somit klimaneutral ist. Auch im Vergleich zur konventionellen Bauweise hat Holz einige Vorteile. Holz hat sehr gute Brandschutzeigenschaften, sehr gute Dämmwerte, hat ein besonderes Wohnraumklima und bietet je nach Anbieter ein Gebäude ohne Giftstoffe.

Bei der Montage des Fertighauses erweist sich, ob alle Schnittstellen mit dem Unterbau exakt passen.

Welche Bauleistungen von Ihnen zu erbringen sind, muss im Bauvertrag genau geregelt werden. Ein Risiko besteht immer dann, wenn zum Beispiel das Untergeschoss von Ihnen errichtet wird und das eigentliche Gebäude von dem Fertighausanbieter.

Diese Schnittstelle zwischen Ihren vertraglich zu erbringenden Leistungen und den Leistungen des Fertighausanbieters birgt das Risiko von Nachträgen in sich. Sie sollten daher in den Verhandlungen überlegen, möglichst wenige Schnittstellen zu schaffen und den Fertighausanbieter auch das Untergeschoss erstellen zu lassen.

Obwohl man bei Fertighausanbietern im Unterschied zu sonstigen Generalunternehmern das Bauobjekt bereits im Vorfeld anhand von realen Musterhäusern besichtigen kann, gilt natürlich, dass das Leistungsverzeichnis das Herz des Vertrags bleibt und gesondert zu prüfen ist. Prüfen Sie daher, ob die von Ihnen gewünschten Leistungen enthalten sind. Für die Beratung bezüglich solcher Häuser sollten Sie sich an professionelle Bauberater oder Architekten wenden.

Der Nachteil beim Kauf eines Fertighauses besteht oftmals darin, dass diese nicht individuell an das Grundstück angepasst werden können beziehungsweise angepasst werden müssen. Ein Haus muss auf den Sonnenverlauf, besondere Verschattungssituationen und die Nachbargebäude ausgerichtet werden. Andernfalls erhalten Sie nur eine suboptimale Ausnutzung Ihres Grundstücks.

Deswegen sollten Sie sich bewusst machen, dass die Anpassung des Gebäudes auf Ihr Grundstück und auf Ihren Bedarf einer der wichtigsten mit dem Fertighaushersteller zu verhandelnden Punkte ist.

DER BAUTRÄGER

Im Unterschied zum Architekten- und Generalunternehmer/-Generalübernehmervertrag ist der Bauträgervertrag eigentlich eine Mischung aus Kaufvertrag und Bauverpflichtung. Der Schwerpunkt dieses Vertrags liegt im Bereich des (Grundstücks-)Kaufs mit Wohnung, weswegen der Erwerber auch nicht Bauherr, sondern Käufer genannt wird. Weil letztlich ein Miteigentumsanteil an einem Grundstück verkauft wird, müssen Bauträgerverträge notariell beurkundet werden. Dies gibt dem Käufer natürlich eine gewisse Sicherheit und soll ihn schützen. Denn Notare dürfen Verträge, die die vorgegebenen Mindestinhalte gemäß § 650u BGB nicht enthalten, nicht umsetzen.

Der wesentliche Unterschied zu den anderen Bauverträgen besteht darin, dass der Käufer eine fertige Wohnung kauft, die im Kaufvertrag vollständig beschrieben sein muss. Änderungswünsche, wie sie im Bereich des Architektenauftrags oder beim Generalunternehmer oder auch Generalübernehmer möglich und gesetzlich vorgeschrieben sind (vgl. §§ 650b ff. BGB), gibt es beim Bauträgervertrag grundsätzlich nur mit Zustimmung des Bauträgers. Erwerben Sie also eine Wohnung oder ein Haus, ist unbedingt darauf zu achten, dass diese Sonderwünsche vor Vertragsabschluss in der Leistungsbeschreibung exakt definiert sind. Diese zu prüfen, ist die vorrangige Pflicht des Käufers, damit er später keine bösen Überraschungen erlebt.

Bis zur Übergabe der Wohnung ist der Bauträger zudem Eigentümer des Gebäudes. Ein Zutrittsrecht hat der Erwerber nicht, genauso wenig wie das Recht, Baukontrollen während der Baumaßnahme durchzuführen. Nach Abnahme des Objekts durch den Käufer wird der Bauträger regelmäßig die Schlüssel übergeben, allerdings erst nach vollständiger Bezahlung des vereinbarten Kaufpreises. Gewährleistungsansprüche können dann im Rahmen der üblichen Gewährleistungsansprüche des BGB geltend gemacht werden. Käufer haben ebenfalls ein Recht, das Zweifache der Mängelbeseitigungskosten einzubehalten und zwar bei Gebäuden mit mehreren Eigentümern sowohl für das Sondereigentum, als auch für das Gemeinschaftseigentum.

Bauträger, dies gilt es auch zu bedenken, errichten oftmals Mehrfamilienhäuser. Da hierbei viele Interessen zu berücksichtigen sind, muss der Bauträger einen gewissen Spielraum bei der Gestaltung der Wohnungszuschnitte und auch des Gemeinschaftseigentums haben. Dieser Spielraum kollidiert oftmals mit den Interessen des Sondereigentümers. Deswegen sollte auch hier genau geschaut werden, mit wem Verträge gemacht werden.

Der Kauf einer Immobilie vom Bauträger ist in der Regel nicht der günstigste Weg, da diese sowohl ihr unternehmerisches Risiko als auch ihren Gewinn im Objekt einkalkulieren werden. Zudem kennen diese die Marktpreise ganz genau und werden immer versuchen, den maximalen Preis zu erzielen.

Tipp: Kommunale Wohnbauträger

Viele Kommunen, aber auch die Kirchen, betreiben Wohnungsbaugesellschaften, die mit der kommunalen Entwicklung beauftragt werden und Wohnungen oftmals zu sehr fairen und ausgewogenen Preisen auf dem Markt bringen. Oftmals haben diese Wohnbauträger Wartelisten, auf die man sich setzen lassen kann.

BESONDERHEITEN VON VERTRÄGEN MIT DEN BAUBETEILIGTEN

Verträge mit den am Bau Beteiligten oder Bauverträge sind grundsätzlich Werkverträge. Die Besonderheit bei Werkverträgen besteht darin, dass ein Werk – also ein Erfolg – geschuldet wird.

Der Gesetzgeber regelt den Werkvertrag in den §§ 631 ff. BGB. Durch die Novelle des BGB 2018 wurden erstmals für Bauleistungen zahlreiche Bestimmungen ergänzt und erneuert, insbesondere in den §§ 650 ff. BGB wurden besondere Bestimmungen für den Bauvertrag (§§ 650a ff. BGB), den Architektenvertrag (§§ 650p ff BGB), den Bauträgervertrag (§§ 650u BGB) und den Verbraucherbauvertrag (§§ 650i BGB) aufgenommen.

Der Gesetzgeber hat dem Rechnung getragen, dass sich die Verträge der einzelnen Typ-Bauweisen erheblich unterscheiden und insbesondere Verbraucher bei oft hochkomplexen Generalunternehmer- oder Generalübernehmerverträgen besonderen Verbraucherschutz benötigen.

Werkvertrag und ähnliche Verträge

Werkvertrag im BGB

- Allgemeine Vorschriften
- § 631 Vertragstypische Pflichten beim Werkvertrag
- § 632 Vergütung
- § 632a Abschlagszahlungen
- § 633 Sach- und Rechtsmangel
- § 634 Rechte des Bestellers bei Mängeln
- § 634a Verjährung der Mängelansprüche
- § 635 Nacherfüllung
- § 636 Besondere Bestimmungen für Rücktritt und Schadenersatz
- § 637 Selbstvornahme
- § 638 Minderung
- § 639 Haftungsausschluss
- § 640 Abnahme
- § 641 Fälligkeit der Vergütung
- § 642 Mitwirkung des Bestellers
- § 643 Kündigung bei unterlassener Mitwirkung
- § 644 Gefahrtragung
- § 645 Verantwortlichkeit des Bestellers
- § 646 Vollendung statt Abnahme
- § 647 Unternehmerpfandrecht
- § 647a Sicherungshypothek des Inhabers einer Schiffswerft
- § 648 Kündigungsrecht des Bestellers
- § 648a Kündigung aus wichtigem Grund
- § 649 Kostenanschlag
- § 650 Anwendung des Kaufrechts

Die Besonderheit des Werkvertrags besteht nun darin, dass anders als beim Kaufvertrag oder Dienstvertrag die Leistung zum Zeitpunkt der Abnahme (gemäß § 640 BGB) mangelfrei sei muss. Bedenkt man, wie lange Bauverträge nach Vertragsabschluss laufen, kann dies für alle Beteiligten erhebliche Risiken und Härten darstellen; insbesondere, wenn sich anerkannte Regeln der Technik während der Leistungszeit ändern oder wenn sich Gesetze ändern. Erfüllt der Planer oder Bauunternehmer die Leistungen nach den zum Zeitpunkt der Leistungserbringung gültigen Regeln der Technik oder gesetzlichen Normen, und ändern sich diese bis zum Zeitpunkt der Abnahme, liegt grundsätzlich ein Mangel vor. Nur dann ist nicht von einem Mangel auszugehen, wenn die Änderungen für den Planer nicht erkennbar gewesen sind.

Der Gesetzgeber hat sich zwar mit den Rechtsfolgen eines mangelhaften Werkes beschäftigt (siehe §§ 633 ff. BGB Mängelansprüche), aber nicht damit, wie das Objekt zu errichten ist, beziehungsweise was bei der Errichtung des (Bau-)Werks zu beachten ist. Diese Regelungen müssen vertraglich getroffen werden und betreffen insbesondere die Leistungsinhalte, den Leistungsumfang, aber auch die Leistungsausführung (beispielsweise Protokollierungs- und Aufklärungspflichten), was insbesondere auch Mitwirkungspflichten und besondere Ausführungspflichten der Unternehmer beinhaltet (die Nebenbestimmungen des Vertrags).

Den Bauherrn trifft lediglich die Verpflichtung, bei Errichtung des Werkes insoweit mitzuwirken, als dass er den Unternehmer in die Lage versetzen muss, arbeiten zu können. Hierfür muss er alle notwendigen Handlungen vornehmen (siehe § 642 BGB). Kann der Unternehmer ohne die Mitwirkung des Bauherrn nicht weiterarbeiten, kann der Unternehmer dem Bauherrn eine Frist zur Vornahme der Entscheidung setzen. Nach Ablauf der Frist schuldet der Bauherr dem Unternehmer sogar einen Aufwendungsersatz für unnötige vorgehaltene Maschinen und Mitarbeiter (juristisch: Aufwendungserstattungsanspruch). Kommt der Bauherr dann trotzdem immer noch nicht der geforderten Mitwirkungspflicht nach, kann der Unternehmer dem Bauherrn eine weitere Frist zur Vornahme dieser Handlungen setzen und ankündigen, dass der Vertrag mit Ablauf der Frist beendet wird (siehe § 643 BGB). Der Bauherr hat dem Unternehmer dann die entstandenen Kosten, unter Umständen sogar weiteren Schaden, zu erstatten.

Gemäß § 633 BGB liegt ein mangelfreies Werk zum Zeitpunkt der Abnahme vor, wenn

- es die vereinbarte Beschaffenheit aufweist und
- sich für die im Vertrag vorausgesetzte Verwendung eignet und
- eine Beschaffenheit aufweist, die bei Werken der gleichen Art üblich ist und der Besteller nach der Art des Werkes erwarten kann (vgl. § 633 BGB).

Darin erkennt man, dass das Wichtigste im Bauvertrag ist:

1. die Definition der vereinbarten Beschaffenheit der Leistung,
2. die Definition der Qualität des Gesamtwerks und der Anforderungen, die an das Gesamtwerk gestellt werden, und
3. die Beschaffenheit zu kennen, welche der Besteller üblicher Weise erwarten darf, was letztlich den anerkannten Regeln der Technik entspricht, die aber nicht mit DIN-Normen gleichzusetzen sind.

Wann ist ein Vertrag geschlossen?

Bauverträge bedürfen zu ihrer Wirksamkeit grundsätzlich keiner Schriftform. Sie können daher mündlich, konkludent oder schriftlich abgeschlossen werden. Durch die Neufassungen des BGB 2018 wurde aber beispielsweise für den Verbraucherbauvertrag die Textform gemäß § 126b BGB vorgeschrieben.

Widerrufsrechte nach der Verbraucherschutzrichtlinie

Nach Einführung der Verbraucherschutzgesetze ist fraglich, ob auch Werkverträge und Bauverträge gemäß §§ 631 ff. BGB diesen Vorschriften unterliegen. § 312 g BGB hat einige Ausnahmen aufgelistet, zu denen die Werkverträge aber gerade nicht gehören. Somit sind grundsätzlich auch auf Werkverträge, die mit einem Verbraucher geschlossen werden, die Vorschriften der §§ 312 ff. BGB anzuwenden, es sei denn, es liegt ein Verbraucherbauvertrag gemäß § 312 Abs. 2 Ziff. 3 BGB vor. In den Verbraucherbauverträgen wird zwischen zwei Arten von Verträgen unterschieden:

Verträge, die im Geschäftsraum des Dienstleisters abgeschlossen worden sind.
Für diese Verträge wird vorgegeben, dass der Vertrag schriftlich abgeschlossen werden soll, damit der Vertragsinhalt ausreichend wiedergegeben werden kann. Ein Widerrufsrecht besteht nicht. Ist der Vertrag aber nur mündlich geschlossen worden, ist dieser trotzdem wirksam, wenn sich die Vertragsinhalte anderweitig ausreichend beweisen lassen.

Verträge, die außerhalb von Geschäftsräumen geschlossen werden (AGV)
Verträge, die außerhalb der Geschäftsräume des Dienstleisters oder Bauunternehmers geschlossen werden, bedürfen einiger bestimmter Angaben und einer Widerrufsbelehrung. In § 312 d BGB ist geregelt, dass in solche Verträgen die gemäß Art. 246 a BGB aufgelisteten Inhalte vorhanden sein müssen.

Folgende Inhalte müssen von dem Unternehmer vor Vertragsabschluss dem Verbraucher übergeben worden sein:

1 Die wesentlichen Eigenschaften der Waren oder Dienstleistungen in angemessenen Umfang,
2 seine Identität, beispielsweise sein Handelsnamen sowie die Anschrift des Ortes, an dem er niedergelassen ist, seine Telefonnummer und gegebenenfalls seine Telefaxnummer und E-Mail-Adresse sowie gegebenenfalls die Anschrift und die Identität des Unternehmers, in dessen Auftrag er handelt,
3 zusätzlich zu den Angaben gemäß Nummer 2 die Geschäftsanschrift des Unternehmers und gegebenenfalls die Anschrift des Unternehmers, in dessen Auftrag er handelt, an die sich der Verbraucher mit jeder Beschwerde wenden kann, falls diese Anschrift von der Anschrift unter Nummer 2 abweicht,
4 der Gesamtpreis der Waren oder Dienstleistungen einschließlich aller Steuern und Abgaben, oder in den Fällen, in denen der Preis auf Grund der Beschaffenheit der Waren oder Dienstleistungen vernünftigerweise nicht im Voraus berechnet werden kann, die Art der Preisberechnung,
5 die Zahlungs-, Liefer- und Leistungsbedingungen, der Termin, bis zu dem der Unternehmer die Waren liefern oder die Dienstleistung erbringen muss, und gegebenenfalls das Verfahren des Unternehmers zum Umgang mit Beschwerden,
6 das Bestehen eines gesetzlichen Mängelhaftungsrechts für die Waren,
7 gegebenenfalls die Tatsache, dass der Unternehmer vom Verbraucher die Stellung einer Kaution oder die Leistung anderer finanzieller Sicherheiten verlangen kann, sowie deren Bedingungen.
8 Steht dem Verbraucher ein Widerrufsrecht nach § 312g Absatz 1 des Bürgerlichen Gesetzbuchs zu, ist der Unternehmer verpflichtet, den Verbraucher zu informieren über die Bedingungen, die Fristen und das Verfahren für die Ausübung des Widerrufsrechts nach § 355 Absatz 1 des Bürgerlichen Gesetzbuchs sowie das Muster-Widerrufsformular in der Anlage 2.

Die gesetzlichen Formvorschriften für eine korrekte Widerrufsbelehrung bei außerhalb von Geschäftsräumen geschlossenen Verträgen und bei Fernabsatzverträgen mit Ausnahme von Verträgen über Finanzdienstleistungen finden Sie unter www.gesetze-im-internet.de/bgbeg/art_253anlage_1.html.

Diese Widerrufsbelehrung ist von dem Dienstleister an den Verbraucher schriftlich – es sei denn, es ist etwas anderes vereinbart worden – zusammen mit der Abschrift des schriftlichen Vertragsabschlusses zu übergeben.

Die Schriftform des Vertrags muss nicht zwingend eingehalten werden, aber die Widerrufsbelehrung muss schriftlich erfolgen. Erfolgt diese lediglich mündlich, kann der Verbraucher den Vertrag ein Jahr und 14 Tage lang widerrufen (vgl. § 356 Abs. 3 BGB). Dies gilt insbesondere bei Verträgen mit Architekten und mit Generalübernehmern, deren Verträge nicht notariell beurkundet werden müssen. Bei Einzelvergabe von Bauleistungen und bei Bauträgerleistungen gilt diese Verbraucherschutzerklärung nicht.

Wer ist Verbraucher?

Gemäß § 13 BGB ist Verbraucher jede natürliche Person, die ein Rechtsgeschäft zu Zwecken abschließt, die überwiegend weder ihrer gewerblichen noch ihrer selbständigen beruflichen Tätigkeit zugerechnet werden können.

Private Bauherren werden daher immer Verbraucher sein und somit bei allen Arten von Bauverträgen über solche Aufklärungen informiert werden müssen.

Beauftragt und bevollmächtigt der Verbraucher aber einen Rechtsanwalt oder einen Architekten, so wird ihm das Wissen des Bevollmächtigten zugerechnet, wenn dieser bei Vertragsabschluss anwesend ist (vgl. § 166 Abs. 2 BGB). In diesem Fall bedarf es der Aufklärungspflichten nicht mehr und der private Bauherr – da er ja von einem Profi beraten ist – muss nicht mehr entsprechend der §§ 312 ff. BGB aufgeklärt werden.

Die Verträge mit den am Bau Beteiligten bei der Einzelvergabe

Verträge mit den am Bau Beteiligten sind je nach Vertragsart gewissen Besonderheiten unterworfen. Im Folgenden werden wir diese für die Einzelvergabe, sodann die Generalübernehmervergabe, die Generalunternehmervergabe und anschließend den Bauträgervertrag kurz beleuchten.

Die Verträge bei Einzelvergabe/Architekten-/ Ingenieurvertrag

Der Vertrag mit dem Architekten ist lange Zeit standardisiert und vorgegeben gewesen. Insbesondere Architekten haben Musterverträge in ihrem Portfolio, die ausgewogen die Interessen der einen oder anderen Partei berücksichtigen sollen. Architektenkammern sind die Institution, welche die Berufsbezeichnung Architekt/Ingenieur schützen und kontrollieren, damit nur solche Personen sich „Architekt" nennen, die die gesetzlichen Qualifikationen (Hochschulabschluss, zwei Jahre Berufspraxis bei einem Architekten) (siehe auch §§ 2 ff ArchG BW) erfüllt haben. Architekten, die sich standeswidrig verhalten haben oder Straftaten begangen haben, werden aus der Kammer ausgeschlossen, damit das Ansehen des Berufsstands in der Bevölkerung gewahrt bleibt. Bei Konflikten haben Architekten eine eigene Kammergerichtsbarkeit, bei der sich ein Bauherr auch über einen Architekten beschweren kann.

Die Gestaltung von Architektenverträgen

Architektenverträge haben durch die Novelle des Werkvertragsrechts einige Neuerungen erfahren. Erstmals gibt es im Bürgerlichen Gesetzbuch ein eigenes Kapitel, das sich mit den Besonderheiten des Architekten- und Planervertrags befasst.

Architektenvertrag und Ingenieurvertrag

- § 650p BGB Vertragstypische Pflichten aus Architekten- und Ingenieurverträgen
- § 650q BGB Anwendbare Vorschriften
- § 650r BGB Sonderkündigungsrecht
- § 650s BGB Teilabnahme
- § 650t BGB Gesamtschuldnerische Haftung mit dem bauausführenden Unternehmer

Darüber hinaus gelten im Architektenvertrag die allgemeinen Regelungen und folgende Regelungen des Bauvertrags:

- § 650b BGB Änderungen des Vertrags, Anordnungsrecht des Bestellers
- § 650e BGB Sicherungshypothek des Bauunternehmers
- § 650f BGB Bauhandwerkersicherungshypothek

- § 650g BGB Zustandsfeststellung bei Verweigerung der Abnahme, Schlussrechnung
- § 650h BGB Schriftform der Kündigung

Die Vereinbarung von Beschaffenheiten im Architektenvertrag

Der Planungsvertrag an sich hat im Unterschied zum Bauvertrag die Besonderheit, dass das Leistungsziel erst entwickelt werden muss. Hierfür bedarf es ein hohes Maß an Abstimmung zwischen Architekt und Bauherr, damit das Gebäude den Wünschen und den Anforderungen des Bauherrn auf der einen Seite, aber auch auf der anderen Seite den öffentlich-rechtlichen Anforderungen entsprechen kann. Das Wissen und das Können des Architekten besteht nun darin, die Wünsche des Bauherrn in Einklang zu bringen mit allen öffentlich-rechtlichen Vorschriften, die für die Baumaßnahme beziehungsweise das bisherige Baugrundstück nach der Landesbauordnung oder nach den Bausatzungen bestehen.

Die Komplexität dieser Aufgabe sollte man als Bauherr nicht unterschätzen. Oftmals ist aus Sicht des Bauherrn lediglich ein Strich zu machen, um eine Änderung durchzuführen. Architekten müssen diesen Strich aber im Hinblick auf das Landesbaurecht – beispielsweise Abstandsflächen, Brandschutz, Statik, Elektrofachplanung, Fachplanungen – prüfen und entscheiden, ob eine Veränderung der Planung an diesem Punkt möglich ist. Insbesondere bei Baugenehmigungsverfahren in größeren Städten haben die Baurechtsämter sehr hohe Anforderungen an die Darstellung der Plangenauigkeit. Dies, um Nachbarn richtig zu informieren und sich selbst unangreifbar im Falle des Widerspruchs gegen das Bauvorhaben zu machen.

Planung mit einem Architekten heißt aus Sicht des Bauherrn, Entscheidungen treffen zu können und Entscheidungen treffen zu müssen. Architekten müssen, dies ist die Aufgabe des Planungsvertrags, eine Leistung entwickeln, die den Vorstellungen des Bauherrn zu jedem Zeitpunkt entspricht und seine Möglichkeiten umsetzt. Es ist die Aufgabe des Architekten, beim Bauherrn die Vorgaben abzufragen, die er braucht, um ein solches Objekt planen zu können.

Bauherren ihrerseits haben Mitwirkungspflichten, müssen diese Entscheidungen treffen. Kommen sie dieser Pflicht nicht nach, können Architekten Behinderung anmelden oder gar den Architektenvertrag kündigen, regulär (§ 643 BGB) oder aus wichtigem Grund (§ 648a BGB).

Dies ist letztlich der Grund dafür, warum man beim Bauen mit dem Architekten ein sehr individuelles, also maßgeschneidertes Gebäude erhält.

Durch die erwähnten Abstimmungsprozesse zwischen Bauherr und Planer werden Beschaffenheiten des Architekten-/Planungsvertrags definiert. Diesen kommt regelmäßig eine gewisse Toleranz zu, wobei durch die Auslegung des Vertrags zu ermitteln ist, wie groß diese Toleranz ist.

Die Bedeutung der HOAI für den Planungsvertrag

Der Gesetzgeber hat in den 1970er Jahren die HOAI erlassen um sicherzustellen, dass Bauherren, aber auch die Allgemeinheit, stets hochwertige Planungsleistungen erhalten, die insbesondere die Anforderungen an die LBO erfüllen. Gleichzeitig sollten Verbraucher geschützt werden, da sie den Wert der Planungsleistungen in den frühen Leistungsphasen, also den Leistungsphasen 1 bis 5 bis Baugesuch beziehungsweise Ausführungsplanung, nicht immer angemessen wertschätzen können. Verbraucherschutz war genauso das Ziel, wie aber auch der Schutz der Baukultur, die in der Landesbauordnung geregelt ist und mit der letztlich gemeint ist, dass Gebäude den öffentlich-rechtlichen Bestimmungen entsprechen müssen. Diese haben in den letzten Jahren stetig an Schwierigkeit gewonnen und stellen sicher, dass von Gebäuden keine Gefahren für die öffentliche Sicherheit und Ordnung ausgehen sollen.

Die Honorarordnung für Architekten und Ingenieure hat lange Zeit die Vergütung für bestimmte Leistungsbilder geregelt, die Architekten üblicherweise im Rahmen eines Planungsprozesses durchlaufen müssen. Diesen Leistungsbildern waren dann, durch die Parameter der HOAI definiert, gewisse Honorare zugewiesen.

Die Honorarparameter der HOAI bei Vergütung von Architektenleistungen setzen sich zusammen aus:

- Anrechenbaren Kosten (nach § 33 HOAI 2013),
- Honorarzone (§ 35 HOA),
- erbrachten Leistungsphasen 1 bis 9 (nach § 34 HOAI),
- der Honorartafel gemäß § 35 HOAI
- Umbau- und Instandsetzungszuschlägen (§ 36 HOAI i. V. m. § 6 Abs. 2 HOAI).

Diese Parameter haben über mehrere Jahrzehnte gewährleistet, dass der Architekt/Ingenieur eine angemessene Vergütung für Planungsleistungen erhalten hat. Denn in § 7 Abs. 1 und 5 ist vorgeschrieben, dass die Mindesthonorare der HOAI (das Honorar, das sich errechnet, wenn man nur den Von-Satz der Tabelle gemäß § 35 HOAI berücksichtigt) zwingend zu beachten sind. Gleiches gilt für die Höchstwerte der HOAI. Diese gesetzlichen Gebühren konnten durch eine Vereinbarung nicht unterschritten werden, selbst wenn dies schriftlich und bei Auftragserteilung geschehen ist.

Der Europäische Gerichtshof (EuGH) hat mit Urteil vom 04.07.2019, Az.: RS C 377/17 nun beschlossen, dass Architekten keine Mindesthonorare und keine Höchsthonorare mehr verlangen dürfen. Die Folgen des Urteils in der Praxis sind zum Zeitpunkt der Fertigstellung dieses Buches noch nicht abschätzbar. Fest steht aber wohl, dass über kurz oder lang der Gesetzgeber nun eine Honorarordnung erlassen muss, die keine Mindest- oder Höchstvergütungsgrenzen mehr für Architekten vorsieht. Verbraucher können somit die Honorare mit ihren Architekten und Ingenieuren gemäß § 7 Abs. 5 HOAI 2013 schriftlich und bei Auftragserteilung frei vereinbaren.

Ob dies für Verbraucher immer zum Vorteil gereicht, soll hier auch einmal kritisch hinterfragt werden. Die Besonderheit beim Architektenvertrag besteht ja darin, dass das Planungsobjekt zum Zeitpunkt der Auftragserteilung an den Architekten/Ingenieur noch gar nicht feststeht. Es ist also aus Sicht des Planers äußerst schwierig, ein Honorar verbindlich zu kalkulieren, wenn er letztlich nicht weiß, welche Baumaßnahme mit welchen Anforderungen der Bauherr wünscht.

Architekten werden deshalb bei Verträgen, bei denen früh ein Honorar festgelegt werden soll, sehr genau definieren müssen, welche Leistungsanforderungen an das Objekt zu stellen sind, um gegebenenfalls Nachträge verlangen zu können. Wir haben bereits ausgeführt, dass eine Voraussetzung für die Zusammenarbeit mit einem Architekten ein besonderes Vertrauensverhältnis ist. Nachtragsforderungen des Architekten, die gegenüber dem Bauherrn geltend gemacht werden, sind da nicht unbedingt geeignet, ein solches Vertrauensverhältnis zwischen Bauherr und Architekt zu fördern.

Alternativ könnte der Architekt grundsätzlich Abrechnungen nach Stundenleistungen mit dem Bauherrn vereinbaren. Allerdings können solche Stundenvereinbarungen bei einem Vollauftrag des Architekten der Leistung in manchen Fällen nicht gerecht werden und werden vermutlich vielfach zu Streitigkeiten führen. Dies begründet sich wie folgt:

- Planungsleistungen leben von schrittweisen Optimierungen, die vom Bauherrn leicht als nicht honorarpflichtige Mangelbeseitigung interpretiert werden können.
- Über die Gesamtdauer der Leistungserbringung werden viele Stunden (einige tausend) anfallen, die der Bauherr unmöglich prüfen können wird.
- Die stundenweise Erfassung von Planungstätigkeiten wird auch beim Architekten/Planer einen erheblichen Verwaltungsaufwand verursachen.

Ein Vorschlag für angemessene Vergütung, alternativ zur HOAI

Hauptproblem nach Wegfall der Mindestsätze der HOAI ist nun, dass damit eigentlich auch die Leistungsbilder ihre praktische Verbindlichkeit verloren haben. Denn nach dem System HOAI waren gewisse Leistungen einem Mindesthonorar zugewiesen. Gleichwohl gibt es im Moment keine anderen und besseren Leistungsbilder, so dass diese noch eine ganze Weile Geltung haben werden.

Es erscheint deshalb sinnvoll, wenn der Bauherr künftig den Architekten zunächst mit einer ersten Vorplanung entsprechend den Leistungsbildern der HOAI zu einem Festpreis oder gegebenenfalls auch auf Stundenbasis beauftragt. Architekten befinden sich dann mit ihren Bauherren in einer Art Testsituation. Ob man zueinander passt, ob die Planungsleistung gefällt und ob man gut zusammenarbeiten kann, kann hier in aller Ruhe bei überschaubaren Kosten ausprobiert werden. Das BGB in § 650q Abs. 2 nennt diese Phase das Schaffen einer Planungsgrundlage.

Diese Norm wurde 2018 eingeführt, und bis heute ist unklar, welche Planungsleistungen die Planungsgrundlage nach § 650 q Abs. 2 BGB umfasst.

Findet der Bauherr die Planungsleistung nach Abschluss dieser Planungsphase (Planungsgrundlage) gut, und möchte auch der Architekt mit dem Bauherrn die Planung fortsetzen, so kann im zweiten Schritt darüber verhandelt werden, wie und zu welchen Konditionen die Planungsleistungen ausgeführt werden sollen.

Hier ist es nun Sache des Planers, mit Ihnen zu verhandeln. Planer werden in solchen Konstellationen darauf achten, dass die Planung vom Bauherrn nur verwendet werden kann, wenn sie mit den weiteren Planungsleistungen beauftragt werden. Natürlich kann schon vorab vereinbart werden, wie die Vergütung dieser weiteren zu erbringenden Planungsleistungen erfolgen soll (beispielsweise nach HOAI) und die Eckdaten einer solchen Vereinbarung festgelegt werden.

Anwendbarkeit der HOAI 2013?

Alternativ kann natürlich immer auch ein Vertrag nach der jetzt noch geltenden HOAI 2013 abgeschlossen werden. Die HOAI sieht gewisse Honorarparameter vor, die eben auch bei einer Veränderung des Objekts ohne Zustimmung des Bauherrn angepasst werden und dem Architekten Mehrhonorar zubilligen können. Dies schafft zum einen beim Planer Sicherheit, dass er auskömmlich bezahlt werden

wird. Beim Bauherrn schafft dies Sicherheit, dass er nicht zu viel bezahlen wird, da die HOAI ja insgesamt eine auskömmliche Vergütung vorsieht.

Ausblick

Was die richtige Vergütung ist und die richtige Vorgehensweise hierbei, muss sich im Laufe der Zeit zeigen. Voraussichtlich wird der Gesetzgeber eine neue Gebührenordnung im Jahr 2020 erlassen. Wie diese ausgestaltet sein wird und welche Inhalte sie haben wird, ist mit Stand November 2019 völlig unklar. Auch ist unklar, ob die HOAI 2013 bis zu diesem Zeitpunkt noch Geltung haben wird oder ob sie bereits jetzt nicht mehr beachtet werden muss. Die HOAI stellt nach wie vor die beste Vergütungsgrundlage dar, da sie bestimmten Leistungen ein bestimmtes Honorar zuweist und sich in der Praxis in vielen Jahren bewährt hat. Die Vereinbarung der Leistungsbilder der HOAI ist demnach nach wie vor sinnvoll, bis es bessere, vielleicht genauere Leistungsbeschreibungen und dazu passende Honorierungen geben wird.

Die Leistungsbilder der HOAI als Leistungspflichten vereinbaren

Vergleicht man die Honorarempfehlungen anderer Länder der EU mit der HOAI, so wird man feststellen, dass alle Honorarempfehlungen die Tätigkeit des Architekten pauschalieren. Dies ist für den Bauherren auch der sicherste Weg, denn eine Pauschale bedeutet für den Bauherren, dass bei unveränderten Leistungszielen das Honorar gleich bleibt, egal wieviel Zeit der Planer in die Lösung des Problems beziehungsweise die Planung stecken muss. Daher empfiehlt es sich nach wie vor bei jeder Beauftragung eines Planers zu prüfen, welche Leistungen anfallen und diese nach den Leistungsbildern der HOAI zu beauftragen.

Leistungsphasen und Leistungsbilder nach HOAI

Die HOAI gliedert die Leistungen des Architekten in neun Leistungsschritte, genannt Leistungsphasen. Die verschiedenen Planungsleistungen für Gebäude, Tragwerk, Freianlage, Ingenieurbauwerk, Verkehrsanlage und technische Gebäudeausstattung haben Leistungsbilder. Die Leistungsbilder gliedern sich in Leistungsphasen, denen wiederum Grundleistungen zugeordnet sind. Grundleistungen sind nach § 3 Abs. 2 HOAI Leistungen, die in der Regel erforderlich werden, wenn ein Gebäude geplant werden muss. Werden nicht alle Grundleistungen benötigt, kann eine entsprechende Honorarminderung erfolgen. Da die HOAI selbst nicht festlegt, wie hoch die Minderung zu erfolgen hat, gibt es hierfür Tabellen, die die einzelnen Grundleistungen bewerten.

Werden alle Leistungsphasen beauftragt, spricht man von einem Architektenvollauftrag, was dann 100 % Leistungen entspricht. Die Leistungsphasen sind in der HOAI bei den Objekten, die Leistungsbilder in den Anlagen geregelt. Bei Gebäuden gelten die § 35 HOAI beziehungsweise Anlage 10 HOAI 2013. Dem Bauherrn steht es nun frei, diese Leistungsphasen und Grundleistungen einzeln oder vollständig als Leistungspflichten zu beauftragen. Die Leistungsphasen sind definiert wie in der Übersicht „Bewertung der Grundleistungen gemäß HOAI" ab Seite 215.

Die Leistungsphasen und die Grundleistungen wurden zuletzt in der HOAI 2013 überarbeitet und neu gefasst.

Nicht genau geregelt ist in der HOAI, wie intensiv der Architekt/Planer die Leistungen erbringen muss. Wie viele Details gezeichnet werden müssen, lässt die HOAI offen. Hier könnte daher eine Konkretisierung der Leistungen erfolgen. Andererseits muss man sich fragen, ob das auch immer Sinn macht. Da der Planungsvertrag gemäß § 650q BGB ein werkvertragsähnlicher Vertrag ist, muss der Planer solange planen, bis der Erfolg erreicht ist. Dies birgt aus Sicht der Beteiligten Chance und Risiko zugleich. Hat der Planer die Lösung schnell erreicht, mag auch ein Detail reichen. Ist die Lösung kompliziert, wird er hier eben mehr Lösungen beibringen müssen, ohne Mehrhonorar verlangen zu können. Es empfiehlt sich deshalb, Protokollierungspflichten und Dokumentation gegebenenfalls noch zu konkretisieren. Auch die Anwesenheit auf der Baustelle zur Bauüberwachung kann vertraglich konkreter definiert werden.

Für alle Fachplanungen, Tragwerk und Technische Gebäudeausrüstung (TGA) sowie für den Freianlagenplaner und Innenraumgestaltung gibt es ähnliche Leistungsbilder, die in den Anlagen 10 ff. der HOAI 2013 abgedruckt worden sind. Die meisten Vertragsmuster nehmen mangels anderer Vorlagen Bezug auf die Leistungsbilder der HOAI und vereinbaren diese als Leistungsinhalt.

Besondere Leistungen: Neben den Grundleistungen kennt die HOAI auch Besondere Leistungen, die in den Anlagen zur HOAI niedergeschrieben sind. Hierbei gilt: Besondere Leistungen sind von dem Mindesthonorar der HOAI nicht erfasst, können aber vom Planer auch kostenlos miterbracht werden, wenn er hierzu bereit ist.

Inhalt und Umfang der Leistungspflichten sind in den Grundleistungen beschrieben und entsprechen dem in der HOAI vorgesehenen Honorar. Möchten Sie darüber hinausgehende Besondere Leistungen, beispielsweise 3-D-Visualisierungen oder besondere Kostenzusammenstellungen erhalten, müssen Sie diese mit dem Architekten zusätzlich vereinbaren.

Honorarberechnung nach HOAI

Die Berechnung des Honorars nach HOAI ist nicht wirklich schwierig. Im Internet können Sie hierfür auch Honorarrechner finden, nach denen das Honorar berechnet wird.

Bewertung der Grundleistungen gemäß HOAI

Leistungen	Siemon-Tabellen	Meurer und Morlock
Leistungsphase 1: Grundlagenermittlung		
a) Klären der Aufgabenstellung auf Grundlage der Vorgaben oder der Bedarfsplanung des Auftraggebers	0,75–1,00 %	0,70–1,10 %
b) Ortsbesichtigung	in a) enthalten	0–0,30 %
c) Beraten zum gesamten Leistungs- und Untersuchungsbedarf	0,75–1,00 %	0,40–0,75 %
d) Formulieren der Entscheidungshilfen für die Auswahl anderer an der Planung fachlich Beteiligter	in c) enthalten	0–0,30 %
e) Zusammenfassen, erläutern und dokumentieren der Ergebnisse	0,10–0,50 %	0–0,30 %
Summe	**2 %**	
Leistungsphase 2: Vorplanung		
a) Analysieren der Grundlagen, abstimmen der Leistungen mit den fachlich an der Planung Beteiligten	0,25–0,50 %	0,0–0,30 %
b) Abstimmen der Zielvorstellungen, Hinweise auf Zielkonflikte	in a) enthalten	0,30–0,50 %
c) Erarbeiten der Vorplanung, untersuchen, darstellen und bewerten von Varianten nach gleichen Anforderungen, Zeichnungen im Maßstab nach Art und Größe des Objekts	3,00–3,50 %	3,50–4,00 %
d) Klären und Erläutern der wesentlichen Zusammenhänge, Vorgaben und Bedingungen (zum Beispiel städtebauliche, gestalterische, funktionale, technische, wirtschaftliche, ökologische, Bauphysikalische, energiewirtschaftliche, soziale, öffentlich–rechtliche)	1,00–2,00 %	0,50–1,00 %
e) Bereitstellen der Arbeitsergebnisse als Grundlage für die anderen an der Planung fachlich Beteiligten sowie Koordination und Integration von deren Leistungen	in d) enthalten	0,0–0,30 %
f) Vorverhandlungen über die Genehmigungsfähigkeit	0,10 – 0,50 %	0,0–0,30 %
g) Kostenschätzung nach DIN 276, Vergleich mit den finanziellen Rahmenbedingungen	0,75–1,50 %	0,30–1,20 %
h) Erstellen eines Terminplans mit den wesentlichen Vorgängen des Planungs– und Bauablaufs	0,10–0,50 %	0,10–0,30 %
i) Zusammenfassen, erläutern und dokumentieren der Ergebnisse	0,10–0,50 %	0,10–0,30 %
Summe	**7 %**	
Leistungsphase 3: Entwurfsplanung		
a) Erarbeiten der Entwurfsplanung unter weiterer Berücksichtigung der wesentlichen Zusammenhänge, Vorgaben und Bedingungen (zum Beispiel städtebauliche, gestalterische, funktionale, technische, wirtschaftliche, ökologische, soziale, öffentlich–rechtliche) auf der Grundlage der Vorplanung und als Grundlage für die weiteren Leistungsphasen und die erforderlichen öffentlich–rechtlichen Genehmigungen unter Verwendung der Beiträge anderer an der Planung fachlich Beteiligter. Zeichnungen nach Art und Größe des Objekts im erforderlichen Umfang und Detaillierungsgrad unter Berücksichtigung aller fachspezifischen Anforderungen, zum Beispiel bei Gebäuden im Maßstab 1 : 100, zum Beispiel bei Innenräumen im Maßstab 1 : 50 bis 1 : 20	10,00–12,00 %	10,00–14,00 %
b) Bereitstellen der Arbeitsergebnisse als Grundlage für die anderen an der Planung fachlich Beteiligten sowie Koordination und Integration von deren Leistungen	0,50–1,50 %	0,0–1,50 %

Leistungen	Siemon-Tabellen	Meurer und Morlock
c) Objektbeschreibung	0,25–0,75 %	0,0–0,30 %
d) Verhandlungen über die Genehmigungsfähigkeit	0,50–1,00 %	0,00–1,50 %
e) Kostenberechnung nach DIN 276 und Vergleich mit der Kostenschätzung,	1,00–2,00 %	0,80–1,20 %
f) Fortschreiben des Terminplans	0,25–0,50 %	0,25–0,50 %
g) Zusammenfassen, erläutern und dokumentieren der Ergebnisse	0,25–0,50 %	0,25–0,50 %
Summe	**15 %**	

Leistungsphase 4: Genehmigungsplanung		
a) Erarbeiten und zusammenstellen der Vorlagen und Nachweise für öffentlich-rechtliche Genehmigungen oder Zustimmungen, einschließlich der Anträge auf Ausnahmen und Befreiungen, sowie notwendiger Verhandlungen mit Behörden unter Verwendung der Beiträge anderer an der Planung fachlich Beteiligter	3,00 %	1,50–2,50 %
b) Einreichen der Vorlagen	in a) enthalten	0,00–0,50 %
c) Ergänzen und anpassen der Planungsunterlagen, Beschreibungen und Berechnungen	in a) enthalten	0,00–1,00 %
Summe	**3 %**	

Leistungsphase 5 Ausführungsplanung		
a) Erarbeiten der Ausführungsplanung mit allen für die Ausführung notwendigen Einzelangaben (zeichnerisch und textlich) auf der Grundlage der Entwurfs- und Genehmigungsplanung bis zur ausführungsreifen Lösung, als Grundlage für die weiteren Leistungsphasen.	10,00–13,00 %	11,00–15,00 %
b) Ausführungs-, Detail– und Konstruktionszeichnungen nach Art und Größe des Objekts im erforderlichen Umfang und Detaillierungsgrad unter Berücksichtigung aller fachspezifischen Anforderungen, zum Beispiel bei Gebäuden im Maßstab 1 : 50 bis 1 : 1, zum Beispiel bei Innenräumen im Maßstab 1 : 20 bis 1 : 1	10,00–13,00 %	8,00–12,00 %
c) Bereitstellen der Arbeitsergebnisse als Grundlage für die anderen an der Planung fachlich Beteiligten, sowie Koordination und Integration von deren Leistungen	in a) und b) enthalten	0,0–1,00 %
d) Fortschreiben des Terminplans	0,25–0,75 %	0,25–0,50 %
e) Fortschreiben der Ausführungsplanung aufgrund der gewerkeorientierten Bearbeitung während der Objektausführung	0,50–1,00 %	1,25–1,75 %
f) Überprüfen erforderlicher Montagepläne der vom Objektplaner geplanten Baukonstruktionen und baukonstruktiven Einbauten auf Übereinstimmung mit der Ausführungsplanung	in a) und b) enthalten	
Summe	**25 %**	

Leistungsphase 6 Vorbereitung der Vergabe		
a) Aufstellen eines Vergabeterminplans	0,00–0,25 %	0,0–0,30 %
b) Aufstellen von Leistungsbeschreibungen mit Leistungsverzeichnissen nach Leistungsbereichen, Ermitteln und zusammenstellen von Mengen auf der Grundlage der Ausführungsplanung unter Verwendung der Beiträge anderer an der Planung fachlich Beteiligter	8,00–9,00 %	7,00–9,00 %
c) Abstimmen und koordinieren der Schnittstellen zu den Leistungsbeschreibungen der an der Planung fachlich Beteiligten	in b) enthalten	0,0–0,30 %

Leistungen	Siemon-Tabellen	Meurer und Morlock
d) Ermitteln der Kosten auf der Grundlage vom Planer bepreister Leistungsverzeichnisse	1,00–2,00 %	1,50–3,00 %
e) Kostenkontrolle durch Vergleich der vom Planer bepreisten Leistungsverzeichnisse mit der Kostenberechnung	in d) enthalten	0,10–0,30 %
f) Zusammenstellen der Vergabeunterlagen für alle Leistungsbereiche	in b) enthalten	0,10–0,30 %
Summe	**10 %**	
Leistungsphase 7 Mitwirkung bei der Vergabe		
a) Koordinieren der Vergaben der Fachplaner	0,10–0,50 %	0,0–0,30 %
b) Einholen von Angeboten	0,00–0,25 %	0,0–0,30 %
c) Prüfen und werten der Angebote einschließlich Aufstellen eines Preisspiegels nach Einzelpositionen oder Teilleistungen, prüfen und werten der Angebote zusätzlicher und geänderter Leistungen der ausführenden Unternehmen und der Angemessenheit der Preise.	2,75–3,50 %	1,50–3,00 %
d) Führen von Bietergesprächen	in c) enthalten	0,50–1,00 %
e) Erstellen der Vergabevorschläge, Dokumentation des Vergabeverfahrens	in c) enthalten	0,0–0,30 %
f) Zusammenstellen der Vertragsunterlagen für alle Leistungsbereiche	0,10–0,25 %	0,10–0,20 %
g) Vergleichen der Ausschreibungsergebnisse mit den vom Planer bepreisten Leistungsverzeichnissen oder der Kostenberechnung	0,25–0,50 %	0,10–0,25 %
h) Mitwirken bei der Auftragserteilung	0,00–0,25 %	0,10–0,10 %
Summe	**4 %**	
Leistungsphase 8 Objektüberwachung (Bauüberwachung)		
a) Überwachen der Ausführung des Objektes auf Übereinstimmung mit der öffentlich-rechtlichen Genehmigung oder Zustimmung, den Verträgen mit ausführenden Unternehmen, den Ausführungsunterlagen, den einschlägigen Vorschiften sowie mit den allgemein anerkannten Regeln der Technik.	20,00–23,00 %	20,00–25,00 %
b) Überwachen der Ausführung von Tragwerken mit sehr geringen und geringen Planungsanforderungen auf Übereinstimmung mit dem Standsicherheitsnachweis	in a) enthalten	0,0–0,20 %
c) Koordinieren der an der Objektüberwachung fachlich Beteiligten	in a) enthalten	0,0–0,30 %
d) Aufstellen, fortschreiben und überwachen eines Terminplans (Balkendiagramm)	0,50–1,00 %	0,75–1,50 %
e) Dokumentation des Bauablaufs (zum Beispiel Bautagebuch)	0,25–0,50 %	0,50–0,75 %
f) Gemeinsames Aufmaß mit den ausführenden Unternehmen	in g) enthalten	1,00–1,50 %
g) Rechnungsprüfung einschließlich Prüfen der Aufmaße der bauausführenden Unternehmen	4,00–7,00 %	3,00–7,00 %
h) Vergleiche der Ergebnisse der Rechnungsprüfungen mit den Auftragssummen einschließlich Nachträgen	1,00–1,50 %	0,80–1,50 %
i) Kostenkontrolle durch Überprüfen der Leistungsberechnung der bauausführenden Unternehmen im Vergleich zu den Vertragspreisen	in h) enthalten	0,0–0,40 %
j) Kostenfeststellung, zum Beispiel nach DIN 276	0,50–1,00 %	0,50–1,00 %

Leistungen	Siemon-Tabellen	Meurer und Morlock
k) Organisation der Abnahme der Bauleistungen unter Mitwirkung anderer an der Planung und Objektüberwachung fachlich Beteiligter, Feststellung von Mängeln, Abnahmeempfehlung für den Auftraggeber	1,00–3,00 %	0,20–1,25 %
l) Antrag auf öffentlich-rechtliche Abnahmen und Teilnahme daran	in k) enthalten	0,0–0,40 %
m) Systematische Zusammenstellung der Dokumentation, zeichnerischen Darstellungen und rechnerischen Ergebnisse des Objekts	0,10–0,25 %	0,20–1,00 %
n) Übergabe des Objekts	in k) enthalten	0,0–0,30 %
o) Auflisten der Verjährungsfristen für Mängelansprüche	in k) enthalten	0,20–0,40 %
p) Überwachen der Beseitigung der bei der Abnahme feststellten Mängel	0,25–1,50 %	0,50–1,50 %
Summe	**32 %**	
Leistungsphase 9 Objektbetreuung und Dokumentation		
a) Fachliche Bewertung der innerhalb der Verjährungsfristen für Gewährleistungsansprüche festgestellten Mängel, längstens jedoch bis zum Ablauf von fünf Jahren seit Abnahme der Leistung, einschließlich notwendiger Begehungen	0,25–1,00 %	0,00–1,00 %
b) Objektbegehung zur Mängelfeststellung vor Ablauf der Verjährungsfristen für Mängelansprüche gegenüber den ausführenden Unternehmen	1,00–1,75 %	1,00–1,75 %
c) Mitwirken bei der Freigabe von Sicherheitsleistungen	in b) enthalten	0,00–0,30 5
Summe	**2 %**	

Im Folgenden soll die Honorarberechnung in wenigen Schritten erläutert werden:

1. Schritt: Anrechenbare Kosten gemäß §§ 6, 35 HOAI

Ein Architektenhonorar bestimmt sich über die Baukosten. Für die Ermittlung der Baukosten im Rahmen der Leistungsbilder wird regelmäßig auf die DIN 276 zurückgegriffen. Die HOAI nimmt auf die DIN 276 in der Fassung 2008 Bezug. Die DIN 276 schreibt ihrerseits nun vor, dass der Bauherr verschiedene Kosteninformationen erhalten muss. So gibt es beispielsweise einen Kostenrahmen (vor Beginn der Planung), eine Kostenschätzung (nach der Vorplanung), eine Kostenberechnung (nach Entwurf), einen Kostenvoranschlag (nach Erstellen der Leistungsverzeichnisse), einen Kostenanschlag (nach Vergaben) und eine Kostenfeststellung (nach Abschluss der Baumaßnahme).

Die einzelnen Kostenermittlungen unterscheiden sich in der Genauigkeit der Kostendarstellung. Je später die Kostenermittlung im Planungsablauf erfolgt, desto genauer sind die dort hinterlegten Zahlen, sei es durch eine höhere Untergliederung der erforderlichen Maßnahmen mit für das Bauvorhaben konkreten Mengen und Massen, sei es durch Angebote der Unternehmer oder durch bereits abgerechnete Leistungen der Unternehmer zu den verschiedenen Kostengruppen:

- Kostengruppe 100: Baugrundstück
- Kostengruppe 200: Herrichten des Baugrundstücks/Vorbereitende Maßnahmen
- Kostengruppe 300: Kosten der Baukonstruktion
- Kostengruppe 400: Kosten der technischen Ausstattung
- Kostengruppe 500: Kosten der technischen Außenanlagen
- Kostengruppe 600: Ausstattung
- Kostengruppe 700: Baunebenkosten
- (Kostengruppe 800: Kostenfinanzierung)

Diese Kostengruppen werden in einzelne Unterkostengruppen untergliedert. Je weiter das Bauvorhaben fortgeschritten ist, desto tiefer und genauer ist die Untergliederung in diesen Kosten.

Ziel dieser Kosteninformation muss sein, dass der Bauherr fortlaufend über die tatsächlichen Kosten der Baumaßnahme informiert ist und alle möglichen Kosten kennt. Die Kostenangaben in den Kostengruppen sind immer netto, die Mehrwertsteuer wird aber am Ende hinzugerechnet.

Die HOAI bestimmt nun, welche Nettokosten für das Honorar ermittelbar sind. Für das Gebäude wird dies in § 33 HOAI festgelegt. Dies sind die Kosten

- der Baukonstruktion (Kostengruppe 300),
- die Kosten der Technischen Ausstattung (Kostengruppe 400), die zum Teil angerechnet wird, bis zu 25 % der sonstigen Kosten voll und darüber hinaus zur Hälfte
- und die Ausstattungs- oder die Herrichtungskosten (Kostengruppen 200 und 600), wenn der Planer hierfür Fachplanungsleistungen erbracht hat.

2. Schritt: Ermittlung des Schwierigkeitsgrads

Im nächsten Schritt bestimmt die HOAI für jede Planungsleistung definierte Schwierigkeitsgrade. Bei den meisten Objekten gibt es fünf verschiedene Schwierigkeitsgrade (= Honorarzonen I bis V), in die das Objekt eingestuft werden kann.

Die Einstufung der Objekte ist vom Architekten vorzunehmen und gegebenenfalls sachverständig zu kontrollieren (vgl. § 5 HOAI i. V. m. § 35 HOAI für Planungsleistungen bei Gebäuden). Um die Einstufung des Objekts zu erleichtern, wurden Tabellen entwickelt, bei denen der jeweilige Schwierigkeitsgrad bewertet werden soll. Darüber hinaus gibt es in den Anlagen 10 ff. HOAI immer auch Regelbeispiele, das heißt, Gebäude, die bestimmten Honorar-

Bestimmung der Honorarzone gemäß § 5 Abs. 4 i.V.m. Anlage 10.2 i.V.m. und § 35 Abs. 2 bis 5 HOAI

	Bewertungsmerkmale						
Nach Planungsanforderungen	Nach Punkten und Schwierigkeitsgrad					Auswahl der Punkte	Begründung
	Sehr gering	Gering	Durchschnittlich	Überdurchschnittlich	Sehr hoch		
Einbindung in die Umgebung	1	2–3	4	5	6		
Anzahl der Funktionsbereiche	1–2	2	4–5	6–7	8–9		
Gestalterische Anforderungen	1–2	3	4–5	6–7	8–9		
Konstruktive Anforderungen	1–2	3	4	5	6		
Technische Gebäudeausrüstung	1	2–3	4	5	6		
Ausbau	1–2	3	4	5	6		
					Summe Honorarzone		
	HZ I 1 bis 10 Punkte	HZ II 11 bis 18 Punkte	HZ III 19 bis 26 Punkte	HZ IV 27 bis 34 Punkte	HZ V 35 bis 42 Punkte		

Nachträgliche Änderungsanordnungen des Bauherrn für dem verbindlichen Preisrecht unterliegende Leistungen können dazu führen, dass sich die Baukosten in der Folge erhöhen.

zonen zugeordnet sind. Ein Beispiel für eine Bewertungstabelle für Gebäude sehen Sie auf Seite 219.

3. Schritt: Ermittlung des Honorars nach den Honorartabellen

Jedes Leistungsbild der HOAI verfügt über eine Honorartabelle, die den ermittelten anrechenbaren Kosten für die Erbringungen aller Grundleistungen ein bestimmtes Honorar zuordnet.

Liegen die anrechenbaren Kosten zwischen zwei Tafelwerten, so muss der Honorarwert im Wege des Dreisatzes interpoliert werden. Das in den Honorartafeln ausgewiesene „Von"-Honorar ist der Mindestsatz, das „Bis"-Honorar der Höchstsatz. Vereinbaren Parteien einen „Mittel"-Satz oder einen „Von"-Satz zuzüglich 20 %, so meint man immer die Honorarunterschiede zwischen Mindest- und Höchstsatz, also beispielsweise 20 % dieser Summe oder beim Mittelsatz 50 % der Summe.

4. Schritt: Ermittlung des Honorars für erbrachte oder beauftragte Leistungen

Wenn der Tafelwert des Honorars ermittelt worden ist, muss geprüft werden, wieviel Prozent der Gesamtleistung der Architekt/Planer erbracht hat. Wurde der Planer beispielsweise nur mit den Leistungsphasen 1 bis 5 beauftragt, dann stehen ihm nach § 34 HOAI für Gebäude nur 52 % des Tafelhonorars zu.

5. Schritt: Honorarzuschläge, Nebenkosten, Besondere Leistungen

Vereinbarte zu vergütende Besondere Leistungen sind dem Honorar zuzurechnen. Liegt ein Umbau, eine Modernisierung oder eine Instandsetzung (eventuell mit Innenraumgestaltung) vor, können Architekten Zuschläge verlangen, die aber in der Regel frei verhandelt werden können. Nach § 14 HOAI sind Nebenkosten zu bezahlen, die pauschal – in der Regel 5 % – oder gegen Nachweis abgerechnet werden können.

6. Schritt: Gesamtrechnung und gesetzliche Umsatzsteuer

Nun muss noch die Mehrwertsteuer hinzugerechnet werden, und die Honorarrechnung ist fertig.

Merke: Haben Sie Fragen zur Ermittlung des Honorars des Architekten, muss der Architekt Ihnen auf Anforderung diese Punkte genau erläutern und darlegen. Darüber hinaus gibt es Architektenkammern, die Bauherren bei der Honorarfindung für Architektenhonorare beraten und ihnen entsprechende Vorschläge machen, wie ein Architekt fair vergütet werden kann. Architekten werden ihre Leistungen immer prüfbar abrechnen müssen. Das heißt, diese Rechenschritte müssen sich in der Abrechnung des Planers dann auch wiederfinden.

Die Vergütung von Änderungsleistungen

Im Rahmen eines Planungsprozesses wird es immer wieder Änderungen geben. Dies liegt einfach daran, dass es von der Planung bis zur Realisierung ein langer Prozess ist und sich dabei immer wieder Anforderungen und Wünsche, aber auch Lebensumstände ändern können. Deswegen sollte jeder Vertrag Regelungen über Änderungsleistungen beinhalten.

Durch die Novelle des BGB 2018 wurden gesetzliche Regelungen in §§ 650p i.V.m. § 650b BGB, i.v.m. § 10 HOAI eingeführt, die auch für Architekten gelten. Der Gesetzgeber hat damit klargestellt, dass Änderungsleistungen von Bauherren angeordnet werden dürfen, wenn sie dem Architekten zumutbar sind. Dann hat er diese zu erbringen. Im Gegenzug erhält der Architekt hierfür aber eine Vergütung, die sich entweder nach § 10 HOAI richtet oder frei vereinbart werden kann oder nach § 650c BGB in Höhe der bei ihm tatsächlich angefallenen Kosten richtet.

Besondere Beachtung verdienen solche Änderungsleistungen, die lediglich kleinere Änderungen darstellen. Der Bauherr möchte beispielsweise das Schlafzimmer verschieben. Oft wird dann in Verträgen vorgesehen, dass solche kleinen Änderungen bis zu einem gewissen Stundenkontingent im vereinbarten Honorar enthalten sind. Möchte der Architekt eine Vergütung für solche Leistungen erhalten, sollte geregelt werden, dass er vor Ausführung der Leistungen auf die Vergütungspflicht und die Höhe des anfallenden Honorars hinweisen muss, damit Bauherren und Architekten darüber verhandeln können.

Tipp: Budgets klar festlegen

Gehen Sie mit dem Ihnen zur Verfügung stehenden Baukostenbudget sehr transparent um. Stellen Sie frühzeitig klar, wieviel Geld Sie für das Bauvorhaben zur Verfügung haben. Architekten/Ingenieure müssen dann ihre Planung darauf ausrichten und Sie frühzeitig darüber informieren, ob das vorhandene Budget und die Planungsvorstellung in Einklang zu bringen sind. Auch hier haben Bauherren erhebliche Mitwirkungspflichten und müssen das Gebäude kleiner machen oder umplanen, wenn klar ist, dass das gesetzte Budget nicht ausreicht.

Die Vereinbarung über die Baukosten

Zentrales Thema beim Bauen sind natürlich die Baukosten. Die gegebenen finanziellen Möglichkeiten optimal zu nutzen ist das, was das Können des Architekten ausmacht. In den Leistungsbildern der HOAI sind insbesondere die Kostenverfolgung und die Kosteninformation nicht vollumfänglich geregelt, weswegen sich hier weitere Regelungen wie folgt empfehlen:

- Planer sollten bei erkennbaren Mehrkosten verpflichtet werden, diese so früh als möglich anzuzeigen.
- Zudem sollten sie verpflichtet werden Alternativen vorzulegen, wie diese Mehrkosten eingespart werden können.
- Planer sollten verpflichtet werden Kostenvorgaben einzuhalten, indem der Bauherr klarstellt, wieviel Geld er für die Baumaßnahme insgesamt zur Verfügung hat.

Viele Bauherren vereinbaren deshalb Baukostenobergrenzen, die Architekten ihrerseits nicht besonders schätzen. Baukostenobergrenzen bedeuten, dass der Architekt von Anfang an ein Maximalbudget zur Verfügung gestellt bekommt und dies in der Planung zwingend einhalten muss. Liegen die Baukosten über dem Budget, so handelt es sich auch um einen Mangel, wenn der Architekt diese Mehrkosten nicht zu vertreten hat. Aus Sicht der Planer engt eine solche Baukostenobergrenze den Planungsspielraum der Architekten erheblich ein. Manchmal gibt es Umstände, die die Baukosten unerwartet verteuern, die auch der Architekt nicht steuern kann, für die dann aber auch der Planer nicht verantwortlich gemacht werden möchte.

Die Vereinbarung von Vertragsterminen

Termine sind in jedem Bauvorhaben äußerst wichtig, und letztlich gilt gerade beim Bauen der Grundsatz „Zeit ist Geld". Ist bei Verträgen im Bau nichts über die vertragliche Ausführungszeit vereinbart worden, so ist mit der Leistungserbringung sofort zu beginnen und diese im üblichen Rahmen zu beenden. Da man bei den langwierigen Planungsprozessen kaum sagen können wird, wann die Leistung vollendet hätte werden müssen, kann der Planer die Leistungen somit erbringen, wann er möchte.

Deswegen ist die Vereinbarung von Terminen und Fristen in jedem Planungsvertrag wichtig und sollte nicht versäumt werden. Beim Planungsvertrag bietet es sich an, gewisse Eckpunkte abzusichern, beispielsweise die Fertigstellung der Genehmigungsplanung, der Ausführungsplanung oder das Erstellen der Leistungsverzeichnisse. Entweder setzt man dafür eine gewisse Dauer („Vier Wochen ab Auftragsbeginn“) oder feste Vertragstermine („zum 30. September 20XX“). Bezugnehmen kann man da in der Regel schon auf einen Rahmenterminplan, der frühzeitig erstellt werden muss.

Anfangsfristen sind dann sinnvoll, wenn feststeht, dass der Unternehmer oder der Architekt zu einem bestimmten Zeitpunkt anfangen kann.

Zwischenfristen sind wichtig für den Fall, dass die Baumaßnahme gewisse Schlüsselschnittstellen hat, an denen ein bestimmter Teil der Leistungen vorliegen muss, damit andere darauf aufsetzen können.

Endfristen sollen die Fertigstellung des Bauvorhabens sicherstellen. Solche Fristen lösen bei Verzug Schadenersatzansprüche des Bauherren aus, die in der Regel in erhöhten Miet- oder Finanzierungskosten bestehen.

Planer sind oftmals auf die Ergebnisse anderer Planer angewiesen und können diese natürlich nicht beeinflussen. Verspätet sich also ein Fachplaner oder Bauunternehmer, liegt oftmals auch eine Behinderung der anderen Planer vor, die sie natürlich nicht zu vertreten haben und für die sie letztlich auch nichts können. Dieses Zusammenspiel ist es, was vereinbarte Fristen und Termine oftmals schnell wieder gegenstandslos werden lässt.

Ein Verschulden des Architekten am Bauverzug kann vorliegen, wenn er seine Koordinierungspflichten verletzt hat und der Bauablauf deshalb ins Stocken gerät. Gleiches gilt, wenn er seine Planungsleistungen zu spät erbracht hat, insbesondere, wenn Ausführungsdetails nicht rechtzeitig vorlagen und die Unternehmer somit nicht arbeiten konnten.

Vertragsfristen werden oftmals mit Vertragsstrafen bewehrt. Solche Vertragsstrafenklauseln können natürlich auch bei Architektenverträgen vorgesehen werden. Vertragsstrafenklauseln greifen aber nur dann, wenn den Planer ein Verschulden trifft, was zum Teil sehr schwierig nachzuweisen ist. Werden sie vereinbart, gilt es Folgendes zu beachten:

- Die Vertragsstrafe greift nur, wenn den Planer ein Verschulden an dem Verzug trifft.
- Die Höhe der gesamten Vertragsstrafe darf maximal 5 % des Gesamthonorars betragen.
- Pro Tag dürfen maximal 0,15 % des Gesamthonorars als Vertragsstrafe angesetzt werden.

Tipp: Zeitpunkte und Meilensteine

- Vereinbaren Sie mit Ihrem Planer schriftlich, dass er die Leistungen so zu planen hat, dass Sie zu einem fest bestimmten Termin einziehen können.
- Vereinbaren Sie, dass der Planer Sie bei Behinderungen sofort nach Bekanntwerden zu informieren hat, damit Sie darauf reagieren können.
- Vereinbaren Sie, dass Planer die Terminpläne anzupassen haben, wenn Behinderungen auftreten.

Nebenpflichten im Architektenvertrag

Im Bereich der Nebenpflichten kann vieles vereinbart werden. Als besonders wichtig haben sich folgende Regelungen erwiesen:

- Protokollierungspflichten von Terminen mit Dritten,
- Baustellentermine,
- Überwachungspflichten im Bereich der Bauüberwachung,
- Besondere Kostenaufschlüsselungspflichten,
- Vereinbarung von Besonderen Leistungen, die der Planer zu erbringen hat.

Die Abnahme der Planungsleistungen

Planungsleistungen müssen abgenommen werden. Mit der Abnahme dreht sich das Rechtsverhältnis um. Nun endet die Vorleistungspflicht des Unternehmers/Planers.

Die Werkleistung der Planer ist gemäß § 650s BGB teilabzunehmen, wenn die letzte Leistung der bauausführenden Unternehmer abgenommen worden ist. Dies dürfte in der Regel nach Ausführung der Baugewerke und vor Beginn der Innenausstattungsgewerke, also Möblierung und Ähnlichem der Fall sein.

Die Teilabnahme der Leistungen hat zur Folge, dass

- der dafür vereinbarte Werklohn fällig wird,
- die Gewährleistung für bis dahin erbrachte Leistungen zu laufen beginnt,
- die Beweislast für Mängel zum Bauherrn übergeht,
- die Gefahr für den zufälligen Untergang des Werkes auf den Bauherrn übergeht.

TIPP: Der Planer hat Anspruch auf Abnahme, nachdem die letzte von ihm geschuldete Leistung erbracht worden ist. Vertraglich können Sie vereinbaren, den Beginn aller Gewährleistungsfristen an die Endabnahme zu koppeln. Oder Sie beauftragen den Architekten auch mit der Freianlagenplanung. Damit wäre dann die letzte Leistung des bauausführenden Unternehmers die Freianlage.

Die Abnahme der Planungsleistungen sollte in einem Termin erfolgen, wo der Planer dem Bauherrn die restlichen Unterlagen übergibt, und wo noch einmal geprüft wird, ob Mängel an dem Bauwerk vorhanden sind. Danach sollte der Bauherr dem Planer bestätigen, dass alle Leistungen erbracht sind und er seine Schlussrechnung stellen kann.

Abschlagsrechnungen und Schlussrechnungen

Planer sind vorleistungspflichtig, was bedeutet, dass sie erst nach Erbringung ihrer Teilleistungen Abschlagszahlungen verlangen dürfen. Bisher regelt § 15 HOAI, dass Abschlagszahlungen in angemessenen zeitlichen Abständen gestellt werden dürfen. Alternativ können auch Zahlungspläne vereinbart werden.

Die Schlusszahlung ist nach Abschluss der letzten geschuldeten Leistung oder nach Abnahme eines Teils der geschuldeten Leistungen als Teilschlusszahlung fällig. Schlussrechnungen des Planers müssen formal korrekt, also prüffähig sein, sonst werden die ausgewiesenen Beträge nicht fällig und eine Zahlungspflicht besteht nicht.

Der Umgang mit Mängeln

Die Besonderheit beim Planungsvertrag besteht in der Regel darin, dass sich jeder Planungsfehler im Bauwerk niederschlägt. Das Bauwerk selbst aber wird ja nicht vom Planer errichtet, sondern von den Unternehmern, weswegen der Planer in der Regel keine Möglichkeiten hat, solche Mängel zu beseitigen. Regelmäßig kann der Planer nur Schadenersatz für diese Mängel leisten.

Die Abnahmen von Bauleistungen stellen immer entscheidende Phasen beim Baufortschritt dar.

Sind Mängel bei Abnahme der Leistungen vorhanden, ist wichtig, dass diese dokumentiert werden. Nehmen Sie die Baumaßnahme nicht ab, wenn Sie wissen, es sind wesentliche Mängel vorhanden, oder machen Sie Vorbehalte bezüglich der Mängel! Liegen Mängel bei Abnahme vor, kann auch gemäß § 641 BGB ein Einbehalt in Höhe der zweifachen Mängelbeseitigungskosten gemacht werden. Dies gilt bei Abschlagszahlungen wie bei Schlusszahlungen.

Pflicht der Planer ist es, bei der Mängelbeseitigung mitzuwirken und mit ihrem Fachverstand zu prüfen, woraus der Mangel resultiert. Architekten, die auch die Bauüberwachung im Auftrag haben, trifft hier eine besondere Verantwortung. Sie haben nämlich im Rahmen der sogenannten Sekundärhaftung auch darüber aufzuklären, ob der Mangel aufgrund eines Fehlers ihrer Leistung entstanden sein könnte, das heißt, Sie müssen über ihre eigenen Fehler aufklären und dem Bauherrn die Möglichkeit geben, sie dafür in Anspruch zu nehmen.

Bauherren können Architekten regelmäßig auf Schadenersatz verklagen. Die voraussichtlichen Mängelbeseitigungskosten können Sie aber nur dann verlangen, wenn die Mängel tatsächlich beseitigt werden sollen. Soll keine Mängelbeseitigung erfolgen, dann muss überlegt, werden, wie hoch der Minderwert der Leistungen wegen des Mangels ist. Dies kann gegebenenfalls auch einmal 0 Euro sein.

Erkennt der Bauherr Mängel übrigens bereits vor Abnahme der Leistungen, so besteht nach der Rechtsprechung des BGH zunächst kein Recht auf Mängelbeseitigung, da dieses erst mit der Abnahme entsteht.

Tipp: Vereinbaren Sie in Verträgen, dass auch vor der Abnahme bei Mängeln das Recht auf Mängelbeseitigung besteht. Andererseits werden Sie den Mangel ja bei der Abnahme reklamieren, wenn er Ihnen bereits bekannt ist und nicht schon beseitigt wurde.

Anders verhält es sich bei Mängeln, die im Planungsprozess auftreten. Wird die Planung zu teuer, oder ist sie nicht genehmigungsfähig, muss der Architekt die Planung korrigieren beziehungsweise nacherfüllen. Ist eine Nacherfüllung nicht mehr möglich, kann auch das Honorar gemindert werden. Zudem stehen dem Bauherrn natürlich auch Schadenersatzansprüche zu. Zur Höhe der Minderung bei fehlerhaft erbrachten Grundleistungen sei auf die Tabelle „Grundleistungen ...“ (Seite 215 ff) verwiesen. Hat das Bauwerk wegen eines Planungsfehlers Einschränkungen in der Benutzbarkeit, muss der Minderwert der ausgeführten Planungsleistung zum Wert der mangelfreien Planungsleistung ermittelt werden.

Das Urheberrecht des Architekten

Architekten haben Urheberrecht an den von ihnen erbrachten Planungsleistungen, wenn diese eine künstlerische Besonderheit oder eine eigenpersönliche Leistung darstellen. Dies ist bei den Plänen des Architekten in der Regel der Fall. Beim Gebäude trifft das nur zu, wenn dieses eine künstlerische Besonderheit darstellt. Künstlerische Besonderheiten liegen nur dann vor, wenn das Gebäude aus dem Allgemeinschaffen herausragt und etwas Besonderes ist. Etwa 20 Prozent aller Gebäude dürften ein eigenes Werk der Baukunst sein. Ein normales Wohnhaus wird dies nur in Ausnahmefällen sein.

Man unterscheidet Urheberverwertungsrechte, beispielsweise Vervielfältigungsrechte, Veröffentlichungsrechte usw., von den Urheberpersönlichkeitsrechten, die bei einer Entstellung des Werkes oder bei dem Benennungsrecht des Urhebers greifen. Während die Urheberverwertungsrechte beziehungsweise die Nutzungsrechte daran übertragbar sind, können Urheberpersönlichkeitsrechte nicht übertragen werden und verbleiben immer beim Urheber.

Merke: Planen Sie ein besonders gestaltetes Gebäude, sollten Sie mit Ihrem Architekten die Urheberrechtsfrage, insbesondere bei nachträglichen Veränderungen, ansprechen und klarstellen, dass diese ausgeführt werden dürfen. Nutzungsrechte sollten soweit als möglich an Sie übertragen werden.

Tipp: Urheberrechte

In Bauverträgen sollte klar geregelt sein, dass der Hauseigentümer das Bauwerk nach seinen Bedürfnissen frei ändern darf. Auch das Recht zur Veröffentlichung des Bauwerks sollte beim Bauherrn verbleiben. Planer sollten das Recht behalten, das Gebäude als Referenz in den üblichen Bürobroschüren der Eigendarstellung zu verwenden. Planungsleistungen, die den Innenbereich betreffen, sollten aber nicht veröffentlicht werden dürfen, da hier regelmäßig die Intimsphäre der Bauherren betroffen ist.

Die Haftpflichtversicherung der Architekten und Ingenieure

Jeder eingetragene Architekt oder Beratende Bauingenieur muss eine Haftpflichtversicherung vorhalten. Dazu verpflichten ihn die Architekten- und die Ingenieurkammer. Die Kammern sehen aber nur sehr geringe Versicherungssummen vor, so dass sich eine vertragliche Regelung diesbezüglich für den Bauherrn lohnen kann. Planer sollen nachweisen, dass sie eine für das Bauvorhaben ausreichend hohe Haftpflichtversicherung vorhalten und Ihnen den Versicherungsschein vorlegen. Regelmäßig sollte die Haftpflichtversicherungssumme nicht zu gering gewählt sein und mindestens 30 % des Bauvolumens abdecken.

Achten Sie auch darauf, dass die Versicherungssummen dreifach maximiert zur Verfügung stehen. Dies bedeutet, dass der Planer drei Mal den vollen Versicherungsbetrag im Jahr für Schäden „ausreizen darf". Diese Klausel ist dann sehr wichtig, wenn das Architekturbüro mehrere Aufträge hat, da dann auch an mehreren Bauvorhaben Schäden auftreten können.

Die Kündigung des Planervertrags

Aus Sicht des Bauherrn sind zudem noch einige Regeln zur Kündigung des Vertrags vorzusehen, die in den gesetzlichen Regelungen des § 648 und des § 648a BGB zu Lasten des Bauherrn niedergelegt worden sind. Insbesondere die freie Vertragskündigung gemäß § 648 BGB hat zur Folge, dass der Bauherr alle beauftragten Leistungen an den Architekten bezahlen muss, abzüglich dem, was dieser einspart, weil er die Planungsleistungen nicht mehr ausführen muss. Da gerade bei Planern die Ersparnis bei Nichtausführung eines Vertrags sehr gering sein kann, steht diesen oftmals fast die volle Vergütung für alle beauftragten Leistungen zu. Deswegen sollte in jedem Fall sichergestellt werden, dass Architekten nicht sofort einen Vollauftrag erhalten, sondern nur teilweise mit einzelnen Leistungsphasen beauftragt werden.

Zudem sollten Sie als Bauherr überlegen, ob bestimmte Kündigungsgründe aufgenommen werden sollten, bei denen Sie das Recht erhalten, den Vertrag zu beenden und nur die bis dahin erbrachten Leistungen bezahlen zu müssen. Dies kann beispielsweise notwendig werden, wenn Finanzierungs- oder Kaufzusagen nicht erfüllt werden.

Fazit: Bei Architektenverträgen wird sich künftig durch den Wegfall der HOAI Einiges ändern. Es erscheint deshalb sinnvoll, bei der Arbeit mit einem Architekten eine erste Planungsgrundlage für die Leistungsphasen 1 und 2 separat zu beauftragen und dann ab der Entwurfsplanung einen Vollauftrag zu erteilen. Der Vorteil dieser Vorgehensweise besteht darin, dass sowohl Architekten als auch Bauherren genau abschätzen können, ob sie zusammenpassen und was die Planungsleistungen kosten werden. Darüber hinaus gibt es sehr viele Musterverträge, was Planungsleistungen angeht, die bei den zuständigen Architektenkammern, aber auch bei Verbraucherverbänden oder Anwälten abgefragt werden können.

DIE VERTRÄGE MIT DEN BAUUNTERNEHMEN

Bei Einzelvergabe der Bauleistung ist das Kernstück des Vertrags das Leistungsverzeichnis des Architekten. In diesem ist definiert, welche Leistungen vom Bauunternehmer zu erbringen sind, welche Leistungen optional enthalten sind und welche Leistungen der Unternehmer zu kalkulieren hat. Änderungen dieses Leistungsbilds führen zwangsläufig zu Mehrkosten beziehungsweise zu Änderungsleistungen.

Terminologisch unterscheidet man die Leistungsbeschreibung von dem Leistungsverzeichnis. Während die Leistungsbeschreibung aus allen Unterlagen beispielsweise Leistungsverzeichnissen, Plänen, Produktbeschreibungen etc. besteht, die der Unternehmer zur Kalkulation erhält, meint man mit Leistungsverzeichnis nur das bepreiste Angebot des Unternehmers nach Positionen und Einheitspreisen.

Durch die Novellierung des BGB wurde 2018 erstmals ein Bauvertrag geschaffen, bei dem ergänzend zum allgemeinen Werkvertragsrecht (siehe ab Seite 207) folgende Vorschriften gelten.

Bauvertrag im BGB

- § 650a Bauvertrag
- § 650b Änderung des Vertrags; Anordnungsrecht des Bestellers
- § 650c Vergütungsanpassung bei Anordnungen nach § 650b Absatz 2
- § 650d Einstweilige Verfügung
- § 650e Sicherungshypothek des Bauunternehmers
- § 650f Bauhandwerkersicherung
- § 650g Zustandsfeststellung bei Verweigerung der Abnahme, Schlussrechnung
- § 650h Schriftform der Kündigung

In diesem ist nun ein Anordnungs- und Änderungsrecht des Bauherren vorgesehen, wenn sich Bauherr und Unternehmen nicht binnen 30 Tagen ab Änderungsbegehren des Bauherren geeinigt haben (vgl. § 650b BGB). Die Vergütung für diese Änderungsleistungen ist im § 650c BGB geregelt und richtet sich nach den tatsächlichen Kosten zuzüglich eines angemessenen Zuschlags für Wagnis und Gewinn sowie Allgemeine Geschäftskosten (vgl. § 650c BGB). Weigert sich der Unternehmer, der Anordnung des Bauherrn Folge zu leisten, oder verlangt er einen viel zu hohen Preis, kann der Bauherr eine Einstweilige Verfügung bei Gericht beantragen. Das Gericht hat dann in einer summarischen Prüfung des Sachverhalts zu entscheiden, ob der Unternehmer oder der Bauherr Recht hat. Problematisch an den neuen gesetzlichen Regelungen ist, dass völlig ungeklärt ist, welche Änderungen an diesen gesetzlichen Regelungen zulässig sind.

Für die Beauftragung der Bauunternehmer gibt es viele verschiedene Vertragsmuster. Während einige Juristen empfehlen, ein möglichst individuelles Vertragsmuster gemäß BGB 2018 anfertigen zu lassen, verweisen andere darauf, dass die „Vergabe- und Vertragsordnung für Bauleistungen – Teil B: Allgemeine Vertragsbedingungen für die Ausführung von Bauleistungen" (VOB/B) eine ausgewogene vertragliche Regelung ist, die Unternehmer akzeptieren und kennen. Die VOB/B ist eine Vertragsbedingung, die von der öffentlichen Hand erstellt worden ist, um ausgewogene Verträge zu machen. Unternehmen kennen diese Vertragsbedingungen und akzeptieren sie in der Regel.

Schlägt der Unternehmer Ihnen einen Vertrag mit einzelnen Regelungen nach VOB/B vor, genießen Sie als privater Bauherr einen besonderen Schutz: Die VOB/B-Regelungen unterliegen, wenn sie vom Bauunternehmer in den Vertrag einbezogen wurden, der AGB-Kontrolle. Das bedeutet, dass VOB/B-Klauseln, die den privaten Bauherrn im Vergleich zu BGB benachteiligen, unwirksam sind (§ 307 BGB). Aber: Eine AGB-Kontrolle findet immer nur zulasten des Verwenders statt. Wenn Sie selbst die VOB/B-Klauseln in den Vertrag einbringen, gelten diese und werden nicht durch für Sie vorteilhaftere BGB-Regeln ersetzt.

Individuelle Verträge werden in Zeiten knapper Bauunternehmer kaum noch akzeptiert und Angebote dann oftmals auch zurückgezogen. Es kann deshalb bei den heutigen Rahmenbedingungen sinnvoll sein, einen Mustervertrag auf Basis der VOB/B abzuschließen. Dieser lässt nur bestimmte Regelungsmöglichkeiten zu, was Baupreis, Vertragsstrafen, Bauzeit, Sicherheitsleistungen und Kosten für Baustrom und Bauwasser betrifft. Alle übrigen Bedingungen finden sich in diesem Vertragsmuster wieder, was für den Bauherrn nicht nur Vorteile hat, aber insgesamt eine durchaus ausgewogene Regelung darstellt.

Musterverträge zur VOB/B können Sie bei verschiedenen Verlagen anfragen und erhalten. Auch Architekten verfügen über solche Standard-Musterverträge, die Sie verwenden können.

Tipp: Leistungsverzeichnisse

Das Leistungsverzeichnis und die dazugehörigen Unterlagen sind das Kernstück jedes Angebots. Dies müssen Sie mit Ihrem Architekten sehr genau abstimmen. Prüfen Sie die Unterlagen genau, holen Sie sich fachmännische Hilfe dazu.

Auf folgende Punkte müssen Sie bei Prüfung der Unterlagen besonderen Wert legen:

- Exakte Materialangaben und Produktbezeichnungen. Keine Zusätze „oder gleichwertig", vermeiden Sie diese so weit als möglich.
- Aus der Leistungsbeschreibung und den Leistungsverzeichnissen muss sich ergeben, welche Leistungsteile nicht enthalten sind (beispielsweise Treppen bei Rohbauer). Hierfür müssen die Ausführungspläne möglichst detailliert sein.
- Klären Sie, welche Kosten und Gebühren der Unternehmer zu übernehmen hat. Wer macht das Entwässerungsgesuch, wer holt die Genehmigung des Straßenamts ein, wer beantragt die Straßensperrungen etc.
- Klären Sie nach Möglichkeit alle Ungenauigkeiten in Bezug auf die Leistungsbeschreibung und versuchen Sie, alles zu verstehen. Vergleichen Sie Ihre Anforderungen an das Bauvorhaben mit denen der Leistungsbeschreibung und prüfen Sie, ob Ihre Erwartungen erfüllt werden.

Die VOB/B

Die VOB/B ist ein Vertragsmuster, das vom Vergabe- und Vertragsausschuss Bau erstellt wird. Dieser Ausschuss ist dem DIN e. V. zugeordnet. Die VOB/B ist selbst die DIN 1965. Der Ausschuss ist besetzt mit Vertretern der öffentlichen Auftraggeber, der Bauindustrie und der Bauunternehmen. Diese verhandeln daher in regelmäßigen Abständen, welche Regelungen für das Bauwesen fair und ausgewogen sind. Dabei ist allen Beteiligten bewusst, dass die Regelungen in der VOB/B teilweise vom gesetzlichen Vorbild abweichen und eigentlich – würde eine Inhaltskontrolle nach dem Allgemeinen Geschäftsbedingungsregelungen des BGB durchgeführt – unwirksam werden, weil sie teilweise zu Lasten des Bauherrn und des Unternehmers von den gesetzlichen Vorgaben abweichen. Solange die VOB/B aber insgesamt und unverändert vereinbart wird, wird eine Inhaltskontrolle nicht durchgeführt (sogenannte Privilegierung der VOB/B). Kernregelungen der VOB/B sind insbesondere:

- Das Prinzip, dass die Kalkulationsgrundlagen des Unternehmers auch für Nachträge bis 10 % Mehrmengen gelten

- Das uneingeschränkte Recht des Bauherrn, den Bauentwurf zu ändern
- Prinzip des Einheitspreises, Stundenleistungen nur in besonderen Fällen
- Gewährleistungsfrist von vier Jahren, kann auf fünf Jahre verlängert werden. Die erste schriftliche Mängelanzeige verlängert die Gewährleistung um zwei Jahre.
- Sicherheitsleistungen in § 17 VOB/B geregelt.
- Kündigungsrechte für Auftraggeber und Auftragnehmer bei bestimmten Gründen vorgesehen

Die Gruppe der Verbraucher ist in diesem Ausschuss nicht vertreten, so dass die VOB/B ihre Privilegierung gegenüber dem BGB dann nicht entfalten kann, wenn ein Unternehmer diese Vertragsbedingung gegenüber dem Bauherrn stellt. Die Regelungen der VOB/B werden dann in einigen Bereichen unwirksam sein.

Verwendet aber der private Bauherr die VOB/B von sich aus als Vertrag mit dem Bauunternehmer, ist diese zum einen privilegiert und der Bauherr kann sich nicht darauf berufen, dass er selbst eine unwirksame AGB verwendet hat. Daher gilt die VOB/B dann vollumfänglich.

Abschlagszahlungen

Dem Unternehmer steht ein Recht auf Abschlagszahlungen zu. Die VOB/B lässt die Möglichkeit der Vereinbarung eines Zahlungsplans zu. Achten Sie aber darauf, dass in dem Zahlungsplan Zahlungen nur für erbrachte Leistungen zu erbringen sind, der Zahlungsplan mithin leistungsbezogen und nicht nur zeitbezogen (beispielsweise monatlich) abgeschlossen worden ist.

Sicherheitsleistungen

Wünscht der Unternehmer Vorauszahlungen als Sicherheit, muss sich der Bauherr bewusst darüber sein, dass Vorauszahlungen immer das Risiko in sich tragen, dass der Unternehmer insolvent geht und der Bauherr Geld verliert. Denn solche Vorauszahlungen führen regelmäßig dazu, dass der Bauherr im Falle der Insolvenz des Unternehmers seine Rückforderungsansprüche nur zur Insolvenzmasse anmelden kann. „Trau schau wem" gilt daher in diesem Falle umso mehr. Deswegen kann bei Vorauszahlungen durchaus überlegt werden, im Gegenzug eine Sicherheitsleistung zu verlangen. Ist die VOB/B wirksam vereinbart, gilt § 16 Abs. 2 VOB/B. Dort ist geregelt, dass Vorauszahlungen mit 3% zu verzinsen sind.

Sicherheitsleistungen in Form einer Bankbürgschaft oder der Bürgschaft eines Kreditinstituts werden mit Bauunternehmen in der Regel vereinbart in Höhe von 5 bis 10% der Auftragssumme für die Vertragserfüllung und 5% der Auftragssumme für die Sicherung der Mängelansprüche. Diese Sicherheitsquoten werden von Unternehmern in der Regel anstandslos akzeptiert. Mit der Vertragserfüllungssicherheit sichert der Unternehmer beim Bauherrn das Risiko ab, dass er die vertragliche Leistung mangelfrei ausführen wird und nicht insolvent geht und keine weiteren Schäden an der Baumaßnahme produziert.

Mit der Sicherheitsleistung für die Gewährleistungszeit sichert der Unternehmer gegenüber dem Bauherrn sein Insolvenzrisiko ab. Wenn Mängel während der Gewährleistungszeit auftreten, ist nicht immer gewährleistet, dass der Unternehmer diese noch beseitigen kann. In der VOB/B § 17 ist vorgesehen, dass die Sicherheiten grundsätzlich durch Geldeinbehalte zu leisten sind. Diese Geldeinbehalte muss der Bauherr seinerseits auf einem Bankkonto hinterlegen. Der Unternehmer hat das Recht, diese Einbehalte durch Stellung einer Sicherheit abzulösen.

Unternehmer haben ihrerseits das Recht – seit 2018 auch bei Verbrauchern –, vom Bauherrn eine Sicherheitsleistung gemäß § 650f BGB in Höhe von 110 % der offenen Vergütungsansprüche zu verlangen. Das Verlangen kann jederzeit bis zur vollständigen Bezahlung der Gewährleistungsansprüche erfolgen. Verlangt der Unternehmer Sicherheitsleistung, gilt Folgendes:

- Der Unternehmer soll die Höhe des zu sichernden Anspruchs bestimmen.
- Der Bauherr muss Sicherheit für alle offenen Vergütungsansprüche zuzüglich aller beauftragen Nachträge zuzüglich 10% leisten.
- Die Sicherheitsleistung muss binnen 7 bis 10 Tagen erfolgen.
- Wird die Sicherheit nicht geleistet, kann der Unternehmer seinerseits die Leistungen einstellen oder den Vertrag kündigen. Er erhält dann die volle Vergütung abzüglich der ersparten Aufwendungen, die beim Unternehmer in der Regel aber deutlich höher sind als beim Architekten/Planer.
- Alternativ kann der Unternehmer auch gegenüber dem Bauherrn auf Sicherheit klagen.

Die Abnahme im Bauvertrag

Am Ende der Baumaßnahme erfolgt die Abnahme. Auch Teilleistungen können abgenommen werden, hierfür sieht die VOB/B beziehungsweise das Gesetz verschiedene Möglichkeiten vor.

Abnahme bedeutet die billigende Entgegennahme des Werkes aus Vertrag durch den Bauherrn (vgl. § 640 BGB). Die Abnahme kann konkludent, ausdrücklich und auch förmlich erfolgen.

- Eine ausdrückliche Abnahme bedarf nicht der Schriftform, sollte aber nach Möglichkeit durch den Bauherrn schriftlich erklärt werden.
- Eine konkludente Abnahme erfolgt durch Verhalten, wenn ein Bauherr also zum Beispiel in ein Gebäude einzieht und dies längere Zeit ohne Widerspruch oder Mängelrüge nutzt.
- Eine förmliche Abnahme ist eine Abnahme, die nach bestimmten Spielregeln zu erfolgen hat und bei der bestimmte Modalitäten vorliegen müssen: Ein gemeinsamer Termin muss gefunden werden, eine Begehung des Objekts hat stattzufinden, jede Partei darf zu diesem Termin Sachverständige einladen, Dritte mitbringen, etc. (vgl. § 12 Abs. 4 VOB/B).

Tipp: Vereinbaren Sie mit Ihrem Bauunternehmer die förmliche Abnahme der Bauleistungen.

Die Abnahme kann verweigert werden, wenn das Bauwerk noch wesentliche Mängel aufweist. Wesentliche Mängel sind immer dann gegeben, wenn die Funktionstauglichkeit der Werkleistung beeinträchtigt ist. Hier ist aus Sicht des Bauherrn der Rat des Architekten, gegebenenfalls eines Sachverständigen, einzuholen. Architekten dürfen solche Abnahmen nicht oder nur mit ausdrücklicher Vollmacht des Bauherrn durchführen. In der Regel werden Architekten aber nur die technische Mangelfreiheit bestätigen.

Wenn die Vertragsparteien einen ihnen bekannten Mangel nicht protokollieren, dann verwirkt man die Mängelrechte gemäß § 640 Abs. 3 BGB. Normalerweise aber hat der Bauherr vier beziehungsweise fünf Jahre Zeit, seine Ansprüche gegenüber dem Unternehmer durchzusetzen, da die Gewährleistungsfristen nach VOB/B oder nach BGB gelten.

Mit der Abnahme dreht sich allerdings die Beweislast um, so dass jetzt der Bauherr beweisen muss, dass der Mangel vom Unternehmer verursacht worden ist.

Unternehmer haben mit Fertigstellung Anspruch auf die Abnahme der Leistungen. Verweigert der Bauherr zu Unrecht die Abnahme, stehen dem Unternehmer gegebenenfalls Ansprüche aus Verzug zu. Dies bedeutet, dass der Unternehmer so zu stellen ist, als ob rechtzeitig abgenommen worden sei. Manche Bauherren verweigern auch die Abnahme und bezahlen nicht die Schlussrechnung, um den Lauf der Gewährleistungsfristen zu verzögern. In solchen Fällen können Unternehmer Feststellungsklagen erheben.

Holen Sie sich daher den Rat Ihres Architekten hinzu. Dieser soll entscheiden, ob die Leistung mangelhaft oder mangelfrei ist. Nehmen Sie die Leistungen rechtzeitig ab und machen Sie ein möglichst vollständiges Abnahmeprotokoll. Werden bei der Abnahme Mängel festgestellt, hat der Unternehmer diese zu beseitigen. Damit mit Abnahme grundsätzlich die Schlusszahlung fällig wird, steht dem Bauherrn ein Zurückbehaltungsrecht in Höhe vom zweifachen Wert der voraussichtlichen Mängelbeseitigungskosten zu. Dieser Einbehalt (genannt „Druckzuschlag") gemäß § 641 BGB kann auch erhöht werden, wenn nicht zu erwarten ist, dass der Unternehmer bei der geringen Höhe des Einbehalts die Mängel beseitigen wird. Hier wäre in jedem Fall der Rat Ihres Architekten einzuholen.

Gewährleistungszeiten

nach BGB

Die Gewährleistungslaufzeiten betragen:

- fünf Jahre für Mängel bei einem Bauwerk oder bei der Planung und Überwachung eines Bauwerks
- zwei Jahre bei Arbeiten an einem Grundstück,
- Sonst regelmäßige Gewährleistungsfrist von drei Jahren, beginnend zum Ende des Jahres, in dem der Anspruch entstanden ist.
- Sofern die Parteien über die Beseitigung des Mangels verhandeln, ist die Verjährung gehemmt, also gestoppt (vgl. § 203 BGB). Enden die Verhandlungen oder lehnt eine Partei eine Mangelbeseitigung ab, läuft die Gewährleistungsfrist weiter.

nach VOB/B

- Regelmäßig vier Jahre bei Bauwerken, sofern nichts anderes vereinbart ist
- Für Werke, deren Erfolg in der Herstellung, Wartung, Veränderung einer Sache besteht oder bei feuerberührten Teilen zwei Jahre
- Bei maschinellen oder elektrotechnischen Anlagen, bei denen die Wartung Einfluss auf Sicherheit und Funktionsfähigkeit hat, zwei Jahre, soweit nichts anderes vereinbart; mit Wartungsvertrag vier Jahre.
- Die erste schriftliche Mängelanzeige löst einen Anspruch auf Beseitigung des Mangels aus, der in zwei Jahren verjährt. Nach Abschluss der Mängelbeseitigung läuft eine nochmalige zweijährige Frist.

Umgang mit Mängeln

Die bei Abnahme festgestellten und dokumentierten Mängel hat der Unternehmer zu beseitigen und der Bauherr im Gegenzug den einbehaltenen Werklohnbetrag auszubezahlen.

Sind die Mängel alle beseitigt, kann aber innerhalb der Gewährleistungszeit von in der Regel 5 Jahren nach der Abnahme – es gilt hier das Stichtagsprinzip von Tag zu Tag – ein Mangel auftreten. Diese Mängel hat der Unternehmer nach Anzeige zu beseitigen. Im Falle eines VOB/B-Vertrags ist mit einer ersten schriftlichen Mängelanzeige die Verjährung für den Mangel um weitere 2 Jahre gehemmt, so dass sich diese Frist auf 7 Jahre verlängern kann (vgl. § 13 Abs. 4 VOB/B).

Wenn Gefahr besteht, dass Ihre Mängelansprüche verjähren könnten, sollten Sie entweder ein selbstständiges Beweisverfahren oder eine Vorschussklage auf die voraussichtlichen Mängelbeseitigungskosten einleiten. Diese müssen bei dem zuständigen Amtsgericht oder Landgericht erhoben werden.

Ein selbstständiges Beweisverfahren hat den Vorteil, dass es verjährungshemmend ist und viele Mängel – vor allen Dingen auch der Umfang der Mängel – durch einen Sachverständigen geltend gemacht werden können. Das selbständige Beweisverfahren ist gemäß § 485 ZPO (Zivilprozessordnung) eine isolierte gerichtliche Beweisaufnahme, die im Prozessfall einer gerichtlichen Beweisaufnahme gleichkommt. Oftmals sinkt das Klagerisiko im späteren Schadenersatzprozess, wenn man die Mangelursachen und ihre Verantwortlichen genau kennt.

Mit der Vorschussklage beschleunigt man das Verfahren erheblich. Da man aber bereits in der Hauptsache klagt, muss geklärt sein, wer für die Mängel verantwortlich ist, um später keine bösen Überraschungen zu erleben. Die Vorschussklage läuft in zwei Schritten ab: Die bereits bekannten Mängelbeseitigungskosten werden gerichtlich geltend gemacht und im Wege des Feststellungsantrags alle weiteren für die Mängelbeseitigung anfallenden Kosten. Das Gericht spricht dem Kläger dann den Vorschuss zu, der vom Unternehmer bezahlt werden muss.

In der zweiten Stufe des Verfahrens muss der Bauherr dann die Mängel beseitigen und dem Unternehmer Rechnung legen. Es folgt dann der sogenannte Abrechnungsprozess.

Sollte das von beiden Parteien nicht gewollt sein, sollte darauf hingewirkt werden, dass der Unternehmer einen Verzicht auf die Einrede der Verjährung abgibt.

Symptomrechtsprechung des BGH

Für die Mängelrüge durch den Bauherrn bedarf es lediglich einer Beschreibung des Mangels (Symptomrechtsprechung des BGH), nicht der Ursachenanalyse des Mangels. Haben Sie einen Architekten auch mit der Leistungsphase 9 nach HOAI beauftragt, so sollten Sie diesen bei Auftreten eines Mangels um seine Meinung fragen und gemäß seiner Aussage den entsprechenden Unternehmer zur Mängelbeseitigung auffordern. Ist nicht klar, welcher Unternehmer für den Mangel verantwortlich ist, muss in jedem Fall ein Sachverständiger hinzugezogen werden, der dann die Ursache klärt; gegebenenfalls sollte in diesem Stadium dann auch schon ein Anwalt bemüht werden, damit Sie keinen Anspruch verlieren.

Mit Entscheidung vom 22.02.2018 – VII ZR 46/17 – hat der BGH eine bislang gängige Praxis beseitigt: Bauherren konnten im Falle eines Mangels die fiktiven Mängelbeseitigungskosten ermitteln und hatten dann die Wahl, ob sie die Mängel tatsächlich beseitigen lassen oder das Geld einbehalten. Dies war insbesondere bei geringfügigen Mängeln sehr attraktiv, mit denen die Bauherren gut leben konnten, da man hier eine „Restfinanzierung durch Mängelrügen" durchführen konnte. Der BGH hat mit oben genannten Urteil erklärt, dass eine solche Schadensberechnung nur dann möglich ist, wenn der Bauherr tatsächlich auch die Mängel beseitigt. Beabsichtigt der Bauherr, die Mängel nicht zu beseitigen, muss der Minderwert des Objekts bezogen auf den Mangel ermittelt werden. Dies kann deutlich geringer sein als die bisherigen fiktiven Mängelbeseitigungskosten. Insgesamt ist davon auszugehen, dass durch die Änderung der Rechtsprechung des Bundesgerichtshofs die Schadensfälle sich auf solche reduzieren werden, die tatsächlich beseitigt werden müssen.

Im Falle des Rechtsstreits

Wenn die Planer mit der Bauüberwachung beauftragt sind, haben sie im Rahmen ihrer werkvertraglichen Haftung auch gegenüber dem Bauherrn dafür zu haften, dass das Bauwerk mangelfrei entstanden ist. Architekten schulden nicht die Werkleistung, sondern vor allem alle zumutbaren Überwachungstätigkeiten, damit das Bauwerk mangelfrei entstehen kann. Zu überwachen hat der Architekt alle Arbeiten, die aus Sicht des Bauherrn wesentlich für das Gelingen des Gesamtwerks sind. Hierbei handelt es sich nach der Rechtsprechung vor allen Dingen um solche Arbeiten, die nach Abschluss der Baumaßnahme nur mit größerem Aufwand beseitigt werden können. Nach der Rechtsprechung sind es vor allem Abdichtungsarbeiten, Dränarbeiten, Bewehrungsarbeiten, Verkabelungen, aber auch Arbeiten an der Oberfläche, die komplizierter und nicht selbstverständlich sind. Überwachen bedeutet hier insbesondere auch, den ausführenden Unternehmer anzuleiten und mit ihm die Schwierigkeiten zu besprechen, aber auch die ausgeführte Qualität der Arbeiten zu kontrollieren. Nicht zu überwachen haben die Planer handwerkliche Selbstverständlichkeiten.

Der Unternehmer schuldet die Ausführung des mangelfreien Werkes. Entgegen weitläufig verbreiteter Meinung haben Unternehmer kein Recht auf Bauüberwachung. Vielmehr ist es Sache des Unternehmers, bei Unklarheiten im Bauablauf nachzufragen, gegebenenfalls Bedenken gemäß § 4 Abs. 3 VOB/B beim Bauherren oder Architekten schriftlich anzumelden.

Der Planer schuldet das mangelfreie Entstehenlassen der werkvertraglichen Leistung. Diese Leistungen sind zwar nicht identisch, wenn aber Planer und Unternehmer eine Pflichtverletzung begangen haben, geht die Rechtsprechung davon aus, dass ein Gesamtschuldverhältnis im Schaden gemäß § 426 BGB vorliegt. Das bedeutet, dass der Bauherr auswählen kann, ob er den Unternehmer oder den Architekten in Anspruch nehmen möchte.

Oftmals wird es aus rein unternehmerischer Betrachtung einfacher sein, den Architekten in Anspruch zu nehmen, da bei diesem dann die Haftpflichtversicherung eingreift und somit kein Insolvenzrisiko gegeben ist. Voraussetzung für die Inanspruchnahme des Architekten ist aber, dass ein Fehler in der Bauüberwachung gegeben ist. Hier kommt die Rechtsprechung den Bauherren sogar zur Hilfe und gewährt ihnen eine sogenannte Vermutung dafür, dass der Mangel bei intensiverer Bauüberwachung hätte verhindert werden können (Beweis des ersten Anscheins). Diese Vermutung kann der Planer aber erschüttern indem er nachweist, dass er ausreichend überwacht hat, beispielsweise durch Vorlage der Bauprotokolle oder dass es sich um handwerkliche Selbstverständlichkeiten handelt etc.

Merke: Im Rahmen der Schadensbeseitigung sollten Sie unbedingt einen Anwalt zur Hilfe ziehen. Nur so kann gewährleistet werden, dass Sie tatsächlich ein mangelfreies Objekt erhalten. Schadensrecht ist sehr komplex, Prozesse auch relativ aufwendig, so dass Sie sehr genau abwägen sollten, ob gerade bei kleineren Mängelbeträgen ein Prozess lohnenswert ist oder nicht. Sind Sicherheitseinbehalte mit den entsprechenden Unternehmen vereinbart worden, sollten diese hierfür verwendet werden.

Auch Jahre nach der Abnahme können sich Baumängel zeigen, die dann auf Gewährleistung vom Bauunternehmer behoben werden müssen.

Die vorzeitige Beendigung des Bauvertrags

Die VOB/B hat Kündigungsgründe des Unternehmers und des Auftraggebers in den §§ 8, 9 geregelt. Die Kündigung muss immer schriftlich erfolgen.

Kündigt der Bauherr den Vertrag, hat der Unternehmer Anspruch auf die volle Vergütung abzüglich der ersparten Aufwendungen.

Darüber hinaus sieht die VOB/B aber auch Möglichkeiten der Kündigung vor, wenn der Unternehmer eine mangelhafte Leistung nicht rechtzeitig beseitigt (vgl. § 4 Abs. 7 VOB/B), er die Leistung verspätet oder zu langsam erbringt (vgl. § 5 Abs. 4 VOB/B) oder er sonst eine schwere Pflichtverletzung gemäß § 8 Abs. 3 VOB/B begeht.

Der Unternehmer kann seinerseits den Vertrag gemäß § 9 kündigen, wenn der Bauherr fällige Zahlungen nicht leistet oder Vertragsverhandlungen verzögert beziehungsweise verweigert (vgl. § 9 VOB/B).

Darüber hinaus haben beide Parteien auch immer noch die Möglichkeit, den Vertrag aus wichtigem Grund gemäß § 648a BGB zu kündigen.

Nach schriftlicher Kündigung des Vertrags muss aber alsbald eine Leistungsfeststellung und Abnahme der Leistungen erfolgen, damit der Unternehmer seinerseits eine Schlussrechnung stellen kann und die Gewährleistungsfristen für die erbrachten Leistungen zu laufen beginnen. Zu diesem Termin sollte der Bauherr alsbald laden beziehungsweise auf eine Ladung des Unternehmers einen Termin bestätigen und dann aufnehmen,

- welche Leistungen bis zum Zeitpunkt der Kündigung mangelfrei erbracht worden sind,
- welche Leistungen bis zum Zeitpunkt der Kündigung mangelhaft erbracht worden sind,
- welche Leistungen bis zum Zeitpunkt der Kündigung noch nicht erbracht worden waren.

Nur durch diese Dreigliederung ist es erfahrungsgemäß möglich, dass im späteren Streitfall eine klare Leistungsabgrenzung möglich ist, was wiederum für die Abrechnung der Leistungen des Unternehmers notwendig ist.

Sonderfall: Insolvenz eines Unternehmens

Geht ein Bauunternehmer insolvent, hat der Bauherr regelmäßig Mehrkosten. In solchen Fällen gilt, dass alles, was fest mit dem Gebäude verbunden ist, im Eigentum des Bauherrn bleibt (vgl. §§ 946, 951 BGB), alles angelieferte, aber noch nicht mit dem Gebäude verbundene, im Eigentum des Unternehmers beziehungsweise des Insolvenzverwalters oder des Sicherungsgebers steht.

Geht ein Unternehmen insolvent, kann der Schaden beim Bauherrn durch Vertragserfüllungsbürgschaften abgesichert sein, die Sie dann auch nicht herausgeben müssen. Idealerweise sollten Sie bei Unternehmen in der Krise keine Zahlungen mehr leisten oder Zahlungen sehr vorsichtig vornehmen.

Ist ein Unternehmen zahlungsunfähig, muss normalerweise der Vertrag gekündigt werden. Die VOB/B sieht in § 8 Abs. 2 ein entsprechendes Kündigungsrecht vor. Die Fortsetzung des Vertrags macht oftmals keinen rechten Sinn, weil meistens nicht geklärt ist, wie die Leistungen fortgesetzt werden können. Zudem werden viele Mitarbeiter nach einer dreimonatigen Sperrfrist das Bauunternehmern verlassen, so dass auch die Ausführungsqualität vielfach leidet. Schließlich aber gibt Ihnen das insolvente Unternehmen keinerlei Gewährleistung mehr, was insbesondere bei Elektrogewerken oder Technikgewerken ein großes Problem werden kann.

Aus Sicht des Planers stellen Insolvenzen der Unternehmen oftmals Mehraufwendungen in der Planung beziehungsweise Ausschreibung und Überwachung dar, die es zudem gesondert zu vergüten gilt. Bauherren haben daher oftmals den Eindruck, dass sie doppelt zur Kasse gebeten werden, auch wenn das legal und rechtens ist.

VERTRÄGE MIT DEM GENERALÜBER- UND -UNTERNEHMER

Durch die Neuregelung des Werkvertragsrechts wurde der Verbraucherbauvertrag eingeführt. Gemäß § 650i BGB handelt es sich um Verbraucherbauverträge, wenn der Unternehmer von einem Verbraucher zum Bau eines neuen Gebäudes oder zu erheblichen Umbaumaßnamen an einem bestehenden Gebäude verpflichtet wird.

Der Verbrauchervertrag bedarf der Textform, er muss schriftlich abgeschlossen werden. Neben den allgemein werkvertraglichen Vorschriften und den Vorschriften des Bauvertrags gelten daher ergänzend noch folgende Vorschriften aus dem BGB:

Kapitel 3 – Verbraucherbauvertrag

- § 650i Verbraucherbauvertrag
- § 650j Baubeschreibung
- § 650k Inhalt des Vertrages
- § 650i Widerrufsrecht
- § 650m Abschlagszahlungen; Absicherung des Vergütungsanspruchs
- § 650n Erstellung und Herausgabe von Unterlagen

Kapitel 4 – Unabdingbarkeit

- § 650o Abweichende Vereinbarungen

Anforderungen an die Leistungsbeschreibung im Verbraucherbauvertrag

Durch die Neuregelung des Bürgerlichen Gesetzbuchs sind bei Verbraucherbauverträgen ganz erhebliche Aufklärungspflichten gemäß Art. 249 EGBGB §§ 1 bis 3 zu beachten.

Der Bauherr hat somit Anspruch auf eine Baubeschreibung, die die wesentlichen Eigenschaften des angebotenen Werkes „in klarer Weise" darstellt. Sie muss mindestens folgende Informationen enthalten:

1. Allgemeine Beschreibung des herzustellendes Gebäudes oder der vorzunehmenden Umbauten, gegebenenfalls Haustyp und Bauweise.
2. Art und Umfang der angebotenen Leistung, gegebenenfalls der Planung und der Bauleitung der Arbeiten am Grundstück und der Baustelleneinrichtung sowie der Ausbaustufe.
3. Gebäudedaten, Pläne mit Raum- und Flächenangaben sowie Ansichten, Grundrisse, Schnitte
4. Gegebenenfalls Angaben zum Energie-, zum Brandschutz- und zum Schallschutzstandard sowie zur Bauphysik
5. Angaben zur Baubeschreibung, der Baukonstruktion und allen wesentlichen Gewerken
6. Gegebenenfalls Beschreibung des Innenausbaus
7. Gegebenenfalls Beschreibung der gebäudetechnischen Anlagen
8. Angaben zu Qualitätsmerkmalen, denen das Gebäude oder der Umbau genügen muss
9. Gegebenenfalls Beschreibung der Sanitärobjekte, der Armaturen, der Elektroanlage, der Installation, der Informationstechnologie und der Außenanlage.

Die Baubeschreibung hat verbindliche Angaben zum Zeitpunkt der Fertigstellung des Werkes zu enthalten. Steht der Beginn der Baumaßnahme noch nicht fest, ist ihre Dauer anzugeben. Der Verbraucher ist gemäß Art. 249 EGBGB, § 3 ausführlich über sein Recht zum Widerruf des Vertrags zu informieren. Dieses kann binnen 14 Tagen nach Vertragsabschluss vom Verbraucher ausgeübt werden. Wird eine Widerrufsbelehrung nicht oder nicht richtig vorgenommen, so erlischt das Widerrufsrecht ein Jahr und 14 Tage nach Ablauf dieser Frist (vgl. § 356 Abs. 3 BGB).

Die hier aufgezählten Inhalte der Leistungsbeschreibung sind keinesfalls abschließend. Es stellt sich daher in der richterlichen Auslegung die Frage, ob die Leistungsbeschreibung klar und eindeutig ist. Daran dürfte es beispielsweise fehlen, wenn die Leistungsbeschreibung bei Produktangaben den Zusatz „oder gleichwertig" enthält. Denn was „gleichwertig" sein soll, ist nicht definiert. Überhaupt sollten Sie unbedingt darauf achten, dass alle wesentlichen und wichtigen Qualitäten ausreichend beschrieben worden sind und gegebenenfalls hierzu einen Fachmann hinzuziehen. Auch bedarf es klarer und eindeutiger Planunterlagen in der Leistungsbeschreibung, damit der Verbraucher weiß, was der Unternehmer ihm schuldet.

Abgerundet sind die gesetzlichen Regelungen zudem durch Auslegungsregelungen, die in § 650k BGB nur für den Generalübernehmer- und -unternehmervertrag aufgenommen worden sind. Die vorvertraglich zur Verfügung gestellten Unterlagen gelten als Inhalt des Vertrags, es sei denn, die Parteien haben ausdrücklich etwas anderes vereinbart. Bei Unvollständigkeit der Baubeschreibung ist der Vertrag insgesamt auszulegen und die vorvertraglich avisierten Zeitpunkte zur Ausführung gelten grundsätzlich weiter, wenn nichts anderes im Vertrag geregelt worden ist.

Der Gesetzgeber trägt mit diesen Regelungen dem Gedanken Rechnung, dass das Wichtigste beim Generalunternehmervertrag die Leistungsbeschreibung ist. In der Vergangenheit gab es des Öfteren Probleme damit, weil Generalunternehmer vielfach viel zu kurze und

oftmals widersprüchliche oder rudimentäre Leistungsbeschreibungen in Generalunternehmerverträgen aufgenommen hatten. Private Bauherren wissen oft nicht, wie genau die Leistung zu beschreiben ist, um ein ordentliches Gebäude zu erhalten. Vielfach wurde den Bauwilligen dann ein bestimmtes Gebäude als „Standardgebäude" gezeigt, dies aber in den vertraglichen Regelungen nicht in Bezug genommen. Vielfach mussten Bauherren nachher feststellen, dass die Qualität der erbrachten Bauleistung deutlich davon abgewichen ist.

Der Gesetzgeber hat hiermit echten Verbraucherschutz geschaffen. In § 650n BGB hat der Gesetzgeber zudem noch klargestellt, welche Unterlagen (Ausführungspläne, Bankfinanzierungsunterlagen, Genehmigungsunterlagen) dem Bauherrn übergeben werden müssen.

Die Vergütung der Leistungen

Regelmäßig werden mit Generalunternehmern und Generalübernehmern Pauschalverträge geschlossen. Gemäß § 650 m BGB haben die Unternehmer ein Recht darauf, Abschlagszahlungen zu verlangen, aber erst dann, wenn sie dem Bauherren eine Sicherheit in Höhe von 5 % der Gesamtvergütung gewährt haben. Insgesamt dürfen Abschlagszahlungen für nicht mehr als 90 % der Gesamtvergütung verlangt werden.

Diese Pauschalen sind aber nur solange fest, wie keine Änderungsleistungen erfolgen. Diese wird der Unternehmer zwar im Hinblick auf die Vorschriften des §§ 650b und c BGB ausführen müssen. Natürlich aber wird er sich diese Zusatzleistungen gut bezahlen lassen. Im Unterschied zur VOB/B (dort §§ 1 Abs. 3 und 4 sowie § 2 Abs. 5 und 6) gilt beim BGB der Bindungsgrundsatz an die Vertragskalkulation nicht und muss gesondert vereinbart werden. Eine Anlehnung an die Regelungen der VOB/B ist dabei durchaus sinnvoll.

Tipp: Vereinbaren Sie im Vertrag mit dem Generalunternehmer und Generalübernehmer, auf welcher Basis Nachträge zu kalkulieren sind.

Das Wichtigste bei einem Vertrag mit einem Generalunternehmer und -übernehmer ist daher die, Leistungsbeschreibung so konkret als möglich zu fassen. Unternehmer werden immer versuchen, Planungen zu optimieren, das heißt, zu reduzieren oder zu optimieren. Bilden Sie eine Rangfolge der Unterlagen und überlegen Sie, ob es sinnvoll ist, dem Vertrag ein von einem Planer erstelltes Raumbuch oder eine Leistungsbeschreibung mit Leistungsprogramm zu Grunde zu legen. In der Hierarchie der Anlagen sollte dann diese Leistungsbeschreibung möglichst weit vorne stehen, gefolgt vom genehmigten Baugesuch. Das Angebot des Unternehmers sollte möglichst unten in der Rangfolge stehen, da dann mit diesem Preis alle anderen Leistungen ebenfalls abgegolten sind.

Weitere sinnvolle vertragliche Regelungen:

- Erbringt der Generalübernehmer die kompletten Planungsleistungen, ist dezidiert zu regeln, wie Planungsleistungen freigegeben werden. Zudem wird in diesem Fall der Festpreis oftmals erst dann gebildet, wenn das Baugesuch genehmigt worden ist.
- Das größte Risiko des Bauherrn bei Beauftragung eines Generalunternehmers besteht in der vorzeitigen Vertragsbeendigung und der Insolvenz des Unternehmers. In diesem Fall hat der Bauherr bei Kündigung eines Vertrags keinerlei Vertragspartner mehr und steht unter Umständen mit einer halbfertigen Bauleistung da. Da neue Bauunternehmer ungern auf solche Leistungen aufsetzen, wird es schwer sein, die vertraglichen Leistungen fortzuführen. Oftmals werden dann solche Leistungen zurückgebaut. Um dieses zu verhindern, kann der Generalunternehmer vertraglich verpflichtet werden, mit seinen Subunternehmern zu vereinbaren, dass der Bauherr in diesen Fällen das Recht erhält, in den Subvertrag einzutreten.
- Um mögliche Risiken der Vertragsvollendung oder der Gewährleistungen bestmöglich abzufedern, sollten zudem Sicherheitsleistungen vereinbart werden. 10 % Vertragserfüllungssicherheit und 5 % als Sicherheit für die Vertragserfüllung sind durchaus auch hier üblich, können aber gegebenenfalls auch durch individuelle Vereinbarung erhöht werden.
- Generalunternehmer verlangen auch oft Sicherheiten vom Bauherrn. Sie müssen ihrerseits Subverträge abschließen und gehen gegenüber diesen ja auch ein erhebliches Risiko ein, sollte der Bauherr Zahlungen verweigern oder selbst nicht in der Lage sein, Zahlungen vorzunehmen. Bei Verbrauchern dürfen aber nicht mehr Sicherheiten als 20 % des gesamten Vergütungsanspruchs oder die folgenden Abschlagszahlungen übersteigend, vereinbart werden. Anders als bei der Einzelvergabe kann bei einem Verbraucherbauvertrag gemäß § 650 f Abs. 6 BGB vom Unternehmer keine Sicherheitsleistung verlangt werden.
- Vereinbaren Sie Vertragsfristen mit Ihrem Generalunter- oder Generalübernehmer. Hierbei wäre zu überlegen, ob Anfangs-, Zwischen- und Endfristen zu vereinbaren sind. Vereinbaren Sie, dass diese Fristen sich verschieben, wenn eine Behinderung vorliegt. Für die Berechnung der neuen Frist ist dann die Dauer der Behinderung, der Wiederaufnahmezuschlag und Schlechtwetter zu berücksichtigen (vgl. auch § 6 VOB/B). Die Vertragsfristen sollten zudem an eine Vertragsstrafe gekoppelt werden, die auch bei einem Generalunternehmer nicht mehr als 0,15 % pro Tag und maximal für die Versäumung aller Vertragsfristen nicht mehr als 5 % der Bruttovertragssumme betragen darf. Werden Zwischenfristen vereinbart, dann ist anzumer-

ken, dass die Vertragsstrafe sich nur aus dem bis zur vereinbarten Zwischenfrist angefallen Vergütungsanteil berechnen darf.

- Vereinbaren Sie in den Verträgen, dass die Bauleistung kontrolliert werden darf und der Generalunternehmer den Kontrolleur ständig und rechtzeitig über den Baufortschritt zu informieren hat. Mängelrügen des Kontrolleurs sollten vom Generalunternehmer zwingend beachtet werden müssen.
- Vereinbaren Sie, dass alle Abweichungen von dem geschuldeten Leistungssoll von Ihnen genehmigt werden müssen.
- Bei der Beauftragung von Subunternehmern sollten Sie ein Vorschlagsrecht bekommen und wenn Sie darauf bestehen, dass ein anderer Subunternehmer beauftragt werden soll, als der vom Generalunternehmer ausgewählte, die Mehrkosten von ihnen übernommen werden müssen.
- Vereinbaren Sie, welche Unterlagen der Unternehmer Ihnen am Ende der Maßnahme übergeben muss, beispielsweise einen vollständigen Satz Ausführungspläne, eine fortgeschriebene Ausführungsplanung, eine Liste aller eingebauten technischen Geräte inklusive aller dazugehörigen Bedienungsanleitungen, eine Auflistung aller beauftragten Subunternehmer, eine Fassung des genehmigten Baugesuchs, ein Bautagebuch etc.
- Vereinbaren Sie einen Zahlungsplan mit dem Generalunternehmer, der an den Leistungsstand gekoppelt ist.
- Vereinbaren Sie, dass bereits vor der Abnahme Mängel gerügt und gegebenenfalls von Ihnen beseitigt werden dürfen.

Ein Generalunternehmer und ein Generalübernehmer haben aus Bauherrensicht viele Vorteile. Die Beauftragung ist bequem und in der Regel sind die Kosten und die Termine gesichert. Problematisch kann eine solche Beauftragung allerdings werden, wenn der Unternehmer in die Krise kommt, oder wenn unvorhergesehene Mehrkosten entstehen. Probleme können auch bei der Bauausführung entstehen.

Wenn dann kein vom Generalunternehmer unabhängiger Kontrolleur beauftragt worden ist, gibt es niemanden, der auf der Baustelle Ihre Interessen vertritt. Interesse des Generalunternehmers ist die wirtschaftliche Abwicklung des mit Ihnen geschlossenen Vertrags, hinter denen er auch Ihre Interessen an dem Werk stellen wird. Deswegen sollten Sie unbedingt einen bauüberwachenden Planer beauftragen, der eine Qualitätskontrolle im Hinblick auf die vertraglich ausgeführten Leistungen vornimmt. Interessant ist dies auch deshalb, weil der bauüberwachende Planer im Zweifel auch Gesamtschuldner mit dem Generalübernehmer ist, wenn Mängel auftreten und Sie in diesem Fall – falls der Unternehmer insolvent gehen sollte – den Planer gegebenenfalls in Anspruch nehmen können.

Beim Bauen mit dem Generalunternehmer müssen Sie besonders bei kurzfristigen Änderungsvorschlägen hellhörig werden.

DER BAUTRÄGERVERTRAG

Durch die Novelle des Bürgerlichen Gesetzbuchs 2018 wurde in § 650u und in § 650v BGB das erste Mal auch eine Regelung für Bauträgerverträge erlassen.

Wie bereits ausgeführt, ist der Bauträgervertrag eine Mischung aus Kaufvertrags- und Bauvertragsrecht beziehungsweise ein Kaufvertrag mit Bauverpflichtung. Der Gesetzgeber verlangt, dass Bauträger gemäß § 34 GewO eine Gewerbezulassung erhalten, sonst dürfen sie als solche nicht tätig werden.

Der Bauträger verkauft Grundstücke und einen Teil des Gebäudes oder das Gebäude. Deswegen müssen die Verträge auch anders als die Verträge beim Verbraucherbauvertrag, wo nur Textform gefordert ist, notariell beurkundet werden. Dies schützt den Verbraucher wiederum vor zu starkem Missbrauch, da der Notar in diesen Fällen als neutrale Stelle eine Aufklärungspflicht gegenüber dem Verbraucher hat, wenn von den gesetzlichen Vorgaben abgewichen wird.

Durch die Novelle des Werkvertragsrechts wurden die für den Verbraucherbauvertrag geltenden Aufklärungspflichten und Pflichten für die Leistungsbeschreibung auch auf den Bauträger ausgedehnt.

§ 650u Bauträgervertrag; anwendbare Vorschriften

(1) Ein Bauträgervertrag ist ein Vertrag, der die Errichtung oder den Umbau eines Hauses oder eines vergleichbaren Bauwerks zum Gegenstand hat und der zugleich die Verpflichtung des Unternehmers enthält, dem Besteller das Eigentum an dem Grundstück zu übertragen oder ein Erbbaurecht zu bestellen oder zu übertragen. Hinsichtlich der Errichtung oder des Umbaus finden die Vorschriften des Untertitels 1 Anwendung, soweit sich aus den nachfolgenden Vorschriften nichts anderes ergibt. Hinsichtlich des Anspruchs auf Übertragung des Eigentums an dem Grundstück oder auf Übertragung oder Bestellung des Erbbaurechts finden die Vorschriften über den Kauf Anwendung.

(2) Keine Anwendung finden die §§ 648, 648a, 650b bis 650e, 650k Absatz 1 sowie die §§ 650l und 650m Absatz 1.

Da ein Notar bei der Beurkundung anwesend ist, bedarf es keiner Verbraucheraufklärung und besteht auch kein Widerrufsrecht (vgl. § 650l BGB). Eine freie Vertragskündigung und eine Kündigung aus wichtigem Grund gemäß §§ 648 und 648a BGB sind ausgeschlossen, weil der Bauträgervertrag ein Kaufvertrag ist und eben eine Kündigung aus wichtigem Grund, wie sie bei langdauernden Bauverträgen wichtig ist, gerade nicht notwendig ist. Änderungsrechte und entsprechende Anordnungsrechte gemäß §§ 650 b bis e BGB des Käufers bestehen gerade nicht, weil beim Kauf der Käufer eine fertige Sache kauft und eben gerade keine Dienstleistung zur Herstellung einer Sache beauftragt wird. Vorvertraglich dem Käufer übergebene Unterlagen werden im Hinblick auf den notariellen Beurkundungszwang nicht Vertragsinhalt (vgl. 650 k Abs. 1 BGB).

Leistungsbeschreibung, Leistungsinhalt und Bezahlung

Auch beim Bauträgervertrag gilt, dass das Kernstück des Vertrags die Leistungsbeschreibung ist. Schauen Sie sich diese genau an. Achten Sie auf die Qualitäten und Quantitäten, ziehen Sie einen Architekten oder einen Sachverständigen zu Rate, der Ihnen helfen kann, insbesondere im Hinblick auf die Vollständigkeit der Planungsleistungen. Da der Bauträgervertrag einer notariellen Beurkundung bedarf und die Teilzahlungen beim Bauträgervertrag nach Baufortschritt sich an der Makler- und Bauträgerverordnung orientieren müssen, kann hier relativ wenig Abweichendes geregelt werden.

§ 3 Makler- und Bauträgerverordnung legt daher fest, dass die Vermögenswerte in mehreren Teilbeträgen zu bezahlen sind.

Sicherheitsleistungen

Im Bauträgervertrag kann zudem vereinbart werden, dass eine Sicherheitsleistung in Höhe von 10 % für die Vertragserfüllung und 5 % für die Mängelansprüche erfolgen kann. Die Sicherheitsleistung für die Vertragserfüllung kann von Abschlagszahlungen in Abzug gebracht werden und die Sicherheit für die Mängelansprüche kann von der Schlusszahlung als Bareinbehalt mit Ablöserecht des Bauträgers bei Stellung einer Bankbürgschaft vereinbart werden.

Bevor der Bauträger eine Abschlagszahlung verlangen darf, muss er dem Verbraucher eine weitere Sicherheit in Höhe von 5 % der Vertragssumme stellen (vgl. § 650m Abs. 2 BGB). Auch ein Bauträger kann – wie der Generalunternehmer – von einem Verbraucher keine Sicherheitsleistung gemäß § 650f Abs. 6 BGB verlangen.

Änderungsleistungen

Der entscheidende Unterschied zwischen den Bauträgerverträgen und den Bauverträgen besteht darin, dass beim Bauträgervertrag kein Änderungsrecht möglich ist. Sollten also Änderungen von Ihnen gewünscht werden, müssen diese zum Zeitpunkt des Vertragsabschlusses besprochen oder ein allgemeines Änderungsrecht in den Vertrag formuliert werden. Dies ist machbar und zulässig, wenn der Bauträger sich darauf einlässt. Allerdings hat der Bauträger eine erhebliche Gemengelage, die auch die Interessen der anderen Erwerber berücksichtigen muss, so dass es gelegentlich für den Bau-

Teilzahlungen nach Baufortschritt gemäß MaBV

Eine der Makler- und Bauträgerverordnung entsprechende Fälligkeitsklausel im Bauträgervertrag kann so lauten: „Die Höhe der vom Erwerber zu zahlenden Raten legt der Veräußerer nach seinem freien Ermessen entsprechend dem tatsächlichen Bauablauf fest, wobei er sie nur aus den folgenden Vom-Hundert-Sätzen zusammensetzen und höchstens sieben Teilbeträge anfordern darf:"

25,0 %	nach Abschluss der bauvorbereitenden Erdarbeiten
28,0 %	nach Rohbaufertigstellung, einschließlich Zimmererarbeiten
5,6 %	für die erfolgte Herstellung der Dachflächen und Dachrinnen
2,1 %	für die erfolgte Rohinstallation der Heizungsanlagen
2,1 %	für die erfolgte Rohinstallation der Sanitäranlagen
2,1 %	für die erfolgte Rohinstallation der Elektroanlagen
7,0 %	für den erfolgten Fenstereinbau, einschließlich der Verglasung
4,2 %	für den erfolgten Innenputz, ausgenommen Beiputzarbeiten
2,1 %	für den gelegten Estrich
2,8 %	für die erfolgten Fliesenarbeiten im Sanitärbereich
8,4 %	nach Bezugsfertigkeit und Zug um Zug gegen Besitzübergabe
2,1 %	für die erfolgten Fassadenarbeiten
3,5 %	nach vollständiger Fertigstellung
95,0 %	
5,0 %	**Der Restbetrag von 5 % ist zur Zahlung fällig, wenn** a) entweder ein in der Bundesrepublik Deutschland zum Geschäftsbetrieb befugtes Kreditinstitut oder ein Kreditversicherer dem Erwerber eine Sicherheit für die rechtzeitige Herstellung des Werkes ohne wesentliche Mängel in Höhe von mindestens 5 % des Kaufpreises gestellt hat und die betreffende Erklärung dem Erwerber zugegangen ist, frühestens aber, wenn die genannten Grundvoraussetzungen vorliegen und mit den Erdarbeiten zu dem vertragsgegenständlichen Bauvorhaben begonnen worden ist, oder b) wenn das Vertragsobjekt rechtzeitig und ohne wesentliche Mängel fertiggestellt ist. Ist dies nicht der Fall, bestimmt sich die Fälligkeit nach den gesetzlichen Bestimmungen. Ob entsprechend vorstehender Buchstaben a) oder b) verfahren wird, bestimmt der Veräußerer."
100,0 %	

Sofern einzelne Leistungen nicht anfallen, ist der jeweilige Vom-Hundert-Satz anteilig auf die übrigen sieben Raten zu verteilen. Bevor überhaupt eine Rate angefordert werden darf, müssen bestimmte Grundvoraussetzungen vorliegen. Insbesondere muss eine Eigentumsvormerkung zugunsten des Käufers im Grundbuch eingetragen und muss die Lastenfreistellung gesichert sein. Die so berechneten Raten sind zur Zahlung fällig, wenn die der angeforderten Rate entsprechenden Arbeiten durchgeführt sind, nicht aber vor Eintritt der vorgenannten Grundvoraussetzungen und nicht vor Ablauf von zehn Tagen, nachdem der Veräußerer den Erwerber zur Zahlung unter Vorlage einer Bestätigung des Bauleiters über den Baufortschritt aufgefordert hat.

träger unmöglich sein kann, solche Änderungswünsche aufzunehmen. Deswegen sollten Sie zum Zeitpunkt des Vertragsschlusses genau wissen, was Sie möchten.

Zulässige Änderungen der Kaufsache durch den Bauträger

Bauträger errichten in der Regel Gebäude, in denen mehrere Nutzungen und Nutzer vorhanden sind. Durch behördliche Auflagen oder durch die Nutzung eines anderen Eigentümers oder aus technischen Zwängen kann es notwendig werden, dass der Bauträger in das verkaufte Sondereigentum eingreift und dieses etwas verändert. Solche Klauseln, die dies ermöglichen, sind nur in engen Ausnahmefällen zulässig, und nur, wenn dem Bauträger überhaupt gar keine andere Wahl bleibt. Sollte eine solche Klausel in Ihrem Vertrag sein, fragen Sie unbedingt den Notar dazu, ob das so wirksam ist und was diese Klausel für Sie bedeutet.

Besitzübergabe

Besonders wichtig für Bauherren ist beim Bauträgervertrag zu beachten, wann die Besitzübergabe zu erfolgen hat. Viele Bauträger vereinbaren hier, dass der Besitz (also die Nutzung der Wohnung) an der neuen Wohnung erst dann zu übergeben ist, wenn sämtliche Raten bis inklusive der Bezugsfertigkeit vollständig bezahlt sind und die Leistungen zudem abgenommen worden sind.

Besonders mit der Abnahme der Leistungen tun sich viele Bauherren schwer, weil damit unter Umständen natürlich Rechte verlustig gehen. Werden also Einbehalte wegen Mängeln gemacht, liegt eine vollständige Bezahlung der Rate nicht vor und der Bauträger muss eine Besitzübergabe nicht vornehmen. Hier sollte unbedingt darauf geachtet werden, dass eine Besitzübergabe mit Bezugsfertigkeit der Baumaßnahme erfolgen muss.

Merke: Bis zum Eigentumsübergang durch Auflassung ist der Bauträger Eigentümer und berechtigt, alle Hausrechte auszuüben. Käufer haben somit auch kein Recht, die Baustelle zu betreten oder Qualitätskontrollen durchzuführen, es sei denn, es ist etwas anderes ausdrücklich vereinbart worden.

Abnahme des Gemeinschaftseigentums

Unabhängig von der Übergabe und Abnahme des Sondereigentums ist auch zu klären, wann das Gemeinschaftseigentum übergeben und abgenommen werden kann/muss. Solange am Gemeinschaftseigentum Mängel bestehen, ist jeder Käufer berechtigt, die voraussichtlichen Mängelbeseitigungskosten einzubehalten. Allerdings muss die Gemeinschaft die Absicht haben, die Mängel auch wirklich zu beseitigen.

Fertigstellungstermine

Vereinbaren Sie mit Ihrem Bauträger Fertigstellungstermine. Werden diese nicht eingehalten, muss vorgesehen sein, dass der Bauträger eine monatliche Strafe zu bezahlen hat. Vereinbaren Sie hierbei keine zu geringe Vertragsstrafe. Bedenken Sie, dass die Gesamtsumme des Vertrags oftmals im siebenstelligen Bereich liegt und Bauträger bei solchen Baumaßnahmen oft hohe Gewinne haben. Werden nur die üblichen zusätzlichen Mietkosten vereinbart, können lediglich 1 000, vielleicht 1 500 Euro einbehalten werden, was sehr gering ist.

Kündigung des Bauträgervertrags

Manche Bauträger erbringen die Leistungen sehr schlecht und mangelhaft. Da eine Kündigung des Bauträgervertrags deutlich komplizierter ist, als bei einem Generalunternehmervertrag, weil durch die Kündigung ja auch das Grundstücksgeschäft betroffen wäre, sollte in solchen Fällen immer ein Anwalt konsultiert werden.

Allgemein gilt: Der Bauträgervertrag ist notariell zu beurkunden, was bedeutet, dass der Notar als neutrale Person auch Ihre Fragen zu beantworten hat. Fragen Sie daher beim Notar auch, was Klauseln bedeuten, wenn Ihnen etwas unklar ist, fragen Sie auch nach besseren und für Sie günstigere Möglichkeiten. Gegebenenfalls sollten Sie, bevor Sie einen Vertrag unterschreiben, auch einen Anwalt zu Rate ziehen.

DIE BAUHERREN-GEMEINSCHAFT ODER BAUGRUPPE

Wenn Sie sich für die Teilnahme an einer Baugemeinschaft entschlossen haben, werden verschiedene Verträge abzuschließen sein.

Eine Baugemeinschaft braucht zunächst eine Gründungsgesellschaft, die vertraglich vereinbart werden sollte. In dieser wird vereinbart, dass sich mehrere Bauwillige zusammenschließen, um sich auf ein Baugrundstück zu bewerben, um dieses zu erwerben und ein Mehrfamilienhaus zu errichten. In erster Linie geht es bei dieser Gesellschaft darum, sich um das Grundstück, welches es zu erwerben gilt, zu bewerben. Werden die Grundstücke von Kommunen ausgelobt, muss in der Regel ein Konzept vorgestellt werden. Zudem verlangen Kommunen, die diese Grundstücke oft sehr günstig abgeben, dass ein Sozialschlüssel erfüllt wird, das Gebäude gewisse energetische Anforderungen erfüllt und gegebenenfalls noch bestimmte Baustoffe, beispielsweise Holzbauweise, verwendet werden.

Bereits die Gründungsgesellschaft muss gewisse Investitionen tätigen. Es müssen ein Architekt, Fachplaner und andere Personen beauftragt werden, um diese Anforderungen gegenüber der Stadt plausibel zu machen und gegebenenfalls schon Planungsleistungen vorzulegen. Deswegen muss in dieser Phase der Gesellschaft jeder Gesellschafter bereit sein, Kosten zu übernehmen. Da aber weder Grundstückserwerb noch die Realisierung der Baumaßnahme gesichert ist, fällt dies vielen Interessenten sehr schwer.

Zudem muss die Gruppe noch eine andere Aufgabe in dieser Phase lösen, die Verteilung der Wohnungen. Dies ist oftmals ein sehr schwieriges Unterfangen und bringt viele Gemeinschaften schon wieder zur Auflösung.

Bekommt die Baugemeinschaft den Zuschlag, wird dann eine Planungsgesellschaft gegründet. Jedes Mitglied der Vorgesellschaft ist automatisch Mitglied in der Planungsgesellschaft. Es kann aber auch darauf verzichten und seine Gesellschaftsanteile zurückgeben. Die Gesellschaft kann dann neue Interessenten per Gesellschafterbeschluss aufnehmen. Im Rahmen der Planungsgesellschaft wird die Planung erstellt. Es fallen Kosten an. Die Baugenehmigung muss erwirkt werden und das Planungsteam muss zusammengestellt werden.

Ist die Planung fertig und wird die Baumaßnahme umgesetzt, wird spätestens ab der Beauftragung der Unternehmer eine Baugemeinschaft gegründet, die den Bau realisiert

Bei Baugruppen ist von allen Beteiligten eine intensive Zusammenarbeit gefragt.

und bezahlt. Da alle Gesellschaften in der Rechtsform der Gesellschaft des bürgerlichen Rechts geschlossen werden, bedeutet dies auch, dass

- in den Gesellschaften alle Entscheidungen per Gesellschafterbeschluss entschieden werden müssen,
- dafür nach bestimmten Regelungen Gesellschafterversammlungen einberufen werden müssen,
- weswegen die Gesellschaft unbedingt eine Geschäftsführung braucht,
- jeder Gesellschafter gesamtschuldnerisch für alle anderen Gesellschafter haftet. Wird also ein Bauherr zahlungsunfähig, haften die anderen Gesellschafter für ihn mit.
- eine Kündigung der Gesellschaft durch die Gesellschafter ausgeschlossen sein muss, da sonst die anderen Gesellschafter die von der Gesellschaft eingegangen Verpflichtungen voll übernehmen müssen.

Bauen mit einer Baugemeinschaft ist daher in der Regel ein sehr zeitaufwendiges Unterfangen.

Die Gemeinschaft muss ein Gemeinschaftskonto einrichten. Auf dieses haben alle Gesellschafter ihre Gesellschaftereinlagen zu leisten. Von diesem Konto werden dann die fälligen Zahlungen bedient. Wird ein Bauvorhaben teurer, müssen alle Gesellschafter nachschießen und weitere Einlagen beibringen.

Die Gesellschaft erteilt die Aufträge an die Externen dann nach den üblichen vertraglichen Vereinbarungen. Die Rechtsprechung hat es aber zugelassen, dass die Haftung der Gesellschafter auf ihren Anteil an der Gesellschaft begrenzt wird, wenn dies vertraglich mit dem Bauunternehmer vereinbart worden ist. Eine entsprechende Haftungsbegrenzung ist daher ein absolutes Muss gegenüber jedem, der von der Gemeinschaft beauftragt wird.

Einschaltung eines Baubetreuers

Als BGB-Gesellschaft müssen Beschlüsse in der Baugemeinschaft immer im Rahmen von Gesellschafterversammlungen getroffen werden. Dies kann äußerst nervenaufreibend und zeitintensiv sein, weswegen ein guter Betreuer gefunden und auch ein guter Gesellschaftsvertrag geschlossen werden muss. Aufgabe des Betreuers ist es dann, die Gesellschaftersitzungen zu organisieren, Beschlüsse vorzubereiten und zu protokollieren, Sonderwünsche der Gesellschafter abzustimmen und mit der Gesellschaft in Einklang zu bringen und Rechnungen, die die Gesellschaft erhält, zu prüfen und gegebenenfalls freizugeben.

Vorteil des Bauens mit der Baugemeinschaft

Bauen mit Baugemeinschaften hat den Vorteil, dass der übliche Gewinn-/Kostenanteil von Bauträgern, der zwischen 20 bis 30 % der Gesamtkosten liegen dürfte, grundsätzlich nicht anfällt. Zudem fördern viele Städte die Vergabe von Grundstücken an solche Baugemeinschaften, weil hierdurch günstig Wohnungseigentum erlangt werden kann und somit auch sozial schwächere Personen bauen können. Leider werden vielfach so hohe Anforderungen in den städtischen Auflagen für den Grundstückserwerb definiert, dass Bauen in Gemeinschaften sehr kompliziert beziehungsweise sehr komplex geworden ist.

Tipp: Baugemeinschaften

Unterschätzen Sie den Zeitinvest beim Bauen mit einer Baugemeinschaft nicht. Schafft es die Baugemeinschaft aber, den Bau zu realisieren, können Sie sich über den günstigen Erwerb einer Wohnung in der Regel zu sehr gutem Qualitätsstandard und Preis-/Leistungsverhältnis erfreuen.

In einigen Städten stehen sehr schöne Baugemeinschaftsprojekte, beispielsweise in Stuttgart, Tübingen und auch in Karlsruhe, die als Baubeispiele herhalten können. Sollten Sie eine Baugemeinschaft suchen, informieren Sie sich bei den Städten über solche Baugemeinschaften oder fragen Sie in anderen Städten, wo bereits Baugemeinschaften waren, wer die Koordinatoren gewesen sind.

VEREINBARUNGEN MIT DEM NACHBARN

Sobald Sie ein Grundstück erworben und sich entschieden haben, dort zu bauen, sollte der Kontakt mit den Nachbarn gesucht werden. Sinnvoll ist dies natürlich erst, wenn die Planung, die Sie mit Ihrem Architekten oder mit dem Bauträger oder Generalunternehmer verwirklichen wollen, einigermaßen definiert ist.

Versetzen Sie sich in die Situation Ihres Nachbarn. Veränderungen sind in der Regel nicht erwünscht und gerade bei älteren Menschen verursacht dies oft Unsicherheit. Zudem wissen Nachbarn ja nicht, was kommen wird und befürchten Nachteile zu erleiden.

Versuchen Sie, diese deshalb frühzeitig einzubeziehen und zeigen Sie ihnen Ihre Pläne und Ihr Vorhaben. Prüfen Sie, ob gewisse Bauausführungen eine geringere Beeinträchtigung für den Nachbarn bedeuten und für Sie möglich sind oder durch eine für Sie genau so gute planerische Lösung die nachbarlichen Interessen weniger beeinträchtigt werden. Bedenken Sie immer, dass Sie in eine Nachbarschaft ziehen wollen und sich Ihre Nachbarn nicht aussuchen können.

Streit mit dem Nachbarn ist gerade bei schwierigen Bauvorhaben unbedingt zu vermeiden. Bedenken Sie immer, dass die beste Baupolizei der Nachbar ist. Vielfach werden Verstöße oder eben keine Verstöße angezeigt. Zudem wird es im Rahmen des Bauvorhabens immer zu gewissen Unbequemlichkeiten und Beeinträchtigungen bei den Nachbarn kommen, die diese hinnehmen müssen, ohne dass es jedes Mal zu längeren Diskussionen kommen darf.

Gelegentlich benötigen Sie auch die Zustimmung oder das Einverständnis Ihres Nachbarn. Besonders bei kleineren Grundstücken oder bei Grundstücken in der zweiten Baureihe wird dies von Bedeutung sein, wenn die Baustelleneinrichtung gelagert werden muss. Hier hilft es Ihnen und spart Ihnen viel Geld, wenn Sie die Zustimmung des Nachbarn erhalten, sein Grundstück benutzen zu dürfen.

Nachbarn sind zwar nach den Nachbarrechtsgesetzen der Länder dazu verpflichtet, gewisse Beeinträchtigungen ihres Grundstücks hinzunehmen. So gibt es beispielsweise das „Hammerschlags- und Leiterrecht" im § 7 b NRG – BW, was bedeutet, dass Nachbarn es dulden müssen, wenn der Eigentümer an seinem Gebäude arbeitet, dass er auf das Nachbargrundstück tritt. Darunter fallen auch länger andauernde Beeinträchtigungen des Grundstückes, also zum Beispiel, wenn auf die Grenze gebaut werden muss. Allerdings gilt dies nur, wenn dies 14 Tage zuvor angezeigt worden und es dem Eigentümer nicht zumutbar ist, teurere Bauausführungen hinnehmen zu müssen. Die Anforderungen an diese Unzumutbarkeit sind recht hoch. Teurere Bauausführungen beispielsweise durch Pfahlverbauten oder Ähnliches sind oftmals zumutbar, weil diese dem Grundstück quasi anhaften.

Im BGB gilt der Grundsatz, dass immer der, der das Bodenniveau verändert beziehungsweise vertieft, dafür sorgen muss, dass das Nachbargrundstück nicht die erforderliche Stütze verliert (siehe § 909 BGB). Dies gilt aber natürlich nur dann, wenn das Nachbargrundstück nicht selbst in illegaler Weise im Niveau verändert worden ist. Böscht also beispielsweise Ihr Nachbar auf Ihrem Grundstück eine Niveauerhöhung ab, und für Ihr Bauvorhaben müssen Sie nun das Nachbargrundstück aufwendig abfangen, hat er sich an den Kosten zu beteiligen oder auf seinem Grundstück zu böschen.

Auch im Genehmigungsverfahren kann die Zustimmung des Nachbarn erforderlich werden. So zum Beispiel, wenn Sie Befreiungen benötigen, die nach der einschlägigen Bausatzung nur mit Zustimmung des Nachbarn erlangt werden können. Gleiches gilt, wenn Sie Abstandsflächen verringern möchten oder wenn Terrassen dichter als zulässig an das Nachbargrundstück gebaut werden sollen.

Schließlich kann es bei Ausführung der Bauarbeiten durch Lärm oder Fahrzeuge zu Beeinträchtigungen kommen, die der Nachbar hinnehmen muss.

Bei Doppelhaushälften wird die Situation oft noch schwierig. Hier hat der Nachbar, der zuerst anfängt zu bauen, oftmals gewisse Vorteile. Wenn der andere Nachbar dann tiefer oder höher bauen möchte, müssen unter Umständen Abfangarbeiten vorgenommen werden. Diese muss aber dann der Nachbar bezahlen, der die Unterfangung des Nachbargrundstücks vornimmt. Denn nach dem BGB § 909 darf keiner dem Nachbargrundstück den Halt entziehen, ohne entsprechende Vorsichtsmaßnahmen zu treffen (vgl. §§ 909, 1004 BGB).

Sofern Sie in einem bestehenden Wohngebiet mit bebauten Nachbargrundstücken bauen, sollten Sie zudem sehr genau den Baugrund untersuchen. Achten Sie darauf, dass der Zustand der Nachbargebäude mittels einer Beweissicherung durch einen Sachverständigen aufgenommen wird. Versäumen Sie dieses, besteht eine Vermutung dafür, dass am Nachbargebäude aufgetretene Risse durch Sie verursacht worden sind. Wurde eine Beweisaufnahme durchgeführt, ist festgestellt, welche Risse vorhanden gewesen sind und nur neue Risse müssen dann juristisch auf ihre Ursachen geklärt werden.

10 häufige Fallen für Bauherren

Hier stellen wir kurz im Überblick dar, welche d häufigsten Fehler beim Bauvorhaben aus der Praxis des Bauherrn sind, die dann zu Mehrkos ten, zu Ärgernissen oder gar zum Scheitern führen können. Die Aufzählung erhebt keinen Anspruch auf Vollständigkeit und auch keinen Anspruch auf die statistische Korrektheit der Häufigkeiten. Sie gibt aber realistisch die Erfah rungen aus der juristischen Praxis wieder.

1 **Das Baugrundstück wurde nicht ordent lich auf die Eignung für Ihr Bauvorhabe geprüft.**
Wie bereits ausgeführt (siehe Seite 178), is es sehr wichtig, das Baugrundstück genau darauf zu untersuchen, ob Sie es für Ihr Ba vorhaben verwenden können und ob nicht hohe Baukosten oder Herrichtungskosten des Grundstücks anfallen. Teil des Baugrur stücks ist insbesondere das Baurecht, welches auf dem Grundstück lastet. Prüfen Si dieses sehr genau, bevor Sie das Grundstü erwerben.

2 **Der Bauherr überschätzt sich und mut sich zu viele Eigenleistungen zu.**
Sehr oft, insbesondere bei knapper Kasse, versuchen Bauherren Geld zu sparen, inde sie Eigenleistungen erbringen. Überschätz Sie den zeitlichen Aufwand und Ihr Könne nicht. Bauarbeiten benötigen viel Zeit und allen Dingen technisches Gerät, das Sie in der Regel nicht besitzen.

3 **Die Finanzierung wurde zu knapp bere net.**
Erfahrungsgemäß wird ein Bau immer teu als gedacht. Planen Sie daher einen Puffer von 10 % Eigenmittel als Sicherheit ein.

4 **Architekt oder Bauherren treffen Entscheidungen zu spät oder falsch.** Gege falsche Entscheidungen kann man sich le lich nicht wappnen, da alle Menschen Feh machen können. Aber sehr wichtig beim Bauen ist, dass Entscheidungen sehr zügi getroffen werden. Alle anderen Verzögeru gen führen nur zu Mehrkosten und Bausti stand.

5 **Leistungsbeschreibung und Leistungsverzeichnisse wurden nicht sauber aufgestellt und geprüft.**
Das Wichtigste beim Bauvertrag ist die Leistungsbeschreibung. Hierauf sollten Sie achten und dies sehr ausführlich mit Ihrem Architekten oder anderen Beratern prüfen. Verlangen Sie die entsprechenden Zusicherungen im Bauvertrag.

6 **Die Baumaßnahme beginnt zu spät, weil Koordinationspflichten seitens des Architekten verletzt worden sind.**
Leider kommt dies gerade immer wieder in Zeiten einer sehr guten Auftragslage im Baubereich vor. Architekten unterschätzen, wie stark Unternehmer ausgebucht sind und fragen Leistungen zu spät an.

7 **In Verträgen mit Unternehmen werden keine Vertragsfristen, zumindest für die Fertigstellung, gesetzt.**
Werden im Baubereich keine Vertragsfristen vorgesehen, dann kann der Unternehmer, aber auch der Planer leisten, wie es er möchte. Bei der VOB/B gibt es zwar in § 5 Abs.2 noch eine vereinbarte Anfangsfrist, aber die Fertigstellung ist dann völlig unklar. Genauso gefährlich ist es aber, wenn Anfangsfristen in Verträgen vereinbart werden, die später nicht eingehalten werden können. Da der Bauherr dazu verpflichtet ist, ein baureifes Grundstück rechtzeitig zur Verfügung zu stellen und sich dazu verpflichtet hat, dies an einem bestimmten Tag zu tun, müssten diese Anfangsfristen vereinbart werden.

8 **Lieferungen von Herstellern kommen zu spät und wurden zu spät ausgelöst.**
Auch das ist ein Fehler, der immer wieder zu Ärgernissen führt. Grundsätzlich gilt: Bestellt ein Handwerker rechtzeitig ein Produkt und kommt dieses zu spät auf der Baustelle an, weil der Hersteller Lieferschwierigkeiten hat, dann ist diese nicht vom Handwerker zu vertreten und der Bauherr kann deswegen keinen Schadenersatz geltend machen.
Anders ist es aber, wenn der Unternehmer zu spät bestellt, beispielsweise wenn er weiß, dass die Lieferfristen länger als gewöhnlich sind.

9 **Bauherren ändern die Leistungen im laufenden Verfahren ab.**
Dies kommt vor allen Dingen dann vor, wenn man sich anfangs nicht mit der Baumaßnahme ausreichend beschäftigt hat und erst nach Ausführung der Bauleistungen merkt, dass einem die jetzige Art nicht gefällt. Es besteht ein großer Unterschied zwischen gezeichneten Plänen und der baulichen Wirklichkeit, die ein privater Bauherr meistens nicht versteht. An dieser Stelle sind aber auch die Architekten gefordert, die ihre Bauherren bei solchen Punkten beraten müssen.

10 **Bauherren vertrauen den von ihnen beauftragten Planern nicht.**
Grundvoraussetzung für die Zusammenarbeit zwischen Bauherren und Planern, aber auch Generalunternehmern und Generalübernehmern ist ein gewisses Vertrauen. Ist dieses nicht mehr vorhanden oder wollen Bauherren die Maßnahme vollständig selbst steuern, wird es insbesondere für die Planer schwierig. Bauen ist komplex. Vielfach hängen an einer Entscheidung viele andere Entscheidungen, die es zu bedenken gilt und die ein normaler Bauherr nicht überreißen kann. Gerade wenn Leistungsverzeichnisse zu erstellen sind, Rechnungen zu prüfen und freizugeben sind, können Sie ohne Ihrem Planer zu vertrauen mit diesem nicht mehr zusammenarbeiten. Erwägen Sie in solchen Fällen eine Vertragsaufhebung oder eine Beendigung des Vertrags.

VOM BAUBEGINN BIS BAUABNAHME

Die Anforderungen an den Bauherrn während der Ausführung der Baumaßnahme hängen sehr stark davon ab, für welche Art des Bauens Sie sich entschieden haben.

Bauphase mit dem Fertighaushersteller

Wenn Baurecht erteilt worden ist und die Baugenehmigung vorliegt, kann der Fertighaushersteller beauftragt werden. Hier gilt es, wie bereits dargestellt (siehe Seite 226 f), unbedingt zu kontrollieren, was Inhalt der Leistungsbeschreibung ist.

Im Rahmen der Bauausführung sollten Sie eine Qualitätskontrolle während der Baumaßnahme durchführen, mit der sichergestellt wird, dass die Bauleistung entsprechend Ihren Vorstellungen ausgeführt wird.

Besonders wichtig ist dies vor allen Dingen bei den von Ihnen beizubringenden Vorleistungen. Prüfen Sie genau, welche Maßnahmen von Ihnen erbracht werden müssen und achten Sie darauf, dass die Umsetzung der Vorgaben vollständig und 1:1 erfolgt. Andernfalls drohen Ihnen erhebliche Nachträge.

Bauphase mit dem Generalunternehmer und -übernehmer

Wird mit einem Generalunternehmer gebaut, gilt Ähnliches. Die Leistungen sind aber im Unterschied zum Fertighausanbieter in der Regel individuell geplant. Vom Generalunternehmer und -übernehmer werden auf Basis von Plänen und Leistungsbeschreibungen in Raumprogrammen, die der Architekt anfertigt, Angebote erstellt. Gerade Generalunternehmer wollen die Leistungsausführung und die Planung des Architekten nach Möglichkeit optimieren. Vielfach stellt sogar die Optimierung das oberste Ziel der Planung und auch einen besonderen Mehrwert für den Bauherren dar, weil die Baumaßnahme damit günstiger wird. Ein Architekt oder Planer an Ihrer Seite kann Ihnen bei den zu treffenden Entscheidungen helfen. Bedenken Sie, dass der Generalunternehmer andere Interessen verfolgt als Sie. Ein unabhängiger Berater kann Ihnen mit seinem Fachwissen die Entscheidungsfindung deutlich vereinfachen. Spätestens aber im Rahmen der Bauausführung sollte eine Bauüberwachung stattfinden. Die Einschaltung eines bauüberwachenden Architekten ist aus Sicht des Verfassers unbedingt notwendig, da nur er die Baumaßnahme auf ihre korrekte Umsetzung kontrollieren wird. Alternativ können auch Sachverständige oder Qualitätskontrolleure, wie sie beim TÜV oder beim DEKRA vorgehalten werden, mit der Kontrolle der Baumaßnahme beauftragt werden.

Bauphase mit dem Architekten

Mit Abschluss der Ausführungsplanung beginnt ab der Leistungsphase 6 des § 34 HOAI das Erstellen der Leistungsverzeichnisse, die im Anschluss an die Unternehmer versendet werden, damit diese auf Basis dieser Unterlage ein Angebot erstellen können. Mit dem Erstellen der Leistungsverzeichnisse werden die vom Unternehmer anzubietenden Leistungen konkretisiert und finalisiert. Zudem sollen diese ihm ermöglichen, eine sichere Kalkulation abgeben zu können.

Merke: Je genauer das Leistungsverzeichnis und die Leistungsbeschreibung erstellt worden sind, desto günstiger werden die Angebote der Unternehmer sein. Je ungenauer und pauschaler die Leistungsbeschreibungen und die Leistungsverzeichnisse sind, desto größer

Als Bauherr müssen Sie während der Bauphase gut erreichbar sein und am besten auch regelmäßig vor Ort sein.

ist das Risiko des Unternehmers und desto teurer wird das Angebot ausfallen.

Tipp: Drängen Sie daher darauf, dass die Leistungsbeschreibung möglichst genau und präzise sein kann. Definieren Sie die von Ihnen auszuwählenden Produkte bereits jetzt.

Der Architekt hat noch vor der Versendung der Leistungsverzeichnisse diese zu bepreisen. Ziel dieser Leistung ist es, Ihnen eine noch konkretere Kosteninformation zu geben, die es Ihnen ermöglichen soll zu entscheiden, worauf verzichtet werden kann und muss.

Im Rahmen der Leistungsphase 7 des § 34 HOAI hat der Architekt die Angebote zu prüfen, die Vertragsunterlagen zusammenzustellen und bei der Auftragserteilung mitzuwirken.

Abgegebene Angebote müssen vom Architekten rechnerisch und technisch geprüft werden. Manchmal unterbreiten Unternehmer auch Alternativvorschläge oder Verbesserungsvorschläge, weil sie aufgrund ihrer Berufserfahrung erkennen, dass die vom Architekten vorgesehene Art der Ausführung zwar möglich, aber umständlich oder teurer ist. Hier ist es die Aufgabe des Architekten, solche Alternativangebote abzufragen und im Rahmen des Vergabegesprächs Unternehmer zu bitten, sich zu überlegen, ob Möglichkeiten der Einsparungen bestehen. Die Vorschläge des Unternehmers müssen zudem technisch und fachlich auf ihre Ausführbarkeit geprüft werden.

Nach Prüfung der Angebote hat der Architekt Preisspiegel zu erstellen und einen Vergabevorschlag zu unterbreiten. In der Regel brauchen Architekten für die fachliche Prüfung wenigstens zwei, besser drei Angebote, da jedes Baugrundstück etwas andere Anforderungen hat und die Vergleichbarkeit der Preise nur über mehrere Angebote ermittelt werden kann. Die Prüfung der Angebotspositionen besteht insbesondere in der Gegenüberstellung der einzelnen Positionspreise und der Menge der geforderten Leistungen. Oftmals sieht man dann, wo ein Unternehmer besonders hohe Preise kalkuliert hat und kann im Rahmen des Aufklärungsgesprächs Unklarheiten beseitigen. Durch die Angebotsabgabe kann der Architekt auch sehen, ob Fehler in seinem Leistungsverzeichnis eventuell vorhanden sind.

Im Rahmen des Vergabegesprächs hat der Architekt noch ein Abgebot und ein Skonto mit dem Unternehmen zu verhandeln. Auch Sicherheitsleistungen sollen unbedingt angesprochen werden.

Ist die Vergabeverhandlung erfolgt und wird der Zuschlag einem Unternehmer erteilt, müssen Planer zumindest einen Standard-Mustervertrag für Sie vorbereiten. Hierbei verlangt die Rechtsprechung, dass Architekten auch die rechtlichen Grundlagen können, um solche Musterverträge auszufüllen. Ein individueller Vertrag muss vom Architekten allerdings nicht erstellt werden; dieser muss vom Bauherrn beziehungsweise durch einen von ihm beauftragten Rechtsanwalt beigebracht werden.

Wie bereits ausgeführt, spricht einiges dafür, bei der Individualvergabe die VOB/B zu vereinbaren. Die VOB/B als ausgewogene Vertragsbedingung wird diese von Unternehmen in der Regel nicht in den Einzelheiten verhandelt und ohne weitere Prüfung übernommen. Zudem gibt es nur wenig weitere Punkte, die ergänzt werden müssen.

Weitere Aufgabe des Architekten ist es, bereits in dieser Leistungsphase den Bauablauf zu terminieren und zu koordinieren, das heißt einen Terminplan zu erstellen und zu schauen, dass die Bauzeiten und die einzelnen Unternehmen innerhalb dieser vorgesehenen Zeiträume ihre Leistungen erfüllen. Die Kunst des Planens besteht nun darin, angemessen lange Zeiträume vorzusehen, damit der Terminplan nicht ständig überarbeitet und angepasst werden muss und der Bauherr die Sicherheit erhält, zu einem bestimmten Termin einziehen zu können.

Der Bau, die Kosten und die Informationspflicht des Architekten

Nach der Vorstellung des Gesetzgebers sollen zunächst alle Leistungsverzeichnisse erstellt und bepreist werden, damit der Bauherr eine mögliche genaue Vorstellung von den zu erwartenden Gesamtkosten erhält. Sodann sollen alle Angebote eingeholt werden und am Ende der Leistungsphase 7 der Kostenanschlag erstellt werden, dem genau die Auftragspreise zu Grunde zu legen sind. Darüber hinaus ist es Aufgabe des Architekten, eine Kostenprognose für die Fertigstellung der Baumaßnahme zu erstellen.

An dieser Stelle ist aber auch der Bauherr gefragt. Sind die Baukosten zu hoch, müssen Einsparungen getroffen werden, da ab einem gewissen Zeitpunkt solche nicht mehr möglich sind. Ist der Auftrag erst erteilt, müssen solche Leistungen wieder gekündigt und gegebenenfalls dem Unternehmer Schadensersatzansprüche bezahlt werden.

In der Praxis wird von dieser gesetzlichen Vergabevorstellung vielfach abgewichen und baubegleitend vergeben. Hintergrund hierfür ist meistens die zeitliche Planung des Bauvorhabens. Erst alle Leistungsverzeichnisse zu erstellen und alle Angebote einzuholen ist sehr zeitaufwendig. Zudem werden unter Umständen Unternehmer bei solchen sehr früh angefragten Leistungen gar keine oder oft auch teure Angebote abgeben. Baubegleitend zu vergeben hat daher den Vorteil, dass die Vergaben nacheinander abgearbeitet werden. Werden die Kosten ordentlich fortgeführt und erhält der Bauherr dauernd Kostenprognosen, kann auch bei einer solchen Vergabe das Risiko der Kostensteigerungen reduziert werden.

Tipp: Fragen Sie Ihren Architekten, wie am besten vorzugehen ist. Besprechen Sie die Chancen und Risiken und entscheiden Sie selbst, was die für Sie beste Lösung ist.

Merke: Vergisst ein Architekt in den Leistungsverzeichnissen einzelne Positionen oder sind welche nicht enthalten, hat der Unternehmer die Pflicht, diese Leistungen auszuführen, aber auch das Recht, einen Nachtrag hierfür zu verlangen. Architekten haften aber nicht auf solche vergessene Leistungen auf Schadenersatz, sondern allerhöchstens für Mehrkosten, die aus der verspäteten Beauftragung dieser Leistungen entstehen, was beispielsweise der Fall sein kann, wenn die Materialkosten sich in dieser Zeit erhöht haben. Die restlichen Kosten wären ohnehin angefallen und sind Sowiesokosten

Am Ende der Baumaßnahme ist schließlich eine Kostenfeststellung vorzulegen, in der alle Mehrkosten enthalten sein müssen.

Die Bauüberwachung

Die größte Sicherheit, die sich ein Bauherr leisten kann, ist einen eigenen Architekten mit der

Bauüberwachung der auszuführenden Leistungen zu beauftragen. Zum einen haben Sie einen Fachmann an Ihrer Seite, der Sie bei allen Belangen des Bauvorhabens berät und vor allen Dingen Termine koordinieren und setzen kann. Zum anderen haben Sie aber auch eine maximale Absicherung, was die Haftung angeht.

Die Bauüberwachung des Architekten besteht in verschiedenen Tätigkeiten. Zunächst hat der Architekt die Kosten- und Terminkontrolle durchzuführen. Bei der Terminkontrolle ist der Architekt gehalten, seinen Terminplan immer wieder fortzuschreiben und zu schauen, welche Verzögerungen kommen, damit der Bauherr den Einzug in das neue Gebäude und auch die Finanzierungsmittel entsprechend planen kann.

Im Rahmen des VOB-Vertrags hat der Bauherr das Recht, wenn der Unternehmer einen Termin schuldhaft verzögert, Beschleunigungsmaßnahmen zu verlangen (siehe § 5 Abs. 3 VOB/B). Wenn dieser Aufforderung nicht nachgekommen wird, kann der Vertrag gekündigt und Schadenersatz geltend gemacht werden. Andererseits hat der Unternehmer das Recht, Behinderung anzumelden und seinerseits Fristverlängerung zu verlangen gemäß § 6 Abs. 2 VOB/B. Einen Schadenersatz kann der Unternehmer nach der VOB nur dann geltend machen, wenn der Bauherr beziehungsweise der Architekt die Verzögerung verschuldet hat, was selten der Fall sein wird. Vorsicht ist aber bei solchen verzögernden Maßnahmen geboten. Nach der Rechtsprechung des BGH kann der Unternehmer vom Bauherrn einen sogenannten Vorhalteschaden ersetzt verlangen, der beispielsweise bei verlängerter Baustelleneinrichtung geltend gemacht werden kann. Solche Positionen sollte der Architekt bereits im Vorfeld beim Unternehmer anfragen, damit keine bösen Überraschungen erlebt werden.

Die VOB/B und auch die meisten Bauverträge im BGB sehen Einheitspreisverträge vor. Einheitspreisvertrag bedeutet, dass jede Menge abgerechnet werden muss. Für jede Menge ist eine Meter-/Quadratmeter- oder Flächenpauschale vereinbart worden, in die Zeitlohn und Materialkosten einkalkuliert werden.

Um die Mengen zu ermitteln, die gearbeitet worden sind, gibt es das Aufmaß. Aus dem Aufmaß errechnet der Unternehmer dann die Mengen und Massen und kann so die Schlussrechnung aufstellen. Auch kann das Aufmaß für Abschlagsrechnungen herangezogen werden, wenn nicht ein pauschaler Zahlungsplan vereinbart worden ist. Abschlagszahlungen müssen gemäß § 632 BGB beziehungsweise § 16 Abs. 1 VOB/B in möglichst zeitlichen Abständen vom Bauherrn bezahlt werden. Werden größere Materiallieferungen getätigt, kann der Bauherr auch gegen Übereignung des gelieferten Materials die Bezahlung verlangen.

Man unterscheidet zwischen dem „gemeinsamen Aufmaß" und dem „einseitigen Aufmaß" der Leistungen. Beim gemeinsamen Aufmaß verlangt der Unternehmer einen Termin, bei dem die Leistungen festgestellt werden sollen. Ist ein VOB/B-Vertrag vereinbart worden, hat der Unternehmer Anspruch auf solche gemeinsamen Aufmaße (vgl. § 14 Abs. 2 VOB/B). Architekten müssen – wenn die Leistungspflichten des Architekten auf Basis der Leistungsbilder der HOAI vereinbart worden sind – wiederum an diesen Terminen teilnehmen. Tun sie das nicht, kann der Unternehmer ein einseitiges Aufmaß durchführen. Lassen sich im Verlauf der Maßnahme später gewisse Leistungsmengen nicht mehr feststellen, wird das einseitige Aufmaß des Unternehmers der Abrechnung zu Grunde gelegt und der Bauherr hat nun die Beweislast, dass die Men-

Die Abnahmen sind entscheidende Meilensteine während der Bauphase.

gen und Massen falsch ermittelt worden sind. Wurde das gemeinsame Aufmaß durchgeführt und konnten die Mengen und Massen nicht abschließend und vollständig ermittelt werden, muss der Unternehmer die Richtigkeit der von ihm angesetzten Mengen und Massen beweisen.

Regelmäßig ist für das Aufmaß der sogenannten Aufmaßplan zu erstellen, der mit Architekt und Unternehmer, natürlich auch, wenn der Bauherr dies wünscht, unter Anwesenheit des Bauherrn geprüft und in der Regel vor Ort durchgegangen wird.

Auf Basis der geprüften Mengen und Massen kann der Unternehmer prüffähige Abrechnungen erstellen. Ist eine Rechnung gestellt, muss diese nur dann in voller Höhe bezahlt werden, wenn das Objekt mangelfrei ist. Vor und nach Abnahme haben Bauherren in der Regel das Zweifache der voraussichtlichen Mängelbeseitigungskosten (vgl. § 641 Abs. 3 und § 632a Abs. 1 Satz 2 BGB) einzubehalten.

Grundsätzlich hat der BGH 2017 (vgl. IBR 2017, 1014) entschieden, dass eine Mängelbeseitigung beim BGB-Bauvertrag vor Abnahme nicht möglich ist. In der VOB/B ist dies aber in § 4 Abs. 7 abweichend geregelt worden. Hier kann der Bauherr einen Mangel rügen und – wenn der Mangel trotz wiederholter Fristsetzung nicht beseitigt wird – den Vertrag auch kündigen.

Merke: Einen Architekten mit der Bauüberwachung zu beauftragen, ist sowohl bei Einzelvergaben als auch bei der Generalunternehmerbeauftragung, aber auch bei Generalübernehmeraufträgen durchaus sinnvoll und ratsam. Zum einen muss man bedenken, dass Architekten ausschließlich Sachwalter des Bauherrn sind und nur die Interessen des Bauherrn vertreten wollen. Ein Generalunter- oder -übernehmer wird Ihnen nicht genau sagen, welche Qualitätsunterschiede oder Möglichkeiten der Leistungserbringung bestehen. Darüber hinaus haften Architekten als Gesamtschuldner mit dem Unternehmer, wenn sie im Rahmen ihrer Bauüberwachungspflichten Mängel nicht erkennen, obwohl sie diese hätten erkennen können. In diesem Fall hat der Bauherr einen weiteren Verantwortlichen, den er gegebenenfalls anstelle des Generalunternehmers für den Schaden verantwortlich machen kann. Architekten ihrerseits können die Schäden oftmals beim Generalunternehmer liquidieren, falls dieser nicht vorher insolvent gegangen ist.

Architekten übernehmen im Rahmen der Bauüberwachung regelmäßig auch die Bauleitung nach LBO und die Tätigkeit des Sicherheits- und Gesundheitsschutzbeauftragten nach Baustellenverordnung.

Doch die Bauleitung nach Landesbauordnung verpflichtet Architekten vielfach (aber nicht in allen Bundesländern, nicht beispielsweise in Rheinland-Pfalz) dazu, als „Auge der Behörde" auf der Baustelle tätig zu werden und insbesondere das sichere Ineinandergreifen der Arbeiten zu überwachen. Zudem muss der Architekt prüfen, dass alle öffentlich-rechtlichen Bestimmungen, auch die des Arbeitsschutzes eingehalten sind und die Baumaßnahme, so wie sie genehmigt worden ist, auch ausgeführt wurde. Kommt der Architekt diesen Verpflichtungen nicht nach, liegt ein Verstoß gegen die Landesbauordnung vor, was zugleich eine Ordnungswidrigkeit darstellt. Bauherren werden zudem, sollten Unfälle auf der Baustelle wegen solcher Pflichtverletzungen passieren, Ansprüche gegenüber dem Architekten geltend machen können.

Der Sicherheits- und Gesundheitsschutzkoordinator muss Arbeitsschutz vorsehen, der erforderlich ist, weil Beschäftigte mehrerer Unternehmer auf der Baustelle gleichzeitig tätig werden (vgl. § 2 Baustellenverordnung). Die Baustellenverordnung ist an den Bauherrn gerichtet und von diesem einzuhalten. Der Bauherr muss einen SiGeKo beauftragen, der diese Leistung erbringt und Arbeitsschutz plant. Der SiGeKo hat streng genommen die Aufgabe, auf Basis der Terminpläne des Architekten zu prüfen, welche Beschäftigte mehrerer Unternehmer gleichzeitig tätig werden und den daraus resultierenden Arbeitsschutz vorzusehen. Im Rahmen der Bauüberwachung hat der SiGeKo die Tätigkeiten, die er vorgeschrieben hat, zu überwachen, dass diese eingehalten werden.

Im Rahmen ihrer Bauüberwachung werden Architekten immer wieder ein Bautagebuch erstellen müssen. Dies dient letztlich dazu, für den Architekten nachzuweisen, dass er die Baustelle ausreichend überwacht hat. Für ein Bautagebuch ist keine bestimmte Form nach den Regelungen der HOAI vorgeschrieben, so dass hier ergänzende vertragliche Regelungen durchaus Sinn machen. Das Bautagebuch soll es Ihnen ermöglichen nachzuvollziehen, was auf der Baustelle an welchen Tagen passiert ist und wie die Baumaßnahme mit welchen Schwierigkeiten durchgeführt worden ist. Manchmal lassen sich hieraus, sollten Mängel auftreten, Schlüsse ziehen, welcher Unternehmer welchen Mangel verursacht hat.

Fertigstellung und Abnahme

Bei der Einzelvergabe wird jedes Gewerk einzeln abgenommen. Sie werden eine Vielzahl von Abnahmen durchführen müssen und hierbei Ihrem Architekten zur Seite stehen. Sie können als Bauherr den Architekten natürlich auch damit beauftragen, die Abnahme in Ihrem Namen durchzuführen. Es empfiehlt sich in jedem Fall, ein Abnahmeprotokoll zu erstellen, in dem sämtliche Mängel der Baumaßnahme enthalten sind. Vertrauen Sie Ihrem Architekten, was die Fachkenntnis der Leistungen angeht. Sollte ein Mangel bei Abnahme nicht erkennbar und aufgenommen worden sind, haben Sie fünf Jahre Gewährleistungszeit, um diesen Mangel gegenüber dem Unternehmer geltend zu machen.

Merke: Wurde die VOB/B als Vertragsgrundlage verwendet, muss die Verjährungszeit für Mängelansprüche auf fünf Jahre ausdrücklich vereinbart werden.

Architekten selbst können und dürfen keine rechtsgeschäftliche Abnahme durchführen. Überhaupt haben Architekten keinerlei rechtsgeschäftliche Vollmacht, Nachträge zu beauftragen oder rechtsgeschäftliche Erklärungen für den Bauherrn vorzunehmen. Architekten untersuchen die fertiggestellten Leistungen des Unternehmers daher lediglich darauf, ob diese den vertraglichen Vereinbarungen entsprechend ausgeführt worden sind.

In der Regel vereinbart man in Bauverträgen eine förmliche Abnahme. Förmlich bedeutet im Sinne der VOB/B gemäß § 12 Abs. 4, dass ein Termin vor Ort vereinbart werden muss, in dem jede beteiligte Partei einen Sachverständigen und Berater hinzuziehen kann. Die Einladung muss innerhalb von 12 Tagen nach der Fertigstellungsanzeige des Unternehmers erfolgen und dann binnen weiteren 20 Tagen durchgeführt werden. Bei dem Terminen werden dann die erbrachten Leistungen begutachtet und gegebenenfalls durchgesprochen.

Sind Mängel vorhanden, werden diese in das zu erstellende Protokoll aufgenommen. Normalerweise ist es nicht schlimm, wenn ein Mangel bei Abnahme nicht aufgeführt wird, da dem Bauherren ja immer noch die Gewährleistungszeit zur Verfügung steht. Nachteilig ist die Nichtaufnahme eines Mangels nur dann, wenn die Parteien Kenntnis von einem Mangel haben und dieser nicht in das Protokoll aufgenommen wird. Gemäß § 640 Abs. 3 BGB kann bei solchen Mängeln eine Verwirkung der Mängelrechte eintreten.

Ihr Architekt sollte auch nicht vergessen, etwaige Vertragsstrafen, die vereinbart worden sind, vorzubehalten, da diese – sollte bei Abnahme kein Vorbehalt erfolgen – in der Regel verwirkt sind.

Das Abnahmeprotokoll sollte vom Unternehmer und am besten auch vom Bauherrn unterschrieben werden.

Checkliste zur Vollständigkeitsprüfung einer Leistungs- und Baubeschreibung

1	Sind aus Ihrer Sicht **alle Leistungen** enthalten? Erbringt der Unternehmer alle Leistungen ✓ zur Baustelleneinrichtung, ✓ bei Gründungsarbeiten, ✓ zu Erdarbeiten, Aushub, ✓ zu den Anschlussarbeiten an die öffentlichen Medien, ✓ bei Freianlagen, Außenanlagen, ✓ zu den Rohbauarbeiten, Ausbaugewerken, ✓ zu den Zimmermannsarbeiten, ✓ bei Ausstattungsarbeiten, Fußböden, Decken, Maler- und Schreinerarbeiten, ✓ bei Heizungs- und Lüftungsanlage, Sanitär- und Elektroleistungen ✓ bei der Ausstattung der Bäder?
2	Wurden im Vertrag **Annahmen** zu Grunde gelegt, die der Unternehmer voraussetzt? Wie sind diese begründet? Beispielsweise zu Bodenklassen, Leistungszeiträumen, Qualitätsvorgaben, Vorarbeiten des Bauherrn etc.
3	Werden im Vertrag **Mitwirkungspflichten** des Bauherrn vereinbart, dann muss geklärt werden, welche genau das sind. Sind Sie sicher, diese im erforderlichen Zeitraum erfüllen zu können?
4	Prüfen Sie, ob die vom Unternehmer angegebenen **Qualitäten** Ihren Vorstellungen entsprechen. Liegen die erforderlichen Angaben zu den zum Einsatz kommenden Produkten vor, gibt es Herstellerangaben?
5	Werden die erforderlichen **Energiestandards, Schallschutzvorgaben** umgesetzt?
6	Wenn es **Schnittstellen** zu anderen Leistungen gibt, prüfen Sie, ob die Leistungen an diesen Schnittstellen klar verteilt sind.
7	Sind alle **Fachplanerleistungen** enthalten? Bzw. sind deren Ergebnisse bekannt, so dass sie eine Kalkulationsgrundlage bilden können?
8	Wie sieht es mit den **Ausstattungen** aus? Ist alles da?
9	Prüfen Sie, wie **Nachträge** durch den Auftragnehmer zu kalkulieren und anzubieten sind. Achten Sie auf eine transparente Kalkulation.
10	Wurde der **Zeitpunkt** der Leistungserbringung definiert und ist der zu Grunde gelegte Zeitraum ausreichend?

Von der förmlichen Abnahme sind die konkludente und die fiktive Abnahme gemäß § 640 Abs. 2 BGB zu unterscheiden. Konkludente Abnahmen können beispielsweise durch rügelose Ingebrauchnahme des Werkes oder beispielsweise durch anstandslose Bezahlung der gestellten Schlussrechnung erfolgen.

Die fingierte Abnahme tritt ein, wenn der Unternehmer den Bauherrn nach Fertigstellung des Werkes zur Abnahme binnen angemessener Frist auffordert und der Bauherr diese Abnahme ohne Angaben von Mängeln verweigert. Dann fingiert das Gesetz gemäß § 640 Abs. 2 BGB die Abnahmewirkungen, um den Unternehmer vor Rechtsnachteilen zu schützen. Ist im Bauvertrag die förmliche Abnahme vereinbart, ist nach der Rechtsprechung die fingierte oder konkludente Abnahme ausgeschlossen.

Sind Mängel im Protokoll enthalten, bekommt der Unternehmer eine Frist zur Mängelbeseitigung. Nach Ablauf der Frist ist es Sache des Bauherrn zu entscheiden, ob er eine Mängelbeseitigung vom Unternehmer wünscht oder eine Ersatzvornahme durchführen lassen möchte. Eine Ersatzvornahme kostet Geld. Dieses Geld muss der Bauherr gegenüber dem Unternehmer gegebenenfalls im Rahmen eines Vorschussprozesses einklagen und bei ihm geltend machen.

Sonderfall: Verweigerung der Abnahme durch den Bauherrn

Mit der letzten Novelle des Werkvertragsrechts wurde ein Anspruch des Unternehmers auf Zustandsfeststellung vorgesehen. Verweigert der Bauherr gemäß § 650 g BGB die Abnahme, weil er und sein Architekt der Meinung sind, dass die Leistung zu schlecht ausgeführt wurde, haben Unternehmer das Recht, eine Zustandsfeststellung zu verlangen. Zu dieser kann der Unternehmer den Bauherrn auffordern. Der Bauherr muss an dieser Zustandsfeststellung mitwirken beziehungsweise durch seinen Architekten mitwirken. Kommt er dieser Aufforderung unentschuldigt nicht nach, hat der Unternehmer das Recht, eine einseitige Zustandsfeststellung vorzunehmen.

Durch die Zustandsfeststellung soll sichergestellt werden, dass durch die Verweigerung der Abnahme und die möglicherweise Ingebrauchnahme des Objekts sich der Zustand gewisser Bauteile nicht verschlechtert. Denn es ist Sache des Unternehmers, bis zur Abnahme zu beweisen, dass das Werk zum Zeitpunkt der Abnahme mangelfrei ist. Liegt ein später verursachter Mangel vor, und fehlt es an einer solchen Zustandsfeststellung, besteht zunächst eine Vermutung dafür, dass dieser Mangel vom Unternehmer zu vertreten ist. Ist eine Zustandsfeststellung durchgeführt worden, besteht eine Vermutung dafür, dass offensichtliche Mängel, die später festgestellt werden, nach dieser Zustandsfeststellung verursacht worden sind (vgl. § 650g BGB).

Für Bauherren besteht ihrerseits durch diese Zustandsfeststellung natürlich das Risiko, dass Drittbeschädigungen der Sache auftreten können und sie nun auf den Kosten der Schadensbeseitigung hängen bleiben. Für solche bereits mit dem Gebäude fest verbundene Bauteile tritt aber die Bauwesen- oder Bauleistungsversicherung ein, wenn sich der Verursacher später nicht mehr feststellen lässt.

Prüffähige Schlussrechnung

Nach Abnahme der Bauleistung kann der Unternehmer eine prüffähige Schlussrechnung erstellen. Die Prüffähigkeit der Rechnung richtet sich nach den Informations- und Kontrollinteressen des Bauherrn. Bei diesen wiederum wird auf den beauftragten Architekten abgestellt.

Ist die VOB/B vereinbart, gilt gemäß § 16 Abs. 3, dass Schlussrechnungen binnen 30 Tagen zur Zahlung fällig werden. Die 30-Tages-Frist ist eine Frist, die der Bauherr erhält, um die Rechnung prüfen zu können. Erst danach wird die Rechnung fällig, das heißt jetzt kann der Unternehmer die Rechnung auch anmahnen und dann gegebenenfalls auch gerichtlich geltend machen.

Sind Skonti vereinbart worden, so dienen diese besonderen Zahlungsvergünstigungen bei besonders schneller Zahlung. Bei Abschlagszahlungen ist dies in der Regel unproblematisch, da diese reinen Akontocharakter haben und die gesamte Maßnahme erst am Ende abgerechnet wird. In der Schlusszahlung ist es aber so, dass der Architekt die Rechnung natürlich sorgsam prüfen muss, bevor er diese freigeben kann und der Bauherr das Skonto geltend machen kann. Deswegen sollte bei der Vereinbarung eines Skontos darauf geachtet werden, dass die Skontofrist nicht zu kurz gewählt worden ist beziehungsweise so lange gewählt worden ist, dass der Architekt die Rechnung prüfen kann.

Der Abschluss der Baumaßnahme

Ein Generalunternehmer, aber auch der Fertighaushersteller haben Ihnen am Ende der Maßnahme die vereinbarten oder gesetzlich vorgesehenen Unterlagen (vgl. § 650 k BGB) zu übergeben. Da bei einem Vertragspartner auch nur eine Gewährleistungsfrist läuft, gilt ab der Abnahme eine einheitliche Verjährung der Mängelansprüche.

Wurde ein Architekt beauftragt, so hat er eine Auflistung der Gewährleistungsfristen der einzelnen Unternehmer zusammenzustellen und dem Bauherrn zu übergeben. Diese sollten Sie im Auge behalten und sich vor allen Dingen bewusst machen, wann die einzelnen Verjährungsfristen ablaufen.

Insgesamt hat der Architekt am Ende der Maßnahme dem Bauherrn eine Schlussdokumentation für die gesamte Abnahme zu übergeben. Diese soll eine systematische Zusammenstellung der gesamten Bauunterlagen enthalten. Diese soll die wesentlichen Abläufe des Bauprojekts abbilden und wenigstens einen Satz aktueller Ausführungspläne, sämtliche Leistungs- und Bedienungsbeschreibungen der ausgeführten Technikgewerke, das Bautagebuch und sonstige relevante Unterlagen enthalten.

Hat der Architekt auch die Leistungsphase 9 gemäß § 34 HOAI übernommen, ist er für den Lauf der Gewährleistungsfristen der Unternehmer verpflichtet, tätig zu werden, wenn Mängel auftreten. Wird ein Mangel vom Bauherrn bei ihm angezeigt, hat er zu prüfen, was die Ursache dieses Mangels sein könnte. Eine Mitwirkungspflicht bei der Mangelbeseitigung hat der Architekt nur dann, wenn dies als Besondere Leistung bei ihm beauftragt worden ist.

Die Architektenleistung ihrerseits ist schlussabzunehmen, wenn die letzte geschuldete Leistung erbracht worden ist. Seine Gewährleistungsfrist beträgt ebenfalls 5 Jahre.

Haben Architekten die Leistungsphase 9 des § 34 HOAI im Auftrag erhalten, müssen sie für die Dauer der Gewährleistungsfristen der Unternehmer den Bauherren bei der Mängelbeseitigung unterstützen. Erst wenn die Gewährleistungsfristen der Unternehmer abgelaufen sind, kann eine Abnahme der Architektenleistungen erfolgen, mit der dann die Gewährleistungsfrist zu laufen beginnt.

Für den Architekten endet die Verantwortlichkeit für die Baumaßnahme daher in der Regel deutlich später als für alle anderen beteiligten Unternehmer.

Zum Abschluss ist festzuhalten:

- Bauen ist immer ein gewisses Abenteuer und Risiko.
- Nirgends steht geschrieben, dass Bauen uneingeschränkt Spaß machen muss.
- Entscheidungen müssen getroffen werden, und zwar reichlich, viele und das in der Regel schnell.
- Bauherren müssen lernen, dass gewisse Kompromisse an der Tagesordnung sind und beim Bauen dazu gehören.
- Vertrauen Sie den von Ihnen beauftragten Fachleuten und machen Sie sich im Zweifelsfall klar, dass Sie selbst nur ein laienhaftes Verständnis von Bauvorgängen haben.
- Wenn Sie das Bauvorhaben abgeschlossen haben, werden Sie sehen, dass Sie um eine Lebenserfahrung reicher geworden sind und hoffentlich viel Spaß und Freude an Ihrem neuen Zuhause haben werden.

DEN BAU PLANEN

DAS ÖFFENTLICHE BAURECHT

Die Hauptbestandteile des bundesgesetzlich geregelten Städtebaurechts sind das Baugesetzbuch (BauGB) und die Baunutzungsverordnung (BauNVO). Sie regeln die Nutzung von Grund und Boden und stellen die gesetzliche Grundlage für die allgemeine Zulässigkeit eines Bauvorhabens an einer bestimmten Stelle dar. Das BauGB wird derzeit relativ häufig überarbeitet. Die hier genannten Informationen beziehen sich auf die Fassung vom November 2017, die zum Redaktionsschluss gültig ist.

Das landesgesetzlich geregelte Bauordnungsrecht enthält hingegen die relevanten Vorschriften zur Ausführung der baulichen Anlagen auf dem Grundstück. Diese sind in den Landesbauordnungen geregelt, die sich von Bundesland zu Bundesland nicht grundsätzlich, aber doch in einigen Punkten erkennbar unterscheiden.

INFO

DARF MAN HIER BAUEN?

Bevor Sie ein Grundstück zum Bau Ihres Hauses kaufen, müssen Sie unbedingt sicherstellen, dass es überhaupt bebaut werden darf. Wenn es ein Bauplatz in einem Neubaugebiet oder auch eine Baulücke zwischen zwei mit Ihren Wünschen vergleichbaren Häusern ist, dürfte dies kein Problem sein.
Befindet sich das ins Auge gefasste Grundstück hingegen in einem Gebiet, das nicht überwiegend durch Wohnnutzung geprägt ist, oder gar außerhalb eines zusammenhängend bebauten Siedlungsbereichs, sind Zweifel an der Bebaubarkeit angebracht. Fragen Sie daher beim Bauamt der Gemeinde oder bei der zuständigen Bauaufsichtsbehörde nach, bevor Sie einen Notartermin vereinbaren!

Das Baugesetzbuch BauGB

Gegenstand des Baugesetzbuchs (BauGB), dessen Vorläufer, das Bundesbaugesetz (BBauG) im Jahr 1960 erstmals erlassen wurde, sind die Nutzung von Grund und Boden, insbesondere die Frage, ob und in welcher Weise ein Grundstück bebaut werden darf.

- In seinem ersten – für Ihre Zwecke als Bauherr besonders relevanten – Teil enthält es Vorschriften zu den Themen Bauleitplanung, Nutzung, Bodenordnung, Enteignung und Erschließung.
- Der zweite Teil des BauGB beschäftigt sich mit städtebaulichen Sanierungs- und Entwicklungsmaßnahmen, Stadtumbau, der sozialen Stadt, privaten Initiativen zur Stadtentwicklung, Erhaltungssatzungen und städtebaulichen Geboten, Sozialplänen, Miet- und Pachtverhältnissen sowie mit städtebaulichen Maßnahmen zur Verbesserung der Agrarstruktur.
- Im dritten Teil geht es um Fragen der Wertermittlung, der Zuständigkeiten und Verwaltungsverfahren sowie um juristische Verfahren in Baulandsachen. In diesem Teil sind die wichtigsten Rechtsgrundlagen für die Bauleitplanung und die Zulässigkeit von Bauvorhaben enthalten.
- Im vierten und letzten Teil sind Übergangs- und Schlussvorschriften zusammengefasst.

Die Landesbauordnungen (LBO)

Das Bauordnungsrecht hat die Ausführung der baulichen Anlagen auf ihrem jeweiligen Grundstück zum Gegenstand. Es enthält Anforderungen zur Errichtung, baulichen Änderung, Nutzungsänderung, Instandhaltung und zum Abbruch von Gebäuden.

Zweck dieser Anforderungen sind die Abwehr von Gefahren, der Nachbarschutz, die Verhinderung von verunstaltenden baulichen Anlagen, der Schutz des Orts- und Landschaftsbilds und die Wahrung sozialer Belange. Darüber hinaus sollen die Landesbauordnungen die in den bauaufsichtlichen Genehmigungsverfahren an bauliche Anlagen gestellten öffentlich-rechtlichen Vorschriften durchsetzen.

Zur Vereinheitlichung der aufgrund ihrer Entstehungsgeschichten unterschiedlichen Bauordnungen hat die Bauministerkonferenz mehrfach Musterbauordnungen erarbeitet, auf die sich die Länder bei den Überarbeitungen ihrer Bauordnungen beziehen können. Die bei Redaktionsschluss dieses Buches aktuelle Musterbauordnung stammt im Grundsatz aus dem Jahr 2002 und wurde zuletzt im Mai 2016 geändert. Letztlich basieren alle Bauordnungen der Länder auf dieser Musterbauordnung, sie stimmen daher weitgehend überein und unterscheiden sich lediglich in untergeordneten Punkten.

Die Landesbauordnungen eröffnen den Städten und Gemeinden die Möglichkeit, durch Satzung örtliche Bauvorschriften zu Bebauungsplänen zu erlassen, die unter anderem genauere Regelungen für die äußere Gestaltung von baulichen Anlagen, für die Zahl, Größe und Beschaffenheit von Stellplätzen für Kraftfahrzeuge sowie für die Begrünung baulicher Anlagen enthalten können. Darüber hinaus können in örtlichen Bauvorschriften in begründeten Fällen Maße für Abstandsflächen zwischen Gebäuden festgesetzt sein, die von den allgemeinen Regelungen der LBO abweichen.

Der Flächennutzungsplan

Der Flächennutzungsplan (FNP) wird als vorbereitender Bauleitplan bezeichnet. Er stellt über das gesamte Gemeindegebiet ein übergreifendes Konzept für die Nutzung von Grund und Boden dar, in dem festgelegt ist, welche Nutzungen in welchen Gebieten der Gemeinde notwendig und zulässig sind. Der FNP macht Angaben zu Bauflächen und Baugebieten, zu öffentlichen Einrichtungen, Flächen für örtlichen und überörtlichen Verkehr, zu Landwirtschaft, Wald, Wasser etc.

Die wichtigsten Begriffe im Bebauungsplan

- **Die Bauweise:** Die „offene Bauweise" (gekennzeichnet durch ein „o") schreibt vor, dass die Bauwerke einzeln stehen müssen, das heißt Abstände zwischen ihnen einzuhalten sind. Die „geschlossene Bauweise" schreibt vor, dass Wand an Wand zu bauen ist (Reihenhausbauweise). Zudem kann noch festgelegt sein, ob Einzelhäuser (E) und/ oder Häusergruppen (H) zulässig sind.
- **Baufenster:** Das Baufenster ist ein im Bebauungsplan festgelegter, von Linien umschlossener Teil innerhalb des Grundstücks. Die Begrenzung des Baufensters kann mittels Baugrenze oder Baulinie definiert werden. Das geplante Bauwerk muss innerhalb dieses Baufensters bleiben.
- **Geschosszahl:** Diese bezeichnet die im Baufenster zulässigen Vollgeschosse. Ob und wie ein Dach- oder Hanggeschoss als Vollgeschoss zu rechnen ist und in die Geschossfläche eingeht, regelt die gültige LBO.
- **Grundflächenzahl GRZ:** Sie beschreibt das Verhältnis der überbauten Fläche zur Grundstücksfläche. Nehmen z. B. die Gebäude eine Grundfläche von 200 Quadratmetern in Anspruch bei einer Grundstücksgröße von 500 Quadratmetern, beträgt die GRZ 200 / 500 = 0,4. Die Baunutzungsverordnung benennt eine Obergrenze für die GRZ, die in den meisten Wohngebieten bei 0,4 liegt, in Misch- und Dorfgebieten bei 0,6. Das gilt für die Grundfläche des Wohnhauses. Die Grundflächen von Garagen mit Zufahrten, Nebenanlagen und Unterbauungen (zum Beispiel durch Tiefgaragen) müssen zwar grundsätzlich mitgerechnet werden, sie dürfen die Obergrenzen nach BauNVO aber um bis zu 50 % überschreiten.
- **Geschossflächenzahl GFZ:** Sie beziffert das Verhältnis der Geschossfläche(n) zur Grundstücksgröße. Hat ein Haus 200 qm Grundfläche, zwei Vollgeschosse und ein Flachdach, beträgt seine Geschossflächenzahl 200 x 2 / 500 = 0,8. Die Obergrenzen stehen ebenfalls in der BauNVO, die Regelungen entnehmen Sie dem Bebauungsplan.
- **Gebäudehöhe:** Für die Höhenangaben muss eine eindeutige Bezugshöhe angegeben sein. Diese ist entweder in Abhängigkeit von vorhandenen Höhen (z. B. Höhenlage der erschließenden Straße) festgesetzt oder für jedes Baufeld einzeln in Metern über Normal-Null angegeben. Von dieser Bezugshöhe aus werden alle festgesetzten Höhen (wie Trauf- und Firsthöhen) gemessen.
- **Dachvorgaben:** Für das Dach können vorgeschrieben sein: die Ausrichtung des Dachfirsts und die Dachneigung („DN 18°–28°"). Zu den Dachformen siehe Seiten 25, 26.

Er wird meist ergänzt durch einen Landschaftsplan, in dem die umweltfachlichen Aspekte aufgearbeitet sind. Das übliche Verfahren sieht vor, dass Bebauungspläne aus dem Flächennutzungsplan entwickelt, das heißt nur für Flächen aufgestellt werden, die im Flächennutzungsplan als Bauland ausgewiesen sind. In Ausnahmefällen kann der Flächennutzungsplan parallel zur Aufstellung des Bebauungsplans angepasst und dadurch mit dem Bebauungsplan zur Deckung gebracht werden.

Der Bebauungsplan

Der Bebauungsplan ist ein kommunales Gesetz, das vom Rat der zuständigen Kommune in öffentlicher Sitzung beraten und beschlossen wurde. Wenn im Bebauungsplan mindestens Art und Maß der baulichen Nutzung, der Umfang überbaubarer Grundstücksflächen und die örtlichen Verkehrsflächen festgesetzt sind, handelt es sich um einen qualifizierten Bebauungsplan (§ 30 Absatz 1 BauGB), andernfalls ist es ein einfacher Bebauungsplan (§ 30 Absatz 3 BauGB). Für fast alle Neubaugebiete gelten qualifizierte Bebauungspläne, die aus einer Planzeichnung, planungsrechtlichen Festsetzungen und einer Begründung bestehen. Rechtsgrundlage ist der erste Teil (§§ 1–13a) des BauGB. Hinzu kommen meistens örtliche Bauvorschriften auf Basis der jeweils gültigen Landesbauordnung.

Von den Vorgaben des Bebauungsplans sollte Ihr Bauvorhaben nach Möglichkeit nicht oder nur in untergeordneten Punkten abweichen, für die im Plan bereits Ausnahmen vorgesehen sind. Darüber hinaus können Abweichungen durch Befreiungen zugelassen werden, sofern folgende Bedingungen erfüllt sind:

- Die „Grundzüge der Planung" werden nicht berührt (damit sind die zentralen Inhalte und Ziele des Bebauungsplans gemeint – was dies genau bedeutet, lassen Sie sich aber von Ihrem Planfertiger erklären).
- Die Abweichung ist auch unter Würdigung nachbarlicher Interessen mit den öffentlichen Belangen vereinbar.
- Gründe des Wohls der Allgemeinheit erfordern die Befreiung (bei einem privaten Bauvorhaben nur selten) oder
- Die Abweichung ist städtebaulich vertretbar oder
- Die Einhaltung des Bebauungsplans würde zu einer offenbar nicht beabsichtigten Härte führen.

Über die Befreiung vom Bebauungsplan entscheidet die zuständige Baurechtsbehörde. Wird die Befreiung erteilt, ist sie mit einer Gebühr verbunden.

Der Bebauungsplan in Aufstellung

Grundsätzlich kann eine Gemeinde ein Bauvorhaben schon vor der Rechtskraft des Bebauungsplans genehmigen, wenn für das betreffende Gebiet ein Beschluss zur Aufstellung eines Bebauungsplans gefasst und der Vorentwurf bereits mit den zuständigen Behörden und der Öffentlichkeit diskutiert wurde – und wenn das beantragte Vorhaben den künftigen Festsetzungen des Bebauungsplans nicht entgegensteht. Manche Gemeinden nützen dieses Instrument ganz bewusst, um bezüglich der Genehmigung von Bauvorhaben flexibel auf sich ändernde Anforderungen reagieren zu können. Meistens finden Sie aber für Ihr Grundstück einen rechtskräftigen Bebauungsplan vor, an dem Sie sich orientieren müssen.

Die Veränderungssperre

Wenn eine Gemeinde den Beschluss zur Aufstellung, Änderung oder Ergänzung eines Bebauungsplans für ein bestimmtes Gebiet gefasst hat, kann sie für dessen geplanten Geltungsbereich eine befristete Veränderungssperre erlassen, die sowohl die Errichtung als auch die Beseitigung baulicher Anlagen sowie andere Veränderungen von Grundstücken und baulichen Anlagen untersagt. Veränderungssperren sind ebenfalls kommunale Satzungen, gelten zunächst für zwei Jahre und können um bis zu zwei weitere Jahre verlängert werden. Achtung: Anstelle einer Veränderungssperre oder im Vorgriff auf diese kann die Baugenehmigungsbehörde die Entscheidung über Bauanträge auf Antrag der Gemeinde um bis zu ein Jahr zurückstellen.

INFO

NACH DEM STATUS FRAGEN

Erkundigen Sie sich bei der Kommunalverwaltung nach dem planungsrechtlichen Zustand des Gebiets, in dem Sie bauen wollen. Gilt dort ein einfacher oder sogar ein qualifizierter Bebauungsplan? Wird dieser gerade aufgestellt? Wurde eine Veränderungssperre erlassen? Oder wird das Vorhaben nach seiner Einfügung in die Umgebung (gemäß § 34 BauGB) beurteilt? Diese Fragen kann Ihnen entweder das Bauamt der Kommune, auf deren Gemarkung das Gebiet liegt, oder die zuständige Baurechtsbehörde beantworten. Letztere ist nur in Städten und größeren Gemeinden in der Verwaltung angesiedelt – für kleinere Gemeinden übernimmt oft der Landkreis oder eine größere Nachbarstadt diese Aufgabe.

Nicht überplante Gebiete

Wenn ein Grundstück sich zwar in einer bebauten Ortslage befindet, nicht aber im Geltungsbereich eines qualifizierten Bebauungsplans liegt, kommen für die Beurteilung der Zulässigkeit Ihres Bauvorhabens die Grundsätze der „Einfügung in die nähere Umgebung" nach § 34 BauGB zur Anwendung. Dieser Paragraph ist recht schwammig formuliert und wird von Juristen sehr unterschiedlich ausgelegt, daher haben wir nur die grundlegenden Kriterien für die Beurteilung der Einfügung in die Umgebung im Infokasten rechts zusammengestellt.

Liegt ein Grundstück sogar im Außenbereich in einer nicht zusammenhängend bebauten Ortslage, die im Flächennutzungsplan nicht als Siedlungsfläche markiert ist, dürfen Sie dort nur in streng begrenzten Ausnahmefällen bauen. Diese „privilegierten" Ausnahmefälle sind in § 35 BauGB genau definiert, die wichtigsten sind land- und forstwirtschaftliche Betriebe, Gartenbaubetriebe mit den zum Betrieb gehörenden Wohngebäuden der Inhaber sowie der Wiederaufbau und die Erweiterung bestehender, zulässigerweise errichteter Wohngebäude. Sofern Ihnen das betreffende Grundstück nicht gehört, sollten Sie vor dem Kauf unbedingt prüfen, ob Ihr geplantes Wohnhaus im Außenbereich überhaupt zugelassen werden kann.

Einfügung in die Umgebung nach § 34 BauGB

Bei der Beurteilung eines Bauvorhabens nach § 34 BauGB gilt, dass das Bauvorhaben „sich nach Art und Maß der baulichen Nutzung, der Bauweise und der Grundstücksfläche, die überbaut werden soll, in die Eigenart der näheren Umgebung einfügt". Für die Einfügung gelten folgende Regeln:

- **Art der baulichen Nutzung:** In einem von anderen Wohngebäuden geprägten Gebiet kann ein neues Gebäude mit Wohnnutzung meist problemlos genehmigt werden. Schwieriger wird es, wenn Sie Ihr Wohnhaus in einem Gewerbegebiet oder Sondergebiet bauen wollen.
- **Maß der baulichen Nutzung:** Ihr Haus sollte sich von seiner Größe und Form harmonisch in die Nachbarschaft einpassen, sich also von den Nachbargebäuden weder in der Größe, noch in der Höhe oder den Proportionen zu stark unterscheiden. Dabei lassen sich kleinere Vorhaben immer leichter begründen als größere und höhere, da sie die Nachbarhäuser weniger beeinträchtigen können.
- Mit der **Bauweise** ist in diesem Zusammenhang nicht etwa Material oder Kostruktion gemeint, sondern die Platzierung des Gebäudes auf dem Grundstück (mit oder ohne Grenzabstand, einzeln stehend oder angebaut) und die Typologie (Einzel-, Doppel- oder Reihenhaus, Geschosswohnungsbau...)
- Das Thema **Grundstücksfläche** bezieht sich hier sowohl auf das Maß der Nutzung als auch auf die Lage des Gebäudes auf dem Grundstück im Verhältnis zur Umgebungsbebauung.

Die Erschließung

Das Baugesetzbuch nennt als Grundbedingung für die Zulässigkeit jedes Bauvorhabens immer die Sicherstellung der Erschließung des Baugrundstücks, also den Anschluss an das öffentliche Straßen- und Wegenetz sowie an die Ver- und Entsorgung von Wasser und Strom. Zur Sicherstellung der Bebaubarkeit braucht Ihr Grundstück daher den direkten Anschluss an eine öffentliche Straße oder ein öffentlich-rechtlich gesichertes Geh-, Fahr- und Leitungsrecht über Nachbargrundstücke. Diese Sicherung kann durch einen Eintrag im Grundbuch oder durch die Eintragung einer Baulast – die der betroffene Nachbar zu Ihren Gunsten übernimmt – im Baulastenverzeichnis der zuständigen Baurechtsbehörde erfolgen.

Planungsrechtliche Festsetzungen
WA 1 I+D
0,35 0,6
– o
WH 4,00 m E
Örtliche Bauvorschriften
SD 33-37°
Planungsrechtliche Festsetzungen
WA 6 II+D
0,4 0,8
– o
WH 6,30 m –
Örtliche Bauvorschriften
WD 35-40°
Planungsrechtliche Festsetzungen
WA 5 II
0,4 0,7
– o
WH 6,30 m E
Örtliche Bauvorschriften
ZD / WD 23-27°
Planungsrechtliche Festsetzungen
WA 4.2 II
0,4 0,7
– o
WH 6,30 m E
Örtliche Bauvorschriften
SD 23-27°
Planungsrechtliche Festsetzungen
WA 4.3 II
0,4 0,7
– o
WH 6,30 m E D
Örtliche Bauvorschriften
SD 23-27°
Planungsrechtliche Festsetzungen
WA 4.1 II
0,4 0,7
– o
WH 6,30 m –
Örtliche Bauvorschriften
SD 23-27°
Planungsrechtliche Festsetzungen
WA 3.2 A: II B: I
0,45 0,6
– a
A: WH 6,30 m B: WH 3,30 m –
Örtliche Bauvorschriften
A: FD / SD 17°
B: FD
Zum Wald
Anliegerweg 1
Anliegerweg 2
Anliegerweg 3
Anliegerweg 4
Anliegerweg 5
Anliegerweg 6
Hauffweg
Hölderlinstraße
WA1
WA3.1
WA3.2
WA4.1
WA4.2
WA4.3
WA5
WA6

TEXTLICHE FESTSETZUNGEN MIT PLANZEICHENERKLÄRUNG

A. RECHTSGRUNDLAGEN

Baugesetzbuch (BauGB)	i. d. F. vom 23.09.2004 (BGBl. I S. 2414), zuletzt geändert durch Artikel 1 des Gesetzes vom 21.12.2006 (BGBl. I S. 3316)
Baunutzungsverordnung (BauNVO)	i. d. F. vom 23.01.1990 (BGBl. I S. 133), zuletzt geändert am 22.04.1993 (BGBl. I S. 466)
Planzeichenverordnung (PlanzV)	i. d. F. vom 18.12.1990 (BGBl. I 1991 S. 58, BGBl. III 213-1-6)
Landesbauordnung (LBO) für Baden-Württemberg	i. d. F. 08.08.1995 (GBl. S. 617), zuletzt geändert durch Gesetze vom 14.12.2004 (GBl. S. 884, 895)
Gemeindeordnung (GemO) für Baden-Württemberg	i. d. F. vom 14.02.2006 (GBl. S. 20) m. W. vom 18.02.2006

Mit In-Kraft-Treten des Bebauungsplanes treten im Geltungsbereich alle bisherigen Festsetzungen außer Kraft. In Ergänzung der Planzeichnung wird Folgendes festgesetzt:

B. PLANUNGSRECHTLICHE FESTSETZUNGEN
§ 9 BauGB und §§ 1-23 BauNVO

1. ART DER BAULICHEN NUTZUNG
§ 9 (1) 1 BauGB

WA

1.1 Das Gebiet ist als Allgemeines Wohngebiet (WA) gemäß § 4 BauNVO festgesetzt. Die in § 4 (3) BauNVO genannten Ausnahmen sind nicht Bestandteil des Bebauungsplanes.

2. MASS DER BAULICHEN NUTZUNG
§ 9 (1) 1 BauGB i. V. m. § 16 (2) BauNVO

2.1 Das Maß der baulichen Nutzung wird bestimmt durch die maximal zulässige Grundflächenzahl (GRZ) und die die maximal zulässige Geschossflächenzahl (GFZ) laut Planeintrag sowie über die Festsetzung der Baugrenzen.

2.2 Die maximale Höhe der baulichen Anlagen wird definiert durch die maximale Wandhöhe WH (in m) und die maximale Dachneigung nach örtlicher Bauvorschrift (siehe Planeintrag bzw. Nutzungsschablone). Die Wandhöhe ist das traufseitig gemessene Maß zwischen der Erdgeschoss-Fußbodenhöhe (EFH-Rohfußboden) und dem Schnittpunkt der Außenwand mit der Oberfläche der Dachhaut.

3. BAUWEISE, ÜBERBAUBARE GRUNDSTÜCKSFLÄCHE
§ 9 (1) 1 BauGB

3.1 Die überbaubaren und die nicht überbaubaren Grundstücksflächen ergeben sich gem. § 23 (1) BauNVO durch die Baugrenzen (siehe Lageplan).

3.2 Im WA 2.1 und im WA 3.2 (siehe Lageplan) ist abweichende Bauweise festgesetzt.

Im WA 2.1 sind zu den nördlichen Grundstücksgrenzen reduzierte Abstandsflächen bis zu 1,00 m Tiefe zulässig. Im WA 3.2 sind innerhalb der bebaubaren Grundstücksflächen Grenzbebauungen im Rahmen der festgesetzten Wandhöhen zulässig.

3.3 Die Stellung der baulichen Anlagen ergibt sich durch parallele Anordnung des Hauptbaukörpers zu einer der Baugrenzen gemäß Eintragung im Lageplan.

4. FLÄCHEN FÜR NEBENANLAGEN
§ 9 (1) 4 BauGB

4.1 Nebenanlagen, außer Garagen und Carports, im Sinne des § 14 BauNVO müssen einen Mindestabstand von 1,00 m zur Grundstücksgrenze einhalten. Die Größe von Nebenanlagen darf eine Grundfläche von 16 qm und eine Höhe von maximal 3,00 m nicht überschreiten. Im WA 3.2 sind Nebenanlagen nicht zulässig.

4.2 Nebenanlagen für öffentliche Versorgungseinrichtungen sind gem. § 14 (2) BauNVO i.V.m. § 9 (1) 13 auch ohne Grenzabstand auf den nicht überbaubaren Grundstücksflächen zulässig.

5. GARAGEN UND STELLPLÄTZE
§ 9 (1) 4 BauGB

Ga/Ca

5.1 Garagen und überdachte Stellplätze (Carports) sind nur innerhalb der überbaubaren Grundstücksflächen oder in den dafür gesondert ausgewiesenen Flächen und dort bis zu einer Höhe von maximal 3,00 m zulässig (siehe auch Ziff. C. 1.2.1)

5.2 Stellplätze und deren Zufahrten sind, soweit sie mit wasserdurchlässigen Belägen befestigt sind, auch auf den nicht überbaubaren Grundstücksflächen zulässig.

6. ANZAHL DER WOHNUNGEN IN WOHNGEBÄUDEN
§ 9 (1) 6 BauGB

6.1 In den Baugebieten sind je Gebäude maximal zwei Wohneinheiten zulässig. Abweichend hiervon sind im WA 6 insgesamt 6 Wohneinheiten zulässig.

7. VERKEHRSFLÄCHEN
§ 9 (1) 11 und 26 BauGB

7.1 Öffentliche Verkehrsfläche
Hinweis: Die dargestellte Aufteilung der Verkehrsfläche (Straßenfläche/ Gehweg) ist unverbindlich.

V

7.2 Verkehrsfläche besonderer Zweckbestimmung (verkehrsberuhigter Bereich).
Hinweis: Die dargestellte Aufteilung der Verkehrsfläche ist unverbindlich.

M

7.3 Verkehrsgrün / Flächen für Müllsammelbehälter mit Einzelbäumen siehe Planeintrag gem. Artenliste 3 (s. Anlage) (siehe auch Minimierungsmaßnahme M 1 im Grünordnungsplan GOP)

432.84

7.4 Höhenlage öffentlicher Verkehrsflächen in m ü.NN. (Zahlenwert nur Beispiel)

P

7.5 Öffentliche Parkierungsfläche (Lage unverbindlich)

7.6 Straßenbegrenzungslinie

8. GRÜNFLÄCHEN
§ 9 (1) 15 BauGB

DAS BAUGENEHMIGUNGS-VERFAHREN

Wenn Sie sich mit dem Architekten, dem Typenhausanbieter oder dem Fertighaushersteller bezüglich der Planung für Ihr neues Haus soweit geeinigt haben, dass diese in koordinierten Entwurfsplänen dargestellt werden kann, steht dem Einstieg ins Baugenehmigungsverfahren nichts mehr im Weg.

Das Baugenehmigungsverfahren wird hier – sofern nicht anders vermerkt – auf Basis der Musterbauordnung beschrieben. Erkundigen Sie sich frühzeitig bei Ihrem Planfertiger (Architekt oder Typenhausanbieter) nach den in Ihrem Bundesland gültigen Vorschriften und Verfahrensabläufen. Als Fachmann muss er sich damit auskennen und die darin gestellten Anforderungen bei der Erstellung der Antragsunterlagen sowie im laufenden Verfahren berücksichtigen.

Antragsteller und Entwurfsverfasser

Förmlicher Antragsteller sind Sie als Bauherr. Die Gesetze der Länder verlangen vom Entwurfsverfasser (der in manchen Landesbauordnungen auch als Objektplaner oder Planfertiger bezeichnet wird) eine Bauvorlageberechtigung. Diese haben üblicherweise jeder Architekt und diejenigen Bauingenieure, die bei der Ingenieurkammer in eine entsprechende Liste eingetragen sind.

In manchen Bundesländern gibt es eine eingeschränkte Bauvorlageberechtigung (die nur zur Einreichung von Bauanträgen für kleinere Projekte berechtigt), die Absolventen eines Studiums der Architektur oder des Bauingenieurwesens (vor der Eintragung als Architekt oder Ingenieur, die frühestens nach 2–3 Jahren Berufspraxis erfolgen kann) und auch Handwerksmeistern in bestimmten Gewerken zusteht. Versichern Sie sich daher unbedingt bei Ihrem Planfertiger, dass er über die erforderliche Berechtigung verfügt.

Die Baurechtsbehörde

Welche Bauaufsichtsbehörde für die Bearbeitung des Genehmigungsverfahrens für Ihr Bauvorhaben zuständig ist, können Sie mit einem Anruf bei der Gemeinde feststellen, auf deren Gemarkung sich Ihr Grundstück befindet. Die meisten Städte haben eine eigene Bauaufsichtsbehörde, größere Städte sogar mehrere, die jeweils für einzelne Stadtbezirke zuständig sind. Für viele kleinere Gemeinden hingegen liegt die bauordnungsrechtliche Zuständigkeit entweder bei der Verwaltung des Landkreises oder bei der Bauaufsichtsbehörde einer benachbarten Stadt. Bei dieser Behörde müssen Sie den Antrag einreichen, dort können Sie aber im Vorfeld auch Auskünfte zur Bebaubarkeit des Grundstücks, zum Verfahren und zu den erforderlichen Antragsunterlagen bekommen.

Der zuständigen Unteren Bauaufsichtsbehörde ist als Obere Baurechtsbehörde je nach Verwaltungsaufbau des Bundeslands entweder die Landesmittelbehörde (Bezirksregierung, Regierungspräsidium) oder direkt ein Ministerium der Landesregierung übergeordnet. Mit dieser Behörde haben Sie hoffentlich in Ihrem Baugenehmigungsverfahren gar nichts zu tun – sie wird üblicherweise nur im Fall von Streitigkeiten zwischen Ihnen und der Unteren Bauaufsichtsbehörde oder auf Anforderung der Unteren Bauaufsichtsbehörde bei Streitigkeiten zwischen Ihnen und Ihren künftigen Nachbarn tätig.

Die Bauvoranfrage

Die Bauvoranfrage ist eine Art Vorstufe zum Bauantrag. Mit Hilfe dieses Verfahrens lassen sich sowohl die allgemeine Bebaubarkeit des Grundstücks überprüfen als auch einzelne baurechtlich kritische Themen verbindlich klären. Das Verfahren der Bauvoranfrage ist in den verschiedenen Landesbauordnungen unterschiedlich, meist relativ formlos geregelt.

Der Bauvorbescheid beantwortet nur diejenigen Fragen, die man in der Anfrage konkret gestellt hat, und stellt daher keine vollständige bauordnungsrechtliche Klärung dar. Er ist in verschiedenen Bundesländern zwischen zwei und vier Jahren gültig und kann üblicherweise verlängert werden. Darin gemachte Zusagen sind für das folgende vollständige Baugenehmigungsverfahren bindend.

INFO

VORGESPRÄCHE VOR ANTRAGSTELLUNG

Vereinbaren Sie mit der zuständigen Baurechtsbehörde einen formlosen Gesprächstermin, bevor Sie einen förmlichen Bauantrag stellen, und nehmen Sie zu diesem Gespräch die bis dahin vorliegenden Pläne und möglichst auch deren Verfasser (im Regelfall den Architekten) mit. Im Gespräch werden Ihnen die Mitarbeiter der Baubehörde zwar keine rechtsverbindlichen Zusagen machen, aber viele nützliche Auskünfte erteilen. Diese ersetzen selbstverständlich nicht den eigentlichen Bauantrag, machen aber vielleicht eine Bauvoranfrage (und den damit verbundenen Zeit- und Kostenaufwand) überflüssig.
Ähnliches gilt für die Kommunikation mit Ihren künftigen Nachbarn, sofern diese schon bekannt sind oder sogar bereits neben Ihrem Grundstück wohnen: Wenn Sie alle Nachbarn in Gesprächen davon überzeugen können, dass sie Ihrem Vorhaben zustimmen und Ihnen dies schriftlich bestätigen, kann diese Ihnen das Genehmigungsverfahren vereinfachen und beschleunigen.

Der Bauantrag

Das Verfahren für Ihren Bauantrag ist in der an Ihrem künftigen Wohnort gültigen Landesbauordnung vorgegeben. Darin finden Sie auch die erforderlichen Hinweise zum Verwaltungsverfahren und zu den einzureichenden Unterlagen. Üblicherweise muss ein vollständiger Bauantrag mindestens die folgenden Bestandteile enthalten:

- **BAUANTRAG** auf behördlich vorgegebenem Formular mit Angaben zum Bauvorhaben, den Beteiligten und zu den eingereichten Unterlagen
- **AMTLICHER LAGEPLAN** (gefertigt von einem Vermessungsingenieur), bestehend aus einem zeichnerischen (Planzeichnung) und einem schriftlichen Teil (Formular mit Angaben zu überbauten Flächen, den städtebaulichen Kennzahlen, den Eigentümern der Nachbargrundstücke sowie den Rechtsgrundlagen)
- **BAUBESCHREIBUNG** auf behördlich vorgegebenem Formular mit groben Angaben zum Grundstück, zum Vorhaben und seiner Nutzung, Konstruktion und technischen Ausstattung
- **ENTWURFSPLÄNE** (Grundrisse aller Geschosse, Ansichten von allen Seiten sowie zum Verständnis notwendige Schnitte), vollständig vermaßt und üblicherweise im Maßstab 1:100 gezeichnet
- Zeichnerische Darstellungen der **ENTWÄSSERUNG** (Dachwasser und Schmutzwasser) des Gebäudes
- Berechnung der **WOHNFLÄCHEN**
- **BAUTECHNISCHE NACHWEISE** oder Hinweise, wer diese erstellt

Achten Sie darauf, dass Ihr Bauantrag auf den neuesten Formularen gestellt wird – sonst laufen Sie Gefahr, ihn aus formalen Gründen unmittelbar zurückgeschickt zu bekommen. Die meisten Bauaufsichtsbehörden bieten die aktuellen Formulare auf ihren Seiten im Internet als ausfüllbare PDF-Dateien zum Download an.

Die meisten Unterlagen müssen von den jeweiligen Verfassern im Original unterschrieben werden. Sie selbst müssen Ihre Unterschrift nur auf den eigentlichen Bauantrag setzen – es ist allerdings üblich, dass Sie darüber hinaus auch die Entwurfspläne durch Ihre Unterschrift bestätigen. Üblicherweise muss zusammen mit dem Bauantrag ein Formular für die statistische Erhebung des Bauvorhabens ausgefüllt und abgegeben werden.

INFO

SPÄTERE BAUABSCHNITTE MIT BEANTRAGEN

Wenn Sie Ihr Bauvorhaben in mehreren Abschnitten realisieren (zum Beispiel aus Kostengründen den Carport oder einen Wintergarten erst später bauen) wollen, sollten Sie trotzdem im Bauantrag gleich das Gesamtprojekt darstellen. Damit sichern Sie sich ab, dass die späteren Bauabschnitte überhaupt baurechtlich genehmigungsfähig sind, und sparen sich späteren Ärger und Zeitverzögerungen. Eine formlose Verlängerung der Baugenehmigung ist dazu noch erheblich billiger als ein weiteres Genehmigungsverfahren.

Im Rahmen des regulären Bauantragsverfahrens prüft die Bauaufsichtsbehörde die allgemeine Zulässigkeit des Vorhabens nach §§ 29–38 BauGB, die Einhaltung der Regelungen aus der Landesbauordnung und ausgewählte weitere öffentlich-rechtliche Vorschriften. Sie hört diejenigen Fachbehörden, deren Zuständigkeitsbereich vom Vorhaben berührt sein könnte, zum Beispiel die für Tiefbau, Wasserwirtschaft, Naturschutz oder Denkmalpflege zuständigen Ämter und integriert deren Stellungnahmen. Sie führt auch eine förmliche Beteiligung der Eigentümer benachbarter Grundstücke durch, sofern Sie nicht mit Ihrem Antrag bereits schriftliche Einverständniserklärungen der Nachbarn eingereicht haben.

Optionen für vereinfachte Verfahren

Für bestimmte Bauvorhaben bietet die Musterbauordnung eine Genehmigungsfreistellung an. Sofern diese in der gültigen LBO enthalten ist, können Sie anstelle eines vollständigen Baugenehmigungsverfahrens ein sogenanntes „Kenntnisgabeverfahren" durchlaufen. Voraussetzung dafür ist allerdings, dass das Vorhaben im Geltungsbereich eines Bebauungsplans liegt und dessen Festsetzungen nicht widerspricht. Auch dafür müssen die erforderlichen Unterlagen bei der Baurechtsbehörde eingereicht werden – allerdings muss man nicht auf die Genehmigung warten, sondern darf ein Monat nach Einreichung mit dem Bau beginnen, sofern die Baurechtsbehörde dem nicht widersprochen hat.

Dieses Verfahren dürfte auf die meisten Ein- und Zweifamilienhäuser anwendbar sein, sofern sie nicht mehr als dreigeschossig sind (genauer gesagt, der Fußboden des obersten Wohngeschosses im Mittel nicht höher als sieben Meter über der Geländeoberfläche liegt) und weniger als 400 qm Bruttogrundfläche (Wohnfläche und Konstruktionsgrundfläche) aufweisen.

Die Verantwortung für den Inhalt Ihrer Pläne verbleibt beim Kenntnisgabeverfahren allerdings vollständig bei Ihnen und Ihrem Planfertiger, weil keine rechtsverbindliche Prüfung stattfindet. Diesem Nachteil steht der Vorteil erheblich geringerer Gebühren gegenüber.

Eine etwas gründlichere Alternative zum Kenntnisgabeverfahren ist das Vereinfachte Baugenehmigungsverfahren, in dem die Behörden nur die allgemeine Zulässigkeit des Vorhabens nach §§ 29–38 BauGB, die Abstandsflächen nach der LBO und ausgewählte weitere öffentlich-rechtliche Vorschriften prüfen. Dadurch geht das Vereinfachte Verfahren üblicherweise etwas flotter über die Bühne als ein vollständiges Verfahren.

Fachliche Nachweise

Im Rahmen des Baugenehmigungsverfahrens müssen auch die am Projekt beteiligten Fachplaner die Ergebnisse ihrer Arbeit einreichen, sofern diese öffentlich-rechtliche Fragen berühren. Das ist zum Beispiel der Fall bei der Vermessung des Hauses auf dem Bauplatz, der statischen Berechnung und der Haus- und Grundstücksentwässerung.

Die statische Berechnung für Ihr neues Haus wird auf Basis der Entwurfs- und Ausführungspläne vom Tragwerksplaner erstellt. Im Rahmen des Baugenehmigungsverfahrens reicht dieser einen Standsicherheitsnachweis bei der Bauaufsichtsbehörde ein, der die Tragfähigkeit und Dauerhaftigkeit der Konstruktion unter den zu erwartenden Belastungen und Einwirkungen dokumentiert. Dazu gehören neben der Eigenlast des Hauses, den Gebrauchslasten (den Gewichten von Menschen und Möbeln) und den Schnee- und Windlasten auch besondere Belastungen wie beispielsweise Erdbeben. Neben der eigentlichen Standsicherheit muss auch die Gebrauchstauglichkeit nachgewiesen werden, die unter anderem an der dauerhaften Vermeidung von Verformungen, Schwingungen und ähnlichem hängt.

Bei komplizierteren Bauvorhaben (zu denen allerdings nur die wenigsten Ein- oder Zweifamilienhäuser gehören dürften) muss im Rahmen des Baugenehmigungsverfahrens die statische Berechnung durch einen Prüfingenieur kontrolliert werden. Dieser ist ein Statiker mit besonderer Zulassung, der von der Baurechtsbehörde direkt beauftragt wird – üblicherweise auf Vorschlag des von Ihnen beauftragten Tragwerksplaners oder Architekten und immer auf Ihre Kosten. Der Prüfstatiker bekommt von Ihrem Tragwerksplaner die statischen Unterlagen vorgelegt, prüft diese und gibt sie entweder unverändert frei oder fordert Änderungen. Erst nach Abschluss dieser Prüfung kann das Bauvorhaben zur Ausführung freigegeben werden.

Nachweise zum Brandschutz sind bei üblichen Einfamilienhäusern nicht gefordert, da die Behörden davon ausgehen, dass die Bewohner angesichts der geringen Höhe das Haus im Brandfall schnell verlassen können. Trotzdem ist es selbstverständlich sinnvoll, so weit wie irgend möglich nicht brennbare oder zumindest schwer entflammbare Baustoffe zu verwenden. Nähere Informationen zu den Eigenschaften einzelner Bauteile bezüglich Brandschutz sind in den folgenden Kapiteln zur Bautechnik aufgeführt.

Baurechtliche Auflagen für den internen Schallschutz innerhalb Einfamilienhäusern gibt es nicht, obwohl dieser durchaus ein wichtiges Kriterium für den Wohnkomfort ist (→ „Was ist Wohnkomfort?", Seite 34). Hingegen gelten bei Doppelhäusern hohe Anforderungen an den Schallschutz der gemeinsamen Trennwand, die üblicherweise nur mit zweischaligen Wandkonstruktionen und einer durchgehenden Zwischendämmung erreicht werden können. Nähere Informationen zu den Schallschutzeigenschaften bestimmter Bauteile finden Sie in den folgenden Kapiteln zur Bautechnik.

In solchen Lagen wird der Lärmschutz für die Bewohner der Wohnhäuser existenziell wichtig.

Es kann darüber hinaus durchaus sein, dass im Genehmigungsverfahren Anforderungen an den Schutz Ihres Hauses gegen Umgebungslärm, zum Beispiel von größeren Straßen in der Nähe des Grundstücks, gestellt werden – oft enthält schon der Bebauungsplan Festsetzungen zu diesem Thema. Schallschutznachweise erstellt im Regelfall der Tragwerksplaner – bei schwierigen Umgebungsbedingungen kann es sich auch lohnen, einen Fachmann für Bauphysik hinzuzuziehen.

Das Entwässerungsgesuch stellt dar, wohin die Abwässer Ihres Hauses fließen sollen. Dabei ist streng zu unterscheiden zwischen Oberflächenwasser (Regenwasser von den Dächern der Gebäude und aus den nicht überbauten Freiflächen des Grundstücks) und Schmutzwasser (aus den Küchen, Bädern und sonstigen sanitären Anlagen), die in den meisten Neubaugebieten und vielen Bestandsgebieten in verschiedene Kanäle oder Gräben entsorgt oder auch auf dem Grundstück versickert oder zurückgehalten werden müssen. Nähere Angaben zur Entwässerung finden Sie im Kapitel „Kanalisation". Das Entwässerungsgesuch wird entweder vom Architekten oder vom Fachplaner für die sanitären Anlagen erstellt.

Die Baugenehmigung

Da im Baugenehmigungsverfahren nur die Einhaltung ausgewählter öffentlich-rechtlicher Vorschriften geprüft wird, bescheinigt die Baugenehmigung Ihrem Vorhaben nur eine eingeschränkte Unbedenklichkeit und überlässt Ihnen und Ihrem Planverfasser die Verantwortung für die Übereinstimmung des Vorhabens mit anderen Vorschriften des öffentlichen Rechts.

Die Baugenehmigung kann bestimmte Auflagen enthalten, die Sie bei der Ausführung des Bauvorhabens erfüllen müssen, zum Beispiel zu den Themen Brandschutz, Parkierung und Entwässerung. Die Auflagen müssen im Genehmigungsbescheid exakt beschrieben sein.

Wenn Sie sich an unsere bis hierher formulierten Empfehlungen gehalten haben, ist es zwar sehr unwahrscheinlich – aber: Falls Ihr Bauantrag abgelehnt wird, steht Ihnen ein Widerspruchsrecht zu, dessen Bedingungen (Schriftform, Fristen und ähnliches) in der dem Ablehnungsbescheid beigefügten Rechtsbehelfsbelehrung aufgeführt sein müssen. Besprechen Sie aber mit Ihrem Planfertiger und nötigenfalls auch mit einem Rechtsanwalt vorab die Erfolgsaussichten Ihres Widerspruchs.

Falls die Untere Bauaufsichtsbehörde auch den Widerspruch ablehnt, geht die Sache zur übergeordneten Instanz (Obere Baurechtsbehörde). Wenn diese die Ablehnung bestätigt, bleibt Ihnen nur noch die Möglichkeit einer Klage beim Verwaltungsgericht, die allerdings zusätzliche Kosten verursacht und den Baubeginn erheblich verzögern kann. Wenn es so weit kommt, sollten Sie auch prüfen, ob die strittigen Punkte auf Planungsfehler zurückzuführen sind. In diesem Fall können Sie versuchen, den Planfertiger für die entstehenden Mehrkosten verantwortlich zu machen.

Wenn die Baugenehmigung hingegen nur einzelne Auflagen enthält, die Sie für nicht gerechtfertigt halten, empfiehlt es sich, direkt mit der Bauaufsichtsbehörde zu verhandeln und nach Möglichkeit zu einer einvernehmlichen Lösung zu kommen.

Nach Erteilung der Baugenehmigung müssen Sie in einem vorgegebenen Zeitraum, üblicherweise innerhalb von drei Jahren mit der Umsetzung Ihres Bauvorhabens beginnen und dürfen dessen Ausführung nur maximal ein Jahr lang unterbrechen, sonst verliert die Baugenehmigung ihre Gültigkeit. Sie kann allerdings auf schriftlichen Antrag um ein Jahr oder mehr (je nach zuständiger LBO) verlängert werden. Dies könnte für Sie insbesondere wichtig werden, wenn Sie Teile des Bauvorhabens (zum Beispiel den Carport oder einen angebauten Wintergarten) zwar beantragt haben, aber aus finanziellen Gründen erst nach einigen Jahren realisieren können.

Die Baufreigabe

Zusammen mit der Baugenehmigung wird üblicherweise gleich die Baufreigabe zugestellt. Sie ist dokumentiert auf dem Baufreigabeschein, meist ein Blatt im Format DIN A4 mit einem darauf gedruckten roten oder grünen Punkt, auf dem die wichtigsten Informationen zum Bauvorhaben sowie die Ansprechpartner auf der Baustelle (nicht aber Sie als Bauherr – dies verbietet der Datenschutz) aufgelistet sind. Diesen Schein muss Ihr Bauunternehmer gut sichtbar an der Baustelle anbringen.

Schließlich müssen Sie den bevorstehenden Baubeginn mindestens eine Woche vor dem tatsächlichen Start der Ausführung der Bauarbeiten bei der Bauaufsichtsbehörde schriftlich anzeigen. Dann kann´s endlich losgehen.

BAUREALISIERUNG

In den folgenden Kapiteln wollen wir Ihnen die wichtigsten Informationen zur Umsetzung Ihres Bauvorhabens geben. Dabei ist nicht beabsichtigt, Sie im Schnellkurs zum „Bauexperten" auszubilden oder gar eine Anleitung zum Selbstbau von Häusern zu geben. Vielmehr sollen Ihnen die folgenden Erläuterungen in kompakter Form die wichtigsten Informationen vermitteln, damit Sie mit Planern, Fachleuten und Handwerkern über alle Leistungsbereiche sinnvoll reden und die anstehenden Entscheidungen auf guter Grundlage treffen können.

Wir beginnen mit der Unterscheidung zwischen Rohbau und Ausbau und beschreiben die wichtigsten Anforderungen an bestimmte Bauteile, die je nach Konstruktionsprinzip von verschiedenen Gewerken hergestellt werden können. Anschließend stellen wir die grundlegenden Alternativen für den tragenden Baustoff und das Konstruktionsprinzip Ihres geplanten Hauses vor. Schließlich bekommen Sie für jedes einzelne Gewerk, das für den Bau eines üblichen Einfamilienhauses gebraucht wird, einige zentrale Informationen zu Materialien, Systemen und Konstruktionen sowie die Inhalte der wichtigsten Normen.

Der Rohbau

Grundsätzlich unterscheidet man bei jedem Bauvorhaben zwischen den Leistungsbereichen Rohbau und Ausbau. Der Rohbau enthält üblicherweise alle Gewerke bis zur Wetterfes-

Bis zur Fertigstellung des Rohbaus fehlt hier noch die Dacheindeckung.

tigkeit der Baustelle, das heißt vom Herrichten des Grundstücks und den Erd-, Beton- und Maurerarbeiten bis zur Eindeckung des Daches einschließlich der dazu erforderlichen Blecharbeiten.

Die Abgrenzung zwischen Rohbau und Ausbau ist allerdings nicht eindeutig geregelt und hängt von regionalen Gegebenheiten, von der Bauweise und den ausführenden Firmen ab. In der „Grauzone" zwischen Rohbau und Ausbau befinden sich beispielsweise die Fenster und die Haustür als Teil der Schreinerarbeiten.

Was gehört zum Rohbau?

- Erdarbeiten einschließlich Baugrundverbesserung und Verfüllarbeiten
- Dränage mit Verfüllung
- Betonarbeiten wie Fundamente, Bodenplatte, Decken, Fenster- und Türstürze sowie gegebenenfalls Rollladenkästen
- Mauerarbeiten vom Keller bis zum Dach, tragendes Mauerwerk außen und innen
- Abdichtungsarbeiten am Kelleraußenmauerwerk, außen mit Perimeterdämmung und Schutzschicht
- Schornsteine (Kamine) bis übers Dach einschließlich Verkleidung
- Dachkonstruktion (Dachstuhl) mit allen Verbindungen und Dachgauben
- Dachklempner-(Spengler)-arbeiten, Dachfallrohre bis vor Einbindung ins Erdreich
- Dacheindeckung, zum Beispiel mit Dachziegeln, einschließlich Unterspannbahn oder Regenschutzschicht

Folgende Bauteile werden zwar von Rohbaugewerken erstellt, werden aber dem Ausbau zugerechnet:

- Innentreppen – auch wenn sie aus Stahlbeton bestehen
- Innenwände in Mauerwerk- oder Holzständerbauweise

INFO

ABGRENZUNG KLÄREN

Wenn Sie in einem Bauvertrag mit einem Anbieter den fertigen Rohbau als Ziel angeben, sollten Sie unbedingt den genauen Leistungsumfang sowie die darin enthaltenen Gewerke exakt schriftlich festlegen – sonst sind spätere Meinungsverschiedenheiten kaum zu vermeiden.

Gelegentlich wird im Rahmen der Baugenehmigung eine eigene **Abnahme des Rohbaus** zur Auflage gemacht. In diesem Fall müssen Sie, Ihr Architekt oder der beauftragte Unternehmer die Fertigstellung des Rohbaus rechtzeitig bei der zuständigen Behörde anzeigen. Falls dieser Schritt in Ihrem Fall gefordert ist, sollten Sie die Zuständigkeit dafür unbedingt schriftlich festlegen.

Bauteile

Im Bereich Rohbau können manche Bauteile von verschiedenen Gewerken ausgeführt werden. Daher beschreiben wir hier zunächst die Anforderungen an einzelne Bauteile, bevor wir uns den Bauweisen und anschließend den einzelnen Gewerken zuwenden.

Gebäudehülle allgemein

Die Gebäudehülle ist gewissermaßen die Haut Ihres Hauses, die gleichzeitig die Abtrennung von und die Verbindung mit der Außenwand bildet. In dieser Abgrenzungsfunktion muss die Gebäudehülle das Innere des Hauses vor zahlreichen Umwelteinflüssen zwar schützen, ohne es aber dabei vollständig von der Welt abzuschotten.

INFO

UMWELTEINFLÜSSE AUF DIE GEBÄUDEHÜLLE

Die wichtigsten Einflüsse, denen die Gebäudehülle ausgesetzt ist, sind:

- **Temperatur:** Oft liegt zwischen der Innentemperatur des Hauses und der Umgebungstemperatur eine Differenz von über 30 Grad Celsius. Ziel ist, dass es innerhalb des Hauses bei minimalem Energieaufwand für die Bewohner möglichst immer angenehm temperiert bleibt.

- **Wind:** Häuser müssen heute schon aus energetischen Gründen sehr luftdicht sein. Das ist eine Herausforderung an jedes einzelne Bauteil der Gebäudehülle, vor allem aber an die Kanten, wo die Bauteile aneinanderstoßen.
- **Wasser:** Wasser findet seinen Weg in jedes nicht fachgerecht gebaute Haus und kann dort erhebliche Schäden anrichten. Insbesondere das Dach hat die Aufgabe, Wasser konsequent am Eindringen zu hindern, aber auch Fenster, Türen und die Stöße zur Wand erweisen sich häufig als Schwachpunkte.
- **Schall:** Bei allen Haustypen muss der Schall von umliegenden Lärmquellen wie vielbefahrene Straßen oder Industrieanlagen durch die Gebäudehülle auf ein für die Bewohner dauerhaft gesundes Maß reduziert werden, vor allem in den Schlafräumen. Bei Doppelhaushälften und Reihenhäusern kommt noch die akustische Trennung von den Nachbarhäusern hinzu.

Ungebetene Gäste: Schließlich muss die Gebäudehülle sowohl lästiges Getier als auch unerwünschten menschlichen Besuch aus dem Haus fernhalten.

Das Dach muss auch bei starkem Wind noch regendicht bleiben. Kritisch sind immer Durchstoßstellen, z. B. für Kamin und Dachflächenfenster.

Die Gebäudehülle besteht aus verschiedenen Bauteilen: den Wänden, dem Dach, den Fenstern – und auch der Bodenplatte des Hauses zum Erdreich hin. Sie wird von mehreren Gewerken hergestellt, deren Besonderheiten in den folgenden Kapiteln beschrieben sind.

Die Bodenplatte

Nach dem Ausheben der Baugrube und dem Verdichten der Baugrubensohle wird die Bodenplatte üblicherweise direkt auf eine Sauberkeitsschicht aus Kies und einer Folie betoniert. Häufig werden unter der Bodenplatte noch druckfeste Dämmplatten eingebracht, die dann einen Teil der umlaufenden Wärmedämmung bilden. Dies ist unbedingt erforderlich, wenn der Keller für Aufenthaltszwecke genutzt oder gar beheizt werden soll, hilft aber auch sonst bei der Verbesserung der Energiebilanz des Hauses. Da die Temperatur des Erdreichs schon in wenigen Metern Tiefe im Jahresverlauf nahezu konstant ist, sind die Anforderungen an die Dämmung der Bodenplatte allerdings geringer als an die der Gebäudehülle.

Immer wichtig ist hingegen die Dichtigkeit der Bodenplatte und der Kellerwände. Insbesondere, wenn Ihre künftige Wohngegend einen hohen Grundwasserstand aufweist (häufig, aber nicht ausschließlich in der Nähe von Gewässern wie Seen, Flüssen und Bächen), können dafür technische Vorkehrungen erforderlich werden, die im Kapitel „Betonarbeiten" (siehe Seiten 281 ff.) erläutert sind.

INFO

NATÜRLICH KÜHLER KELLER

Wenn die Verhältnisse auf Ihrem Bauplatz es zulassen, können Sie in einem Kellerraum die Bodenplatte aussparen und sich die feuchte Kühle des Erdreichs zum Lagern von Vorräten und Wein zunutze machen. Auch kann man zu diesem Zweck Gewölbekeller in Ziegelbauweise bestellen, die vorgefertigt geliefert und in das Untergeschoss integriert werden. Lassen Sie aber vorher unbedingt durch Untersuchungen sicherstellen, dass der Boden weder mit Schadstoffen verunreinigt ist noch das Grundwasser auf diesem Weg in den Keller hineindrücken kann.

Wände

Skelettförmige Tragwerke und/oder Wände können in Einfamilienhäusern aus verschiedenen Materialien bestehen. Vom Material hängt auch ab, welches Gewerk sie baut: Wände aus Mauerwerk und Beton vom Gewerk Beton- und Maurerarbeiten, Stahlskelette und andere Elemente aus Metall vom Stahlbauer (Schlosser), Holzbauteile aller Art vom Zimmerer.

Die Auswahl zwischen den Systemen treffen Sie schon früh im Rahmen der Entscheidung für eine Bauweise und das Material zum Tragwerk. Unabhängig vom System sollten Sie allerdings darauf achten, dass die Anforderungen eingehalten werden. Dies sind nicht viele:

Holz, Beton und Mauersteine werden heute auch im Außenbereich kombiniert, wie es den Bauherren gefällt.

- Wände müssen in den meisten statischen Systemen die Lasten von Dach und Decken aufnehmen und in die Fundamente übertragen.
- Außenwände (einschließlich Haustrennwände, z. B. bei Doppelhäusern) müssen mit dem Dach den externen, Innenwände zusammen mit den Geschossdecken den internen Schallschutz gewährleisten.
- Die Außenwände müssen den Wärmeschutz erreichen.

Früher bestand fast jede Außenwand durchgehend aus einem Material wie Holz (Blockbauweise), Mauerwerk (aus Natursteinen oder Ziegeln) oder Lehm, das alle Aufgaben der Wand erfüllte. Heute sind die Vorgaben vor allem zum Wärmeschutz so streng geworden, dass sie sich meist nur durch die Kombination verschiedener Materialien erfüllen lassen. Zum Beispiel sind schwere Baustoffe gut beim Tragen von Lasten, Speichern von Wärme und Schutz vor Lärm, leichte Baustoffe eignen sich hingegen tendenziell gut zur Wärmedämmung. Heute wird bei den meisten Häusern die Dämmschicht wie ein Pullover auf allen Seiten um die tragenden Wände gelegt. Dadurch fallen sie meist relativ dick aus, insbesondere im Massivbau. Das stellt besondere Anforderungen an die Öffnungen, da durch die hohe Laibungstiefe weniger Licht in den Raum fällt. Daher sollten Sie sich lieber für weniger, aber größere Öffnungen entscheiden als für viele kleine – das bringt Ihnen auch Kostenvorteile.

Außenwänden, vor allem aber Haustrennwänden zwischen Doppelhaushälften und Reihenhauseinheiten, kommt eine hohe Bedeutung beim Schallschutz der Wohnung zu. Gelegentlich sind passive Schallschutzmaßnahmen (Schutz vor Schalleintrag ins Gebäude) sogar im Bebauungsplan bindend vorgeschrieben und müssen dann sowohl an den geschlossenen Bauteilen als auch an den Fenstern umgesetzt werden. Wenn Ihr Haus in einer durch Lärm belasteten Lage gebaut werden soll, zum Beispiel an einer stark belasteten Verkehrsstraße, einer Bahnlinie oder im Anflugkorridor eines Flughafens, sollte ein auf Schallschutz spezialisierter Bauphysiker den Aufbau der Gebäu-

Akustische Kennwerte und Schallschutzstufen (SSt) für den Schallschutz innerhalb von Wohngebäuden

		Öffentlich-rechtliche Mindestanforderung nach DIN 4109 zur Vermeidung von Gesundheitsgefahren: Unzumutbare Belästigungen werden vermieden, aber wechelseitige Beeinträchtigungen treten auf.	**Erhöhter Schallschutz nach dem Beiblatt zu DIN 4109: Geringfügig höherer Standard als die Mindestanforderung, Beeinträchtigungen sind vermindert, aber noch vorhanden.**	**Weiter erhöhter Schutz nach SSt III der VDI-Richtlinie 4100 (2007): Schallschutz ist im Vergleich zur DIN mindestens verdoppelt, wechselseitige Beeinträchtigungen sind stark reduziert.**
Luftschallschutz zwischen fremden Aufenthaltsräumen	Subjektive Wahrnehmung am Ort des Schalleintrags	Laute Sprache verstehbar, laute Musik hörbar	Laute Sprache bedingt verstehbar, laute Musik hörbar	Laute Sprache nicht verstehbar, laute Musik bedingt hörbar
Minimal zulässiges bewertetes Schalldämmmaß horizontal (Wand)	R´w in dB [1]	53	56	59
Minimal zulässiges bewertetes Schalldämmmaß vertikal (Decke)	R´w in dB [1]	54	57	60
Luftschallschutz zwischen Aufenthaltsräumen und fremden Treppenhäusern / Fluren	Subjektive Wahrnehmung am Ort des Schalleintrags	Laute Sprache verstehbar	Laute Sprache bedingt verstehbar	Laute Sprache nicht verstehbar
Minimal zulässiges bewertetes Schalldämmmaß	R´w in dB [1]	52	56	59
Trittschallschutz zwischen Aufenthaltsräumen und fremden Räumen	Subjektive Wahrnehmung am Ort des Schalleintrags	Gehgeräusche störend	Gehgeräusche bedingt störend	Gehgeräusche nicht störend
Maximal zulässiger bewerteter Norm-Trittschallpegel	L´nw in dB [2]	53	46	39
Trittschallschutz zwischen Aufenthaltsräumen und fremden Treppenhäusern	Subjektive Wahrnehmung am Ort des Schalleintrags	Gehgeräusche störend	Gehgeräusche bedingt störend	Gehgeräusche nicht störend
Maximal zulässiger bewerteter Norm-Trittschallpegel	L´nw in dB [2]	58	53	46

1 Das bewertete Schalldämmmaß R´w beschreibt die luftschalldämmende Eigenschaft trennender Bauteile wie Wände, Decken und Dächer einschließlich darin eingebauter Komponenten (Fenster, Türen) durch die Differenz des Schalldrucks zwischen Sende- und Empfängerraum. Je höher die Zahl, desto besser ist der Luftschallschutz.

2 Der bewertete Norm-Trittschallpegel L´nw wird im Empfängerraum gemessen, während unter normierten Bedingungen auf dessen Decke geklopft wird. Eine niedrige Zahl zeigt eine gute Trittschalldämmung an.

Quellen: DIN 4109, VDI-Richtlinie 4100, kommentierende Artikel von W.-D. Kötz in IKZ-Fachplaner 1/2008 und Bundesbaublatt 12/2000

dehülle (Wände, Dach und Fenster) daraufhin überprüfen, ob der passive Schutz gegen Außenlärm in ausreichendem Maße gewährleistet ist. Bei Haustrennwänden sollte man sich nicht mit dem nach DIN geforderten Mindestschallschutz zufriedengeben, sondern auf dem erhöhten Schallschutz nach der Richtlinie des VDI bestehen, sonst sind nachbarschaftliche Streitigkeiten schon vorgezeichnet. Diese Wände müssen zweischalig mit einer dazwischenliegenden flächigen Schalldämmung ausgeführt werden.

Satteldach mit vielen Durchstoßstellen, die besondere Sorgfalt bei der Abdichtung erfordern. Die frei liegenden Sparren sind ohne Blechabdeckung witterungsanfällig und müssen konsequent gepflegt werden.

Das Dach

Dächer müssen diese Anforderungen erfüllen:

- Dem Dach als oberem Abschluss des Hauses kommt sowohl beim Schutz gegen Witterungseinflüsse als auch beim Wärmeschutz eine besondere Bedeutung zu.
- Es muss neben seinem Eigengewicht und eventuellen Aufbauten wie Photovoltaik- und Solarthermie-Elementen im Winter zusätzlich die Schneelasten tragen und in die Wände oder Stützen überführen.
- Es muss (zusammen mit den Außenwänden) den externen Schallschutz gewährleisten.

Das Dach als oberer Abschluss hat eine besondere Bedeutung für die Gestalt Ihres Hauses. Die Dachform ist meistens im Bebauungsplan festgesetzt und wirkt sich auf den Grundriss des darunter liegenden Baukörpers aus: So sind Häuser mit Satteldächern meistens längs rechteckig, Zeltdächer passen gut auf quadratische Grundrisse, nur Flachdächer eignen sich für jede denkbare Grundrissform.

Geneigte Dächer werden in den meisten Fällen als Holzdachstühle erstellt und mit Dachsteinen oder Platten belegt. Grundsätzlich ist es auch möglich, geneigte Dächer in Massivbauweise in Stahlbeton zu gießen oder aus Fertigteilen (zum Beispiel aus Porenbeton) zu erstellen – dies ist angesichts höherer Kosten aber nur dann sinnvoll, wenn das Dach einen hohen Schallschutz erzielen soll (siehe oben).

Tragwerke für Flachdächer lassen sich ebenfalls aus Holz konstruieren, allerdings bietet es sich oft an, die oberste Decke – also das Dach – massiv als weitere Geschossdecke auszubilden, zum Beispiel aus Stahlbeton.

Bei der Dachdeckung und Dachabdichtung unterscheidet man grundsätzlich zwischen gedeckten und gedichteten Dächern.

Gedeckte Dächer eignen sich ausschließlich für geneigte Dachflächen. Hier dient die Eindeckung als wasserabführende Schicht, die hinterlüftet ist und in ihrer Dichtungswirkung durch eine unter der Luftschicht angeordneten Folie ergänzt wird. Die verschiedenen, meist schuppenförmig überlappten Deckungssysteme erfordern jeweils eigene Schichtenaufbauten und Unterkonstruktionen, die im Kapitel „Zimmererarbeiten" (Seiten 288 ff.) beschrieben sind.

Die Dichtigkeit von ebenen und flach geneigten Dächern wird hingegen von flächigen Abdichtungen sichergestellt, die bahnförmig verlegt und an den Stößen miteinander verschweißt werden. Man spricht daher von gedichteten Dächern. Damit die Abdichtung nicht direkt der Witterung (insbesondere der Sonnenstrahlung) ausgesetzt ist, liegt in den meisten Fällen eine Deckschicht darüber, die entweder aus Kies, Betonplatten oder Ähnlichem besteht oder mit Erdreich und Vegetationsschichten als Dachbegrünung aufgebaut ist. Begrünte Flachdächer haben sich neben ihren positiven Auswirkungen auf das Kleinklima auch als widerstandsfähig und dauerhaft bewährt, da sie durch ihre ausgleichende Wirkung die temperaturbedingten Spannungen auf der Dichtungsschicht reduzieren.

Decken und Treppen

Im Geschosswohnungsbau werden Decken heutzutage meistens nicht mehr nur nach den statischen Erfordernissen, sondern vielmehr nach den Anforderungen des Schallschutzes dimensioniert. Das führt im Massivbau meist zu dickeren Bauteilen, als dies nur für die Tragfähigkeit erforderlich wäre, im Holz- und Stahlbau sind mehrschichtige Decken mit schalltechnisch wirksamen Fußbodenaufbauten und abgehängte Decken die Folge.

Innerhalb von Einfamilienhäusern gibt es keine derartigen Richtlinien – falls Sie aber daran denken, Ihr Haus später in zwei Wohnungen aufzuteilen, sollten Sie diese Anforderungen gleich einhalten, denn Nachbesserungen sind aufwändig.

- Decken müssen die Lasten aus der Nutzung (vor allem das Gewicht von Möbeln und Menschen) tragen und in die Wände oder Stützen überführen.
- Sie müssen den internen Schallschutz gewährleisten.
- Sie sollten zum Brandschutz aus nicht brennbaren oder zumindest schwer entflammbaren Baustoffen bestehen.

Treppen können in Einfamilienhäusern sowohl im Rohbau (vom Betonbauer) als auch von Ausbaugewerken (im Holz- oder Stahlbau) erstellt werden – die letzteren Optionen werden im Kapitel „Schreinerarbeiten" (siehe Seite 305) beschrieben.

Betontreppen werden heute öfter als Fertigteile aus der Fabrik bestellt als vor Ort gegossen. Insbesondere bei Fertigteilen ist neben der tragfähigen Befestigung besonders darauf zu achten, dass die Treppenläufe und das Podest von Wänden und Decken konstruktiv entkoppelt werden, da sie sonst als Schallbrücken wirken können. Dafür muss man die Treppen an ihren Auflagerpunkten elastisch auflagern und kraftschlüssige Verbindungen mit Wänden vermeiden. Alternativ dazu kann man die Schallübertragung durch schwimmend aufgebrachte Stufenelemente oder weiche Beläge verringern.

Fenster

Fenster werden oft als die Augen des Hauses bezeichnet. Das Sprichwort stimmt in mehrfacher Hinsicht: Fenster bestimmen maßgeblich die äußere Gestalt des Hauses mit, sie lassen das Licht hinein und die Blicke der Bewohner hinaus – und sie sind relativ empfindlich. Zu den bereits genannten allgemeinen Anforderungen an die Gebäudehülle kommen bei Fenstern noch die Punkte Lichteinfall, Sonnen- und Überhitzungsschutz hinzu.

Fenster bestehen üblicherweise aus einem im Tragwerk oder der Fassade verankerten Anschlagrahmen und einem beweglichen verglasten Flügelrahmen. Sie können als einzelne Öffnungen in geschlossenen Wänden (sogenannte Lochfassade), als horizontale oder vertikale Bänder oder auch als offene Flächen zwischen geschlossenen Flächen gestaltet werden. Dies wirkt sich auf das Erscheinungsbild aus und hat auch Folgen für die Konstruktionsweise und die Öffnungsart. Über Eck verglaste Gebäudekanten sind konstruktiv sehr anspruchsvoll, können aber besonders reizvolle Ausblicke ins Freie ermöglichen.

Es gibt nicht nur zahlreiche Materialien, aus denen Fensterrahmen hergestellt werden, sondern auch eine große Auswahl von Öff-

Verschiedene Fenster-Öffnungssysteme

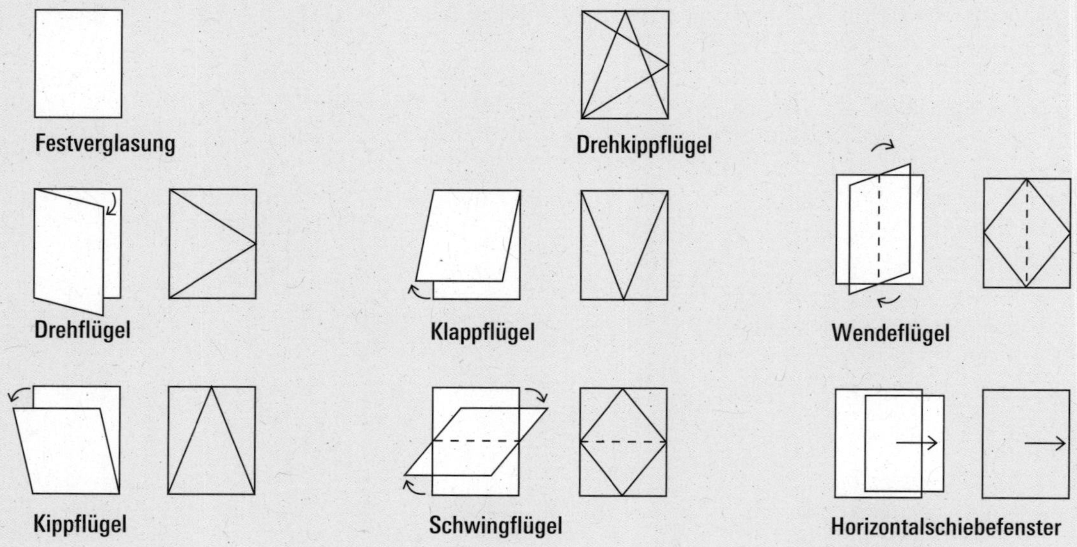

Drehkippflügel, also die Kombination von Kipp- und Drehflügelfenstern – sind in Deutschland traditionell am weitesten verbreitet.

Lage der Fenster in der Wand

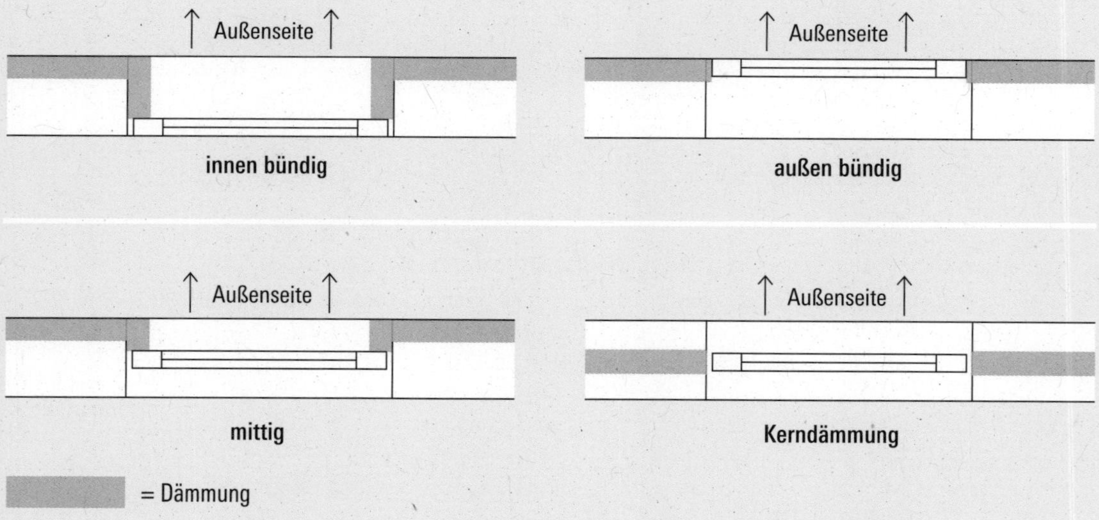

Sitzen Fenster innen bündig (links oben) oder mittig in der Wand (links unten), muss eine außen aufgebrachte Wärmedämmung über Eck in die Laibungen hineingezogen werden. Besser korrespondieren Fensterlage und Dämmung in den Beispielen rechts.

nungsarten. Besonders preiswert sind Festverglasungen ohne die Möglichkeit, das Fenster zu öffnen. Durch den Verzicht auf einen Flügelrahmen können hier die Rahmenbreite sehr klein und die Glasfläche maximal groß sein. Festverglasungen eignen sich aber nur dann, wenn die Gläser zur Reinigung von außen zugänglich sind.

Fenster können zum Öffnen um verschiedene Achsen geklappt oder gefaltet werden, die Öffnung ist nach innen oder außen möglich. Hierzulande ist der kombinierte Dreh-Kippbeschlag (bei Öffnung nach innen) am weitesten verbreitet. Darüber hinaus gibt es Schiebefenster mit senkrechter oder waagerechter Schieberichtung und Schiebetüren. Wir haben die wichtigsten Möglichkeiten in der Grafik links zusammengestellt.

Die Positionierung des Fensters in der Wand ist abhängig von der tragenden Konstruktion, an der das Fenster verankert werden muss, von der Ausbildung der Wärmedämmung und von den gestalterischen Absichten. Die verglasten Elemente müssen als Teil der gedämmten Gebäudehülle in die Dämmebene integriert werden, ohne dass dabei Wärmebrücken entstehen. Wenn die Fenster außen in der Wand liegen, ergibt sich von außen ein ruhiger, weitgehend ebener Baukörper, die Befestigung der Fenster ist dann aber nur über Abstandhalter möglich. Sitzen die Fenster mittig oder gar innenbündig in der Wand, muss eine außenliegende Dämmung über Eck in die Laibungen hineingezogen werden.

Die Tiefenlage der Fenster hat auch einen erheblichen Einfluss auf die Optionen für den Sonnenschutz. Sitzen sie außenbündig, fehlt der Platz für integrierte Jalousien oder Rollläden, diese können nur außen aufgesetzt werden, was gestalterisch meist nicht überzeugend ist. Wenn die Fenster mittig oder innenbündig angeordnet sind, ergibt sich das Erscheinungsbild einer Lochfassade. Sonnenschutzanlagen aller Art können dann problemlos in der Nische geführt werden.

Türen

Türen definieren und regulieren den Übergang vom Außenraum ins Haus, aber auch innerhalb des Hauses von Raum zu Raum. Sie bestehen aus einem beweglichen Türblatt, das mittels Beschlägen in eine in der Wand verankerte Zarge (Rahmen) befestigt ist.

Klassische Drehflügeltür im Innenbereich

Die Öffnungsarten sind weniger zahlreich als bei Fenstern: Am häufigsten sind Drehflügel, in schmalen Öffnungen einflügelig, bei breiteren Öffnungen auch zweiflügelig zu öffnen. Schiebetüren sind konstruktiv aufwändiger, nehmen aber im geöffneten Zustand fast keinen Platz weg und eignen sich daher besonders gut für kleine Räume. Asymmetrisch angeschlagene Schwenktüren oder auch Drehtüren spielen in Einfamilienhäusern keine nennenswerte Rolle.

Zusätzlich zu ihrer Funktion als Raumabschluss und zu den geforderten Eigenschaften hinsichtlich Wärme- und Schallschutz werden an Türen auch Anforderungen in Sachen Rauchdichtigkeit und Brandschutz gestellt. Dies kommt in üblichen Einfamilienhäusern meist nur bei Technikräumen vor, spielt aber im Falle einer späteren Aufteilung in mehrere Einheiten möglicherweise an den Zugängen zum

Stein auf Stein: Die Wände werden vor Ort gemauert.

Treppenhaus eine Rolle. Da Brandschutztüren in der Anschaffung relativ teuer sind, empfiehlt sich in diesem Fall aber eher später die bedarfsgerechte Nachrüstung.

Die Haustür ist Teil der klimatisch wirksamen Gebäudehülle, für sie gelten besondere technische Anforderungen hinsichtlich der Wärmedämmung, die in Klimaklassen für Türblätter festgelegt sind. Ähnlich wie bei Fenstern gibt es auch für die Lage der Eingangstür in der Außenwand verschiedene Möglichkeiten, die auf den Verlauf der Dämmebene abgestimmt sein müssen.

Bauweisen

Holz, Ziegel, Beton, Stahl – aus jedem dieser Materialien kann man Häuser bauen, und zwar sowohl nach individueller Planung als auch in den verschiedensten Bauweisen von teilweiser bis vollständiger Vorfertigung.

Die Produkte unterscheiden sich nicht notwendigerweise im Erscheinungsbild oder bei den Kosten, folgen aber ganz unterschiedlichen baukonstruktiven und fertigungstechnischen Gesetzmäßigkeiten.

Eine Vermischung der unterschiedlichen Baustoffe und Systeme in einem Baukörper ist meist nicht (oder nur nach eingehender Beratung durch einen Tragwerksplaner) ratsam, da aufgrund der verschiedenen Materialeigenschaften bezüglich Trocknung, Schwund und Setzung die Bildung von Rissen dann kaum zu vermeiden ist.

Massivbau (Mauerwerk, Beton)

Den meisten Bauherren gilt das massiv gebaute, gemauerte oder/und betonierte Haus immer noch als der Inbegriff einer dauerhaften und wertbeständigen Immobilie. Als Massivbau bezeichnet man üblicherweise das Bauen mit Mauerwerk und/oder Stahlbeton. Die zweite Bedeutung des Wortes Massivhaus, die synonym mit dem Begriff Typenhaus verwendet wird, haben wir bereits auf Seite 42 vorgestellt.

Massiv heißt meistens auch schwer. Das hat Vor- und Nachteile. Einen gewichtigen Vorteil kann eine hohe Masse beim Schallschutz ausspielen – gegen den Lärm der Außenwelt, aber auch innerhalb des Hauses. Dies kann insbesondere dann interessant werden, wenn Sie das Haus später in mehrere Einheiten aufteilen wollen.

Andererseits macht das Gewicht massiver Bauteile eine hohe Tragfähigkeit der Gründung erforderlich, die bei ungünstigen Baugrundverhältnissen zu recht hohen Kosten führen kann. Daher werden Aufstockungen bestehender Gebäude meist auch in der leichten Skelettbauweise aus Holz oder Stahl erstellt.

Bei massiv gebauten Häusern denkt man hierzulande zunächst an Mauerwerk. Hier tragen die Wände als Ganzes das Gewicht der darüber liegenden Decken und des Daches. Die Wände erhalten Öffnungen für Türen, Fenster, Leitungsführungen und Ähnliches, die üblicherweise durch Stürze überbrückt werden, um die darüber liegenden Lasten abfangen zu können.

Mauerwerk wird auf der Baustelle aus einzelnen Steinen hergestellt und benötigt daher relativ lange Erstellungszeiten. Allerdings kommen immer größere Mauersteine auf den Markt, die sich zwar aufgrund ihres Gewichts nicht mehr mit Muskelkraft, sondern nur noch mit mechanischen Hilfsmitteln versetzen lassen, aber dadurch wiederum kürzere Bauzeiten ermöglichen. Auch Mauerwerkswände lassen sich grundsätzlich in der Werkstatt vorfertigen, dieses Verfahren stößt allerdings aufgrund des hohen Gewichts der Bauteile schnell an Grenzen der Machbarkeit.

Mauerwerk ist in der Senkrechten sehr druckfest, kann aber horizontale Kräfte (wie seitlichen Druck) nur sehr begrenzt aufnehmen. Daher werden die Mauern üblicherweise über Eck kraftschlüssig verbunden oder auf andere Weise ausgesteift, in manchen Fällen auch mit Baustahl bewehrt. In erdbebengefährdeten Gebieten sind gemauerte Wände nur sehr begrenzt einsetzbar.

Häuser in Mauerwerksbauweise sind aus den genannten konstruktiven Gründen in ihren Raumzuschnitten von vornherein stark festgelegt. Auch im äußeren Erscheinungsbild hat man nur einen begrenzten Gestaltungsspielraum – meistens ergeben sich Fassaden, die von Wänden mit verschieden großen Löchern geprägt sind.

Das Baumaterial Beton ist durch seinen Herstellungsprozess besonders gut und frei dreidimensional formbar. Tragwerke aus Beton werden (ob vor Ort auf der Baustelle oder im Fertigteilwerk) immer gegossen und können sowohl als Skelette als auch als flächige Konstruktionen ausgebildet werden. Im Wohnhausbau kommen häufig Mischformen zur Anwendung, die man als „Raumgerüste aus scheiben- und stabförmigen Elementen" bezeichnen könnte. Insofern ist mit Beton nahezu alles möglich, von nahezu monolithisch gegossenen Häusern über scheibenförmig konstruierte Tragwerke bis hin zu Lochfassaden wie im Mauerwerksbau.

Stahlbeton-Tragwerke lassen sich auch aus Fertigteilen oder Halbfertigteilen zusammensetzen, die in Fabriken vorgefertigt werden. Dadurch kann man einerseits die Erstellungszeit auf der Baustelle verringern, andererseits die Betonoberflächen sichtbar lassen, da die Oberflächenqualität im Fertigteilwerk besser kontrollierbar ist als vor Ort auf der Baustelle. In diesem Fall muss man über die präzise Planung und Herstellung der Fertigteile hinaus schon in der Planung die Anordnung und Ausbildung der Fugen berücksichtigen. Nachträgliche Änderungen sind in Betonkonstruktionen nur mit erheblichen Schwierigkeiten möglich.

Trotz intensiver Entwicklungsarbeit der Betonindustrie ist es weiterhin nahezu unmöglich, Häuser mit monolithischen Außenwänden aus Stahlbeton zu realisieren, die den gültigen Bestimmungen zum baulichen Wärmeschutz genügen – schon gar nicht zu günstigen Kosten. Außenwände aus Beton müssen daher mit einer eigenen Schicht aus Dämmstoffen überzogen werden, die wiederum mit einer wetterfesten Bekleidung (Putz, Fassadenplatten o. ä.) umhüllt sein muss. Wenn die Gebäudehülle aber von außen und innen in sichtbarem Beton erscheinen soll, bleibt nur die außerordentlich aufwändige Ausbildung einer möglichst wärmebrückenfreien Kerndämmung.

Holzbauweisen (Ständer-, Rahmen-, Blockhausbau)

Holzhäuser haben in Mitteleuropa eine lange Tradition, insbesondere in waldreichen Gegenden, wo Holz als Baumaterial reichlich zur Verfügung stand und steht. Viele Menschen bringen das Wohnen in holzverkleideten Räumen mit natürlichem Charme, Gemütlichkeit und angenehmem Raumklima in Verbindung.

Darüber hinaus hat Holz als Baumaterial auch einige handfeste Vorteile:

Holz ist als einziges der gängigen Materialien für Tragwerke ein nachwachsender Rohstoff, der CO_2-neutral gewonnen werden kann und dessen Verarbeitung zu Baustoffen relativ wenig Energie benötigt. Darüber hinaus steht Holz in den meisten Gegenden Mitteleuropas reichlich zur Verfügung. Insofern kann Holzbau an sich bereits als ökologische Maßnahme bezeichnet werden.

Neben der ökologischen Wertigkeit besteht ein weiterer Vorteil des Bauens mit Holz darin, dass die Bauteile zeitlich parallel zu den Erdarbeiten und dem Bau des Kellers bzw. der Fundamente weitgehend in der Werkstatt (und somit wetterunabhängig) gefertigt werden können, was die anschließende Aufstellung des Hauses vor Ort erheblich verkürzt. Dadurch kann die Bauzeit insgesamt verringert werden.

Zudem lässt sich in Holzkonstruktionen der geforderte (oder gewünschte) Wärmeschutz

Für den Dachstuhl von Eigenheimen sind Holzbalken auch heute noch das meistverwendete Material.

meist mit dünneren Wänden realisieren als im Massivbau, da die tragenden Teile aus Holz schmaler sind und auch in sich einen besseren Dämmwert aufweisen als vergleichbare Bauteile aus Mauerwerk oder Beton. Das im Vergleich zum Massivbau geringere Gewicht von Holzkonstruktionen kann ebenfalls von Vorteil sein, wenn durch schwierigen Baugrund die maximale Lastaufnahme der Fundamente begrenzt ist. Ähnliches gilt für die Aufstockung bestehender Wohngebäude.

Das relativ geringe Gewicht der Bauteile bringt allerdings den Nachteil mit sich, dass ein erhöhter Schallschutz – nach außen und innerhalb des Hauses – meist nur mit Zusatzmaßnahmen wie Vorsatzschalen oder schweren Estrichen zu erreichen ist. Zudem erfordern Holzhäuser aufgrund der Vorfertigung ihrer Bauteile eine relativ genaue Planung sowie eine exakte Ausführung zur Sicherstellung geringer Maßabweichungen, da auftretende Fugen und Unebenheiten nicht einfach mit Putz überzogen werden können, wenn die Holzoberflächen sichtbar bleiben sollen.

Holzhäuser hatten lange Zeit den Ruf, weniger langlebig zu sein als massiv gebaute Steinhäuser. Dabei zeigen die vielen uralten Fachwerkhäuser, die sich teilweise fast unverändert seit dem Mittelalter erhalten haben, dass diese Einschätzung so nicht zutrifft. Grundvoraussetzungen für den dauerhaften Werterhalt eines Holzhauses sind allerdings der konstruktive Schutz der tragenden Teile schon bei der Planung sowie die regelmäßige gute Pflege im Bauunterhalt. Auch muss das Bauholz vor dem Einbau gut vorgetrocknet sein, um ein späteres Schwinden und Setzungen der Bauteile weitestmöglich zu vermeiden.

Schließlich führen manche Skeptiker die Brennbarkeit als Argument gegen den Bau von Holzhäusern ins Feld. Sie spielt aber bei kleinen Gebäuden aufgrund der kurzen Fluchtwege keine nennenswerte Rolle für die Sicherheit der Bewohner.

Bei Tragwerken aus Holz unterscheidet man drei grundsätzlich unterschiedliche Prinzipien: den Skelettbau, den Rahmenbau und den Massivbau.

Da Hölzer in ihrem Wuchs als Stämme entstehen, können sie besonders gut als stabförmige Bauelemente (Balken, Bretter) verarbeitet werden. Daher eignet sich Holz besonders gut für skelettförmige Tragwerke aus Stielen und Balken. Durch den Aufbau der Tragkonstruktion aus relativ schlanken stabförmigen Elementen können bei Skelettbauten der Grundriss, der Schnitt der Räume und die Fassade vergleichsweise frei gestaltet werden. Dies ermöglicht eine weitgehend freie Einteilung der Räume und große Flexibilität bei der Gestaltung der Gebäudehülle. Allerdings erfordern klassische Zimmermannskonstruktionen im Vergleich zum Rahmenbau eine sehr exakte Planung und Ausführung des meist wenigstens teilweise sichtbaren Tragwerks als auch eine etwas längere Erstellungszeit auf der Baustelle.

Im Holzrahmenbau werden Wände, Decken und Dächer als ganze Scheiben in der Werkstatt vorgefertigt, oft sogar einschließlich der Oberflächenverkleidung, der Installationen (vor allem der elektrischen Leitungen), manchmal sogar mit vorab eingebauten Fenstern. Diese Wandelemente kommen komplett auf die Baustelle und müssen dort nur noch aufgestellt und miteinander verbunden werden. Wenn die Planung und Herstellung der Elemente mit der nötigen Präzision durchgeführt wurde, geht dieser Vorgang üblicherweise sehr schnell und problemlos vonstatten. Da sie aus in sich ausgesteiften ebenen Elementen bestehen, genießen Holzrahmenbauten nicht ganz dieselben großen Freiheiten wie Skelettbauten, der Gestaltungsspielraum ist aber auch bei diesem Konstruktionssystem recht hoch.

Seit einiger Zeit erlebt auch der Hausbau aus massivem Holz eine Renaissance. Neben den traditionellen Blockhausbau, der inzwischen aufgrund der bauphysikalischen Anforderungen in zweischaliger Bauweise mit innenliegender Dämmschicht ausgeführt wird, ist als moderne Alternative das Bauen mit massiven Wänden aus Holzwerkstoffen getreten, das mit der guten alten Blockhütte nicht mehr viel gemeinsam hat. Vielmehr werden bei der modernen Massivholzbauweise mehrschichtige Bauteile aus Holzwerkstoffen (sinngemäß überdimensionale Sperrholzplatten) in Fabriken auf Maß gefertigt, zur Baustelle geliefert und dort passgenau zusammengesetzt. Konstruktiv hat diese Bauweise viel mit dem Massivbau aus Betonfertigteilen gemeinsam, sowohl was die Verarbeitung betrifft, als auch dahingehend, dass zusätzliche konstruktive Maßnahmen zur Wärmedämmung und Abdichtung nötig sind, die außen auf den hölzernen Rohbau aufgebracht werden müssen.

Holzwerkstoffe finden nicht nur in tragenden Teilen von Häusern Verwendung, sondern auch in vielen anderen Bereichen des Bauwesens. Angefangen bei Fassadenbekleidungen über Dämmstoffe und -platten, Fensterrahmen und Türen bis hin zum Innenausbau und Möbelbau ist das Material Holz aus dem Hausbau nicht wegzudenken.

Stahl im Wohnhausbau

Der Stahlbau spielt derzeit bei kleineren Wohngebäuden keine große Rolle, wird aber vereinzelt angeboten. Dies hängt einerseits mit den seit Jahrzehnten stark schwankenden Preisen für den Rohstoff Stahl zusammen, andererseits mit dem hohen Planungsaufwand für Stahlkonstruktionen. Da man Stahl außerhalb der Werkstatt kaum schweißen und anschließend mit Rostschutz versehen kann, lässt er sich bei Einfamilienhäusern nur als vorgefertigtes Traggerüst verwenden, das auf der Baustelle verschraubt wird. Die Bauteile müssen wegen der sehr geringen Maßtoleranzen höchst präzise geplant und hergestellt sein, zudem stellen sie hohe Anforderungen an die Genauigkeit der Ausführung im Rohbau.

Holz an der witterungsexponierten Außenwand muss alle paar Jahre regelmäßig gepflegt und vor Verrottung geschützt werden.

Ansonsten gelten für Stahlskelette ähnliche Vorteile wie im Holzskelettbau, vor allem die große Freiheit in der Gestaltung von Grundriss und Gebäudehülle, die aufgrund der hohen Tragfähigkeit von Stahl nur durch wenige und relativ schlanke Stützen und Träger eingeschränkt wird.

Allerdings muss hier besonders auf die Wärmedämmung geachtet werden, damit durch die Stahlträger keine Wärmebrücken entstehen. Auch dem inneren Schallschutz muss man besondere Beachtung schenken, da die inneren Wände sehr häufig in Leichtbauweise erstellt werden.

Die Gewerke am Rohbau

Am Rohbau sind nur relativ wenige Gewerke beschäftigt. Erd- und Betonarbeiten sind immer dabei, Abdichtung und Klempnerarbeiten ebenso. Mauerarbeiten und Zimmererarbeiten gibt es – in Abhängigkeit von der Bauweise – jeweils nur auf manchen Baustellen.

Die Erdarbeiten, Beton- und Mauerarbeiten sowie die Abdichtung des Kellers kann meistens derselbe Handwerksbetrieb erledigen, sie werden daher im Paket ausgeschrieben.

Erschließung und Vorbereitung

Der erste Schritt zum Hausbau ist die Grobplanie des Bauplatzes. Dabei wird zunächst der wertvolle humöse Oberboden (sofern Sie einen solchen vorgefunden haben) vorsichtig zur Seite geschoben und am Rand des Grundstücks gelagert, damit er später als Pflanzschicht für den Garten wiederverwendet werden kann. Erhaltenswerte Bäume müssen gegebenenfalls geschützt werden, damit die Rinde und tiefhängende Äste durch die Baumaßnahmen nicht leiden. Dann können das Einmessen des Hauses durch den Vermesser und der Aushub der Baugrube beginnen.

Erdarbeiten und Baugrube

Die wichtigste Voraussetzung für die Erdarbeiten ist eine möglichst genaue Kenntnis der Baugrundverhältnisse. Ist der Boden tragfähig – und wenn ja, ab welcher Tiefe? Sind die Böden weich (nicht bindig) oder fest (bindig)? Auf welcher Höhe steht das Grundwasser an?

Diese Kenntnisse sind üblicherweise nur durch ein Baugrundgutachten zu bekommen, das von einer Fachperson mittels Probebohrungen oder/und Ramm- oder Drucksondierungen erstellt wird. Durch das Gutachten erhalten Sie Informationen zum Schichtenverlauf, zu den hydrologischen Verhältnissen, vor allem aber zur Tragfähigkeit des Bodens, die sowohl der Architekt als auch der Tragwerksplaner für ihre Arbeit brauchen.

INFO

BAUGRUNDUNTERSUCHUNG MIT DEN NACHBARN

Wenn Sie in einem Neubaugebiet bauen, lohnt es sich meistens, das Baugrundgutachten gemeinsam mit einigen Nachbarn in Auftrag zu geben. Das spart dem Gutachter Arbeit (meist genügt eine Bohrung für mehrere Bauplätze) und Ihnen bares Geld.

Zudem muss entweder einer der Planer (Architekt, Fachplaner Tragwerk) oder Sie selbst herausfinden, wo die Leitungen für Wasser, Abwasser und – sofern vorhanden – Gas oder Fernwärme liegen und ob vielleicht sogar Leitungen Ihr Grundstück unterirdisch kreuzen. Welches Amt das Leitungskataster für Ihr Baugebiet führt, kann Ihnen die Bauaufsichtsbehörde sagen. Sie müssen das ohnehin wissen, um später die Grundleitungen Ihres Hauses an der richtigen Stelle anschließen zu können.

Diese Informationen sind essenziell wichtig nicht nur für die Statik des Hauses, sondern auch für die Ausbildung der Baugrube.

Folgende Bestimmungen haben mit der Arbeitssicherheit der Handwerker auf der Baustelle zu tun und müssen daher penibel eingehalten werden.

Von der Bodenbeschaffenheit hängt ab, in welchem Winkel das Erdreich angeschnitten werden kann – und die Menge des Aushubs ist ein nicht unwichtiger Kostenfaktor. Bei weichen Böden darf die Böschungsneigung maximal 45 Grad betragen, bei festeren (bindigen) Böden sind 60 Grad möglich, steiler geht´s nur bei sehr festen, felsigen Böden. Ist die Baugrube tiefer als zwei Meter, muss die Böschung in Stufen angelegt werden, bei mehr als fünf Metern wird sogar ein Standsicherheitsnachweis für die Böschung erforderlich.

Die Baugrube muss rund um den Grundriss Ihres künftigen Hauses hinaus einen Arbeitsraum von mindestens 0,50 Metern (besser sind 0,80) aufweisen, in dem man um die Fundamente und Kellerwände herumgehen kann. Auch am oberen Rand der Baugrube ist ein Arbeitsraum von mindestens 0,60 Metern freizuhalten.

Soll Ihr Haus nahe an einer Grundstücksgrenze oder an der Straße stehen? Dann müssen Sie vermeiden, dass die Baugrube aus Ihrem Grundstück auf diese Flächen ausgreift – oder sich vom Nachbarn und/oder der Gemeinde schriftlich bestätigen lassen, dass Sie sein/ihr Grundstück für Ihre Baugrube befristet nutzen dürfen. Achtung: Besondere Vorsicht ist geboten, wenn die Grube in der Nähe von bestehenden Fundamenten ausgehoben wird.

Dann geht nichts ohne die Beratung eines Tragwerksplaners.

Wenn eine übliche Böschung auf Ihrem Grundstück gar keinen Platz hat, müssen Sie die Baugrube durch eine senkrechte Wand vor dem Abrutschen sichern. Diese Wand wird Verbau genannt und kann aus vorgefertigten Spundwänden, Bohrpfählen oder einer Kombination aus Stahlträgern und Holzbohlen (sogenannter „Berliner Verbau") bestehen. Auch hierfür ist die Beratung und Berechnung durch einen Tragwerksplaner unerlässlich.

INFO

BEWEISSICHERUNG BEI NACHBARHÄUSERN

Falls Ihr Haus in unmittelbarer Nähe von bestehenden Nachbarhäusern gebaut werden soll, empfiehlt es sich, vor Beginn der Erdarbeiten zusammen mit Ihren Nachbarn deren Häuser kurz in Augenschein zu nehmen und auf vorhandene Risse zu untersuchen. Nehmen Sie nach Möglichkeit Ihren Tragwerksplaner mit und dokumentieren Sie vorhandene Risse fotografisch. So können Sie verhindern, dass Nachbarn später vorhandene Schäden Ihrer Baustelle anlasten und versuchen, Sie für die Sanierung verantwortlich zu machen.

Bei dieser Baugrube gibt es keine Probleme mit der Bodenqualität und dem Grundwasser.

Wenn das energetische und technische Konzept Ihres Hauses eine Wärmepumpe mit Erdwärmekollektoren, einen gedämmten Wassertank als Wärmespeicher oder auch eine Zisterne vorsieht, müssen die dafür erforderlichen Bauteile schon bei den Erdarbeiten berücksichtigt und ihr Einbau vorbereitet werden, sofern sie nicht im oder unter dem Haus vorgesehen sind.

Gebäude müssen „frostfrei" gegründet werden, um das Risiko zu minimieren, dass im Boden unter dem Haus Wasser zu Eis gefriert, dadurch sein Volumen vergrößert und die tragenden Bauteile nach oben drückt. In Deutschland liegt die sogenannte frostfreie Tiefe je nach Region bei 0,80 bis 1,20 Meter unter der Geländeoberfläche. Wenn Ihr Haus einen Keller erhalten soll, ist eine frostfreie Gründung kein Problem – bei nicht unterkellerten Häusern müssen entweder die tragenden Fundamente in frostfreie Tiefe gegründet oder eine umlaufende Frostschürze bis zu dieser Tiefe ausgebildet werden.

Betonarbeiten

Kaum ein Haus kommt heutzutage ohne Beton aus. Selbst Holzhäuser brauchen Fundamente und eine Bodenplatte, die meist aus Stahlbeton hergestellt werden. Auch oberhalb des Kellers ist Beton weit verbreitet als Material für Decken, Stützen, Treppen, Fensterstürze und ähnliches. Besonders in Gebieten mit hohem Erdbebenrisiko kommt es häufig vor, dass selbst einfache Wohnhäuser komplett aus Beton gebaut werden, damit das Tragwerk im Erdbebenfall die horizontalen Kräfte der Erdstöße auffangen kann. Beton ist als Werkstoff frei formbar, weil er in Schalungen mit nahezu beliebiger Form gegossen werden kann. Konstruktiv eignet er sich sowohl für scheibenförmige (aus Wänden bestehende) als auch für skelettförmige (aus Stützen und Balken zusammengesetzte) Tragsysteme.

Von den vielen verschiedenen Arten von Beton spielen im Bau von Einfamilienhäusern nur zwei eine nennenswerte Rolle: der normale Stahlbeton (den wir in diesem Buch einfach Beton nennen) und der Leichtbeton. Spannbeton, Faser- und Textilbeton sind aufgrund der geringen Spannweiten selten erforderlich und meist zu aufwändig.

Durch poröse Gesteinskörnung aus Blähton oder Blähschiefer ist Leichtbeton nicht nur leichter als Normalbeton, sondern hat auch erheblich bessere Wärmedämmeigenschaften. Dies macht ihn für Gebäude mit bis zu zwei Geschossen zu einer interessanten Alternative auch für tragende Wände und Decken.

Über die Materialeigenschaft hinaus gibt es große Unterschiede in der Verwendungsweise. Alle aus Beton hergestellten Bauteile können vor Ort auf der Baustelle in eigens angefertigten Schalungen mit Stahlmatten bewehrt und dann gegossen werden – man nennt dieses übliche Verfahren Ortbeton. Nach Möglichkeit sollte die Umgebungstemperatur beim Betonieren nicht unter fünf Grad Celsius liegen, sonst müssen besondere Zuschlagstoffe verwendet werden.

Dieses Problem tritt nicht auf, wenn man Bauteile in Fabriken vorfertigen und als Fertigteile auf die Baustelle liefern lässt. Die mögliche Größe der Fertigteile bemisst sich nicht aus der Fertigung selbst, sondern aus der Transportfähigkeit – der maximalen Zuladung und Breite der Transportfahrzeuge. Durch ihre Vorfertigung unter kontrollierten Bedingungen weisen Betonfertigteile üblicherweise eine glatte, homogene Oberfläche auf, die man entweder sichtbar belassen oder kostengünstig spachteln und streichen lassen kann.

INFO

SICHTBARE BETON-OBERFLÄCHEN SCHÜTZEN

Achten Sie darauf, dass alle Betonoberflächen, die später sichtbar bleiben sollen, während der Bauzeit gut geschützt sind. Dies können Sie zum Beispiel durch Abdecken mit Folien (bei Treppen, die während der Bauzeit begangen werden, besser durch Verkleidung mit Sperrholz) erreichen – oder Sie hängen zumindest warnende Schilder auf. Anderenfalls lässt sich kaum vermei-

Sichtbeton ist im Wohnbereich von Eigenheimen immer noch selten anzutreffen, weil er eine eher kühle Raumatmosphäre schafft.

den, dass Handwerker (versehentlich) Kanten abschlagen oder (unwissend) auf Sichtbetonwänden zeichnen oder schreiben.

Baustoffkunde Beton

Beton ist ein Gemisch aus Zement, Gesteinskörnung (früher Zuschlag genannt), Wasser und Zusatzstoffen. Der Zementleim (die Mischung aus Zement und Wasser) ist für die Festigkeit des Baustoffs zuständig, indem er in die Lücken zwischen den beigemischten Steinkörnern fließt und dort zu hochfestem Zementstein abbindet. Die Zuschläge von Kies, Splitt oder Sand werden in ausgewogenen Körnungen beigemischt, um den Porenanteil im Beton zu minimieren. Der Wasseranteil ist für jede Betonsorte vorgeschrieben, denn zu viel Wasser vermindert die Festigkeit, zu wenig kann zur Vertrocknung führen und ebenfalls die Festigkeit einschränken. Durch Anpassung der Rezeptur sind die technischen Eigenschaften des Betons planbar. Beton wird üblicherweise in Mischanlagen hergestellt und mit Mischfahrzeugen auf die Baustelle geliefert und dort in vorbereitete Schalungen eingebracht.

Eine gängige Mischform sind Halbfertigteile, die im Werk einseitig oberflächenfertig hergestellt werden, während auf der Gegenseite die Bewehrung aus dem Bauteil herausragt. Halbfertigteile (manchmal auch Filigranplatten genannt) werden entweder als Decken horizontal verlegt und anschließend auf der Oberseite mit flüssigem Beton auf die gewünschte Deckenstärke aufgefüttert. Vertikal kann man sie als doppelte Wände aufstellen und mittig mit Beton ausgießen. Halbfertigteile bringen weniger Feuchtigkeit in die Baustelle ein als Ortbeton, sparen Bauzeit und weisen durch ihre Vorfertigung unter kontrollierten Bedingungen üblicherweise eine glatte, homogene Oberfläche auf, die man sichtbar lassen oder kostengünstig spachteln und streichen lassen kann. Trotz ihrer allgemein guten Eigenschaften sind sie nicht jedermanns Geschmack.

Erste Verwendung von Beton auf Ihrer Baustelle dürften die Fundamente sein, die sinngemäß verbreiterte Wand- oder Stützenfüße darstellen, die in eigens ausgehobenen Gräben oder Gruben (oft ohne Schalung) betoniert werden. Die muss Ihr Tragwerksplaner vor Baubeginn in ihrer Größe und (sofern erforderlich) Bewehrung genau berechnen, damit sie die Lasten aus dem geplanten Haus aufnehmen und in den Boden ableiten können. Je nach Konstruktion Ihres Hauses kommen streifenförmige (unter Wänden) oder punktförmige Fundamente (unter Stützen) zum Einsatz. Dazwischen wird die Bodenplatte auf einer Sauberkeitsschicht auf den Baugrund betoniert. Nur bei schlechtem Baugrund und besonders großen Lasten (die im Einfamilienhausbau üblicherweise nicht auftreten) lohnt sich ein Plattenfundament, in dem Fundamente und Bodenplatte in einem flächigen Bauteil zusammengefasst sind.

Die Bodenplatte und die Kellerwände, die häufig aus Gründen der konstruktiven Homogenität ebenfalls aus Beton erstellt werden, müssen gegen Regenwasser am Gebäudesockel und gegen drückendes Wasser aus dem Erdreich abgedichtet werden. In den meisten Fällen genügen dafür die üblichen äußeren Abdichtungsmaßnahmen, die im nächsten Kapitel ab Seite 284 näher erläutert sind.

Eine wasserundurchlässige Betonwanne ist nur dann erforderlich, wenn das Haus im Grundwasser gegründet werden soll (Achtung: in diesem Fall brauchen Sie für die Gründung eine wasserrechtliche Genehmigung von der zuständigen Behörde) oder mit dauerhaft stehendem Schichtenwasser zu rechnen ist. Die dafür übliche Bauweise heißt „Weiße Wanne“, sie übernimmt in einem Bauteil vereint die Trag- und die Dichtungsfunktion. Sie besteht aus einer Kombination aus besonders hochwertigem und stark bewehrtem Beton und speziell ausgebildeten Fugen (insbesondere zwischen Bodenplatte und Wänden), die nur von Fachfirmen hergestellt werden sollten.

Trotz intensiver Entwicklungsarbeit der Betonindustrie mit dem Ziel, durch Zuschlagstoffe wie Blähton gute Wärmedämmwerte zu erzielen, ist es weiterhin sehr schwierig, Häuser mit monolithischen Außenwänden aus Stahlbeton zu realisieren, die den gültigen Bestimmungen zum baulichen Wärmeschutz genügen. Außenwände aus Beton müssen daher mit einer eigenen Schicht aus Dämmstoffen überzogen werden, die wiederum mit einer wetterfesten Bekleidung (Putz, Fassadenplatten o.ä.) umhüllt sein muss. Um die tragende Massivwand als baulichen Speicher für Wärme und Kühle nutzen zu können, sollte die dämmende Schicht außerhalb der tragenden Schicht zu liegen kommen. Diese Art von mehrschichtigen Aufbauten muss genau aufeinander abgestimmt sein, um Schäden zu vermeiden. Wenn die Gebäudehülle von innen und außen in sichtbarem Beton erscheinen soll, bleibt nur die sehr aufwändige Ausbildung einer möglichst wärmebrückenfreien Kerndämmung.

Geschossdecken und horizontale Dachplatten werden sehr häufig aus Beton gebaut, da die hohe Masse gute Schallschutzeigenschaften hat und sich mit dem monolithischen Material Beton auch schwierige Grundrissgeometrien leicht überspannen lassen. Allerdings ist die Erstellung von horizontalen Platten in Ortbeton relativ aufwändig, da sie vor dem Betonieren vollflächig eingeschalt, von unten mit verstellbaren Stahlständern gesichert und auf der Schalung mit Stahlmatten bewehrt werden müssen. Daher bewährt sich besonders bei massiven Decken der Einsatz von Fertigteilen oder Halbfertigteilen, durch den sich oft Kosten und Bauzeit einsparen lassen.

Bei Häusern mit Flachdächern wird oft die Dachplatte wie die darunterliegenden Decken

Frisch gegossene Geschossdecke aus Beton

im Massivbau erstellt. Dafür sprechen sowohl die einfachere Statik als auch der Umstand, dass man dann auf das Gewerk Zimmererarbeiten ganz verzichten kann und dadurch Kosten und Zeitaufwand für Ausschreibung, Baustelleneinrichtung etc. spart. Dagegen spricht hingegen einerseits das höhere Gewicht der Konstruktion und die Tatsache, dass der Dachaufbau aufgrund der Dämmung dicker werden muss.

Auskragende Bauteile wie Balkone und Wintergärten müssen entweder rundum gedämmt oder mit wärmegedämmten Sonderkonstruktionen (bekannt unter dem Namen Isokorb) in die Deckenstirn verankert werden, damit die auskragende Platte nicht als Wärmebrücke wirkt. Wenn der Balkon oberhalb eines geheizten Aufenthaltsraums liegt, muss er mit einem vollständigen Flachdach-Aufbau belegt werden, der die Wärmedämmung und Ableitung des Oberflächenwassers sicherstellt.

Abdichtungsarbeiten

Die Abdichtungsarbeiten werden üblicherweise zusammen mit den Betonarbeiten von derselben Firma erledigt. Das Ziel ist es, den Keller gegen den Eintritt von Wasser abzudichten, das bei Regenfällen, als Schichtenwasser oder Grundwasser gegen die Kellerwände drücken kann.

Gegen normale Beanspruchungen durch kurzzeitigen schwachen Wasserdruck verwendet man üblicherweise entweder einen Deckanstrich auf Bitumenbasis oder eine ein- bis zweilagige Beschichtung aus Bitumenbahnen oder Kunststoff-Dichtungsbahnen. Der Untergrund muss eben sein (gemauerte Wände brauchen dafür eine Lage Putz), die Außenseiten der Abdichtung müssen gegen mechanische Beanspruchung geschützt werden, zum Beispiel durch eine Bautenschutzmatte.

Bei stärkeren hydrostatischen Beanspruchungen, die durch anstehendes Grundwasser oder stehendes Schichtenwasser auftreten können, lässt sich das Eindringen von Wasser nur durch besondere Maßnahmen verhindern. Als Alternative zur „Weißen Wanne" aus Beton, die wir bereits besprochen haben (→Seite 283), steht die „Schwarze Wanne" zur Verfü-

Werden auskragende Bauteile wie Balkone mit wärmegedämmten Sonderkonstruktionen in die Deckenstirn verankert, können damit unerwünschte Wärmebrücken vermieden werden.

gung, bei der die Dichtigkeit über mehrere Lagen Bitumenbahnen (optional in Kombination mit Kunststoff-Dichtungsbahnen) sichergestellt wird, die von außen auf die Kellerwände aufgebracht werden. Zusätzlich gelten besonders hohe Anforderungen an die Eindichtung von Anschlüssen, Bewegungsfugen und Durchdringungen. Achten Sie auf eine sorgfältige und schadenfreie Ausführung, bevor die Dämmung aufgebracht wird!

Anschließend werden die gedichteten Kellerwände – sofern sie nicht aus wärmedämmenden Materialien gebaut sind – mit einer Perimeterdämmung aus druck- und wasserbeständigen Dämmstoffen (geeignet sind vor allem Polystyrol-Hartschaum und Schaumglas) beklebt. Durch die feste Verklebung können sie sich nicht verschieben, wenn rund um den Keller die Drainagerohre verlegt werden und die Baugrube aufgefüllt wird – direkt am Haus mit wasserdurchlässigem Kies, weiter außen mit der seitlich gelagerten Erde.

Mauerarbeiten

Mauerwerk ist eine Verbundkonstruktion aus Steinen und Mörtel. Da die Steine (mit Ausnahme von Natursteinen) in Fabriken hergestellt und zur Baustelle geliefert werden, kann man von einer teil-vorgefertigten Bauweise sprechen, die auf einer jahrtausendealten Tradition beruht. Das Erscheinungsbild von Mauerwerkswänden hängt ab vom Steinmaterial mit seiner Farbe, Größe und Proportion sowie von der Art der Fügung. Wir haben die wichtigsten Sorten von Mauersteinen in der Tabelle „Mauerwerk“ auf Seite 287 zusammengefasst.

Die ökologischen Unterschiede der gängigen Materialien bestehen vor allem in der Energiemenge, die zu ihrer Herstellung benötigt wird – diese variiert von Material zu Material erheblich. Schädliche Einflüsse von Wandbaustoffen auf die Gesundheit bei Nutzung des Wohnhauses sind nicht bekannt. Als Entscheidungsgrundlage sollten Sie neben persönlichen Vorlieben vor allem die bauphysikalischen Eigenschaften wie Gewicht, Wärmeleitfähigkeit und Schallschutz bedenken, was sich auch auf die Baukosten deutlich auswirken kann.

Mauersteine und -ziegel aus allen genannten Materialien werden in zahlreichen Abmessungen mit verschiedenen Druckfestigkeiten, Rohdichten und Wärmeleitfähigkeiten angeboten. Das traditionelle oktametrische Maßsystem (ein Meter wird horizontal und vertikal in acht gleiche Teile eingeteilt, jede Fuge hat eine festgelegte Breite – daraus ergeben sich die

Abmessungen des einzelnen Steins) geht aus von menschlichen Maßen: Der Verarbeiter soll in einer Hand den Stein, in der anderen die Kelle halten können. Es hat eine lange Tradition, ist auch weiterhin gebräuchlich – allerdings sind durch höhere Anforderungen an Wanddicken zusätzliche Steintiefen hinzugekommen, die sich nicht am oktametrischen Maßsystem orientieren. Die ebenfalls angebotenen überhohen Mauersteine (unter anderem aus Kalksandstein) lassen sich zwar sehr schnell aufschichten – aber aufgrund ihres hohen Gewichts geht das oft nur mit der Hilfe eines kleinen mechanischen Krans, den die Maurer auf jedes Geschoss mitnehmen.

Die konstruktiv einfachste Massivbauweise ist das Bauen mit einschaligem, beidseitig verputztem Mauerwerk. Zu den Vorteilen gehören ein homogener Wandaufbau, einfach berechenbare bauphysikalische Eigenschaften und eine einfache Verarbeitung. Allerdings kann diese Bauweise die gültigen Vorschriften zur Wärmedämmung nur bei Verwendung bestimmter Materialstärken (das heißt relativ dicker Wände) und Konstruktionsweisen einhalten. Alternativ zu konventionellem Mauerwerk aus Ziegelsteinen kann man auch Hohlblocksteine aus Porenbeton und Leichtbeton verwenden, die allerdings aufgrund ihrer geringen Rohdichte beim Schallschutz nicht so leistungsfähig sind.

Zur Verbesserung der Wärmedämmeigenschaften und zur Gewichtsreduktion wurden von der Ziegelindustrie gelochte Mauersteine entwickelt, die unter dem Namen Hochlochziegel weite Verbreitung gefunden haben. Durch Optimierungen der Zuschlagstoffe – die für die Porosität des Materials sorgen – und der Lochstruktur lassen sich mit einschaligen Außenwänden aus diesen Ziegeln gute Wärmedämmwerte erreichen.

Eine weitere Verbesserung des Wärmeschutzes bieten spezielle gelochte Ziegel, bei denen die Hohlräume schon in der Herstellung mit Perlit oder Mineralfaser gefüllt werden. Diese können in einschaliger Bauweise sogar die Anforderungen für Niedrigenergiehäuser erfüllen.

Da die Mörtelfugen wärmetechnische Schwachpunkte darstellen, eignen sich für Außenwände ohne zusätzliche Dämmschicht allerdings nur solche Steine, die horizontal im

Dicke Außenwände aus gebrannten Hochlochziegeln wurden hier vor Ort gemauert.

Mauerwerk

Mauerstein	Rohstoffe	Anwendungen	Tragfähigkeit	Bauphysik	Besonderheiten
Vollziegel	Ton	Wände aller Art	Mittel bis hoch	Gute Wärmespeicherung, Schalldämmung und Feuchteregulierung	Sehr breite Auswahl
Hochlochziegel	Ton	Wände aller Art; besonders Außenwände	Niedrig bis mittel	Gute Wärmedämmung	Auch als Langlochziegel erhältlich (horizontale Löcher)
Gefüllte Hochlochziegel	Ton, Füllung Perlit o.ä.	Wände aller Art; besonders Außenwände	Niedrig bis mittel	Sehr gute Wärmedämmung	In monolithischer Bauweise für Passivhausstandard geeignet
Klinker	Ton	Sichtbare Außenwand-Verblendungen	Hoch bis sehr hoch	Gute Wärmespeicherung und Schalldämmung, schlechte Wärmedämmung	Frostbeständig und sehr widerstandsfähig
Kalksandstein	Kalziumoxid, Sand	Wände aller Art; Außenwände nur mit Zusatzdämmung; dann auch sichtbare Außenwandverblendungen	Hoch bis sehr hoch	Gute Wärmespeicherung, Schalldämmung und Feuchteregulierung, schlechte Wärmedämmung	Hohes Gewicht, gute Ökobilanz durch geringen Ressourcenverbrauch
Porenbetonstein	Kalk- oder Zementmörtel	Wände aller Art	Niedrig bis mittel	Schlechte Schalldämmung; gute Wärmedämmung	Relativ geringes Gewicht
Mauerstein aus Beton	Beton	Wände aller Art	Mittel bis sehr hoch	Gute Wärmespeicherung und Schalldämmung, schlechte Wärmedämmung	Als Beton-Werkstein auch mit hochwertigen Sichtoberflächen erhältlich
Mauerstein aus Leichtbeton	Beton	Wände aller Art	Niedrig bis mittel	Schlechte Schalldämmung; gute Wärmedämmung	Relativ geringes Gewicht
Naturstein	Naturstein	Gartenmauern; sichtbare Außenwand-Verblendungen	Je nach Gesteinsart sehr unterschiedlich	Meist schlechte Wärmedämmung	Für tragende Wände nur in Ausnahmefällen geeignet

Dünnbett vermörtelt werden und deren vertikaler Verbund über verzahnte Stoßfugen funktioniert.

Wenn Sie auch von außen das Bild von sichtbarem Mauerwerk erreichen wollen, müssen Sie mit einem zweischaligen Wandaufbau arbeiten: Vor die innere Mauerwerksschale kommt eine Kerndämmung, davor dann eine (meist recht dünne) Verblendung, die nur sich selbst trägt und mit rostfreien Stahlankern durch die Dämmschicht hindurch in der tragenden Wand verankert werden muss. Für die Verblendung sind normale Mauerziegel allerdings aufgrund ihrer Feuchtigkeitsaufnahme nicht geeignet. Man verwendet stattdessen Klinker – Ziegel, die bis zur Sinterung gebrannt sind, dadurch eine hohe Rohdichte aufweisen und kaum Feuchtigkeit aufnehmen, was sie frostbeständig macht. Sie sind sehr druckfest und widerstandsfähig gegen mechanische und chemische Belastungen und eignen sich daher besonders gut für stark beanspruchte Fassaden.

Die Suche nach zeit- und kostensparenden Bauweisen hat auch vor dem Mauerwerk nicht Halt gemacht. Es wurden Methoden entwickelt, ganze Wände in Fabriken voll- oder halbautomatisch vorzufertigen (oft einschließlich eingelegter Leitungskanäle) und zum Einbau auf die Baustelle zu liefern. Der Vorteil handlicher Bauteile geht dabei verloren zugunsten von zeitsparender Herstellung, die nicht wie andere Mauerarbeiten auf gutes Wetter auf der

Vorgefertigte Elemente für Ziegeldächer werden hier montiert.

Baustelle angewiesen sind. Nicht alle Materialien eignen sich für die Vorfertigung.

Es klingt zunächst erstaunlich, aber auch Geschossdecken lassen sich in Mauerwerk erstellen. Dabei werden entweder schmale Deckenplatten (zum Beispiel aus Porenbeton) auf Wände aufgelegt oder armierte Betonrippen von Wand zu Wand gespannt und mit Hohlkörpern (wie Langlochziegeln) belegt, danach die Zwischenräume mit Beton ausgegossen. Vorteile dieser Bauweise sind neben der allgemeinen Eigenschaften der Baustoffe die relativ kurze Bauzeit und das geringe Gewicht der einzelnen Bauteile – dadurch eignen sich diese Decken auch für schlecht zugängliche Baustellen.

Den Schornstein rechtzeitig planen!

Braucht Ihre Heizungsanlage einen Schornstein? Oder träumen Sie von einem offenen Kamin, einem Kaminofen oder Kachelofen? Dann müssen Sie bei der Planung so früh wie möglich den Platz dafür festlegen und den Rauchabzug einplanen – auch wenn der Ofen erst später kommen soll. Schornsteine müssen senkrecht nach oben geführt werden (sonst „ziehen" sie nicht) und brauchen daher auch in den darüberliegenden Geschossen ihren Platz. Wie groß der Schornstein wird und welchen Aufbau (ein- oder zweizügig? Mit oder ohne Dämmung?) er sinnvollerweise hat, hängt davon ab, welche Art von Feuerstätte Sie später daran betreiben wollen. Lassen Sie sich frühzeitig beraten, sowohl von Ihrem Heizungs- oder Ofenbauer als auch vom zuständigen Schornsteinfeger (die Adresse hat Ihre Bauaufsichtsbehörde), der den Schornstein auch im Rohbau abnehmen muss.

Die Mauerarbeiten können auch im Innenausbau noch beschäftigt sein, wenn Sie sich bei den nicht tragenden Wänden für Mauerwerk entscheiden. Dafür eignen sich sowohl alle Arten von Mauersteinen, die wir aufgezählt haben, als auch Gips-Wandbauplatten (bekannt unter dem Namen Gipsdielen), die in Außenwänden üblicherweise nicht zum Einsatz kommen.

Aufgrund ihres relativ hohen Gewichts müssen die Lasten aus gemauerten Innenwänden schon im statischen System berücksichtigt werden, insbesondere bei der Dimensionierung der Decken. Im Trockenbau-Verfahren errichtete Leichtbauwände sind im Vergleich dazu erheblich leichter und daher flexibler einsetzbar (siehe Seite 277).

Zimmererarbeiten

Alle bisher beschriebenen Holzbauweisen (Seiten 277 f) werden von Zimmereibetrieben aufgestellt, aber nicht jede Zimmerei kann alle Systeme anbieten. Bei der Auswahl helfen Ihnen erfahrene Architekten oder Recherchen im Internet, zum Beispiel bei den zentralen Portalen der Holzindustrie und der Fachverbände

Holz ist ein organischer Werkstoff und insofern nicht unbegrenzt haltbar. Es muss vor dem Einfluss von Witterung, Feuchtigkeit sowie dem Angriff von Pilzen und Insekten geschützt werden. Wo die Holzfeuchte über längere Zeit oberhalb von 20 Prozent liegt, ist die Gefahr von schädlichem Pilzbefall besonders hoch. Holzschutz kann sowohl durch sinnvolles Konstruieren als auch durch physikalischen Oberflächenschutz oder durch chemische Behandlung erreicht werden. Sinnvoll ist eine Kombination aus allen Verfahren. Die zuständige Norm legt den Schwerpunkt auf den konstruktiven Holzschutz, um den Einsatz von physikalischen und chemischen Holzschutzmitteln auf ein Minimum zu reduzieren.

- Der vorbeugende **KONSTRUKTIVE HOLZSCHUTZ** verfolgt das Ziel, die Konstruktion vor Feuchte zu schützen und Verformungen tragender Teile durch Quellen und Schwinden möglichst auszuschließen. Zu den üblichen Maßnahmen gehören neben der Auswahl der richtigen Holzsorte und des Holzbestandteils (man sollte widerstandsfähiges Kernholz bevorzugen) die Abdichtung der Bauteile von außen und innen sowie die konsequente Hinterlüftung des Wetterschutzes. Bewitterte Bauteile (wie freistehende Stützen im Außenbereich) dürfen keinen direkten Bodenkontakt haben, was durch Aufständerung der Stützenfüße in Schuhen aus verzinktem Stahl erreicht werden kann. Darüber hinaus haben sich der Einsatz von Dachüberständen, die Vermeidung horizontaler Fugen, die Abdeckung gefährdeter Bauteile durch Bleche und die Verwendung von schrägen Anschnitten als Tropfkanten bewährt.
- Als **PHYSIKALISCHEN HOLZSCHUTZ** bezeichnet man Imprägnierungen, Lasuren und Lacke, die den Feuchtehaushalt von hölzernen Bauteilen regulieren helfen und sie vor ultravioletter Strahlung schützen. Darüber hinaus können sie für die farbliche Gestaltung des Hauses eingesetzt werden. Sie enthalten in der Regel keine Biozide und sind daher kein chemischer Holzschutz.
- Der vorbeugende **CHEMISCHE HOLZSCHUTZ** hat sich in den vergangenen Jahrzehnten stark gewandelt und ist hinter den konstruktiven Holzschutz zurückgetreten. Er kommt nur noch zum Einsatz an Stellen, wo die Holzfeuchte langfristig über 20 Prozent liegt oder ein Befall durch Insekten nicht dauerhaft zu verhindern ist. Die Holzschutzmittel enthalten Biozide (Gifte) und sollten daher streng zweckgebunden und nur von Fachfirmen verarbeitet werden.

Ebenso wie Wände und Decken können auch Dachtragwerke in jeder der beschriebenen Holzbauweisen erstellt werden. Am weitesten verbreitet sind Dachstühle im Holzskelettbau, die sich wiederum nach verschiedenen Prinzipien konstruieren lassen: Sparrendächer und Kehlbalkendächer (siehe links) haben begrenzte Einsatzmöglichkeiten bezüglich Dachneigung

Gut gebaute Dachstühle sehen schon im Rohbau so schön aus, dass man sie am liebsten gar nicht mehr verkleiden würde.

und -spannweite und sind daher im Einfamilienhausbau selten geworden. Üblich sind Pfettendächer, deren Haupttragwerk parallel zu First und Traufe konstruiert ist. Sie sind gleichzeitig flexibel und wirtschaftlich und bieten gute Voraussetzungen für Aufbauten und Öffnungen. Da diese aber sowohl ins Geld gehen (→ „Kostengünstig bauen", Seite 30) als auch an ihren Anschlusspunkten schadenanfällig sind, sollte man versuchen, sie auf ein Minimum zu begrenzen.

Aufgrund des Schichtenaufbaus eines üblichen Pfettendachs ist es sinnvoll, die Längspfetten im Dachgeschoss sichtbar zu lassen. Sichtbare Sparren sind hingegen nur möglich, wenn die Dämmung oberhalb der Sparren sitzt – dadurch wird das Dach dicker und teurer.

Pfettendach

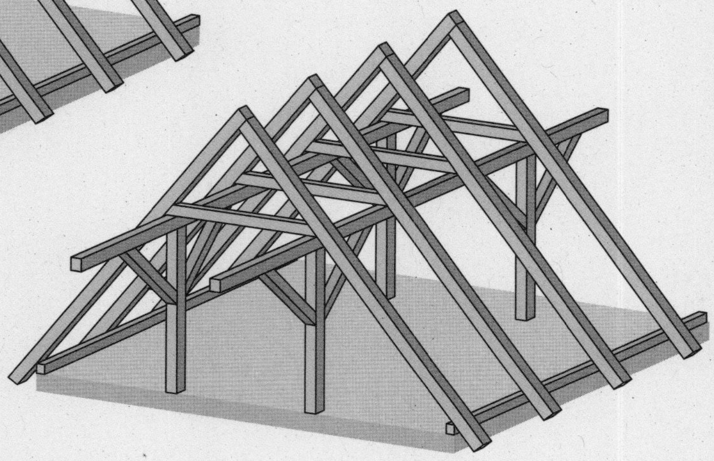

Zweifach stehendes Pfettendach

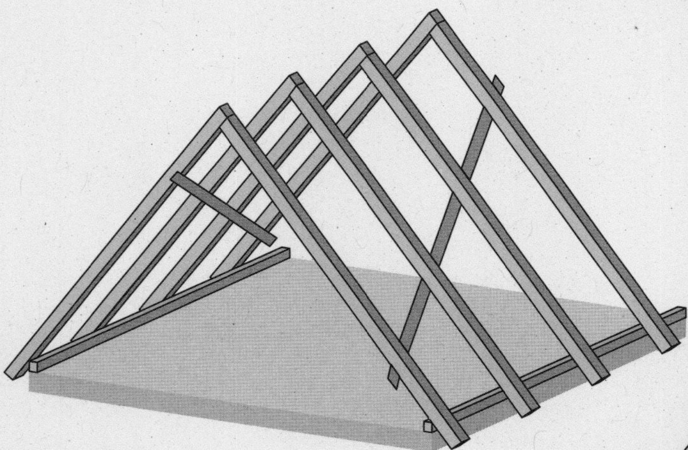

Sparrendach

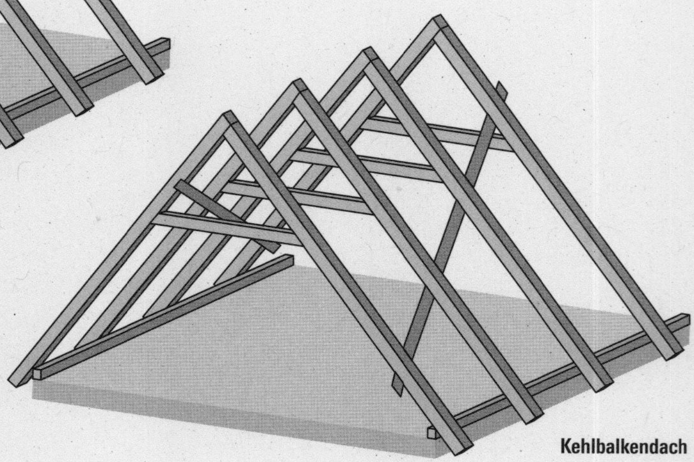

Kehlbalkendach

Das Richtfest

Mit dem Richtfest (in manchen Gegenden auch Hebfeier, Hebauf oder Aufschlagfest genannt) feiern gemäß einer jahrhundertealten Tradition alle am Bau Beteiligten gemeinsam, dass das Aufstellen des Dachstuhls fertiggestellt und damit ein wichtiger Meilenstein im Rohbau erreicht ist.

- **WER FEIERT?** Gastgeber ist der Bauherr – in doppeltem Sinne: Er lädt zum Richtfest ein und bezahlt es auch vollständig (meist wird sogar der Richtbaum oder -kranz eigens in Rechnung gestellt). Gäste sind die Architekten und Fachplaner, die bis dahin beschäftigten Handwerker und natürlich Verwandte und Freunde der Bauherrschaft. Es ist darüber hinaus eine gute Idee, Ihre künftigen Nachbarn einzuladen und sich damit schon im Wohngebiet positiv bekannt zu machen.
- **WANN WIRD GEFEIERT?** Als Termin hat sich der erste Freitagnachmittag nach Fertigstellung des Dachstuhls bewährt, die Uhrzeit direkt nach dem üblichen Feierabend der Zimmerleute. Wenn das nicht möglich ist, kann es auch ein anderer Wochentag sein.
- **WO WIRD GEFEIERT?** Die eigentliche Zeremonie mit dem Richtspruch hat ihren natürlichen Platz auf der Baustelle: Die Handwerker stehen auf dem Dach, die Bauherrschaft mit ihren Gästen unten vor dem Haus. Der anschließende Richtschmaus sollte nach Möglichkeit ebenfalls im Haus stattfinden – im Winter oder bei schlechtem Wetter entweder im Keller oder in einem mit Planen geschützten Wohnraum, den Sie jeweils mit Heizlüftern auf eine erträgliche Temperatur bringen sollten. Nur wenn das ganz unmöglich erscheint, sollten Sie in ein nahegelegenes Gasthaus ausweichen.
- **WIE LÄUFT ES AB?** Vor der Zeremonie befestigen die Zimmerleute einen mit bunten Bändern oder Tüchern geschmückten kleinen Richtbaum oder Richtkranz am höchsten Punkt des Daches. Nach einer Begrüßung durch den Bauherren spricht ein Zimmermann (üblicherweise der Firmeninhaber oder der Polier) den Richtspruch, prostet den Gästen zu und wirft das geleerte Glas mit Schwung auf den Boden, damit die Scherben der Baustelle Glück bringen. Dann versammeln sich alle Beteiligten und essen und trinken gemeinsam. Zwischendurch freut man sich über (kurze und freundliche) Reden von Bauherr und Architekt, die das bisher Geschaffte würdigen.

Der Dachstuhl ist fertig erstellt: Zeit für das Richtfest.

- **WAS GIBT'S ZUM ESSEN UND TRINKEN?** Das bleibt natürlich den Vorlieben der gastgebenden Bauherrschaft überlassen. Üblich sind Fleischkäse, Würstchen, Kartoffelsalat oder ähnliche einfache Hausmannskost sowie Bier, Sprudel und Limonade, danach vielleicht noch Kaffee und Kuchen.

Meistens verlassen die Zimmerleute nicht gleich nach dem Richtfest die Baustelle, sondern bringen noch die Wärmedämmung des Dachstuhls sowie die Unterkonstruktion für die Dachdeckung an. Diese hängt von der gewählten Dachdeckung ab, wie wir im folgenden Kapitel zeigen. Die für geneigte Dächer geeigneten Dämmstoffe haben wir in der Tabelle auf Seite 192 aufgelistet. Viele Zimmerer arbeiten auch als Dachdecker und können Ihnen die eigentliche Deckung mit anbieten. Manchmal ist das Zimmerergewerk auch am Ausbau mit der Erstellung von Leichtbauwänden in Holzkonstruktion beteiligt.

Dachabdichtungsarbeiten

Geneigte Dächer werden üblicherweise nach dem Prinzip des gedeckten Daches konstruiert. Dabei wirkt die Eindeckung als wasserführende Schicht, allerdings muss zum Schutz gegen kleinere Mengen von Flugschnee und Regenwasser darunter noch eine diffusionsoffene Unterspannbahn vorgesehen werden. Zwischen Eindeckung und Unterspannbahn verbleibt eine Luftschicht zwischen in Sparrenrichtung verlegten Dachlatten als Hinterlüftungsebene. Bei geringer Neigung oder hoher Beanspruchung kann unter der Eindeckung auch eine vollständige Abdichtung eingebaut werden, die einem gedichteten Dach (siehe „Flachdächer" S. 272) entspricht.

Die Auswahl von Baustoffen für die Dacheindeckung ist vielfältig. Man unterscheidet grundsätzlich zwischen geschuppten Deckungen (Ziegel, Schindeln und ähnliches), plattenförmigen Bauteilen (Wellplatten aus Faserzement oder Kunststoff) und bahnenförmig verlegten Blechen. Die verschiedenen Deckungsarten haben jeweils eigene Anforderungen an die Unterkonstruktion. Wir haben die gebräuchlichsten Deckungsarten, die zugehörigen Baustoffe mit ihren Eigenschaften und konstruktiven Anforderungen in der Tabelle „Dachdeckungen" auf Seite 294 zusammengestellt.

Manche Dacheindeckungen haben eine regional begrenzte Tradition, zum Beispiel Reet und Schilf in Friesland, Steinschindeln im Alpenraum und kleinformatige Holzschindeln im Schwarzwald. Aus Gründen von Kosten und bautechnischer Normierung sind sie selten geworden und sollten nur in ihrer Ursprungsregion verwendet werden, wo die handwerklichen Kenntnisse noch vorhanden sind.

INFO

DACHDECKUNG BEVORRATEN

Wenn Ihr Dach mit Ziegeln, Betonsteinen oder anderen Plattenmaterialien gedeckt wird, sollten Sie sich Material für zwei bis drei Quadratmeter Dachfläche zurücklegen. Sie können dann später kleinere Schäden entweder schnell selbst beheben – oder eine beauftragte Firma muss die Platten nicht eigens bestellen. Zudem ändern die Hersteller gelegentlich die Farben und Oberflächentexturen ihrer Produkte, so dass es sehr nützlich sein kann, einen kleinen Vorrat des verwendeten Materials für Ausbesserungen verfügbar zu haben.

Dachdämmung

Dämmstoffe	Materialien	Anwendungen	Besonderheiten
Mineralwolle	Glaswolle Steinwolle	Bei geneigten Dächern als Zwischensparrendämmung	Gefahr von nachträglicher Expansion (Aufquellen)
Kunstschäume	Expandiertes Polystyrol extrudierter Polystyrolschaum Polyurethan-Hartschaum Phenolharzschaum	Bei gedeckten Dächern als Zwischensparren- oder Aufsparrendämmung	Brennbar, aber schwer entflammbar (Baustoffklasse B1)
		Bei gedichteten Dächern (meist als Gefälledämmung)	
	Schaumglas	Bei gedichteten Umkehrdächern als druckfeste Wärmedämmung	Druckfest, daher begeh- und befahrbar, dampfdicht, nicht brennbar (Baustoffklasse A1)
Umweltfreundliche Dämmstoffe	Holzwolle Holzfasern Expandierter Kork Blähton Zellulose	Bei geneigten Dächern als Zwischensparrendämmung (als Matten oder in die Hohlräume eingeblasen)	Günstige Energiebilanz, anfällig für Verrotten und Befall durch Insekten; bei Schüttung Gefahr des Schwindens (Schrumpfens)

Dachflächenfenster lassen sich in Holzdachstühle recht einfach integrieren, auch eine spätere Nachrüstung ist meist ohne große Umbaumaßnahmen möglich. Sie haben allerdings im Vergleich zu Gauben den funktionalen Nachteil, dass sie sich bei Regen und Schnee nur bedingt zur Raumlüftung nutzen lassen. Für den außenliegenden Sonnenschutz haben die meisten Hersteller inzwischen Systemlösungen im Programm.

Dachaufbauten wie Gauben und Quergiebel stellen an ihren Rändern zur Dachfläche immer Herausforderungen für die Eindichtung dar. Sie erfordern zur Vermeidung von Undichtigkeiten Blechverwahrungen in allen Kehlen, die am aufsteigenden Bauteil etwa 15 Zentimeter hochgezogen werden müssen.

Ähnliches gilt für die inneren Kanten von Dacheinschnitten. Zudem müssen auf den ins Dach eingeschnittenen Balkonen oder Terrassen vollständige Flachdach-Aufbauten eingebracht werden – einschließlich einer Entwässerung, die anfallendes Regenwasser in Richtung einer Dachrinne ableitet, und einer vollwertigen Dämmung, sofern sich darunter ein geheizter Raum befindet.

FLACHDÄCHER folgen dem Prinzip des gedichteten Daches. Sie dürfen nach den aktuellen Richtlinien nicht ganz eben ausgeführt werden, sondern müssen ein Gefälle von mindestens zwei Prozent haben, das den Ablauf von Niederschlagswasser in Richtung Entwässerung gewährleisten soll. Aufgrund der üblichen Maßtoleranzen auf dem Bau sollte man sicherheitshalber mit drei Prozent Gefälle rechnen. Wenn die Dachplatte eben gebaut ist, erreicht man das Gefälle mit Hilfe einer Gefälledämmung, die bereits in leichter Keilform hergestellt und geliefert wird. Die Gefälleverläufe müssen genau geplant werden, um sowohl den Abfluss des Wassers als auch eine möglichst gleichmäßige Dämmstärke sicherzustellen.

Die wichtigste Komponente gedichteter Dächer ist die Abdichtung. Dafür kommen meistens Polymer-Bitumenbahnen zum Einsatz, die zweilagig verlegt und an den Kanten verschweißt werden. Aufgrund ihrer hohen

Biberschwanzziegel

Flachdachziegel

Reformziegel

Falzziegel

Großflächenverschiebeziegel

Plastizität und Beständigkeit bieten sie einen sehr guten Schutz gegen Undichtigkeiten, sind robust gegen Beschädigungen während der Bauzeit und können durch eingelegte Vliese zusätzlich verstärkt werden. Als Alternative kommen Kunststoff- und Kautschukbahnen in Betracht, die weitgehend witterungsunabhängig verarbeitet werden können.

Nur noch in Ausnahmefällen werden Dächer ganz ohne Neigung (Nullgraddächer) gebaut, für die höhere Anforderungen zur Sicherung gegen stehendes Wasser gelten. Eine weitere, im Einfamilienhaus ebenfalls seltene Sonderkonstruktion ist das Umkehrdach, bei dem die Abdichtung direkt auf der Dachplatte und somit unter der Wärmedämmung liegt. Umkehrdächer kommen meist bei Dächern mit hoher Druckbelastung, zum Beispiel befahrbaren Flachdächern, zum Einsatz.

Die Dachabdichtung sollte nicht direkt von der Sonne beschienen werden, da die ultraviolette Strahlung und die extremen Temperaturunterschiede von – 30 °C im Winter bis fast +100 °C im Sommer die Dichtungsbahnen beschädigen könnten. Daher werden gedichtete Dächer mindestens mit eingefärbten oder mit Feinsplitt oder Aluminiumpulver beschichteten Dichtungsbahnen ausgeführt. Dauerhafter sind Abdeckungen aus einem der folgenden Materialien, deren Flächengewicht bei der Dimensionierung der Dachplatte berücksichtigt werden muss: Kies, Betonplatten, Gussasphalt oder eine Dachbegrünung.

Insbesondere das Gründach, das je nach Schichtaufbau extensiv oder auch intensiv begrünt sein kann, setzt sich aufgrund seiner positiven Eigenschaften wie Schall- und Wärmeschutz, Verbesserung des Kleinklimas und Speicherung des Regenwassers (was wiederum die Entwässerung entlastet) immer mehr durch. In manchen Bebauungsplänen ist die Begrünung von flachen oder gering geneigten Dächern sogar verbindlich festgesetzt.

Klempnerarbeiten

Die Klempner (in manchen Regionen werden sie auch Flaschner oder Blechner genannt) sind bei geneigten und flachen Dächern glei-

Dachdeckungen

Deckungsart	Materialien	Mindestneigung	Besonderheiten
Ziegeldeckung	Tonziegel Betondachsteine	30° 22° mit speziell geformten Flachdachpfannen	Befestigung durch Einhängen, Nägel oder Klammern nur bei Bedarf
Wellplattendeckung	Faserzement Kunststoffe Metall	7°	Befestigung durch Nageln oder Schrauben
Metallbahnendeckung	Kupfer Titanzink Aluminium	5° 3° mit gedichteten Falzen	Flächige Unterkonstruktion erforderlich
Schindeldeckung	Bitumen Faserzement Holz	15°–30° (je nach Material)	In der Regel flächige Unterkonstruktion erforderlich
Schieferdeckung	Schiefer	30° 22° in Doppeldeckung	Befestigung durch Nageln oder Schrauben
Reet- und Strohdeckung	Schilfrohr (Reet) Stroh	45°	Befestigung durch Anbinden
Gründach	Vegetationsschicht	0° (siehe Flachdach)	Flächige Abdichtung und Wurzelschutzfolien erforderlich (gedichtetes Dach)

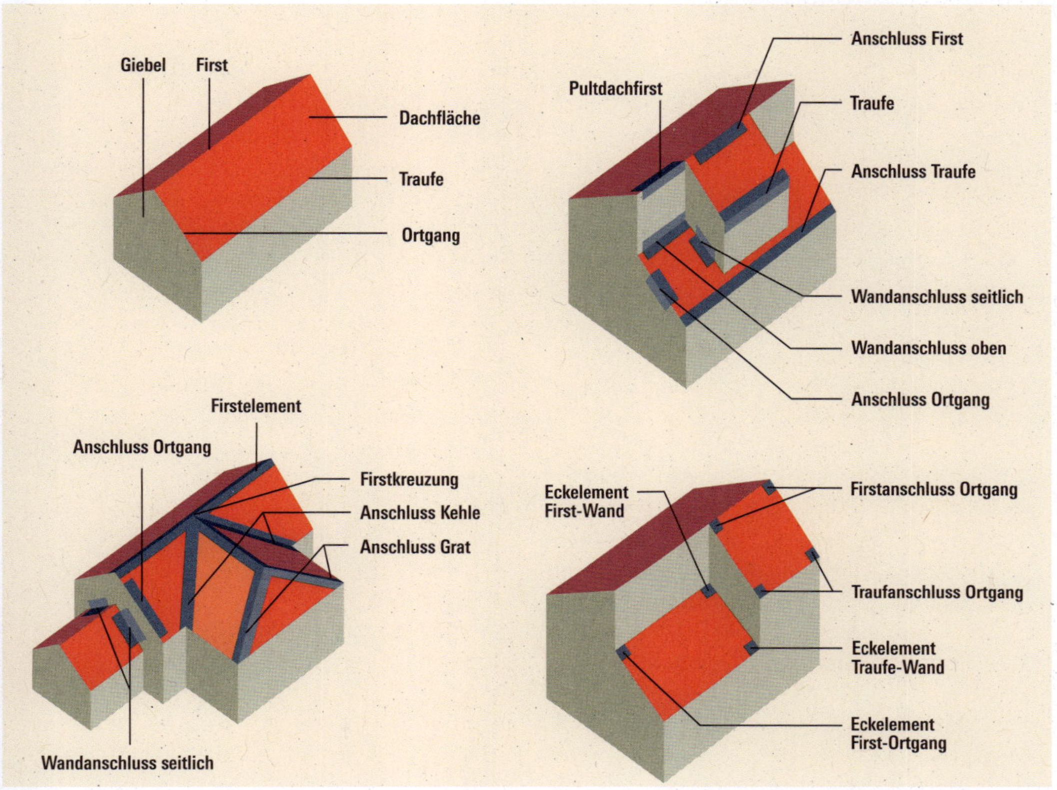

chermaßen gefragt: Sie müssen Dachränder und Attiken abdichten, Durchdringungen der verschiedensten Bauteile und Leitungen (von Sanitärentlüftern über Dachausstiege, Belüftungsöffnungen, Antennenleitungen bis hin zu Schornsteinen und Dachgauben) an ihren Rändern verwahren und den Ablauf des Regenwassers vom Dach aufs Grundstück oder in die Grundleitung sicherstellen. Die Blechteile werden mit verschiedenen Löt- und Falztechniken geformt und verbunden.

Die Blecharbeiten zur Abdichtung müssen genau durchdacht und geplant, vor allem aber auch sorgfältig ausgeführt sein, denn Mängel in diesem Gewerk führen oft zu Undichtigkeiten, Wassereintritt und dann fast immer zu größeren Schäden. Leider nimmt eintretendes Wasser oft erstaunliche Wege und kommt an einer völlig anderen Stelle zum Vorschein, als es eingetreten ist. Daher erweist sich die Schadensdiagnose meist als sehr schwierig. Es gibt zwar inzwischen zahlreiche Fachfirmen, die sich auf Leckage-Ortung spezialisiert haben – aber besser ist, wenn man die nicht braucht.

Die Materialien, aus denen sichtbare Teile der Klempnerarbeiten wie Dachrinnen und Fallrohre hergestellt werden, können Sie nach Geschmack und Geldbeutel auswählen. Zur Verfügung stehen Titanzink, verzinktes Stahlblech, Edelstahl, Aluminium und Kupfer. Während die erstgenannten Materialien sich in ähnlichen Preisbereichen bewegen, ist Kupfer derzeit erheblich teurer. Vereinzelt wird in Bebauungsplänen die Verwendung bestimmter Metalle (meist Kupfer und Zink) in unbeschichteter Form ausgeschlossen, um die Ausschwemmung von Schwermetallen in das Abwasser, den Boden und das Grundwasser zu verhindern. Wichtig ist, dass Sie sich auf ein Material für alle Bleche festlegen, denn die verschiedenen Metalle vertragen sich nicht miteinander und können sich schlimmstenfalls an den Verbindungspunkten gegenseitig chemisch beschädigen und korrodieren.

Regenrinnen und Fallrohre sind nicht nur funktional wichtige Bauteile, sondern prägen auch das Erscheinungsbild des Hauses. Ihre Lage und Führung sollte daher frühzeitig durchdacht werden. Innenliegende Dachentwässerungen sind zwar an der Fassade unsichtbar, haben aber spätestens dann erhebliche Nachteile, wenn sie undicht werden und repariert werden müssen. Zudem sollte man bei hochgedämmten Häusern vermeiden, dass im Winter das kalte Dachwasser durch den gedämmten Baukörper geführt wird und dort unter Umständen die Bildung von Tauwasser hervorruft.

INFO

ORIENTIERUNG FÜR DEN AUSBAU

In der Arbeit der Rohbaugewerke finden sich oft erhebliche Maßtoleranzen (zum Beispiel müssen Decken und Fußböden nicht ganz exakt plan sein). Ein maßhaltiger Ausbau braucht aber eine eindeutige Bezugshöhe. Im fertigen Rohbau sollte deshalb ein Vermessungstechniker einen „Meter-Riss" anbringen. Das ist eine durchgehende Linie auf allen Innenwänden, mit der eine präzise Höhe definiert wird (üblich ist 1 Meter über dem Fertigfußboden) und an der sich der Innenausbau (von den Fenstern bis zu den Einbaumöbeln) orientieren kann.

Eine klassische Aufgabe für den Bauklempner

Der Ausbau

Der Ausbau eines Hauses dauert in der Regel deutlich länger als die Erstellung des Rohbaus. Das liegt zum einen daran, dass am Ausbau mehr Gewerke beteiligt sind als im Rohbau und dass diese aufgrund der engeren Vorgaben zu Maßtoleranzen genauer arbeiten müssen. Zudem sind im Gegensatz zum Rohbau, wo die Firmen meist aufeinander aufbauend und somit nacheinander tätig werden, während der Ausbauphase oft mehrere Gewerke gleichzeitig auf der Baustelle tätig. Daher kommt der genauen Zeit- und Ablaufplanung beim Ausbau eine besondere Bedeutung zu. Sie sollten die Koordination der verschiedenen Handwerksbetriebe und die Terminüberwachung einem professionellen Planer überlassen, zum Beispiel dem Architekten oder dem Bauleiter des Generalunternehmers.

INFO

ZEITPLAN EINHALTEN BEI EIGENLEISTUNGEN

Wenn Sie planen, Eigenleistungen zu erbringen, sollten Sie Ihre Arbeiten unbedingt im vorgesehenen (und mit den Folgegewerken abgestimmten) Zeitplan abschließen. Wenn Sie sich verspäten und die folgenden Firmen deswegen nicht termingerecht anfangen können, können sich die Verzüge aufschaukeln – und daraus entstehende Kosten gehen zu Ihren Lasten!

Fensterbau

Normale Fenster bestehen aus Glasscheiben in Flügelrahmen, die in fest am Haus montierte Anschlagrahmen eingehängt sind und sich darin bewegen lassen. Für die Herstellung der Rahmen werden verschiedene Materialien verwendet: Im Einfamilienhausbau sind Holz, Kunststoff und eine Kombination aus Holz mit einem äußeren Wetterschutz aus Aluminium am weitesten verbreitet, reine Metallfenster findet man dagegen eher selten. Die wichtigsten Eigenschaften der Materialien haben wir auf Seite 298 in der Tabelle „Materialien für Fensterrahmen" zusammengestellt.

Die Scheiben sind in sich aufgebaut aus mehreren Gläsern, die je nach Anforderung in unterschiedlichen Schichtaufbauten und mit verschiedenen Füllungen erhältlich sind. Die aktuellen Wärmeschutzvorschriften lassen sich zwar meist noch mit gasgefüllten Zweifachverglasungen einhalten, der Marktanteil von Dreifachverglasungen steigt aber stetig.

Während früher die Gläser den thermischen Schwachpunkt der Fenster bildeten, ist dies heute der Rahmen – aus energetischer Sicht sollten Sie daher möglichst große Fensterformate mit wenigen Rahmenhölzern („Sprossen") wählen.

INFO

DIE RICHTIGE VERGLASUNG AUSWÄHLEN

Welche Verglasung sich für Ihr Haus eignet, hängt von den anderen im Haus verbauten Bauteilen ab, weil die Wärmedämmeigenschaften der gesamten Gebäudehülle aufeinander abgestimmt sein müssen. Wenn die Fenster viel besser dämmen als die geschlossene Wand, wird diese zur bauphysikalischen Schwachstelle. Die Entwicklung der Verglasungen verläuft seit einigen Jahren so schnell, dass die Angabe der zu Redaktionsschluss üblichen U-Werte wenig Sinn ergibt. Lassen Sie sich von Fachleuten wie Architekten, Energieberatern oder Fensterbaubetrieben über den aktuellen Stand der Technik beraten, bevor Sie (oder der Planer) Angebote für Ihre Fenster einholen.

Man unterscheidet grundsätzlich zwischen Einzelfenstern (die in eigenen Wandöffnungen sitzen) und großflächigen Verglasungen aus mehreren Fenstern. Große Fensterfronten lassen sich sowohl aus einzelnen Fensterelementen zusammensetzen, wie es sich seit vielen Jahrzehnten bewährt hat, als auch als sogenannte Pfosten-Riegel-Fassade bauen. Ersteres ist meist wesentlich kostengünstiger, letzteres aufgrund der schmaleren Profile zwischen den Gläsern deutlich eleganter.

Viele Bauherren träumen von einem Wintergarten, einem zwei- oder dreiseitig verglasten Wohnraum für Mensch und Pflanzen mit gläsernem Dach. Man kann ihn gleich beim

Pfosten-Riegel-Fassaden erlauben optisch nahezu unterbrechungsfrei gestaltete Glasfronten.

Hausentwurf berücksichtigen oder für ein fertiges Haus aus dem Katalog bestellen.

Beheizte Wintergärten müssen sämtlichen Anforderungen der EnEV genügen (künftig im neuen Gebäudeenergiegesetz) und werden dadurch relativ teuer. Erheblich günstiger und für die Zucht und Pflege von Pflanzen besser geeignet sind ungeheizte Wintergärten außerhalb des gedämmten und geheizten Gebäudevolumens, deren Hülle aus Fenstern ohne Wärmeschutzverglasung besteht. Sie sind am besten nutzbar in den Übergangszeiten Frühjahr und Herbst und können im Winter der Aufbewahrung von kälteempfindlichen Pflanzen dienen. Auch für den Bau von Wintergärten kommen sowohl elementierte Fenster wie Pfosten-Riegel-Fassaden in Betracht. Achtung: Ein Wintergarten ist rechtlich gesehen eine bauliche Anlage und braucht somit eine Baugenehmigung !

Sonnenschutz

Auf einen außenliegenden Sonnenschutz können Sie fast nirgends verzichten, wenn Sie die sommerliche Überhitzung Ihrer Wohnung vermeiden wollen. Dies ist eine wichtige Voraussetzung für den Wohnkomfort (siehe „Was ist Wohnkomfort?", Seite 34).

Der einfachste und pflegeleichteste Sonnenschutz sind auskragende Bauteile über

Materialien für Fensterrahmen

	Kunststoff	Holz	Holz/Aluminium
Einsatzbereich	Überall	Überall	Überall
Lebensdauer	Relativ lang	Sehr lang bei regelmäßiger Pflege	Sehr lang bei guter Ausführung
Witterungsbeständigkeit	Oberfläche glatt und porenfrei; Kunststoff verrottet nicht; Vergilben ist möglich	Natürliche Oberfläche benötigt Witterungsschutz durch geeignete Anstriche und Lasuren.	Holzfenster mit Witterungsschutz aus Aluminium (z. B. nur Wetterschenkel) und Holzanstrich.
Stabilität	Aussteifung mit Stahlprofilen; Ausreichende Elastizität; bei größeren verglasten Flächen Verstärkungen erforderlich	Gute Elastizität und Stabilität; bei größeren verglasten Flächen breitere Rahmen erforderlich	Gute Elastizität und Stabilität; bei größeren verglasten Flächen breitere Rahmen erforderlich
Rahmenreinigung	Gut möglich; organische Lösemittel vermeiden; scharfe/spitze Hilfsmittel vermeiden; Herstellerangaben beachten!	Gut möglich; Empfehlungen für die verwendeten Lacke und Lasuren beachten; scharfe/spitze Hilfsmittel vermeiden	Gut möglich; innen (Holz): Empfehlungen für die verwendeten Lacke und Lasuren beachten; scharfe/spitze Hilfsmittel vermeiden
Farben	Standardfarbe weiß, andere Farben möglich (gegen Mehrpreis); nachträgliche Änderung der Farbe nicht möglich	Freie Farbwahl durch Anstrich; spätere Veränderung der Farbe problemlos möglich	Empfehlungen für die verwendeten Lacke und Lasuren beachten
Kosten	Günstig	In der Regel günstig	Teurer als Kunststoff und Holz
Instandsetzung	Kaum oder schwer möglich	Gut möglich	Aluminium kratzempfindlich
Reparaturen	Aufwändig	Problemlos möglich	Innen (Holz) gut möglich; außen (Aluminium) konstruktionsabhängig
Verbesserung des Wärmeschutzes	Austausch der Verglasung schwierig (in der Regel nur durch Hersteller möglich)	Austausch der Verglasung relativ einfach möglich	Austausch der Verglasung konstruktionsabhängig möglich (holzseitig relativ einfach)
Recycling	Grundsätzlich möglich	Aufgrund von Anstrich und Holzschutz schwierig	Aluminiumrecycling problemlos möglich, sonst siehe Holz
Entsorgung	Entsorgung teuer und mit Umweltbelastungen verbunden	Entsorgung je nach Anstrich einfach oder schwierig; Weiterverwendung am Ort durch Aufarbeitung und Instandsetzung	Entsorgung nach Materialtrennung meist einfach; Weiterverwendung am Ort durch Aufarbeitung und Instandsetzung

Fenstern, die das Glas verschatten. Aufgrund des im Sommer und Winter unterschiedlichen Sonnenlaufs (siehe Grafik Seite 23) lassen sie bei geschickter Anordnung im Winter die flach stehende Sonne ins Haus und sorgen für erwünschte solare Wärmegewinne, im Sommer hingegen werfen sie Schatten und halten die Einstrahlung der steil stehenden Sonne von den Wohnräumen fern. Dies funktioniert natürlich am besten im obersten Geschoss durch einen großen Dachüberstand, allerdings lässt sich ein ähnlicher Effekt auch in darunterliegenden Geschossen erzielen, zum Beispiel durch Balkone oder Vordächer.

Alternativ dazu stehen verschiedene mechanische oder mechanisch-elektrische Systeme zur Verfügung, wir haben sie mit ihren wichtigsten Vor- und Nachteilen in der Tabelle „Außenliegender Sonnenschutz" auf Seite 300 zusammengestellt.

Die Auswahl zwischen diesen Systemen hängt – neben den Herstellungskosten – eng

Hier ist der Sonnenschutz integrierter Bestandteil der fantasievollen Dachkonstruktion.

mit Ihren Anforderungen an den Bedienkomfort und die gewünschte Lichtdichtigkeit zusammen:

- Ist eine Bedienung von innen erforderlich, oder kommt ein Öffnen und Schließen durch das geöffnete Fenster in Betracht?
- Soll der Betrieb elektrisch erfolgen oder genügt ein manueller Betrieb?
- Ist eine vollständige Verdunkelung erforderlich (zum Beispiel für ein Heimkino oder für Arbeiten am Bildschirm) oder reicht eine Verschattung?

Alle beweglichen Bauteile an den Außenfassaden von Häusern sind durch die Einwirkung von Wind, Regen und Schnee einem erheblichen Verschleiß ausgesetzt. Das hat zur Folge, dass Sonnenschutzsysteme relativ häufig kaputt gehen und dann repariert oder ersetzt werden müssen. Die absehbaren Wartungskosten sollten Sie daher in der Entscheidung für das Sonnenschutzsystem bedenken.

Zudem hat der Sonnenschutz einen prägenden Einfluss auf das Erscheinungsbild des Hauses – nicht nur im geschlossenen Zustand. Auch aus diesem Grund sollten Sie diese Auswahl bewusst treffen: Gehen Sie mit offenen Augen durch Ihre Stadt oder Ihr Dorf, achten Sie darauf, welches System andere Bauherren gewählt haben, und fragen Sie diese nach ihren Erfahrungen.

Fassadenbau

Massive Wände werden häufig mit Wärmedämm-Verbundsystemen verkleidet, die in einem Bausystem sowohl den Wärmeschutz als auch den Wetterschutz erledigen. Grundsätzlich können sie auch mit einer mehrschichtigen vorgehängten Fassade bekleidet werden, wie sie bei Holz- und Stahlskelettbauten üblich sind. Umgekehrt sind auch Holzhäuser mit Wärmedämm-Verbundsystemen als äußere Schicht weit verbreitet.

Vorgehängte Fassaden haben den Vorteil, dass jede Schicht im mehrschichtigen Aufbau auf ihre Hauptaufgabe hin optimiert sein kann. So sind die Fassadentafeln aus Faserzement oder Holzwerkstoffen außerordentlich wetterbeständig und langlebig, haben aber keinerlei Dämmwirkung, bei den dahinterliegenden Dämmstoffen verhält es sich umgekehrt. Folien und Pappen sorgen an den richtigen Stellen im

Außenliegender Sonnenschutz

Bezeichnung	Materialien	Anwendungen	Nutzbarkeit	Antrieb	Haltbarkeit	Wartungsaufwand	Besonderheiten
Dachüberstand	Holz Stahl Beton	Universell, ganzes Gebäude	Verschattung; keine Verdunklung möglich	Keiner	Sehr gut	Minimal	Sollte bereits beim Gebäudeentwurf berücksichtigt werden.
Rollläden (außen)	Kunststoff Metall Holz	Einzelfenster, Glasfassaden	Verdunklung (partielle Verschattung schwierig)	Mechanisch oder elektrisch	Gut	Gering	Rollladenkästen schwächen entweder die Dämmung oder ragen aus der gedämmten Fassade heraus.
Jalousien (außen)	Aluminium	Einzelfenster, Glasfassaden	Flexible Lichtlenkung möglich	Mechanisch oder elektrisch	Mittel	Hoch	Relativ empfindlich, für exponierte Lagen nur bedingt geeignet.
Klappläden	Holz Metall	Einzelfenster	Verdunklung (partielle Verschattung schwierig)	Manuell oder mechanisch	Gut	Gering	In der Regel nicht von innen bedienbar.
Schiebeläden	Holz Metall	Einzelfenster	Verdunklung (partielle Verschattung schwierig)	Manuell	Gut	Gering	In der Regel nicht von innen bedienbar.
Vorhänge (außen)	Textilien	Einzelfenster, Glasfassaden	Verschattung; Verdunklung bedingt möglich	Manuell	Gut	Mittel	Empfindlich, für exponierte Lagen nicht geeignet.
Textilrollos (außen)	Textilien	Einzelfenster, Glasfassaden	Verschattung; Verdunklung bei dunklem Stoff	Mechanisch oder elektrisch	Gut	Mittel	Sollten mit Windmelder kombiniert werden.
Markisen	Textilien	Vor allem über Balkonen und Terrassen	Verschattung; keine Verdunklung möglich	Mechanisch oder elektrisch	Gut	Hoch	Sollten mit Windmelder kombiniert werden.

Schichtaufbau für Dichtigkeit und sinnvolles Diffusionsverhalten. Wenn irgendwann die Fassade renoviert werden muss, genügt es üblicherweise, nur die äußere Verkleidung abzunehmen und zu ersetzen, da die restlichen Schichten dahinter geschützt waren.

Unabhängig vom Oberflächenmaterial folgt die Unterkonstruktion immer dem gleichen Prinzip: Auf die tragenden Teile (massive Wand oder Stützen) wird eine Lattung aufgeschraubt, dazwischen findet die Wärmedämmung Platz. Senkrecht zur Lattung folgt darauf eine weitere Lattung (Konterlattung genannt), auf der die Fassadenbekleidung von außen mit Schrauben befestigt oder verdeckt in vorgefertigte Haken eingehängt wird. Die Unterkonstruktion besteht üblicherweise aus Holz, Aluminium oder einer Kombination aus beiden Materialien. Unterkonstruktionen aus Holz sind billiger und genügen den Brandschutzanforderungen der meisten niedrigen Einfamilienhäuser.

Bei den Materialien für die sichtbare oberste Schicht sind Ihrem Geschmack kaum Grenzen gesetzt. Von Holzverkleidungen und Holzwerkstoffen aller Art über Metallbleche und Kunststoffplatten bis hin zu Faserzementtafeln eignen sich zahllose Baustoffe für die Verwendung in hinterlüfteten Fassaden. Lassen Sie sich von Ihrem Architekten oder Hausanbieter Materialmuster zeigen, gehen Sie mit offenen Augen durch die Stadt und fragen bei Hausbesitzern nach, wenn Ihnen ein Fassadenmaterial besonders gut gefällt

Außenputz

Verputzte Fassaden sind bei Einfamilienhäusern beliebt und weit verbreitet. Der Putz schützt die darunterliegenden Schichten der Außenwände vor Witterungseinflüssen, schließt kleine Fugen und ist Träger der farblichen Behandlung. Er kann direkt auf die tragende Wand, auf eine darauf angebrachte Wärmedämmung, aber auch auf einer Trägerplatte an einer hinterlüfteten Fassade aufgetragen werden. Durch Variationen im Korn und in der Art des Auftrags bieten Putzfassaden vielfältige gestalterische Möglichkeiten, die von der nahezu beliebigen Farbigkeit noch ergänzt werden.

Im Wohnungsbau kommen vor allem mineralische Putze und Kunstharzbeschichtungen zum Einsatz, seltener sind Kalkputze zu finden.

Mineralische Putze ähneln von ihrer chemischen Zusammensetzung dem Mörtel, der Mauersteine verbindet. Sie bestehen aus Wasser, mineralischen Bindemitteln und Zuschlagstoffen (Korn), zu denen für bestimmte Anwendungen weitere Bestandteile (zum Beispiel Blähglas-Granulate für Wärmedämmputz) hinzukommen können. Sie sind wasserdampfdurchlässig und können Regenwasser aufnehmen, speichern und durch Verdunstung wieder abgeben. Mineralische Außenputze werden meist zweilagig aufgetragen, die gesamte Schichtdicke beträgt üblicherweise 15 bis 20 Millimeter.

Kunstharzbeschichtungen sind keine Putze im eigentlichen Sinn, werden aber ähnlich verarbeitet und sind optisch kaum von Putz zu unterscheiden. Sie sind elastischer als mineralische Putze und eignen sich daher besonders für den Einsatz auf Dämmplatten. Die übliche Schichtdicke beträgt nur ungefähr fünf Millimeter. Aufgrund ihres niedrigen pH-Werts sind Kunstharzbeschichtungen anfällig gegen das Wachstum von Algen und Pilzen auf der äußeren Oberfläche, daher werden ihnen häufig vom Hersteller wasserlösliche Biozide zugesetzt.

Wärmedämm-Verbundsysteme auf einschaligen tragenden Wänden sind erfahrungsgemäß die in der Herstellung kostengünstigste Möglichkeit, im Massivbau die nach den Erfor-

Fassadenelement aus Douglasie „Arizona"

Fassadenmaterial aus gefärbten Weißtannenhölzern

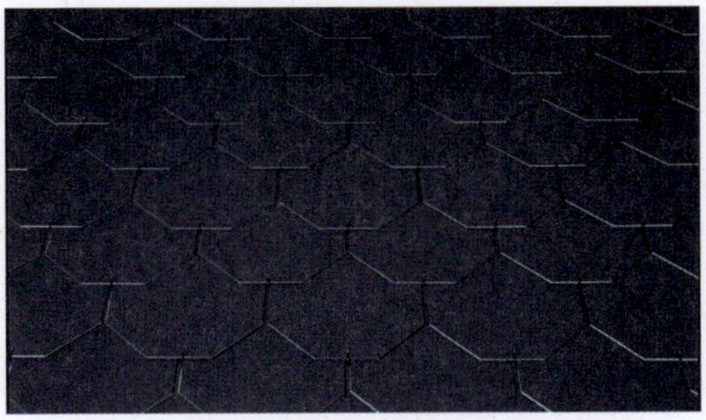

Schindelfassade aus Faserzement in Schieferoptik

Tonziegelplatten

Während rechts im Bild das Mauerwerk der tragenden Wände sichtbar ist, erfolgt der Innenausbau mit neuen Trockenbauwänden.

dernissen der EnEV (künftig im Gebäudeenergiegesetz) und den Kreditbedingungen der KfW erforderlichen Wärmedämmwerte zu realisieren. Sie bestehen aus einer Dämmschicht (meistens Hartschaum- oder Mineralfaserplatten, seltener Holzfaserplatten oder mehrschichtige Kombinationen aus Holzwerkstoffen und eingeblasenen Holzfaserdämmstoffen), die direkt auf die tragende Wand geklebt, oft zusätzlich punktuell verdübelt wird, und einer Deckschicht, meist einem armierten Unterputz mit Kunstharzbeschichtung. Der Name „Verbundsystem" macht deutlich, dass der Aufbau im Ganzen (die Dämmschicht einschließlich ihrer Befestigung auf der rohen Wand, der Putz einschließlich seiner Armierung sowie sämtliche Kleber und Dübel) bauaufsichtlich zugelassen sein muss und nur im Paket angeboten und verbaut werden darf. Verschiedene Hersteller haben jeweils eigene Systeme entwickelt.

Den relativ günstigen Erstellungskosten der Wärmedämm-Verbundsysteme stehen allerdings einige Nachteile gegenüber:

Ähnlich wie die erwähnten Kunstharzbeschichtungen neigen WDVS-Fassaden zum Befall der Oberfläche durch Algen oder Pilze, insbesondere auf nach Norden und Osten ausgerichteten Fassaden, die selten dem Sonnenlicht ausgesetzt sind.

Die Haltbarkeit der Systeme beträgt bei guten Bedingungen etwa 25 bis 40 Jahre – je nachdem, welcher Studie man glaubt. Sie liegt damit unter der Dauerhaftigkeit der meisten anderen Fassadentypen, was vergleichsweise kurze Renovierungszyklen zur Folge hat.

Hinzu kommt die immer noch weitgehend ungeklärte Frage, ob und wie die einzelnen Bestandteile im Falle des Rückbaus voneinander getrennt und einer Wiederverwertung zugeführt werden können.

Gipserarbeiten innen

Innenputz wird vor allem auf gemauerte Innenwände oder auf Betonoberflächen aufgetragen. Seine chemische Zusammensetzung unterscheidet sich kaum von Außenputz, aber die übliche Schichtdicke beträgt nur 10 bis 15 Millimeter. Aufgrund der geringeren Anforderungen stehen für die Verwendung in Innenräumen einige weitere Putzmaterialien wie Gips und Lehm zur Auswahl. Innenputz kommt im Bauablauf relativ früh zum Einsatz und muss viele folgende Gewerke aushalten, daher sollte er im richtigen Verhältnis angerührt und solide aufgebracht sein. Wenn Sie darin nicht bereits Erfahrung haben, sollten Sie dies einer Fachfirma überlassen.

Trockenbau

Innenwände in Wohngebäuden werden heute überwiegend im Trockenbau hergestellt. Dieser hat gegenüber massiv gemauerten Wänden den Vorteil, dass beim Einbau keine Feuchtigkeit in die Baustelle eingebracht wird, und er erreicht bei erheblich geringerem Gewicht vergleichbare Werte für den Wärme-, Schall- und Brandschutz. Daraus ergibt sich eine hohe Flexibilität in der Grundrissgestaltung: Die Stellung der Wände hat kaum Auswirkungen auf die Statik des Hauses und kann daher lange offengehalten und auch nachträglich verändert werden.

Ein Nachteil von Trockenbauwänden besteht allerdings darin, dass sie nur bedingt punktuell belastet werden können. Sollen beispielsweise in Küchen schwere Oberschränke aufgehängt werden, müssen konstruktive Zusatzmaßnahmen wie eine engere Stellung der Ständer innerhalb der Wände oder/und horizontale Verstärkungen (zum Beispiel durch Holzbalken) rechtzeitig im Voraus geplant und dann sauber ausgeführt werden.

Für Trockenbauwände werden zunächst Ständer aus Holz oder verzinkten Stahlblechprofilen aufgestellt und einseitig mit Plattenmaterialien (üblicherweise Gipskarton) beplankt. Zwischen den Platten (die je nach Art des Rahmenprofils später einen Abstand von 5 bis 20 Zentimeter zueinander haben) werden vollflächig Dämmplatten eingebracht, elektrische Leitungen sowie in begrenztem Umfang auch Wasserleitungen finden ebenfalls dort Platz. Zum Abschluss wird die offene Seite ebenfalls beplankt. Tür- und Fensteröffnungen sowie Durchbrüche für Leitungen können einfach und sauber ausgespart werden. Die Plattenstöße werden verspachtelt und geschliffen und können tapeziert oder direkt gestrichen werden.

INFO

AUF DEN ANSCHLUSS KOMMT ES AN

Die Anschlüsse von Trockenbauwänden an massiv gebaute Außenwände und die Decke erfordern eine spezielle Aufmerksamkeit beim Verarbeiten: Da die Bauteile sich unterschiedlich bewegen, müssen sie durch Fugen getrennt und mit Trennstreifen oder elastischer Fugenmasse geschlossen werden.

Durch Verwendung spezieller Plattenmaterialien und Ständerkonstruktionen lassen sich auch erhöhte Anforderungen an Brandschutz (mit Kalziumsilikatplatten), Feuchteschutz (mit Gipsfaserplatten) und Schallschutz (mit entkoppelten Ständern) erreichen.

Ein weiteres Einsatzgebiet für den Trockenbau sind abgehängte Deckenverkleidungen, die bei manchen Deckenkonstruktionen zur Herstellung einer glatten, ebenen Oberfläche oder zum Verstecken von Leitungen, Leuchten, Lüftungsgittern und Ähnlichem verwendet werden. Im Holzbau lassen sich die geforderten Schallschutzwerte oft ohne abgehängte Decken kaum oder gar nicht erreichen. Auch Vorwandinstallationen zur verdeckten Führung sanitärer Leitungen und für die Montage von Waschbecken, WC-Schüsseln und ähnlichen Gegenständen sind Teil des Trockenbaus, werden aber meist nicht von Gipsern, sondern von Sanitärinstallateuren montiert. Streng genommen gehören auch die sogenannten Trockenestriche (siehe Seite 305) zum Trockenbau.

Estrich

Der Estrich wird auf die vom Rohbau hinterlassene Oberseite der Geschossdecke aufgetragen und ist in der Regel die Unterlage für den Bodenbelag. Diese Ausgleichsschicht soll auf einem unebenen Rohfußboden eine ebene Unterlage herstellen und die Lasten über den Boden verteilen. Gegossene Estriche verteilen sich im flüssigen Zustand gleichmäßig im Raum und trocknen auf konstanter Höhe ab.

Estriche

Bezeichnung	Rohstoffe	Anwendungen	Eigenschaften	Trocknungszeit	Max. Feldgröße	Besonderheiten
Zement-estrich	Zement, Sand	Allgemein verwendbar als Verbundestrich oder schwimmend	Durch Schwinden anfällig für Rissbildung.	Sehr lang; belastbar nach ca. 7 Tagen.	30–40 m²	Darf nicht unter 5 °C eingebracht werden oder trocknen.
Guss-asphalt-estrich	Bitumen, Splitt, Sand	Geringe Wärmeleitung und Schallübertragung, kommt daher bei geringen Anforderungen ohne Dämmung aus.	Probleme bei hohen Punktlasten auf besonnten Böden möglich.	Keine Trocknung, da wasserfrei; belastbar nach einem Tag.	Großflächig	Wird für den Einbau auf ca. 250 °C erhitzt; relativ hohe Kosten.
Anhydrit-estrich	Kalziumsulfat	Gut geeignet für Fußbodenheizungen und für Sichtestriche.	Formbeständig, wenig rissanfällig	Recht lang; belastbar nach ca. 5 Tagen	Großflächig	Darf nicht dauerhaft durchfeuchtet werden.
Magnesit-estrich	Magnesia	Gut geeignet für Fußbodenheizungen und für Sichtestriche	Wenig rissanfällig; leitfähig (d.h. keine elektrostatische Aufladung)	Recht lang: belastbar nach ca. 5 Tagen	Großflächig	Darf nicht dauerhaft durchfeuchtet werden.
Terrazzo	Kalk oder Zement	Dekorative Sichtestriche	Sehr hohe Tragfähigkeit und lange Lebensdauer; kann über die Jahre mehrmals nachgeschliffen werden.	Sehr lang	Relativ klein – sonst Rissbildung wahrscheinlich	Sehr kostspielig und in der Verlegung langwierig.

Estriche ohne darunterliegende Dämmung werden als Verbundestriche bezeichnet, weil sie sich mit der darunterliegenden Decke kraftschlüssig verbinden. Sie eignen sich daher für hohe Belastungen, können aber nur wenig zur Schall- und Wärmedämmung beitragen.

Heute kommen Estriche aber meistens in der „schwimmenden" Bauweise zum Einsatz: Sie werden auf eine Dämmschicht gegossen, die für Schall- und/oder Wärmedämmung sorgt. Dies gilt auch für Einfamilienhäuser, in denen zwar keine strengen Auflagen an den internen Schallschutz gelten, wo es sich aber trotzdem bewährt hat, die Standards einzuhalten, um den Familienfrieden zu fördern. Für schwimmende Estriche werden zunächst auf der Rohdecke Dämmplatten verlegt und mit höheren, senkrecht aufgestellten Dämmstreifen von den umlaufenden Wänden abgelöst. Darauf kommt eine Folie, auf die der Estrich gegossen wird. Durch diesen Aufbau soll verhindert werden, dass der Estrich sich kraftschlüssig mit den Wänden verbindet und so den Schall von Raum zu Raum überträgt.

Estrich und Trittschalldämmung werden vom Estrichleger im Paket angeboten. Darauf sollten Sie eingehen, denn dann haben Sie bei späteren Problemen für den Bodenaufbau nur einen Ansprechpartner.

Estriche werden aus mehreren grundlegend verschiedenen Materialien hergestellt, deren wichtigste Eigenschaften wir in der Tabelle „Estriche" oben zusammengefasst haben. Achten Sie besonders auf die Zeiten, die der Estrich nach dem Einbau für die Trocknung bis zur Belegbarkeit braucht, da diese sich stark auf den Bauzeitenplan auswirken!

Wenn Sie sich für eine Fußbodenheizung entschieden haben, müssen im oder auf dem Estrich auch die Heizrohre verlegt werden. In diesem Fall fungiert die Trittschalldämmung gleichzeitig als Wärmedämmung gegen den Untergrund, damit die transportierte Wärme nach oben steigt und den eigenen Räumen zu Gute kommt und nicht nach unten im Keller oder der Einliegerwohnung verschwindet. Für die Dämmung gegen Trittschall- oder Wärmeverluste eignen sich verschiedene Dämmplatten besonders gut, diese sollten je nach Anwendung ausgewählt werden.

In den meisten Fällen kommt auf den Estrich noch ein Bodenbelag. Dabei stellen verschiedene Beläge unterschiedliche Anforderungen an den Untergrund: Für Steinbeläge muss der Estrich eine hohe Verformungsstabilität aufweisen, bei Weichbelägen und Parkett ist die geringe Feuchtigkeit entscheidend.

Unser Tipp: Lassen Sie vor der Verlegung des Bodenbelags von der beauftragten Firma prüfen und nach Möglichkeit schriftlich bestätigen, dass der Estrich von seiner Festigkeit und Feuchte her belegbar ist, sonst werden sich später im Schadenfall der Estrichleger und der Bodenleger gegenseitig für die Probleme verantwortlich machen!

Es ist auch möglich, Estriche sichtbar zu belassen – dies muss man sich allerdings rechtzeitig überlegen, denn nicht jeder Estrich ist dafür geeignet: Zementestriche geben noch Jahre nach ihrer Einbringung Sand ab und sollten daher in Wohnungen nicht sichtbar bleiben. Anhydrit- und Magnesiaestriche können hingegen mit Zuschlagstoffen versetzt werden, die sie zu attraktiven Bodenbelägen machen. Besonders ansprechend sehen sie aus, wenn sie zunächst geschliffen und dann farbvertiefend eingelassen werden. Dann kosten sie aber oft genausoviel oder sogar mehr als ein normaler Estrich plus Bodenbelag, da sowohl die spezielle Rezeptur als auch die Arbeitsschritte Schleifen und Einlassen des Estrichs zusätzlich bezahlt werden müssen.

Als Alternative zum gegossenen Estrich kommen Trockenestriche in Betracht, die allerdings üblicherweise von Zimmerleuten oder Trockenbauern verlegt werden, da sie nicht normiert sind und deshalb von Fachleuten geplant und verlegt werden. Sie kommen vor allem im Holzbau sowie bei der Sanierung bestehender Gebäude zum Einsatz. Bei diesem System werden auf einer Schüttung zur Einebnung des Untergrunds (und bei Bedarf auf einer Schicht Dämmplatten) Plattenmaterialien verlegt (Holzspanplatten, OSB-Platten und Gipsfaserplatten), die den Untergrund für den Bodenbelag bilden. Vorteile des Trockenestrichs sind der Wegfall des Eintrags von zusätzlicher Baufeuchtigkeit und die schnelle Belegbarkeit, da keine Trocknungszeiten anfallen. Allerdings sind Trockenestriche üblicherweise teurer als gegossene Estriche.

Schreinerarbeiten

Das Schreinerhandwerk ist (im Gegensatz zu den Zimmerleuten, die im Rohbau die groberen Holzkonstruktionen einbringen) auf der Baustelle für die feinen Holzarbeiten im Ausbau zuständig. Dazu gehören vor allem Türen, Treppen und Einbaumöbel.

Auch wenn eine hochwertige Eingangstür recht teuer ist, sollte man hier nach Möglichkeit nicht sparen: Sie ist immerhin das Erste, was Ihre Gäste von Ihrem neuen Haus zu Gesicht bekommen, und somit eine Art Visitenkarte. Die Hauseingangstür ist ein Teil der Gebäudehülle und muss sowohl das schlechte Wetter als auch ungebetene Gäste von Ihrer Wohnung fernhalten, ihr Wärmedämmkoeffizient geht in die Gebäudebilanzierung mit ein. Die Qualität einer Eingangstür können Sie an den in der Normung eingeführten Klimaklassen

Einbaumöbel sollten schon bei der Hausplanung mit bedacht werden. Sie können Nischen und schmale Räume optimal ausfüllen.

und den maximal zulässigen Verformungen ablesen.

Wenn an Ihr Haus Anforderungen hinsichtlich des externen Schallschutzes gestellt werden, muss die Haustür dieselbe Schallschutzklasse bieten wie die Fenster.

Hauseingangstüren bestehen meist aus Holz, Aluminium oder Kunststoffen. Haustüren aus Holz oder Kunststoff sollten nach Möglichkeit einen Stahlkern im Türblatt aufweisen, der die Verformung und zugehörige Fugenbildung verringert. Weiterhin sollten eine dreifache Dichtung der umlaufenden Kanten sowie eine absenkbare Dichtung im Schwellenbereich vorhanden sein. Die Funktion der Hauseingangstür lässt sich mit baulichen Maßnahmen weiter verbessern: Sie hält besser dicht und kann der Witterung länger widerstehen, wenn sie auf der Außenseite durch ein Vordach geschützt (vgl. Außenanlagen, Seite 356) und im Innenraum von einem Windfang ergänzt wird.

Eine weitere wichtige Funktion für Haustüren ist die Gewährleistung der Einbruchsicherheit. Auch hierfür gibt es genormte Widerstandsklassen, die Türen in Abhängigkeit von dem zum Aufbruch erforderlichen Werkzeug einteilen. Entscheidend ist eine stabile Konstruktion der Scharniere und Beschläge, besonders wichtig ist das Metallschild hinter Schloss und Türknauf. Lassen Sie sich beraten – vom Schlosser und von der zuständigen Polizeidienststelle. Bedenken Sie dabei nicht nur die Haustür, sondern auch andere potenzielle Schwachstellen wie Fenster, Kellertüren und Garagentore.

Wettergeschützte Hauseingangstür mit einladender Griffstange

Die Anforderungen an Innentüren sind erheblich geringer als an Eingangstüren, sie müssen nur den einfachen Raumabschluss gewährleisten. Für Türen innerhalb des Hauses gelten zwar meist keine gesetzlichen Anforderungen bezüglich Schallschutz, es schadet aber nichts, sich darüber trotzdem Gedanken zu machen. Insgesamt gilt, dass schwere Türen aus hochwertigen Materialien (meist massives Holz oder Holzwerkstoffe) den Schall besser dämmen, länger halten und sich auch solider anfühlen als einfache Bauteile mit Waben- oder Röhrenspankernen. Hier zahlt sich eine höhere Anfangsinvestition oft schnell aus: nicht nur in zusätzlichem Wohnkomfort, sondern auch in längerer Lebensdauer.

Schiebetüren sind einerseits sehr praktisch, weil sie im geöffneten Zustand nicht in den Raum hineinragen, sondern vor der Wand laufen oder sogar darin verschwinden. Andererseits ist es selbst bei aufwändiger Konstruktion praktisch unmöglich, Schiebetüren schall- und geruchsdicht auszuführen. Außerdem benötigen Schiebetüren erfahrungsgemäß erheblich mehr Wartung als konventionelle Klapptüren und lassen sich nur schwierig mit abschließbaren Beschlägen versehen. Daher sollte man ihren Einsatz auf dafür geeignete Öffnungen beschränken, deren Raumabschluss selten geschlossen wird und nicht abschließbar sein muss, zum Beispiel für eine Abtrennung zwischen Essplatz und Wohnzimmer.

Treppen innerhalb von Einfamilienhäusern müssen üblicherweise keine Brandschutzanforderungen erfüllen und können daher problemlos aus Holz gebaut werden. Dafür gibt es verschiedene Traditionen: In manchen Regionen werden Holztreppen überwiegend von Zimmerleuten, in anderen von Schreinern hergestellt. Die Gestaltungsvielfalt ist in jedem Fall grenzenlos, von der Konstruktion (sind die Stufen seitlich oder mittig aufgelagert?) über die Materialien (Hartholz oder Nadelholz mit Belag?) bis hin zur Farbgestaltung.

Vorgeschrieben ist nur, dass die Treppe eine Absturzsicherung in Form eines Geländers von mindestens 90 cm Höhe und mindestens auf einer Seite einen Handlauf haben sowie mindestens 80 cm lichte nutzbare Breite (zwischen den Handläufen, Geländern oder begrenzenden Wänden) aufweisen muss. Für die Bemessung der Steigungsmaße hilft Ihnen die Grafik hier rechts. Denken Sie daran, dass Sie mit der Zeit nicht jünger werden, und wählen Sie ein bequemes Steigungsmaß.

Der Schreiner baut Ihnen auch gerne Einbaumöbel nach Maß. Dies kann insbesondere dort interessant sein, wo Ihr Haus knapp geschnitten ist – vielleicht zu knapp, als dass Möbel „von der Stange" sinnvoll hineinpassen. Die Anfertigung von maßgeschneiderten Innenausbauten kann vom Preis durchaus konkurrenzfähig sein, wenn man auf Extravaganzen verzichtet, beispielsweise mit einfachen Oberflächen zufrieden ist oder sogar die Materialien sichtbar belässt. Maßgeschneiderte Möbel können auch mehrere Funktionen gleichzeitig erfüllen, zum Beispiel kann ein Bücherregal gleichzeitig Geländer oder Trennwand, eine Treppe gleichzeitig Einbauschrank sein.

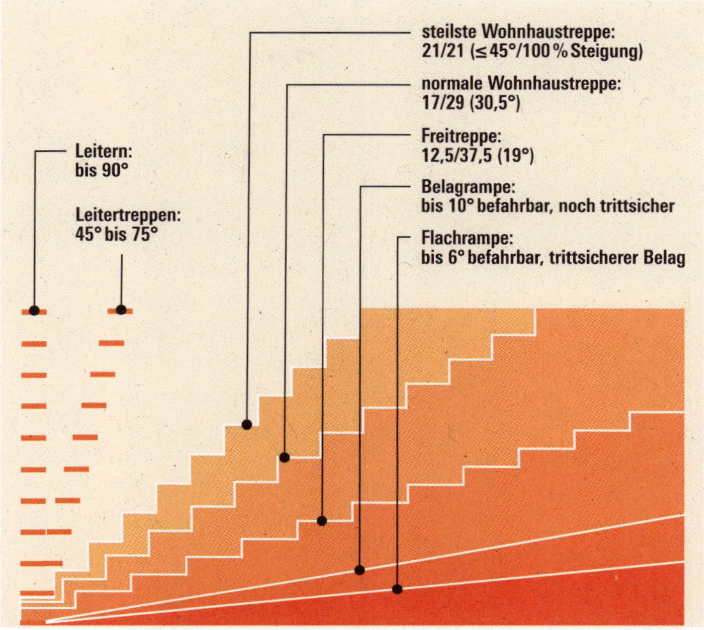

Metallbauarbeiten

Dieses Gewerk stellt für Gebäude Bauteile aus Stahl und anderen Metallen her und wird landläufig als Schlosserhandwerk bezeichnet. Schlosser haben in den meisten Einfamilienhäusern nicht allzu viel zu tun – es sei denn, Ihr Architekt hat besondere Ideen, für die er sie braucht. Schlosser bauen Geländer und Handläufe für Treppen und Balkone, Vordächer, Briefkästen, Abdeckungen für Lichtschächte und Ähnliches. Sie können darüber hinaus Sonnenschutzanlagen wie Schiebeläden oder Pergolen, Carports und ganze Balkone bauen, wenn Sie das wollen. Treppen aus Metall können filigraner ausgeführt werden als aus Holz oder Stahlbeton, was besonders dann reizvoll ist, wenn die Treppe frei im Raum steht und möglichst transparent wirken soll.

Manche Baustellen kommen allerdings ganz ohne Schlosser aus, weil viele der hier genannten Bauteile auch von anderen Gewerken (dann meist aus anderen Materialien) hergestellt werden können.

Während Metallteile in Innenräumen wie Treppengeländer vor allem mechanischen Belastungen (Stößen und Schlägen) ausgesetzt sind, die insbesondere die Belastbarkeit der Lackierung betreffen, müssen ähnliche Bauteile im Außenbereich aus verzinktem oder pulverbeschichtetem Stahl bestehen, der der Witterung widerstehen kann. Verzinkte Geländer können zusätzlich farbig gestrichen werden, dies hat aber nur optische Bedeutung, erhöht die Haltbarkeit nicht.

Ein wichtiges Ausstattungsmerkmal jedes Hauses ist die Schließanlage. Deren Konzept können Sie mit Ihrem Schlosser oder auch direkt mit dem Hersteller besprechen. Denken Sie dabei nicht nur an die aktuell geplante Nutzung, sondern beziehen Sie künftig denkbare Veränderungen wie das Abteilen von Wohnungen, eigene Zugänge für Kinder und Ähnliches in Ihre Überlegungen ein. Da sich Schließanlagen später kaum noch erweitern lassen und auch die nachträgliche Bestellung zusätzlicher Schlüssel sehr kostspielig ist, empfiehlt es sich, die Anlage absichtlich ein wenig zu groß zu planen und einige Schließkreise, Schließzylinder und Schlüssel auf Vorrat zu bestellen, als bei der ersten notwendigen Änderung gleich eine neue Anlage einbauen zu müssen.

Fliesen- und Plattenarbeiten

Im Bad und in der Küche sind auf Böden und Wänden Fliesen allgemein üblich, Steinböden in Wohnbereichen sind dagegen vor allem eines: Geschmackssache. Manche Bauherren halten sie für „fußkalt" oder mögen die abwaschbare Optik mancher Materialien nicht. Andere schätzen die problemlose Pflege und die Dauerhaftigkeit dieser Bodenbeläge, die schon vor Jahrtausenden beliebt waren. Tatsächlich sind die meisten Fliesen und Kunststeine und auch viele Natursteine sehr widerstandsfähig und unempfindlich, sie eignen sich auch gut für die Kombination mit Fußbodenheizungen. Die Auswahl bei Fliesen und Steinplatten ist nahezu unbegrenzt: von der einfachen kleinen Spaltplatte bis hin zum edlen Naturstein in großen Formaten können Sie ungezählte Materialien in allen denkbaren Farben und Oberflächen bekommen. Letztlich entscheiden vor allem der persönliche Geschmack – und der Geldbeutel.

Sachliche Kriterien bei der Auswahl von Fliesen sind neben dem Wasseraufnahmevermögen (von dem die Frostsicherheit abhängt) vor allem die Abriebfestigkeit, die in fünf Klassen eingeteilt wird, und die Rutschsicherheit, für die es ebenfalls fünf Bewertungsgruppen gibt. Fliesen in stark beanspruchten Räumen wie Küchen, Eingangsbereichen und auf Treppen sollten in beiden Kategorien gute Werte aufweisen (am besten Beanspruchungsgruppe IV und Rutschsicherheitsgruppe R11), denn dort sind sowohl der Abrieb als auch die Rutschgefahr relativ groß. In Bädern genügt Abriebklasse 3, die Rutschsicherheit bei Nässe sollte dort aber so hoch wie möglich sein. Für Wandfliesen genügen in beiden Kriterien auch geringere Werte.

Für Fliesen und Platten im Dünnbett muss der Untergrund gut ausgetrocknet sein, da er nach der Verlegung fast gar nicht weiter trocknen kann. Darüber hinaus muss er fest und vor allem eben sein, da die dünne Klebeschicht keine Unebenheiten ausgleichen kann. Estriche, die sich beim Austrocknen an den Ecken abgelöst haben (man nennt diesen Vorgang Schüsselung), dürfen nicht belegt werden. Im Untergrund ausgebildete Bewegungsfugen – insbesondere die Randfugen entlang der Wände – müssen im Fliesenbelag ihre Entsprechung finden, sonst bilden sich unweigerlich Risse.

Es gibt chemische Prozesse zwischen dem Untergrund, der Fliese und der Art und dem Material für ihre Verklebung. Diese drei Variablen müssen koordiniert sein, sonst sind Schäden programmiert. Wenn Sie die Fliesen selbst verlegen wollen, müssen Sie sich daher genau informieren, ob die gewählten Baustoffe zusammenpassen und sich für die geplante Verwendung eignen.

Fliesen einkaufen

Wenn Sie durch den Fliesenfachmarkt gehen und sich das Angebot ansehen, dann denken Sie daran, dass die dort angegebenen Preise nicht den Kosten für die in Ihrem Haus verlegten Fliesen entsprechen, wenn Sie es nicht selbst machen: es kommt das Verlegen hinzu, der Großkundenrabatt Ihres Fliesenlegers wird abgezogen... das heißt, Sie kennen den Endpreis erst dann, wenn Sie ein Angebot des Fliesenlegers bekommen.

Fragen Sie auch nach Sonderposten und Restbeständen – bei den meisten Händlern gibt es günstige Angebote, und vielleicht sind ja Ihre Wunschfliesen dabei. Neben den erforderlichen Eigenschaften müssen Sie nur sicherstellen, dass der Restbestand für Ihre Räume ausreicht. Kalkulieren Sie fünf bis zehn Prozent Überschuss ein, dann sind Sie auf der sicheren Seite und haben Reserven für spätere Reparaturen.

Bodenbelagsarbeiten

Zusammen mit den Wänden prägt vor allem der Boden den Charakter eines Raums. Von Teppichböden, die in ungezählten Farben und Mustern auf dem Markt sind, über Holz bis hin zu Fliesen finden die verschiedensten Materialien als Bodenbeläge Verwendung. Vielleicht haben Sie sich ja entschieden, den Estrich sichtbar zu belassen (vielleicht nur durch den Maler schützend einzulassen) und müssen daher gar keinen Bodenbelag mehr aussuchen? Für alle anderen hier ein kurzer Überblick:

- **HOLZBÖDEN** werden je nach Zuschnitt der Hölzer Parkett (aus kleinen bis mittelgroßen, horizontal verlegten Hölzern), Holzpflaster (aus kleinen, vertikal verlegten Holzteilen) oder Dielenboden (aus langen, brettförmigen Hölzern) genannt. In Abhängigkeit von den Formaten der verwendeten Hölzer und den Holzsorten variiert der Preis stark: So sind Holzpflasterböden relativ kostengünstig, Dielenböden relativ kostspielig. Besonders geeignet für Bodenbeläge sind harte Hölzer wie Eiche, Buche, Ahorn und Kirschbaum. Massive Holzböden werden nach der Verlegung geölt oder versiegelt und sind daher recht pflegeleicht. Sie können mehrmals abgeschliffen und neu versiegelt werden und sind daher sowohl sehr langlebig als auch nachhaltig: Die Renovierbarkeit erhöht die Lebensdauer – und wenn Sie heimische Hölzer (und nicht gerade weit gereiste Tropenhölzer) aussuchen, ist auch die ökologische Wertigkeit eines Holzbodens hoch.
- Bei **FERTIGPARKETT** wird eine dünne Schicht aus Edelholz auf billigere Nadelhölzer oder Holzwerkstoffplatten aufgebracht und in verlegefertigen Elementen auf die Baustelle geliefert, die dort nach dem Prinzip Nut-und-Feder oder mit Klick-Systemen zusammengesteckt und verlegt werden. Fertigparkett ist erheblich günstiger als massive Holzböden, kann aber nicht oder höchstens einmal abgeschliffen werden.
- **WEITERE NATURMATERIALIEN**, die zu Bodenbelägen verarbeitet werden, sind Bambus (als Massivparkett) und Kork (zweischichtig auf Trägermaterialien oder als einschichtiger Plattenbelag). Bambus ist extrem widerstandsfähig, Kork zeichnet sich durch eine warme, angenehme Oberfläche aus, auf der man gut barfuß gehen kann. Beide Materialien sind nicht billig, aber pflegeleicht und dauerhaft.
- **LAMINAT** besteht aus einer Trägerplatte, einer dünnen, üblicherweise bedruckten Dekorschicht und einer schützenden Beschichtung. Das Dekor imitiert das Aussehen eines höherwertigen Belags, meistens Holz, seltener Fliesen oder Stein. Laminat ist relativ preisgünstig, widerstandsfähig und leicht zu verlegen, allerdings sollte man sich direkt darunter eine dünne Dämmschicht leisten, da sonst harte Schuhsohlen laut klacken.

Massivholzdielen, Echtholzparkett oder hochwertiges Laminat?

- **LINOLEUM** ist ein elastischer Bodenbelag, der in einem aufwändigen Verfahren aus Leinöl, Naturharzen, Holzmehl und Pigmenten hergestellt und auf eine Trägerschicht aus Jutegewebe aufgebracht wird. Es wird überwiegend als Bahnenware (seltener als kleine Platten) vertrieben und verlegt. Linoleum ist sehr widerstandsfähig, pflegeleicht und aufgrund seiner chemischen Eigenschaften besonders hygienisch.
- Als Alternative zum Linoleum wurden in den 1960er Jahren Bodenbeläge aus **POLYVINYLCHLORID (PVC)** entwickelt, die in ähnlicher Form als Bahnenware vermarktet werden. Diese hatten zeitweise das Linole-

Rechts unter dem Heizkörper sind die Abstandkeile zu sehen, die den Bodenbelag schalltechnisch entkoppeln. Die Sockelleisten decken den Randspalt nachher noch vollständig ab.

um fast vom Markt verdrängt, konnten ihren Marktanteil aber nicht dauerhaft verteidigen. PVC ist ähnlich pflegeleicht wie Linoleum, aber nur bedingt recyclingfähig.

- Bei **TEPPICHBÖDEN** ist die Auswahl besonders groß: Sie werden aus Baum- und Schafwolle, Sisal und anderen Naturfasern, aber auch aus zahlreichen Kunstfasern hergestellt. Den positiven Eigenschaften bezüglich Fußwärme, Schalldämpfung und Gestaltungsfreiheit stehen als Nachteile eine im Vergleich zu harten Böden kürzere Lebensdauer und die Empfindlichkeit gegenüber Verschmutzung und Staub gegenüber.
- Auch **FLIESEN** und **PLATTEN** aus Keramik, Steinzeug, Natur- und Kunststeinen kommen häufig in Wohnhäusern als Bodenbeläge zum Einsatz und werden vom oben beschriebenen eigenen Gewerk, den Fliesenlegern, verarbeitet.

Bei allen Bodenbelägen empfiehlt es sich, den Übergang zur Wand durch eine Sockelleiste (entweder aus dem Material des Bodens oder aus Hartholz) zu schützen. Diese überdeckt die Randisolierung des schwimmenden Estrichs und verhindert, dass die untere Kante der Wand schon nach wenigen Putzdurchgängen mit Staubsauger oder dem Wischmopp fleckig und ungepflegt aussieht.

Malerarbeiten

Die Maler sind (vor der abschließenden Baureinigung) die letzten Handwerker, die vor der Fertigstellung noch auf der Baustelle zu finden sind. Dieses Gewerk wird von vielen Bauherren gerne in Eigenleistung ausgeführt, da es keine hohen handwerklichen Ansprüche stellt. Trotzdem sollten Sie sich rechtzeitig fragen, ob das Einsparpotenzial aus diesen Arbeiten groß genug ist, um den erforderlichen Zeitaufwand zu rechtfertigen – der Sie unweigerlich von Ihren Umzugsvorbereitungen abhalten wird. Malerarbeiten sind zwar relativ einfach selbst zu erledigen, allerdings lassen sich qualitative Mängel meist auf den ersten Blick erkennen – und sind weniger auf fehlendes handwerkliches Können zurückzuführen als auf Zeitdruck und mangelndes Fachwissen, zum Beispiel bei der Auswahl der Farben.

Ist die Außenseite Ihres Hauses verputzt, hat der Gipser vielleicht schon beim Aufbringen des Putzes oder des Wärmedämm-Verbundsystems den Anstrich erledigt. Wenn nicht, sollten Sie vor der Farbauswahl nochmal mit ihm sprechen, denn viele Putze und Dämmsysteme vertragen nur relativ helle Farbtöne – bei dunkleren Farben heizen die Wände sich auf, es entstehen Spannungen zwischen Putz und Trägermaterial und dadurch Rissgefahr. Zudem fühlen sich auf manchen Farben in Verbindung mit Wärmedämmung Algen und Tiere recht wohl, die Fassade wird dadurch schnell unansehnlich. Daher lohnt es sich, die Farbe zusammen mit dem Wandaufbau als System zu beauftragen.

Klinkerfassaden und vorgehängte Verkleidungen in mehrschichtigen Systemen sind meist oberflächenfertig und müssen nicht mehr gestrichen werden. Auch Fenster und Türen kommen fast immer fertig gestrichen auf die Baustelle, ähnliches gilt für lackierte Metallteile. Daher bleiben für die Maler im Außenbereich meist nur noch die Imprägnierung von offenen, der Witterung ausgesetzten Hölzern sowie vereinzelt die Lackierung von Metallteilen. Diese Arbeitsschritte können Sie tatsächlich relativ leicht selbst erledigen. Da sie keine folgenden Gewerke an deren Arbeit hindern, lässt sich dies notfalls auch bis nach dem Einzug verschieben.

Die Malerarbeiten im Inneren des Hauses sind meist recht umfangreich: Wände, Decken, Dachuntersichten und Treppen wollen farblich behandelt sein. Entscheidend für den Erfolg der Arbeiten ist die Vorbereitung des Untergrunds, der fest, eben, fettfrei, trocken und möglichst sauber sein sollte. Wenn Sie einen Malerbetrieb beauftragen, muss dieser ein gewisses Maß an Spachtelarbeiten einkalkulieren. Führen Sie möglichst vor Angebotsabgabe mit den anbietenden Firmen eine Besichtigung der betreffenden Räume durch und geben Sie ihnen dabei die Gelegenheit, die Oberflächen zu prüfen – dann kann der beauftragte Handwerker sich nicht hinterher auf schlechten Untergrund berufen und zusätzlichen Zeit- und Kostenaufwand geltend machen.

In vielen Regionen ist es üblich, Innenräume vor dem Anstrich mit Tapeten aus strukturiertem Papier zu bekleben – oder im Fall von bedruckten oder textil beschichteten Tapeten ganz auf den Anstrich zu verzichten. Ob man Tapeten mag (und sie vielleicht auch selbst anbringen kann und will), muss jeder Bauherr für sich entscheiden. In jedem Fall ist Tapezieren ein zusätzlicher Arbeitsgang, der Zeit und Geld kostet. Sorgfältiges Arbeiten zahlt sich aus, denn Verlegemängel an Bahnenstößen oder Kanten bleiben deutlich sichtbar.

Die am weitesten verbreiteten Farben für Innenräume sind Dispersionsfarben, mit denen sich glatte und helle Oberflächen mit einem oder zwei Anstrichen deckend einfärben lassen. Dispersionsfarben bestehen typischerweise aus dem Verdünnungsmittel Wasser, Kunstharzen (die meist aus Erdöl gewonnen werden) oder ähnlichen Kunststoffen als Bindemittel sowie aus Pigmenten. Sie sind scheuerbeständig, aber bei dünnem Anstrich weitgehend diffusionsoffen und dadurch gut für den Feuchtigkeitsaustausch zwischen Raumluft und Wandoberfläche.

Wenn sie spezielle Bindemittel enthalten, sind Dispersionsfarben sogar in begrenztem Maße widerstandsfähig gegenüber Wasser und somit abwaschbar. Diese Variante wird als Latexfarbe bezeichnet und eignet sich für Oberflächen, die häufig Spritzwasser abbekommen – zum Beispiel in Küchen und Bädern. Ihre Haltbarkeit und vor allem die mechanische Belastbarkeit sind aber erheblich schlechter als bei gefliesten Wänden, daher sind in stark wasserbelasteten Bereichen nicht ausreichend.

Zur Dispersionsfarbe gibt es zahlreiche Alternativen mit jeweils besonderen Eigenschaften und Einsatzgebieten: Kalkfarben, Silikonharz-Emulsionsfarben, Silikatfarben … Lassen Sie sich vom Handwerksbetrieb oder im Fachhandel beraten, welche Farbe sich für Ihre Anwendung am besten eignet.

Mit raffiniertem Materialmix Wohlfühlatmosphäre schaffen: Ein Zimmer wie ein Garten mit grünem Rasen und viel Licht.

HAUSTECHNIK HEUTE UND MORGEN

Theoretisch ist es zwar möglich, ein Haus ganz ohne technischen Anschluss an die Außenwelt zu bauen. In der Praxis sind Verbindungen zu diversen öffentlichen Ver- und Entsorgungsnetzen aber wünschenswert und meist auch vorgeschrieben. In diesem Kapitel klären wir nicht nur, wie Energie, Wasser oder Daten ins Haus kommen, sondern wie sie dort optimal verteilt und genutzt werden – es geht also auch um die Technik im Gebäude. Ebenso wichtig ist der Schutz des Hauses und seiner Bewohner.

Hausanschluss und Hauptstromversorgung

Auf Strom und Wasser werden Sie so gut wie nie verzichten können, andere Verbindungsleitungen sind optional. Selbst, wenn Sie Ihren Strom im Haus produzieren: Üblicherweise benötigen Sie einen Anschluss ans öffentliche Stromnetz – zum einen, um eventuell überschüssigen Strom ins Netz einspeisen zu können, zum anderen soll bei einer Flaute oder Ausfall Ihrer Technik ja weiterhin Strom im Gebäude sein (→Seiten 61 ff.).

Ähnliches gilt für die Wasserversorgung: Auch wenn Sie sich aus einem eigenen Brunnen bedienen können – für den Fall der Fälle ist der Anschluss ans öffentliche Wassernetz hilfreich, um nicht im Wortsinne auf dem Trockenen zu sitzen. Auch an der Abwasserleitung mit Anschluss an die Kläranlage kommen Sie in den wenigsten Gemeinden vorbei. Unsere Grafik illustriert die wichtigsten Versorgungsverbindungen zum Haus.

Der Mehrspartenanschluss kann durch den Boden oder eine Kellerwand ins Haus geführt werden.

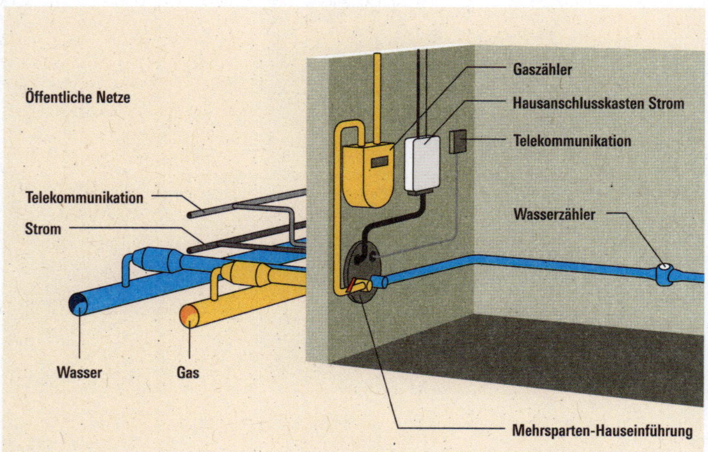

Standard im Neubau: der Mehrspartenanschluss

Falls Sie die Zahl der skizzierten Anschlüsse erschreckt – keine Angst! Sie müssen in den meisten Fällen nicht alle Netzbetreiber einzeln bestellen. Bei einem Neubau oder einer Grundsanierung beauftragen Sie in der Regel den örtlichen Energieversorger mit der Installation des Mehrspartenanschlusses. Der Energieversorger bestellt in Ihrem Namen eventuell nötige Leitungen von Drittanbietern, koordiniert Erdarbeiten und führt alle Leitungen in einem gemeinsamen Anschlusspunkt zusammen, dem Mehrspartenanschluss. Dieser enthält die Leitungen für Strom, Wasser, Kommunikation und eventuell Gas. Leider gibt es kein bundesweit verbindliches Procedere – als erste Anlaufstelle ist der örtliche Energieversorger meist richtig. Auch Architekt, Elektrofachplaner oder Bauunternehmer sind üblicherweise mit den Gepflogenheiten vor Ort vertraut. Falls am geplanten Standort Ihres Hauses kein Versorger bereit ist, den Mehrspartenanschluss (und die dazu gehörende Organisation/Koordination) auszuführen, können Sie ihn selbst beauftragen. Klären

Sie in diesem Falle aber vorher, ob die Energieversorger ihre Leitungen auch dorthin führen – es gibt immer noch Anbieter, die diese Art Hausanschluss nicht unterstützen. Zwingend ist die einheitliche Zuführung aller Versorgungsleitungen nicht – aber im Idealfall kommt sie günstiger.

Hat Ihr Wunschhaus einen Keller, wird der Mehrspartenanschluss vom Energieversorger dort installiert. Der Mehrspartenanschluss benötigt nicht zwingend einen eigenen Technikraum – allerdings darf er nicht in einem Wohnraum untergebracht sein. Daran müssen Sie und Ihr Architekt denken, falls Sie beispielsweise einen Partykeller wünschen. Falls ein Heizungskeller vorgesehen ist, kann der durchaus den Mehrspartenanschluss mit aufnehmen – allerdings sind Raumtemperaturgrenzen zu beachten. Moderne Heizungen geben üblicherweise die erzeugte Wärme in die ihrerseits isolierten Heizungsrohre ab und nicht in den Aufstellungsraum. Anders ist die Situation, wenn sich in dem Raum ein Blockheizkraftwerk befindet: Hier können dauerhaft zu hohe, ungeeignete Temperaturen herrschen.

Besonders in Norddeutschland haben viele Häuser keinen Keller. Dort muss Ihr Architekt eine sogenannte Hausanschlussnische einplanen – oder einen anderen Raum, der nicht als Wohnraum genutzt wird und in dem die Anschlüsse frei zugänglich sind.

Falls Sie einen Altbau sanieren: Früher wurden alle Versorgungsleitungen einzeln und oft auch an verschiedenen Stellen ins Haus geführt. Üblicherweise gibt es auch keinen Grund, daran etwas zu ändern. Es sei denn, die Zuleitungen von der Straße wären so marode oder für den heutigen Bedarf so unterdimensioniert, dass der oder die Energieversorger entscheiden, diese zu erneuern. Wenn nicht technische Gründe für den Ersatz vorhandener Leitungen durch einen Mehrspartenanschluss sprechen, sondern dieser nur der Optik wegen gewünscht wird, zahlen Sie die Kosten der Neuinstallation.

Die Leitungen zum Mehrspartenanschluss sollten auf geradem, kürzestem Wege zum öffentlichen, üblicherweise in der Straße vor dem Haus verlaufenden Netz führen; die Leitungstrasse darf nicht überbaut oder bepflanzt werden.

In Altbaugebieten wird der Strom sehr häufig über oberirdische Leitungen zu den Dachständern der Häuser transportiert. Das bedeutet: Der Strom wird von oben nach unten durchs Haus verteilt. Der Hausanschlusskasten, also die Grenze zwischen öffentlichem und eigenem Stromnetz, ist in diesem Fall unterm Dach. In dem Kasten sitzen die Hauptsicherungen fürs Gebäude, von dort wird der Strom weiter zum Zählerschrank geführt.

In sehr alten Gebäuden kann der Hausanschlusskasten (und vor allem die darin verbauten Sicherungen) nicht mehr dem Stand der Technik entsprechen. Äußerlich erkennt man solche Modelle an ihrem gusseisernen Gehäuse. Falls Sie unsicher sind, ob Ihr Hausanschlusskasten noch aktuell ist, bitten Sie Ihren Elektriker, einen Blick darauf zu werfen. Erkennt der ein altes Modell, bitten Sie ihn, bei Ihrem Energieversorger einen – unter Umständen kostenpflichtigen – Austausch zu beantragen.

Bei einer Grundsanierung eines Gebäudes mit Dachständer kann der Wunsch aufkommen, diesen durch eine unterirdische Stromzuführung (sinnvollerweise per Mehrspartenanschluss) zu ersetzen. Soweit dies technisch und mit vertretbarem Aufwand machbar ist, erledigt der Energieversorger dies auch – einmal mehr allerdings auf Kosten des Hauseigentümers.

Wie geht es weiter?

Der Mehrspartenanschluss ist Sache des/der Energieversorger. In der Praxis ist damit nur eine gemeinsame Kabel-/Leitungszuführung gemeint. Für das Verlegen der einzelnen Leitungen zu den Übergabepunkten in Keller oder Technikraum sind unter Umständen dann mehrere Unternehmen (oder deren Beauftragte) zuständig. Es führen also aus dem Mehrspartenanschluss einzelne Leitungen zu den Endpunkten der entsprechenden Dienste – hier endet auch die Verantwortung der Energie- oder Telekommunikationsdienstleister. Wasser und eventuell Gas werden zweckmäßigerweise dorthin geführt, wo sie gebraucht werden; die

Zähler werden in unmittelbarer Nähe des Mehrspartenanschlusses angebracht. Strom, Telefon und eventuell Kabel-TV werden vom Mehrspartenanschluss zum Hausanschlusskasten bzw. Abschlusspunkt Linientechnik (APL) geleitet. Von dort führt der Elektriker sie sinnvollerweise in einen zentralen Schaltschrank („Zählerplatzsystem"). Hier finden nicht nur Stromzähler und Sicherungen Platz – hier laufen auch die Leitungen für Telefon, Antenne (auch bei Satellitenempfang) und Computernetzwerk sowie die der eventuell vorhandenen Steuerung der Haustechnik (mehr im Abschnitt „Das intelligente Haus" ab Seite 341) zusammen. Im Zählerschrank bringt man bei Neubauten auch Telefon-, Antennenanlagen und Router übersichtlich und leicht zugänglich unter.

Dass Elektro- und Telekommunikationstechnik in einem Schrank vereint sind, hat nicht nur praktische Gründe: Bei einem neuen Zählerplatz bestehen die Energieversorger auf einer Datenleitung zum Stromzähler. Damit soll nicht nur der Zähler ohne Ihr Zutun oder das des Versorgers exakt abgelesen werden können. Diverse Haussteuersysteme erlauben Ihnen die Kontrolle Ihres Stromverbrauchs auf dem Computer, Mobiltelefon oder TV-Bildschirm. Je nach Anbieter werden auch tageszeit- oder netzabhängige Stromtarife angeboten – auch dann muss der Zähler wissen, welcher Tarif gerade gilt und ob z. B. die Wasch- oder Spülmaschine angeschaltet werden kann.

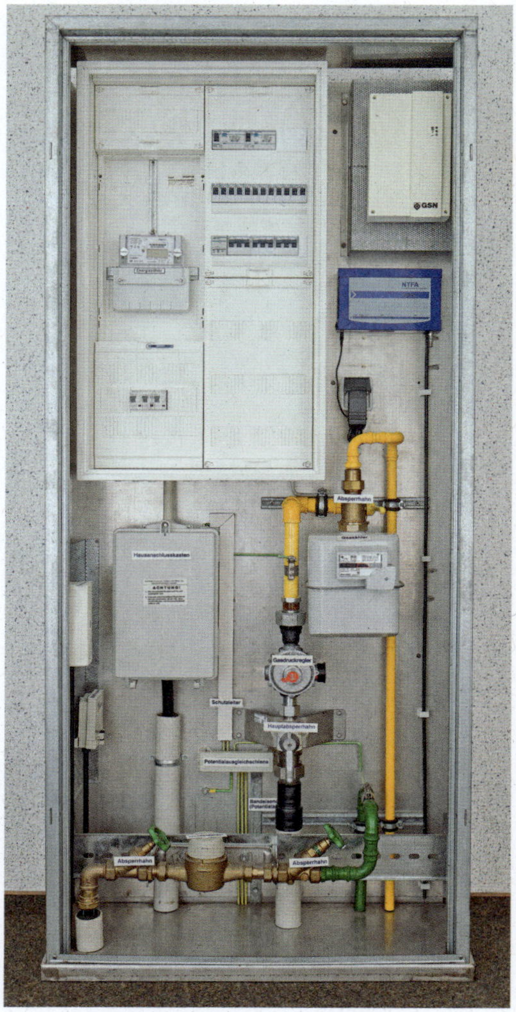

Hausanschlussnische mit Hausanschlusskasten und Sicherungskasten für die Elektrik, Netzwerkanschluss (NTFA) und Gasanschluss

INFO

GAS IM HAUS?

An der Frage, ob ein Haus ans (üblicherweise Erd-)Gasnetz angeschlossen werden soll, scheiden sich die Geister. Klar: Wenn Sie sich zum Heizen mit Gas entschlossen haben (→ Seite 53), muss der Brennstoff zugeführt werden, ist der Gasanschluss zwingend. Fürs Kochen und das Bereitstellen von warmem Wasser ist Gas nur einer unter vielen möglichen Energieträgern. Wenn Sie nicht mit Gas heizen wollen und zu den ängstlicheren Naturen zählen, verzichten Sie schon auf den Gasanschluss im Keller, geschweige denn, dass Sie die Leitung bis in Küche oder Bad legen ließen. Durch Gas ausgelöste Explosionen (mit meist fatalen Folgen für Bewohner und Haus) sind sehr selten – aber sie kommen vor.

Aber: Profi- wie Hobbyköche schwören auf das Kochen auf dem Gasherd. Falls an Ihrem Wohnort ein Gasanschluss verfügbar ist, sollten Sie ihn zumindest ins Haus legen lassen – ob und wie Sie ihn nutzen, können Sie dann später entscheiden. Wenn Sie gern perfekt kochen, gehört ein Gasanschluss zumindest in die Küche. Falls an Ihrem Bauplatz kein Versorger Gas anbietet, Sie dennoch auf den Gasherd in der Küche nicht verzichten mögen – den können Sie auch mit Gasflaschen befeuern.

FLIESSEND WARM- UND KALTWASSER

Fließendes Wasser im Haus ist eine der ersten Errungenschaften der Zivilisation. Ohne Strom oder Gas kann der Mensch problemlos auskommen, ohne Wasser nur wenige Tage. Weil Wasser- und Abwasserrohre nachträglich deutlich umständlicher zu verlegen sind als etwa Stromleitungen, wollen wir uns zunächst mit ihnen befassen.

Die Hausinstallation beginnt bei der Wasseruhr des örtlichen Versorgers. Hier könnten zusätzliche Wasseraufbereitungsgeräte wie etwa Wasserfilter oder -enthärter eingebaut werden. Trinkwasser in Deutschland ist ein aufwändig aufbereitetes Lebensmittel. Gelegentlich kann es aber durch feine Ablagerungen im Leitungsnetz wie etwa Rost verschmutzt sein. Ein zentraler Wasserfilter hält grobe Partikel zurück.

Ein natürlicher, aber im Wasser oft unerwünschter Inhaltsstoff ist gelöster Kalk. Er kann Leitungen und Wasserbehälter allmählich zusetzen und den Geschmack von Speisen und Getränken im Extremfall beeinträchtigen. In Deutschland geben die Wasserwerke den Kalkgehalt in Härtegraden an. Vier Stufen werden unterschieden: Härtegrad 1 bedeutet weiches, also kalkarmes Wasser, 4 steht für sehr hartes, also stark kalkhaltiges Wasser. Wenn das Wasser an Ihrem geplanten Wohnort sehr hart ist (Härtegrad 4), kann es sinnvoll sein, einen zentralen Enthärter zu installieren. Verbreitet sind Enthärter nach dem Ionentauschverfahren. Dort werden Kochsalztabletten eingesetzt, um die gelösten Härtebildner zu binden. Das Salz in der Enthärtungsanlage will regelmäßig erneuert werden. Gelegentlich muss die Anlage gereinigt werden, ansonsten ist sie wartungsarm. In der Literatur werden derartige Anlagen mitunter kritisiert, weil das enthärtete Wasser einen erhöhten Natriumgehalt aufweist. Alternativ werden auf dem Markt magnetische Geräte zur Entkalkung angeboten. Deren Wirksamkeit ist jedoch sehr umstritten.

Die Kaltwasserrohre werden vom zentralen Hauswasserverteiler zu den einzelnen Zapfstellen geführt. Warmwasser, sofern es nicht per Durchlauferhitzer unmittelbar an der Zapfstelle erhitzt wird, nimmt den Umweg über die Heizungsanlage. Bei einfacher Warmwasserversorgung ist nur ein Warmwasserrohr nötig. Planen Sie eine Anlage mit Zirkulation (→Seite 49), erfordert diese ein zusätzliches Rohr. Beide Warmwasserrohre werden parallel verlegt. Das zweite Warmwasserrohr transportiert das Wasser von der letzten Zapfstelle zur Heizung und damit zur Zirkulationspumpe. Warmwasserrohre werden wie Heizungsrohre im ganzen Haus gedämmt, Kaltwasserrohre überall dort, wo sich an ihnen Tauwasser bilden könnte – in der Regel im Keller.

Wasserrohre werden üblicherweise aus Kunststoff oder Kupfer verbaut. Sie werden geschweißt, gelötet oder verpresst. Ihre Leitungsführung ist abhängig von den jeweiligen Standorten der Zapfstellen. Idealerweise werden die Rohre so verlegt, dass das Wasser den kürzesten Weg nimmt.

Welcher Wasseranschluss wo?

Eine der wichtigsten Zapfstellen im Haus ist die im Heizungsraum. Denn die Zentralheizung benötigt Wasser, um überhaupt zu funktionieren. Zudem soll sie in den meisten Fällen das warme Brauchwasser bereitstellen, braucht also auch dafür eine Wasserzufuhr. Der Heizkessel wird fest mit der Kaltwasserleitung verbun-

Die meisten Kalt- und Warmwasserzapfstellen eines typischen Einfamilienhauses finden sich im Bad.

den; ein zusätzlicher Wasserhahn im Raum sollte für Wartungsarbeiten eingeplant werden. Als Wasserablauf – bei einem Brennwertkessel auch für das Kondensationswasser – ist ein im Boden eingelassener Gitterabfluss ideal. Zu ihm sollte auch das Abflussrohr vom Überdruckventil der Heizung führen.

In unmittelbarer Nachbarschaft des Heizungsraums befindet sich oft die Waschküche. Für den Anschluss der Waschmaschine reicht ein Wasserhahn, für den Wasserablauf ist ein Abfluss in der Wand mit verschraubbarem Anschluss optimal. Auch Wäsche-Kondensationstrockner geben Wasser ab, das am elegantesten durch einen Wand-Abwasseranschluss entsorgt wird. Ergänzt werden sollte er durch einen Abfluss im Boden. Falls Ihre Waschmaschine dafür geeignet ist (siehe auch Seite 59 f), ist ein Warmwasseranschluss für die Waschmaschine sinnvoll. Oft ist die Waschküche zentrale Anlaufstelle für Putzwasser. Ein Ausgussbecken mit Warm- und Kaltwasseranschluss ist hierfür ideal.

Falls Sie für Ihr Haus ein Schwimmbecken, Whirlpool, eine Sauna oder Ähnliches planen, besprechen Sie mit Ihrem Architekt und Klempner die dafür nötigen Wasserzu- und -ableitungen.

Küche

Am Spülbecken sind Kalt- und Warmwasser Pflicht. Berücksichtigen Sie bei der Küchenplanung die Lage des Abwasserrohrs in der Wand. Das Spülbecken sollte nicht allzu weit vom Hauptabwasserrohr entfernt montiert werden – hat es zu wenig Gefälle oder ist der Weg vom Becken zum Hauptabflussrohr zu lang, verstopft es schnell durch Küchenabfälle.

Moderne Kühlschränke mit Eiswürfelbereiter verlangen am Standort nach einem Kaltwasseranschluss. Manche Kaffeemaschinen brauchen ebenfalls einen festen Wasseranschluss. Sinnvoll ist es, diese mit der Warmwasserleitung zu verbinden, um Strom zum Aufheizen des Kaffeewassers zu sparen.

Das gilt noch mehr für den Geschirrspüler in der Küche – für ihn lohnt sich ein Warmwasseranschluss in jedem Fall. Einen Kaltwasseranschluss braucht er dann nicht. Der Abwasserschlauch des Geschirrspülers wird meist mit dem Siphon (Geruchsverschluss) des Spülbeckens verbunden. Liegen beide zu weit auseinander, planen Sie einen eigenen Ablauf für den Geschirrspüler ein.

Bad und Toilette

Für Sanitärräume, die ausschließlich als Toilette dienen, reicht im Prinzip ein Kaltwasseranschluss. Wenn möglich, sollten Sie der Hygiene und des Komforts wegen fürs Waschbecken zusätzlich Warmwasser einplanen. Das Waschbecken wird über einen Siphon mit dem Abflussrohr in der Wand verbunden, die Toilette direkt. Mit Wasser versorgt sie ein Spülkasten, der – sofern der Platz reicht – in die Wand gesetzt wird, ansonsten davor. Als Zulauf dient eine feste Rohrverbindung. Diese wird eventuell von einem zweiten Wasserkreislauf gespeist. Mehr dazu auf Seite 67.

Meist werden auch im Badezimmer eine Toilette und ein oder mehrere Waschbecken gewünscht. Elementarer Bestandteil des Bades ist selbstverständlich die Bade- und/oder Duschwanne. Für die Dusche sind Mischbatterien auf halber Wandhöhe ideal, fürs Bad knapp über der Wanne. Je nach Bau- und Wannentyp sind Hebel für die Handdusche und eventuell den Abfluss in der Wand eingebaut. Der Siphon der Badewanne ist unter der Wanne montiert und führt zum Abflussrohr in Wand oder Boden. Der Fliesenleger baut einen Zugang („Revisionsklappe") in die Ummauerung der Badewanne, damit sie im Falle eines Falles zugänglich bleibt. Bei Duschtassen geht dies in der Regel nicht – hier ist der Siphon von oben zugänglich.

Sogenannte Dampfduschen kombinieren laut Hersteller Sauna, Whirlpool und Dusche. Sie erfordern dieselben Wasser- und Abwasseranschlüsse wie andere Duschen und zusätzlich einen leistungsfähigen Stromanschluss.

Wenn Sie weitere Becken wie Bidet oder Urinal nutzen möchten, benötigen diese Kalt- und im Fall des Bidets auch Warmwasser sowie einen Anschluss ans nächste Abflussrohr des Gebäudes.

Außenanschlüsse

Gleich, ob Sie ein Planschbecken befüllen, die Blumen gießen oder die Mülltonne auswaschen möchten: Sie brauchen einen Wasserhahn im Außenbereich Ihres Gebäudes. Dieser sollte für den Winter entweder einen eigenen Absperrhahn im Haus haben oder frostsicher sein. Überlegen Sie bei der Planung Ihres Hauses, wo Wasserhähne außen am zweckmäßigsten angebracht werden sollen. Sind die Hähne für Fremde zugänglich, sichern Sie sie mit einem Schloss. Im Freien benötigen Sie an der Zapfstelle üblicherweise keinen Abfluss – es sei denn, es besteht die Gefahr, dass das Wasser auf dem Grundstück unterhalb des Erdniveaus fließt. Dann ist ein Abfluss etwa an der Garagenabfahrt oder dem Kellerabgang Pflicht.

Wollen Sie Rasen oder Pflanzen komfortabel versorgen, können Sie Bewässerungsleitungen fest im Erdreich verlegen. Sinnvoll werden sie durch eine Dosiereinrichtung ergänzt – meist ist dies ein Zeitschalter. Auch ein Bussystem (siehe „Das intelligente Haus", Seite 341 ff.) kann die Gartenbewässerung steuern. Ein Hauptabsperrhahn im Gebäude schützt diese Leitungen vor Frostschäden.

Regenwasser im Haushalt

Das Leitungswasser in Trinkwasserqualität ist teuer und für viele Zwecke eigentlich zu schade. In den meisten Regionen Mitteleuropas fällt genug Regen, um damit selbst durstige Pflanzungen bewässern zu können. Laut Statistik hat Deutschland pro Jahr rund 800 Millimeter Niederschlag. Umgerechnet aufs eigene Grundstück bedeutet dies, dass 800 Liter pro Quadratmeter und Jahr anfallen (800 Millimeter mal ein Quadratmeter = 800 l/m²). Auf dem Hausdach allein landen bei einer effektiven Dachfläche von 100 Quadratmetern 80 000 Liter beziehungsweise 80 Kubikmeter Regen im Jahr. Das entspricht in etwa der Menge Wasser, die ein Zweipersonenhaushalt pro Jahr verbraucht. Die Vernunft gebietet es, soviel wie möglich und nötig davon aufzufangen und zu speichern. Die Kommunen haben sogar ein Interesse daran. Schließlich kann die Kanalisation nicht für alle möglichen Starkregenereignisse dimensioniert werden. Wird das Wasser direkt auf dem Grundstück aufgefangen, belastet es nicht die öffentlichen Netze. Mitunter vergüten

Ein unterirdischer Tank ist ideal, um den Garten zu bewässern. Regenwasser lässt sich auch im Haus nutzen, beispielsweise für die Toilettenspülung.

die komunalen Wasserversorger auch diese Mithilfe.

Um mit Regen den Garten zu bewässern, reicht als Minimallösung ein im Fallrohr eingebauter Regenabzweiger. Er füllt eine bereitgestellte Tonne mit Wasser. Handelsübliche Tonnen fassen 200 bis 500 Liter. Wenn Sie regelmäßig größere Flächen bewässern möchten, ist das zu wenig. Zisternen – ins Erdreich frostsicher eingegrabene Wassertanks – fassen mehrere tausend Liter. Je nach Hersteller und Modell kosten sie ab etwa 1 000 € und sind aus Kunststoff oder Beton hergestellt. Sie werden mit einem oder mehreren Fallrohren verbunden – eine meist im Erdreich verlegte Leitung transportiert das Wasser in den Behälter. Wenn es gebraucht wird, befördert es eine Pumpe mit Saugschlauch oder eine Tauchpumpe wieder in den Garten – beispielsweise zum Rasensprenger oder den Bewässerungsleitungen.

Regenwasser lässt sich aber auch im Haushalt überall dort nutzen, wo keine Trinkwasserqualität gefordert ist – hauptsächlich für die Toilettenspülung. Voraussetzung für die Regenwassernutzung ist einmal mehr die Zisterne. In diesem Fall muss ein zweites Rohrleitungssystem im Haus das Regenwasser an die gewünschten Zapfstellen transportieren. Die vollständige Trennung vom Trinkwassernetz ist aus hygienischen Gründen gesetzlich vorgeschrieben.

Die Zisterne kann Wasser für Garten und Haus speichern – eine Pumpe mit angeschlossenem Druckbehälter („Hauswasserwerk") transportiert das vorgefilterte Nass an alle Zapfstellen. Das Hauswasserwerk stellt sicher, dass ständig ausreichend Wasserdruck in den Leitungen bleibt. Mit Kosten von typischerweise mehreren tausend Euro für den Erdtank samt Technik ist die Anschaffung für einen Zweipersonenhaushalt nicht immer lohnenswert. Bei großen Familien kann sich die Investition indes schnell amortisieren.

Die Nutzung von Regenwasser kann sich – je nach örtlichen Vorschriften – auf Ihre Abwasserkosten auswirken. Eine nur für den Garten genutzte Zisterne kann Ihnen im Einzelfall Abwassergebühren sparen; ihre Anmeldung ist abhängig von lokalen Vorschriften oft notwendig. Wenn Sie Regenwasser im Haus verwenden, ist die Nutzung in jedem Fall meldepflichtig. Immerhin wird dieses Wasser dann durch die Kanalisation abgeleitet, ohne über die Frischwassergebühren finanziert zu werden.

Kanalisation

Voraussetzung, um im Haus fließend Wasser nutzen zu können ist, dass es Gebäude und Grundstück wieder verlassen kann. An den meisten Bauplätzen liegt ein Abwassernetz. Wenn das der Fall ist, müssen Sie sich daran auch anschließen lassen. Liegt einer der Abflüsse im Haus zu tief, befördert eine Pumpe („Abwasserhebeanlage") die Abwässer in die Kanalisation. In vielen Gemeinden wird Abwasser und Oberflächenwasser (Regenwasser) getrennt abgeführt. Dann stellt die Gemeinde auch zwei unterschiedliche Anschlüsse für die Netze bereit.

Ist an Ihrem Wohnort oder Bauplatz kein Abwassernetz installiert, müssen Sie auf dem Grundstück eine Kleinkläranlage („Dreikammergrube") oder gegebenenfalls eine vollbiologische Klärgrube vorsehen. Die Anlage muss regelmäßig gewartet werden. Maßgeblich dafür ist die DIN 4261.

Im Normalfall kümmern sich bei einem Neubau Bauträger oder Architekt um die technischen Details der Abwasserentsorgung.

Falls Sie einen Altbau sanieren oder selber planen, sollten Sie die Bestimmungen vor Beginn mit den örtlichen Behörden klären. In Gegenden mit hohem Grundwasserspiegel kann es sinnvoll sein, im Keller eine sogenannte Sumpfpumpe zu installieren. Sie pumpt von außen oder über die Kanalisation eindringendes Wasser ab.

Abwasserleitungen im Haus
Die Kanalisation oder Kleinkläranlage nimmt die Abwässer auf, die an den verschiedenen Zapfstellen des Hauses anfallen. Von diesen müssen sie gesammelt und zu den Hauptabwasserrohren geführt werden. Naheliegende Faustregel: Überall dort, wo Sie eine Zapfstelle haben, brauchen Sie auch ein Abflussrohr. Die zur Ableitung nötigen Kunststoffrohre („HT-Rohre") haben für Waschtische üblicherweise einen Durchmesser von 50 Millimetern, für Duschen 70 Millimeter und für Toiletten 100 Millimeter.

Waschmaschinen können parallel zu Waschtischen am selben Siphon angeschlossen werden oder bekommen ihren eigenen Abfluss.

TELEFON UND INTERNET

Im Mobilfunkzeitalter scheint für viele Menschen ein Festnetz-Telefonanschluss entbehrlich. Es kommt zwar selten vor – aber auch Handynetze können ausfallen. Im Notfall rettet ein funktionierendes Festnetztelefon Leben. Auch ganz banale Gründe sprechen nach wie vor für den Festnetzanschluss: Die meisten Menschen empfinden die Sprachqualität im Festnetz als besser, die Verbindung ist stabiler. Wer zu Hause auch arbeitet, dürfte Festnetztelefone schon wegen ihrer Betriebssicherheit schätzen – leitungsgebundene Modelle benötigen keinen Akku.

Selbst, wenn Telefonie übers Festnetz für Sie keine Rolle mehr spielt: Fast alle Telefonanbieter sind gleichzeitig auch Internetprovider. Falls Sie ins Netz der Netze wollen, ist der leitungsgebundene Internetzugang fast unumgänglich.

Klassische Telekommunikations- wie Kabel-TV-Betreiber offerieren nominell ähnliche Angebote. Standard sind Mitte 2019 Internetzugänge mit einer Geschwindigkeit zum Nutzer („Downlink") von 16 bis 1000 Megabit/Sekunde (mbps) und einer Geschwindigkeit ins Netz („Uplink") von 0,5 bis 500 mbps.

Der wesentliche Unterschied: Telefonanbieter stellen den Internetanschluss per ADSL oder VDSL bereit (dies wird meist unter dem Kürzel DSL zusammengefasst), seit einiger Zeit sind auch für Privathaushalte Glasfaseranschlüsse (FTTH, Fibre to the home) verfügbar.

In vielen Fällen ist die klassische TAE-Anschlussdose unverzichtbar – und sei es nur fürs Internet.

Breitbandanbieter hingegen nutzen Koax-TV-Kabel. Bei den DSL-und FTTH-Varianten steht Ihnen eine einmal zugesicherte Datengeschwindigkeit permanent zur Verfügung (technische Störungen selbstverständlich ausgenommen); den Internetzugang via TV-Kabel teilen Sie sich hingegen mit Ihren Nachbarn. Zu den Stoßzeiten kann die tatsächliche Internetgeschwindigkeit also niedriger sein – je nach Betreiber und den Verhältnissen vor Ort sinkt die nutzbare Datenrate spürbar.

Am TV-Breitbandkabel und bei FTTH wird der klassische Telefonanschluss seit jeher nur nachgebildet („emuliert"). An neuen kombinierten Telefon-/Internetzugängen realisieren aber auch die traditionellen Telekommunikationsfirmen die digitale Übertragung per VoIP (Voice over IP – Sprache per Internetprotokoll).

Für die Anbieter hat der Wegfall der althergebrachten Telefonie in ihren Netzen erhebliche Vorteile: Sie sparen Geld; die Netztechnik wird weniger komplex. Für die Kunden springt im besten Fall eine etwas bessere Klangqualität bei Telefongesprächen heraus. Oft genug ist aber bislang die Verbindung schlechter als im herkömmlichen Telefonnetz, auch machten die VoIP-Netze mancher Anbieter in der Vergangenheit durch Ausfälle Negativschlagzeilen.

Zudem finden Telefone jetzt nicht mehr direkt an der gewohnten Anschlussdose Kontakt – nur über eine passende VoIP-Box (oft im Router integriert) ist Telefonieren noch möglich. Je nach Anbieter und Vertrag wird die Box vom Netzbetreiber gestellt oder liegt in der Zuständigkeit des Kunden. Egal, wer sie stellt: Die Box braucht Strom – fällt der aus, ist ohne Notstromversorgung auch das Festnetztelefon tot. Wer Telefax oder Spezialitäten des digitalen ISDN-Anschlusses weiterhin benötigt, sollte sich zudem erkundigen, ob die VoIP-Technik des Netzbetreibers alle nötigen Funktionen unterstützt.

In der Vergangenheit setzten auch der von Rettungsdiensten angebotene Hausnotruf und viele Alarmanlagen einen klassischen Telefonanschluss voraus. Zwischenzeitlich sind die Systeme allerdings an die VoIP-Netze angepasst. Im Fall eines Falles weichen viele Notrufsysteme aufs Mobilfunknetz aus.

Unser Tipp: Kombinierte Telefon-/Internet-Neuanschlüsse von Telekommunikations- und Kabel-TV-Anbietern unterscheiden sich nur noch marginal. Sofern an Ihrem Bauplatz DSL/FTTH und TV-Kabel zu überschaubaren Kosten verfügbar sind, lassen Sie beide Anschlüsse ins Haus legen – sollten Sie mit einem Betreiber unzufrieden sein, können Sie einfacher wechseln.

LTE/UMTS

Nicht immer entsteht Ihr Traumhaus im typischen Neubaugebiet, in dem man schnelle kabelgebundene Internetanschlüsse voraussetzen kann. In per Festnetz schlecht versorgten Gebieten offerieren Mobilfunkanbieter leistungsfähige Internetzugänge über ihre LTE- und/oder UMTS-Funknetze – je nach Tarif und örtlichen Gegebenheiten ist in den Paketen oft ein VoIP-Festnetz-Telefonanschluss enthalten. LTE/UMTS sind besser als nichts – Sie müssen aber deutlich häufiger als im Festnetz mit schwankender Datenrate oder gelegentlichen Totalausfällen rechnen. Zudem begrenzen viele Anbieter (beziehungsweise Ihre Verträge) das tägliche oder monatliche Datenvolumen – schlecht, wenn die ganze Familie rund um die Uhr Internetradio hören oder andere datenintensive Dienste nutzen will. Ein weiterer möglicher Nachteil des Internets via Mobilfunk: Alle Nutzer einer sogenannten Funkzelle teilen sich die verfügbare Bandbreite. Das heißt: Wenn der Nachbarsohn gerade seine 50 besten Freunde zur Party eingeladen hat und deren Smartphones glühen, surfen Sie für den Abend nur gebremst durchs Internet.

Internet via Satellit

Auch LTE und dessen Vorgänger UMTS sind nicht flächendeckend verfügbar oder nur in unzumutbar langsamer Geschwindigkeit. Alternativ helfen Satelliten: Über Astra wie Eutelsat offerieren verschiedene Anbieter einen zeitgemäß schnellen Internetzugang. Früher waren zwei Systeme im Angebot: Die einfacheren (und günstigeren) Verfahren nutzten den Satelliten nur, um Daten zu Ihnen zu senden. Als Rückleitung fungierte ein ISDN- oder DSL-Anschluss. Dieses Hybridprinzip lässt sich über dieselbe Antenne realisieren, die Radio und Fernsehen empfängt (siehe auch „Radio, Fernsehen, Unterhaltung“, S. 332). Sie zahlen aber für Internet via Satellit sowie den Datentransfer via Telefonanschluss (also ISDN/DSL). Diese Einwegtechnik ist aber bei fast allen Anbietern ein Auslaufmodell.

Aktuelle Systeme für Internet via Satellit nutzen die Antenne einer Sat-Schüssel, den LNB (Low Noise Block Converter), auch zum Versand der Daten. Diese Technik kommt ohne parallele Telefonverbindung aus. Eine solche Schüssel/Antenne darf aber nur der Fachmann montieren. Ob sie auch zusätzlich für Radio und Fernsehen genutzt werden kann, hängt von den technischen Details des jeweiligen Anbieters ab. Falls das nicht zutrifft, müssen Sie fürs Unterhaltungsprogramm via Satellit eine zweite Schüssel am oder vor dem Haus montieren.

Für reine Satelliten- wie Hybridlösungen gilt: Die Satelliten schweben in 36 000 Kilometer Höhe über der Erde – die Daten sind also rund zwei Sekunden bis zu Ihrem PC unterwegs. Beim üblichen „Surfen“, also Aufrufen und Betrachten von Webseiten, stört dies nicht, ebenso wenig, wenn Sie elektronische Post senden oder empfangen wollen. Die Teilnahme an schnellen Onlinecomputerspielen ist via Satelliteninternet aber wenig sinnvoll. Internettelefonie und die Nutzung von Diensten wie Skype sind laut den Anbietern möglich – mit Einschränkungen sollte man aber rechnen. Ähnlich wie im TV-Breitbandkabel teilen sich mehrere Nutzer einen Datenkanal – wenn viele Anwender gleichzeitig surfen, sinkt die nutzbare Datenrate. Die meisten Tarife für Internet via Satellit sind ähnlich gestaltet wie die für LTE – ist ein bestimmtes Datenvolumen erschöpft, surft man deutlich langsamer oder zahlt extra.

TV-Breitbandkabel – nehmen oder verzichten?

Die Angebote der Kabelnetzbetreiber für Telefon und Internet sind ein interessanter Zusatznutzen. Ihr Kerngeschäft war aber einst die Bereitstellung Hunderter TV- und Radioprogramme. Die Betreiber kassieren dafür monatliche Gebühren. Zudem schnüren sie mit Programmen abseits des Massengeschmacks gern Sonderpakete, für die weitere Kosten anfallen.

In der Gestaltung ihrer Tarife sind die Anbieter recht frei – welchen Preis sie in Zukunft verlangen, weiß niemand. Anfang 2019 konnten sich die Programme des Deutschlandradios und Unitymedia nicht über die Einspeisekosten einigen, woraufhin die Sender aus dem Kabelnetz des Betreibers fielen. Kurz: Im typischen Einfamilienhaus ist der TV-Kabelanschluss für

Allein der Anbieter Astra versorgt Deutschland mit Tausenden Radio- und Fernsehprogrammen.

das, wofür er einst konzipiert wurde, unattraktiv. Da fast alle Kabelbetreiber auch Tarife zur reinen Telefonie- und Internetnutzung offerieren, lohnt es sich dennoch, den Anschluss, wo verfügbar, ins Haus legen zu lassen.

Mit Blick auf Radio und Fernsehen schneidet die Alternative, der Empfang via eigener Satellitenantenne („Schüssel“) deutlich besser ab. Das in Deutschland und den angrenzenden Ländern vielfältigste Programm liefert über Satellit die luxemburgische „Astra“-Flotte. Die meisten ihrer Satelliten parken im Orbit auf 19,2 ° Ost. Tausende Fernseh- und Radioprogramme sind von dort empfangbar. Eine kompakte Antenne mit einem Durchmesser von 60 bis 90 Zentimeter reicht in den meisten Fällen aus. Details zur Verteilung im Haus lesen Sie ab Seite 332 ff.

Ein kundenunfreundliches Detail teilen sich Kabel und Satellit: Während die HDTV-Angebote von ARD, ZDF, deren digitalen Spartensendern und den Dritten in HD ohne Weiteres zu sehen sind, senden die meisten Privatstationen ihre HD-Programme mit einer HD+ genannten Verschlüsselung – inklusive jährlicher Gebühren für die Entschlüsselung am Empfangsgerät. Ein ähnliches Geschäft mit den Privatprogrammen in HD erprobt die Freenet AG seit Frühjahr 2017 hauptsächlich über das terrestrische „Antennenfernsehen" DVB-T 2 HD. Bislang ist das Publikumsinteresse eher verhalten.

Fazit: Der Empfang via Satellit ist im eigenen Haus die beste Lösung. Die Kosten für Antenne, deren Blitzschutz sowie Verteiltechnik (etwa bis 500 Euro) sind im Vergleich zu einem Kabelanschluss gering. Falls Ihr Haus aber ungünstig liegt, können Berge, Bäume oder andere Gebäude den Satellitenempfang vereiteln. In diesem Fall bleibt für ein vielfältiges TV- und Radioangebot nur der Kabelanschluss.

ELEKTRIZITÄT – ABER SICHER

Der moderne Mensch ist von Elektrizität und elektrischen Anlagen umgeben. So nützlich Strom ist – so gefährlich kann er sein. Die Sicherheit der elektrischen Anlage (und damit auch Ihre) hat bei Bau oder Renovierung eines Hauses oberste Priorität.

Anschluss an die Fundamenterde

In jedem Haus benötigt man einen Schutzpotentialausgleich. Er sorgt dafür, dass zwischen elektrisch leitfähigen Teilen im Haus – etwa Heizungs- oder Wasserrohren, Gasleitungen sowie dem Schutzleiter (Protective Earth, PE) der Stromanschlüsse im Haus keine gefährlichen Spannungsunterschiede auftreten können. Auslöser dafür könnten beispielsweise defekte Geräte sein. Zum Potenzialausgleich werden alle genannten Leitungen mit einer Haupterdungsschiene verbunden.

So sind innerhalb des Hauses Potenzialunterschiede ausgeschlossen. Damit die elektrische Anlage ganz sicher ist, muss zusätzlich die Haupterdungsschiene mit der Erde verbunden sein. Erde meint in diesem Fall wirklich das Erdreich um Ihr Haus. Um die Verbindung herzustellen, gibt es – je nach Bauweise – verschiedene Möglichkeiten. Im einfachsten Fall wird die Bodenplatte Ihres Hauses direkt aufs Erdreich gegossen. Der Fundamenterder besteht in diesem Fall aus einem verzinkten Bandstahl, der im Beton dem Grundriss folgt. Die Armierung der Bodenplatte muss mit dem Fundamenterder verbunden werden. Ins Haus führende Verbindungsfahnen stellen den Kontakt zum Hauptpotenzialausgleich her.

Besteht die Bodenplatte aus wasserundurchlässigem Beton oder verhindert Dämmung beziehungsweise Isolierung den direkten Kontakt zum Erdreich, bliebe der beschriebene Fundamenterder wirkungslos. In diesen Fällen wird stattdessen im Erdreich ein Ringerder aus Edelstahl der Güte V 4 A ums Haus verlegt.

Blitze beschädigen jedes Jahr Häuser oder die darin installierte Technik. Bei Neubau oder einer Grundsanierung sollte dem Blitzschutz von Gebäude und Elektroanlagen ausreichend Beachtung geschenkt werden.

Wichtig: Bei dieser Art Erdung müssen die Verbindungsfahnen ins Haus oberhalb wasserführender Schichten angebracht werden. Nur ausgebildete Fachkräfte dürfen Fundament- und Ringerder bauen; sie müssen zudem den Einbau mit Fotos dokumentieren, die Wirksamkeit des Fundamenterders muss durch Messprotokolle belegt werden. Details dazu regelt die DIN 18014.

Der Fundamenterder sorgt aber nicht nur für Sicherheit im Haus – auch ein eventuell vorgesehener Blitzableiter findet dort Anschluss.

Blitzschutz

Schlägt ein Blitz in Ihr Haus ein, kann es massiv beschädigt werden und sogar abbrennen. Die Blitzableiter, wie sie umgangssprachlich genannt werden, sind für Privathäuser in Deutschland zwar nicht vorgeschrieben. Ein angemessener Blitzschutz senkt aber oft die Prämien für die Gebäudeversicherung. Zudem ist er auch der beste Schutz Ihres Eigentums. Üblicherweise besteht er aus mehreren, an exponierten Gebäudestellen angebrachten Metallstäben („Fangstangen"), die mit dem Fundament- oder Ringerder verbunden sind. Sind auf dem Dach andere technische Geräte wie Photovoltaikpanele, Klimaanlage, Satellitenschüssel oder ähnliches angebracht, sollten diese ebenfalls mit einem Blitzschutz versehen werden. Die technischen Einzelheiten regelt die DIN EN 62305.

Überspannungsschutz

Elektrische und in besonderem Maße elektronische Geräte verkraften zu hohe Spannung nur schwer. Überspannungen im Stromnetz können auf zwei Arten entstehen: Ihr häufigster Auslöser ist ein Blitzeinschlag. Aber auch Störungen im Stromnetz können kurzfristige Spannungsspitzen zur Folge haben.

Der im vorangegangen Abschnitt beschriebene Blitzableiter schützt Ihr Haus vor Elementarschäden. Aber er verursacht ein neues Problem: Schlägt ein Blitz ein, können kurzfristig auf Fundamenterder und Potenzialausgleich Spannungen von mehreren tausend Volt gegenüber dem Stromnetz auftreten. Entscheiden Sie sich für einen Blitzableiter am Gebäude, ist der Überspannungsschutz für Ihr Stromnetz und die daran angeschlossenen Geräte technisch zwingend. Unabhängig von diesen

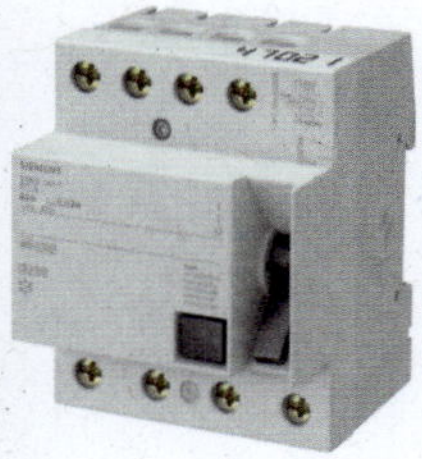

FI-Schalter lösen aus, wenn ein Gerät im Haus defekt ist.

technischen Gegebenheiten gilt seit dem Jahr 2017 die Norm DIN VDE 0100/Teil 443, die für Elektroinstallationen in jedem Fall einen Überspannungsschutz fordert.

Gegen andere auftretende Überspannungen reicht die Schutzwirkung in alle Leitungsrichtungen auf einer Länge von jeweils zehn Metern. Das heißt: Wird der Strom im Haus über eine größere Entfernung verteilt, müssen ein oder mehrere zusätzliche Überspannungsableiter die Elektrik sichern. Dies kann in einem weiteren Verteilerschrank geschehen oder in Form von Steckdosen mit integriertem Überspannungsschutz. Eine solche Steckdose schützt nicht nur das an sie angeschlossene Gerät, sondern alle im selben Stromkreis befindlichen Geräte. Für beide Varianten gilt wieder die Reichweitengrenze von zehn Metern.

Generell sollten alle Leitungen, die von außen ins Haus führen, wie etwa Telefon, Antenne oder das Licht für den Gartenschuppen, mit einem entsprechenden Schutz versehen sein.

Schutz vor Stromschlag

Die aktuelle Fassung der VDE-Norm 0100/Teil 410 ist seit 2018 in Kraft. Sie legt unter anderem fest, dass in neuen Elektroinstallationen alle für Laien zugänglichen Steckdosen nicht nur durch die altbekannten Sicherungen, sondern zusätzlich mit RCDs (Residual Current protective Device, früher auch FI- oder Fehlerstromschutzschalter genannt) geschützt werden. RCDs erkennen, ob Strom unzulässige Wege nimmt und unterbrechen die Zufuhr, bevor Menschen zu Schaden kommen. In der Theorie reicht ein passend dimensionierter RCD fürs ganze Haus. In der Praxis wäre eine solche Schutzschaltung aber fragwürdig: Löst der RCD aus, stünden Sie sofort im Dunkeln. Die DIN 18015 – 2 schreibt deshalb aus gutem Grund vor, dass ein einzelner RCD nicht die Elektrik im ganzen Haus abschalten darf. Minimum für einen praxistauglichen Schutz sind also zwei RCDs. Besprechen Sie mit Ihrem Elektriker anhand des Gebäudeplans, welche Räume durch gemeinsame RCDs geschützt werden sollen. Ziel muss es sein, bei einer Störung auf jedem Stockwerk noch Licht und Strom zu haben. Spül-, Waschmaschine und die elektrischen Anschlüsse von Bad und Kinderzimmer sollten zum Beispiel nicht mit dem Arbeitszimmer über den selben RCD geschützt sein. Spricht der RCD auf einen Fehlstrom der Waschmaschine an, wäre Ihr Computer ohne Strom – und damit wären unter Umständen mehrere Stunden Arbeit verloren. Je nach Gebäude- und Grundstückszuschnitt empfiehlt es sich, die Elektrik im Außenbereich über einen eigenen RCD zu schützen, um nicht im Haus ohne Strom zu sein, wenn die elektrische Heckenschere die Schutzschaltung ausgelöst hat.

Sogenannte FI/LS-Schalter vereinen die klassische Sicherungsfunktion mit der eines RCDs und garantieren so maximale Betriebssicherheit: Egal, ob die Sicherung oder der RCD anspricht – es ist immer nur ein Stromkreis betroffen. Im Privathaushalt ist dieser Aufwand, wie geschildert, nicht zwingend – aber unter Umständen praktisch.

Schutz vor durch Strom ausgelösten Bränden

Seit 2016 ist die DIN VDE 0100/Teil 420 in Kraft. Sie regelt einen zusätzlichen Schutz vor Bränden, die durch Elektrogeräte oder -installation ausgelöst werden könnten. Entsprechende Komponenten für den Schaltkasten werden unter dem Namen Brandschutzschalter oder AFDD (für „arc fault detection devices“) angeboten. Im Privathaus ist ihr Einsatz zur Zeit nur vorgeschrieben für Bereiche, in denen brennbare Materialien verbaut wurden – beispielsweise Holzhäuser oder ausgebaute Dachböden. Empfehlenswert ist er aber für alle Räume, in denen Bewohner schlafen – vor allem Kinder oder ältere Menschen – sowie Stromkreise, an denen Waschmaschinen, Geschirrspüler oder Wäschetrockner betrieben werden. Für jeden zu sichernden Wechselstromkreis ist je ein Brandschutzschalter nötig. Für Drehstromverbraucher wie Elektroherde ist eine vergleichbare Technik nicht verfügbar.

Störsicherer Aufbau des Stromnetzes im Haus

Laien sehen auf den ersten Blick keine Berührungspunkte zwischen der 230-Volt-Stromleitung und den Adern für Telefon oder Computernetzwerk. In der Praxis kann es dennoch zwischen beiden Netzen zu Wechselwirkungen kommen. Diese können dazu führen, dass die Telefonanlage und/oder Computer abstürzen oder die Datenverbindung massiv gestört wird.

Um diese Probleme gar nicht erst auftreten zu lassen, achten Sie darauf, bei der Ausschreibung der Elektroinstallation Ihres Hauses festzulegen, dass es im Gebäude nur an einer Stelle eine Verbindung zwischen dem Neutralleiter (N) und dem Schutzleiter (PE) gibt. Diese Verbindung wird am bestem im Hausanschlusskasten hergestellt. Von dort ab benötigen Neutral- und Schutzleiter zwingend getrennte Leitungen. Das ist bei Neuinstallationen Stand der Technik; zur Sicherheit sollte dies auch exakt so im Vertrag mit dem Handwerker stehen. Die Normen dazu sind DIN-VDE 0100/Teil 444 und Teil 540.

INFO

WIE VIELE STROMKREISVERTEILER?
Dies ist eine Frage, die Ihr Planer oder Elektriker zu klären hat. Verteilerschränke auf den einzelnen Etagen brauchen Platz und müssen zugänglich sein. Faustregel: Reicht das Haus über mehrere Stockwerke oder sind am Ende der Leitungen starke Verbraucher geplant (etwa Sauna, Durchlauferhitzer, Solarium oder Wäschetrockner), ist es sinnvoll, auf jeder Etage Stockwerksverteiler für elektrischen Strom vorzusehen. Fürs typische Einfamilienhaus mit zwei Etagen reicht in der Regel ein zentraler Verteiler aus, der mit im Zählerschrank untergebracht werden kann.

ZUKUNFTSSICHERE ELEKTROINSTALLATION

Die geschilderten Details der Hauselektrik dienen dem Schutz von Bewohnern und Geräten – im Falle eines Falles sind sie lebenswichtig. Für den Alltag hat aber die vorausschauende Installation von Schaltern, Steckdosen sowie Kontakten für Telefon, Computer und Unterhaltung mehr Bedeutung.

Was die Zukunft wirklich bringt, weiß selbstverständlich niemand. Viele Trends zeichnen sich dennoch ab – entsprechend kann man sie bei der Planung der Elektroinstallation berücksichtigen. Das spart spätere kostspielige Umbauten. Natürlich sollten Sie bei der Projektierung realistisch bleiben – es hat wenig Sinn, allerlei Vorkehrungen beispielsweise für einen Swimmingpool im Keller vorzusehen, wenn es unwahrscheinlich ist, dass er je verwirklicht wird. In den meisten Fällen ist die Mehrausgabe für zukunftssichere Elektrotechnik aber gering und erleichtert die flexible Nutzung Ihres Hauses über viele Jahre. Denn es ist deutlich einfacher, beim Bau eine Leitung mehr in die Wand einzuziehen – auch wenn die zunächst ungenutzt hinter eine Wanddose endet –, als nachträglich dafür Wände aufzuschlagen.

Das Wichtigste: sorgfältige Planung

Überlegen Sie als erstes, wie Sie das Haus und die einzelnen Räume/Bereiche darin nutzen wollen, für welche Geräte Sie wo Anschlüsse benötigen. Spielen Sie in Gedanken typische Wege durch. Wo wollen Sie Licht schalten, wenn Sie beispielsweise in den Keller wollen oder zu Bett gehen? Denken Sie nicht nur an die Nutzung beim Einzug, sondern auch daran, wie sich im Laufe der Jahre die Verwendung eines Raumes ändern kann. Wenn Sie Ihr Haus bauen, weil Sie Platz für sich und Ihre Kinder wollen, sollten Sie überlegen, was Sie mit den Kinderzimmern machen könnten, wenn der Nachwuchs dereinst flügge geworden ist.

Erste Orientierung: HEA/RAL

Bevor Sie im Trüben fischen – viele Installationen ähneln sich, man kann sich also an ihnen orientieren. Die HEA (Hauptberatungsstelle für Elektrizitätsanwendung) Fachgemeinschaft für effiziente Energieanwendung e.V. bietet auf der Internetseite www.elektro-plus.com eine Übersicht von „Ausstattungswerten" – so bezeichnet man unterschiedlich aufwendige Hausinstallationen. Vergleichbar mit der Sterne-Klassifizierung von Hotels werden dort verschieden anspruchsvolle Ausbauvarianten erläutert. Wie für fast alle Dinge in Deutschland gibt es auch dafür DIN-Normen. Der mit „1" bezeichnete Mindeststandard entspricht DIN 18015 – 2.

Licht

Nicht nur die Montageorte von Decken- und Wandleuchten wollen bei der Planung der Elektrik berücksichtigt werden – das Licht soll ja auch geschaltet werden. Ein Schalter fürs Deckenlicht an jeder Tür, an der ein Raum betreten werden kann, gehört zu den Selbstverständlichkeiten. Im Schlaf- oder Kinderzimmer will man das Deckenlicht aber meist auch vom Bett aus ein- und ausschalten können, muss sich also bei der Planung der Installation auch grob darüber im Klaren sein, wo im Raum das Bett stehen soll. Auch Nachttisch- oder im Wohnraum Steh- oder weitere Wandleuchten wollen Sie unter Umständen von mehreren Stellen aus steuern. Dafür benötigen sie in der Regel geschaltete Steckdosen. Falls Sie momentan dafür keinen Bedarf sehen, aber auf der sicheren Seite sein wollen, lassen Sie zwischen Steckdose und Schalter eine fünf- oder mehradrige Leitung verlegen.

Überlegen Sie auch, ob und wo statt eines Schalters Bewegungs- oder Anwesenheitsmelder („Präsenzmelder") komfortabler sind. Falls Sie sich für diese entscheiden, besprechen Sie mit dem Elektriker, wo man diese Sensoren am besten montiert. Nicht immer sind sie am üblichen Einbauort des Lichtschalters gut aufgehoben – je nach Raum kann es effektiver sein, sie an der Decke zu montieren.

Wollen Sie die Lichthelligkeit regeln und dazu nicht auf Bustechnik zurückgreifen (Details ab Seite 341), benötigen Sie Dimmer an den entsprechenden Schaltstellen. Falls Sie in manchen Räumen Dimmer nicht beim Einzug wünschen, aber nachrüsten möchten, weisen Sie Ihren Elektriker darauf hin. Denn Dimmer ragen rund zwei Zentimeter tiefer in die Wand als Schalter.

Lange Zeit unterschieden sich klassische Drehregler und moderne Tastdimmer deutlich in der Funktionalität. Drehregler erlaubten feinfühligeres Steuern der Helligkeit, von Tastreglern gab es schon früh programmierbare Ausführungen. Aktuell offerieren Tast- wie Drehdimmer – abhängig vom Modell – vergleichbare Funktionalität; es ist im Wesentlichen Geschmackssache, für welchen Typ man sich entscheidet. Auch per Bluetooth-Funktechnik und Smartphone-App bedienbare Dimmer offerieren zwischenzeitlich einige Hersteller.

Steck-, Telefon- und Antennendosen

Standard ist in jedem Raum eine Steckdose für Staubsauger unterhalb des Lichtschalters neben der Tür. Auch neben jede Telefondose gehören eine, besser zwei Stromsteckdosen für schnurloses Telefon und Anrufbeantworter – die Zeiten, in denen ein Telefonanschluss zum Betrieb eines Fernsprechers reichte, sind lange vorbei.

Die Regel gilt auch für Antennendosen: Neben jeder sollten Sie zum Betrieb von Radio und/oder Fernsehen jeweils drei Netzsteckdosen einplanen. Im Wohnzimmer oder anderen Räumen, in denen Sie eine Stereo-/Heimkino-Anlage nutzen möchten, sind auch sechs Steckdosen für Unterhaltungselektronik keinesfalls zu viel. An diesen Stellen ist es sinnvoll, schaltbare Steckdosen vorzusehen für alle Geräte, die über Nacht oder bei Abwesenheit vom Stromnetz getrennt werden können – so brauchen sie nicht unnötig Strom, während sie in Bereitschaft („Stand-by") sind. Geräte wie Video-/Festplattenrecorder, aber auch moderne Fernseher, die über Nacht ihre elektronische Programmzeitschrift (EPG, Electronic Programme Guide) aktualisieren oder ihren Bildschirm regenerieren, verbinden Sie mit Steckdosen, die ständig Strom führen. Auch manch exotische, stromhungrige HiFi-Komponente ist wegen ihres hohen Einschaltstroms an ungeschalteten Steckdosen besser aufgehoben.

Um Steckdosen zu schalten, kombiniert Ihr Elektriker handelsübliche Schalter mit ebenso gewöhnlichen Steckdosen. Die Schalter sind für Ströme bis zu zehn Ampere zugelassen und müssen mit einer 10-Ampere-Sicherung geschützt werden.

Auch in Räumen, die als Arbeitszimmer gedacht sind, ist eine Aufteilung der Steckdosen in solche, die permanent mit Strom versorgt werden, und solche, die abgeschaltet werden können, sinnvoll. Viele moderne Computerperipherie wie Drucker, externe Festplatten und Scanner kommen mit Steckernetzteilen. Diese verbrauchen auch dann Strom, wenn das angeschlossene Gerät nicht in Betrieb ist. Mit geschalteten Steckdosen legen Sie diese heimlichen Verbraucher „trocken". Andere Komponenten wie Netzwerkrouter, Fax oder Anrufbeantworter hingegen sollten ständig mit dem Stromnetz verbunden sein. Für Computer, Bildschirm und Drucker sind drei Steckdosen Mindeststandard, weitere Steckdosen für die genannten Geräte sollten Sie ebenfalls einplanen, um nicht mit Steckdosenleisten hantieren zu müssen.

Viele modernen Mobilgeräte werden über den USB-Kontakt aufgeladen. Von diversen Haustechnikherstellern gibt es Wand-USB-Ladekontakte – auch in Kombination mit einer Steckdose. Diese empfehlen sich überall dort, wo Tabletcomputer, Mobiltelefone oder Ähnliches genutzt und geladen werden sollen.

In Keller oder Garage ist es sinnvoll, eine getrennt abgesicherte Drehstromsteckdose vorzusehen. Hier finden nicht nur Bastler die passende Stromversorgung.

Von wo aus wollen Sie Ihre Lichtquellen schalten können?

Auch, um in Zukunft Elektroautos zu laden, könnte dieser Anschluss wichtig werden. Manche Hersteller behaupten in ihrer Werbung, eine Standard-Netzsteckdose tauge als Ladeanschluss. Das ist nur die halbe Wahrheit: Über diese Verbindung dauert es Stunden, den leeren Auto-Akku wieder aufzuladen. Zudem kann der Ladevorgang Steckdose und Stromleitung überlasten. Schnell und zuverlässig geht es nur, wenn Sie eine Stromleitung in die Garage vorsehen, die für eine Leistung von elf Kilowatt geeignet ist. Des Weiteren ist es sinnvoll, eine PC-Netzwerkverbindung ins Haus vorzusehen sowie eine fünfadrige Installationsleitung (Leiterquerschnitt: 1,5 Quadratmillimeter). Diese tauschen Informationen beispielsweise zwischen sogenannten Gateways des Stromanbieters oder dem Photovoltaik-Wechselrichter und dem Garagen-Wandanschluss („Wallbox") aus.

Diese Ausstattung ist ausreichend für die zügige Ladung eines Pkw. Sollten mehrere Familienmitglieder Elektroautos nutzen und gleichzeitig laden wollen, kann die für Einfamilienhäuser typische Elektroinstallation an ihre Grenzen stoßen. Wenn diese Konstellation absehbar ist, sollten Sie mit Ihrem Elektriker im Vorfeld sprechen: Es ist dann seine Aufgabe, Zähler, Schaltschränke und Leitungen ausreichend zu dimensionieren.

INFO

STECKDOSE – NICHT SO TRIVIAL, WIE SIE SCHEINT

Auf den ersten Blick scheinen Netzsteckdosen ein Thema ohne Variationen zu sein – das Design ausgenommen. Tatsächlich können sich die Strom-Zapfstellen im Detail deutlich voneinander unterscheiden.
Noch einigermaßen bekannt dürften Steckdosen mit **integrierter Kindersicherung** („erhöhter Berührungsschutz“) sein. Sie verhindern, dass Gegenstände in die Dose gesteckt werden können und mit der Netzspannung in Kontakt kommen. Falls Sie Kleinkinder im Haus haben, sollten Sie nicht nur fürs Kinderzimmer entsprechende Steckdosen einplanen, sondern für alle Plätze, die Kinderhände erreichen könnten. Die scheinbar günstigeren Alternativen sind unsicher oder unpraktisch. Kindersicherungen, die nachträglich in die Steckdosen geklebt werden sollen, benötigen Platz. Dadurch können Stecker nicht mehr so weit wie vom Hersteller vorgesehen in die Dose geschoben werden. Mögliche Folgen: schlechterer Kontakte; im Extremfall sogar Feuer. Andere Nachrüst-Kindersicherungen verschließen die Steckdose mit einem Kunststoffeinsatz. Dies ist technisch einwandfrei, aber unpraktisch, denn die Einsätze müssen jedes Mal mehr oder weniger umständlich aus der Dose entfernt und an anderer Stelle aufbewahrt werden, wenn daran ein Gerät betrieben werden soll. Nach dessen Gebrauch muss man daran denken, die Kunststoffbarrieren wieder in die Steckdose einzusetzen.
Überall dort, wo es etwas ruppiger zugehen kann, vermeiden **Objektsteckdosen** größeres Ungemach. Sie bieten sich für Stellen an, an denen Geräte mit langer (und damit stolperträchtiger) Zuleitung betrieben werden, also etwa Staubsauger. Stolpert jemand über die Leitung, gibt die Objektsteckdose den Netzstecker frei und vermeidet so Unfälle und/oder Schäden am Gerät.
Mit ihr verwandt ist die **Senioren- oder Servicesteckdose**: Sie wirft auf Knopfdruck den eingesetzten Netzstecker aus, was die Bedienung erleichtert und Schäden an Gerätestecker und -kabel verhindert. **Steckdosen mit Zeitschalter** dienen ebenfalls der Sicherheit: Sie drehen angeschlossenen Geräten nach einer vorwählbaren Zeit den Saft ab. Solche Steckdosen sind ideal beispielsweise an der Stelle, an der eine Kaffeemaschine betrieben werden soll. Immer wieder setzen vergessene oder defekte Kaffeemaschinen Küchen in Brand.
Für Keller und andere Örtlichkeiten, an denen mit Spritzwasser gerechnet werden muss, sind **Steckdosen mit Abdeckklappe** Standard. Aber auch für die Küche sind optisch zu den anderen Steckdosen passende Modelle mit Klappe lieferbar. Sinnvoll sind sie beispielsweise in der Nähe des Herdes.
Besonders für Flure und andere Gänge empfehlen sich die seit einiger Zeit verfügbaren Steckdosen **mit integrierten Leuchtdioden**. Sie fungieren als Stromquelle und gleichzeitig als dezentes Nachtlicht für den Gang zur Toilette.

Weitere Schalter und Stromanschlüsse

Sei es aus Bequemlichkeit, sei es, um potentiellen Dieben die Anwesenheit der Bewohner vorzugaukeln oder aus technischer Notwendigkeit: Rollläden, Markisen oder Fenster werden heutzutage oft elektrisch bedient. Wenn Sie von vornherein diese Option im Haus nutzen wollen, besprechen Sie mit dem Elektriker, wo die Schalter, Sonnen- und Regensensoren oder Schaltuhren angebracht werden sollen. Wollen Sie Ihr Haus nur dafür vorbereiten, sollte eine Stromleitung zu einer Unterputzdose an jedem Fenster führen, und von dort eine mindestens vieradrige Leitung oder ein Leerrohr weiter zum Rollladenkasten oder zur Außenfassade. Licht, Rollläden und viele andere Gebäudetechnik lässt sich alternativ auch per sogenannter Smart-Home-Technik bedienen und kontrollieren. Für solche Systeme gelten abweichende Regeln und Erfordernisse – mehr dazu ab Seite 341.

Die Küche – ohne Strom geht nichts

Beauftragen Sie ein Küchenstudio mit der Planung Ihres Kochbereichs, kümmert dieses sich üblicherweise darum, Ihrem Elektriker die entsprechenden Unterlagen für die nötigen Stromanschlüsse bereitzustellen. In diesem Fall müssen Sie das Studio nur nach den Plänen fragen. Gestalten Sie Ihre Kücheneinrichtung alleine, sollten Sie für die Elektrik einige Besonderheiten berücksichtigen.

Der Elektroherd will mit Drehstrom versorgt werden. Entscheiden Sie sich für einen klassischen Einbauherd (also Backofen und Kochfeld übereinander und elektrisch als Einheit), reicht ein Drehstromanschluss. Heutzutage können diese Bestandteile des Herds aber auch unabhängig platziert und betrieben werden. Falls Sie sich für diese Lösung entscheiden, braucht es an den vorgesehenen Stellen je einen Drehstromanschluss.

Sehen Sie für große Verbraucher wie Dampfgarer, Mikrowelle, Grill und Spülmaschine eigene Steckdosen mit eigener Sicherung vor. Denken Sie an ausreichend Steckdosen für Küchengeräte wie Toaster, Mixer, Kaffeemaschine und so weiter. Die Steckdose für den Kühlschrank sollte an derselben Sicherung hängen wie das Küchenlicht – so fällt schneller auf, wenn diese Sicherung beziehungsweise der FI-Schutzschalter angesprochen hat. Auch für die Dunstabzugshaube (Fachbegriff: Wrasenabzug) sollte an einen Stromanschluss gedacht werden, sofern Sie eine betreiben möchten. Zieht die Dunstabzugshaube Luft aus der Küche und betreiben Sie im Haus beispielsweise einen Kaminofen ohne Außenluftzuführung, muss sie mit einem Magnetschalter kombiniert werden, der feststellt, ob das Küchenfenster geöffnet ist. Ist es geschlossen, lässt sich die Esse nicht einschalten. So verhindert man eine Rauchvergiftung, denn die Esse könnte den Unterdruck des Kamins überwinden und die Abgase des Rauchabzugs ins Haus ziehen (siehe „Zusatzheizung", Seite 60).

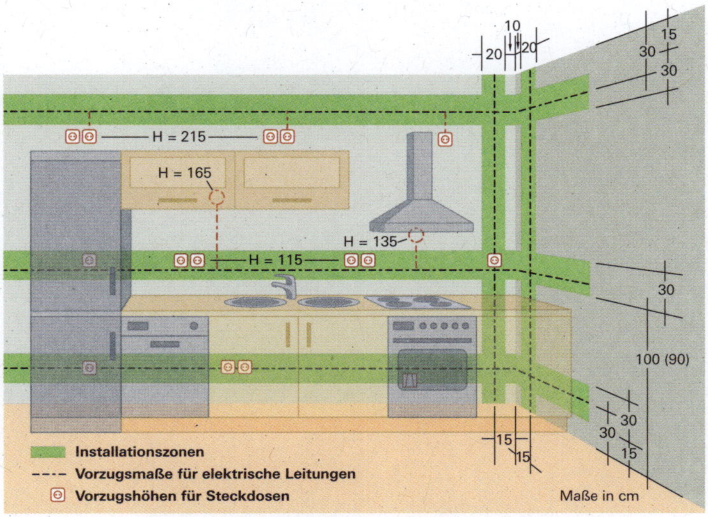

In der Küche sind Steckdosen nicht nur für fest eingebaute Geräte wichtig. Auch für Kleingeräte wie Mixer, Kaffeemaschine oder Toaster sollen ausreichend Anschlüsse bereitstehen, die in den genormten Installationszonen platziert sind.

Anschlüsse fürs Computernetzwerk und Telefon

Grundsätzlich ist der richtige Platz für Telefonanlage und PC-Netzwerkverteiler („Switch") der Zählerschrank im Technikraum. Von dort führen Telefon- und Netzwerkleitungen sternförmig in alle Räume. Pro Raum sollten Sie in einem Neubau mindestens zwei Netzwerkleitungen (und entsprechend viele -dosen) planen. Nicht nur Computer, sondern immer mehr Unterhaltungselektronikgeräte wie Fernseher und Radios nehmen mit dem Internet oder hausinternen Servern Kontakt auf (siehe „Unterhaltung aus dem Internet", Seite 336).

In einem Neubau sollte drahtlose Netzwerktechnik („WLAN") drahtgebundenes Netzwerk nur ergänzen. Denn drahtgebundene Netzwerke sind immer noch deutlich schneller, betriebssicherer und unproblematischer als ihre WLAN-Gegenstücke. Während über Netzwerkkabel jedem angeschlossenen Gerät die nominale Übertragungsrate – zum Redaktionsschluss gängig: ein Gigabit pro Sekunde (Gbps), also eine Milliarde Ja-/Nein-Informationen – garantiert zur Verfügung steht, teilen sich in einem WLAN alle vorhandenen Geräte die verfügbare Bandbreite. Neueste Router kennen diese Beschränkung zwar nicht mehr und offerieren nominell sogar eine größere Bandbreite als per Kabel. Unter realen Bedingungen liegt der effektive Datendurchsatz dann aber doch oft unter dem per Kabel möglichen; gerade im typischen Einfamilienhaus mit zwei oder mehr Stockwerken kann auch die WLAN-Reichweite kritisch sein. In typischen Reihenhaussiedlungen können sich zudem das eigene WLAN und das der Nachbarn ausbremsen.

Ob Sie auch in Räume wie Küche oder Bad Netzwerkanschlüsse führen wollen, ist eine Frage Ihrer persönlichen Vorlieben. Um beim

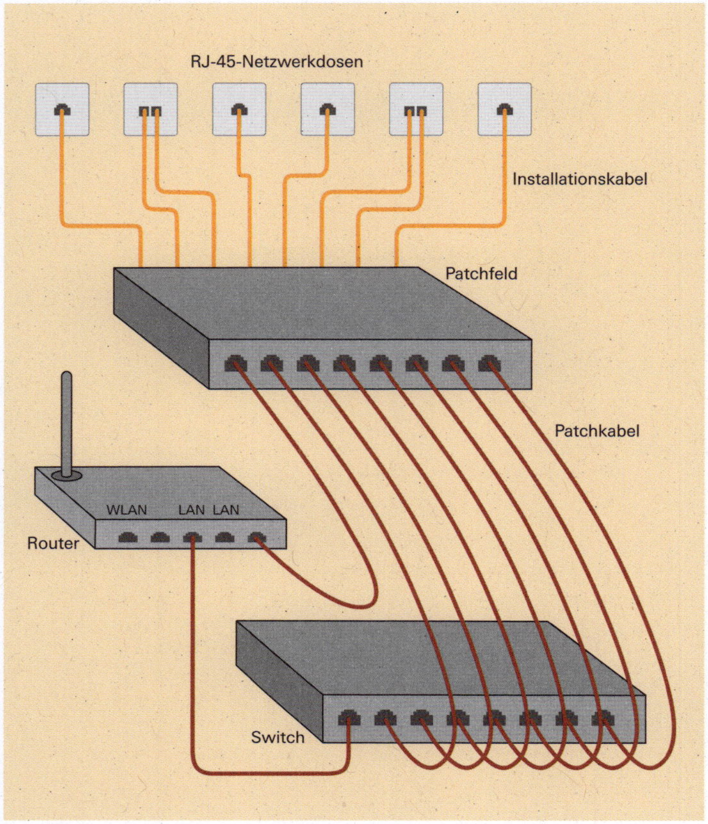

Der Router (links) sorgt dafür, dass alle netzwerkfähigen Geräte im Haus ins Internet kommen und untereinander Daten tauschen können. Der Switch stellt zusätzliche Anschlüsse bereit – am Router finden sich üblicherweise nur vier Kontakte. Beide werden im Schaltschrank platziert. Dort beginnen am Patchfeld (oben) auch die Leitungen zu den Netzwerkdosen im Haus. Patchfeld und Switch verbinden handelsübliche Netzwerkkabel.

Zähneputzen Internetradio zu hören, reicht WLAN. Für fest installierte Geräte wie Kühlschränke oder Waschmaschinen, die vermehrt mit Netzwerkfunktionen auf dem Markt erscheinen, ist eine Verkabelung die betriebssicherere Alternative.

Will man noch in jedem Wohnraum einen Telefonanschluss, sollte zu jedem Zimmer mindestens eine Leitung mit vier Doppeladern führen. Die Basisstationen von schnurlosen Telefonen oder konventionelle, drahtgebundene Modelle werden dann an die Telefondosen in den einzelnen Räumen angeschlossen. Telefon- und Netzwerkkabel sollte der Elektriker in Leerrohren verlegen.

Viele Internet- und Telefonanbieter versorgen ihre Kunden mit Multifunktionsgeräten, die Netzwerkrouter, WLAN-Sender und Basisstation für mehrere Schnurlostelefone in Einem sind. Populäre Vertreter dieser Produktgattung sind die beliebten Fritz-Boxen. In einer Etagenwohnung sind sie ideal, im Einfamilienhaus aber problematisch, wenn sie, wie es eigentlich sinnvoll wäre, im Zählerschrank im Keller montiert werden – dort verpufft ein Großteil ihrer Funkleistung für PC-Netzwerk und Telefon. Drei Lösungen für diese Konstellation gibt es.

1 Sie können Telefon-, Datenleitungen und Multifunktionsgerät nicht im Keller, sondern beispielsweise im Arbeitszimmer bündeln. Das geht grundsätzlich problemlos – nur müssen dann alle Netzwerk- und Telefonleitungen des Hauses sternförmig zum Arbeitszimmer und eben nicht in den Keller geführt werden.
2 Zweite Möglichkeit: Sie führen vom DSL-Anschluss im Keller eine Netzwerkleitung zur Fritz-Box im Arbeitszimmer; von dort führt eine Netzwerkleitung zurück zu Switch und Patchfeld im Keller, die dann die anderen Räume des Hauses mit Netzwerk versorgen. Falls Sie kabelgebundene Telefone über eine Telefonanlage im Keller bedienen wollen, müsste von der Fritzbox auch noch eine Telefonleitung in den Keller führen.
3 Dritte Variante: Sie nutzen im Haus an strategisch günstigen Stellen für WLAN und/oder Schnurlostelefon („DECT") geeignete Signalverstärker („Repeater") oder versorgen zusätzliche WLAN-Access-Points in jeder Etage per Kabel.

Telefondosen – heute noch notwendig?

In vielen Haushalten ist das Standardtelefon am Festnetzanschluss ein schnurloses Modell nach dem DECT-Standard. Multifunktionsgeräte wie die erwähnte Fritz-Box können direkt mit DECT-Handapparaten kommunizieren. Der Telefonanschluss für die üblicherweise mitgelieferten Basisstationen wäre also überflüssig; die Basis braucht in dieser Konstellation nur eine

Stromnetz-Steckdose, um bei Bedarf die Akkus des Handapparats zu laden. Der Gedanke, auf Telefondosen in den Wohnräumen zu verzichten, ist da durchaus naheliegend.

Dennoch ist dies nicht in jedem Falle ratsam. Sind ältere Menschen oder Kleinkinder im Haus, die mit Handys überfordert sind oder im Notfall möglichst schnell Hilfe rufen müssen, sind einfach zu bedienende, analoge Festnetztelefone die beste Wahl. Wer zuhause ein Büro hat, braucht auch oft noch ein Faxgerät, das ebenfalls nach einer klassischen Telefondose (TAE, Telekommunikations-Anschlusseinheit) verlangt. Die meisten Fritz-Box-Modelle bieten nur zwei dieser Anschlüsse, was nicht immer reicht. Um mehr Apparate mit dem Telefonnetz zu verbinden, bietet sich an, den S0-Bus der Fritz-Box mit einer ISDN-Telefonanlage zu verbinden. Diese finden sich nach wie vor im Handel, beispielsweise von Auerswald. Alternativ kann man den S0-Bus in die Räume führen, die Telefon brauchen, und schließt dort ISDN-Telefone an. Aktuelle Fritz-Box-Modelle können ihre Telefoniefähigkeiten verzahnen – es ist also möglich, eine Fritz-Box im Technikraum mit einer zweiten auf einer der oberen Etagen beispielsweise per Netzwerkkabel zu koppeln und so zwei weitere TAE-Kontakte und eine weitere DECT-Zentrale zu installieren.

Modernste Telefoniesysteme nutzen Computernetzwerke (IP-Telefonie), kommen also ohne TAE-Dose aus. Sie nutzen eine LAN-Buchse oder das PC-Funknetzwerk (WLAN). Für einfache Funktionen lassen auch die sich übers Computernetz mit einer Fritz-Box betreiben.

Leerrohre

In den Wänden verlegte Leerrohre sind überaus praktisch, wenn es gilt, im Nachhinein zusätzliche Leitungen zu verlegen oder defekte beziehungsweise nicht mehr dem Stand der Technik entsprechende Kabel auszuwechseln. Warum werden dann nicht standardmäßig in Neubauten ausschließlich Leerrohre verbaut? Ganz einfach: Es ist meist mit mehr Aufwand und damit auch höheren Kosten verbunden, statt Elektroleitungen Leerrohre in den Wänden zu verlegen. Eine intelligente Bauplanung sieht daher für alle Räume und deren voraussichtliche Nutzung die nötigen Stromleitungen, -schalter und -anschlüsse vor und plant nur dort Leerrohre ein, wo zu erwarten steht, dass sich Raumnutzung oder die Technik im Laufe der Jahre ändern kann.

Nicht nur die Frage „Leerrohre oder nicht?" ist eine Kostenfrage. Auch der Durchmesser der Rohre entscheidet über den Preis. In dünne Leerrohre passt meist nur eine Telefonleitung oder ein TV-Kabel. Leerrohre mit größerem Durchmesser, die sich auch für die Aufnahme von Hauptstromleitungen eignen, sind teurer, garantieren aber maximale Flexibilität beim Aus- oder Umbau.

In der Praxis hat sich folgende Vorgehensweise bewährt: Stromleitungen werden, wo sinnvoll, fest in der Wand verlegt. Telefon-, Daten- und Fernsehleitungen finden in Leerrohren Platz. Nur darin lassen sie sich richtig verlegen und sind optimal vor nie auszuschließenden Beschädigungen geschützt. Zudem ist es wahrscheinlicher, dass diese Leitungsarten in naher Zukunft nicht mehr dem Stand der Technik entsprechen und ausgetauscht werden müssen. So ist beispielsweise denkbar, dass für Computerdaten Lichtleiter und nicht mehr Kupferkabel zum Einsatz kommen. Es kann also gut sein, dass Sie diese schon in wenigen Jahren für maximale Leistung durch einen anderen Typ ersetzen wollen.

Die Verlegung von Leerrohren hat nur Sinn, wenn die darin verlegten Kabel beweglich bleiben. Die DIN 18015 sieht deswegen vor, dass nach zwei Bögen in der Rohrführung ein Zugang existiert, über den sich Leitungen beim Einziehen beziehungsweise Austauschen erreichen lassen. Diese kann in Form eines Unterputzkastens realisiert sein; es kann aber beispielsweise auch dadurch erreicht werden, dass die Leerrohre hinter einer Wandverkleidung zugänglich bleiben.

RADIO, FERNSEHEN, UNTERHALTUNG

Radio- und Fernsehprogramme können Ihr Haus auf verschiedenen Wegen erreichen – die wichtigsten Verbreitungswege sind: terrestrischer Funk (über erdgebundene Sendemasten), Breitbandkabel oder Satellit. Für alle Sendemöglichkeiten benötigen Sie die passende Empfangs- und Verteiltechnik im Haus, also geeignete Antennen, Antennenleitungen und natürlich die Empfänger, also Radio oder Fernseher.

In Deutschland werden terrestrisch Fernsehprogramme digital via DVB-T2 HD ausgestrahlt. DVB steht für Digital Video Broadcast – das T für terrestrisch. Radio gibt es analog als UKW-Hörfunk sowie das Digitalradio-Angebot DAB+ (Digital Audio Broadcast). Je nach Standort kann schon eine im Radio- oder Fernsehempfänger eingebaute Stab- oder Wurfantenne ausreichend sein. Saubere Klangqualität und maximale Versorgung gibt es aber meist nur, wenn auf dem Dach installierte Antennen die Signale einfangen. Über eigene Kabel werden sie dann an die installierten Antennendosen in die Räume im Haus verteilt.

Ob Sie auf terrestrische Versorgung setzen, hängt von Ihren Ansprüchen ans Programmangebot und dessen Bild- und Tonqualität ab. Die Zahl der gesendeten TV-Programme ist bei DVB-T 2 HD am niedrigsten – das Angebot variiert je nach Bundesland und Standort. Die Bildqualität ist bei DVB-T 2 HD den anderen Verteilwegen ebenbürtig oder sogar überlegen. Aktuelle Fernseher haben die DVB-T-2-HD-Technik bereits eingebaut, allerdings erst seit dem Modelljahr 2015. Ältere Modelle lassen sich aber mit einem Zusatzempfänger („Set-Top-Box") nachrüsten. Die werbefinanzierten Privat-TV-Sender (RTL, Sat 1, Pro 7 und andere) sind in DVB-T 2 HD verschlüsselt und nur gegen Gebühr zu sehen.

Übersicht der verschiedenen Empfangswege

Satellit	Terrestrisch	TV-Kabel	Telefon-Leitung	Mobilfunk
Sat-Schüssel	Dachantenne/ Zimmerantenne	Kabelnetz	Telefon/ADSL/VDSL	UMTS/LTE/ kommerzielles WLAN

Satellit	Terrestrisch	TV-Kabel	Telefon-Leitung	Mobilfunk
DVB-S (Digital-/Pay-TV, Digitalradio) Internet (elektronische Videothek, Internetradio)[2]	DVB-T (Digital-/Pay-TV) Digitalradio (DAB/DAB+) UKW-Radio	DVB-C (Digital-/Pay-TV, Digitalradio), Analog-TV UKW-Radio[1], Internet (elektronische Videothek, Internetradio)/ Telefon	Internet (elektronische Videothek, Internetradio)/ Telefon IP-/Pay-TV	Internet (elektronische Videothek, Internetradio)[2]

[1]) in vielen Kabelnetzen nicht mehr verfügbar [2]) abhängig von verfügbarer Bandbreite und Vertrag

Die verschiedenen Verbreitungswege von Radio- und Fernsehprogrammen unterscheiden sich im Angebot, aber auch dem Aufwand bei der Hausinstallation und den benötigten Endgeräten.

Wenn Sie, wie bereits erwähnt, für den TV-Empfang auf eine Satellitenschüssel setzen, ist eine DVB-T-Antenne im Prinzip entbehrlich. Praktiker empfehlen sie dennoch als Schlechtwetterreserve: Bei starkem Regen oder Schnee kann der Sat-Empfang bis zum völligen Ausfall gestört werden – dann ist DVB-T 2 HD besser als ein dunkler Bildschirm. Handelsübliche Multischalter (siehe Bild, Seite 334) bieten deshalb einen Antenneneingang für DVB-T 2 HD.

Das UKW-Hörfunkangebot ist standortabhängig mittelmäßig bis gut – Kabel und Satellit bieten aber auch bei der akustischen Unterhaltung deutlich mehr Auswahl. Das Digitalradio DAB+ ist für Mobilgeräte und Autoradios optimiert. Selbstverständlich können Sie es mit geeigneten Radios auch im Haus nutzen – im Idealfall ist das Programmangebot etwas abwechslungsreicher als via UKW. Zudem bietet DAB+ Mehrwert in Form von Zusatzinformationen – zum Beispiel Wetter- und Verkehrsnachrichten oder etwa Details zu Interpret und Musiktitel.

Die richtige Dachantenne

In Deutschland wird DVB-T 2 HD im UHF-Frequenzband gesendet. Eine für dieses Band optimierte Antenne reicht für den Empfang. In vielen Bundesländern werden die DVB-T-2-HD-Signale vertikal polarisiert, um den Mobilempfang zu verbessern. Ihre Dachantenne muss dann ebenfalls vertikal ausgerichtet sein.

Für UKW-Radioempfang reicht im einfachsten Fall ein Kreuz-Dipol – eine Antenne mit vier kreuzförmig angeordneten Metallstäben. Sie empfängt UKW-Signale aus allen Richtungen. Das reicht, wenn die an Ihrem Standort verfügbaren Stationen alle ungefähr gleich stark senden. Ist der Empfang eines Senders (oder einer Senderkette) aber gestört, müssen Sie mehrere Richtantennen installieren, die jeweils auf die Senderstandorte zeigen. Ähnlich ist die Situation bei DAB+ – bei schlechtem Empfang müssen unter Umständen mehrere Antennen kombiniert werden. Ob man für UKW und DAB+ über ein Kreuz-Dipol hinausgehenden Aufwand treiben will, sei dahingestellt: Die Abschaltung der UKW- Sender wird bereits diskutiert und wird wohl in den nächsten Jahren kommen. DAB+ ist primär gedacht für Mobilgeräte, die fernab einer Antennendose betrieben werden. Da sich die Radio- und TV-Antennen üblicherweise am höchsten Punkt des Daches befinden, muss der Installateur für geeigneten Blitzschutz sorgen – in der Regel reicht es, den Antennenmast zu erden.

Sat-Signale für zwei Geräte liefern Antennendosen mit doppeltem Satellitenkontakt.

Die Signale der TV- und Radioantennen fasst ein unter dem Dach montiertes, Einschleusweiche genanntes Bauteil zusammen. Je nach verfügbarer Signalstärke und der Länge des Wegs zum Schaltschrank im Keller wird es mit einem Verstärker kombiniert Vom Keller führen Koaxialkabel (Kupferkabel mit Innen- und abschirmendem Außenleiter) in die einzelnen Räume und Stockwerke zu Antennendosen. Diese trennen TV- und Radiosignale und stellen sie an zwei Buchsen bereit.

Falls Sie sich für einen Breitbandanschluss („Kabelfernsehen") entscheiden: Dessen Signale werden im Haus ab dem Keller auf demselben Wege transportiert. Zum Redaktionsschluss ist das Angebot im Breitbandkabel zweigleisig: Eine kleinere Auswahl an Radio- und TV-Programmen wird mit analoger Technik übertragen. Das heißt: Jedes Radio mit Antennenbuchse und jedes Uralt-TV-Gerät empfängt und spielt diese Programme. Immer stärker wird aber der Anteil der Stationen, die nur noch digital zu empfangen sind. Um sie sehen oder hören zu können, ist eine externe Empfangsbox nötig. Fachbegriff für die kabeltauglichen Digitalgerätschaften: DVB-C. DVB steht für Digital Video Broadcast, C für Cable. In vielen modernen Flachfernsehern ist die Technik integriert – dann reicht auch hier die Antennenleitung zur Kabeldose. Alle deutschen Kabelanbieter wollen aber spätestens im Jahr 2018 die letzten Analog-TV-Programme abschalten – dann benötigen Sie für TV zwingend einen Fernseher mit DVB-C-Empfänger oder die beschriebene externe Box.

Der Vorteil des Breitbandkabelanschlusses ist: Er benötigt keinerlei Antennen auf dem Dach. Dem stehen allerdings monatliche Gebühren gegenüber, die typischerweise bereits nach zwei Jahren die Kosten für eine Satellitenantenne übersteigen.

Satelliten-TV und -radio

Die meisten TV- und Radioprogramme zu den niedrigsten Kosten bringt Ihnen eine Satellitenantenne („Schüssel") ins Haus. Um sie zu sehen oder zu hören, ist für Altgeräte ein externer Empfänger erforderlich – oft wird die Gerätegattung als „Sat-Receiver" bezeichnet. Viele, aber nicht alle modernen Flachfernseher haben das entsprechende Empfangsteil bereits an Bord – die Bezeichnung dafür ist DVB-S (wie Satellit).

Die Satelliten kreisen auf festen Umlaufbahnen beziehungsweise -positionen und verteilen die Programme in die Zielregion. Für deutsche Zuschauer ist in erster Linie die auf der Orbitalposition 19,2° Ost platzierte Astra-Flotte relevant. Für den Empfang ihrer Signale reicht eine Schüssel mit 60 bis 90 Zentimetern Durchmesser. Falls Ihnen das Astra-Angebot nicht genügt: „Schielende" Schüsseln (diese müssen dann 90 bis 120 Zentimeter Durchmesser haben) können auch die Eutelsat-Flotte auf 13° Ost anpeilen – hier gibt es viele fremdsprachige Programme. Beide Flotten stehen über dem Äquator – von Europa aus gesehen muss die Schüssel also freie Sicht Richtung Süden haben. In wenigen, ungünstigen Fällen können hohe Bäume, Gebäude oder Berge den Sat-Empfang vereiteln.

Wieso gibt es unterschiedliche Größenangaben für den Schüsseldurchmesser? Der kleinere Wert gibt jeweils die Mindestgröße an. Bei sehr schlechtem Wetter kann es jedoch vorkommen, dass der Empfang gestört ist. Deshalb wählt man besser eine größere Schüssel. Damit haben Sie bei schlechtem Wetter Reserven. Stichwort schlechtes Wetter: Wird die Schüssel auf dem Dach montiert, ist ein Blitzschutz vorgeschrieben – die Erdung der Antennenhalterung reicht üblicherweise. Falls die Sa-

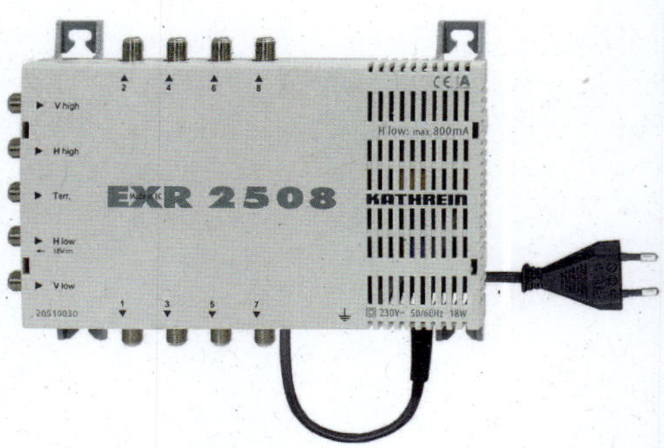

Beispiel für einen Satelliten-Multischalter mit Eingängen für die Schüssel sowie Terrestrik und Ausgängen für acht Antennendosen im Haus.

tellitenantenne mindestens zwei Meter vom Dach entfernt ist und nicht weiter als eineinhalb Meter vom Gebäude entfernt, geht's auch ohne Blitzschutz.

Den niedrigeren Kosten des Sat-Empfangs im Vergleich zu Kabel-TV steht ein etwas höherer Aufwand für die Verteilung der Signale in alle Räume gegenüber. Zwar kann man es sich einfach machen und den Sat-Receiver oder einen geeigneten Fernseher direkt mit dem Empfangskopf (LNB) der Schüssel verbinden, dies ist aber weder technisch sauber noch ausbaufähig. Auch sogenannte Einkabel-Systeme sind wegen ihrer technischen Beschränkungen eher als Nachrüstlösung interessant.

Wenn für Sie das Angebot der Astra-Flotte ausreichend ist, besteht Ihre Sat-Empfangs- und Verteilanlage aus folgenden Komponenten: der Schüssel, einem Vierfach-Empfangskopf (Quattro-LNB, Low Noise Block Converter, nicht zu verwechseln mit einem Quad-LNB beziehungsweise einem Quattro-Switch-LNB) und vier Koaxleitungen von den LNB-Ausgängen zu einem im Zählerschrank montierten Multischalter (auch „Multiswitch"). Von dort führen sternförmig die Koaxkabel zu den Sat-Antennendosen in die gewünschten Räume.

Der Typ des Multischalters richtet sich nach der Zahl der zu versorgenden Antennendosen. Eine Sat-Antennendose hat neben den üblichen Buchsen für terrestrische Radio- und Fernsehsignale zusätzlich einen oder zwei Sat-Ausgänge. Hat sie zwei Sat-Ausgänge, müssen Sie vom Multischalter aus auch zwei Kabel zur Dose führen. Dieser sogenannte Twin-Empfang ist dann sinnvoll, wenn Sie parallel zum Fernseher einen Festplatten-Recorder betreiben wollen. Nur wenn zwei Leitungen in den Raum führen, können Sie ein Programm aufnehmen und gleichzeitig ein anderes anschauen.

Ein typischer Multischalter für den Astra-Empfang hat fünf Eingänge (vier für die Schüssel-LNBs und einen, um optional Signale terrestrischer Radio- und TV-Antennen einspeisen zu können) sowie acht Ausgänge für Antennendosen und wird deshalb als 5/8-Schalter bezeichnet.

Konventionelle UKW- oder DAB-Radios können mit den Signalen von der Sat-Schüssel

nichts anfangen. Nur digitale Sat-Receiver eignen sich dafür. Zur Wiedergabe müssen sie mit der HiFi-Anlage, Aktivboxen oder anderen Audio-Komponenten verbunden werden.

Wollen Sie zum Astra- auch das Eutelsat-Angebot im Haus verteilen, benötigen Sie folgende Technik: die passende „schielende" Schüssel, zwei Quattro-LNB, einen Multiswitch mit neun Eingängen (acht für die LNBs plus den optionalen für terrestrische Signale) und der gewünschten Anzahl Ausgänge. Eine Alternative zur Sat-Sternverkabelung stellt seit einiger Zeit die Einkabeltechnik („Unicable", als EN 50494 normiert) dar. Das Haus kann hierbei mit je einer Leitung pro Dose und baumförmiger Verteilung auf den Etagen so verkabelt werden, wie man es auch für einen Breitband-Kabelanschluss vorsehen würde.

Dies setzt ein Unicable-LNB in der Schüssel voraus. Direkt können bis zu vier TVs versorgt werden; mit Hilfe eines Unicable-Multischalters bis zu acht. Neben LNB und dem eventuellen Multischalter müssen auch die Empfangsgeräte unicable-tauglich sein. Aktuelle Modelle unterstützen diese Verkabelungsvariante meist, ältere Sat-Empfänger nicht.

Unicable spart Geld und erleichtert die Verdrahtung der Antennendosen. Maximale Flexibilität und Ausbaumöglichkeiten bietet aber die klassische sternförmige Sat-Verteilung – in einem Neubau sollte man also vorzugsweise darauf setzen.

Mit Sat-IP steht eine Technik zur Verfügung, welche Sat-Signale ins hauseigene PC-Netzwerk speist. Das ist attraktiv, um auch auf Tablet-PCs oder Smartphones das Sat-TV-Programm sehen zu können, seit einiger Zeit gibt es auch Fernseher, die Sat-IP-Signale verteilen und/oder empfangen. Konventionelle Sat-Empfänger können mit diesen Signalen aber nichts anfangen. Bis auf Weiteres ist Sat-IP daher kein Ersatz für Multischalter und Antennenleitung, sondern eine Ergänzung – zumindest, wenn man etwa per Festplattenrecorder auch mal eine Sendung aufzeichnen will.

Antennenkabel in Leerrohren verlegen

Wir haben es im Abschnitt „Leerrohre" (Seite 331) bereits erwähnt: Idealer Platz für alle Arten von Antennenleitungen sind Leerrohre. Dort sind sie bestens geschützt; sollten technische Änderungen oder Defekte einen Austausch erfordern, ist dies problemlos möglich. Leerrohre für Antennenkabel sollten so dimensioniert sein, dass bei Bedarf eine weitere Koaxleitung in sie passt.

Unterhaltung aus dem Internet

Sprachgesteuerte Geräte werden in Zukunft zur Standardausrüstung im Smart Home gehören.

Immer mehr Programme finden übers Internet den Weg in die Lautsprecher und auf die Bildschirme. Schon seit Jahren warten Tausende Internet-Radiostationen auf Hörer, bei Youtube finden Nachwuchskünstler wie etablierte Stars eine Videoplattform. Seit einiger Zeit etablieren sich zudem auch in Deutschland Dienste, die die Videothek des 21. Jahrhunderts darstellen: Statt mühsam in ein Geschäft zu laufen oder zu fahren, reicht ein Knopfdruck am Computer oder auf der TV-Fernbedienung, um den Wunschfilm zu sehen (VOD, Video on demand, Video auf Abruf).

Alle genannten Angebote werden übers Internet realisiert; genauer: über einen DSL- oder Kabel-Internetzugang mit Pauschaltarif und unbegrenztem Datenvolumen. Für Internetradio reichen in der Praxis Zugänge ab zwei Megabit/Sekunde (mbps); um auch Videos via Internet möglichst unterbrechungs- und ruckelfrei sowie in hoher Qualität sehen zu können, sollte es schon ein Zugang mit mindestens 16 mbps sein. Mehr schadet keinesfalls – vor allem, wenn mehrere Familienmitglieder gleichzeitig Programme aus dem Netz nutzen wollen. Internetradio und -video sind ein weiterer Grund, in jedem Raum des Hauses mindestens zwei PC-Netzwerkanschlüsse vorzusehen. Insbesondere für hochauflösende Videos (HDTV und UHD) sind WLAN-Zugänge noch nicht ausreichend schnell und betriebssicher. Um die Netzangebote hören oder sehen zu können, ist keineswegs ein Computer nötig: Spezialisierte Radios bringen nicht nur ein UKW-Empfangsteil mit, sondern auch eines fürs weltweite Datennetz. Auch in TV-Geräten ist der Netzwerkanschluss ab der Mittelklasse Standard.

Gehen wir vom auf Seite 329 beschriebenen Netzwerkaufbau in Ihrem Haus aus, landen die Daten vom Internetprovider zunächst in Router und Switch – die verteilen sie an die Netzwerkdosen im Haus. Dort empfangen moderne Radios und TVs die Angebote aus dem WWW genauso wie auf herkömmlichem Weg gesendete Programme. Es empfiehlt sich also, in allen Räumen die PC-Netzwerk-Anschlussdosen neben denen für die Antenne zu montieren.

Übers PC-Netzwerk kommen aber nicht nur Bewegtbilder und Klänge aus allen Teilen der Welt in Ihr Haus: Sie können auch Ihre eigene Musiksammlung per Internet-Radiogerät abspielen oder auf einem netzwerktauglichen Fernseher, einem Tablet-PC oder Smartphone

eigene Filme und Fotos betrachten. Das Zauberwort heißt DLNA. Das steht für Digital Living Network Alliance. Hinter dem diffusen Begriff verbirgt sich ein Herstellerkonsortium. Sein Ziel: Computer- und Unterhaltungselektronik einfach miteinander zu vernetzen.

Damit Ihre eigene Musik- oder Fotosammlung jederzeit im Haus verfügbar ist, muss ein Gerät als Server fungieren. Das kann ein Computer sein, auf dem ein dafür geeignetes Programm die DLNA-Serverrolle übernimmt. Auch ein auf diese Funktion spezialisiertes Gerät, ein NAS (Network-attached storage = Netzwerkspeicher) kann als Server arbeiten. PCs sind in der Nutzung flexibler, verbrauchen aber mehr Strom und sind meist nicht übermäßig betriebssicher. NAS sind buchgroße Geräte, die wenig Strom verbrauchen. Sie können nur eines: Daten aus dem Netzwerk speichern und allen Teilnehmern im Haus wieder zur Verfügung stellen – dies meist sehr zuverlässig.

Immer mehr Unterhaltungselektronikgeräte wie DVD-/Blu-ray-Recorder und Fernseher bringen selbst Festplatte und Netzwerkanschluss mit – und meistens auch DLNA-Serverfunktionen. Diese Geräte wie auch Server-PC oder NAS werden einfach an einer beliebigen Netzwerkdose mit dem Haus-Computernetz verbunden. Meist über eine Webbrowser-Bedienoberfläche legen Sie fest, welche Dateien im heimischen Netz zur Verfügung stehen sollen. Ist dies erledigt, spielt jedes Netzradio im Haus Ihre Musiksammlung, jeder dafür gerüstete Fernseher Ihre Videos oder Fotos ab.

Die bisherigen Beispiele gingen davon aus, dass vorhandene Musik- oder Videoaufnahmen per Netzwerk im Haus verteilt werden können. Viele netzwerkfähige Unterhaltungselektronikgeräte oder mit einer passenden Empfangskarte ausgestattete Computer erlauben es zusätzlich, auch ein laufendes Radio- oder TV-Programm per Netzwerk anderen Geräten im Haus zuzuspielen („streamen").

IP-TV

Die erwähnten Video-on-demand-Dienste sollen das herkömmliche TV-Angebot via Terrestrik, Kabel oder Satellit nicht ablösen, sondern nur ergänzen. Anders sieht es bei dem von einigen Telekommunikationsanbietern beworbenen Internetfernsehen („IP-TV") aus: Hier wird das gesamte Programmangebot über Ihren Internetanschluss transportiert. Am bekanntesten dürfte das „Magenta TV" genannte Angebot der Deutschen Telekom sein. Aber auch Stadtwerke und andere Versorger bieten Telefon, Internet sowie Radio und Fernsehen aus einer Hand, im Branchenjargon: „Triple Play". An Standorten mit entsprechend leistungsfähigen Internetzugängen (ADSL 2/VDSL oder Glasfaser) übernimmt der Internetanschluss die Funktion des TV-Breitbandkabels.

Allerdings: Herkömmliche Radio- und TV-Geräte haben mit IP-TV nichts am Hut. Nur spezielle, meist vom Netzbetreiber zur Verfügung gestellte Empfangsboxen taugen als Empfänger. Sie müssen mit Fernseher und optional der HiFi-Anlage verbunden werden. Voraussetzung für die stressfreie Nutzung von IP-TV ist eine Gigabit-Netzwerkverkabelung in jedem Raum, in dem das Angebot genutzt werden soll. Zwar haben die Set-Top-Boxen mancher Betreiber eine Festplatte eingebaut, können also Aufnahmen speichern. Diese lassen sich aber nicht oder nur umständlich auf andere Geräte übertragen und nicht auf Video-DVD oder Blu-ray-Disc speichern. Das Hantieren mit der Fernbedienung von TV-Gerät und zusätzlichem IP-TV-Empfänger ist auch weniger komfortabel.

Mit anderen Worten: Nichts gegen einen schnellen Internetzugang. Im eigenen Haus bietet IP-TV aber keine echten Vorteile. Zudem: Welche Sendungen Sie via Kabel-TV oder Satellit schauen, erfährt niemand. Bei IP-TV sind Sie für den Netzbetreiber ein gläserner Teilnehmer – er weiß, was Sie hören oder sehen.

Heimkino

Seit den späten 1980ern halten sogenannte Heimkinosysteme in Deutschlands gute Stuben Einzug. Gemeint ist hiermit nicht Großvaters Schmalfilmprojektor, sondern die Kombination von Video- mit Mehrkanal-Tontechnik. Im 21. Jahrhundert ist das dafür geeignete Programmangebot üppig: Video-DVDs und Blu-ray-Discs bringen Ihre Wunschfilme mit Rundumton in die eigenen vier Wände; per Digital-TV übertragen viele TV-Stationen Filme und Shows mit Mehrkanalton („Dolby Digital"). Ein Mehrkanalverstärker mit passendem Decoderchip (AV-Verstärker / AV-Receiver) sowie mehrere Lautsprecher machen aus dem Flachbildschirm ein High-Tech-Pantoffelkino.

Mindestens zwei Lautsprecher müssen dazu hinter den Zuschauern oder seitlich von ihnen platziert werden. Das heißt: Sollen nicht Lautsprecherkabel stolperträchtig im ganzen Raum liegen, hilft es, bei der Raumplanung schon ans Heimkino zu denken. Dies gilt umso mehr, wenn man sich für die edlere Variante entscheidet: Statt eines Flachbildschirms übernehmen dann Videoprojektor („Beamer") und Leinwand die Rolle der Bildquelle.

Typische Räume für die Installation von Heimkino-Ton- und Bildtechnik sind das Wohnzimmer und geeignete Dach- oder Kellerräume. Entscheiden Sie sich bei der Planung, wo Sie Blu-ray-Spieler, Verstärker und sonstige Audiokomponenten unterbringen wollen, wo Bildschirm oder Leinwand und wo die Lautsprecher. Gängige Boxenanordnungen arbeiten mit drei Lautsprechern vor den Zuschauern – sie können also gemeinsam mit Bildschirm und Audiotechnik in einem großen Regal untergebracht werden – sowie mindestens zwei Rücklautsprechern. Die Zuleitungen zu den drei Frontlautsprechern können Sie in den meisten Fällen problemlos zwischen Regal und Wand lose verlegen – für sie bedarf es im Normalfall keiner besonderen Vorkehrungen.

Anders die Rückboxen: Sollen diese optisch gar nicht in Erscheinung treten, müssen Sie schon beim Bau entsprechende Aussparungen in den Wänden einplanen – dann können Sie die Lautsprecher bündig mit dem Putz montieren. Entsprechende Einbaumodule gibt es von diversen Anbietern. Natürlich müssen auch Lautsprecherleitungen vom Aufbauort der Audioanlage durch Decke, Wand oder Fußboden zu den Einbauöffnungen der Rückboxen geplant werden. Einmal mehr empfehlen sich Leerrohre für deren Unterbringung.

Mehr Flexibilität bei der Wahl (und einem eventuell einmal gewünschten Tausch) der Lautsprecher bringt es, wenn Sie nur die Lautsprecherkabel durch Leerrohre an die gewünschten Aufstellungs- beziehungsweise Montageorte der Rückboxen führen. An Anfang und Ende der Verbindung werden Einbaudosen

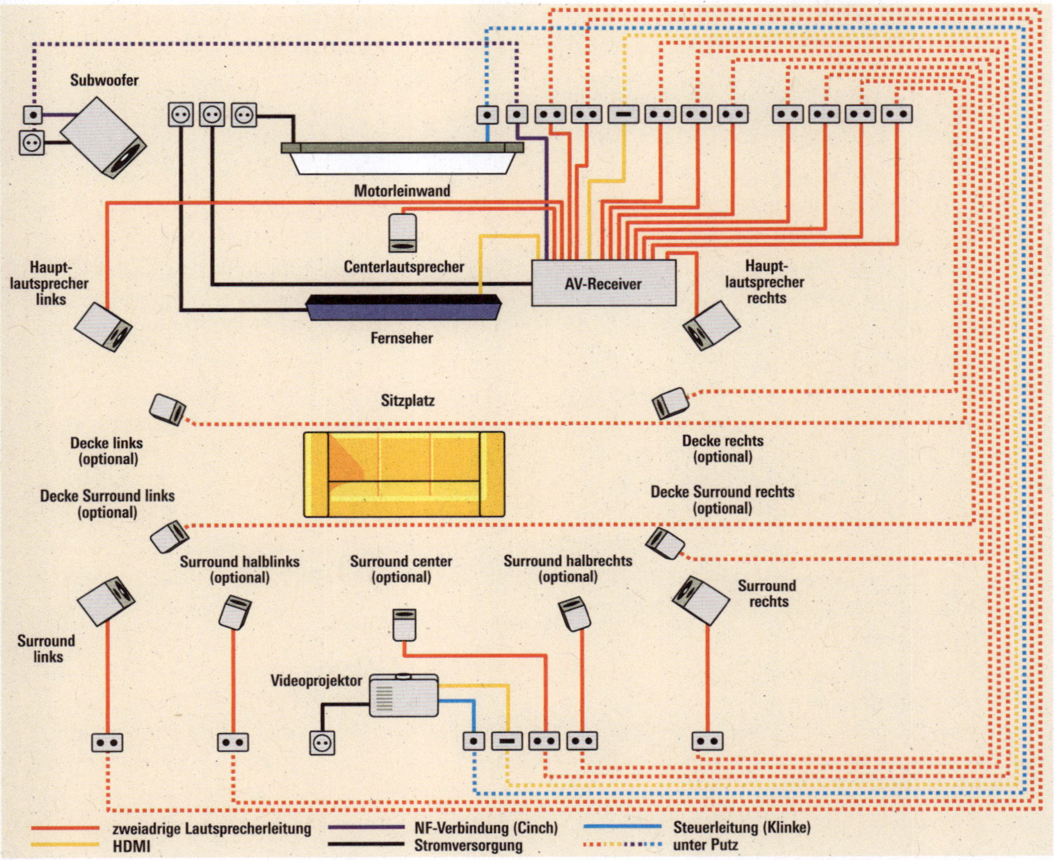

Das größte Problem bei der Installation eines Heimkinos ist die Verkabelung der Lautsprecher. Sehen Sie, wenn möglich, auch Anschlüsse für einen Videoprojektor („Beamer") im Heimkinoraum vor. Wer den Raum schon beim Bau darauf vorbereitet, hat damit später keine Probleme. Der Defacto-Standard für Rundumton kommt mit 5.1 Kanälen aus. Die mit „optional" gekennzeichneten Lautsprecher nutzen nur wenige Filmquellen.

mit Lautsprecherklemmen montiert, die es im Sortiment diverser Schalterhersteller gibt.

In den meisten Fällen werden für die Wiedergabe der rückwärtigen Tonsignale kompakte Regalboxen genutzt, die man oberhalb der Zuhörer anbringen kann. Dann sollten auch die in der Wand verlegten Lautsprecherkabel ungefähr auf dieser Höhe (in der Praxis meist um zwei Meter) enden.

Minimum für Mehrkanalton sind zwei rückwärtige Lautsprecher. Diverse Verfahren arbeiten aber mit bis zu vier Rückboxen. Wollen Sie diese nutzen oder zumindest darauf vorbereitet sein, planen Sie entsprechend viele Lautsprecherleitungen (Leerrohre) und Wanddosen zum Anschluss der Boxen ein. Einige Hersteller bieten sogar Verfahren und Komponenten an, die mit zusätzlichen Front-Höhenkanälen arbeiten. Falls Sie ein solches Mehrkanalsystem nutzen wollen, benötigen Sie auch Lautsprecherleitungen an der Vorderwand des Raums samt Anschlussdosen.

Die im Kinoton führenden Firmen Dolby und DTS arbeiten seit einiger Zeit an Tonformaten mit zusätzlichen Höheninformationen (Dolby Atmos und DTS:X). Viele AV-Receiver oder -Verstärker, sind bereits für die neue Technik vorbereitet. Für die Wiedergabe sind bis zu vier Deckenlautsprecher vorgesehen. Ob sich diese Tonformate durchsetzen, bleibt abzuwarten – zudem sind sie abwärtskompatibel, lassen sich also auch über konventionelle Heimkino-Lautsprechersysteme mit beispielsweise nur zwei Rücklautsprechern wiedergeben. Die entsprechenden Lautsprecherkabel und -buchsen sollte man bei einem Neubau in jedem Fall verlegen – ob man daran tatsächlich Lautsprecher anschließt, kann man später noch entscheiden.

Selbst, wenn Sie fürs Erste mit einem Flachbildfernseher als Bildquelle des Heimkinos zufrieden sind: Das Bessere ist bekanntlich der Feind des Guten. Bezogen aufs Heimkino heißt das: Der Wunsch nach einem Videoprojektor als Bildquelle kommt oft schneller auf, als man denkt. Führen Sie deshalb in jedem Fall ein Leerrohr an einen möglichen Montageort für einen Beamer. Dort sollte sich auch eine Netzsteckdose finden. Fürs Erste können Sie durchs Leerrohr die zum Redaktionsschluss gängigen HDMI-Kabel führen. Die Anforderungen an die HDMI-Verbindung sind mit der Einführung von 3D und UHD deutlich gestiegen; konventionelle Kupferstrippen können bei den für die Verbindung vom Wandanschluss zum Projektor nötigen Kabellängen das Signal beeinträchtigen oder gar nicht mehr funktionieren. Seit einiger Zeit gibt es deshalb HDMI-Kabel auf Lichtwellenleiterbasis, mit denen sich auch größere Entfernungen störungsfrei überbrücken lassen.

Dort, wo eine Leinwand angebracht werden könnte, sollten Sie ebenfalls eine Steckdose oder eine mit 230 Volt versorgte Unterputzdose vorsehen – dann lässt sich die Leinwand motorisch aus- und einfahren. Zusätzlich können Sie eine Steuerleitung (also ein vieradriges Telefonkabel) vom Beamer zur Leinwand in der Decke verlegen – viele Beamer geben beim Einschalten einen Impuls ab, der die Motorleinwand automatisch aktiviert.

Zu einem guten Heimkino gehören ein oder zwei Tiefbasslautsprecher (Subwoofer). Die haben meist einen eingebauten Verstärker, weshalb man auch von aktiven Subwoofern spricht, und werden vom Surround-Verstärker per Cinchkabel mit dem Tonsignal gefüttert. Falls Sie Subwoofer in Ihrem Heimkino nutzen möchten und diese abseits der anderen Audiokomponenten stehen sollen, planen Sie am Standpunkt der Audiokomponenten eine mit Cinchbuchsen bestückte Wanddose ein und am Standort des oder der Subwoofer einen entsprechenden Wandauslass. Die Verbindungsleitung zwischen den Anschlussdosen sollte wieder in einem Leerrohr verlegt werden. Aktive Subwoofer benötigen auch Strom aus einer Netzsteckdose.

Das Multiroom-Konzept

Viele der erwähnten AV-Receiver oder AV-Verstärker bringen nicht nur Lautsprecheranschlüsse für die Boxen in Ihrem Wohnzimmer mit. Sie können darüber hinaus oft einen weiteren Raum mit Zweikanal-Stereoton versorgen. Ein zusätzliches Lautsprecherpaar im zweiten Raum reicht dann, um auch ihn zu beschallen. Einfache Modelle spielen im zweiten Raum dieselbe Musik wie im Wohnzimmer; besser ausgestattete Geräte erlauben es optional, im zweiten Raum auch eine andere Musikquelle zu hören. Meist findet sich diese Funktion als „Multiroom“ (auch „Zone 2-“ oder „B-Lautsprecher“ genannt) in den Datenblättern. Komfortabel lässt sich diese nutzen, wenn das entsprechende Gerät entweder einen Anschluss für einen zweiten Fernbedienungssensor mitbringt oder sich per Funk von einem Smartphone aus steuern lässt. Auch diese Einfachst-Multiroomtechnik lässt sich am elegantesten nutzen, wenn Sie für die jeweiligen Räume Leerrohre vorsehen, in denen Lautsprecher- und Fernbedienungsleitungen Platz finden.

Flexibler und bedienfreundlicher ist die Mehrraumversorgung per Netzwerk, wie bereits geschildert: Auch über die Datenleitungen im Haus können Sie Musik, Fotos und Videos verteilen. Als Empfänger taugen internetfähige Radiogeräte/AV-Receiver für Musik; netzwerkfähige TVs zeigen Videos und Fotos und spielen selbstverständlich auch Musik.

Schließlich lassen sich auch per KNX-System oder herstellergebundene Bussysteme komplexe Multiroom-Installationen realisieren. Diese „große Lösung“ sollten Sie sich schon bei der Hausplanung berücksichtigen.

DAS INTELLIGENTE HAUS

Schon seit einigen Jahren erwarten Internetkonzerne, Hausgerätehersteller und natürlich vor allem die Anbieter von Gebäudetechnik eine sprunghaft steigende Nachfrage nach „intelligenten Häusern" – neudeutsch gern auch „Smart Home" tituliert. Allerdings ist der Begriff nicht klar definiert: Bei vielem von dem, was insbesondere große Strom- und Internetkonzerne als intelligente Gebäudetechnik anbieten, handelt es sich um Insellösungen. Die Komponenten spielen meist nur mit Produkten des jeweiligen Herstellers zusammen. Da sie überwiegend bestehende Technik mit „smarten" Fähigkeiten nachrüsten, ist oft schon bei der Steuerung des Deckenlichts Schluss – denn Laien sollen aus gutem Grund nicht an der Elektrik basteln. Diese Produkte haben ihre Berechtigung in Mietwohnungen, fürs neu gebaute Eigenheim sind sie aber in der Regel uninteressant. Auch die von den Technologiekonzernen Apple und Google (vom Tochterunternehmen „Nest") vorgestellten Komponenten fallen zum Redaktionsschluss in die Kategorie „Nachrüstlösung".

Für Ihr Haus ausgelegte Gebäudeautomation kann und sollte wesentlich mehr bieten: Mit entsprechender Technik lassen sich beispielsweise von jedem gewünschten Punkt des Hauses Licht, Rollläden und die Heizung steuern sowie überwachen. Sie können an zentralen Stellen sehen, ob Fenster, Türen und Tore offenstehen oder die Waschmaschine im Keller ihr Programm beendet hat. Auch über Computernetzwerke lassen sich Smart Homes steuern – wenn Sie mögen, kontrollieren Sie Ihre Haustechnik per Smartphone. Das heißt, dass Sie etwa auf dem Nachhauseweg per Smartphone die Heizung einschalten können. Der Fantasie sind kaum Grenzen gesetzt – in der Praxis entscheiden Zweckmäßigkeit und Ihr Budget, wie Sie die Technik nutzen.

Falls Ihnen die Beispiele noch wenig nutzbringend erscheinen: Denken Sie daran, dass Sie selbst oder Familienangehörige in einigen Jahren nicht mehr so beweglich sein könnten wie im Augenblick. Dann ist es eine große Hilfe, wenn sich beispielsweise die Dachfenster bei Regen automatisch schließen oder Sensoren das Licht automatisch schalten. Neben vorausschauender Gebäudeplanung entscheidet die richtige Haustechnik darüber, ob alte Menschen im Haus eigenständig und komfortabel leben können.

Viele Hersteller von Smart-Home-Lösungen werben mit bis zu 40 Prozent Einsparung bei den Heizkosten. In einem gut gedämmten, mit moderner Heiztechnik versehenen Neubau oder grundsanierten Altbau dürfte sich der Spareffekt aber in engsten Grenzen halten. Zudem muss es zur Heizkostenoptimierung kein komplexes Smart-Home-System sein – jede konventionelle Heizung bringt Thermostate, Zeitschaltuhren und andere Regler mit, durch die sich der Verbrauch optimieren lässt.

Eher kann sich ein intelligentes Haus auf den Stromverbrauch auswirken, wenn es beispielsweise alle unnötigen Geräte vom Stromnetz trennt, sobald der letzte Bewohner das Haus verlassen hat. Auch hier dürften aber die Einsparungen die Kosten fürs Smart Home nicht aufwiegen – die wesentlichen Argumente sind mehr Komfort und mehr Sicherheit.

Trotz noch überschaubaren Interesses des Publikums herrscht bei den Anbietern Goldgräberstimmung – entsprechend unübersichtlich ist der Markt. Hinzu kommt: Das eine, für jeden Wunsch und Geldbeutel passende System gibt es nicht. Wir wollen Ihnen Hinweise geben – letztlich entscheiden sollten Sie sich aber nach einem Gespräch mit einem Fachmann. Eine eindeutige Systemempfehlung wäre in einem Buch ohnehin sinnlos: Der Markt ist in Bewegung; immer wieder werden Produkte um neue Fähigkeiten ergänzt oder deutlich im Preis reduziert.

Funk oder Kabel?

Der wesentliche Unterschied zwischen konventioneller Elektrotechnik und der intelligenter Häuser ist: Klassisch sitzt etwa der Lichtschalter in der Stromleitung zur Leuchte, im Smart Home gibt der Lichtschalter einen Befehl an die Technik in Schaltschrank oder Unterputzdose, das Licht einzuschalten (siehe Grafik oben). Dieser Befehl kann per Funk oder Kabel übermittelt werden. Ähnlich wie bei PC-Netzwerken verhält es sich aber auch bei der Gebäudesteuerung mit den Vor- und Nachteilen von Funk und Kabel: Die Befehlsübermittlung per Leitung ist zuverlässiger. Diverse Smart-Home-Funkkomponenten brauchen zudem Batterien, was über die Jahre durchaus erkleckliche Kosten produziert und nicht so betriebssicher ist. In einem Neubau sollte für intelligente Gebäudetechnik also vorzugsweise auf drahtgebundene Systeme gesetzt werden und Funk nur dort zum Einsatz kommen, wo es nicht anders geht. Einige funkbasierte Systeme sind allerdings rückkanalfähig („bidirektional"); solange ihre Signale den gewünschten Empfänger erreichen, werden Steuerbefehle quittiert. So erreichen sie in der Praxis dennoch eine hohe Betriebssicherheit.

Für die Befehlsübermittlung per Funk existieren drei herstellerübergreifende Systeme: EnOcean, ZigBee und Z-Wave. Leider heißt identische Funktechnik nicht, dass sich alle Komponenten auch verstehen. Man muss also trotz einheitlicher Technikbasis prüfen, welche Systembestandteile zusammenspielen. Seit einigen Jahren sind auch fürs – ursprünglich drahtgebundene (siehe nächster Absatz) – KNX-System Funkkomponenten erhältlich. Die spielen mit Ihresgleichen ohne Murren zusammen.

Bei den drahtgebundenen Gebäudesteuerungen gibt es zwei Herangehensweisen: Das etablierte KNX-System setzt auf eine eigene, „Busleitung" genannte Strippe. Andere Hersteller nutzen die ohnehin vorhandene Stromleitung für ihre Datentelegramme („Power Line"). Bestimmte Elektrogeräte können die Übertragung stören; unter ungünstigen Umständen könnte eine Elektroinstallation für den Transport dieser Datentelegramme auch völlig ungeeignet sein. Falls Sie sich für ein solches System interessieren, klären Sie im Vorfeld mit dem Elektriker, ob es sich mit Ihrer Hauselektrik verträgt. Dritte Möglichkeit: Zu den Schaltern führen reine Datenleitungen, die aber keine komplexen Befehle übermitteln, sondern nur Zentralen im Schaltschrank mitteilen, dass

Smart Home – die Checkliste

- Welche Gebäudetechnik soll sich fernsteuern/automatisieren lassen? Licht, Fenster, Jalousien/Rollläden, (Garagen-)Türen, Heizung/Lüftung/Klima, Alarmsensoren, Überwachungskameras/Türsprechstelle, Unterhaltungselektronik?
- Soll das System nur mehr Komfort bieten oder wollen Sie dadurch auch Heizenergie und/oder Strom einsparen?
- Von wo aus soll sich das System bedienen/überwachen lassen? Nur vor Ort oder auch von unterwegs?
- Welche Bus-/Signalleitungen oder sonstigen Anschlüsse benötigen die jeweiligen Komponenten eines Smart-Home-Systems?
- Wollen Sie das System selbst installieren oder das einem Fachmann überlassen?
- Wer soll steuern dürfen? Nur eine Person oder auch andere Familienmitglieder und Kinder?
- Lässt sich das System von den Bewohnern einrichten/anpassen? Braucht es zu seiner Steuerung – kostenpflichtige – Software?
- Funktioniert das Wunschsystem autark oder ist zu seinem Betrieb eine Internetverbindung nötig?
- Fallen monatliche Gebühren an?
- Bleiben Daten zum Nutzerverhalten im eigenen Haus?
- Haben Sie mögliche Erweiterungen bedacht?

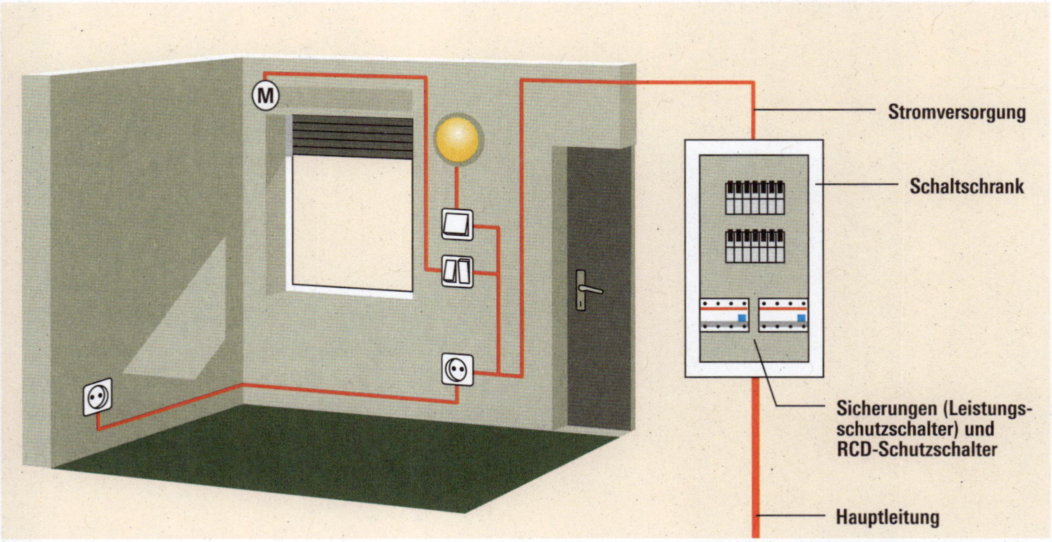

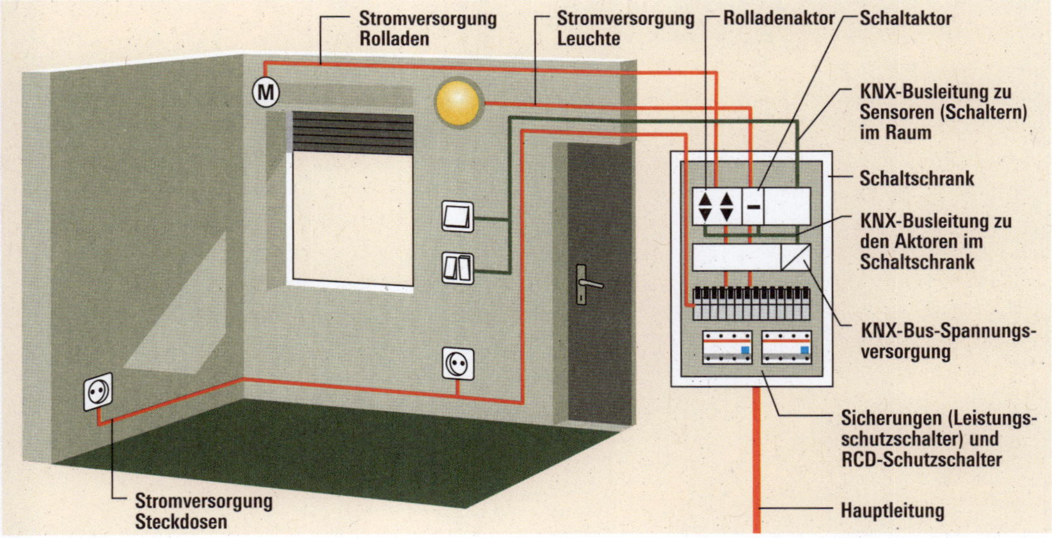

Die Unterschiede in der Praxis. Bei konventioneller Verkabelung (oben) werden die Schalter unmittelbar mit dem Verbraucher verbunden; bei Bussystemen wie KNX (unten) führen Busleitungen zu den – meist im Schaltschrank platzierten – Aktoren. Vorteil der zunächst aufwendig erscheinenden Verdrahtung: Alle per Bus bedienbaren Verbraucher lassen sich von beliebiger Stelle aus steuern – auf Wunsch sogar per Mobiltelefon.

ein Schalter betätigt wurde. Die Befehle an Leuchten oder Rollläden gehen dann vom Schaltschrank direkt an die jeweiligen Komponenten.

Was soll die Technik können?

Wichtig für die Wahl der intelligenten Haustechnik ist, ob ein System alle von Ihnen gewünschten Funktionen bietet. Es hilft also, sich im Vorfeld eine Art Pflichtenheft zu erstellen. Denn Elektroinstallateure empfehlen vorzugsweise, was sie kennen; wer zu dem Thema im Internet recherchiert, wird für praktisch jedes System Lob und Tadel finden – in vielen Fällen mit stichhaltigen Argumenten. Die entscheidende Frage ist, ob die jeweiligen Kriterien für Ihre Situation relevant sind. Schließlich hilft ein Pflichtenheft auch zu klären, wie teuer das Smart Home mit welcher Technik letztlich wird.

Ein wesentlicher Punkt bei der Entscheidung für eine bestimmte Gebäudesteuerung ist die Frage, ob es sich um Technik handelt, die nur von einem Anbieter verfügbar ist („proprietär") oder um ein herstellerübergreifendes Sys-

Bei entsprechendem Ausbau kann das Klima im Haus von allen Terminals aus komfortabel gesteuert werden.

tem. Proprietäre Systeme sind unter Umständen leichter einzurichten und betriebssicher („Alles aus einer Hand") – wenn für eine bestimmte Funktion die nötige Komponente aber nicht im Sortiment des Herstellers verfügbar ist oder er gar die Produktlinie einstellt, wird es schwierig.

In der Praxis ist es nicht ganz so dramatisch: Einige Anbieter von Insellösungen haben ab Werk an ihren Produkten Schnittstellen für andere Systeme, etwa den KNX-Bus. Zudem gibt es von diversen Drittanbietern Produkte (siehe unten Tabelle „Brückensysteme"), die verschiedene Gebäudesteuerungssysteme unter einen Hut bringen. Es ist also durchaus möglich, sich aus jedem System die fürs eigene Haus günstigsten und passendsten Komponenten herauszupicken. Umgekehrt kann es, wie bereits kurz im Abschnitt Funk erläutert, durchaus passieren, dass auch Komponenten herstellerübergreifender Standards nicht miteinander funktionieren, die offenen Systeme in der Praxis also nicht ganz so offen sind.

Brückensysteme

Anbieter	Unterstützte Protokolle/Produkte	Internet
Homee	EnOcean, WLAN, Z-Wave, ZigBee	www.hom.ee
Mediola	Elro Home Control, FS 20, HomeEasy, HomeMatic, Intertechno, Kopp Free-control, McPower Multi Comfort, Roiscock, X10, dazu Infrarotunterstützung zur Steuerung von Unterhaltungselektronik, bei der Premiumvariante zusätzlich Abus Privest, EnOcean-Aktoren, Insta-Funkbus, I-tec-Jalousien , Warema EWFS und Infrarot-Unterstützung für B&O	www.mediola.com
myGekko	EnOcean/WiFi. Unterstützte Bussysteme: Bacnet, DALI, eKey, GMS, KNX, M-Bus, Modbus RTU/ASCII/TCP-IP, myfare. Schrack-/Telenot-Alarmanlagen, Aktoren, Sensoren und Taster von Beckhoff, Elsner, myGekko, Phoenix, Thies und Wago, Barix-/Bose-/RTI-/Sonos-Audioanlagen	www.my-gekko.com
Qivicon	Home-Matic, ZigBee (nur Telekom), weitere per USB-Stick möglich, unterschiedliche Produkte, unterschiedliche Oberflächen	www.qivicon.com
WiButler	Zahlreiche Kompononenten von Afriso, Eltako, Peha, Permundo, Thermokon, Wilo, Winkhaus	www.wibutler.com

Ein weiterer wichtiger Aspekt: Wie komplex oder simpel sind die Inbetriebnahme und Wartung des Systems? Manche Systeme verlangen nach spezieller, kostenpflichtiger Software, um sie programmieren und einrichten zu können, an anderen lässt sich dies übersichtlich per Webbrowser oder App erledigen. Viele Benutzeroberflächen sind zudem so komplex, dass sie nur der Fachmann durchschaut, andere sind so gehalten, dass Sie als Hauseigentümer Änderungswünsche im System leicht selbst einpflegen können.

Aktuell werben viele Anbieter intelligenter Haustechnik damit, dass sich die Gebäude per Smartphone überwachen und steuern lassen. Diese Option sollte man aber hinterfragen: Selbstverständlich ist es hilfreich, wenn die Technik beispielsweise ein Problem mit der Heizung meldet, man also sofort einen Mechaniker beauftragen kann. Den Alltagsbetrieb soll ein intelligentes Haus aber ja gerade ohne ständiges Zutun der Bewohner bewältigen. Zudem kann eine vollständige Gebäudekontrolle per Smartphone zum Sicherheitsrisiko werden, wenn das Telefon in fremde Hände fällt.

Grundsätzlich gilt: Zugriff übers Internet und Steuerung der Gebäudetechnik per App sind ein netter Zusatznutzen – die wesentlichen Dinge müssen aber auch ohne Netz und App einstell- und regelbar sein. Zudem muss der Fernzugriff nach dem Stand der Technik geschützt sein – dazu gehört beispielsweise auch, dass Außenleuchten, Bewegungsmelder und ähnliches so gesichert sind, dass Übeltäter nicht einfach die dorthin führenden Strom- oder Datenleitungen anzapfen und dann die Haussteuerung kapern können.

Unabhängig von Sicherheitsaspekten: Manches Smart-Home-System funktioniert ausschließlich über Internetserver des Herstellers. Üblicherweise lassen sich die Anbieter ihre Dienste bezahlen; sollten diese an dem System kein Interesse mehr haben, verwandeln sich die teuren Smart-Home-Komponenten in wertlosen Elektroschrott. Zudem spekulieren die Hersteller auf Nutzerdaten, um damit weitere Geschäfte zu machen. Wer auf Privatsphäre Wert legt, sollte entsprechende Systeme nicht in die engere Wahl nehmen.

Stichwort Privatsphäre: In die meisten Smart-Home-Systeme lassen sich die seit einiger Zeit angebotenen Sprachassistenten von Amazon („Alexa"), Google und anderer Anbieter integrieren. Das kann tatsächlich für mehr Funktionalität sorgen – wenn man mit Einkaufstaschen bepackt ins dunkle Haus kommt ist es sicher praktisch, nur „Alexa – Licht an!" sagen zu müssen. Klug platzierte Bewegungsmelder oder Schaltsequenzen (das Licht geht automatisch an, wenn die Tür geöffnet wird) bieten aber denselben Komfort. Alle Sprachassistenten funktionieren einmal mehr nur mit funktionierender Internetverbindung und solange die Hersteller den Service unterstützen. Zudem wurde 2019 bekannt, dass Mitarbeiter eines Anbieters die Befehle der Assistenten abhörten. Auch Polizei und Geheimdienste verlangen – noch erfolglos – Zugriff auf die so gewonnenen Daten. Selbst, wenn es Anwendern völlig egal ist, ob und was die Sprachassistenten aufschnappen: Spätestens, wenn ein Haushaltsmitglied oder Besucher beispielsweise Alexander heißt, ist Konfusion programmiert.

Die wichtigsten Haussteuerungssysteme im Überblick

Wir gehen etwas ausführlicher auf Smart-Home-Systeme ein, die sich besonders für Neubauten eignen und/oder zum Redaktionsschluss verbreitet sind. Eine Übersicht bietet die Tabelle „Smart-Home-Systeme im Überblick" auf Seite 346. Sie erhebt keinen Anspruch auf Vollständigkeit und kann nicht alle individuellen Besonderheiten und Einsatzgebiete berücksichtigen. Zudem ist der Markt dynamisch; es kann also durchaus vorkommen, dass Systeme Fähigkeiten bekommen, die zur Drucklegung noch nicht verfügbar waren.

Comexio

Hierbei handelt es sich um ein proprietäres System des gleichnamigen Herstellers aus Rheinland-Pfalz. Zentrale Komponente ist der sogenannte „Server" für den Schaltschrank. Er erhält seine Befehle per Steuerleitung – es reichen aber einfache Lichtschalter oder sogenannte Taster und (bei der Neuinstallation) Klin-

Smart-Home-Systeme im Überblick

Name	Typ	Kurzbeschreibung	Wichtige verfügbare Komponenten	Wichtige Anbieter	Bidirektional	Bei Funk: Aufbau vermaschter Netze möglich	Anmerkungen	Internet
Comexio	Proprietär	Drahtgebunden	Aktoren, Heizungssteuerung, Jalousiensteuerung, Photovoltaik, Sicherheitstechnik, Sensoren, Taster	Comexio	•		Schnittstelle zu KNX ab Werk, Erweiterungen für EnOcean und intelligente Stromzähler verfügbar	www.comexio.com
Crestron	Proprietär	Drahtgebundenes Bussystem, Funkerweiterung möglich	Multiroomaudio/video, Gebäudesteuerung, Licht, Klima Heizung, Sensoren/Aktoren	Crestron	•	•	Brücken zu DMX, KNX, DALI, Lon, RS-232/485 u.a. vom Hersteller erhältlich	www.crestron.de
DALI	Herstellerübergreifend	Drahtgebundenes Bussystem, primär für gewerbliche/öffentliche Gebäude konzipiert	Betriebsgeräte für Leuchtmittel, Sensoren	ABB, Fagerhult, Helvar, Jung, Mean Well, Osram, Panasonic, Philips, Tridonic, Zumtobel	•		Brücken zu diversen anderen Bus-/Steuerungssystemen verfügbar	www.dali.ag.org
Digitalstrom	Proprietär	Drahtgebunden, Datenübertragung per Stromleitung	Aktoren, Heizungssteuerung, Jalousiensteuerung, Rauchmelder, Sensoren, Server, Taster, Türsprechstellen	Digitalstrom	•		Brücken zu DALI, EnOcean und Hue vom Hersteller erhältlich	www.digitalstrom.com
eNet	Proprietär	Funkbasiertes System (868 MHz), eigenes, IP-basiertes Protokoll	Aktoren, Funksteckdosen, Licht, Jalousiensteuerung, Sensoren, Taster	Gira/Jung	•	•		www.gira.de, www.jung.de
EnOcean	Herstellerübergreifend	Funkbasiertes System (in Europa 868 MHz), viele Komponenten kommen ohne Batterien aus, Energie wird per Piezoelement oder Solarzelle erzeugt	Aktoren, Heizungssteuerung, Jalousiensteuerung, Rauchmelder, Sensoren, Taster, Zugangskontrolle	alphaEOS, Eltako, Eon, Jäger Direkt, Kieback&Peter, Omnio, Peha, Somfy, Sys-Tec, Thermokon, Viessmann, Wago, Zumtobel	•	-		www.enocean.com, www.enocean-alliance.org
HomeMatic IP wired	Proprietär	Drahtgebundenes Bussystem, spielt mit HomeMatic-Funkkomponenten zusammen	Aktoren, Alarmtechnik, Jalousiensteuerung, Lüftungssteuerung, Sensoren	ELV	•		über „Mediola"-Schnittstelle in Zentraleinheit Verbindung zu anderen Systemen möglich	www.homematic.com
HomeMatic	Proprietär	Funkbasiertes System (868 MHz), drahtgebunden	Aktoren, Alarmtechnik, Funksteckdosen, Heizungsventile, Jalousiensteuerung, Lüftungssteuerung, Sensoren	ELV	•	-		www.homematic.com
KNX	Herstellerübergreifend	Drahtgebundenes Bussystem, Funkerweiterung möglich	Aktoren, Heizungssteuerung, Jalousiensteuerung, Rauchmelder, Sensoren, Taster, Türsprechstellen – umfangreichstes Sortiment im Markt	Berker, Busch-Jaeger, Gira, Hager, Jung, Lingg&Janke, MDT, Merten, Sys-Tec, Theben, Zennio	•	-		www.knx.org
Loxone/ Loxone Air	Proprietär	Drahtgebunden/funkbasiertes System (868 MHz)	Aktoren, Heizungssteuerung, Jalousiensteuerung, Musikserver, Rauchmelder, Sensoren, Taster, Türsprechstelle, Zugangskontrolle	Loxone	•	•	Schnittstelle zu KNX ab Werk, Erweiterungen für DMX, EnOcean, ModBus u.v.a. verfügbar, eigene Funkerweiterung „Air"	www.loxone.com
Z-Wave	Herstellerübergreifend/ proprietäres Protokoll	Funkbasiertes System (in Europa 868 MHz)	Aktoren, Heizungssteuerung, Jalousiensteuerung, Rauchmelder, Sensoren, Taster, Zugangskontrolle	Buffalo, D-Link, Danfoss, Develo, Diehl, Duco, DuneHD, Enerwave, FlexControl, LG Electronics, Merten, Motorola, NEC, Rademacher, Sharp, Zyxel	•	•		www.z-wavealliance.org

geldrähte zum Server. Der hat bereits eine Schnittstelle zum herstellerübergreifenden KNX-System. Die ist allerdings nicht KNX-zertifiziert; Comexio verspricht dennoch volle Funktionalität und Kompatibilität. Über Zusatzkomponenten lässt sich der Server um den Funkstandard Enocean erweitern. Für ausgefeilte Lichtsteuerung muss er um eine passende Dimmerkomponente ergänzt werden. Comexio hebt die Fähigkeit des Servers hervor, bis zu 16 Ampere pro Relais-Kanal schalten und auf allen Kanälen den Stromverbrauch messen zu können.

Digitalstrom

Das proprietäre System des gleichnamigen Schweizer Herstellers arbeitet leitungsgebunden, die Systeminformationen werden per Stromleitung („Power-Line-Technik") transportiert. In den jeweiligen Unterputzdosen sitzen wie Lüsterklemmen aussehende Kleinstcomputer, die die gewünschten Befehle ausführen.

Mit Digitalstrom lassen sich unter anderem Licht, Heizung/Klima, Jalousien/Rollläden und viele andere Geräte steuern. Die Digitalstrom-Kernkomponenten für den Schaltschrank haben keine direkte Brücke für andere Bussysteme; mit optionalen Bauteilen findet das System aber an andere Gebäudesteuerungsprodukte Anschluss.

HomeMatic

Die ursprüngliche HomeMatic-Produktreihe ist proprietär und arbeitet mit Funk. Hergestellt und vertrieben wird sie von EQ-3. Funk und proprietär – das klingt beides nicht vorteilhaft. Dennoch ist das System verbreitet, da sich mit ihm vergleichsweise günstig ein Smart Home realisieren lässt Zwischenzeitlich hat EQ-3 aber eine HomeMatic IP wired genannte Linie aufgelegt, die sich auch für die Neuinstallation eignet, fest verdrahtet wird und zudem mit den HomeMatic-Funkkomponenten zusammenspielt. HomeMatic-IP-wired-Komponenten lassen sich über die Internetserver des Herstellers einrichten, wer ins System eine CCU-3 genannte Steuerzentrale integriert, kann aber auch ohne Abhängigkeit von Internetanbindung und Hersteller sein Smart Home administrieren. Statt einer Zentrale von EQ-3 lässt sich auch ein Kleincomputer („Raspberry" o.ä.) entsprechend nutzen. Schaltbefehle kommen im System per Draht – ähnlich wie bei Comexio (s.o.) überträgt der aber nur dieses eine Kommando und keine komplexen Datentelegramme. Rund um die HomeMatic-Produkte existiert eine aktive Anwendergemeinde, die sich jährlich zum Erfahrungsaustausch trifft.

KNX

Für die umfassende Steuerung und Fernsteuerung von Haustechnik existiert seit 1990 ein herstellerübergreifender Standard namens KNX. Die Buchstaben haben keine konkrete Bedeutung, sondern kürzen nur den Begriff „Konnex" ab. Gelegentlich taucht statt KNX in der Literatur noch der alte Begriff EIB (für Europäischer Installationsbus) auf.

Wie bereits kurz angeschnitten, setzt KNX zur Befehlsweiterleitung auf eine separate Busleitung, es sind allerdings auch Funkkomponenten erhältlich. Fachleute schätzen an KNX, dass Komponenten verschiedener Hersteller nicht nur in der Theorie, sondern auch in der Praxis reibungslos miteinander funktionieren. Zur Inbetriebnahme von KNX-Systemen ist die sogenannte ET-Software (ETS) nötig, die kostenpflichtig ist. Einige Anbieter hat das nicht ruhen lassen: Von Hager gibt es eine „KNX easy" genannte Produktlinie, die sich per App einrichten lässt, die KNX-Quick-Reihe des Herstellers Lingg & Janke wird per Schraubendreher programmiert. Theben bietet mit „Luxor Living" Komponenten an, die sich mit hauseigener Software vergleichsweise leicht einrichten lassen, aber KNX-kompatibel sind. Seit 2017 bieten verschiedener Hersteller KNX-Komponenten mit integrierter ETS an, die auch Laien per Tablet oder Smartphone programmieren können sollen. Diese Produkte sind mit „ETS inside" gekennzeichnet.

Für Sie als Hausbauer oder -sanierer ist bei der Vorbereitung und Planung der Elektroinstallation wichtig: Setzen Sie gleich auf KNX-Technik, bereiten Sie Ihr Haus nur für die Businstallation vor oder entscheiden Sie sich für ein anderes System?

Sprechanlagen mit Videokamera bieten maximale Sicherheit.

Im typischen Einfamilienhaus schlägt die KNX-Vorbereitung mit etwa 2000 Euro für die Verlegung von Busleitungen zu Buche; die Kosten für mehradrige Stromleitungen sind mit etwa 250 € zu vernachlässigen. Es ist günstiger, die Busleitungen gleich beim Bau beziehungsweise der Sanierung zu verlegen, als für sie Leerrohre einbauen zu lassen. Damit keine Missverständnisse entstehen: Der Betrag umfasst die Kosten, um KNX-Technik einbauen zu können, nicht das eigentliche Steuerungssystem. Entscheiden Sie sich dafür, Ihre Haustechnik gleich per KNX zu kontrollieren, klären Sie mit Ihrem Elektriker rechtzeitig, ob er diese Technik anbietet – nicht jeder Betrieb hat das nötige Wissen zur Businstallation.

Ausgewachsene KNX-Installationen werden meist durch einen zentralen Computer (oft „Server" genannt) ergänzt. Dennoch ist KNX seiner Struktur nach kein zentral gesteuertes System: Sensoren und Aktoren, also Befehlsgeber und -ausführer, arbeiten miteinander, sobald sie per Busleitung verbunden sind und mit Strom versorgt werden. KNX gilt als zuverlässig, aber teuer. So pauschal stimmt dies nicht mehr – gerade die Preise für Schaltschrankkomponenten sind in den letzten Jahren gesunken. Dennoch muss man für ein komplett per KNX kontrolliertes Einfamilienhaus mit mindestens vierstelligen Summen rechnen.

Loxone

Der österreichische Anbieter setzt bei seinem proprietären System auf eine Zentrale („Miniserver") im Schaltschrank. Die typischen Befehle (Licht an/aus) werden über Kabel zu ihr übertragen. In Neubauten reicht dafür ein Klingeldraht; anders als KNX übermittelt Loxone keine Datentelegramme, sondern nur die Information, dass ein Schalter geöffnet oder geschlossen ist. Das System eignet sich unter anderem zur Steuerung/Kontrolle von Licht, Heizung, Tür/Sprechanlage, Alarm, Jalousien/Rollläden, Energie und Unterhaltungselektronik.

Der Miniserver hat bereits eine KNX-Schnittstelle integriert, über von Loxone lieferbare Erweiterungen lassen sich zahlreiche weitere Steuerprotokolle einbinden, etwa das Funksystem EnOcean.

INFO

SMART HOME – IST DIE TECHNIK ZUKUNFTSSICHER?

Die PC-Netzwerktechnik durchdringt immer mehr Bereiche des täglichen Lebens. Ein aktuelles Schlagwort lautet: Internet der Dinge oder neudeutsch Internet of Things (IoT). Der Gedanke dahinter: Mit dem im Jahr 2012 offiziell eingeführten Internetformat IPv6 stehen eindeutige Adressen für jedes beliebige technische Gerät in Hülle und Fülle zur Verfügung. Gleichzeitig werden die für drahtgebundene oder drahtlose Netzwerkverbindungen erforderlichen Bauteile immer leistungsfähiger und günstiger. Technisch ist es also kein Problem, wirklich jedes Gerät durch die alle Bereiche erobernde Computernetzwerktechnik zu kontrollieren. Schon stellen die ersten Anbieter preiswerte Lampenfassungen mit WLAN-Empfänger vor – darüber lassen sie sich prinzipiell ohne Busverkabelung vom Smartphone aus steuern.
Wie aber bereits bei der Netzwerkverkabelung erwähnt: Drahtlose Netzwerkverbindungen sind nie so betriebs- und datensicher wie drahtgebundene Verbindungen. Umgekehrt wäre es für die geringen Datenmengen, die für die Haussteuerung typischerweise benötigt werden, völlig übertrieben, zu jedem Lichtschalter die betriebssicheren Netzwerkkabel zu legen – Buskabel und andere Techniken sind deutlich günstiger.
Wer eine digitale Haussteuerung plant, kann und sollte zum jetzigen Zeitpunkt (2019) ruhig auf die verfügbaren Produkte setzen. Wahrscheinlich werden aber drahtlose wie drahtgebundene Netzwerktechniken die klassischen Smart-Home-Systeme in Zukunft ergänzen; die Schnittstellen zwischen PC-Netz und und Gebäudesteuerung zahlreicher.

Türöffner/-sprechanlagen

Elektrische Türöffner und Sprechanlagen sind ein willkommener Komfortgewinn. Man weiß, wer an der Tür ist und muss nicht hinlaufen, um sie zu öffnen. Die einfachsten Türsprechanlagen übertragen nur die Sprache von Hausbewohner und -besucher. Wie Sie das „Gespräch" im Haus annehmen – darin unterscheiden sich die Modelle der Hersteller.

Leistungsfähigere Varianten bringen auch eine Kamera für die Haustür mit und einen

Der beste Schutz gegen Einbrecher sind eine angemessene Umzäunung des Grundstücks und vor allem Fenster und Türen mit soliden Sperren.

Bildschirm in der Sprechstelle. Sie hören also nicht nur, wer Einlass begehrt, sondern sehen es auch. In der höchsten Ausbaustufe hat die Sprechstelle einen Schacht für handelsübliche Speicherkarten – so können Sie anhand der aufgezeichneten Videos nachvollziehen, wer wann Einlass begehrte – auch während Ihrer Abwesenheit.

Ob mit oder ohne Bild: Sprach,- Video- und Türöffnersignale werden über übliche Telefonleitungen digital übertragen. Vom Steuergerät – meist im Schaltschrank im Keller – sollten zur Pforte zwei Telefonleitungen führen: eine mit zwei Doppeladern zum Türöffner und eine mit vier Doppeladern zur Türstation. Ist die Kamera nicht in der Türstation integriert, benötigt sie eine modellabhängige Zuleitung; für Licht oder andere Zwecke sollte auch eine 230-Volt-Leitung zur Tür führen. Vom Steuergerät zu der oder den Sprechstellen im Haus führt eine Telefonleitung mit vier Doppeladern.

Die Hersteller von Türsprechanlagen kochen jeweils ihr eigenes Süppchen – nur mit Adaptern, im Branchenjargon „Gateway" genannt, erscheinen Ton und optional Bild der Türstation auf Telefonen im Haus oder anderen Bildschirmen (auch dem Panel einer KNX-Haussteuerung, einem Smartphone oder PC). Ob das Smartphone als Türöffner fungiert, sollte man gründlich überlegen: Wird es gestohlen, kann der Dieb unter Umständen ohne jedes Werkzeug Ihre Haustür öffnen. Auch wenn Ihnen das Risiko überschaubar scheint, sollte im Haus noch eine festverdrahtete Sprechstelle für die Tür existieren – bei einer Umleitung ausschließlich aufs Mobiltelefon besteht immer die Gefahr, die Besucher zu verpassen. Sei es, weil das Handy gerade unbeachtet in der hintersten Ecke des Gebäudes liegt, das Mobilfunknetz schwach ist oder der Akku gerade leergelaufen ist.

INFO

PRAKTISCH: SPRECHANLAGE AUFS TELEFON UMLEITEN

Wenn Sie nach unseren Empfehlungen in fast jedem Raum des Hauses einen Telefonanschluss installiert haben, ist es praktisch, die Türsprech- und Telefonanlage zu kombinieren. Klingelt jemand an der Haustür, läutet eines oder läuten mehrere Telefone; per Hörer kann man dann mit dem Besucher von jedem Raum aus sprechen und gegebenenfalls per Ziffernkombination die Tür öffnen.

Alarmanlagen

Eine Alarmanlage kann mechanische Sicherungen eines Gebäudes nie ersetzen, sondern nur ergänzen. Diebe haben es eilig – sie suchen sich das Objekt aus, in das sich in möglichst kurzer Zeit eindringen lässt. Wer ihnen die Arbeit so schwer wie möglich macht, erhöht die Wahrscheinlichkeit, dass Langfinger die Lust am Einbruch verlieren. Besprechen Sie schon bei der Planung Ihres Hauses mit Architekt oder Bauträger, gegebenenfalls auch mit einer Beratungsstelle der Kriminalpolizei, wie Sie am sinnvollsten verhindern, dass Einbrecher ins Haus gelangen. Bei der Altbausanierung bezuschusst die KfW den Einbau sicherer Türen und Fenster. Für Neubauten gibt es keine Zuschüsse für einbruchhemmende Türen oder Fenster – die KfW fördert aber energiesparende Modelle, die in vielen Fällen erhöhte Sicherheitsstandards erfüllen.

Eine Alarmanlage bietet zusätzliche Sicherheit oder Hilfe. Falls Sie im Haus versicherte Wertsachen aufbewahren, kann schon die Assekuranz auf einer Alarmanlage bestehen. Meist sind dabei die Richtlinien des VdS (ursprünglich Verband der Sachversicherer) bindend. Die Planung einer solchen Anlage ist Sache des Fachmanns. Die VdS-Klasse A regelt den Schutz für Wohnhäuser. Sicherheit garantieren auch diese Systeme nur, wenn sie regelmäßig gewartet werden.

Überlegen Sie, wo ein eventueller Alarm enden soll: Eine Sirene am Gebäude mag die Heißsporne unter den Einbrechern vertreiben. Profis bleiben aber oft gelassen, denn sie wissen, dass sich in vielen Nachbarschaften niemand um den Lärm schert und sie ein paar Minuten Zeit haben, bevor Wachdienst oder Polizei auf dem Plan sind. Umgekehrt gefährdet eine Sirene oft den Nachbarschaftsfrieden – auch die beste Technik ist nicht gegen Fehlalarme gefeit. Wenn ein stiller Alarm Sie auf Ihrem Handy über ein Problem im Haus informiert, ist das auch nur dann hilfreich, wenn Sie sich zufällig in der Nähe aufhalten.

Unabhängig davon kann es hilfreich sein zu wissen, was im Haus passiert. Alarmanlagen können auch erkennen, dass Wasser ins Gebäude eindringt oder ein Feuer ausgebrochen ist. Auch hier stellt sich aber wieder die Frage: Wohin geht der Alarm?

Viele Smart-Home-Komponenten (etwa Sensoren, die registrieren, ob Fenster oder Türen offen sind oder etwa Bewegungsmelder), können auch als Teil einer Alarmanlage fungieren. Um zu sehen, was in Ihrem Haus gerade vor sich geht, reicht die Technik – nur die wenigsten erfüllen aber die VdS-Anforderungen.

Unter Umständen ebenfalls hilfreich können andere Systeme sein: Mit Webcams – internetfähigen Videokameras – können Sie sehen, wer sich auf dem Grundstück oder in Ihrem Haus bewegt. Webcams allein können Einbrüche nicht verhindern, aber dokumentieren und damit bei der Erfassung und Überführung von Tätern helfen. Ideal ist, wenn die Kameras die Überwachungsbilder nicht nur auf Rechnern im Haus sichern – die könnten gestohlen oder zerstört werden –, sondern die Fotos gleich an einen Server im Internet schicken. Sofern Webcams ihre Bilder nicht per WLan funken, benötigen sie einen Netzwerkanschluss, was unsere Empfehlung untermauert, für jedes Zimmer des Hauses mindestens je zwei Netzwerkanschlüsse vorzusehen. Wenn eine Webcam-Nutzung geplant ist, empfiehlt es sich, die Netzwerkdose auf Kamerahöhe einzubauen. Der entsprechende Kontakt sollte die Kamera auch gleich mit Strom versorgen können („PoE", Power over Ethernet).

Für alle Arten von Überwachungskameras gelten gesetzliche Vorschriften: Die Kameras dürfen nur Ihr Grundstück kontinuierlich überwachen, nicht aber die Straße vor dem Haus.

Heizungssteuerung

Je nach Art Ihrer Heizungsanlage sind unterschiedlich viele Temperaturfühler, -regler und Thermostate erforderlich; eventuell zusätzlich elektrisch gesteuerte Ventile. Klären Sie mit dem Heizungsbauer bereits bei der Planung, an welchen Stellen diese angebracht werden müssen und ob sie dort Strom und/oder Anschluss an eine Steuerleitung benötigen.

Falls Sie die Raumtemperatur(en) über ein Gebäudesteuerungssystem kontrollieren wollen, müssen an die betreffenden Stellen Bus- und/oder Stromleitungen verlegt werden.

LICHTTECHNIK

Dem Architekten Le Corbusier wird das Zitat zugeschrieben: „Das richtige Licht zur richtigen Zeit und in der richtigen Menge.“ Denn ausreichend helles und zweckmäßig verteiltes Licht erleichtert die Arbeit, hilft beim Lesen von Gedrucktem oder am Computerbildschirm und fördert Leistungsfähigkeit sowie Stimmung. Umgekehrt macht falsches Licht einen Raum ungemütlich und beeinträchtigt die Konzentrationsfähigkeit.

Aber was ist richtiges Licht? Mit dieser Frage haben sich zahllose Wissenschaftler beschäftigt. Die Ergebnisse ihrer Untersuchungen flossen in DIN-Normen ein, die bei der Beleuchtung öffentlicher oder gewerblicher Räume beachtet werden müssen. Ihr Privathaus können Sie prinzipiell beleuchten, wie Sie wollen. Es hilft aber, die Kriterien für gutes Licht zu kennen, um in allen Räumen klar zu sehen.

Das beste Licht ist das Tageslicht. Oberstes Ziel der Gebäudeplanung sollte es also sein, es wo immer und wann immer möglich zu nutzen. Es ist Aufgabe Ihres Architekten, bei der Planung das Gebäude lichttechnisch optimal auszurichten und möglichst große Fenster und Türen vorzusehen (siehe Seiten 22 ff). Das stößt selbstverständlich an Grenzen. Eine Möglichkeit, ohne Leuchten Licht in dunkle Ecken zu bringen, sind sogenannte Lichtkamine. Bei ihnen handelt es sich um verspiegelte Röhren, die – etwa vom Dach – Tageslicht an die gewünschte Stelle transportieren. Statt eines wuchtigen Rohres empfehlen sich alternativ schlankere, als Sonnenleuchten oder „Light Pipe“ angebotene Vorrichtungen. Dabei handelt es sich um dünnere Kunststoffrohre, die im Inneren mit transparentem und gleichzeitig reflektierendem Material beschichtet sind. Sie fangen das Tageslicht an der Fassade mit Fresnellinsen ein und können es über mehrere Meter transportieren und abgeben.

Der Charme der Sonnenleuchten: Bei trübem Wetter und Nacht kann eine künstliche Quelle die Rolle des Sonnenspenders übernehmen. Ist das Leuchtmittel und dessen Regelung fachkundig gewählt, sehen die Bewohner kaum, ob gerade Sonnen- oder künstliches Licht den Raum flutet. Bei Nacht und in der dunklen Jahreshälfte helfen aber weder Lichtkamin noch Sonnenleuchte. Elektrisches Licht muss dann die Räume erhellen. Wichtig ist, sich bei der Lichtplanung darüber klar zu werden, was in dem Raum hauptsächlich gemacht werden soll. Ans heimische Büro werden andere Anforderungen gestellt als an das Wohnzimmer oder die Küche. Auch wenn kein künstliches Licht exakt das natürliche nachbilden kann: Mit dem geeigneten Wissen und der richtigen Technik kann man das Original weitgehend kopieren.

Aber mindestens genauso wichtig ist der Raum selbst, konkret: Welche Materialien und Farben Decken, Wände und Böden dominieren. Dunkle Materialien schlucken Licht, ein weißer Boden oder eine weiße Wand hingegen lassen den selben Raum deutlich heller wirken.

Zurück zum künstlichen Licht: Drei Faktoren bestimmen, welches Licht in einem Raum herrscht (und inwieweit es dem Tageslicht ähnelt): das Leuchtmittel (auch Lampe oder umgangssprachlich Birne genannt), die Leuchte, in der die Lampe arbeitet, und der Anbringungsort der Leuchte.

INFO

LAMPEN UND LEUCHTEN – DAS ENDE EINES LANGEN MITEINANDER?

Die Zeit der Koexistenz von Leuchte und Leuchtmittel könnte dem technischen Fortschritt zum Opfer fallen. Denn LEDs sind einerseits langlebig (in der Praxis dürften sie um 15 Jahre halten), andererseits so flexibel, dass sie die klassische Kombination von Lampe und Leuchte ablösen. Schon jetzt bieten praktisch alle Hersteller komplette Leuchten auf LED-Basis an, die aller Voraussicht nach eher der wechselnde Publikumsgeschmack als der Ausfall einer Lampe zu Müll werden lässt.

Den größten Einfluss haben das Leuchtmittel und dessen Eigenschaften. Eines der wichtigsten Kriterien bei natürlichem wie künstlichem Licht ist die Lichtmenge. In den Morgen- und Abendstunden ist es dunkler als mittags; die Wattage und/oder ein Dimmer bestimmen, wie viel Helligkeit ein Leuchtmittel liefert. Je nach Raumnutzung und im Idealfall passend zur Tageszeit sind unterschiedliche Lichtmengen richtig. Zu Glühlampenzeiten wusste der Kunde bei einem Blick auf die Wattzahl, welche Lichtmenge ein Leuchtmittel bereitstellt – obwohl der Wert, technisch gesehen, nur den Stromverbrauch beschreibt. Im Zeitalter moderner, sehr viel effizienterer Leuchtmittel wird die Wattage zwar oft noch als Vergleichsmaßstab genannt. Die technisch korrekte und aussagekräftigere Angabe ist aber Lumen (lm). Sie gibt die Lichtleistung an, also wie hell eine Lampe ist. Auf die Details früherer wie aktueller Leuchtmittel gehen wir im nächsten Abschnitt und in der Tabelle auf Seite 353 im Detail ein.

LEDs ermöglichen völlig neue Beleuchtungs- und Gestaltungsmöglichkeiten. Sie bringen Helligkeit in Winkel, in die bisher nur sperrige Leuchten vordrangen.

Das zweite wichtige Kriterium bei Licht ist dessen Farbe oder genau, seine Farbtemperatur. Tagsüber dominieren die Blauanteile im Licht, morgens und abends die Rotanteile. Die für die Farbtemperatur relevante Angabe bei Leuchtmitteln ist der Wert in Grad Kelvin. Je niedriger er ist, desto rötlicher ist das Licht, je höher, desto bläulicher wird es.

Drittes Kriterium ist die Unterscheidung zwischen gerichtetem und diffusem Licht. Scheint die Sonne, ist das Licht brillant, erzeugt Reflexe und wirft Schatten. Das technische Gegenstück dazu bilden Leuchtmittel mit klarem Glaskolben. Bei bewölktem Himmel verteilt sich das Licht gleichmäßig, wirkt matt und wirft keine Schatten. Das künstliche Gegenstück zum Wolkenhimmel sind Leuchtmittel mit mattiertem Glaskolben.

Ein weiterer Faktor ist die Lichtrichtung. Steht die Sonne tief über dem Horizont oder eine Lampe auf Augenhöhe, blendet sie und wirft lange Schatten. Steht die Sonne im Zenit oder ist eine Lichtquelle an der Raumdecke angebracht, blendet sie nicht und wirft nur kurze Schatten. Übertragen auf künstliches Licht heißt das: Der Anbringungsort der Leuchte spielt eine entscheidende Rolle bei der Lichtwirkung.

Leuchtmittel – die wichtigsten technischen Daten im Überblick

Der Markt der Leuchtmittel ist in den letzten Jahren geradezu explodiert – immer neue Techniken werden als Lichtquelle praktikabel. Die klassische Glühlampe ist als Hausbeleuchtung aus dem Handel verschwunden, auch viele Halogenlampen dürfen seit 2018 nicht mehr verkauft werden.

Ungeliebter Ersatz waren lange Zeit kompakte Leuchtstofflampen („Energiesparlampen"). Auf fast allen Gebieten wurden sie von Leuchtdioden (LEDs) verdrängt, die immer leistungsstärker und erschwinglicher werden. Seit etwa 2016 sind Filament-LED-Lampen von vielen Herstellern erhältlich, die in herkömmliche Fassungen passen und klassische Birnen mit sichtbarem Glühfaden verblüffend gut imitieren. Manche LED-Leuchtmittel strahlen allerdings nicht so weit rundum wie die althergebrachten Glüh- oder Halogenlampen – sie enthalten Elektronik, die den Lichtfluss in eine Richtung einschränken kann. Ob das stört, hängt vom konkreten Leuchtmittel ab und der Leuchte, in der es verwendet werden soll.

Wie bereits angeschnitten ermöglichen LEDs zudem gänzlich neue Beleuchtungsformen, etwa Lichtbänder mit wechselnden Farben. Vor rund zehn Jahren wurden sogenannte organische Leuchtdioden (OLED) als nächste kommende Lichtsensation gehandelt. Um sie ist es aber ruhig geworden; der Durchmarsch in den Massenmarkt lässt weiter auf sich warten.

Sparsamer als Glüh- und Halogenlampen sind alle Alternativen. Im Detail unterscheiden sich Halogen-, LED- und Leuchtstoff-Energiesparlampen aber deutlich. Keine der alternativen Lampentechniken vereint alle Eigenschaften der klassischen Glühlampe in einem Produkt, jeder Lampentyp hat seine Vor- und Nachteile.

Mit den erwähnten Filament-Modellen haben LED-Lampen zwar dicht aufgeschlossen – aber noch liefern nur Halogenlampen ein Licht, das dem klassischer Glühlampen vollständig entspricht. Wie Glühbirnen verändern sie ihr Licht ins Rötliche, wenn die Leistung gedimmt wird. Andere Lampentypen eignen sich nur fürs Dimmen, wenn sie explizit dafür freigegeben sind. Nur spezielle LED-Modelle passen wie Glühfadenlampen mit sinkender Spannung ihre Farbe an. Energiesparlampen auf Leuchtstoffbasis hingegen ändern, sofern sie dimmbar sind, ihr Licht mit abnehmender Helligkeit nicht ins Rötliche – sie werden nur dunkler und wirken dadurch fahler.

Beim Einschalten lassen sich Leuchtstoff-Energiesparlampen deutlich mehr Zeit als alle anderen Typen. Je nach Hersteller, Modell und Temperatur kann es einige Sekunden oder Minuten dauern, bis die Lampe ihre maximale Helligkeit erreicht hat. Das macht sie beispielsweise fürs Treppenhaus wenig geeignet.

Leuchtmittel mit vergleichbarer Lichtleistung

	Glühlampe	Halogenglühlampe	Leuchtstofflampe	LED-Lampe
Energieverbrauch	60 Watt	46 Watt	14 – 15 Watt	8 – 9 Watt
Energieeffizienzklasse	D	D	A	A+/A++
Lichtstrom	710 Lumen	700 Lumen	740 – 900 Lumen	806 Lumen
Farbtemperatur	2700 Kelvin	2700 Kelvin	2500 – 6500 Kelvin	2700 Kelvin
Lichtverteilung	Gleichmäßig	Gleichmäßig	Je nach Modell fast gleichmäßig bis stark seitlich	Bauartabhängig, im Idealfall fast gleichmäßig
Lichtqualität	Brilliant (klare Modelle)	Brilliant	Diffus	Je nach Modell klar oder diffus
Ra-Wert	100	100	80	80
Größe		Entspricht Glühlampe	Modellabhängig – kompakte Typen wie Glühlampen, die meisten Modelle sind größer	Entspricht weitestgehend Glühlampe
Mittlere Lebensdauer	1000 Stunden	2000 Stunden	Um 10000 Stunden (je nach Modell)	15000 – 25000 Stunden
Typischer Preis Markenprodukt	Nur noch Restposten; Preis früher um 1,20 €	Nur noch Restposten; Preis früher um 2 €	3,00 €	3,00 €
Einschaltverzögerung	Nein	Nein	Ja – je nach Modell von einigen Sekunden bis Minuten	Nein

Ein weiteres Thema ist der Lichtstrom, also die Helligkeit der Lampe. Wir haben in der Tabelle auf Seite 353 für verschiedene Arten energiesparender Lampen eines Herstellers die Werte in Lumen zusammengetragen.

Wie Sie sehen, bieten LED-Lampen das höchste Stromsparpotential. Ihre Preise sind zwischenzeitlich auf das Niveau der älteren Energiesparlampen gesunken. Nur für die Lampenfassungen, für die es noch keine LED-Leuchtmittel gibt, erscheinen diese daher noch interessant. Lampen auf Leuchtstoffbasis eignen sich eher für Arbeits- als Wohnräume.

Viele Energiesparlampen auf Leuchtstoffbasis enthalten – wie klassische Leuchtstoffröhren – hochgiftiges Quecksilber. Sie müssen als Sondermüll entsorgt werden. LED-Lampen enthalten zwar kein Quecksilber, aber viel Elektronik, und haben, falls sie dereinst den Geist aufgeben, ebenfalls nichts im normalen Hausmüll verloren.

INFO

LAMPENDATEN UND WAS SIE BEDEUTEN

Die Verpackungen moderner Leuchtmittel sind mit technischen Angaben übersät – hier deren Bedeutung:

LUMEN (lm) gibt die Lichtleistung an, also wie hell eine Lampe ist. Je höher der Wert, desto heller das Licht. Eine klassische klare 60-Watt-Glühlampe liefert etwa 710 Lumen.

KELVIN (K) gibt die Lichtfarbe an. Je niedriger der Wert, desto rötlicher, also wärmer ist das Licht. Eine klassische 60-Watt-Glühlampe hat eine Farbtemperatur von 2 700 K. Folgende Angaben auf Verpackungen sind gängig:

- **warmweiß** (2 500 – 4 000 Kelvin), geeignet für Wohnräume
- **neutral** (4 000 – 6 500 Kelvin), geeignet für Kellerräume/Garage
- **kaltweiß** (über 6 500 Kelvin), geeignet für Arbeitsplätze, die besonders helles Licht erfordern.

Manche Firmen verwenden nach der Wattangabe alternativ beispielsweise den Schlüssel „827“. Wichtig sind die letzten beiden Ziffern – sie entsprechen im Beispiel 2700 Kelvin, ein Modell mit der Zifferfolge „840“ hat eine Farbtemperatur von 4 000 Kelvin.

DER FARBWIEDERGABEINDEX (R_a-Wert) gibt an, wie gut sich Farben im Licht der Lichtquelle erkennen lassen. Als Referenz mit dem Index 100 gilt Sonnenlicht; je dichter der Wert des Leuchtmittels daran liegt, desto besser ist es geeignet, um darin Farben erkennen und beurteilen zu können.

DIMMEREIGNUNG: LED- und Leuchtstoff-Energiesparlampen lassen sich nur an Dimmern betreiben, wenn sie explizit dafür freigegeben sind.

WATT (W) gibt die Leistungsaufnahme an, also wie viel Energie die Lampe im Betrieb benötigt.

Im **ENERGIELABEL** ist angezeichnet, welche Energieeffizienzklasse A bis E die Lampe hat.

YEARS/H (hours) gibt die ungefähre Lebensdauer in Stunden und Jahren an.

SCHALTZYKLEN gibt an, wie oft eine Lampe an- bzw. ausgeschaltet werden kann.

ANLAUFZEIT gibt den Zeitraum an, den eine Lampe benötigt, um 60 Prozent des angegebenen Helligkeitswerts zu erreichen.

HG (Hydrargyrum) gibt an, ob und wie viel Quecksilber eine Lampe enthält. Zusätzlich muss eine Internetadresse genannt werden, die über die fachgerechte Entsorgung informiert bzw. erklärt, was bei versehentlichem Glasbruch zu tun ist.

MASSE geben Lampenlänge und -durchmesser in Millimeter an.

Die Platzierung macht den Unterschied

Mit an der Decke montierten, nach allen Seiten strahlenden Leuchten lässt sich ein Raum gleichmäßig erhellen. Ein solches Licht ist ideal, um alle Ecken und Flächen eines Raumes mit Grundhelligkeit zu versorgen, beispielsweise in der Küche. Im Wohnzimmer würde man ein solches Licht zumindest abends wohl als unangenehm und unnatürlich empfinden – die meiste Zeit seiner Existenz war es der Mensch gewohnt, dass es abends dunkel ist und Licht bestenfalls von einem Feuer am Boden kommt. Strahler, die einzelne Bereiche erhellen, setzen Lichtakzente. Steh- und Tischlampen liefern zusätzlich gezielt Licht, um beispielsweise auf der Couch ein Buch ohne Anstrengung lesen zu können. Ein so erleuchteter Raum kommt der

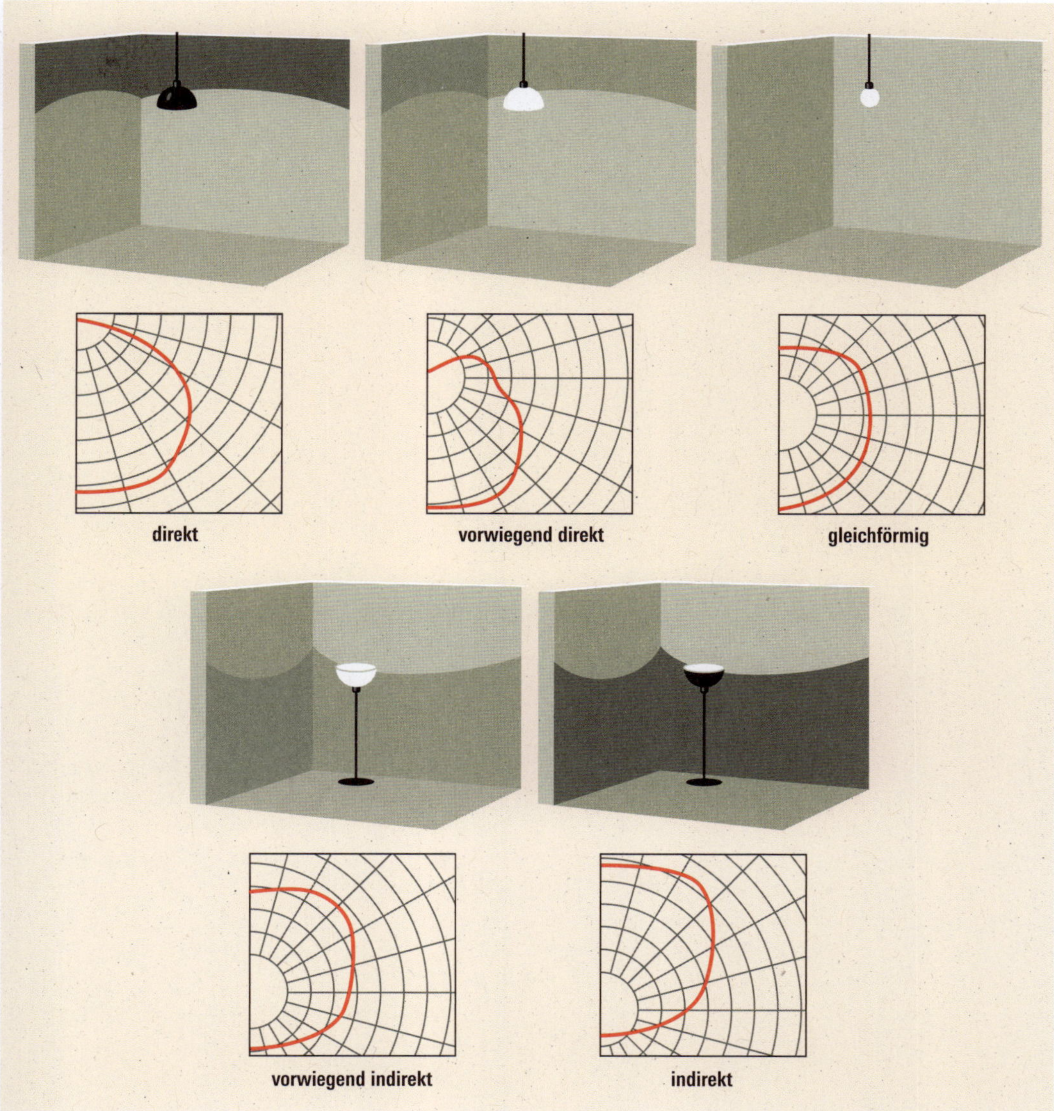

Die Anbringung/Aufstellung der Leuchte und die Durchlässigkeit des Lampenschirms beeinflussen die Lichtwirkung massiv. Die geschickte Kombination direkter und indirekter Beleuchtung schafft angenehmes, ermüdungsfreies Licht.

Lagerfeuersituation, wie sie unsere Vorfahren kannten, behaglich nahe.

Nicht nur der Anbringungsort entscheidet darüber, ob wir Licht als angenehm oder lästig empfinden – auch die Lichtverteilung spielt eine wichtige Rolle. Hier gilt es, zwei sich widersprechende Forderungen zu berücksichtigen: Arbeitsflächen oder beispielsweise Schränke sollen gleichmäßig erleuchtet sein, damit man alles gut erkennt. Werfen beispielsweise auf dem Schreibtisch falsch angebrachte Lichtquellen lange Schatten, stört dies und strengt die Augen beim Lesen an. Andererseits: Ist der ganze Raum gleichmäßig erleuchtet, wirkt dies steril und ermüdend. Ein gut gestaltetes Licht sorgt, wo nötig, für gleichmäßige Ausleuchtung, schafft aber in größeren Räumen Zonen unterschiedlicher Helligkeit.

Lichtsteuerung/-szenen

Die einfachste Form der Lichtsteuerung ist der Lichtschalter. Logisch – mit ihm lässt sich die Lichtquelle nur aktivieren oder abschalten. Ein stufenloser Regler („Dimmer") bietet in Verbindung mit dafür geeigneten Leuchtmitteln bereits feinere Möglichkeiten, stimmungs- und tageszeitabhängig das richtige Licht einzustellen.

Um situationsabhängig komplexe Lichtszenen reproduzierbar aufzurufen, gibt es verschiedene Möglichkeiten. Wollen Sie ohnehin Ihr Haus „smart" steuern (siehe Seite 341), kann die Bustechnik auch für die Kontrolle des Lichts genutzt werden. Wenn es Ihnen aber ausschließlich um Lichtsteuerung geht: Viele Hersteller bieten entsprechende Technik an, um Helligkeit und Farbe per Fernbedienung zu kontrollieren und Lichtszenen zu speichern und zu reproduzieren.

AUSSEN- UND NEBENANLAGEN

Viele Bauherren verschieben das Thema „Gestaltung und Bau der Außenanlagen" angesichts „dringenderer Probleme" bis nach dem Einzug ins neue Haus. Dabei ist es durchaus angebracht, sich schon während der Planung des Hauses auch über den Außenbereich Gedanken zu machen und mit der Umsetzung schon während der Bauzeit zu beginnen. Denn während man vielleicht bereit ist, für einige Wochen und Monate auf die Nutzung des eigenen Gartens zu verzichten, macht ein befestigter und beleuchteter Zugangsweg bereits den Umzug erheblich bequemer.

Hauseingang und Wege zur Straße

Der Vorplatz mit Zugangsweg und der Hauseingang sind das Erste, was sowohl die Bewohner als auch Besucher vom Haus wahrnehmen – sie sind gewissermaßen die Visitenkarte des Hauses.

Daher kommt dem Zugangsbereich zum Hauseingang eine große gestalterische Bedeutung zu. Wer möchte sich schon auf dem Weg ins Haus an Fahrrädern, Mülltonnen und Ähnlichem vorbeidrängeln und vor der Haustüre beim Aufschließen oder Warten auf das Öffnen der Türe im Regen stehen?

Zunächst muss die Hausnummer von der Straße aus deutlich lesbar, das heißt auffällig angebracht, groß genug und abends beleuchtet sein. Beides dient der Auffindbarkeit des Hauses, die nicht nur für Gäste und Paketboten wichtig ist, sondern im Notfall auch dem Rettungswagen wertvolle Minuten der Suche spart.

Dass von der Straße aus entweder die Eingangstür direkt sichtbar oder zumindest der Weg dorthin zweifelsfrei erkennbar sein sollte, liegt auf der Hand. Ein wichtiger Punkt ist hier die Beleuchtung der Vorzone des Hauses, die den Zugangsweg vollständig ausleuchten und so sicherstellen soll, dass das Haus gefahrlos erreicht werden kann. Die dafür erforderlichen Leuchten können entweder (bei schmalen Vorgärten) direkt am Haus angebracht oder auch (bei tieferen Vorgärten) als Pollerleuchten frei stehend angeordnet werden.

Für die Schaltung der Außenbeleuchtung haben sich Bewegungsmelder bewährt, die das Licht nur bei Bedarf einschalten. Dadurch

Die Außenbeleuchtung ist hier sehr großzügig und betont die Eingangsbereiche. Nur die zwei Stufen zur Eingangstür stellen für Rollstuhlfahrer und Kinderwagen ein Hindernis dar.

erübrigen sich auch Lichtschalter im Außenbereich. Achten Sie beim Ausrichten darauf, dass der Bewegungsmelder nicht von Passanten oder im Wind schwankenden Zweigen, sondern wirklich nur von Menschen auf Ihrem Grundstück aktiviert wird.

Der Zugang zum Haus sollte unbedingt befestigt, also gepflastert oder asphaltiert werden. Dies erleichtert ganzjährig die Reinigung des Weges und hilft zu verhindern, dass Schmutz an den Schuhsohlen ins Haus getragen wird. Im Winter freut man sich, wenn ein stabiler Belag das Entfernen von Schnee und Eis möglichst leicht macht und das Haus dadurch auch bei widrigem Wetter gefahrlos erreichbar bleibt.

Wenn Sie alters- oder krankheitsbedingt schlecht zu Fuß sind oder regelmäßig einen Kinderwagen schieben, ist ein barrierefreier, also stufenloser und relativ flacher Zugang ins Haus unbedingt sinnvoll. Gesunde und fitte Menschen können auf Steigungen von 10–12 % (das sind 10–12 cm Steigung je Meter Länge) bequem gehen und auch ohne große Mühe einen Kinderwagen schieben, steilere Wege sind für alle Nutzer beschwerlich. Wenn der Hauszugang hingegen auch mit einem Rollstuhl oder einer Gehhilfe („Rollator") benutzbar sein soll, beträgt die zulässige Steigung höchstens sechs Prozent (laut DIN 18024 bzw. 18040) beziehungsweise acht Prozent (Empfehlung von Behindertenverbänden für Gebiete mit steilen Hanglagen), außerdem sind bei ansteigenden Wegen in jeweils sechs Metern Abstand ebene Podeste zum Ausruhen erforderlich.

Bei der Anlage des Zugangswegs muss zudem unbedingt beachtet werden, dass auch bei starken Regengüssen kein Wasser durch die Haustür in die Wohnung gelangen kann. Dafür muss entweder der Weg zum Haus hin ansteigen oder eine ausreichend dimensionierte Gitterrinne direkt vor der Haustür ankommendes Wasser aufnehmen und ableiten. Am sichersten ist eine Kombination beider Maßnahmen. Darüber hinaus müssen alle Wege im Freien ein gewisses Quergefälle (zirka ein bis zwei Prozent) oder ein gewölbtes Profil aufweisen, damit das Regenwasser zur Seite hin abläuft und auf dem Weg keine Pfützen entstehen.

Wer schon einmal im strömenden Regen mit dem Schlüssel im Schloss gestochert hat, weiß den Komfort eines Vordachs zu schätzen. Falls der Hauseingang vom Zugangsweg aus erhöht angeordnet ist, sollte der obere Absatz der Treppe groß genug sein, dass mehrere Personen gleichzeitig darauf stehen können – und unter dem Vordach vor Regen geschützt sind. Weiterhin hat sich bewährt, in der Nähe des Hauseingangs und möglichst regensicher unter dem Vordach für einen Ort zu sorgen, an dem man Taschen und anderes Gepäck bequem abstellen kann, solange man die Tür öffnet. Dies kann zum Beispiel eine Bank sein, die ins Haus eingeformt oder einfach als Möbel davorgestellt ist. Darüber freuen sich nicht nur Sie selbst im Alltag – auch Ihre Gäste und Dienstleister wie Paketboten werden es Ihnen danken, wenn Sie einen solchen Stellplatz haben.

Garage, Carport und/oder Stellplatz

Nach geltenden Landesbauordnungen müssen auf jedem Grundstück für die darauf vorhandenen Wohneinheiten genügend Stellplätze für Autos vorhanden sein. Die erforderliche Anzahl legt die zuständige Kommune auf Grundlage der Vorgaben der Landesbauordnung durch Satzung fest, oft auch in Abhängigkeit von deren Wohnfläche, üblich sind ein bis zwei Stellplätze pro Wohneinheit. In innerstädtischen, gut durch den öffentlichen Verkehr erschlossenen Gebieten können Kommunen den Stellplatzschlüssel auch bewusst reduzieren und nur weniger als einen Stellplatz pro Wohneinheit fordern.

Die in Ihrer Baugenehmigung geforderten Stellplätze müssen Sie nicht unbedingt baulich herstellen, grundsätzlich dürfen Sie auch auf Ihrer eigenen Wiese parken, wenn sie eine Zufahrt aufweist. In der Regel wird man allerdings den geplanten Stellplatz mindestens mit einer sparsamen Befestigung des Untergrunds versehen, zum Beispiel mit einem Splitbelag oder mit Betonpflaster.

Die meisten Bauherren wollen aber neben dem Haus nicht nur einen offenen Stellplatz haben, sondern wünschen sich eine Möglichkeit, das Auto unter einem Dach zu parken: einen Carport oder eine Garage. Für beides ist eine Baugenehmigung erforderlich, die Sie bei der zuständigen Baurechtsbehörde unter Angabe des Standorts und der genauen Abmessungen beantragen müssen.

Als Carport bezeichnet man eine Stellplatz-Überdachung ohne Tor, die nicht rundum durch Wände abgeschlossen ist. Carports sind in der Erstellung günstiger als Garagen und sehen im Straßenbild meist weniger massiv und dadurch harmonischer aus. Untersuchungen der Automobilindustrie haben darüber hinaus ergeben, dass Carports für die Langlebigkeit des Autos sogar günstiger sind als Garagen, da der Tauvorgang von Schnee und Eis sich über längere Zeit vollzieht und daher schädliche Rückstände von Streusalz schlechtere Chancen haben, das Blech anzugreifen. Allerdings haben sowohl potenziell fürs Auto schädliche Tiere (das hierzulande bekannteste ist wohl der Marder) als auch Vandalen im Carport leichten Zugang zum Auto, und in der Luft enthaltene Partikel (zum Beispiel klebriger Pflanzenpollen oder der gelegentlich von Stürmen nach Deutschland trasportierte Wüstenstaub) können sich auf Lack und Scheiben absetzen.

Die Garage bietet als geschlossenes, mit einem Tor gesichertes Gebäude einen erheblich besseren Schutz vor fremden Menschen und Tieren sowie die Möglichkeit, neben und hinter dem Auto Dinge wie Kinderspielzeug, Gartenutensilien, Fahrräder oder auch Autoreifen zu lagern. Viele Baurechtsbehörden genehmigen Garagen nur dann, wenn zur Straße hin ein ausreichender Abstand verbleibt, auf dem Sie Ihr Auto abstellen können, während Sie das Garagentor öffnen. Manchmal können Sie auf diese Aufstellfläche verzichten, wenn Sie das Garagentor mit einer Fernbedienung ausstatten.

Wohin mit den Mülltonnen?

Bei der Planung der Freibereiche vor und neben dem Haus darf man nicht vergessen, einen sinnvollen Platz für die Müllbehälter vorzusehen. Diese sind üblicherweise nicht gerade hübsch anzusehen und riechen im Sommer oft unangenehm, daher sollte ihr Standort nicht direkt beim Eingang liegen. Die Nähe zur Straße ist trotzdem wichtig, damit die Tonnen oder Säcke mühelos zur Abholung an den Straßenrand gestellt werden können. Ein Platz in der Nähe von Carport oder Garage hat sich daher bewährt.

Zunächst ist es allerdings wichtig, bei der Stadt, der Gemeinde oder dem beauftragten

Terrassen, Sonnenplätze und Wege ums Haus sollten von Anfang an eingeplant und gebaut werden.

Entsorgungsunternehmen anzufragen, welche Tonnen in welchen Größen erhältlich sind und wie oft diese geleert werden – erst dann lassen sich sowohl der Platzbedarf für ihre Unterbringung als auch der Aufwand für das Bewegen der Tonnen am Abholtag realistisch abschätzen.

Die Terrasse

Zwischen Haus und Garten befindet sich meistens eine Terrasse, die den Wohnbereich ins Freie erweitert und eine befestigte Aufenthaltsfläche an der frischen Luft darstellt. Terrassen (der Begriff kommt vom lateinischen Wort terra: die Erde) sind üblicherweise direkt auf dem Erdreich erbaut und können ohne großen Aufwand einen schwellenlosen Übergang sowohl ins Haus als auch in den Garten erhalten. Auch hier ist allerdings (wie beim Zugangsweg) für eine sichere Ableitung von Regenwasser mit Fließrichtung weg vom Haus zu sorgen.

Die Lage der Terrasse hängt vom Grundriss des Hauses und der Besonnung des Grundstücks ab: Nicht immer ist die Fläche direkt am Haus am besten geeignet, oft bieten sich in der Tiefe des Gartens Plätze an, die mehr Sonne und besseren Schutz vor Wind und Einblick bieten. Überlegen Sie sich im Vorfeld, ob Sie die Terrasse vorwiegend morgens, mittags oder abends nutzen – und ob Sie dann lieber in der Sonne oder im Schatten sitzen.

Auch die Größe der Terrasse wird sinnvollerweise schon bei der Planung des Hauses festgelegt. Überlegen Sie, wie viele Menschen sich gleichzeitig auf der Terrasse aufhalten wollen, und bestimmen Sie die Größe entsprechend: 15 bis 20 Quadratmeter sollten es schon sein, die Grenze nach oben bestimmt der Grundstückszuschnitt. Es hat sich bewährt, neben beziehungsweise hinter der Terrasse ein Stück Rasen oder Wiese anzuschließen, das zum Beispiel bei Festen als Erweiterung der Terrasse genutzt werden kann.

Für den Terrassenbelag können Sie aus vielen Materialien und Ausführungsarten wählen, wir stellen im Folgenden die häufigsten vor. Allgemein gilt, dass Terrassenböden nach Möglichkeit nicht vollständig versiegelt sein sollten, damit das Regenwasser durch die Fugen direkt versickern kann. Wenn das Material nicht selbst wasserdurchlässig ist (zum Beispiel Platten aus Beton-Werkstein oder Naturstein), kann auch die Art des Verlegens (zum Beispiel mit breiten Fugen) für die Durchlässigkeit sorgen.

- **NATURSTEINE** sind als Terrassenbelag besonders beliebt. Die Auswahl an Steinsorten ist inzwischen riesengroß, allerdings eignen sich nicht alle für die Verlegung im

Freien, weil dafür Frostfestigkeit des Materials eine zwingende Voraussetzung ist. Wir empfehlen, regional abgebauten Steinen den Vorzug zu geben, sich aber jedenfalls auf europäische Steine zu beschränken – auch wenn diese meist teurer sind als Material aus Übersee (zum Beispiel China oder Südamerika). Es erscheint aber ökologisch wenig sinnvoll, Steine um die halbe Welt zu transportieren, um sie in einem mitteleuropäischen Garten zu verlegen – zudem sind, wenn Sie Ihre Terrasse eines Tages sanieren oder auch erweitern wollen, vielleicht schon in wenigen Jahren keine passenden Steine mehr zu bekommen.

- Ein Pflaster aus **BETONSTEINEN ODER -PLATTEN** ist der am weitesten verbreitete Belag für Terrassen. Es gibt sie in zahllosen Farben, Formen und Formaten, so dass für (fast) jeden Geschmack etwas dabei ist. Denken Sie bei der Auswahl immer auch an die geplanten Farben und Oberflächen Ihres neuen Hauses. Beim Aussuchen sollten Sie darauf achten, dass die Steine breitfugig verlegt werden können, damit das Regenwasser durch die Fugen abfließen kann. Als Rasenfugen kann dies auch sehr attraktiv aussehen. Ein weiteres Auswahlkriterium ist die Oberfläche: Je glatter die Oberfläche, desto einfacher können Sie Ihre Terrasse reinigen – andererseits rutscht man auf rauen Betonsteinen weniger leicht aus.

- Die „**WASSERGEBUNDENE DECKE**" ist eine weitere Option. Darunter versteht man eine stark verdichtete Schicht aus feinem Splitt, durch die das Wasser direkt ins Erdreich durchsickern kann. Solche Beläge werden heute oft im öffentlichen Raum auf Plätzen verwendet, sie eignen sich aber auch für den eigenen Garten. Das Problem dabei: Es lässt sich fast nicht vermeiden, dass über Ritzen in den Schuhsohlen kleine Steine ins Haus eingetragen werden, wo sie dann den Bodenbelag verkratzen können. Daher kommen wassergebundene Decken besonders für Terrassen in Betracht, die nicht direkt ans Haus angrenzen.

- **HOLZDECKS** sind als Beläge für Balkone sehr beliebt, werden aber auch nicht selten für Gartenterrassen verwendet. Durch seine natürliche Oberfläche kann ein Holzdeck den Wohnraum besonders attraktiv in den Garten erweitern. Je nach Holzart und -qualität eignen sich Holzdecks aber nur bedingt zum Barfußlaufen, da man sich dabei leicht Spreißel in die Fußsohle einziehen kann. Zudem können nasse Holzböden sehr rutschig sein.

Jedenfalls muss dafür gesorgt werden, dass die Belaghölzer nicht direkt auf dem Unterbau oder gar dem Erdreich aufliegen dürfen, da sie sonst über längere Zeit auf feuchtem Untergrund liegen, sich dadurch verziehen und schon nach kurzer Zeit faulen können. Bewährt haben sich Auflager-Konstruktionen, die auf Unterlagen aus wasserfesten Materialien wie Kunststoff oder Aluminium liegen. Für den eigentlichen Belag eignen sich wetterbeständige Holzarten wie Lärche, Douglasie und Robinie besonders gut, von Tropenhölzern ist aus ökologischen Gründen abzuraten. Seit einigen Jahren gibt es auch technische Verfahren, mit denen heimische Nadelhölzer mit Wachs durchtränkt werden und so einen bis in die Tiefe reichenden Schutz gegen Nässe und Pilzbefall erhalten. Ebenso wie die oben genannten Holzarten müssen sie nur alle 15 bis 20 Jahre ersetzt werden, wenn die Unterkonstruktion sinnvoll ausgebildet ist.

Wichtig ist – ganz unabhängig von Art und Material des Bodenbelags – eine solide Gründung der Terrasse, damit sie möglichst dauerhaft eben bleibt und sich nicht allmählich senkt. Zu diesem Zweck sollte das Erdreich unter der Terrasse flächig gut verdichtet werden (wenn möglich maschinell), bevor der Belag verlegt wird.

Insbesondere in abschüssigem Gelände ist es darüber hinaus erforderlich, die Ränder von Terrassen besonders zu befestigen – und zwar sowohl gegen abfallendes als auch gegen ansteigendes Gelände. Dafür eignen sich meistens Stützmauern besonders gut, die auf tragfähigen Fundamenten aus Beton gegossen, aus Steinen und Mörtel gemauert oder aber

Der Traum vieler Eigenheimbesitzer mit großem Garten: Ein naturnah gestalteter Schwimmteich.

aus Formsteinen, Natursteinen oder ähnlichem ohne Mörtel (als sogenannte „Trockenmauern") aufgeschichtet werden können. Dabei sollte man darauf achten, dass die Mauern nicht zu hoch werden: lieber mehrere kleinere als eine große Geländestufe. Eine kleinteilige Terrassenlandschaft gliedert den Garten in überschaubare Bereiche.

Auch bei der Planung der Terrasse sollten Sie über die Beleuchtung des Außenraums nachdenken. Am Haus muss man entsprechende Stromauslässe vorsehen, sonst auch die Beleuchtung der Wege mit einplanen. Sehr attraktiv sind Leuchten in der Tiefe des Gartens, die zwischen Büschen versteckt werden und zum Beispiel einen Baum dekorativ von unten anstrahlen. Eine Terrassenbeleuchtung sollte nach Möglichkeit nicht über einen Bewegungsmelder, sondern über einen Schalter im Inneren des Hauses ein- und ausgeschaltet werden. Am Haus angebracht kann man die Terrassenbeleuchtung über einen Bewegungsmelder allerdings zur Einbruchsicherung einbinden.

Umgang mit Oberflächenwasser

In neu erschlossenen Baugebieten ist es fast überall vorgeschrieben, dass das im Garten und Vorgarten sowie auf den Dächern anfallende Regenwasser auf dem Grundstück versickert oder zurückgehalten wird und somit weder auf die Nachbargrundstücke noch in den Abwasserkanal gelangt. Ziele dieser Bestimmung sind einerseits die sparsame Bemessung von Kanalsystemen, andererseits die Verbesserung des Kleinklimas und der Luftqualität im Wohngebiet durch die regelmäßige Durchfeuchtung des Bodens. Die Gemeinden haben dazu flächendeckend „gesplittete" Wasser- und Abwassergebühren eingeführt: Die Nutzung des Regenwassers auf eigenem Boden zahlt sich seither auch finanziell aus.

Selbst wenn dies für Ihren Bauplatz nicht vorgeschrieben ist, empfehlen wir trotzdem, möglichst viel Wasser in Ihrem Garten in eigens angelegte Teiche oder Behälter wie Zisternen zu leiten, wo es gespeichert werden kann. Das gesammelte Regenwasser kann dann nicht nur für die Bewässerung des Gartens bei Trockenheit verwendet werden, sondern auch über ein zweites Leitungsnetz Toiletten und Waschmaschinen im Haus versorgen.

Einzäunung

Wenn möglich, sollten Sie auf eine Einfriedung Ihres Grundstücks mit Zäunen oder Mauern verzichten. Das spart nicht nur Kosten, sondern trägt auch zur optisch großzügigen Gestaltung des Gartens bei – was bei den heute üblichen kleinen Grundstücken eine große Bedeutung haben kann. Wenn Sie bestimmte Bereiche Ihres Gartens (zum Beispiel die Terrasse) vor neugierigen Blicken Ihrer Nachbarn schützen wollen, eignet sich ein Sichtschutz aus Stauden oder Heckensträuchern in deren Nähe besser als ein hoher Zaun an der Grundstücksgrenze.

Wenn Ihnen ein Zaun trotzdem wichtig ist (zum Beispiel weil Sie Haustiere auf dem Grundstück frei laufen lassen wollen), prüfen Sie die Bestimmungen im Bebauungsplan und beschränken sich auf eine maximal hüfthohe Abgrenzung, die den Ausblick nicht einschränkt.

Zäune aus Holz fügen sich optisch meist recht harmonisch in Gärten ein, müssen allerdings (sofern sie nicht aus witterungsbeständigen Holzarten bestehen) gelegentlich neu gestrichen werden. Die Zaunpfosten brauchen in jedem Fall Fundamente, damit der Zaun nicht nach kurzer Zeit krumm dasteht. Zäune aus verzinktem Metall halten zwar sehr lange ohne Pflege, wirken zwischen den Pflanzungen aber optisch meist als unschöne Fremdkörper.

Als reizvolle natürliche Alternative zu Zäunen werden niedrige Hecken zunehmend populär, die trotz der Abgrenzungswirkung für Menschen kleinen Tieren den Durchgang ermöglichen oder sogar einen eigenen sicheren Lebensraum bieten.

Der Hausgarten

Viele Bauherren meinen, dass sie die Gestaltung und Bepflanzung des Gartens nach dem Einzug Schritt für Schritt selbst erledigen können. Das ist grundsätzlich nicht falsch, allerdings sollten Sie dabei einige Punkte beachten:

- Prüfen Sie den **BEBAUUNGSPLAN** bezüglich der Gartengestaltung: Er enthält häufig Festsetzungen zu Belagmaterialien und Einfriedungen (Zäunen etc.), manchmal auch Pflanzgebote und Artenlisten für größere Pflanzen.
- Verwenden Sie weitestmöglich **HEIMISCHE PFLANZEN**, insbesondere bei Bäumen und Sträuchern – sie gedeihen in den Boden- und Klimaverhältnissen Ihrer Region am besten und fügen sich in die rundum vorhandene Natur harmonisch – sowohl in ästhetischer als auch in ökologischer Hinsicht.
- Beachten Sie beim Pflanzen von Sträuchern und Bäumen, dass diese meist erheblich in die Breite wachsen, und sehen Sie entsprechende **PFLANZABSTÄNDE** vor. Denken Sie vor allem an die Pflanzabstände zur Terrasse, den Gartenwegen und den Grundstücksgrenzen zu Ihren Nachbarn hin, sonst ist späterer Ärger wegen überhängender Zweige programmiert.
- Ein sattgrüner, gepflegter **RASEN** ist der Stolz vieler Hausbesitzer – manch einer ist aber überrascht, wie viel Arbeit dessen Pflege letztlich macht. Eine einfache Wiese, in der sich Gras und Blumen mischen, bietet sich als pflegeleichtere Alternative an.

INFO

GARTENGESTALTUNG PLANEN LASSEN

Es kann sich durchaus lohnen, einen Landschaftsarchitekten mit einem Vorentwurf für Ihren Garten zu beauftragen, den Sie dann entweder von einer Gartenbaufirma (ggf. unter Bauleitung des Planers) realisieren lassen oder selbst über einen längeren Zeitraum in die Tat umsetzen können. Landschaftsarchitekten kennen sich nicht nur mit den hier beschriebenen Gegebenheiten aus, sondern können auch ein auf die Topografie und Besonnung Ihres Grundstücks maßgeschneidertes Pflanzkonzept erstellen. Sofern sie sich auf den Vorentwurf beschränkt (und die Ausführungsplanung und Bauleitung bei der ausführenden Firma liegt), ist diese Dienstleistung übrigens erstaunlich preiswert.

SERVICE

GLOSSAR

A

ABDICHTUNG Maßnahmen, die zum Schutz von Bauwerken und Bauteilen gegen die Einwirkung von Wasser und Feuchtigkeit ergriffen werden. Dabei wird unterschieden zwischen der Abdichtung gegen bloße Bodenfeuchtigkeit (regelt die DIN 18 195–4), gegen nichtdrückendes Wasser (geregelt in DIN 18 195–5) und der Abdichtung gegen drückendes Wasser von außen (behandelt die DIN 18 195–6) oder von innen (normiert die DIN 18 195–7).

ABFANGUNG Sicherung im Falle, wenn Gefahr besteht, dass Bauwerke oder Bauteile einstürzen oder umkippen. Die Abfangung erfolgt meist durch spezielle Konstruktionselemente.

ABNAHME ist die Entgegennahme des Bauwerks als vertragsgemäße Leistung, bestätigt dies und führt zum Übergang der Gefahr der Zerstörung oder Beschädigung des Werkes. Im Zeitpunkt der Abnahme beginnt außerdem die Gewährleistungsfrist zu laufen. Die Abnahme kann durch eine förmliche Erklärung gegenüber dem Hersteller und Vertragspartner oder auch konkludent durch die Ingebrauchnahme des Werkes erfolgen. Bei einem Vertrag nach der VOB/B führt auch die Überschreitung einer 12-tägigen Frist nach der Mitteilung über die Fertigstellung des Bauwerks zu den Wirkungen der Abnahme.

ADSL Asymmetric Digital Subscriber Line, etwa: asymmetrische digitale Standleitung. Dieser für Privathaushalte gängige Internet-/Datenanschluss wird als asymmetrisch bezeichnet, weil die Daten wesentlich schneller zum Kunden transportiert („Downstream") werden als von ihm weg („Upstream").

AKTOR in der Technik ein Befehlsempfänger, der Kommandos entgegennimmt und in die gewünschte Aktion umsetzt, beispielsweise Lampen schaltet oder Rollläden bewegt.

ANNUITÄTENDARLEHEN Darlehen, für die während der vereinbarten Zinsbindung gleichbleibende Raten aus Zins und Tilgung zu zahlen sind. Da die Restschuld durch die Tilgung abnimmt, sinkt der Zinsanteil der Rate mit zunehmender Laufzeit, während der Tilgungsanteil steigt.

ANRECHENBARE KOSTEN umfassen denjenigen Teil der Gesamtkosten des Bauvorhabens, der nach der Honorarordnung für Architekten und Ingenieure (HOAI) bei der Berechnung des Honorars zu Grunde gelegt wird.

ANSCHLUSSFINANZIERUNG Finanzierung im Anschluss an das Auslaufen der Zinsbindung für ein Annuitätendarlehen. Die Anschlussfinanzierung kann sich wiederholen, wenn die Darlehensschuld am Ende der Laufzeit des Anschlusskredits noch nicht vollständig getilgt ist (siehe auch: Forwarddarlehen).

AUFLASSUNG Einigung zwischen Verkäufer und Käufer über die Eigentumsübertragung bei Immobilien (gem. § 925 BGB). Die Auflassung ist von der notariellen Beurkundung des Grundstückskaufvertrags gemäß § 313 BGB zu unterscheiden. Nach § 873 BGB geht das Eigentum an einem Grundstück erst durch Einigung (Auflassung) und Eigentumsumschreibung im Grundbuch über.

AUFLASSUNGSVORMERKUNG Vormerkung in der II. Abteilung des Grundbuchs zur Sicherung des schuldrechtlichen Anspruchs des Käufers auf Eigentumsübertragung bei Immobilien (auch Eigentumsvormerkung genannt). Oft dauert es nach Abschluss des Kaufvertrags eine Weile, bis der Käufer als neuer Eigentümer in das Grundbuch eingetragen wird. Eine Auflassungsvormerkung im Grundbuch schützt ihn davor, dass der bisherige Eigentümer das Grundstück an jemand anderen verkauft. Ein mit einer Auflassungsvormerkung belastetes Grundstück darf weder an Dritte verkauft noch beliehen werden.

AUFMASS bezeichnet das Vermessen von Bauteilen beziehungsweise erbrachten Bauleistungen. Es dient vorrangig beim Einheitspreisvertrag der Feststellung der tatsächlich ausgeführten Leistungsmengen vor Ort und wird regelmäßig von Auftragnehmer und Auftraggeber gemeinsam unter Beachtung der VOB/C erstellt. Es dient üblicherweise als Grundlage für die spätere Bauabrechnung und außerdem zum Erstellen der Bestandsunterlagen.

B

BAUGENEHMIGUNG ist die Erlaubnis der öffentlichen Baubehörde, ein bestimmtes Vorhaben zu verwirklichen. Das Verfahren zur Regelung der Formalitäten vom Bauantrag bis zur Genehmigung ist in den verschiedenen Landesbauordnungen geregelt.

BAUGESETZBUCH Zusammenfassung von Bundesbaugesetz und Städtebauförderungsgesetz; aktuell gültig in der Bekanntmachung vom 23.09.2004; zuletzt geändert am 22.7.2011. Die Regelungen reichen über das allgemeine Städtebaurecht (Bauleitplanung, Regeln der baulichen und sonstigen Nutzung, Bodenordnung, Erschließung u.a.) bis hin zur städtebaulichen Sanierung und Entwicklung, dem Erlass von Erhaltungssatzungen und anderen städtebaulichen Geboten.

BAUHERR ist der Veranlasser und Verantwortliche einer Baumaßnahme. Er trägt die Verantwortung für die Einhaltung der Vorgaben aus dem öffentlichen Baurecht. Er beauftragt üblicherweise den Planer (Baugenehmigung), gegebenenfalls einen Bauleiter und die ausführenden Unternehmer.

BAUKOSTEN Die Baukosten bestehen aus den reinen Baukosten, den Baunebenkosten und den Kosten für Außenanlagen. Die reinen Baukosten werden aus der Multiplikation des umbauten Raumes (in m^3) oder der Wohnfläche (in m^2) mit den Kubik- oder Quadratmeterpreisen berechnet. Dabei teilen sich die reinen Baukosten etwa je zur Hälfte auf den Rohbau und für den Ausbau auf.

BAULAST in einigen Bundesländern als grundstücksbezogene Verpflichtung eines Eigentümers gegenüber der Baubehörde (zum Beispiel Verzicht auf die Einhaltung von Abstandsflächen) vorgesehen. Dabei werden sogenannte Baulastenverzeichnisse geführt.

BAUNEBENKOSTEN betreffen nicht die eigentliche Bauausführung, sondern Kosten insbesondere für die Vorbereitung, Planung, Genehmigung und Abnahme einer baulichen Maßnahme.

BAUSPARDARLEHEN Annuitätendarlehen der Bausparkasse, das nach Erfüllung von bestimmten Voraussetzungen wie Mindestsparguthaben und Erreichen der Zielbewertungszahl zugeteilt wird. Bauspardarlehen dürfen nur für wohnungswirtschaftliche Zwecke eingesetzt werden, also vor allem zum Bau, Kauf oder zur Modernisierung von Häusern und Wohnungen, zum Erwerb von Bauland oder zur Ablösung von Altschulden. Die Höhe des Bauspardarlehens ergibt sich aus der Differenz zwischen erreichtem Bausparguthaben und abgeschlossener Bausparsumme.

BAUSPARVERTRAG Vertrag mit einer Bausparkasse, mit dem ein Bausparguthaben angesammelt werden kann inklusive Zinsen, eventuell Wohnungsbauprämie und Arbeitnehmersparzulage. Nach Ablauf der Sperrfrist von sieben Jahren kann der Bausparer über das Guthaben frei verfügen. Nach Zuteilung des Bausparvertrags kann die gesamte Bausparsumme, bestehend aus Mindestsparguthaben und Bauspardarlehen, für wohnungswirtschaftliche Zwecke verwandt werden, also für Bau, Kauf oder Modernisierung einer Immobilie.

BAUTRÄGER errichtet auf seinem eigenen Grundstück und auf eigene Rechnung Bauwerke, die danach einschließlich des Grund und Bodens veräußert werden.

BEBAUUNGSPLAN regelt die Art und Weise und das Maß einer möglichen Bebauung von parzellierten Grundstücken in Form einer gemeindlichen Satzung. Dabei können auch Umfang und Art der Nutzung der in diesem

Zusammenhang stehenden, von einer Bebauung frei zu haltenden Flächen vorgeschrieben werden. Der Bebauungsplan ist in der Regel aus dem Flächennutzungsplan zu entwickeln.

BELASTUNG AUS KAPITALDIENST Ausgaben des Darlehensnehmers für Zinsen und Tilgung beziehungsweise Tilgungsersatz. Zusätzlich muss der Eigentümer die laufende Belastung aus Bewirtschaftung tragen. Zusammen ergeben diese die Bruttobelastung.

BELASTUNGSQUOTE Monatliche Belastung aus Kapitaldienst in Prozent des monatlichen Nettoeinkommens. Diese Kennziffer zeigt neben der Eigenkapitalquote die finanziellen Grenzen für potentielle Selbstnutzer von Wohnimmobilien auf.

BELEIHUNGSGRENZE Teil des Beleihungswerts, bis zu dem eine Immobilie beliehen werden kann. Als Grenze für den Realkredit (erstrangige Darlehen, 1a-Hypothek) werden bei Banken üblicherweise 60 beziehungsweise 80 Prozent des Beleihungswerts angesetzt. Die Beleihungsgrenze soll sicherstellen, dass die Bank im Falle des freihändigen Verkaufs oder der Zwangsversteigerung keinen Verlust erleidet.

BELEIHUNGSWERT Wert, der vom Kreditgeber für Beleihungszwecke festgesetzt wird. Der Beleihungswert liegt bei Immobilien in der Regel 10 bis 20 Prozent unter dem Kaufpreis beziehungsweise den Gesamtkosten. Der Beleihungswert soll ein dauerhaft erzielbarer Wert sein, der bei einem späteren freihändigen Verkauf unter normalen Umständen jederzeit erzielt werden kann. Der Beleihungswert wird bei selbstgenutzten Immobilien aus dem Sachwert und bei Mietobjekten meist aus dem Ertragswert der Immobilie ermittelt.

BEREITSTELLUNGSZINSEN Zinsen, die ein Kreditinstitut für einen bereitgestellten, aber vom Kreditnehmer noch nicht abgerufenen Kredit verlangt. Häufig berechnen Kreditinstitute ab dem dritten Monat nach der Darlehenszusage 0,25 Prozent Zinsen pro Monat auf den noch nicht ausgezahlten Teil des Gesamtkredits, andere erst nach dem sechsten Monat oder sogar erst nach einem Jahr.

BESONDERE LEISTUNGEN sind beim Architekten- und Ingenieurvertrag solche Leistungen, die nicht zu den Leistungen gehören, für die die HOAI ein Honorar vorgibt, die aber trotzdem erbracht werden müssen, um eine Planung zu realisieren. Beim Bauvertrag nach der VOB/B nennt man besondere Leistungen diejenigen übertragenen Aufgaben, die weder zu den Hauptleistungen noch zu den Nebenleistungen gehören; die Pflicht zur Leistungserbringung setzt eine gesonderte Vereinbarung voraus.

BETRIEBSKOSTEN Laufende Kosten, die dem Eigentümer durch den bestimmungsgemäßen Gebrauch einer Immobilie entstehen. Hierzu gehören insbesondere Grundsteuer, Müllabfuhr, Feuerversicherungsprämie, Heiz- und Warmwasserkosten.

BEWIRTSCHAFTUNGSKOSTEN Regelmäßig anfallende Kosten, die zur Bewirtschaftung eines Gebäudes erforderlich sind. Dazu zählen neben den Betriebskosten auch Verwaltungs- sowie Instandhaltungskosten.

BLOCKHEIZKRAFTWERK ist ein von einem Verbrennungsmotor angetriebener Generator. Er erzeugt gleichzeitig elektrische Energie und Wärme.

BONITÄT Kreditwürdigkeit des Kredit- beziehungsweise Darlehensnehmers, die der Kreditgeber (Bank, Versicherung, Bausparkasse) durch Prüfung der persönlichen und wirtschaftlichen Verhältnisse ermittelt. Bei Privatpersonen wird besonderer Wert auf die Einkommens- und Vermögensverhältnisse gelegt, also auf ein gesichertes Einkommen und auf vorhandenes Eigenkapital.

BRENNSTOFFZELLE im Einfamilienhaus ein kombinierter Wärme-/Stromgenerator („Kraft-Wärme-Kopplung"), der aus Erdgas Wasserstoff erzeugt, woraus durch Reaktion mit Sauerstoff Wärme- wie elektrische Energie gewonnen werden. Zum Betrieb ist die Versorgung mit Erdgas am Wohnort Voraussetzung. Ebenfalls nötig ist ein zentrales Heizsystem, womit man einen Neubau aber ohnehin ausstattet. Wärmespeicher und sogenannte Zusatzheizungen steigern die Effizienz der Anlage.

BRENNWERTTECHNIK/-THERME/-KESSEL ein besonders effizienter Heizkessel für Warmwasserheizungen. Er nutzt auch die Kondensationswärme des im Abgas enthaltenen Wasserdampfes, die in konventionellen Heizkesseln ungenutzt entweicht.

BUSLEITUNG allgemein eine elektrische Verbindung, die Daten in digitaler Form transportiert. Im Zusammenhang mit Hausautomation ist meist die Steuerleitung gemeint, die Befehle an Sensoren und Aktoren überträgt.

C

COP kurz für Coefficient of Performance, deutsch: Leistungszahl. Sie beschreibt bei Wärmepumpen das Verhältnis zwischen der zum Betrieb aufzuwendenden elektrischen Energie und der gewonnenen Wärmeenergie.

D

DACHSTÄNDER der für die Zuführung von Haushaltsstrom über oberirdische Leitungen nötige Freileitungsmast.

DECKUNGSRATE Beitrag einer Solarthermieanlage zur Gebäudeheizung

DECT/DECT ULE Digital Enhanced Cordless Telecommunications/Ultra low energy. Ursprünglich für digitale Schnurlostelefone entwickeltes Übertragungsverfahren, das auch in der Hausautomation zum Einsatz kommen soll.

DIN (Deutsches Institut für Normung) ist ein eingetragener Verein mit Sitz in Berlin. In Zusammenarbeit von Herstellern, Händlern, Verbrauchern, Handwerkern, Dienstleistungsunternehmen, Wissenschaftlern und auch staatlichen Stellen wird regelmäßig der jeweilige Stand der Technik ermittelt und in „Deutschen Normen" niedergeschrieben. Diese Arbeitsergebnisse sind Empfehlungen. Einige der Normen werden von einzelnen Bundesländern im Rahmen der Bauaufsicht für verbindlich erklärt und müssen dann bei allen Bauaufgaben beachtet werden. Die DIN-Normen haben ferner Relevanz bei der Bestimmung der „Regeln der Technik."

DLNA kurz für Digital Living Network Alliance, ein herstellerübergreifendes Konsortium, das Standards für den Transport von Bildern, Musik und Filmen in Computernetzwerken definiert

DVB-C/-S/-T Digital Video Broadcast, eine Familie in Europa gängiger Techniken zur digitalen TV- und Radioübertragung. Je nach Sendeweg unterscheidet man zwischen C (Breitbandkabel), S (Satellit) und T (Terrestrik).

E

EFFEKTIVZINS tatsächliche Verzinsung eines Darlehens unter Berücksichtigung verschiedener Kostenbestandteile wie Sollzins, Zinsbindungsdauer, Kosten der Grundschuldbestellung und -eintragung und Art der Zins- und Tilgungsverrechnung. Der anfängliche Effektivzins gibt die tatsächlichen Kosten für die vereinbarte Zinsbindungsfrist an, also den „Preis" eines Kredits. Er ist der beste Maßstab, um Kreditangebote mit gleicher Zinsbindung zu vergleichen.

EIGENKAPITALERSATZMITTEL Selbsthilfe (auch Eigenleistung oder „Muskelhypothek" genannt) sowie Fremdmittel, die nicht von Banken oder anderen Finanzierungsinstituten gewährt werden (zum Beispiel Verwandtendarlehen, Arbeitgeberdarlehen, Landesmittel als öffentliche Baudarlehen und Familienzusatzdarlehen).

EIGENKAPITALQUOTE Eigenkapital in Prozent der Gesamtkosten. Bei der Finanzierung von Eigenheimen sollte die Eigenkapitalquote in der Regel mindestens 20 Prozent betragen. Zum Eigenkapital zählen das reine Eigenkapital sowie sogenannte Eigenkapitalersatzmittel (zum Beispiel Verwandtendarlehen, Selbsthilfe).

EIGENTÜMER Wirtschaftlich erwirbt der Bauherr oder Käufer einer Immobilie Eigentum mit der Abnahme oder dem im Kaufvertrag vereinbarten Eigentumsübergang (Übergang von Nutzen und Lasten). Erst mit Eintragung im Grundbuch wird der Bauherr oder Käufer auch rechtlicher Eigentümer.

EINHEITSPREIS meint den Vergütungssatz für eine Mengeneinheit einer konkreten Teilleistung einer Baumaßnahme (zum Beispiel €/qm Putz; €/lfd. m Kabel). Werden alle oder ein wesentlicher Teil der verschiedenen Teilleistungen eines Bauvorhabens mit einer derartigen Vergütungsstruktur vereinbart, spricht man von einem Einheitspreisvertrag.

ENERGIEEINSPARVERORDNUNG (EnEV) schreibt bautechnische Standardanforderungen zum effizienten Energieverbrauch eines Gebäudes oder Bauprojekts vor. Aktuell gilt die EnEV 2014 mit Stand der letzten Änderung vom 28.10.2015. Der Geltungsbereich erstreckt sich auf Wohn-, Büro- und gewisse Betriebsgebäude. Bekanntester Ausfluss der EnEV ist der sogenannte Energieausweis.

ENERGIESPARFÖRDERUNG Förderung des Einsparens von Energie bei Immobilien insbes. durch zinsgünstige Darlehen und Zuschüsse der staatlichen Kreditanstalt für Wiederaufbau (KfW).

ERSATZVORNAHME liegt vor, wenn Arbeiten durch einen anderen als den ursprünglich Beauftragten fertiggestellt oder fortgeführt werden, wenn dieser das nicht (mehr) selbst kann. Die dabei entstehenden Kosten gehen regelmäßig zu Lasten des ursprünglich Beauftragten (bei Schlecht- oder Nichtleistung). Der Auftraggeber kann dafür einen Kostenvorschuss fordern.

F

FESTDARLEHEN Feste Darlehenssumme, die erst am Ende der Laufzeit fällig wird (auch Festbetrags- oder Fälligkeitsdarlehen genannt). Da während der Laufzeit des Darlehens nur Zinsen gezahlt werden, wird die Tilgung ersetzt durch den Abschluss einer Kapitallebensversicherung oder einen Bausparvertrag. Die endfällige Tilgung beim Kombinationsmodell Festdarlehen/Kapitallebensversicherung erfolgt auf einen Schlag am Ende der Versicherungslaufzeit, sofern die tatsächliche Ablaufleistung mit der Darlehenssumme übereinstimmt. Für die Finanzierung von selbstbewohnten Eigenheimen ist dieses Kombinationsmodell aber nicht geeignet.

FESTPREISVERTRAG kommt grundsätzlich bei allen Vertragstypen in Betracht und ist vom Pauschalpreisvertrag zu unterscheiden. Der Festpreis, zu dem ein meist „schlüsselfertiges" Haus erstellt wird, wird bei Vertragsabschluss festgelegt. Wichtig ist, dass zu einem Festpreisvertrag eine sehr detaillierte Bau- und Leistungsbeschreibung gehört, in der ganz genau bestimmt ist, welche Leistungen in welcher Qualität und Quantität Sie von Ihrem Bauunternehmer erwarten dürfen.

FESTZINS Zins, der für einen vereinbarten Zeitraum (Zinsbindungsfrist) oder für die gesamte Laufzeit eines Darlehens vertraglich fest geschrieben ist. Ist die Zinsbindungsfrist länger als zehn Jahre, kann der Darlehensschuldner dennoch nach Ablauf von zehn Jahren unter Einhaltung einer Kündigungsfrist von sechs Monaten kündigen.

FINANZIERUNGSPLAN Plan, der Auskunft gibt über die Art und Weise der Geldbeschaffung für Bau, Kauf oder Modernisierung einer Immobilie. Im Finanzierungsplan sind die Mittel auszuweisen, die zur Deckung der Gesamtkosten dienen (Finanzierungsmittel), und zwar sowohl das Eigenkapital als auch das Fremdkapital. Außerdem enthält der Finanzierungsplan die künftig zu zahlenden Zins- und Tilgungsbeträge. Der Finanzierungsplan soll mindestens bis zum Ende der vereinbarten Zinsbindungsfrist gehen.

FORWARDDARLEHEN VORGEZOGENE Anschlussfinanzierung, bei der bereits bis zu fünf Jahre vor Ablauf der Zinsbindungsfrist ein neues Darlehen aufgenommen wird (forward, engl. vorwärts). Hierfür berechnen die Banken Zinsaufschläge, die umso höher ausfallen, je länger noch die Zinsbindung läuft. Ein Forwarddarlehen lohnt sich in Tiefzinsphasen und bei Erwartung steigender Zinsen in der Zukunft.

FREMDKAPITAL Kapital, das aus Fremdmitteln aufgebracht wird. Die Kapital-, Darlehens- beziehungsweise Kreditgeber sind Gläubiger, bei Immobilien sind dies Geldinstitute (Banken, Sparkassen, Bausparkassen, Versicherungen) oder andere Stellen (Bund, Länder, Gemeinden, Arbeitgeber, Verwandte, Bekannte). Das Fremdkapital muss zurückgezahlt werden und wird zumindest bei Fremdmitteln der Geldinstitute auch verzinst.

FREMDKAPITALQUOTE Fremdkapital (Hypothekendarlehen, sonstige Kredite) in Prozent der Gesamtkosten. Das Verhältnis von Fremdkapital zu Eigenkapital wird auch Verschuldungsgrad genannt. Bei selbstgenutzten Eigenheimen sollte die Fremdkapitalquote und damit der Verschuldungsgrad deutlich geringer sein als bei vermieteten Immobilien.

FTTH (Fibre to the home) Versorgung mit Internet/Telefon, je nach Anbieter auch Radio und Fernsehen, durch Glasfaserleitungen. Per FTTH lassen sich die zur Zeit schnellsten Internetanschlüsse realisieren.

FUNKTIONALE LEISTUNGSBESCHREIBUNG ist eine Art, die vertraglich zu vereinbarenden Leistungen nicht an einem detaillierten Leistungskatalog zu orientieren, sondern über Rahmenbedingungen nach dem zu erreichenden Ziel zu bestimmen (zum Beispiel Abdichtung gegen drückendes Wasser – die Bauweise und das Material sind dabei nicht vorgegeben).

G

GEBÄUDEENERGIEGESETZ Die Bundesregierung führt die 2019 noch parallel laufenden Regeln zusammen: Energieeinsparungsgesetz (EnEG), Energieeinsparverordnung (EnEV) und Erneuerbare-Energien-Wärmegesetz (EEWärmeG). Ein Auslöser war die EU-Gebäuderichtlinie von 2010. Sie fordert den Niedrigstenergie-Standard für Neubauten ab 2019 für öffentliche und ab 2021 für privatwirtschaftliche Gebäude.

GESAMTKOSTEN Gesamte Kosten für den Bau oder Kauf eines Hauses oder einer Wohnung (auch Investitionskosten genannt). Beim Bau setzen sich die Gesamtkosten aus den Grundstücks- und Baukosten zusammen, beim Kauf aus dem Kaufpreis des Objekts plus Kaufnebenkosten.

GEWÄHRLEISTUNGSFRIST ist der Zeitraum, in dem der Auftragnehmer für die Mangelfreiheit seiner Leistungen einzustehen hat. In dieser Frist auftretende und geltend gemachte Mängel hat er abzustellen beziehungsweise sich für daraus entstehende Nachteile zu verantworten. Die Frist beträgt für Bauwerke nach der VOB/B vier Jahre und im Falle eines BGB-Bauvertrags fünf Jahre. Die Gewährleistungsfristen beginnen mit der Abnahme des erbrachten Werkes.

GRUNDBUCH ist ein regelmäßig beim örtlichen Amtsgericht als Grundbuchamt geführtes öffentliches Verzeichnis über Grundstücke, wobei die Eigentumsverhältnisse, etwaige Rechte und auf dem Grundstück liegende Lasten ausgewiesen werden. Die Einsicht in das Grundbuch ist bei Nachweis eines bestehenden Interesses für jedermann möglich.

GRUNDERWERBSTEUER Beim Kauf eines Grundstücks wird Grunderwerbsteuer in Höhe von 3,5 bis 6,5 Prozent des Kaufpreises fällig. Erst wenn die Steuer gezahlt ist, erteilt das Finanzamt eine Unbedenklichkeitsbescheinigung, ohne die der Käufer nicht in das Grundbuch eingetragen wird.

GRUNDLEISTUNGEN sind nach der Honorarordnung für Architekten und Ingenieure (HOAI) Leistungen, die der zwingenden Preisbindung dieses Gesetzes (HOAI) unterliegen und deshalb stets in der gesetzlichen Mindesthöhe („Mindestsatz“) zu vergüten sind.

GRUNDPFANDRECHT Zur Sicherung eines Kredits können Grundstücke mit einem Pfandrecht belastet werden. Kommt der Kreditnehmer seinen Verpflichtungen nicht nach, kann der Grundpfandrechtgläubiger das Grundstück zum Beispiel versteigern lassen. Das Grundpfandrecht wird ins Grundbuch eingetragen und wird als Hypothek oder Grundschuld bezeichnet. Lasten mehrere Grundpfandrechte auf einem Grundstück, wird eine Rangfolge festgelegt. Eine erstrangige Hypothek oder Grundschuld bietet dem Kreditgeber die höchstmögliche Sicherheit.

GRUNDSCHULD Das am häufigsten vorkommende Grundpfandrecht, das in der III. Abteilung des Grundbuchs eingetragen wird. Die Grundschuld ist eine dingliche Kreditsicherheit, der im Gegensatz zur Hypothek keine konkrete Forderung des Grundschuldgläubigers zugrunde liegen muss. Daher ist auch die Eintragung von Eigentümergrundschulden möglich. Mit der Tilgung reduziert sich die Schuld gegenüber dem Kreditgeber, die im Grundbuch eingetragene Grundschuld bleibt jedoch unverändert. Sie kann deshalb auch nach der (Teil-) Rückzahlung eines Darlehens für ein neues Darlehen verwendet werden, ohne dass erneut eine Grundschuld bestellt werden muss.

GRUNDSTEUER fortlaufende Steuer auf Haus- und Grundbesitz, die sich nach dem Einheitswert bemisst, auf den eine Steuermesszahl angewandt wird. Der sich so ergebende Grundsteuermessbetrag wird vom Finanzamt ermittelt und dem Eigentümer mitgeteilt. Die Gemeinde wendet auf diesen Steuermessbetrag den von ihr festgelegten Hebesatz an und setzt die Grundsteuer fest. Der jeweilige Eigentümer muss die Grundsteuer vierteljährlich an die Gemeinde zahlen.

H

HAUSANSCHLUSSKASTEN Übergabepunkt des örtlichen Stromlieferanten von seinem Kabelnetz ins Hausnetz

HAUSANSCHLUSSNISCHE wird in Häusern ohne Keller vorgesehen, um Versorgungsleitungen und Zähler unterzubringen

HAUSWASSERWERK eine Pumpe mit angeschlossenem Druckbehälter, die über ein eigenes Leitungssystem Regenwasser zu Zapfstellen in Haus und Garten transportiert.

HDMI High Definition Multimedia Interface – digitale Schnittstelle zur Bild- und Tonübertragung, geeignet für 3D und HDTV. Gebräuchlich an Flach-TVs, aktuellen Heimkinokomponenten und Computern.

HERSTELLUNGSKOSTEN alle Aufwendungen, die für die Fertigstellung des Gebäudes erforderlich sind, also insbesondere die typischen Bau- und Baunebenkosten. Vergleichbar mit dem steuerlichen Begriff Herstellungsaufwand, der bei vermieteten Immobilien nur über die Abschreibungen auf die Jahre der Laufzeit verteilt werden kann im Gegensatz zum sofort abzugsfähigen Erhaltungsaufwand für Instandhaltungskosten.

HOAI Die Honorarordnung für Architekten und Ingenieure enthält zwingende gesetzliche Vorgaben für die Vergütung bestimmter Architekten- und Ingenieurleistungen. Der Europäische Gerichtshof hat mit Urteil vom 4.7.2019 (Aktenzeichen C-377/17) die Mindest- und Höchstsätze der HOAI gekippt. Problematisch sind laut Gericht vor allem die bisher festgelegten Mindestsätze. Der EuGH kann aber nicht das Gesetz eines Mitgliedsstaats außer Kraft setzen. Bis auf Weiteres bleibt die HOAI in Deutschland erst einmal anwendbar.

HONORARTAFEL bezeichnet einen Mechanismus in der Honorarordnung für Architekten und Ingenieure (HOAI), mit dem unter Kenntnis der anrechenbaren Kosten und der Honorarzone das zu zahlende Mindest- oder Höchsthonorar ermittelt werden kann.

HONORARZONE dient bei der Honorarermittlung nach der Honorarordnung für Architekten und Ingenieure (HOAI) der Bewertung der Schwierigkeit einer Baumaßnahme und wirkt sich direkt auf die Honorarhöhe aus.

HYPOKAUSTUM/HYPOKAUSTE eine Fußboden- oder Wandheizung, die mit Warmluft arbeitet. Zeitgemäße Varianten werden beispielsweise durch einen Kachelofen mit Wärme versorgt. Der Begriff kommt aus dem Griechischen: „von unten heizen".

HYPOTHEKENDARLEHEN Sammelbegriff für Kredite, die grundpfandrechtlich über eine Grundschuld oder Hypothek gesichert sind.

I

INSTANDHALTUNG laufende bauliche Unterhaltung von Immobilien, die den Zweck hat, das Objekt in einem für die Nutzung geeigneten Zustand zu erhalten. Beispiele: Fassadensanierung, Fensteraustausch, Austausch von Heizkessel und Brenner zwecks Energieeinsparung. Instandhaltungsmaßnahmen sind im Gegensatz zur Instandsetzung eher vorbeugender Natur.

INSTANDHALTUNGSKOSTEN Kosten, die während der Nutzungsdauer eines Gebäudes zur Erhaltung des bestimmungsgemäßen Gebrauchs aufgewendet werden müssen, um die durch Abnutzung oder Alterung entstehenden baulichen oder sonstigen Mängel ordnungsgemäß zu beseitigen. Als Instandhaltungsrücklage sind sechs bis zwölf Euro pro Quadratmeter Wohnfläche im Jahr üblich. Bei Eigentumswohnungen wird die Höhe der Instandhaltungsrücklage von der Eigentümerversammlung nach Vorschlag des Hausverwalters festgelegt.

INVESTITIONSKOSTEN Gesamtkosten einer Investition. Beim Neubau sind dies die gesamten Grundstücks- und Baukosten einschließlich Bau- und Finanzierungsnebenkosten, beim Kauf der Kaufpreis einschließlich der Kauf- und Finanzierungsnebenkosten.

IP-TELEFONIE ist die aktuelle Technik, mit der Telefon- und Breitbandkabelnetzbetreiber die Vermittlung von Gesprächen organisieren. Wer einen einfachen Telefonapparat hat, bekommt davon bei den meisten Anbietern nichts mit. Sollen mehrere Telefone und Internet im Haus genutzt werden, kommt eine Kombination aus Router und Telefonanlage zum Einsatz. Für Notfälle wichtig: Fällt der Strom aus, sind diese Kombigeräte (und damit das Festnetztelefon) nicht funktionsfähig.

IP-TV kurz für Internet Protocol Television. Von vielen Providern angebotene Fernsehübertragung via Internet

ISDN Integrated Services Digital Network, etwa: dienstübergreifendes digitales Telefonnetz. Ermöglicht zwei gleichzeitige Telefongespräche auf nur einer physischen Leitung, Rufnummernanzeige/-weiterleitung, Konferenzen und die Nutzung von bis zu zehn Rufnummern. ISDN wird nicht mehr angeboten, vorhandene Anschlüsse von allen Anbietern auf IP-Telefonie umgestellt. Viele Telefonanlagen-/Routerkombis für IP-Telefonie bieten aber den für ISDN genutzten S_0-Bus – daran können ISDN-Telefonanlagen für hausinterne Telefonanschlüsse betrieben werden.

J

JAHRESARBEITSZAHL (JAZ) bei einer Wärmepumpe das aufs Jahr gemittelte Verhältnis zwischen eingesetzter elektrischer Energie und von ihr erzeugter Wärmeenergie. Siehe auch COP

K

KALKULATION stellt eine im Vorfeld des tatsächlichen Anfalls vorgenommene Berechnung der Kosten und Festlegung der Preise für Bauleistungen dar, die laut Vertragsunterlagen vorgegeben beziehungsweise voraussichtlich auszuführen sind.

KAPITALDIENST laufende Ausgaben aus Zins und Tilgung zur Bedienung der Darlehen beziehungsweise Schulden (daher auch als Schuldendienst bezeichnet). Die monatliche Belastung aus Kapitaldienst wird auch monatliche Darlehensrate genannt.

KAPITALLEBENSVERSICHERUNG Kombination aus langfristigem Sparvertrag und Risikolebensversicherung. Stirbt der Versicherte während der Vertragslaufzeit, zahlt die Versicherung die Versicherungssumme und die angesammelten Überschüsse an die Hinterbliebenen aus. Im Erlebensfall erhält der Versicherte am Ende der Vertragslaufzeit die Ablaufleistung ausgezahlt. Kapitallebensversicherungen können zur indirekten beziehungsweise endfälligen Tilgung eines Hypothekendarlehens verwendet werden. Ein tilgungsfreies Darlehen wird dann mit einer fälligen Lebensversicherung auf einen Schlag getilgt. Die Lebensversicherung dient in erster Linie dazu, das für die Rückzahlung erforderliche Kapital anzusparen. Nur ein kleiner Teil der Prämie wird für Absicherung der Hinterbliebenen im Todesfall benötigt.

KATASTERKARTE ist eine kartographische Darstellung von Grenzzeichen (Grenzstein, Pfahl, Marke), Grundstücksgrenzen, Grundstücksnummern (Flurstücksnummern) sowie gegebenenfalls Gebäuden mit Hausnummern, Straßennamen usw. für den Bezirk des jeweiligen Katasteramts. Je nach Dichte der Bebauung werden die Karten in den Maßstäben 1:500, 1:1 000 und 1:2 000 angefertigt. Zusammen mit dem Liegenschaftsbuch bildet die Katasterkarte das Liegenschaftskataster.

KAUFNEBENKOSTEN Kosten, die mit dem Kauf einer Immobilie im Zusammenhang stehen und daher zu den Anschaffungskosten zählen. Dazu gehören Grunderwerbsteuer, Notargebühren für die Beurkundung des Kaufvertrags, Grundbuchgebühren für die Eigentumsumschreibung und eine Maklerprovision für die Vermittlung des Kaufobjekts.

KAUFVERTRAG Vertrag zwischen Verkäufer und Käufer. Bei Grundstücken bedarf der Kaufvertrag nach § 313 BGB der notariellen Beurkundung. Der vom Notar angefertigte Kaufvertragsentwurf sollte sorgfältig geprüft werden, bevor man den Notartermin wahrnimmt. Eine Reservierungsvereinbarung kann den potentiellen Kaufinteressenten nicht zum Kauf verpflichten.

KLEINKLÄRANLAGE („Dreikammergrube") fängt die im Haus entstehenden Abwässer auf und reinigt diese. Vorgeschrieben, wenn am Bauplatz kein Abwasserkanal verfügbar ist.

KNX lautmalerisch „Konnex". Bussystem zur Hausautomation; gelegentlich wird noch der alte Begriff EIB (Europäischer Installationsbus) verwendet.

KONKLUDENT nennen Juristen Vertragsumstände, die auf einen rechtsgeschäftlichen Willen schließen lassen, wenn der Wille nicht explizit geäußert wird (zum Beispiel Kopfschütteln = nein).

KONVEKTION Luft- oder Flüssigkeitsbewegung durch unterschiedlich warme Luft- oder Flüssigkeitsschichten in einem Raum

KOSTENBERECHNUNG dient der genaueren Ermittlung der angenäherten Gesamtkosten der Baumaßnahme (im Vergleich zur Kostenschätzung) und ist regelmäßig eine Voraussetzung für die Entscheidung, ob die Baumaßnahme wie geplant durchgeführt werden soll. Sie wird in der Regel als Grundlage für die erforderliche Finanzierung herangezogen (es gilt DIN 276).

KOSTENFESTSTELLUNG dient nach Abschluss der Baumaßnahmen zum Nachweis der tatsächlich entstandenen Kosten und ist Voraussetzung für Vergleiche und Dokumentation (DIN 276).

KOSTENSCHÄTZUNG dient zur überschlägigen Ermittlung der Gesamtkosten einer konkret zu benennenden Baumaßnahme und ist eine vorläufige Grundlage für Finanzierungsüberlegungen (es gilt die DIN 276).

KOSTENVORANSCHLAG ist eine zunächst unverbindliche Schätzung der voraussichtlich entstehenden Kosten für Baumaßnahmen, die mangels genauer Planungen oder Vorgaben nur unvollständig oder wenig genau beschrieben werden können.

KREDITANSTALT FÜR WIEDERAUFBAU (KfW) staatliche Bank, die zinsgünstige Darlehen und Zuschüsse insbesondere für selbstgenutzte Häuser und Wohnungen bereitstellt. Förderungsfähig sind bei Erfüllung der Vergabebedingungen die Kosten für Bau, Kauf, Modernisierung und energiesparende Maßnahmen.

KREDITNEBENKOSTEN Nebenkosten bei der Finanzierung, die nicht im Effektivzins enthalten sind. Dazu zählen außer den Kosten der dinglichen Absicherung (Bestellung und Eintragung von Grundschulden) unter Anderem Wertschätzungsgebühren, Bereitstellungszinsen, Zinsaufschläge für Teilauszahlungen und Kontoführungsgebühren.

KREDITRAHMEN maximale Höhe des Kredits beziehungsweise Darlehens zur Finanzierung von Bau oder Kauf eines Eigenheims. Der Kreditrahmen hängt von der Jahresbelastung aus Kapitaldienst sowie dem Zins- und Tilgungssatz des Darlehens ab.

KREDITSICHERHEITEN Bei Hypothekendarlehen stehen die dinglichen Sicherheiten wie beispielsweise Grundschulden im Vordergrund. Hinzu kommt laut Unterwerfungsklausel die volle persönliche Haftung. Mögliche Zusatzsicherheiten sind: Abtretung von Versicherungs- beziehungsweise Bausparverträgen, Verpfändung von Wertpapierguthaben oder Bürgschaft. Bei Ehegatten, die nicht in Gütertrennung leben, wird üblicherweise die Unterschrift von beiden Ehegatten unter den Darlehensvertrag oder eine Mitverbindlichkeitserklärung des Ehegatten verlangt, der die Immobilie nicht selbst erwirbt.

KREDITWÜRDIGKEIT persönliche und wirtschaftliche Verhältnisse des Kredit- beziehungsweise Darlehensnehmers (auch Bonität genannt). Man unterscheidet die persönliche Kreditwürdigkeit (Familienstand, Beruf, Dauer des Beschäftigungsverhältnisses) von der sachlichen Kreditwürdigkeit (Einkommens- und Vermögensverhältnisse).

L

LAN Local Area Network. Drahtgebundenes Computernetzwerk

LANDESMITTEL zinsgünstige öffentliche Baudarlehen und Familienzusatzdarlehen sowie eventuell Aufwendungsdarlehen der Länder für die Wohnraumförderung bei selbstgenutzten Häusern oder Wohnungen. Gefördert werden vor allem Familien mit Kindern, sofern die Einkommensgrenzen unterschritten werden. Einen Rechtsanspruch auf Landesmittel gibt es nicht.

LASTENBERECHNUNG Berechnung der Belastung eines Eigentümers eines selbstgenutzten Eigenheims. Zur Belastung gehören die Belastung aus dem Kapitaldienst sowie aus der Bewirtschaftung. Eine Lastenberechnung wird bei Anträgen auf Wohnraumförderung (zum Beispiel Landesmittel) durchgeführt.

LASTENZUSCHUSS staatlicher Zuschuss zur Belastung eines Eigentümers, der Haus oder Wohnung selbst bewohnt. Zur zuschussfähigen Belastung zählen der Kapitaldienst und die Bewirtschaftungskosten. Ob und wie hoch ein Lastenzuschuss gewährt wird, hängt insbesondere von der Höhe des Familieneinkommens und der monatlichen Belastung ab. Der Lastenzuschuss des Eigentümers stellt eine besondere Form des Wohngelds dar und ist mit dem Mietzuschuss für Mieter vergleichbar.

LEISTUNGSBESCHREIBUNG ist das zentrale Element eines Bauvertrags. Dabei sollen die zu erbringenden Leistungen so eindeutig und erschöpfend beschrieben werden, dass alle Bewerber ihre Preise sicher und ohne weitere Nachfragen berechnen können. Für die Leistungsbeschreibung wird regelmäßig ein Leistungsverzeichnis erstellt. Zusammen mit einer Baubeschreibung, technischen Erläuterungen, Zeichnungen und sonstigen sachdienlichen Unterlagen sollte sich so ein umfassendes und hinreichend genaues Bild der im Einzelnen zu erbringenden Tätigkeiten und Erfolge ergeben.

LEISTUNGSVERZEICHNIS nennt man eine katalogartige Zusammenstellung aller in einem bestimmten Bereich des Vorhabens erforderlichen Teilleistungen, gegliedert nach verschiedenen Angaben (zum Beispiel über den zu verwendenden Baustoff, das betroffene Bauteil, die jeweiligen Abmessungen und Ausführung). Dabei können auch weitere Angaben wie eine Abgrenzung zu anderen Teilleistungen oder die Abrechnungsmodalitäten aufgenommen werden. Das Leistungsverzeichnis erleichtert die Vergleichbarkeit der darauf abgegebenen Angebote verschiedener Unternehmen sowie die Überprüfung der vollständigen Leistungserbringung.

LICHTSZENEN Programmierte, abrufbare Einstellungen der Raum-/Hausbeleuchtung. Je nach Leuchten und Leuchtmittel können Helligkeit, Farbe oder auch Lichtrichtung geändert werden. Zur Steuerung eignet sich → KNX; viele Hersteller bieten aber auch eigene Systeme an.

LNB Low Noise Block Converter, der Empfangskopf in einer Satelliten-TV-Antenne („Schüssel")

M

MAKLERPROVISION Vermittelt ein Makler ein Objekt, fällt eine Provision von 3,57 bis 7,14 Prozent des Kaufpreises an, die in der Regel der Käufer zahlen muss (regional unterschiedlich).

MANGEL nennt man die Abweichung der abgeschlossenen Baumaßnahme (Ist-Zustand) von der vereinbarten oder vertraglich vorausgesetzten Beschaffenheit dieser Leistung (Soll-Zustand).

MEHRSPARTENANSCHLUSS gemeinsame Zuführung mehrerer Versorgungsleitungen durch eine Wand- oder Bodenöffnung.

MENGENBERECHNUNG ist ein Berechnungsverfahren zur Feststellung der auszuführenden (dann zum Zweck der Ausschreibung, Kalkulation oder Ausführung) oder bereits ausgeführten (dann zum Zweck der Abrechnung) Leistungsmengen.

MINDERUNG meint als juristischer Begriff eine Reduzierung der Vergütung wegen mangelhafter beziehungsweise nicht vertragsgerechter Leistungserbringung. Die Minderung ist als sogenanntes Gestaltungsrecht geregelt und bedarf – anders als im Mietrecht – der Erklärung. Die Höhe der Minderung richtet sich nach dem Anteil, in dem die erbrachten Leistungen gegenüber dem vertraglich vereinbarten Leistungssoll zurückbleiben.

MINDESTSÄTZE benennt Vergütungssummen nach der Honorarordnung für Architekten und Ingenieure (HOAI), welche nach den konkret vorliegenden Parametern (zum Beispiel anrechenbare Kosten) für eine unter die HOAI fallende Grundleistung mindestens zu zahlen sind.

MULTISCHALTER/MULTISWITCH Bestandteil einer Satelliten-Verteilanlage, der sicherstellt, dass alle Teilnehmer Zugriff auf alle empfangbaren Signale haben.

N

NACHTRAG ist eine nach Abschluss des ursprünglichen Vertrags vorgenommene Änderung der Vereinbarungen. Meist handelt es sich dabei um Erweiterungen des Leistungsspektrums (Leistungsbeschreibung beziehungsweise -verzeichnis) sowie die entsprechenden Ergänzungen des Vergütungsanspruchs.

NACHTRAGSKALKULATION betrifft die nach Abschluss des Ausgangsvertrags zu erstellende Kalkulation für Leistungen, die ursprünglich nicht vereinbart waren oder für den Fall, dass sich für vertraglich vereinbarte Leistungen die Grundlagen der Preisermittlung geändert haben. Im letzteren Fall kommt es nur auf der Seite der Vergütungsregelungen zu einem „Nachtrag."

NAS kurz für Network Attached Storage (Netzwerkspeicher). Eine um Netzwerktechnik ergänzte Festplatte, die allen an ein Computernetzwerk angeschlossenen Geräten Dateien bereitstellen kann.

NEBENLEISTUNG nennt man Bauleistungen, die auch ohne gesonderte vertragliche Vereinbarung im Zusammenhang mit der jeweiligen Hauptleistung (zum Beispiel Auf- und Abbau von Bockgerüsten bei Maurerarbeiten) zu erbringen sind (es gilt die DIN 18 299). Sie sind Bestandteil der vertraglich geschuldeten Leistung. Ein gesonderter Vergütungsanspruch besteht regelmäßig nicht.

NIEDERTEMPERATURHEIZUNG/-THERME ein Heizsystem, das mit niedriger Vorlauftemperatur und deshalb besonders wirtschaftlich arbeitet

NOTARIELLE BEURKUNDUNG von einem Notar in einem Schriftstück niedergelegte Bestätigung, dass er die Abgabe von Willenserklärungen selbst wahrgenommen und richtig wiedergegeben hat. Notarielle Beurkundungen werden kraft Gesetzes verlangt für den Abschluss von Grundstückskaufverträgen und die Auflassung. Von den Kreditgebern und Gläubigern wird regelmäßig auch die notarielle Beurkundung bei der Bestellung von Grundschulden und Hypotheken gefordert.

NOTARKOSTEN Kosten für die notarielle Beurkundung des Grundstückskaufs sowie die Bestellung und Eintragung von Grundschulden. Die Kosten zahlt der Käufer und Darlehensnehmer. Sie betragen inklusive Grundbuchkosten zirka 1,5 % des Kaufpreises (für den Kauf und die Eigentumsumschreibung) beziehungsweise 0,5 % der Darlehenssumme (für die Grundschuldbestellung und -eintragung).

O

ÖFFENTLICHE BAUDARLEHEN zinsgünstige oder zinslose staatliche Darlehen zur Förderung des Wohnungsraums und der Eigentumsbildung. Höhe und Voraussetzungen der Förderung sind in den einzelnen Bundesländern sehr unterschiedlich festgelegt. Für Auskünfte und Anträge ist in der Regel die Gemeinde- oder Kreisverwaltung zuständig.

P

PASSIVHAUS ist ein Gebäude mit weniger als 15 kWh Jahresheizwärmebedarf pro qm. Durch eine extreme Wärmedämmung, die Rückgewinnung von Wärme aus Abluft sowie andere Maßnahmen kann bei Passivhäusern regelmäßig auf den Einsatz eines konventionellen Heizsystems verzichtet werden. Der tatsächliche Restwärmebedarf wird durch interne Wärmegewinnung und die Nutzung von passiv gewonnener Solarenergie oder regenerativer Energiequellen gedeckt.

PHOTOVOLTAIK Die direkte Umwandlung von Sonnen- in elektrische Energie mittels entsprechender Panele.

PHOTOVOLTAIK-(PV)FEUERWEHRSCHALTER ein leicht zugänglich angebrachter Schalter, der im Notfall eine Photovoltaikanlage vom Stromnetz trennt.

Q

QUERLÜFTUNG Lüftung, die so dimensioniert ist, dass sich die Luft quer durch eine Etage bewegt.

R

RANGVERHÄLTNIS Bestimmung der Reihenfolge, in der mehrere an einem Grundstück bestehende Rechte wie zum Beispiel Grundschulden zueinander stehen. Der Rang ergibt sich aus der zeitlichen Reihenfolge der Eintragungsanträge im Grundbuch. Man unterscheidet zwischen erstrangigen Hypothekendarlehen (zum Beispiel Bankdarlehen bis zu 60 Prozent des Beleihungswerts) und zweitrangigen Darlehen (zum Beispiel Bauspardarlehen). Bedeutung erlangt der Rang vor allem in der Zwangsversteigerung, da die Rechte der Gläubiger nicht anteilig wie bei der Insolvenz eines Unternehmens, sondern nacheinander entsprechend dem Rangverhältnis berücksichtigt und befriedigt werden.

RAUCHABZUG umgangssprachlich auch Kamin genannt. Er transportiert Abgase von Feuerungsanlagen aus dem Gebäude.

RCD kurz für Residual Current protective Device, früher auch FI- oder Fehlerstromschutzschalter genannt. Schützt Anwender vor einem elektrischen Schlag, der durch defekte Geräte ausgelöst werden könnte.

REALKREDIT Kredit, der durch Grundpfandrechte wie Grundschulden dinglich gesichert ist und im Rahmen der Beleihungsgrenze liegt. Im Unterschied zum Personalkredit liegt die Sicherheit im Beleihungsobjekt und nicht in erster Linie in der Kreditwürdigkeit (Bonität) des Kreditnehmers.

REGELN DER TECHNIK sind technische Baubestimmungen oder Normen, die sich nach allgemeinen Erfahrungen und Untersuchungen in der Praxis gegebenenfalls in Verbindung mit bewährten Baukonstruktionen und -verfahren bewährt haben und in der Fachliteratur als aktueller Standard anerkannt sind. Die Regeln der Technik sind bei der Bauausführung auch ohne besondere Vereinbarung einzuhalten.

RESTSCHULD Höhe des noch zu tilgenden Darlehens nach Ablauf der Zinsbindungsfrist. Die Restschuld errechnet sich, indem man die bereits erfolgten Tilgungen von der Darlehenssumme abzieht.

RESTSCHULDVERSICHERUNG Risikolebensversicherung mit fallender Versicherungssumme, die im Todesfall für die Restschuld eines Darlehens aufkommt. Eine Restschuldversicherung ist besonders Selbstnutzern von Eigenheimen, die eine Familie zu versorgen haben, dringend zu empfehlen.

RISIKOLEBENSVERSICHERUNG Lebensversicherung für den Todesfall mit zeitlich begrenzter Versicherungsdauer, die vor allem zur Absicherung von Hypotheken- und Bauspardarlehen dient. Passt sich die Versicherungssumme laufend der Restschuld mit fallenden Beträgen an, liegt eine sogenannte Restschuldversicherung vor.

ROUTER ein Gerät, dass den Datentransport in einem Computernetzwerk steuert. In der Praxis ist er meist mit einem Switch kombiniert, um ohne Zusatztechnik mehrere Computer bedienen zu können; auch die Kombination mit drahtloser Netzwerktechnik („WLAN" oder „WiFi") ist gängig. Oft haben sie bereits ein Kabel- oder ADSL-Modem eingebaut und auch Anschlüsse für Telefone.

S

SACHVERSTÄNDIGER ist eine Person, die über besondere Fachkunde und Erfahrung auf dem jeweiligen Sachgebiet verfügt. Er ermöglicht durch Beratung und/oder Begutachtung dem nicht fachkundigen Laien, sich ein eigenes Urteil zu bilden. In Gerichtsverfahren wird regelmäßig auf die von den Industrie- und Handelskammern sowie den Handwerkskammern bestellten und vereidigten Sachverständigen zurückgegriffen.

SCHLÜSSELFERTIG bedeutet, dass die gesamte Bauleistung für das „schlüsselfertig" zu erstellende Vorhaben an einen verantwortlichen Auftragnehmer (Generalunternehmer) übertragen wird. Teilleistungen, die der Generalunternehmer nicht erbringen kann oder will, vergibt er durch Unterverträge an Subunternehmer.

SCHNELLTILGERDARLEHEN Tilgung eines Annuitätendarlehens innerhalb einer kurzen Zeit, was eine höhere Tilgung voraussetzt. Wird das Erst- oder Anschlussdarlehen innerhalb der Zinsbindungsfrist von zehn oder 15 Jahren vollständig getilgt, spricht man auch von Volltilger. In beiden Fällen gewähren einige Banken einen Zinsrabatt bis zu einem halben Prozentpunkt.

SCHUFA Schutzgemeinschaft für allgemeine Kreditsicherung, der nur Banken, Sparkassen, Versandhäuser und andere warenkreditgebende Unternehmen angeschlossen sind. Der Kredit- beziehungsweise Darlehensnehmer unterschreibt regelmäßig die Schufa-Klausel, die es dem Kreditgeber erlaubt, eine Auskunft bei der Schufa einzuholen.

SCHUTZLEITER auch Protective Earth (PE) genannt. Bezeichnet eine eigene, grün-gelb markierte Leitung der Stromversorgung, die bei Fehlern in Geräten gefährliche Spannungen ableitet.

SELBSTAUSKUNFT Auskunft des Kredit- beziehungsweise Darlehensnehmers gegenüber dem Kreditgeber oder des Mieters gegenüber dem Vermieter über seine persönlichen und wirtschaftlichen Verhältnisse (Einkommens- und Vermögensverhältnisse).

SELBSTHILFE eigene Arbeitsleistung des Bauherrn, seiner Angehörigen oder anderer (zum Beispiel Nachbarn, Freunde, Bekannte) als Teil des Eigenkapitals. Die Selbsthilfe wird mit dem Betrag als Eigenleistung anerkannt, der gegenüber den üblichen Kosten der Unternehmerleistung erspart wird. Die Hilfe von Nachbarn oder Bekannten (sog. Nachbarschaftshilfe) ist keine Schwarzarbeit, wenn sie auf Gegenseitigkeit oder unentgeltlich geleistet wird. Die Bauhelfer müssen der zuständigen Berufsgenossenschaft gemeldet werden. Die Selbsthilfe (auch Eigenleistung oder „Muskelhypothek") kann so fehlende Geldmittel ersetzen und zählt daher zu den Eigenkapitalersatzmitteln.

SELBSTNUTZUNG Nutzung einer Immobilie zu eigenen wohnlichen oder gewerblichen Zwecken (auch Eigennutzung genannt). Selbstgenutzte Wohnimmobilien werden als Eigenheime steuerlich wie Konsumgüter behandelt im Gegensatz zu vermieteten Wohnimmobilien, die als Investitionsgüter gelten und daher zu steuerpflichtigen Einkünften aus Vermietung führen.

SENSOR deutsch: Fühler. Ermittelt je nach Bauart beziehungsweise gewünschter Aufgabe Werte (zum Beispiel Temperatur, Helligkeit, Bewegung, Tastendruck usw.) und gibt diese an andere Geräte, etwa einen Aktor, weiter.

SICHERHEITSEINBEHALT ist ein meist prozentual berechneter beziehungsweise vereinbarter Abzug von Abschlagsrechnungen beziehungsweise der Schlussrechnung, um Ansprüche bezüglich der Fertigstellung der Leistungen oder wegen Mängeln (Gewährleistungseinbehalt) abzusichern.

SICHERHEITSLEISTUNG ist ein im Interesse des jeweiligen Gläubigers (Bauleistung oder Vergütung) stehendes Instrument zur Sicherung seiner zukünftigen Forderungen (weitere Leistungserbringung/Gewährleistung, weiteres Honorar). Sicherheitsleistungen beruhen zum Teil auf gesetzlichen Regelungen (Bauhandwerkersicherungshypothek § 648 BGB, Bauhandwerkersicherung § 648a BGB) und zum Teil auf vertraglichen Vereinbarungen (Gewährleistungseinbehalt § 17 Abs. 2 und 6 VOB/B, Gewährleistungsbürgschaft § 17 Abs. 2 und 4 VOB/B).

SOLLZINS früher Nominalzins genannt. Jährlicher Zinssatz, der vom vereinbarten Darlehensnennbetrag (Nominal- beziehungsweise Bruttodarlehen) berechnet wird. Falls das Darlehen zu 100 Prozent ausgezahlt wird, liegt der Effektivzins ca. 0,1 bis 0,2 Prozentpunkte über dem Solllzins, da die Zinszahlungen meist in monatlichen Raten erfolgen. Außerdem werden im Effektivzins auch noch andere Kreditkosten berücksichtigt, aber nicht Bereitstellungszinsen und Wertschätzungsgebühren.

SOLARKOLLEKTOR fängt Sonnenenergie ein und heizt damit Wasser.

SONDERTILGUNG Zahlung des Kreditnehmers, die über die im Vertrag vereinbarte regelmäßige Tilgung hinausgeht. Bei Hypothekendarlehen sind Sondertilgungen vor Ablauf der Zinsbindung nicht vorgesehen. Das Recht auf Sondertilgung muss im Vertrag ausdrücklich vereinbart werden, sonst kann die Bank Sondertilgungen ablehnen oder eine Vorfälligkeitsentschädigung verlangen. Die meisten Banken sind bereit, eine Sondertilgung von fünf bis zehn Prozent der Darlehenssumme pro Jahr während der Zinsbindungsfrist vertraglich zu vereinbaren.

T

TEILAUSZAHLUNG Bei einem Bauvorhaben zahlen Kreditinstitute das Darlehen meist in Teilbeträgen nach Baufortschritt aus. Die erste Tilgung beginnt in der Regel nach vollständiger Auszahlung des Darlehensbetrags.

TEILAUSZAHLUNGSZUSCHLAG Bis zur Vollauszahlung des Darlehens verlangen einige Banken und Versicherungen einen erhöhten Sollzinssatz auf den bereits ausgezahlten Kreditbetrag. Andere berechnen ab der dritten oder vierten Auszahlung eine feste Gebühr von beispielsweise 100 Euro pro Teilauszahlung

TEILUNGSERKLÄRUNG Erklärung eines Grundstückseigentümers gegenüber dem Grundbuchamt, dass das Eigentum an dem Grundstück in Miteigentumsanteile aufgeteilt und mit jedem Miteigentumsanteil des Sondereigentum an bestimmten Räumen verbunden sein soll. Voraussetzung für die bei Eigentumswohnungen erforderliche Teilungserklärung, die fast immer mit notarieller Beurkundung erfolgt, ist die Abgeschlossenheitsbescheinigung der zuständigen Behörde.

TEMPERATURMISCHER Vorschaltgerät beispielsweise für Waschmaschinen, mit denen sich das im Haus produzierte Warmwasser auf die für den Waschvorgang nötige Temperatur bringen lässt.

TILGUNG Anteil der Rate, mit dem ein Darlehen zurückgezahlt wird. Der Tilgungssatz beträgt bei Kreditinstituten anfangs häufig nur ein bis zwei Prozent der Darlehenssumme im Jahr. Da die Schuld durch die Tilgung ständig kleiner wird, sinkt der Zinsanteil der Rate, während der Tilgungsanteil steigt.

TILGUNGSDAUER Laufzeit des Darlehens bis zur völligen Entschuldung. Bei Annuitätendarlehen hängt die Tilgungsdauer von der Höhe des Sollzinses und des Tilgungssatzes ab. Bei Festdarlehen mit Tilgungsersatz erfolgt die endfällige Tilgung erst am Ende der Laufzeit beispielsweise durch eine fällig gewordene Kapitallebensversicherung oder einen zugeteilten Bausparvertrag.

TILGUNGSERSATZ Ersatz der regelmäßigen Tilgung durch Abtretung von Kapitallebensversicherungen oder Bausparverträgen. Weitere Möglichkeiten des Tilgungsersatzes: Verpfändung von Wertpapierdepots, Abtretung von privaten Rentenversicherungen oder fondsgebundenen Lebensversicherungen, Fondssparpläne.

TILGUNGSSATZVARIANTEN vertragliche Vereinbarung, dass der zunächst gewählte Tilgungssatz während der Zinsbindungsfrist mehrmals gewechselt werden kann. Bei einer Erhöhung oder Verminderung des Tilgungssatzes wird die monatlich zu zahlende Rate aus Zins und Tilgung nach oben oder unten angepasst.

TV-KABELANSCHLUSS („Breitbandkabel") Gebührenpflichtiger, von einem privaten Betreiber organisierter Dienst zum Empfang von Radio- und TV-Programmen. Oft offerieren die Anbieter auch Telefon und Internet.

V

VALUTA Wertstellung, bei Darlehen Festlegung des Datums, an dem Belastungen und Gutschriften wirksam werden. Die Wertstellung ist vor allem für die Zinsberechnung wichtig. Bei der Valutabestätigung handelt es sich um die verbindliche Erklärung eines Kreditgebers über die Höhe der noch bestehenden Restschuld an einem bestimmten Zeitpunkt.

VARIABEL VERZINSLICHES DARLEHEN Das Kreditinstitut kann den zunächst vereinbarten Zinssatz jederzeit der Zinsentwicklung auf dem Kapitalmarkt anpassen. Steigende Zinsen kann sie an den Kunden weitergeben. Auf der anderen Seite ist sie verpflichtet, den Darlehenszins bei Zinssenkungen herabzusetzen. Kredite mit variablen Zinsen kann der Darlehensnehmer jederzeit mit einer Frist von drei Monaten kündigen.

VDSL „Very High Speed Digital Subscriber Line" – digitale Hochgeschwindigkeits-Standleitung. Erweiterung der ADSL-Technik, die Übertragungsraten bis zu 200 Megabit/Sekunde ermöglichen soll. Anders als bei ADSL steht die Geschwindigkeit in beide Richtungen zur Verfügung, also zum und vom Nutzer.

VERKEHRSWERT Wert eines Grundstücks oder Gebäudes, der im Falle eines freihändigen Verkaufs jederzeit zu erzielen ist. Der Verkehrswert wird durch den Preis bestimmt, der zum Zeitpunkt der Wertermittlung im gewöhnlichen Geschäftsverkehr nach den rechtlichen Gegebenheiten und tatsächlichen Eigenschaften, der sonstigen Beschaffenheit und der Lage des Grundstücks ohne Rücksicht auf ungewöhnliche oder persönliche Verhältnisse zu erzielen wäre.

VERWALTUNGSKOSTEN Kosten der zur Verwaltung des Gebäudes erforderlichen Arbeitskräfte und Einrichtungen, die bei Eigentumswohnungen an den Hausverwalter gezahlt werden müssen. Die Verwaltungskosten zählen zu den Bewirtschaftungskosten.

VOB (Vergabe- und Vertragsordnung für Bauleistungen) ist eine Zusammenstellung bauspezifischer und praxisgerechter Regelungen in Ergänzung zu §§ 631 ff BGB. Bei der vertraglich vereinbarten Anwendung der VOB sind die Regelungen als Allgemeine Geschäftsbedingung (AGB) zu qualifizieren. Die VOB besteht aus Teil A – Allgemeine Bestimmungen für die Vergabe von Bauleistungen (DIN 1960), Teil B – Allgemeine Bestimmungen für die Ausführung von Bauleistungen (DIN 1961) und Teil C – Allgemeine Technische Vertragsbedingungen für Bauleistungen (DIN 18 299 ff.). Die Anwendung der VOB durch öffentlich-rechtliche Auftraggeber ist haushaltsrechtlich vorgeschrieben.

VOLLTILGERDARLEHEN Vollständige Tilgung beziehungsweise Entschuldung eines Darlehens bis zum Ende der vereinbarten Zinsbindungsfrist.

VORAUSDARLEHEN Darlehen in Kombination mit einem Bausparvertrag. Im Gegensatz zur Zwischenfinanzierung muss noch das Mindestsparguthaben angespart werden. In dieser Zeit zahlt der Darlehensnehmer Zinsen auf das Vorausdarlehen und Beiträge in den Bausparvertrag. Nach Zuteilung des Bausparvertrags wird das Vorausdarlehen durch die Bausparsumme abgelöst.

VORFÄLLIGKEITSENTSCHÄDIGUNG Ablösegebühr, die eine Bank verlangt, wenn ein Kreditnehmer ein Festzinsdarlehen vor Ablauf der Zinsbindung zurückzahlen will. Die Bank darf dabei allerdings nur den Ausgleich des Schadens verlangen, der ihr durch die vorzeitige Ablösung tatsächlich entsteht.

VORLAUFTEMPERATUR die Temperatur, mit der ein wärmeübertragendes Medium (in Heizungen meist Wasser) den Heizkessel verlässt

VORMERKUNG vorläufige Grundbucheintragung zur Sicherung eines Anspruchs auf Eintragung einer Rechtsänderung (zum Beispiel Auflassungs- beziehungsweise Eigentumsvormerkung). Die Vormerkung bewirkt, dass eine Verfügung, die nach Eintragung der Vormerkung über das Grundstück oder das Recht getroffen wird, insoweit unwirksam ist, als sie den Anspruch vereiteln oder beeinträchtigen würde.

W

WÄRMEPUMPE eine Vorrichtung, die einem Medium (Luft, Wasser oder Erdreich) Wärme entzieht und für das Haus nutzbar macht

WDVS ist eine Abkürzung für „Wärmedämm-Verbundsystem." Dies wird regelmäßig als Außendämmung bei einschaligen Außenwänden eingesetzt. Der Aufbau der jeweiligen Systeme ist herstellerspezifisch und besteht üblicherweise aus Dämmplatten (verschiedene Materialien), die zunächst auf die Außenwand geklebt und/oder gedübelt werden und anschließend mit Armierungsgeweben nachbehandelt und Putz oder ähnlichen Beschichtungen versehen werden (es gilt die DIN 18345).

WERTERMITTLUNG Ermittlung des Verkehrswerts von Grundstücken und Gebäuden. Dabei sind drei Ermittlungsverfahren üblich: Vergleichswert, Ertragswert (bei vermieteten Immobilien) und Sachwert (bei selbstgenutzten Immobilien). Für Beleihungs- und Finanzierungszwecke wird der Beleihungswert ermittelt, der sich zwar nach dem Verkehrswert richtet, in der Praxis aber 10 bis 20 Prozent unter dem Verkehrswert liegt, da die Geldinstitute Risikoabschläge vornehmen.

WERTSCHÄTZUNGSGEBÜHREN Gebühren für die Schätzung des Beleihungswerts durch Banken und andere Finanzierungsinstitute. Diese betragen bei einigen Banken noch 0,2 bis 0,4 Prozent der Darlehenssumme. Fast alle Banken berechnen inzwischen keine Wertschätzungsgebühren mehr.

WLAN kurz für Wireless Local Area Network – drahtloses Funknetzwerk; im angelsächsischen Raum auch unter dem Kunstbegriff WiFi bekannt

WOHNFLÄCHE anrechenbare Grundfläche einer Wohnung oder eines einzelnen Wohnraums. Die Wohnfläche wird meist nach Wohnflächenverordnung (früher II. Berechnungsverordnung) ermittelt. Danach werden beispielsweise Balkone, Loggien, Dachgärten oder gedeckte Freisitze in der Regel mit 25 % ihrer Grundfläche zur Wohnfläche gerechnet.

WOHNGELD Zuschuss zu den Aufwendungen für Wohnraum in Form des Mietzuschusses (bei Mietern) oder des Lastenzuschusses (bei Eigentümern, die ihr Haus oder ihre Wohnung selbst nutzen). Die Gewährung des Miet- oder Lastenzuschusses ist von der Erfüllung bestimmter Voraussetzungen (zum Beispiel Jahreseinkommen und Höhe der zuschussfähigen Belastung) abhängig.

WOHNRAUMFÖRDERUNG Förderung von selbstgenutzten Häusern und Wohnung durch Landesmittel (zum Beispiel öffentliche Baudarlehen, Familienzusatzdarlehen oder Aufwendungsdarlehen), früher „Wohnungsbauförderung" genannt. Die Bestimmungen zur Wohnraumförderung sind von Bundesland zu Bundesland unterschiedlich.

WOHN-RIESTER-DARLEHEN Für die Tilgung eines zur Eigenheimfinanzierung aufgenommenen Darlehens erhalten Hauseigentümer die gleichen Riester-Zulagen und Steuervorteile wie für einen normalen Riester-Sparvertrag. Voraussetzung ist, dass sie ihr Haus oder ihre Wohnung nach 2007 angeschafft oder gebaut haben und selbst darin wohnen. Das Darlehen muss spätestens bis zum 68. Lebensjahr zurückgezahlt werden. Gefördert werden nur Darlehen, die von der Bundesanstalt für Finanzdienstleistungsaufsicht zertifiziert sind.

Z

ZÄHLERPLATZSYSTEM auch Zählerschrank genannt. Zentraler Anbringungsort für Stromzähler, Sicherungen/RCDs, meist auch Netzwerktechnik und Telefonanlage.

ZAPFSTELLE Fachbegriff für Kalt- oder Warmwasserauslässe

ZINSBINDUNGSDAUER Zeitraum, für den der Zins im Darlehensvertrag festgeschrieben ist. Ist die Zinsbindung länger als zehn Jahre, kann der Darlehensnehmer nach Ablauf von zehn Jahren unter Einhaltung einer Kündigungsfrist von sechs Monaten kündigen. Nach Ablauf der Zinsbindung muss über Zinssatz und neuer Festschreibung neu verhandelt werden.

ZINS- UND TILGUNGSVERRECHNUNG Art der Kontoführung auf dem Kreditkonto. Fast alle Institute verrechnen die Raten des Kunden sofort bei ihrem Eingang. Die Zinsbelastung erfolgt fast immer monatlich und wird von der durch Tilgung verminderten Restschuld berechnet. Im Effektivzins ist die zinserhöhende Wirkung der jeweiligen Zins- und Tilgungsverrechnung bereits berücksichtigt.

ZIRKULATIONSPUMPE Pumpe im Warmwasserkreislauf, die dafür sorgt, dass an den entsprechenden Zapfstellen möglichst schnell Wasser der gewünschten Temperatur bereitsteht

ZUTEILUNG Zeitpunkt, ab dem die Bausparkasse die Bausparsumme zur Auszahlung bereithält. Die Zuteilung erfolgt in der Regel zwei bis neun Monate nach dem Stichtag, an dem Mindestsparguthaben und Zielbewertungszahl des Bausparvertrags erreicht sind.

ZWISCHENFINANZIERUNG Wird die Bausparsumme benötigt, bevor der Bausparvertrag zugeteilt ist, kann diese Lücke mit einer Zwischenfinanzierung geschlossen werden. Für diesen Zeitraum nimmt der Baufinanzierer einen tilgungsfreien Zwischenkredit in Höhe der Bausparsumme auf. Sobald der Bausparvertrag zugeteilt ist, wird der Zwischenkredit durch die Bausparsumme abgelöst. Ist das Mindestguthaben noch nicht angespart, sprechen die Bausparkassen auch von einer Vorfinanzierung. Die Zwischenfinanzierung setzt hingegen das Erreichen des Mindestsparguthabens voraus.

CHECKLISTEN FÜR DIE BAUZEIT

Die folgenden Checklisten können nicht für jedes Bauprojekt lückenlos alle Punkte abfragen, wo es eventuell haken kann und ein kritischer Blick durch den Fachmann angebracht ist. Die detaillierte Kontrolle aller Arbeitsschritte ist die Aufgabe Ihres Bauplaners (Architekt) oder Bausachverständigen, der Ihnen beim Bau zur Seite steht. Die folgenden Listen und Checkpunkte sollen Ihnen aber dabei helfen, in den verschiedenen Bauphasen gezielt zu kritischen Punkten nachzufragen oder sich selbst einen Eindruck von der Qualität der Bauausführung zu verschaffen.

Planung

1	**Entwurfsplanung und Kostenberechnung** ✓ Entspricht die vorgelegte Entwurfsplanung Ihrem Raumprogramm, Ihren Wünschen und den Absprachen mit dem Planfertiger? Haben Sie dies schriftlich bestätigt? ✓ Ist die vorgelegte Kostenberechnung hinreichend detailliert und vor allem vollständig? Enthält sie alle erforderlichen Maßnahmen, Bauteile und Ausstattungsgegenstände? Können Sie sich die Endsumme leisten? ✓ Haben Sie ausreichend Puffer einkalkuliert? Da man auch bei Neubauten gelegentlich unabsehbare Überraschungen erlebt (z. B. verdeckte Verunreinigungen im Baugrund), sollte man ein Haus nie „auf Kante" finanzieren.
2	**Bauantrag** ✓ Hat die zuständige Baurechtsbehörde schriftlich bestätigt, dass der Antrag eingegangen ist und die Unterlagen vollständig sind? Wurden Angaben über die dort üblichen Bearbeitungszeiten gemacht?
3	**Sonstige Anträge** ✓ Sind alle relevanten Anträge gestellt? Neben dem eigentlichen Bauantrag könnten weitere Anträge erforderlich sein, zum Beispiel für den Abbruch bestehender baulicher Anlagen, das Fällen von Bäumen, die Absenkung des Grundwassers (falls dieses höher ansteht als die geplante Fundamentsohle) während der Gründungsarbeiten, für die Absperrung von Verkehrsfläche als Standort für den Kran und Ähnliches.
4	**Ausführungspläne** ✓ Ausführungspläne enthalten Angaben zur Geometrie und den Maßen der wichtigsten Bauteile. Die Materialien sollten darin durch Schraffuren oder Farben (mit Legende) eindeutig definiert sein.

4	✓ Die Übersichtsgrundrisse (sogenannte „Rohwerkpläne" sind üblicherweise im Maßstab 1:50 gezeichnet und enthalten zusätzlich Angaben zu darüber liegenden Bauteilen (Balkone, Dachüberstände, Unterzüge und Ähnliches, jeweils in gestrichelter Linie), Öffnungsrichtungen der Türen, Lage und Größe von Wand- und Deckendurchbrüchen (vor allem für Leitungsführungen). ✓ In den Übersichtsschnitten – meist ebenfalls im Maßstab 1:50 – müssen alle relevanten Höhen von der Baugrubensohle bis zur Attika, die Steigungsverhältnisse der Treppen sowie die Höhen von Brüstungen und Stürzen eindeutig angegeben sein. ✓ Nach Möglichkeit sollte jede Information nur einmal im Plansatz auftauchen (z. B. Höhenmaße in den Schnitten, Längen- und Breitenmaße in den Grundrissen), da sonst nachträgliche Änderungen manchmal nur in einem Plan gemacht und im anderen übersehen werden, was zu Widersprüchen und Unklarheiten führen kann. ✓ Je nach Erfordernis kommen zu den Rohwerkplänen Detailpläne in größeren Maßstäben (1:20 bis 1:1) hinzu, die weiterführende Informationen zur Ausführung und zur Fügung der Bauelemente enthalten. ✓ Sind die Inhalte der Ausführungspläne allgemein verständlich? Lassen Sie sich vom jeweiligen Planfertiger möglichst alle Punkte erklären, die Sie nicht unmittelbar lesen können – das hilft Ihnen nicht nur bei Gesprächen mit den Planern, sondern auch bei Besuchen auf der Baustelle.
5	**Bauzeitenplan** ✓ Ein genauer Bauzeitenplan zeigt den Ablauf der Bauarbeiten, die Arbeitszeiträume der verschiedenen Gewerke und deren Überlappungen. Er muss übersichtlich gestaltet sein und hilft Ihnen bei der Kontrolle des Bauablaufs und bei der Sicherstellung der termingerechten Fertigstellung des Projekts. ✓ Der Bauzeitenplan sollte nicht nur die für die Ausführung der Arbeiten vorgesehenen Zeiten (rote Balken) darstellen, sondern auch die Vorbereitungszeiten (blaue Balken) enthalten, die Ihr Planer oder Hausanbieter für die Ausschreibung und Vergabe der Arbeiten vorgesehen hat. Detaillierte Bauzeitenpläne können auch Bestellfristen für bestimmte Bauteile, Liefertermine für Planungsstände sowie Abnahmetermine enthalten. ✓ Zeitspannen, in denen die Baustelle nicht begangen werden kann (vor allem Trockenzeiten für Estriche) sowie die örtlich üblichen Bauferien und Schulferien müssen im Bauzeitenplan angegeben sein.

Im Dialog mit anderen Beteiligten

1	**Behörden** ✓ Sind in Ergänzung zu Baugenehmigung und Baufreigabe die erforderlichen behördlichen Genehmigungen für Abbrucharbeiten, Baumfällung, Wasserhaltung etc. vollständig erteilt? ✓ Wurden die Auflagen aus der Baugenehmigung vollständig in die Planung des Hauses übernommen? ✓ Spätestens eine Woche vor dem Beginn der eigentlichen Bauarbeiten muss der Baubeginn bei der zuständigen Baurechtsbehörde schriftlich angezeigt und ein verantwortlicher Bauleiter benannt werden.

2	**Versorgungsträger** ✓ Wurden die Leitungskataster bei den Versorgungsträgern und den Behörden vom Bauleiter und Unternehmer der Erdarbeiten überprüft? Es muss sichergestellt sein, dass auf dem Grundstück keine Leitungen beim Aushub beschädigt werden. ✓ Steht der genaue Ort fest, an dem Ihr Haus an die Ver- und Entsorgungsleitungen angeschlossen wird? Ist die Terminplanung für die Hausanschlüsse mit den Versorgungsträgern abgestimmt? ✓ Ist in den Bauverträgen eindeutig geregelt, wer sich um die Strom- und Wasserversorgung der Baustelle kümmert und dafür die Kosten trägt? Wir empfehlen, dies dem Unternehmer zu überlassen, der damit Erfahrung hat.
3	**Nachbarn** ✓ Ist ein Beweissicherungsverfahren (ein Gutachten über den Zustand benachbarter Häuser, das vorher vorhandene Schäden auflistet) sinnvoll und wurde es durchgeführt? ✓ Sind Schutzmaßnahmen an benachbarten Gebäuden erforderlich (zum Beispiel wenn Sie dort direkt anbauen)? ✓ Informieren Sie Ihre Nachbarn regelmäßig und nennen ihnen einen Ansprechpartner für den Fall von Problemen, möglichst mit einer Mobilfunknummer.

Ihre Liste für Baustellenbesuche

Wenn Sie die Baustelle besuchen und mit Projektbeteiligten sprechen, sollten Sie dabei haben:

1	**Unterlagen, immer auf dem aktuellen Stand und möglichst vollständig:** ✓ Liste aller Beteiligten (Planer, Handwerksbetriebe, Nachbarn, Behörden etc.) mit Telefon- und Mobilfunknummern ✓ Aktuelle Pläne ✓ Aktueller Bauzeitenplan
2	**Praktisches Zubehör:** ✓ Schlüssel der Bautür ✓ Fenster- und Türgriffe (falls Fenster und Türen schon eingebaut, die Beschläge aber noch nicht montiert sind) ✓ Maßband oder/und Maßstab („Zollstock") ✓ Wasserwaage ✓ Taschenlampe ✓ Schreibmaterial für Notizen oder Diktiergerät ✓ Digitale Kamera mit eingebautem Blitz ✓ Grundausstattung Werkzeug (Hammer, Zange, Schraubenschlüssel etc.) ✓ Feste Kleidung, die möglichst leichte Bewegung ermöglicht ✓ Festes Schuhwerk (möglichst mit Stahlkappen und -sohlen) ✓ Verbandskasten ✓ Papiertücher (trocken und möglichst auch feucht) ✓ Klebeband und Absperrband, wetterfest

Generelle Ratschläge für alle Gewerke

1

- ✓ Der Bauleiter sollte unbedingt ein möglichst lückenloses Bautagebuch führen, in dem er Angaben zu den anwesenden Firmen, dem Stand der Arbeitsleistung, der Wetterlage (vor allem Temperatur und Niederschlag), Besprechungsergebnissen und angefertigten Fotos niederschreibt.
  Dies ist im Rahmen der Bauleitung immer sinnvoll, kann aber noch Jahre später wichtig sein, falls der genaue Bauablauf für die Beseitigung von Mängeln rekonstruiert werden muss.
- ✓ Wenn ein Unternehmer gegen die von Ihnen und Ihrem Planfertiger vorgesehene Art der Ausführung oder gegen von Ihnen gelieferte Stoffe oder Bauteile Bedenken hat, muss er diese gemäß § 4 VOB/B schriftlich mitteilen – möglichst schon vor Beginn seiner Arbeit. Um hier Ärger zu vermeiden, können Sie sich das Einverständnis des Unternehmers vorab schriftlich bestätigen lassen.
- ✓ Gleiches gilt, wenn der Unternehmer mit der Ausführung anderer Gewerke nicht einverstanden ist. Auch dazu kann man sich das Einverständnis des Unternehmers vor Beginn der Arbeiten schriftlich bestätigen lassen.
- ✓ Stellen Sie sicher, dass die Firmen nach dem jeweils aktuellen Planstand arbeiten – am einfachsten, indem Sie Ihren eigenen Planstand aktuell halten und bei Besuchen auf der Baustelle nachschauen, ob die Handwerker dieselben Pläne benutzen.
- ✓ Lassen Sie sich von Ihrem Planfertiger oder/und den Unternehmern mit Prospekten zu den verwendeten Materialien, Produkten und Konstruktionen versorgen – sofern Sie dies interessiert – und heften Sie diese in einem Aktenordner ab. Dies kann Ihnen nicht nur während der Bauzeit, sondern auch später beim Bauunterhalt von Nutzen sein.
- ✓ Meist sind in den Leistungsverzeichnissen die Eigenschaften und genauen Bezeichnungen der im jeweiligen Gewerk verwendeten Materialien und Produkte angegeben. Prüfen Sie zumindest stichprobenartig, ob die an der Baustelle gelieferten Baustoffe jeweils den geforderten Spezifikationen entsprechen.
- ✓ Alle Unternehmer müssen die Baustelle immer in geordnetem Zustand hinterlassen, den von ihnen verursachten Abfall und Bauschutt regelmäßig entsorgen – nicht erst nach Fertigstellung ihrer Arbeiten, sondern auch im Alltag. Dies sollten Sie regelmäßig kontrollieren!

Rohbaugewerke

1

Erschließung und Vorbereitung

- ✓ Liegt eine Untersuchung des Baugrunds auf Tragfähigkeit (und je nach Lage und vorheriger Nutzung auf Altlasten, Bodenverunreinigungen oder Kampfmittel) vor?
- ✓ Steht der Bauzaun? Die Baustelle muss vor Eindringlingen gesichert und auf allen Seiten gut sichtbar mit den üblichen Schildern „Betreten der Baustelle für Unbefugte verboten" markiert werden.
- ✓ Ist der Standort für den Kran festgelegt? Liegt er auf dem eigenen Grundstück? Wenn nicht: Sind die Nutzungsrechte mit der Kommune (als Eigentümerin des öffentlichen Verkehrsraums) oder mit dem betroffenen Nachbarn geklärt?

1	✓ Ist auf dem Grundstück genug Platz vorhanden, um Mutterboden und Aushub zwischenzulagern? Wenn nicht: Gibt es in der Umgebung eine dafür verfügbare Fläche, oder muss die Erde entsorgt werden? ✓ Ist eine Bautoilette vorhanden oder zumindest bestellt? Wenn ja: Wurde sie an einer Stelle aufgestellt, wo sie für den Tankwagen des Entsorgers problemlos erreichbar ist?
2	**Erdarbeiten und Baugrube** ✓ Hat der Vermessungsingenieur die Lage und Größe der Baugrube auf dem Grundstück eingezeichnet? Hat er die Bezugshöhe an einer geschützten Stelle (möglichst in einem Randbereich des Grundstücks, auf dem nicht gebaut werden soll) eindeutig markiert? ✓ Ist die Baugrube ausreichend gesichert? Zu beachten sind hier vor allem die Bodenbeschaffenheit und die Absturzsicherung sowie der Schutz der Böschung gegen Abrutschen, zum Beispiel bei starkem Regen.
3	**Betonarbeiten** ✓ Ist das Schnurgerüst vor dem Beginn der Gründungsarbeiten vom Vermessungsingenieur geprüft und eingemessen worden? Dies ist erforderlich, damit der Unternehmer die Fundamente an der richtigen Stelle setzt. ✓ Liegen die Grundleitungen an der richtigen Stelle? Ihre Lage und Gefälle-Richtung sollten vor Beginn der Gründungsarbeiten vom Bauleiter oder dem zuständigen Tiefbauamt kontrolliert und abgenommen werden. ✓ Sind besondere Dichtungsmaßnahmen für das Kellergeschoss erforderlich? Bei hohem Grundwasserstand oder/und geringer Wasserdurchlässigkeit des Bodens (vgl. Bodengutachten!) kann eine besonders abgedichtete Wanne notwendig werden. ✓ Hat der Statiker die Bewehrung der Gründung vor dem Betonieren überprüft und abgenommen? Dies muss bei allen Gründungsarten (Punkt- und Streifenfundamente, Plattengründungen oder Kombinationen) und bei allen tragenden Wänden und Decken erfolgen.
4	**Abdichtungs- und Dämmarbeiten** ✓ Liegen die Drainageleitungen im Gefälle? Sitzt der tiefste Punkt der Leitungen oberhalb der Unterkante des Fundaments? Haben sie die erforderlichen Reinigungsöffnungen? ✓ Wurden die Kelleraußenwände flächig abgedichtet und mit Dränmatten abgesichert? Ist die Abdichtung ausreichend (etwa 30 cm) über die Geländeoberfläche hochgezogen? Ist die Verfüllung des Arbeitsraums entlang der Wände in wasserdurchlässigen Materialien ausgeführt? ✓ Sind die Rohrdurchführungen für Hausanschlüsse und Abwasserleitungen fachgerecht (mit speziellen Dichtungssätzen oder Leitungseinführungen) eingedichtet? ✓ Verfügen zweischalige Haustrennwände (bei Doppel- oder Reihenhäusern) zwischen den Wandschalen über eine durchgehende, möglichst fugenfreie Lage von Schallschutzmatten, die bis ins Untergeschoss reicht? Dies ist für den Schallschutz unbedingt erforderlich.
5	**Mauerarbeiten** ✓ Verfügen die gemauerten Wände über die erforderlichen horizontalen Absperrungen gegen aufsteigende Feuchtigkeit (je eine Sperrpappe über dem Kellerboden, unter der Kellerdecke und über der Geländeoberfläche)?

5	✓ Ist das Wetter überhaupt zum Mauern geeignet? Bei Frostgefahr darf nicht gemauert werden, bei großer Hitze und direkter Sonneneinstrahlung müssen die Steine vorgenässt und frisch gemauerte Wände feucht gehalten werden, damit der Mörtel abbinden kann. Schadhafte Mauern müssen abgebrochen und neu erstellt werden. ✓ Weisen die tragenden Wände die richtige Dicke (laut Ausführungsplanung) auf? Sind sie an ihren Ecken sachgemäß miteinander verzahnt? ✓ Verfügen Wände aus Sicht- oder Verblendmauerwerk über die erforderlichen Dehnfugen und (konstruktionsabhängig) über Lüftungs- und Entwässerungsfugen? Sind sie in den vorgeschriebenen Abständen mit rostfreien Verbindungsmitteln in der tragende Wand verankert? ✓ Hält der Schornstein die erforderlichen Mindestabstände von anderen Bauteilen (5–10 cm von Hölzern, 1 cm von Bodenbelägen) ein? Ist sichergestellt, dass er nicht für Leitungsführungen geschlitzt und dadurch geschwächt wird? ✓ Werden die geplanten Raumgrößen und -höhen eingehalten? ✓ Befinden sich alle Fenster- und Türöffnungen an den richtigen Stellen (seitliche Abstände von den Wänden, Höhe über Boden)? Sind die Öffnungen groß genug für die geplanten Fenster und Türen?
6	**Zimmererarbeiten** ✓ Haben die verwendeten Hölzer die im Leistungsverzeichnis und der Ausführungsplanung vorgegebenen Eigenschaften (sind sie z. B. sägerau oder gehobelt) und sind sie hinreichend ausgetrocknet? ✓ Der Holzschutz muss – sofern erforderlich – flächig aufgetragen sein und darf bei Regen nicht auswaschen. Verlangen Sie anderenfalls die Nachbesserung! ✓ Stellen Sie sicher, dass ausschließlich korrosionsgeschützte Metallteile (verzinkte Balkenschuhe, Verbindungseisen und ähnliches) und Nägel aus Edelstahl verwendet werden – verzinkte Nägel können durch das Hämmern beschädigt werden und rosten.
7	**Dachabdichtungsarbeiten (geneigtes Dach)** ✓ Lassen Sie sich 2–3 Quadratmeter mehr Dachziegel oder Betonsteine liefern, als Sie für die Eindeckung brauchen, mit denen Sie spätere Schäden ohne Nachbestellung beheben können. Lagern Sie diese an einer geschützten Stelle ein. ✓ Prüfen Sie die Unterspannbahn auf Beschädigungen und ausreichende Überlappung (mindestens 15 cm) an den Bahnenstößen. ✓ Stellen Sie sicher, dass ausschließlich korrosionsgeschützte Metallteile (Befestigungsmittel, Schneefanggitter und ähnliches) und Nägel aus Edelstahl verwendet werden. ✓ Testen Sie den festen Sitz der Ziegel oder Dachsteine stichprobenartig vom Gerüst aus, insbesondere an den Rändern (Ortgang und Traufe) sowie am First.
8	**Dachabdichtungsarbeiten (Flachdach)** ✓ Achten Sie darauf, dass die Dachkonstruktion vor dem Verlegen der Dampfsperre gesäubert ist und insbesondere keine spitzen Gegenstände wie Nägel darauf liegen. ✓ Jede Dachfläche sollte mindestens zwei Abläufe haben: entweder zwei gleichwertige reguläre Abläufe oder ein regulärer Ablauf und ein Notüberlauf. ✓ Stellen Sie sicher, dass die wasserführende Schicht (die oberste Abdichtungsbahn) zu den Einläufen hin ausreichend (mindestens 2 %) geneigt und der ordnungsgemäße Ablauf sichergestellt ist.

8	✓ Überprüfen Sie, ob aufgehende Bauteile wie Attiken, Entlüftungen und Schornsteine sorgfältig eingedichtet sind. Achten Sie darauf, dass die Dichtungsbahnen keine Knicke aufweisen (z.B. durch den Einbau von Dämmkeilen entlang der Attika). ✓ Beauftragen Sie bei Dachbegrünungen nicht nur die Aussaat von dafür geeigneten Pflanzen, sondern auch eine Fertigstellungspflege, die mehrmals im Verlauf des ersten Jahres nach Fertigstellung durchgeführt werden sollte.
9	**Klempnerarbeiten** ✓ Stellen Sie vor der Anbringung von Abdeckblechen sicher, dass die darunter verlegten Abdichtungsbahnen unbeschädigt sind. ✓ Achten Sie darauf, dass für alle Bleche nur ein Material verwendet wird, da sich verschiedene Materialien an den Verbindungen durch Kontaktkorrosion gegenseitig beschädigen können. Dies gilt insbesondere auch für die Befestigungsmaterialien, die aus demselben Material bestehen müssen. ✓ Sorgen Sie dafür, dass verzinkte Bleche entweder gar nicht auf der Baustelle geschnitten oder die Schnittkanten gegen Korrosion geschützt werden. ✓ Prüfen Sie die Funktionsfähigkeit der Regenrinne, insbesondere die Längsneigung (zum Fallrohr hin) und die Querneigung (vom Haus weg, damit bei Verstopfung des Fallrohrs das Wasser nach außen abläuft). Dazu können Sie zum Beispiel vom Gerüst aus Wasser (aus einem Eimer oder Schlauch) hineinschütten und ihm beim Ablauf zuschauen. ✓ Lange Rinnen und Rohre (mehr als 7 m Länge) benötigen einen Dehnungsausgleich. ✓ Abdeckbleche aller Art müssen immer in die richtige Richtung geneigt sein, damit das Wasser dorthin abläuft: Fensterbretter nach außen, Attiken nach innen zur Dachdeckung, Brüstungen üblicherweise nach innen zum Balkon hin. ✓ Blechfensterbretter sollten auf Dämmung gelegt werden, um Wärmebrücken und Belästigung durch Dröhnen bei Regen zu vermeiden. ✓ Testen Sie stichprobenartig, dass die Blechverwahrungen gut befestigt und gegen Windsog und -druck geschützt sind.

Ausbaugewerke

1	**Fensterbau** ✓ Vereinbaren Sie mit dem Fensterbauer einen Aufmaßtermin auf der Baustelle und gehen Sie gemeinsam anhand der Ausführungspläne die Öffnungsarten und -richtungen im Detail durch. Besprechen Sie auch die Details an den Rändern, insbesondere die Anschlüsse zum Sonnenschutz und die Schwellen der Fenstertüren. ✓ Entsprechen die Farben und Oberflächen der Fenster dem, was Sie im Vorfeld ausgewählt haben? Notieren Sie sich bei der Auswahl die gewählten Farbtöne in einem Farbfächer oder lassen Sie sich vom Unternehmer Musterkarten geben, damit Sie sie mit den gelieferten Fenstern vergleichen können. ✓ Achten Sie darauf, dass die Fensterrahmen rundum wind- und dampfdicht an die umgebende Wand angeschlossen sind. ✓ Prüfen Sie nach dem Einbau alle Scheiben und stellen Sie sicher, dass sie keine Kratzer und keine erkennbare Feuchtigkeit im Scheibenzwischenraum haben. Dazu müssen die Scheiben vor der Abnahme gründlich gereinigt werden.

1	✓ Prüfen Sie, dass sich die Fenster wie geplant bedienen lassen und dass geöffnete Fensterflügel in der Stellung bleiben, wo sie losgelassen werden (dürfen nicht von alleine weiter aufgehen oder zufallen). ✓ Lassen Sie sich Unterlagen zu den verwendeten Gläsern geben, aus denen die wichtigen Werte (Wärmeschutz, Schallschutz, Licht-Durchlassgrad) hervorgehen. ✓ Sind alle verglasten Brüstungen nachweislich in Sicherheitsglas ausgeführt? Dies ist baurechtlich erforderlich, da sie auch nach Beschädigungen noch als Absturzsicherung funktionieren müssen.
2	**Sonnenschutz** ✓ Beim außenliegenden Sonnenschutz ist es besonders wichtig, auf die Vermeidung von Wärmebrücken zu achten. Der Aufbewahrungsort des Sonnenschutzsystems für die Zeit, in der es nicht in Benutzung ist (zum Beispiel der Jalousien- oder Rollladenkasten) schwächt häufig die Wärmedämmung, und auch die Durchdringungen für Kurbeln und die Revisionsöffnungen stellen häufig Schwachpunkte dar. ✓ Kann ein elektrisch betriebenes Sonnenschutzsystem im Falle eines Stromausfalls oder technischen Defekts seines Antriebs auch manuell bewegt werden? ✓ Nehmen Sie nach dem Einbau des Sonnenschutzes eine gründliche Funktionsprüfung vor: Lässt er sich an allen Fenstern ohne zu „haken" öffnen und schließen sowie in den wichtigen Stellungen arretieren? Sitzt er stramm in seinen Führungen oder klappert er bei Wind?
3	**Fassadenbau** ✓ Ist das ausgewählte Material als Fassadenverkleidung überhaupt geeignet? Manche Holz- und Zementwerkstoffe sind für den Einsatz im Außenbereich nicht zugelassen. Lassen Sie sich unbedingt Prospekte der Baustoffe aushändigen, in denen die Anwendungsbereiche eindeutig beschrieben sind. ✓ Entspricht das angelieferte Material für die Fassadenverkleidung dem, was Sie sich im Vorfeld ausgesucht haben? Es ist sinnvoll, sich bei der Auswahl eine kleine Musterplatte geben zu lassen, die Sie zum Vergleich verwenden können. ✓ Sind die Befestigungen der Lattungen und Konterlattungen mit Schrauben aus Edelstahl und Dübeln ausgeführt? Ist sichergestellt, dass die Dübel und Schrauben keine Dichtfolien oder Isolierungen durchstoßen? ✓ Ist eine durchgehende Hinterlüftung der Fassadenverkleidung mit Zu- und Abluftschlitzen in ausreichender Breite sichergestellt? Dies ist erforderlich, damit Feuchtigkeit schnell abgeführt wird. ✓ Verfügen alle Lufteinlässe und -auslässe über Abdeckungsgitter aus Kunststoff oder (besser, weil dauerhafter) Edelstahl als Schutz gegen Insekten und sonstige Kleintiere?
4	**Außenputz** ✓ Ist die Witterung für Gipserarbeiten geeignet? Bei Frostgefahr oder Regen sollte kein Verputz aufgebracht werden. ✓ Hat die zu verputzende Wand die erforderlichen Eigenschaften? Ist sie trocken genug für den Beginn der Arbeiten? Stellt der vorhandene Putzgrund besondere Anforderungen an das Putzsystem – und wenn ja, welche Maßnahmen (Anbringen von Putzträgermatten oder eines Spritzbewurfs) sind zu treffen? ✓ Sind die Dämmplatten von Wärmedämm-Verbundsystemen nach Herstellervorschriften befestigt und verbunden worden?

4	✓ Verfügen die Ränder der Putzfassade (Außen- und Unterkanten, Laibungen an Türen und Fenstern) über geeignete Profile oder Gewebebänder zum Schutz des Putzes? Sind Fensterrahmen, Türrahmen und sonstige Anschlüsse und Einbauten winddicht an den Putz angeschlossen?
5	**Innenputz** ✓ Machen Sie vor dem Verputzen von allen Wänden Fotos, auf denen der Verlauf von Wandschlitzen, Installationen und Ähnlichem sowie die Lage von Leerdosen nachvollziehbar sind! Dadurch können Sie verhindern, dass Sie später Leitungen anbohren. ✓ Achten Sie auf den Zustand des Untergrunds und besprechen Sie bei Bedarf mit dem Unternehmer, ob er vor dem Verputz noch verbessert (gespachtelt oder mit Putzträger überdeckt) werden muss. Das betrifft insbesondere Ecken und Kanten. ✓ Sind die nötigen Randprofile an Ecken und Kanten eingearbeitet? Diese müssen aus verzinktem Stahl bestehen und solide auf dem Untergrund befestigt sein. Wenn die Wand nach dem Verputz noch gefliest werden soll, sollten die dafür erforderlichen Schienen schon mit dem Putz angebracht werden. ✓ Sind die verputzten Innenwände eben verputzt? Überprüfen Sie dies sowohl bei Tageslicht als auch bei Kunstlicht mit Hilfe von Streiflicht aus einer beweglichen Leuchte.
6	**Trockenbau** ✓ Sind die Ränder der Trockenbauwände richtig verarbeitet? Einige Beispiele: Sind die Innenkanten von Wand zu Wand oder Wand zu Decke elastisch verfugt? Ist in jeder Außenkante ein Metallprofil zum Schutz der Kante eingearbeitet? ✓ Sind die Hohlräume der Ständerwände vollflächig mit Dämmmatten ausgefüllt? Dies ist besonders dann wichtig, wenn die Wand eine Schallschutzfunktion hat. ✓ Verfügen die Wände in Bereichen mit höherer Belastung (z. B. durch Hängeschränke) über Verstärkungen durch zusätzliche Trägerprofile oder horizontale Streben? ✓ Sind die Plattenstöße der fertigen Wand sauber verspachtelt? Dies überprüfen Sie am besten mit Streiflicht aus einer beweglichen Leuchte. ✓ Sind abgehängte Decken (insbesondere, wenn sie Schallschutzfunktion haben) auf allen Seiten von den Wänden abgelöst und nur mit elastischen Fugen angeschlossen?
7	**Estrich** ✓ Eignet sich die Temperatur zum Verlegen von Estrichen? Unter 5 °Celsius können Trockenestriche oder Gussasphaltestriche verlegt werden, alle anderen Estricharten benötigen höhere Temperaturen. ✓ Ist beim schwimmenden Estrich die Dämmschicht vollflächig mit Folie abgedeckt, damit der Estrich nicht in die Dämmung läuft? Sind ringsum lückenlos Rand-Dämmstreifen eingelegt, die Schallbrücken zwischen Estrich und aufgehenden Bauteilen (Wänden, Stützen) vermeiden? ✓ Stimmen die Aufbauhöhen mit der Planung überein? Die Schichtdicke des auf dem Estrich einzubringenden Bodenbelags (im Raumbuch oder Werkplan vermerkt) muss noch unter der Tür Platz haben. Bei Türen mit Anschlägen müssen Sie darauf achten, dass die Estriche beidseits der Türe unterschiedlich hoch zu liegen kommen. ✓ Nach seiner Verlegung sollte der Estrich zwecks kontrollierter Trocknung vor direkter Sonne und großem Luftwechsel geschützt werden (Ausnahme: frisch verlegter Gussasphalt benötigt intensive Lüftung). Während der ersten Trocknungszeit (je nach Estrichsystem sehr unterschiedlich) darf der Estrich nicht begangen werden!

7

✓ Der Aufheizvorgang für Heizestriche muss entsprechend den Angaben des Herstellers langsam und kontrolliert erfolgen und ist genau zu protokollieren!

8

Schreinerarbeiten

✓ Stimmen die Farben und Oberflächen von Türen mit dem ausgewählten Farbton überein? Sind Türblatt und Türrahmen in Farbe und Oberfläche identisch? Markieren Sie sich bei der Auswahl die gewählten Farbtöne in einem Farbfächer oder lassen Sie sich Musterkarten geben, um sie mit den gelieferten Türen vergleichen zu können.

✓ Haben die Türen alle geforderten Eigenschaften (z. B. Lüftungsgitter bei Türen von Sanitärräumen, Absenkdichtungen bei Haustüren, Selbstschließer...)? Sind sie auf der jeweils richtigen Raumseite eingebaut und an der richtigen Rahmenseite angeschlagen?

✓ Lassen sich alle Türen vollständig öffnen und schließen, ohne dass sie am Boden, an der Decke oder an ihrem eigenen Rahmen schleifen?

✓ Sind alle Türschlösser tatsächlich ohne Widerstand abschließbar? Wurden Ihnen für alle Türen die richtigen Schlüssel ausgehändigt?

✓ Lassen Sie sich Produktinformationen (bei vorgefertigten Türen) und Prüfzeugnisse (bei Türen mit Schall- oder Brandschutzeigenschaften) aushändigen.

9

Metallbauarbeiten

✓ Sind alle Bauvorschriften eingehalten? Bei Geländern schreiben die Bauordnungen in Abhängigkeit von der Absturzhöhe Mindesthöhen vor, außerdem gibt es Vorschriften zum Abstand der Geländerstäbe (höchstens 12 cm) und die Empfehlung, sie zur Vermeidung des Überkletterns senkrecht anzuordnen.

✓ Besteht Verletzungsgefahr durch scharfe Kanten, spitz auslaufende Bauteile oder Ähnliches? Grate müssen abgeschliffen, Kanten und Spitzen angemessen entschärft sein. Das gilt nicht nur für die ausführende Firma, sondern ist auch ein Thema der Planung!

✓ Sind alle Metallteile angemessen gegen Rost geschützt? Bauteile, die im Außenbereich eingesetzt werden sollen, müssen entweder aus Edelstahl bestehen oder vollständig verzinkt sein.

✓ Verzinkte Metallteile dürfen auf der Baustelle weder geschnitten noch geschweißt werden, da sich sonst die Schutzschicht nicht mehr hinreichend wiederherstellen lässt.

✓ Grundierte Metallteile (für Anwendung in Innenräumen) sollten auf der Baustelle schnellstmöglich ihren Endanstrich erhalten, da die Grundierung die Metalloberfläche nur kurzfristig schützen kann.

10

Fliesen- und Plattenarbeiten

✓ Entsprechen die gelieferten Fliesen denen, die Sie in der Ausstellung ausgesucht haben? Es ist immer sinnvoll, sich direkt bei der Auswahl Musterfliesen mitgeben zu lassen, damit man dies kontrollieren kann.

✓ Wenn bestimmte Effekte (wie Streifen, Bordüren oder Ähnliches) geplant sind, sollte die ausführende Firma die Fliesen anhand eines Fliesen-Verlegeplans verarbeiten. Diesen können Sie entweder von Ihrem Planfertiger oder vom Unternehmer anfertigen lassen; fragen Sie jedenfalls vorab, ob dafür zusätzliche Kosten anfallen.

✓ Befestigungspunkte wie Konsolen für Heizkörper, Sanitärgegenstände und Ähnliches müssen vor Beginn der Fliesenarbeiten bereits angebracht sein, damit die Fliesen rundum angepasst werden können. Nach den Arbeiten werden Leitungsdurchführungen mit dauerelastischem Material abgedichtet und durch Rosetten abgedeckt.

10	✓ Alle Sanitärobjekte müssen mit Schallentkopplung montiert werden. ✓ Achten Sie auf die sorgfältige Eindichtung von Bodeneinläufen und auf den Feuchtigkeitsschutz der Wände im Bereich von Duschen und Badewannen. Die Wannen selbst muss der Elektriker vor dem Verblenden der Fronten erden. ✓ Innenkanten müssen dauerelastisch verfugt werden, bei Außenkanten ist der Einbau eines Eckprofils aus Kunststoff oder Metall sinnvoll, beides nützt der Haltbarkeit der Kantenausbildung. ✓ Schützen Sie frisch verlegte Fliesen für min. zwei Tage vor Belastung und Begehen!
11	**Bodenbelagsarbeiten** ✓ Entsprechen die gelieferten Bodenbeläge und Parketthölzer den Mustern, die Sie in der Ausstellung ausgesucht haben? Lassen Sie sich bei der Auswahl Materialproben mitgeben und vergleichen Sie diese mit den Materialien auf der Baustelle. ✓ Ist dem Parkettleger klar, in welcher Richtung oder/und in welchem Muster die Hölzer verlegt werden sollen? Bestehen Sie bei anspruchsvollen Mustern auf der Vorlage eines Parkett-Verlegeplans. ✓ Holzböden dürfen nicht direkt mit Wänden und Stützen in Berührung kommen. Sockelleisten müssen an der Wand befestigt werden, keinesfalls am Boden. ✓ Prüfen Sie Holzböden nach dem Schleifen auf Unebenheiten. Dies geht am besten bei flach einfallendem Streiflicht, also am frühen Morgen oder späteren Abend oder mit einer beweglichen Leuchte. ✓ Sorgen Sie dafür, dass Teppichböden erst nach Fertigstellung aller anderen Bauarbeiten verlegt werden, um sie vor Verunreinigungen durch Staub von anderen Handwerkern zu schützen. ✓ Bestimmen Sie im Voraus die Verlegerichtung von bahnenförmigen Bodenbelägen wie Teppich und Linoleum. Es hat sich bewährt, die Bahnen in länglichen Räumen (wie Fluren) in Längsrichtung, in Wohnräumen senkrecht zu den größten Fenstern zu verlegen. ✓ Lassen Sie sich von der verlegenden Firma Pflegeanleitungen für sämtliche Bodenbeläge aushändigen. Bewahren Sie Materialreste für spätere Reparaturen auf.
12	**Malerarbeiten** ✓ Wählen Sie rechtzeitig die Farben für alle zu streichenden Oberflächen aus. Für farbige Wände ist es empfehlenswert, sich auf einem nach Osten, Süden oder Westen gelegenen Wandstück relativ große (mindestens 0,5 qm) Farbmuster in verschiedenen Schattierungen der gewünschten Farbe auftragen zu lassen und vor der endgültigen Auswahl sowohl bei Sonne als auch bei Schatten zu betrachten. ✓ Sind alle Böden, Fenster, Heizungs- und Sanitärgegenstände sowie Wandbauteile (z. B. Fensterbretter und Geländer) gut abgedeckt, damit sie nicht mit Farbspritzern verdreckt werden? ✓ Sind die zu streichenden Oberflächen sauber, fettfrei und hinreichend ausgetrocknet für die weitere Bearbeitung? Sind untere Lackschichten vor dem nächsten Anstrich trocken genug um überstrichen zu werden? Beachten Sie hier die vom Farbhersteller empfohlenen Trockenzeiten.
13	**Heizung und Wasser** ✓ Sind die Absperrventile für Notfälle klar gekennzeichnet, sodass Sie leicht erkennen können, wo die Zuleitung jeweils geschlossen werden kann?

13	✓ Zumindest bei komplexeren Heizungsinstallationen sollen alle Leitungen beschriftet sein, um spätere Wartungsarbeiten zu erleichtern. ✓ Rohrleitungen dürfen keinen direkten Kontakt mit Mauerwerk, Putz, Metall oder Beton haben, damit Vibrationen nicht übertragen werden. ✓ Sind alle Befestigungen von Wasserleitungen mit Schalldämmeinlagen versehen? ✓ Sind die Warmwasserrohre so thermoisoliert, wie es vorgeschrieben bzw. geplant ist? ✓ Bei Heizkörpern ist zu überprüfen, ob die Abstände zu Wand und Boden eingehalten werden und ob die Dimensionen der Heizkörper selbst stimmen. ✓ Bei Fußboden- oder Wandheizungen muss eine Dichtigkeitsprüfung gemacht werden, bevor die Heizelemente eingegossen oder verputzt werden. ✓ Für die Wasserleitungen klären Sie mit dem Sanitärinstallateur, wo Revisionsöffnungen einzubauen sind. ✓ Sind alle Anschlüsse für Warmwasser korrekt? Prüfen Sie die Kalt- und Warmwasserauslässe (bzw. die Mischbatterien) von Waschbecken, Duschen und Badewannen.
14	**Hauselektrik und Datenleitungen** ✓ Ist verbindlich festgelegt, wo der Hausanschluss- und -verteilerkasten angebracht wird? ✓ Sind alle Sicherungen im Verteilerkasten beschriftet? ✓ Sind alle Steckdosen und Auslässe angeschlossen (führen sie Strom)? ✓ Funktionieren alle Schalter, auch die für Geräte wie motorisierte Rollläden? Sind die Schalter für die Zimmerbeleuchtung jeweils auf der Öffnungsseite der Tür angebracht? ✓ Sind alle Kabelenden (z. B. für Beleuchtung) erreichbar und die Enden durch Lüsterklemmen gesichert? ✓ Funktionieren alle Antennen- und Telefonanschlüsse? ✓ Funktionieren die Türklingel, der elektrische Öffner (für das Gartentor) und die Sprechanlage? ✓ Sind alle Leerrohre vorhanden und so verlegt, wie in der Planung vorgesehen? ✓ Funktionieren alle Elektroanschlüsse in der Küche? Ist zum Beispiel auch der Anschluss für die Dunstabzugshaube richtig platziert? ✓ Sind die Badinstallationen geerdet? Sind im Bad und in weiteren Feuchträumen die Elektroanschlüsse alle an Fehlerstrom-Schutzschaltungen angeschlossen? ✓ Sind alle Außensteckdosen vorhanden? Sie sollten möglichst alle (auch) von innen schaltbar sein. ✓ Wenn (bei Niedrigenergiehäusern) eine aktive Lüftungsanlage installiert wird: Funktioniert die Steuerungselektrik? ✓ Funktioniert die Steuerungselektrik für die Heizungsanlage?

Außenanlagen

1	✓ Eignet sich der vorhandene Boden für die Bepflanzung oder muss er noch aufgelockert oder mit Mutterboden, Humus oder Ähnlichem abgedeckt werden? Wurde der (üblicherweise seitlich gelagerte) Mutterboden wieder auf dem Grundstück verteilt?

1	✓ Liegen noch Bauschutt oder sonstige Abfälle auf der Baustelle herum? Wenn ja: Sorgen Sie dafür, dass der Verursacher – sofern er bekannt ist oder ermittelt werden kann – die Abfälle entsorgt (wir haben empfohlen, dass diese Leistung Bedingung in den Verträgen sein sollte). ✓ Sind die Wege, Müllentsorgungsplätze und eventuell ein Parkplatz komplett und in der vereinbarten Qualität angelegt? ✓ Überprüfen Sie die Ränder der Terrassen- und Wegbeläge auf Standfestigkeit. Sie müssen durch Randprofile oder solide Unterkonstruktionen (z. B. darunterliegende Betonschultern) gegen Kippen gesichert sein. ✓ Läuft das Wasser kontrolliert in die Richtung ab, wie es geplant war? Dies sollten Sie beim ersten Starkregen nach Ihrem Einzug genau verfolgen, erkennbare Probleme (Rückstau, Wasserabfluss auf das Haus hin, übermäßiges Spritzen auf die Fassade) notieren und umgehend mit der zuständigen ausführenden Firma besprechen.
2	**Technische Ausstattung** ✓ Hat Ihr Garten die für Nutzung und Bewässerung erforderlichen Wasseranschlüsse? Jede Gartenwasserleitung muss vor dem Durchgang durch die Gebäudehülle ein Ventil haben, an dem man sie vor dem ersten Frost absperren kann. ✓ Sind alle Stromanschlüsse im Garten für Beleuchtung, elektrische Grills oder eine Türschließanlage (mit Sprechverbindung) vorhanden und angeschlossen? Stellen Sie sicher, dass diese für die Verwendung im Freien zugelassen sind. ✓ Testen Sie vor der Übergabe auch Türklingeln und Sprechanlagen auf ihre Funktion, insbesondere dann, wenn sie frei vor dem Haus stehen (z. B. Teil des Gartenzauns)

Fertigstellung und Übergabe

1	✓ Vereinbaren Sie kurz vor dem Einzug einen Termin mit Ihrem Architekten oder Hausanbieter, um eine förmliche Übergabe des Hauses vorzunehmen. Sprechen Sie in diesem Zusammenhang Punkt für Punkt durch, ob die Ausführung der Baubeschreibung entspricht, und notieren Sie jegliche Abweichung und alle erkennbaren Mängel. ✓ Sind alle Oberflächen gleichmäßig und frei von Beschädigungen? ✓ Schließen und öffnen alle Fenster und Türen reibungslos? ✓ Funktionieren alle elektrisch betriebenen oder gesteuerten Bauteile? ✓ Funktionieren die Heizung und die Warmwasserbereitung an allen Entnahmestellen? ✓ Muss die Heizungsanlage vom Schornsteinfeger abgenommen werden? Wenn ja: Liegt die erfolgreiche Abnahme vor? ✓ Haben Sie einen Energiebedarfsausweis für das Haus erhalten? ✓ Legen Sie gleich bei der Übergabe der Schlüssel eine Liste an, auf der die übergebenen Schlüssel (mit Nummern und Angaben zu den Türen, die sie schließen) aufgeführt sind. In dieser Liste können Sie anschließend (wenn sie als Tabelle mit einigen leeren Spalten angelegt ist) auch den Verbleib der einzelnen Schlüssel notieren. ✓ Erstellen Sie innerhalb weniger Tage ein ausführliches Protokoll dieser Übergabe (oder lassen Sie dies von der anderen Seite erstellen), das dann von beiden Seiten unterschrieben werden soll. Sind noch große oder auch zahlreiche kleine Mängel zu beanstanden, warten Sie mit den letzten Zahlungen bis zur erfolgreichen Behebung.

2

Bestandsunterlagen

- ✓ Bewahren Sie die behördlich relevanten Unterlagen (Bauantragsheft, Baugenehmigung, Vermessungspläne, sonstige Genehmigungen) gut sortiert an einer Stelle auf, wo Sie kurzfristig darauf zugreifen können.
- ✓ Lassen Sie sich möglichst vollständige Bestandsunterlagen (bei der Haustechnik wird dafür auch die Bezeichnung Revisionspläne verwendet) aushändigen – dann haben Sie es bei späteren Umbauten, aber auch beim Bauunterhalt leichter. Diese Unterlagen bekommen Sie üblicherweise von folgenden Beteiligten:
- ✓ Architekt (Ausführungspläne und Ausschreibungsunterlagen für alle Gewerke in Rohbau und Ausbau)
- ✓ Fachplaner der elektrischen Anlagen (oder ausführende Firma): Revisionspläne für Stark- und Schwachstromanlagen sowie Blitzschutz
- ✓ Fachplaner Heizung/Lüftung/Sanitär (oder, sofern kein Fachplaner beschäftigt wurde, ausführende Firmen): Revisionspläne für die Gewerke Heizung, Lüftung und Sanitär
- ✓ Ausführende Firmen: Revisionspläne für besondere Bauausführungen, die über das im Hausbau Übliche hinausgehen (z. B. Gewölbekeller, Pfosten-Riegel-Fassaden).
- ✓ Stellen Sie sicher, dass Ihnen beim Einzug die Bedienungsanleitungen und Garantieunterlagen aller technischen Komponenten des Hauses (Heizung, Lüftung, sanitäre Ausstattung, elektrische Anlagen, Kollektoren usw.) vorliegen. Heften Sie diese möglichst übersichtlich ab, damit Sie im Fall von Problemen direkten Zugriff darauf haben.

3

Sonstiges

- ✓ Schließen Sie eine gute Wohngebäudeversicherung ab, die alle wichtigen Risiken des Hauses abdeckt. Lassen Sie sich dafür mehrere Angebote machen, und zeigen Sie allen Anbietern vorab die vollständigen Planunterlagen. Wenn Sie eine Photovoltaikanlage haben, lassen Sie sich bestätigen, dass diese im Versicherungsschutz eingeschlossen ist. Wenn Sie die Gebäudeversicherung schon vor Baubeginn abschließen, ist häufig eine Feuer-Rohbauversicherung für die Bauzeit im Leistungsumfang enthalten.
- ✓ Vergessen Sie nicht, nach dem Umzug (neben dem Abschluss einer angemessenen Wohngebäudeversicherung) auch die Deckungssumme Ihrer Hausratversicherung an das Risiko des neuen Hauses anzupassen.
- ✓ Ob sich eine Elementarschadenversicherung für Sie rechnen kann, müssen Sie anhand der Risikolage in Ihrem Wohngebiet abwägen.

4

Bepflanzung im Garten

- ✓ Vergessen Sie nicht: Der Bebauungsplan kann Vorschriften zur Bepflanzung enthalten. Wurden diese eingehalten – vor allem die darin enthaltenen Pflanzgebote?
- ✓ Machen Sie vor der ersten Bepflanzung einen groben Pflanzplan oder lassen Sie ihn von einem Landschaftsarchitekten oder einer Fachfirma für Garten- und Landschaftsbau machen. Dieser Plan sollte neben den Standorten der Pflanzen auch deren ungefähre Dimension im ausgewachsenen Zustand darstellen – so vermeiden Sie zu enge Pflanzabstände der Pflanzen untereinander und zu den Grundstücksgrenzen.
- ✓ Lassen Sie sich von einer Fachfirma oder in einer guten Gärtnerei beraten, welche Pflanzen sich gut vertragen bzw. gestalterisch und farblich zueinander passen. Wählen Sie nach Möglichkeit heimische Arten aus, die mit dem Klima gut auskommen.

STICHWORTVERZEICHNIS

Bildnachweis

Für die freundliche Überlassung danken wir:
AXA 323;
Bau-Fritz GmbH & Co. KG: 13, 18, 43, 44;
Bauherren-Schutzbund e. V.: 25, 165, 284, 286, 302;
Bausparkasse Schwäbisch Hall: 36, 99, 153
Becher Rottkamp Generalplanung, Berlin: 19 unten, 305
BHW Bausparkasse: 45 (Wagner & Co), 47 (Kermi), 71 (Teichmeister), 131, 176, 183, 279 (Weber Haus), 299, 311 (Caparol/tretford), 357, 359, 361 (re natur)
BMU (Rupert Oberhaeuser) 265
Bosch 52
Creaton AG 293
Dipl.-Ing. Peter-Michael Dauner 31
Ekon GmbH 344
elko Holz oHG 301
EWE 314
Gira Giersiepen GmbH & Co KG 348
Hornbach Holding AG 349, 275, 289, 310, 316
KATHREIN-Werke KG Rosenheim 334
Landesbausparkassen 272
Landeshauptstadt Saarbrücken 172, 179
LEDA Werk GmbH & Co. KG 60
Liapor 282
Max Weishaupt GmbH 53
Mein Ziegelhaus GmbH & Co. KG 288
Osram (Hermann Rupp) 352
Otto Graf GmbH 318
Paul Bauder GmbH & Co. KG 68
RIKA Innovative Ofentechnik GmbH 59
Roto Dach- und Solartechnologie GmbH 33, 34
SchwörerHaus KG 190
SES – www.ses.com 320
Siemens-Pressebild 324
Uponor GmbH 48
Vaillant Deutschland GmbH & Co. KG 55, 63
VELUX Deutschland GmbH 35
Verband Privater Bauherren 232, 281, 296
Viessmann Werke GmbH & Co. KG 54
Wüstenrot 270
Zehnder Group Deutschland GmbH 46

Illustrationen
Urte von Bremen 330
Kati Hammling, Brieselang 329
Florian Brendel, Berlin 26, 332
Michael Römer, Berlin 14, 21, 23, 51 , 56, 61, 62, 290, 295, 307, 312, 338, 343, 35

Fotos
Fotolia 167, 184, 189, 320
Getty Images 19 oben (querbeet), 29 (YinYang), 44 unten (pojoslaw), 117, 120, 123, 204 (Stephan Zabel), 228, 237, 241, 269, 237, 333, 337
Getty Images/iStockphoto 75 (Ridofranz), 78 (Photobuay), 81, 82 (www.hanneseichinger.at), 84, 91, 92, 95, 96, 105, 109 (Christine Glade), 111, 114, 127, 133, 137 (gerenme), 139, 141; 161 (Mitja Mladkovic), 168, 193, 197, 200 (WATCHARA KOKRAM), 203, 205 (Michael Hieber), 208 (© Rido), 213, 220, 223, 235, 247 (Frizzantine), 249, 250, 253, 276 (anankkml), 285, 306 (KatarzynaBialasiewicz), 291 (schulzie), 297 (Philipp Homer Graff), 309 (Tomaz Levstek), 335, 336
Thinkstock 175

Die Stiftung Warentest wurde 1964 auf Beschluss des Deutschen Bundestages gegründet, um dem Verbraucher durch vergleichende Tests von Waren und Dienstleistungen eine unabhängige und objektive Unterstützung zu bieten.

Karl-Gerhard Haas ist Technikjournalist und in allen Themen bewandert, die mit elektrischem Strom und Elektronik zu tun haben. Sein Fachwissen gibt er in anschaulicher Weise als Autor zahlreicher verständlich geschriebener Technikratgeber weiter.

Rüdiger Krisch ist mehrfach ausgezeichneter Architekt und Stadtplaner in Tübingen. Er lehrt Gebäudekunde und Städtebau an der Hochschule für Wirtschaft und Umwelt in Nürtingen und publiziert seit vielen Jahren erfolgreich Fachbücher und Ratgeber zum Thema Bauen.

Karsten Meurer ist Fachanwalt für Bau- und Architektenrecht und seit 2004 Inhaber einer Kanzlei mit Spezialisierung auf privates und öffentliches Baurecht, Honorarrecht, Vergaberecht, Bauvertragsrecht, Schadens- und Haftungsrecht. Der gefragte Referent für zahlreiche Fortbildungsträger ist Lehrbeauftragter für Baurecht an der TU Darmstadt.

Nadine Oberhuber ist eine renommierte Finanz- und Wirtschaftsjournalistin mit den Schwerpunkten Geldanlage, Altersvorsorge und Immobilien. Im Vordergrund steht dabei für sie: Was bringt das Produkt dem Verbraucher – oder wer profitiert davon?

6., aktualisierte Auflage, 1. Nachdruck
© 2021 Stiftung Warentest, Berlin

Stiftung Warentest
Lützowplatz 11–13
10785 Berlin
Telefon 0 30/26 31–0
Fax 0 30/26 31–25 25
www.test.de
email@stiftung-warentest.de

USt-IdNr.: DE136725570

Vorstand: Hubertus Primus
Weitere Mitglieder der Geschäftsleitung:
Dr. Holger Brackemann, Julia Bönisch, Daniel Gläser

Alle veröffentlichten Beiträge sind urheberrechtlich geschützt. Die Reproduktion – ganz oder in Teilen – bedarf ungeachtet des Mediums der vorherigen schriftlichen Zustimmung des Verlags. Alle übrigen Rechte bleiben vorbehalten.

Programmleitung: Niclas Dewitz

Autoren: Karl-Gerhard Haas, Rüdiger Krisch, Karsten Meurer, Nadine Oberhuber

Projektleitung/Lektorat: Uwe Meilahn
Redaktionelle Mitarbeit: Florian Ringwald (bis 5. Aufl.), Merit Niemeitz
Fachliche Unterstützung: Jörg Sahr, Lukas Kreuz, Elektrotechnikermeister, Dipl.-Ing. (FH) Markus Wölfel
Titelentwurf: Susann Unger, Berlin
Layout: Büro Brendel, Berlin
Grafik, Satz: Anne-Katrin Körbi
Bildredaktion: bis 5. Aufl.: Florian Brendel, Florian Ringwald, 6. Aufl.: Anne-Katrin Körbi
Bildnachweis Titel: thinkstock

Produktion: Vera Göring
Verlagsherstellung: Rita Brosius (Ltg.), Romy Alig, Susanne Beeh
Litho: tiff.any, Berlin
Druck: Firmengruppe APPL, aprinta druck, Wemding

ISBN: 978-3-7471-0127-8

Wir haben für dieses Buch 100 % Recyclingpapier und mineralölfreie Druckfarben verwendet. Stiftung Warentest druckt ausschließlich in Deutschland, weil hier hohe Umweltstandards gelten und kurze Transportwege für geringe CO_2-Emissionen sorgen. Auch die Weiterverarbeitung erfolgt ausschließlich in Deutschland.